U0935647

Xiamen Xiang'an Haidi Suidao Shigong

厦门翔安海底隧道施工

关键技术

Guanjian Jishu

林作雷　著

人民交通出版社
China Communications Press

内容提要

本书辅以大量、翔实、科学、适用的数据和图片，较系统地梳理、总结、阐述了厦门翔安海底隧道施工关键技术。主要介绍了长距离浅埋大跨软弱富水围岩CRD和双侧壁两种施工工法以及防腐蚀混凝土、海底风化深槽、透水砂层、通风竖井、质量控制、施工风险等内容。

本书所述相关技术全面体现了由我国自主设计、施工、监理、监督的第一座钻爆法海底隧道工程建设的水平，对我国海（水）底隧道工程建设的技术进步和发展具有借鉴意义，可供从事隧道及地下工程的建设、设计、施工、监理、科研、检测、监督等技术人员以及高等院校相关专业师生学习参考。

图书在版编目（CIP）数据

厦门翔安海底隧道施工关键技术 / 林作雷著. —北京：人民交通出版社. 2011.6
ISBN 978-7-114-08961-9

Ⅰ.①厦… Ⅱ.①林… Ⅲ.①水下隧道—隧道工程—施工技术—厦门市 Ⅳ.①U459.5

中国版本图书馆CIP数据核字（2011）第042289号

书　　名：厦门翔安海底隧道施工关键技术
著 作 者：林作雷
责任编辑：沈鸿雁　丁润铎　李　喆
出版发行：人民交通出版社
地　　址：（100011）北京市朝阳区安定门外外馆斜街3号
网　　址：http://www.ccpress.com.cn
销售电话：（010）59757969、59757973
总 经 销：人民交通出版社发行部
经　　销：各地新华书店
印　　刷：北京盛通印刷股份有限公司
开　　本：880 x 1230　1/16
印　　张：29.5
字　　数：810千
版　　次：2011年6月第1版
印　　次：2011年6月第1次印刷
书　　号：ISBN 978-7-114-08961-9
定　　价：150.00元

作者简介

林作雷，生于1954年3月22日，福建省霞浦县人，1972年12月入伍中国人民解放军铁道兵，1979年6月毕业于中国人民解放军石家庄铁道兵工程学院，教授级高级工程师，华侨大学兼职教授，福建省交通建设质量安全监督局总工程师，从事铁路、公路桥隧工程的施工、设计、监理、监督等技术工作38年。著有厦门翔安海底公路隧道《施工关键技术要点》及《长距浅埋大跨不良地质CRD工法施工技术》、《超浅埋大断面长距离富水软弱围岩双侧壁工法施工技术》等技术丛书共计70万字，主编《公路水运质量监督管理技术丛书》共计70万字。主持的《海底隧道长距离浅埋大跨软弱富水围岩CRD工法施工技术研究》课题，荣获2009年度福建省人民政府科学技术奖二等奖；主持的《海底隧道超浅埋大断面富水全～强风化岩新双侧壁工法施工技术研究》课题，荣获2010年福建省人民政府科学技术奖三等奖；主持编写制订我国第一部地方标准《海（水）底隧道工程质量检验评定标准》，并于2011年2月20日实行。

序

Sequence

厦门翔安海底隧道是我国第一座埋深较浅、采用钻爆法设计施工的超大断面双向六车道公路隧道。隧道两端穿越全风化软弱围岩、富水砂层，海域段隧道在花岗岩、风化深槽等地层中穿过。该海底隧道是一座风险极高、工程规模和工程技术难度极大的世界级示范工程。安全、优质、快速、经济地建成百年寿命工程是每个参战者的责任。

作者林作雷，教授级高工，系福建省交通建设质量安全监督局总工程师，厦门翔安海底隧道质量安全监督组组长。他求真务实、踏实工作，与隧道参建者携手并肩奋战1 500多个日日夜夜，用虚心、协作的精神和施工单位共同研讨，实现了整个施工过程无伤亡事故发生的重大建设成果。作者以一个参战者的身份和各施工建设方、设计方、监理方进行安全、质量、技术、工艺的交流，边施工、边研究、边总结、边改进，这种工作方法是值得大力推崇的。作者以一个参战者的心态进行该书的写作是很真实的，其推广、应用价值是无可非议的。他用了近六年的时间，从工程实践、分析、总结到理论提高，完成写作的过程，符合工程哲学的思想，符合工程认识论的规律。带着对工程的责任感，客观而科学地将建设过程的宝贵财富聚集起来，形成一本可以启迪思路的宝贵专著。

作者亲自参与了该工程每个阶段工程难点的讨论，每个工点风险化解的论证。全书共9章48节，如实写出了现场各种施工方法的确定原则和应用演变过程；重点对各种辅助工法的应用条件、参数确定、施工要点进行了较详细地分析；对海水中钢筋混凝土、素混凝土抗氯离子机理进行了分析，提出了应用工艺对策；对施工安全风险控制方法和管理技术等进行了详细论述。

本书以珍贵翔实的资料、数据、照片为素材，进行系统梳理，形成了专著。这本书的出版，对指导我国今后的隧道工程，尤其是海底隧道的设计、施工、科研，都具有很高的指导价值和应用价值。在我国工程建设界，本书将是一本闪亮的重要专著。

中国工程院院士 [signature]

2011年1月

前言

Preface

厦门翔安海底隧道是我国自主设计、施工、监理、监督的第一座海底隧道，是我国第一座钻爆法长距离大断面海底公路隧道，也是世界上第一座暗挖法双向六车道海底公路隧道。该工程于2005年9月开工，2009年6月隧道右洞顺利贯通，同年11月左洞顺利贯通。2010年4月26日，厦门翔安海底隧道顺利建成通车，这一天将载入我国海底隧道建设史册。

值得自豪和难忘的是，在施工期间党和国家领导人先后莅临视察厦门翔安海底隧道：2010年春节期间，中共中央总书记、中央军委主席胡锦涛同志莅临视察；中共中央政治局常委、全国政协主席贾庆林同志分别于2006年、2008年两次莅临视察；中共中央政治局常委、中纪委书记贺国强同志于2009年3月莅临视察；中共中央政治局委员，中组部部长李源潮同志于2009年2月莅临视察；交通运输部部长李盛霖同志分别于2006年、2009年两次莅临检查指导工作。

厦门翔安海底隧道设计为左右主行车隧道和两主洞间服务隧道，隧道单洞长6 050m，其中陆域两端长约1 850m，海域段长4 200m，隧道开挖最大断面170m^2，最大跨度17.2m。海底隧道工程地质水文条件极为复杂，集中体现在"三难"、"三险"。"一难"：左右洞主行车道V级围岩占56%以上，总长度约6 500m；"二难"：翔安端左右洞1 510m为砂层、淤泥且含高岭土（膨胀性）、超浅埋、浅埋；"三难"：厦门端左右洞1 180m为杂填土、黏质砂土、土石交界层、富水全～强风化花岗岩、超浅埋、浅埋，并穿过环岛路、桥梁、民房。"一险"：4 200m海域6条风化深槽（囊）总长1 089m，直接与海水相连通，头顶汪洋大海，存在坍塌、冒顶、涌沙、涌水、突泥、突水等安全风险；"二险"：翔安端450m透水砂层侵入隧道轮廓线内，且直接与海水相连通，存在崩塌、涌沙、涌水等安全风险；"三险"：翔安洞口高程在海平面以下1.5m，陆域两端地下水位高、地下水丰富，土石交界层受海水垂直补给与海水连通，整个隧道在地下水和海水渗透的包围之中。以上"三难"、"三险"成为隧道施工的拦路虎，是海底隧道施工成败的关键。

为确保中国第一座钻爆法施工的大断面特长海底公路隧道的工程质量和安全，作者针对上述"三难"、"三险"，主持开展了"海底隧道长距离浅埋大跨软弱富水围岩CRD工法施工技术研究"、"海底隧道超浅埋大跨软弱富水全～强风化围岩新双侧壁工法施工技术研究"、"海底隧道混凝土二衬施工技术研究"和"海（水）底隧道工程质量检验评定标准（地方性标准）技术研究"（我国第一部相关标准）等课题研究。通过理论研究和施工实践，以及经过全体参建者的辛勤劳动，有效地战胜了各种风险，施工过程未发生塌方、冒顶、涌沙、涌水、突泥、突水等工程质量安全事故，连续安全生产1 500d，实现零死亡事故目标，展示了福建省交通建设技术管理的风采，创造了修建海底隧道的世界奇迹，受到了交通运输部和国家安全监管总局的联合全国通报表彰。为未来我国建设类似工程提供了强有力的技术支撑和工程范例！

在我国第一座钻爆法长距离双向六车道海底公路隧道——厦门翔安海底隧道工程建设期间，作者有幸和中国隧道与地下工程界的著名大师王梦恕先生和孙钧先生结下友谊，大师们的科学精神、治学风范、大家风度、朴实谦逊和“物我两忘，荣辱不惊”的座右铭深深“熔”入我的心灵，让我一生受益！在厦门翔安海底隧道工程建成通车后，怀着对海底隧道的深切感情，怀着对并肩奋战1 500多天同仁及好友的深情厚谊，作者历时一年辛勤耕作，辅以大量、翔实、科学、适用的数据和图片，较系统地梳理、总结、阐述了厦门翔安海底隧道施工关键技术。

全书共9章48节，主要介绍了长距浅埋大跨软弱富水围岩CRD和双侧壁两种施工工法以及防腐蚀混凝土、海底风化深槽、通风竖井、质量控制、施工风险等内容。第一章论述了厦门翔安海底隧道工程概况、极为复杂的工程地质与水文地质，指出工程施工特点与难点；第二章从理论分析入手，对防海水衬砌混凝土防腐蚀、氯离子扩散性能试验、配合比试验技术及防海水衬砌混凝土施工质量控制等内容进行阐述；第三章提出了CRD工法优化技术，系统论述了复杂地质水文条件超前支护、施工技术和辅助施工方法、超浅埋洞口施工技术、设备选型配备技术及CRD工法科研成果；第四章针对各种不良地质条件，创新并总结了施工技术参数、超前支护体系、初期支护体系、特殊地层支护技术和施工步序步长、施工组织管理以及双侧壁工法科研成果及其在福建省高速公路三、四车道推广应用技术；第五章阐述了海底隧道6条总长1 089m风化深槽（囊）洞身开挖和辅助施工技术，并以成熟的施工技术案例和成功的施工经验介绍给广大读者；第六章较系统地阐述了地下连续墙、砂层降排水、砂层加固、高压旋喷等施工技术。第七章介绍了我国目前隧道与地下工程地质水文条件最为复杂、施工技术难度最大且最具特色的第一座通风竖井工程，其成功的施工技术和施工工法为我国在同类条件下设计施工提供可靠技术支持；第八章创新地提出洞身开挖、超前支护体系、初期支护等质量控制技术标准，是对我国现行的《公路工程质量检验评定标准》（JTG F80/1—2004）的补充；第九章施工安全风险评估与管理技术，针对近年来隧道与地下工程施工安全风险和厦门翔安海底隧道工程特殊性、复杂性、艰巨性、技术性等特点，从施工安全风险评估、两种施工工法安全稳定性评估、洞身开挖松动圈安全性评估、施工风险应急管理和施工安全风险辅助管理技术等九个方面进行全面分析总结。

本书是作者对我国第一座钻爆法长距离双向六车道海底公路隧道——厦门翔安海底隧道工程实践经验和体会的粗浅总结，也是作者从事铁路、公路隧道工程技术工作38年的回顾。

由于作者水平所限，书中错误难免，恳请专家、同仁和广大读者批评指正！

林作雷

2011年1月

目录

Contents

第一章　厦门翔安海底隧道工程概论 ………… 001

第一节　工程概况 ………… 002
第二节　工程地质与水文地质 ………… 007
第三节　工程施工特点与难点 ………… 017

第二章　防海水衬砌混凝土施工技术 ………… 019

第一节　防海水衬砌混凝土腐蚀分析技术 ………… 020
第二节　防海水衬砌混凝土氯离子扩散性能试验 ………… 026
第三节　防海水衬砌混凝土配合比技术 ………… 036
第四节　防海水衬砌混凝土施工质量控制技术 ………… 045
第五节　防排水施工技术 ………… 052

第三章　CRD 工法施工技术 ………… 061

第一节　CRD 工法设计方案及优化技术方案 ………… 062
第二节　超前支护施工技术 ………… 081
第三节　洞内真空降水施工技术 ………… 088
第四节　支护辅助施工技术 ………… 092
第五节　土石交界层施工技术 ………… 095
第六节　临时拱架支护结构拆除技术 ………… 100
第七节　CRD 工法设备选型配套技术 ………… 103
第八节　CRD 洞口段施工技术 ………… 108
第九节　CRD 工法科技成果 ………… 127

第四章　双侧壁工法施工技术 ………… 139

第一节　双侧壁施工技术参数 ………… 140
第二节　超前支护施工技术 ………… 151
第三节　初期支护体系施工技术 ………… 166
第四节　步序步长施工技术 ………… 172
第五节　洞身开挖降排水施工技术 ………… 174
第六节　特殊地层加固支护施工技术 ………… 179
第七节　双侧壁工法施工组织管理技术 ………… 192
第八节　双侧壁工法研究成果 ………… 197

第九节　双侧壁工法应用技术 …… 205

第五章　海底风化深槽（囊）施工技术 …… 239

第一节　风化深槽（囊）辅助施工技术 …… 240
第二节　风化深槽（囊）开挖支护施工技术 …… 262
第三节　风化深槽施工案例 …… 272

第六章　浅滩浅埋透水砂层施工技术 …… 307

第一节　工程水文地质条件 …… 308
第二节　地下连续墙施工技术 …… 309
第三节　降排水和加固砂层施工技术 …… 315
第四节　高压旋喷施工技术 …… 324

第七章　通风竖井施工技术 …… 329

第一节　翔安端通风竖井施工技术 …… 330
第二节　厦门端通风竖井施工技术 …… 355

第八章　施工质量控制技术 …… 369

第一节　洞身开挖质量控制技术 …… 370
第二节　超前支护体系质量控制技术 …… 376
第三节　初期支护质量控制技术 …… 379
第四节　二次衬砌混凝土质量控制技术 …… 385
第五节　防排水及管沟质量控制技术 …… 389

第九章　施工安全风险评估与管理技术 …… 395

第一节　不良地质施工安全风险源评估技术 …… 396
第二节　双侧壁与 CRD 工法安全稳定性评估技术 …… 399
第三节　双侧壁工法松动圈围岩施工安全稳定性评估技术 …… 409
第四节　施工安全风险组织管理技术 …… 419
第五节　施工安全风险应急管理技术 …… 430
第六节　施工安全监控量测技术 …… 439
第七节　超前地质预报技术 …… 447
第八节　洞口安全环保管理技术 …… 450

参考文献 …… 461

致谢 …… 462

第一章

厦门翔安海底隧道工程概论

第一节 工程概况

一、海底隧道地理位置

厦门翔安海底隧道是厦门市本岛第五条进出岛的公路通道，位于厦门岛东部五缘湾附近，与对岸厦门市翔安区连通，并通过翔安区与沈海高速公路福建境内泉州至厦门段连通。

厦门岛北侧出岛通过厦门大桥、集美大桥、杏林大桥，西侧出岛通过海沧大桥，东部出岛通过翔安海底隧道，南侧出岛通过正在建设的厦漳大桥。厦门翔安海底隧道的地理位置见图 1–1。

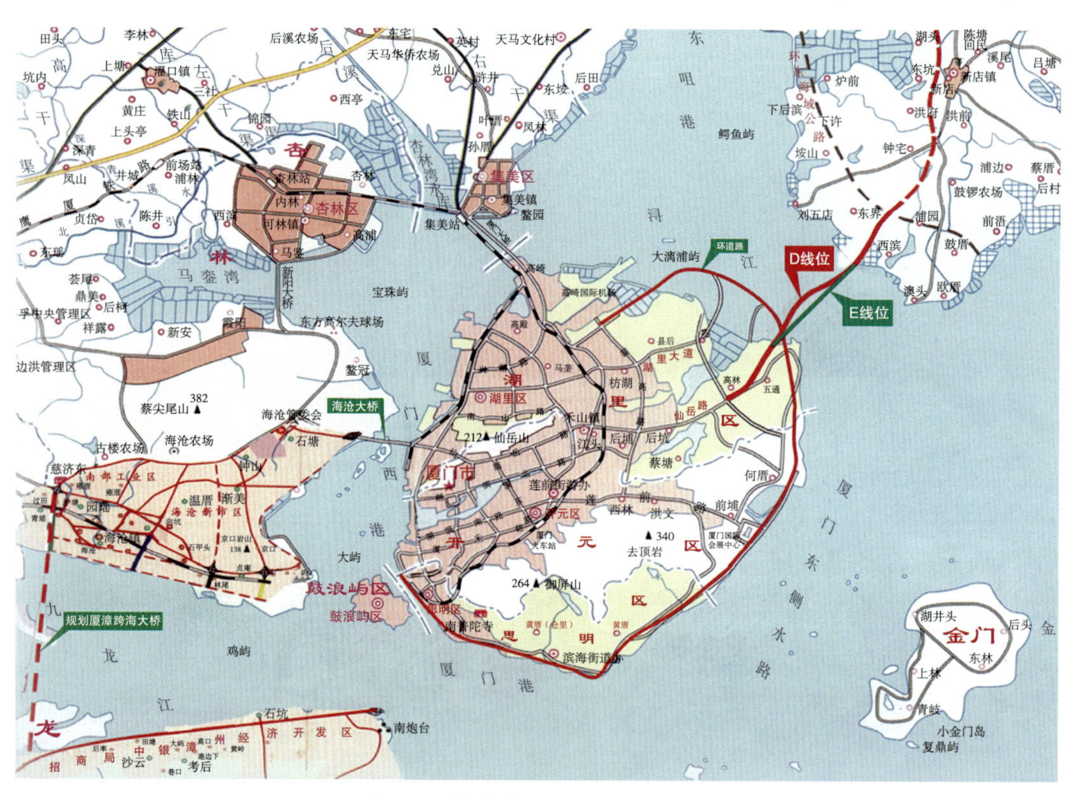

图 1–1 厦门翔安海底隧道的地理位置

二、工程平纵横布置

1. 路线方案

（1）路线起终点

根据厦门市城市总体规划，厦门翔安隧道起点接仙岳路，终点接翔安大道。在初步设计阶段，厦门市已对仙岳路进行了拓宽改造，仙岳路与东通道起点的衔接位置距离隧道洞口仅为 0.631km。翔安大道作为翔安区的第一条东西向城市主干道，道路等级较高，已修建至林前村附近，距离翔安岸隧道洞口 2.119km。该路段设置互通立交和收费站各 1 处。

（2）主要地质灾害

根据翔安隧道地质资料显示，在翔安隧道确定的路线走廊带内，海域段南北向有 F1、F2、F3 断裂带风化深槽和 F4 风化囊与之交叉，路线无法避开，该段主要地质表现在隧道洞身穿越断裂带风化槽。

2. 平面线位设计与优化

1）平面线位主要控制点

平面线位主要控制点见图 1–2。

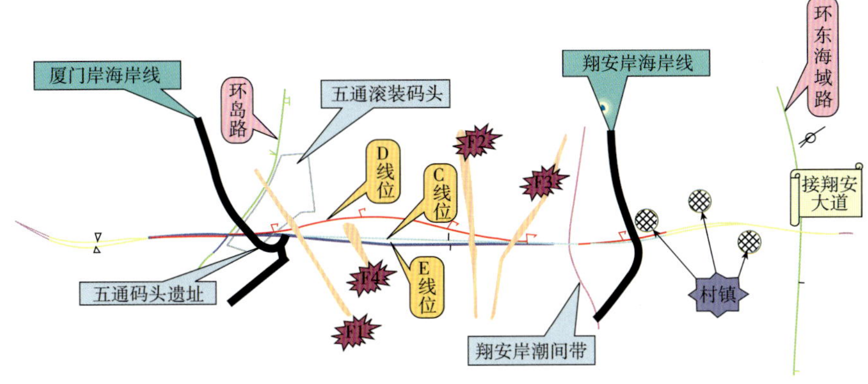

图 1–2　平面线位主要控制点

2）平面线位比选及优化

初步设计阶段根据最新的海底基岩等深线图，结合海底 F1、F2、F3 断裂带风化深槽和 F4 号风化囊地质研究专题，本着经济合理的原则，对原工可 C 线位提出了两种优化处理方案，平面线位比选见图 1–3。

（1）E 线方案：主要是将穿越 F4 风化囊处路线局部偏移，对 C 线位的主要地质问题——F4 风化囊以穿越处理为主，基本避开了 F1 断裂带风化深槽。

（2）D 线方案：主要是采用 S 形曲线对 F4 风化囊进行绕避。该方案利用了工可 B 线位的初勘成果，路线穿越 F4 风化囊的地质条件有一定改善，但是路线穿越 F1 断裂带风化深槽的问题也较为突出。

根据路线所穿地质分析，D 线方案避开了 F4 风化囊，但左右线都从 F1 风化槽通过；E 线方案避开 F1 风化槽，但左线穿越了 F4 风化囊。由于 D 线、E 线方案在海底不良地质情况的宽度和深度相差并不明显，而 D 线方案为绕行方案，以曲线为主，线形指标相对较差，隧道长度要增加 50m 以上，因此，初步设计阶段推荐 E 线方案，并以 D 线方案作为比较方案。

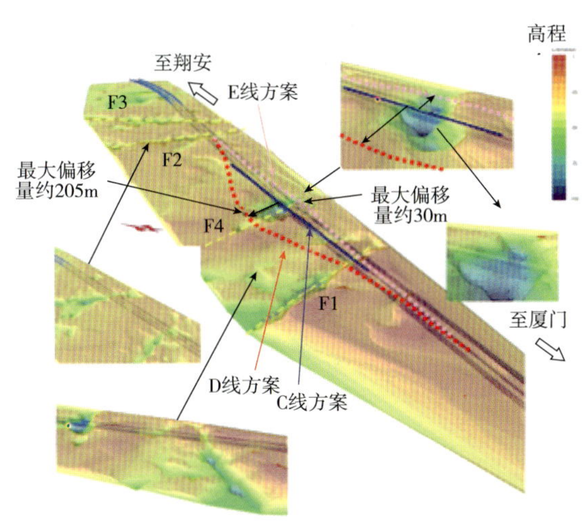

图 1–3　平面线位比选

3）平面线位设计

施工图设计阶段结合详勘地质报告，对初步设计推荐方案（E 线）进行了再优化，具体路线走向如下：路线在厦门岛高林村南侧，从城市快速主干道仙岳路 K4+751 起，经高林农场、店里村北，沿下边村南侧与环岛路相交，穿五通码头以 S 形曲线跨海，跨海经下店村南、肖厝村北与规划的海湾大道、窗东路相交，最后在林前村南侧接翔安大道。其中隧道进口左线、右线、服务隧道分别采用左偏圆曲线（R_1=2 800m、R_2=5 000m、R_3=3 600m）进洞，再以直线—右偏圆曲线（R_1=7 060m、R_2=7 000m、R_3=7 030m）—左偏圆曲线（R_1=5 000m、R_2=5 052m、R_3=5 026m）线形方式绕避 F1 风化深槽和 F4 风化囊后，以直线穿越海底 F2、F3 断裂带，最后以直线出隧道。以左线计路线全长 8.695km，路线增长系数为 1.006，平均每公里转角数为 0.805，平曲线最小半径为 998m，直线最大长度为 1 962.491m（隧道），平曲线占路线总长的 68.79%。

3. 纵面线位设计与优化

1）隧道最低点设计高程的确定

海底隧道最低点设计高程的确定主要受隧道穿越海域岩层的最小岩石覆盖厚度的影响。最小岩石覆盖厚度也是影响海底隧道造价和安全的最重要的设计参数之一。最小岩石覆盖厚度越小，海底隧道就越短，静水压力就越低，作用在衬砌上的势能荷载也就越小。另一方面，覆盖层越厚，在海底和隧道之间的渗流通道就越长，就会降低流向隧道的渗水量。所有确定最小岩石覆盖层厚度的方法，都是建立在详细的地质调查资料基础上的，然而海底地质勘察工作的开展远比陆地上困难得多，地质资料中的误差和不确定因素会造成许多意外。从这个意义上讲，事先很难确定一个绝对安全的最小岩石覆盖厚度，但也应该认识到最小岩石覆盖厚度并没有技术上的限制，即不会因为最小岩石覆盖厚度的问题，在技术上使海底隧道无法修建，无非是采用较先进的开挖技术和投入较高的费用。当然在可能条件下，应将隧道设置在岩层中，并且要求洞顶具备一定较为完整的岩体保护层厚度。

选择最小岩石覆盖厚度通常采用以下两种途径和方法：工程类比分析和围岩稳定分析（数值分析）。以钻爆法设计和修建的海峡铁路、公路隧道主要集中在日本和挪威。日本的关门海底隧道和青函海底隧道，为世界海峡海底隧道修建历史上的里程碑。关门隧道海底长 1.14km，覆盖层平均厚度约 11m；青函隧道海底长 23km，覆盖层平均厚度约 100m，为两极端情况。挪威是世界上采用钻爆法修建海底隧道最多的国家，工程经验丰富，特别是在海底隧道最小覆盖厚度的问题上曾经作了专门研究，其海底隧道的覆盖层厚度基本为 30m 左右。这些对于翔安隧道设计有很好的借鉴作用。

根据地质勘察报告，翔安隧道洞身穿越区域的岩层为弱风化 ~ 微风化花岗岩，参照《公路隧道设计规范》（JTG D70—2004）有关围岩分类的标准，其围岩级别可达Ⅱ ~ Ⅲ级。对于拟建的三车道隧道，毛洞跨度将达到 15m，如果按照最不利的施工方法考虑，即矿山法施工，其洞周扰动层厚度小于 4.0m。本隧道推荐采用新奥法施工，要求光面爆破，及时支护，考虑以上有利施工因素，可以大大减少对围岩的扰动破坏，根据“暗挖隧道方案最小安全顶板厚度研究”（中科院武汉力学研究所），隧道洞顶岩层顶板厚度初步确定如下：海域地段洞顶岩层厚度大于 15m，潮间带洞顶岩层厚度大于 10m。据此确定厦门翔安隧道最低点设计高程为 –69.5m。

2）隧道最大纵坡的确定

本项目海域段南北向有 F1、F2、F3 断裂带风化深槽和 F4 风化囊，同时在靠近翔安的滩头地段还存在一处与海水连通的透水砂层，平面布设无法避免，不同纵坡的选定对施工风险及工程造价影响较大。在初步设计阶段，设计单位从减少工程造价、降低施工风险的角度做了大量的纵坡优化工作，对隧道最大纵坡分别采用 3%、3.5%、4.0% 几种情况进行了综合比选，最后形成以下结论。

（1）考虑到本项目定位为高等级公路，设计车速为 80km/h，3% 及 3% 以上纵坡的最大坡长有限制。在不过大增加隧道长度的情况下，通过不同坡度坡长的组合分析，本项目采用 3.5% 或 4.0% 的最大纵坡对工程地质环境改善不是很明显；相反，采用 3.5% 或 4.0% 的纵坡，需在隧道内频繁变换纵坡，对行车舒适性有一定的影响。

（2）由于在特定纵坡上坡路段中，大型车的车辆换算系数较大，导致当量交通量增大，使该路段成为基本路段上运行质量较差甚至最差的部分。考虑到本项目大型车较多，在初步设计阶段对路线纵面拟订了三个方案：方案一特定纵坡路段坡度（坡长）为 3%（1 050m），方案二特定纵坡路段坡度（坡长）为 3.5%（1 050m），方案三特定纵坡路段坡度（坡长）为 4.0%（900m）。通过对特定纵坡路段大、中型车的车辆换算系数 E_{HV} 进行计算，结果表明：相对于 3.0% 纵坡，采用 3.5% 纵坡，通行能力降低 6%~8%；采用 4.0% 纵坡，通行能力降低 11%~15%。

（3）根据运行速度理论，对于特定坡长的载货汽车上坡地段行驶速度的降低值进行验算，结果表明：最大纵坡为 3% 时，载货汽车的行驶速度在洞口已接近路段容许最低车速；采用最大纵坡为 3.5%

时，载货汽车的行驶速度在洞口将降低 5% 左右；采用最大纵坡为 4.0% 时，载货汽车的行驶速度在洞口将降低 11% 左右。

考虑到本项目不可能设置爬坡车道（工程费用增加），因此隧道内行驶速度的降低直接影响隧道的服务水平和通行能力。同时，根据规范，本项目厦门岸右线连续下坡段，平曲线半径 R=2 600m，若纵坡采用 3.5% 或 4%，应对平曲线超高予以加强，以保证行车安全，势必增加工程费用。

（4）根据经验，当交通流以汽油车为主即以稀释 CO 浓度控制风量时，纵坡可适当加大；当以柴油车为主即以稀释烟雾浓度或 NO_x 控制风量时，则应尽可能降低纵坡（隧道内车速过低，NO_x 排放量会增加）。

计算分析表明，本项目各个时期以稀释烟尘所需风量为主要控制指标。初步估算：采用最大纵坡 3.5%、4% 时，左线需风量分别增加 2%、5% 左右，但是各段需风量变得不均衡，上下段需风量比约为 56 ： 44 ；右线需风量与最大纵坡 3.0% 时基本相当，其中上坡段增加 5%，下坡段减小 10%。

因此，通过上述分析后综合权衡，厦门翔安隧道最大控制纵坡采用 3.0%。

3）纵面线位设计与优化

初步设计阶段，根据上述确定的海底隧道最大埋深和隧道最大纵坡，结合地质报告，以 3.0% 为最大控制纵坡，将厦门岸洞口定在五通村附近，在厦门岸采用了 –2.86% 的长坡段后接 –2.479% 的下坡到达海域深处，海域段采用了 0.632% 的上坡，在翔安岸采用了 3%–2.5%–3% 的组合坡度，隧道长 6.05km。

在施工设计阶段，从改善 YK11+300 处通风竖井的地质条件出发，对隧道纵坡进行了优化，将 3%–2.5%–3% 的组合坡度，优化为 2.92% 的长坡段（左线隧道优化为 2.9%、服务隧道优化为 2.91%），平纵配合更为合理，行车较为顺畅。

以左线计，路线全长 8.695km，平均每公里纵坡变更次数为 0.88，最大纵坡为 2.9%，最短坡长 450m，最小凸形竖曲线半径为 18 000m，最小凹形竖曲线半径为 12 000m，竖曲线占路线总长 39.76%。

4. 横断面布置

1）设置服务隧道的理由

翔安隧道为双向六车道海底隧道，设计车速为 80km/h，其设计断面宽度之大为世界罕见，设计施工难度大且经验欠缺。结合工程需要，本工程设置了服务隧道，具有以下几点好处。

（1）服务隧道作为紧急避难通道，在隧道运营期间突发灾害时供人员避难、逃生和救援；同时，作为检修通道，便于隧道管理人员的用于日常维护。

（2）利用服务隧道掘进可有效地超前探明地质情况，取得对局部不良地质地段处理的方法和工艺，保证主洞的掘进安全和速度。

（3）利用服务隧道，通过设置的行车横洞，可为主隧道开辟多个工作面；同时，对于局部不良地质地段，可借助服务隧道先行处理，不影响其余地段的施工。

（4）服务隧道设置后可利用其作为检修通道，其上下空间又可作为管线通道，因此，行车主隧道断面可适当缩小。

（5）根据厦门市城市供水用电规划，厦门翔安海底隧道将作为连通厦门岛与东侧大陆岸的过海通道，利用服务隧道还可方便布设自来水管和电力管线，解决岛内的电力缺口和岛外的用水需要。

2）三孔隧道断面的设置间距

厦门翔安隧道隧道采用三孔建设形式修建，两侧为行车主隧道，中间一孔为服务隧道。两相邻隧道最小净距应视围岩类别、断面尺寸、施工方法、爆破振动影响等因素确定，在初步设计阶段，设计人员运用有限元，以弹塑性法分析了不同净间距下岩体屈服应力分布情况，认为净间距大于 22m 时，两隧道之间相互影响很小。因此，从减少占地，节省造价的角度出发，将厦门翔安隧道海域段主洞左

右线的测设线间距调整为 52m，中间设置服务隧道。

根据隧道功能、远近期通风、养护维修及运营管理等方面要求，推荐采用设置服务隧道的三孔隧道方案，布置形式见图 1–4~ 图 1–7。

图 1–4 隧道平面图

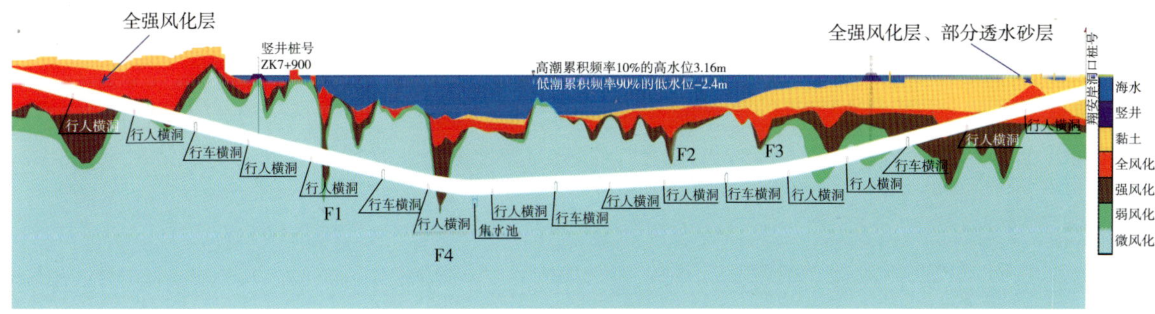

图 1–5 隧道纵剖面图

F1、F2、F3– 全强风化深槽；F4– 全强风化深囊

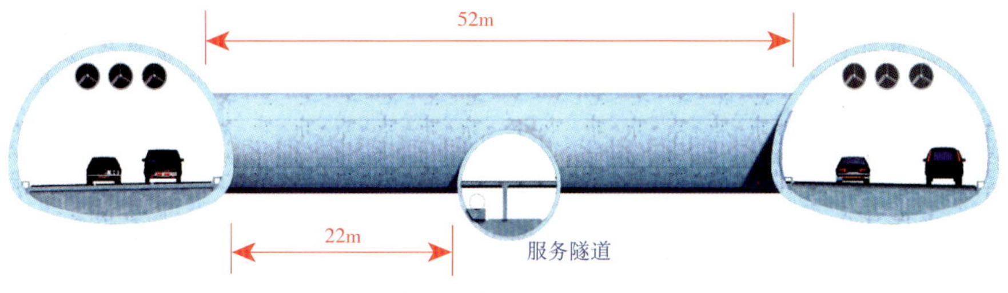

图 1–6 隧道横剖面图

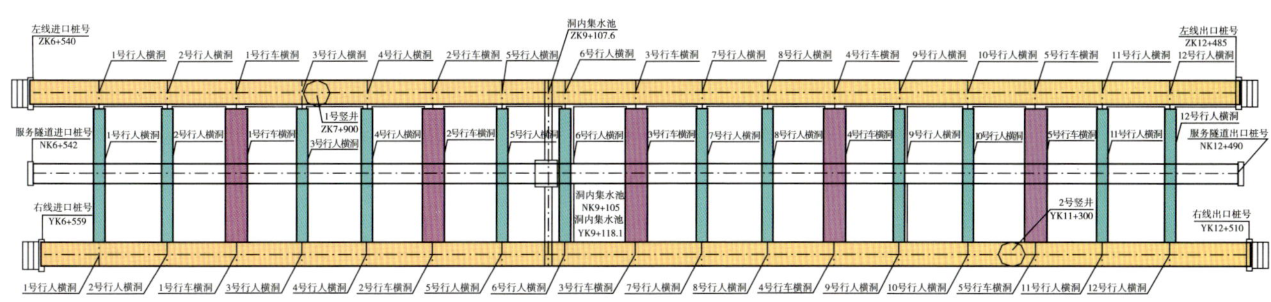

图 1–7 人行横通道和车行横通道平面位置示意图

5. 主要工程数量

厦门翔安海底隧道工程全长 8.695km，工程概算 31.97 亿元。左线隧道长 6.045km，中间服务隧道长 6.048km，右线隧道长 6.051km，通风竖井 2 座。五通左线路基长 0.631km、右线路基长 0.628km，互通匝道长 2.125km、辅道长 0.778km，人行道长 3.484km；翔安左线路基长 0.755km、右线路基长 0.745km，另有西滨互通立交桥 1 座。海底隧道跨越海域宽约 4.2km，设计采用中间设置服务隧道的三孔隧道方案，按双向六车道高等级公路标准建设。隧道最深处位于海平面下约 70m，最大纵坡 3%。隧

道施工以钻爆法为主，在不良地质段采用浅埋暗挖法、CRD 法、双侧壁导坑法等施工工法。

三、桥隧方案比选

厦门岛东通道早期曾开展桥梁（钢拱桥见图 1–8、斜拉桥见图 1–9、悬索桥见图 1–10）和隧道两种方案（沉管法、TBM 法、钻爆法）的比选研究工作，经多次论证最后确定采用钻爆法隧道方案，主要考虑如下。

图 1–8　钢拱桥方案示意

图 1–9　斜拉桥方案示意

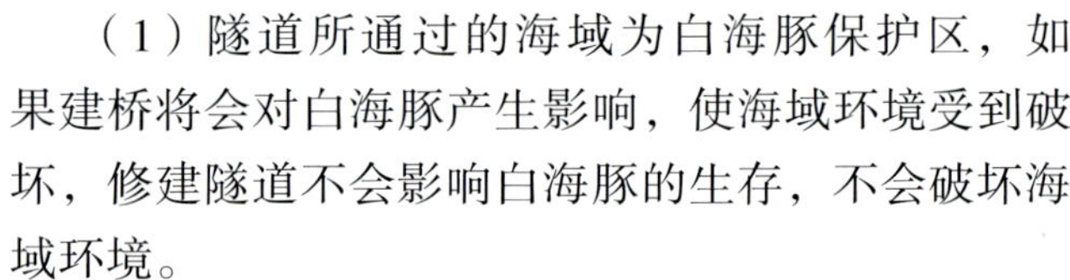

（1）隧道所通过的海域为白海豚保护区，如果建桥将会对白海豚产生影响，使海域环境受到破坏，修建隧道不会影响白海豚的生存，不会破坏海域环境。

（2）修桥要考虑港口和通航的要求，桥址西侧海域为厦门机场，东侧海域为港湾及旅游区，修隧道不影响机场、港口、旅游远景发展。

图 1–10　悬索桥方案示意

（3）厦门是台风多发区，每年 5~10 月是台风的高发期，特别是强台风来后大桥要封锁。为保证交通安全，大桥上不准车辆通行，台风期间势必造成交通瘫痪。修建海底隧道，就可以不受台风影响，全天候的通行，保证交通畅通。

（4）厦门岛内陆地面积有限，如果修建桥梁，其引桥长，占用陆地面积大。修建海底隧道不会占用大量的地面空间，而且还可以填海造地，绿化、美化地面环境。

（5）修建海底隧道在战争时优于桥梁，在抗震方面也优于桥梁。

（6）海底隧道使用期 100 年，耐久性方面优于桥梁。

根据翔安海底隧道所通过的地段，海底地质条件复杂。沉管法断面大，预制管段质量大，施工技术和经验尚不够成熟；用 TBM 法由于断面大，工程地质复杂，造价高，予以否定；最后确定该海底隧道采用钻爆法施工。

第二节　工程地质与水文地质

一、区域地质

厦门地区所处大地构造单元为闽东中生代火山断拗带（二级构造单元）之闽东南沿海变质带（三

级构造单元）。在此构造单元内，对隧址区地质构造具有控制意义的断裂构造为长乐—诏安断裂带和九龙江断裂带。

长乐—诏安断裂带位于东南沿海丘陵地带，呈北东向平行海岸线展布，北起闽江口，经长乐、惠安、泉州、厦门、诏安，向南延伸至广东南澳、惠来入海，长约 450km。该断裂带由一系列近于平行、长短不一的断层组成，带宽 38~58km。该断裂带上地震活动较弱，最新活动年代为晚更新世早期。

九龙江断裂带分布于厦门、漳州和南靖等地，北西至东西走向，由 2~3 条次级断裂组合而成，长 120km 以上。断裂形成于晚侏罗世，沿断裂片理化、糜棱岩化现象明显。在晚第四纪时期，该断裂某些地段有较强活动，扭断水系，断错上更新统地层。此外，沿断裂带也是地热异常带，多次发生过 5~6.5 级地震。

本次海域地震反射勘探发现，数条轴向测线均有 3 条强风化基岩深槽，呈北西及近南北向展布，F1 走向北西 276°，F2 走向北西 304.5°，F3 走向北西 345.5°。经钻孔验证，强风化层深厚，部分岩芯可见密集的高角度裂隙及碎裂特征。

二、工程地质

地质调绘和钻探揭示，勘察场区地层主要为第四系覆盖层及燕山期侵入岩两大类。

1. 第四系地层

第四系地层以侵入岩残积土为主，其次为上更新统冲洪积，以白色基调为主的黏性土（当地称白土）和黏土质砂，少量全新统冲坡积或海积砂土、黏性土、淤泥等。

各类土体特征及分布情况如下。

（1）填筑土（Q_4^{me}）：多为杂填土，局部为素填土，结构疏密不均，主要分布于五通岸人口居住区，厚度一般不超过 3m，西滨岸仅以海堤、塘埂、路堤等形式出现。

（2）全新统海积淤泥（Q_4^{m}）：灰色 ~ 灰黑色，含贝壳碎片，土质均匀，黏性较强，流动 ~ 流塑状，局部混少量砂；主要分布于港湾及沿海潮间带，陆域沟、塘中有少量分布。场区潮滩前缘地带此类土较厚，钻孔揭示最厚处达 6m 左右。

（3）全新统海积砂类土（Q_4^{m}）：多呈灰色，局部呈浅黄色，多为中、粗砂，结构松散，成分以石英为主，分选性差；局部含较多泥质和贝壳碎片，呈淤泥混砂状。其主要分布于海岸边及浅海暗礁群内，厚度一般不超过 7m。

（4）全新统亚黏土、淤泥质亚黏土及泥炭质土：场区丘间洼地表部一般均有全新统冲洪积亚黏土（Q_4^{al+pl}），颜色以黄褐色居多，洼地边缘过渡为棕红色，软塑状为主，局部流塑或硬塑状，层厚一般小于 2m；滨海低凹处常有湖沼相灰色淤泥质黏土（Q_4^{l}）或黑色泥炭质土（Q_4^{f}）分布其下，流塑 ~ 软塑状。翔安岸 XZK25 孔、XZK26 孔及连接线段 ZSK7 孔、YSK16 孔揭示了此类地层，分布高程在 0~7m，泥炭层厚度一般小于 1m，淤泥质黏土厚度小于 3m。五通岸低洼处局部地段也可能有此类土分布。

（5）上更新统冲洪积黏性土及黏土质砂（Q_3^{al+pl}）：此类土以白色为主基调，残丘边缘过渡为棕黄杂灰白色，以砂质黏性土为主，某些深度可出现细腻的黏土夹层，硬塑 ~ 半干硬状。下部往往夹密实的黏土质中粗砂透镜体，该土层砂粒含量及粒径垂向变化大；海域中翔安岸养殖场区 XZK15、XZK16、ZTK18、XZK19~XZK21 孔揭示的更新统冲洪积中粗砂局部含卵、砾石，最大粒径可达 10cm 左右，反映出山前古冲沟或古洼地的沉积特征。前者在场区丘间洼地均有所分布，揭示最大厚度近 15m。翔安岸揭示该类土顶界最高点为 4.88m（初勘 ZSK5 孔），五通岸 YSK15 孔于高程 5.72m 即揭露该类土。

（6）第四系残积层（Q^{el}）：表部均为棕红色，往下过渡为棕红杂黄色、灰白色花斑状，以砂质黏土、亚黏土居多，硬塑 ~ 半干硬状，广泛分布于残丘台地，厚度多为 5~10m（注：本次勘察以矿物风化程度、原岩结构以及标准贯入击数等综合因素作为残积土与全风化层的划分标准）。

2. 基岩

场区基岩以燕山早期第二次侵入的花岗闪长岩及中粗粒黑云母花岗岩为主，海域及五通岸为花岗闪长岩分布区，翔安侧潮滩及其以北地带为黑云母花岗岩分布区。其内穿插二长岩、闪长玢岩、辉绿岩（玢岩）等岩脉。岩脉以辉绿岩最为多见，多沿本场区最为发育的近南北向及北北东向高角度裂隙侵入，脉宽一般不足 1m，个别部位宽达 10~20m；二长岩脉多分布于 F1、F4 深槽，ZTK17、EXK33、EXK48 钻孔也有揭示，在五通侧潮滩后缘（初勘 CZK4 孔附近）有所出露，总体呈北东东向展布，延伸不远，最宽处约 10m，其内原生节理及密闭裂隙很发育；五通岸 XZK9 孔揭示了微风化的闪长岩，翔安岸钻孔多处揭示了已风化为土状的细粒闪长岩，连接线（初勘 ZSK11 及 YSK12 孔）还揭示了闪长玢岩脉体。基岩按风化程度可分为全、强、弱、微四个风化带，各带特征见表 1–1。

风化岩体主要地质特征一览表　　表 1–1

风化带	主要地质特征	纵波速度（m/s）	
		范围	平均值
全风化	全部变色，为灰白色杂棕红色；岩石的组织结构完全破坏，呈土状或砂状；除石英颗粒外，其余矿物大部分风化蚀变为次生矿物；锤击有松软感，出现凹坑，岩芯用手可捏碎	1 330~1 846	1 722
强风化	大部分变色，为棕红色杂灰白色，只有局部岩块保持原色；岩石的组织结构大部分已破坏；沿裂隙面含次生夹泥；除石英外，长石、云母和铁镁矿物已风化蚀变；锤击哑声，岩石变酥，易碎，用镐撬可以挖动	1 918~2 171	1 997
弱风化	岩石表面或裂隙面大部分变色，但断口仍保持新鲜岩石色泽；岩石原始组织结构清晰完整，呈块状，裂隙面风化剧烈；岩石矿物清晰；锤击声脆，开挖需用爆破	3 938~4 453	4 100
微风化	岩石表面或裂隙面有轻微褪色；岩石组织结构无变化，保持原始完整结构，呈块状；岩石矿物清晰；锤击发音清脆，开挖需用爆破	5 000~5 758	5 180

（1）全风化带（W_4）：全风化花岗闪长岩及黑云母花岗岩一般呈棕黄 ~ 灰黄色，含灰白色及褐色斑点，岩体已呈砂质黏土或砂质亚黏土状；全风化辉绿岩为灰黄含黑褐色细纹，呈硬塑 ~ 半干硬黏土状；全风化闪长岩为灰黄 ~ 浅黄色，岩体呈硬塑黏土状；全风化闪长玢岩多为紫红含灰白斑点，呈硬塑 ~ 半干硬黏土状；全风化二长岩多白色，含较多高岭土，呈硬塑黏土状。全风化带的厚度主要取决于其顶部受剥蚀程度，两岸普遍较厚，一般为 10~30m，海域内变化很大，浅海区及五通岸潮滩区该风化带几乎被冲刷剥蚀殆尽，但构造破碎带内仍可达 30m 左右。

（2）强风化带（W_3）：花岗闪长岩及黑云母花岗岩强风化带呈棕黄 ~ 灰黄色，从上至下一般为砾质黏性土—泥质砂砾石土—酥脆岩体过渡，中下部常有大小不等的弱 ~ 微风化球状残余体，辉绿岩、闪长岩、闪长玢岩等脉岩强风化带为棕黄色，呈坚硬土 ~ 极软岩状，风化差异不及前两者明显。强风化带顶界高程一般低于 –10m，厚度一般小于 15m，构造破碎带内可达 30m 以上；在个别风化深槽内，其底界可深至 –100m 以下（注：以标准贯入击数是否达到 50 击 /30cm 作为划分全、强风化带的标准）。

（3）弱风化带（W_2）：该风化带的主要特征是岩体被较多风化裂隙切割，风化裂隙一般追踪构造裂隙或原生节理发育，部分追踪低倾角裂隙，裂隙两侧数毫米至数厘米范围内的矿物风化呈黄色，部分裂隙内充填物或胶结物已风化为泥，岩块大部仍保持原岩特征，仅边缘带变软。该风化带为强风化与微风化的过渡带，弱风化花岗闪长岩厚度一般不超过 5m，局部追踪构造破碎带可达很深部位；弱风化黑云母花岗岩最厚处达 30m。

（4）微风化带（W_1）：花岗闪长岩及中粗粒黑云母花岗岩为灰白色，后者常见暗色包体；辉绿岩脉呈灰绿色，石英岩脉呈白色，二长岩脉呈淡黄色，闪长玢岩呈灰黑色，钻孔未揭示其他脉岩新鲜岩体。上述微风化岩石均属硬质岩类，岩脉多沿高角度构造裂隙侵入，两者界面多很规则，熔融现象不明显。微风化带顶界形态主要受构造控制，岩体完整地带其顶界较平缓，构造破碎或裂隙发育带则顶界变化很大。场区基岩微风化顶面多处于 –55~0cm，少数风化深槽处低于 –70m。

（5）微风化岩破碎带：颜色与原岩基本相同。其多分布于风化槽轴线附近，岩体被三组以上构造裂隙切割，裂隙间距小于 20cm，岩体被割成碎石状，岩质仍较硬，少数裂隙内存在碎屑物，一般呈高角度带状产出。

三、水文地质

1. 地下水类型

根据地下水含水层所处的位置不同，场区地下水可分为陆域地下水和海域地下水两大类。

（1）陆域地下水

分布于陆域范围内地层中的地下水，据其赋存形式分为松散岩类孔隙水、风化基岩孔隙裂隙水、基岩裂隙水三种，均为潜水。其中松散岩类孔隙水赋存于第四系残积层中，风化基岩孔隙裂隙水赋存于基岩全 ~ 强风化层中，基岩裂隙水赋存于弱微风化基岩的风化裂隙及构造裂隙中。陆域地层中除可能存在的富水性好的基岩破碎带外，均为弱富水，渗透性较差，属于弱或微含水层。陆域地下水主要受大气降水的补给，就近向低洼地段排泄，总体上属于潜水；仅局部洼地（如隧道出口处）因上覆土层中含大量高岭土的黏土而存在相对隔水层，地下水具有承压性，但承压水头是变化的，干旱季节由承压转为无压。

（2）海域地下水

主要指海域范围内地层中的地下水，据其赋存形式分为松散岩类孔隙水、风化基岩孔隙裂隙水及基岩裂隙水三种。其中，松散岩类孔隙水赋存于第四系全新统海积层中，风化基岩孔隙裂隙水赋存于基岩全 ~ 强风化层中，基岩裂隙水赋存于弱微风化基岩的风化裂隙及构造裂隙中。海域地层中除海积的砂层（主要赋积在 K10+900 以东西滨滩涂地段）及可能存在的富水性好的基岩破碎带外，总体上富水性弱，渗透性较差，为弱或微含水层。海域地下水主要为海水的垂直入渗补给。

2. 地下水动态及补、径、排条件

1）陆域地下水

（1）松散岩类孔隙水：地下水的动态受气候、地形的影响明显。地下水水位变化随降雨的强度、频率变化剧烈，且有滞后现象。随地形的变化，地下水水位变化很大，水位变幅一般在 0.33~4.0m。5~6 月份水位最高，12 月至翌年 2 月最低。大气降水是地下水的主要补给源，降水垂直入渗后，由高处向低洼处径流，所以低洼处孔隙水除受大气降水的直接入渗补给外，还受侧向径流的补给。其局部受岩性影响略具承压性。松散岩类孔隙水除蒸发、人工抽取排泄外，多排向沟溪、河流、入海，少部分入渗补给下部弱含水岩组。

（2）全 ~ 强风化岩层孔隙裂隙水：与松散岩类孔隙水实为一层地下水，两者间并无明显隔水层存在，全 ~ 强风化岩层孔隙裂隙水直接受上部松散岩类孔隙水的下渗补给，然后又缓慢地径流或侧向补给基岩裂隙含水岩组。

（3）基岩裂隙水：除出露地表者可直接接受大气降水的入渗补给外，隐伏型基岩均受其他类型地下水的入渗补给，其径流严格受裂隙形态控制，呈层状或带状，有时互不连通，无统一水面。

2）海域地下水

其动态和补、径、排条件，均较陆域简单，三种地下水类型之间均无隔水层存在，可视为一个无限厚的弱含水层，因同位于海水之下，均受海水的垂直入渗补给，仅隐伏于下部的含水岩组接受上部含水岩组的入渗补给或越流补给。

陆域地下水与海域地下水之间存在一条过渡带，受潮汐涨落影响，当海水处于高潮时，海水向陆域径流，补给陆域地下水，反之陆域地下水向海域排泄。XZK9（五通竖井钻孔）正处于海陆过渡带上，其地下水水头变化受潮汐影响明显：当海水淹没时，地下水随潮汐涨落而升降；当海水完全退出时，地下水缓慢下降渐趋于平稳状态。过渡带的宽窄因地而异，五通岸较窄，西滨岸较宽。

3. 地下水的侵蚀性

（1）陆域地下水

陆域地下水浅部一般为中性淡水，pH 值在 6.64~7.15，但受所处环境的影响变化较大。其矿化度和水化学类型具有分带性，矿化度从远离海域到近海区矿化度由小变大，179.46~3 350mg/L，而在过渡带上则高达 10 000mg/L 以上。水化学类型则由 HCO_3—Ca 渐变为 HCO_3—Cl—Na · Ca 乃至 Cl—Na 型。深部地带呈弱酸性（如 YSK4 和 ZSK5）。根据《公路工程地质勘察规范》（JTJ 064—98）附录 D 的判定，陆域地下水在Ⅲ类环境下（Ⅲ类环境系指各气候区中，混凝土弱透水层中，均不具有干湿和冻融交替作用）对混凝土，在五通岸具有分解类中等碳酸型及弱酸型腐蚀作用（如 YSK4）、在西滨岸具有分解类弱碳酸型及弱酸型腐蚀作用（如 ZSK5、XZK26）。

依据《岩土工程勘察规范》（GB 50021—2001）第 12.2.4 条、第 12.2.5 条判定，陆域地下水对钢筋混凝土结构中的钢筋无腐蚀性，对钢结构具有弱腐蚀性。

（2）海域地下水

无论是抽水初期或抽水末期，海域地下水的化学成分变化不大，与海水成分也极相近，均为中性碱水，水化学类型为 Cl—Na · Mg 型。按照《公路工程地质勘察规范》（JTJ 064—98）附录 D 的判定，海域地下水在Ⅲ类环境下对混凝土均具有弱结晶类、弱结晶分解复合类腐蚀作用。

依据《岩土工程勘察规范》（GB 50021—2001）第 12.2.4 条、第 12.2.5 条判定，海域地下水对钢筋混凝土结构中钢筋具有弱腐蚀性，对钢结构具有中等腐蚀性。

过渡带地下水（XZK9）对钢筋混凝土结构中的钢筋具有弱腐蚀性、对钢结构具有中等腐蚀性。

4. 岩土层渗透系数

岩土层渗透性指标的确定通过现场水文地质试验（抽水、压水）和室内试验（渗透系数、渗透破坏）获得。

将区内抽水试验、压水试验和室内渗透试验获得的全 ~ 强风化岩体的渗透系数进行分级统计，除去极值，按加权平均获得均值，即可确定隧道涌水量的渗透系数，见表 1–2。

全区渗透系数统计表 表 1–2

工程位置		岩性	渗透系数均值 K（$\times 10^{-5}$cm/s）			渗透系数建议值 K	
			室内测试	压水试验	抽水试验	m/d	$\times 10^{-5}$cm/s
陆域	五通	坡残积 + 全风化	6.4	—	1 105.3	0.480	555.9
		全风化岩层	30.2	—	49.0	0.034	39.6
		强风化岩层	488.5	—	41.6	0.485	265.1
		弱、微风化岩层	5.0	—	239.6	0.106	122.3
	翔安	坡残积 + 全风化	25.4	—	295.7	0.139	160.6
		全风化岩层	95.7	—	—	0.083	95.7
浅滩	五通	全风化岩层	47.2	—	—	0.041	47.2
		弱、微风化岩层	—	—	112.8	0.098	112.8
		微风化岩层	—	—	2.3	0.002	2.3

续上表

工程位置		岩性	渗透系数均值 K（$\times 10^{-5}$cm/s）			渗透系数建议值 K	
			室内测试	压水试验	抽水试验	m/d	$\times 10^{-5}$cm/s
浅滩	翔安	海积砂层	—	—	539.9	0.467	539.9
		黏土	4.0	—	—	0.004	4.0
		全风化岩层	40.4	—	—	0.035	40.4
		强风化岩层	155.7	—	—	0.135	155.7
		弱风化岩层	—	—	99.5	0.086	99.5
海域	F1	全风化岩层	29.4	13.8	8.2	0.015	17.1
		强风化岩层	30.1	12.7	—	0.019	21.4
		弱风化岩层	—	33.0	—	0.029	33.0
		微风化岩层	—	2.3	—	0.002	2.3
海域	F4	全风化岩层	25.2	20.5	32.4	0.018	20.5
		强风化岩层	45.7	46.2	—	0.040	46.2
		弱、微风化岩层	—	—	13.9	0.012	13.9
	F4–F2	全风化岩层	51.3	—	97.2	0.032	37.1
		强风化岩层	81.7	—	41.6	0.053	61.7
		弱风化岩层	660.0	—	—	0.570	660.0
		微风化岩层	—	—	12.7	0.011	12.7
	F2	全风化岩层	25.8	37.0	35.8	0.028	32.9
		强风化岩层	61.9	155.8	109.6	0.094	109.1
		弱风化岩层	—	189.6	195.6	0.166	192.6
		微风化岩层	—	6.3		0.087	100.8
	F3	全风化岩层	26.4	127.2	52.1	0.059	68.6
		强风化岩层	47.6	108.7		0.060	69.5
		弱风化岩层	—	12.7	133.1	0.115	133.1
		微风化岩层	—	3.4		0.059	68.3
	F3–浅滩	全风化岩层	54.2	37.0	—	0.039	45.6
		强风化岩层	91.4	141.2	—	0.100	116.3
		弱风化岩层	—	40.5	—	0.035	40.5

四、陆域不良地质条件

1. 陆域工程地质条件

厦门翔安海底隧道陆域超浅埋、浅埋段全长 1 300m，隧道埋深 1.7~27.6m。洞口超浅埋施工图如图 1–11 所示，地质为全 ~ 强风化花岗岩，设计按 V 级围岩，地下水位高，地下水极丰富，施工难度极大。

陆域段浅埋全 ~ 强风化岩体主要地质特征见表 1–1，陆域浅埋段全 ~ 强风化岩体主要物理力学参数见表 1–3。

图 1-11　洞口超浅埋施工场景图

陆域浅埋段全～强风化岩体主要物理力学参数　　表 1-3

地层代号	岩土名称	工程特性	容许承载力 $[\sigma_0]$	压缩模量 E_s	重力密度 γ	动弹性模量 E_d	动剪切模量 G_d	静弹性模量 E	泊松比 μ	计算摩擦角 ϕ	摩擦系数（圬工与围岩）f
			kPa	MPa	kN/m^3	GPa	GPa	GPa		°	
W_4	全风化带	中等压缩性，承载力较高	220	9.0	18	0.7	0.2	0.1	0.48	25	0.3
W_3	强风化带	中等压缩性，承载力较高	300	10.0	19	2.4	0.8	1	0.46	30	0.4

岛内五通端右洞隧道洞口及陆域浅埋 YK6+559~YK7+524 段长 965m，为软弱富水 V 级围岩，图 1-12 为该段富水全～强风化花岗岩洞内施工超前地质预报钻孔芯样图。

2. 陆域水文地质条件

施工段为陆域地下水，浅部一般为中性淡水，pH 值在 6.64~7.15。渗透系数值见表 1-2，涌水量见表 1-4。五通端进洞口工程地质状况见图 1-13。

图 1-12　富水全～强风化花岗岩岩芯样图

图 1-13　厦门五通端进洞口工程地质状况

陆域浅埋段涌水量预测表　　表 1-4

工程位置	分段编号	岩　性	起 止 里 程	分段长度（m）	Q_1（m³/d）	Q_2（m³/d）	Q_s（m³/d）
右行车道隧道	2	全风化	K6+619~K7+210	591	1 406.7	880.4	303.4
	3	弱风化	K7+210~K7+333	123	948.2	608.0	210.7
	4	微风化	K7+333~K8+145	812	967.3	798.3	273.1
	17	全风化	K12+255~K12+370	115	528.4	236.8	81.6
	18	亚黏土	K12+370~K12+410	40	109.1	37.6	12.8

五、海域不良地质条件

1. 海域风化深槽地质条件

翔安海底隧道风化深槽（囊）全长 1 089m，行车右线五通端海底 145m 风化槽是翔安海底隧道中 12 条风化深槽地质条件最差、施工难度最大、长度最长的一条风化槽，如图 1-14 所示。

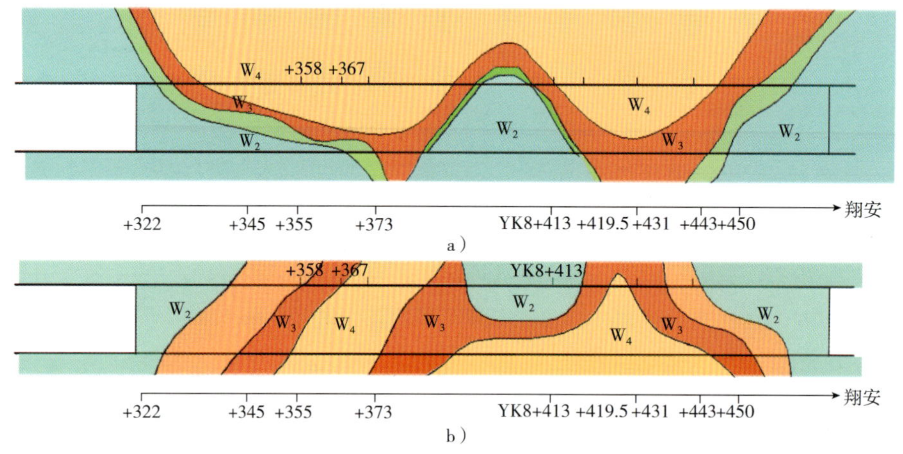

图 1-14　F1 海底风化深槽平纵剖图

a）剖面图；b）平面图

海底风化槽以 W_3 强风化花岗岩和 W_4 全风化岩为主，夹二长岩岩脉，两侧为弱风化花岗岩（石质），围岩级别为Ⅴ级。主要组成为弱风化花岗闪长岩（灰白色，中 ~ 粗粒结构，块状构造，岩石表面较粗糙，岩芯多呈 10cm 不规则柱状，岩质硬，裂隙发育）、强风化花岗闪长岩（褐黄色为主，杂少量白斑，岩石风化严重，呈硬塑砂质黏性土状，砂、砾成分主要为石英，且局部含较多高岭土）、强风化二长岩岩脉（褐黄色杂灰白色斑，岩石风化呈硬塑黏性土状含少量风化残块）。其中强风化二长岩脉因高岭土矿物含量较高，具有弱膨胀潜势，其他全 ~ 强风化岩不具膨胀性，但局部段高岭土矿物含量较高具有弱膨胀潜势，风化深槽主要地质特征见表 1-1。F1 风化槽地质取芯样见图 1-15，F4 风化囊地质取芯样见图 1-16。

图 1-15　F1 风化深槽地质取样图

图 1–16　F4 风化囊地质图

2. 海域水文地质条件

海域范围内地层中的地下水，据其赋存形式分为松散岩类孔隙水、风化基岩孔隙裂隙水及基岩裂隙水三种。基岩全海域地层中富水性强（图 1–17），渗透性较大，海域地下水主要受海水的垂直入渗补给。

根据海域钻孔抽水试验之前的地下水静止水位与潮水位同步观测结果可知，海域地下水静止水位变化随潮汐的涨落而升降。其升降幅度与潮汐涨落并不完全一致，当含水层的渗透系数大时，地下水静止水位的升降几乎与潮水的涨落同步；高潮时地下水位低于潮水位 0.16m，低潮时地下水位高于潮水位 0.13m，地下水位升降滞后潮水 20min 左右。而当含水层的渗透系数小时，地下水位与潮水位相差较大，达 0.45~0.55m，滞后现象也明显延长，约 70min。当含水层的渗透系数更小时，两者相差更大，低潮时地下水位高于潮水位 0.23m，而高潮时地下水位则低于潮水位 1.29m，滞后现象在 90min 左右。若含水层的渗透系数极小时，地下水位基本不受潮水位的影响，如图 1–18 所示。

图 1–17　超前地质探孔泥水流出

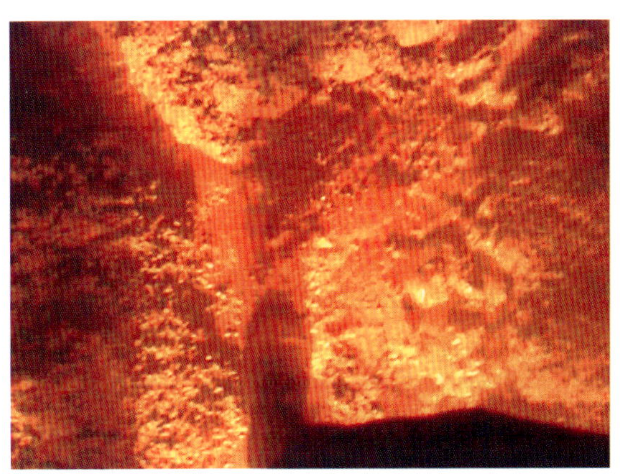

图 1–18　流变状、泥塑状风化深槽地质图

3. 风化深槽地质水文特点

（1）距离长，包括前后影响带总长达 1 089m。

（2）地质复杂，软硬交替，界面多变。

（3）全风化地层侵入隧道较多，对隧道施工影响大。

（4）全风化岩风化严重，呈泥塑状 ~ 流砂状，含水量大，水压力达 0.5MPa，与海水连通。注浆后的风化深槽地层见图 1–19。

图 1–19　注浆后的风化深槽地层

六、场区岩土体物理力学参数

1. 两岸接线场区岩土体工程特性及设计参数（表 1–5）

两岸接线场区岩土体工程特性及设计参数　　表 1–5

地层代号	岩土名称	工程特性	标准贯入 $N_{63.5}$（击 /30cm）	内摩擦角 φ（°）	内摩擦力 C_q（Pa）	容许承载力 $[\sigma_0]$（kPa）	压缩模量 E_s（MPa）
Q_4^{me}	填筑土	疏密不匀，工程特性相差悬殊	—	10.5	21.0	—	—
Q_4^{al+pl}	淤泥质黏土	低强度，高压缩性，灵敏度高	—	7	10	70	3.0
	泥炭质土		—	8	12	90	4.0
	亚黏土		9.0	9.0	23.0	140	6.0
Q_3^{al+pl}	黏性土	中等压缩性，承载力较高	15.2	18.5	36.0	200	7.0
	黏土质砂		—	30	2	300	—
Q^{el}	砂质黏土，亚黏土	中等压缩性，承载力较高	14.2	23.0	30.0	200	7.0
W_4	全风化带	中等压缩性，承载力较高	14.5	22.0	24.0	220	9.0

2. 暗挖隧道场区岩土体工程特性及设计参数建议值（表 1–6）

暗挖隧道场区岩土体工程特性及设计参数建议值　　表 1–6

地层代号	岩土名称	工程特性	容许承载力 $[\sigma_0]$（kPa）	压缩模量 E_s（MPa）	重力密度 γ（kN/m³）	动弹性模量 E_d（GPa）	动剪切模量 G_d（GPa）	静弹性模量 E（GPa）	泊松比 μ	计算摩擦角 φ（°）	摩擦系数（圬工与围岩）f
Q_3^{al+pl}	黏性土	中等压缩性，承载力较高	200	7.0	20	—	—	—	—	—	0.3
	黏土质砂		300		19	—	—	—	—	—	0.3
Q^{el}	砂质黏土，亚黏土	中等压缩性，承载力较高	200	7.0	18	—	—	—	—	—	0.3
W_4	全风化带	中等压缩性，承载力较高	220	9.0	18	0.7	0.2	0.1	0.48	25	0.3
W_3	强风化带	中等压缩性，承载力较高	300	10.0	19	2.4	0.8	1	0.46	30	0.4
W_2	弱风化带	连续性差，不均匀，抗剪、抗拉强度小	1 500	—	25	33	13	25	0.29	50	0.5
W_1	微风化带	连续性好，均匀，抗剪、抗拉强度高	>4 000	—	26.5	63	26	40	0.20	70	0.6
f	微风化岩破碎带	连续性较差，抗剪、抗拉强度较低	3 000	—	26	35	14	25	0.28	55	0.5

七、地震及区域稳定性

场址位于我国东南部地震活跃的东南沿海地震带内。在场址周围半径 150km 范围的区域内，历史上共记录到 35 次面波震级 $M_s \geq 4.7$ 级的地震，其中最大的地震为泉州海外于 1604 年发生的 7.5 级地震，距场址约 83km，影响烈度达Ⅶ度。距场址最近的强震是于 1185 年厦门海外发生的 6.5 级地震，距场址约 34km，影响烈度也是Ⅶ度左右。近场区 25km 范围内未记录到 3 级以上地震，近期共发生过面波震级 $M_s \geq 1.0$ 级微震 38 次，最大震级为 2.4 级。场址区共遭受到 6 次影响烈度为Ⅵ度以上地震的影响，其中有两次达到Ⅶ度。据《中国地震动参数区划图》（GB 18306—2001），本场址区地震动峰值加速度 0.15g，反应谱特征周期 0.40s，相当于地震基本烈度Ⅶ度。

第三节 工程施工特点与难点

本工程是国内第一条海底隧道，具有建设规模大、地质条件复杂、工程经验少、开挖断面大、技术难度高、施工风险大、社会影响大等特点。施工重点与难点主要包括陆域及浅滩全～强风化地段（含部分透水砂层）大断面浅埋（超浅埋）暗挖施工、海域全～强风化深槽段施工、超前地质预报、施工防灾预案、防排水、工程耐久性保证措施等。

一、工程施工特点

（1）开挖断面大：该海底隧道在Ⅴ级围岩段最大开挖宽度 17.2m，最大开挖高度 12.8m，最大开挖段面达 170.7m^2，目前在世界海底公路、铁路隧道中为最大断面的海底钻爆法公路隧道。

（2）长距离浅埋和超浅埋：该隧道在洞口段隧道埋置深度仅 4~5m，按 2.98% 的下坡向海底 500m 范围内，隧道埋置深度在 18~20m 范围内仍属浅埋暗挖法施工。厦门岛内五通端从洞口起 989m 范围内均属不良地质段，岛外翔安端 1 551m 均属不良地质段。五通端洞口全景见图 1-20。

图 1-20　五通端洞口全景图

（3）地质复杂、水量大、水压高、施工难度大：该隧道洞口陆域段和浅埋段多为杂填土（Q_4^{me}），局部为素填土、全新统海积淤泥（Q_4^{m}）、全新统海积砂类土（Q_4^{m}）、亚黏土（Q_4^{al+pl}）、淤泥质亚黏土（Q_3^{al+pl}）及泥灰质土、上更新统冲洪积黏性土及黏土质砂、第四系残积层（Q^{el}）及全～强风化花岗岩。地下水丰富，隧道在地下水和海水渗透水的包围之中，施工开挖困难。

（4）“V”形纵坡，下坡施工、排水困难，施工用水、围岩裂隙水、土层中的渗漏水都流向开挖掌子面，开挖时渗漏水都集中在掌子面，软弱围岩和黏土、砂土在水的作用下软化、塑化、液化，易引起开挖工作面拱顶下沉、坍塌和初期支护变形，施工难度大。

（5）施工风险大：陆域浅埋地质复杂易坍塌涌水、涌沙，在海域段有 4 条风化深槽（囊），风化深槽全强风化岩体破碎，强度低、自稳能力差，风化深槽（囊）含有大量泥沙、碎石，富含地下水，且与海水直接连通，在极端地质条件下存在发生渗透破坏的可能。其中，全强风化二长岩脉因高岭土矿物含量较高，具有弱膨胀潜势。安全通过海底风化深槽（囊）是该隧道的施工重点和难点，能否安全顺利地通过四个风化深槽（囊）是该隧道修建成败的关键。

（6）隧道结构防腐、抗渗要求高：本工程使用年限按 100 年设计，陆域段隧道二衬为 C45 防腐混凝土，抗渗等级为 S8；海域段隧道二衬为 C45 高性能防腐混凝土，抗渗等级为 S12；初期支护为 C25 混凝土。S8 防渗潮喷混凝土，要求初期支护达到不渗不漏；二次衬砌达到Ⅰ级防水要求，即无湿迹。

二、工程施工难点

1. 隧道穿越陆域浅埋全风化层段施工

浅埋段处于全风化地段，埋深浅，岩体强度极低，围岩自稳能力极差，且隧道处于地下水位以下。

在浅埋区施工，其不良地质问题是渗水和围岩变形，如果施工措施不当，可能导致隧道坍塌和冒顶。洞口浅埋不良地质段见图 1–21，砂层地段洞内涌水涌沙情况见图 1–22。

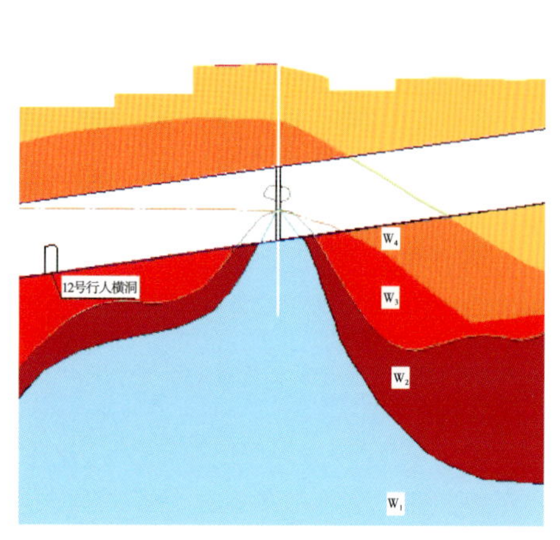

图 1–21　洞口浅埋不良地质段

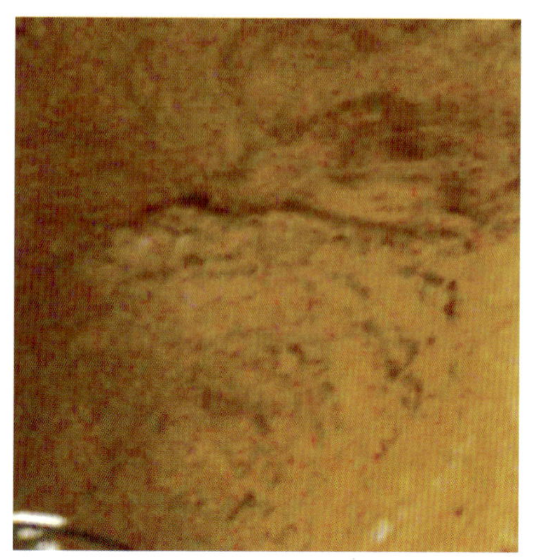

图 1–22　砂层地段洞内涌水涌沙情况

2. 隧道穿越富水砂层段施工

浅滩隧道约有 450m 穿越砂层。由于砂层为良好的含水层且与海水连通，透水性强，稳定性差，易发生涌水、涌沙和坍塌。翔安端富水砂层地段见图 1–23。

3. 隧道穿越海底风化槽段施工

隧道通过海底 F1、F2、F3、F4 四个风化槽（囊）时，岩层破碎含泥沙，并直接与海水连通。隧道顶部高水压（0.7MPa）容易将隧道覆盖层击穿，从而发生坍塌、突水。F1 风化深槽水平钻孔取芯如图 1–24 所示。

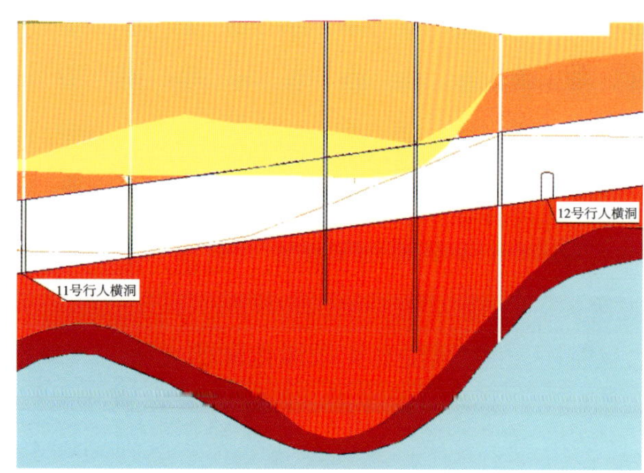

图 1–23　翔安端富水砂层地段

图 1–24　F1 风化深槽水平钻孔取芯

第二章

防海水耐蚀混凝土施工技术

第一节　防海水衬砌混凝土腐蚀分析技术

一、防腐蚀混凝土概述

厦门翔安海底隧道混凝土结构处于湿热的海洋大气和渗透海水的侵蚀介质环境中。海洋环境中的钢筋混凝土结构物，因氯离子侵蚀或碳化，导致其内部钢筋产生锈蚀乃至胀裂混凝土，尤其是氯离子腐蚀是造成海洋环境混凝土建筑物被破坏、丧失功能的最主要、最危险的因素。国内外大量的调查表明，本应有30年以上使用寿命的海洋环境混凝土结构，处于浪溅区的上部结构一般不到10年即锈蚀开裂破坏。产生这种破坏，除上述氯盐侵蚀的作用外，其内因是所设计的混凝土等级与品质对抵抗海洋恶劣环境因素侵蚀的能力较差。因此，针对厦门翔安海底隧道二次衬砌混凝土开展研究，以确定具有高抗海水侵蚀的高性能衬砌混凝土配合比，对从根本上提高混凝土建筑物的耐久性，保证建筑物的长期安全运行，是十分迫切的，具有明确的实用意义。

处于海洋环境中的混凝土建筑物，因碳化或氯离子的侵入导致钢筋锈蚀而产生破坏，是影响钢筋混凝土建筑物寿命的重要因素。对我国华南已建18座海港码头及浙江省东部沿海（如北仑某煤码头等）的一些钢筋混凝土工程的调查发现，20世纪50年代建成的一批建筑物，绝大多数已严重损坏，主要构件如梁、柱全部出现钢筋出露，有的锈断，一些工程已被迫停止使用；60年代建成的建筑物，大多数损坏或局部损坏，主要表现为顺筋裂缝，需进行大修或检修。调查表明，破坏最严重的部位是浪溅、潮差区，大气区也有破坏现象。

在20世纪60年代建造的旧金山海湾第二座San Mateo–Hayward跨海大桥上处于浪溅区的预制横梁，虽然为优质混凝土拌和物（水灰比0.45，水泥用量370kg/m^3），但由于梁体尺寸大（高3.75m，宽1.8m）、底部配筋密，加上蒸汽养护引起的微裂缝，给钢筋腐蚀创造了必要条件，因此发生了严重腐蚀，1980年不得不进行耗资巨大的修补，修补费是建造费的2倍。1990年修建的香港某隧道也出现了类似情况。

20世纪70年代以来，因结构耐久性不足带来的工程过早失效问题日益凸现。如美国等一些国家，50年代以后修建的混凝土工程设施，特别是混凝土桥面，先后出现病害、开裂，甚至严重破坏。日本引以为豪的新干线使用不到10年，就出现大面积混凝土开裂、剥蚀现象。在我国，现有房屋有的5年便已进入老化阶段，也就是说约23.4亿m^{3}的建筑面临耐久性失效问题。50年代初建造的大坝许多已成为危机四伏的“病坝”，截至1997年年底，拂子岭、梅山、响洪甸三座老坝共亏损1亿多元。部分机场道面10年之内严重破坏，部分公路路面3~5年内损坏，立交桥、港口、码头等短寿命工程为数众多。就隧道结构而言，虽然在我国建设历史尚不是很长，但因耐久性损伤造成破坏、使用性能降低的现象却处处存在。据1998年统计，我国铁路隧道受腐蚀而裂损的有734座，占隧道总数的13.2%。严重的如20世纪70年代建成的成昆铁路的某些区段，交付使用仅3年，就有22座发生化学腐蚀；到1978年普查，有的腐蚀深度已达30mm以上，有的隧道底部隆起达330mm。

美国1975年由于腐蚀引起的损失达700亿美元，1985年则达1 680亿，整个混凝土工程的价值约为6万亿美元，而今后每年用于维修或重建的费用即达3 000亿美元。英国英格兰岛中部环形快车道上的混凝土高架桥，初建费用为2 800万英镑，到1989年，维修共耗资4 500万英镑，是当初建造费用的1.6倍，预计以后15年内还要耗资1.2亿英镑，累积接近初始造价的6倍。上述数据反映了混凝土及其结构耐久性不足带来的非常严重的经济后果。国外学者曾用“五倍定律”形象地进行描述，即设计时对钢筋防护方面节省1美元，发现钢筋锈蚀时采取措施将追加维修费5美元，混凝土表面顺筋开裂时采取措施将追加维修费25美元，严重破坏时采取措施将追加维修费125美元。因此进行耐久性研究，综合考虑环境因素在混凝土及结构失效过程中的损伤作用，从结构设计、施工、运行和维护等各个阶段统筹考虑，全面提高和延长结构寿命，将具有重要的经济价值。

20世纪80年代后期，我国在厦门修建的高崎—集美跨海公路大桥，在腐蚀环境最严重的墩身中首次采用“双掺”技术作为防海水腐蚀方案。1996年开工建设的厦门海沧大桥，是一座长度为3 141m的大型跨海桥梁，主桥为长1 108m的悬索桥。该桥工程以选用优质原材料通过试验研究确定的混凝土“双掺”技术作为钢筋混凝土防海蚀和大体积锚碇防裂防海蚀的实用方案。

混凝土结构耐久性是基于材料耐久性的进一步深化。混凝土结构在自然环境和使用条件下，随着时间的推移，材料逐渐老化，伴随结构性能劣化，出现损伤甚至损坏，是一个不可逆的过程。它不是直接由力学因素引起的，首先是混凝土材料的物理化学作用的结果，继而影响到建筑物的使用功能和结构承载力的下降，最终会影响整个结构的安全。因此，混凝土结构的耐久性可以定义为：结构在正常设计、施工、使用和维护条件下，在规定时间内，由于结构构件性能随时间的劣化，但仍能够满足功能的能力。结构的耐久性还可以定义为结构在化学的、生物的或其他不利的因素作用下，在预定的时间内，其材料性能的恶化不致导致结构出现不可接受的失效概率；或指结构在要求的目标使用期内，不需要花费大量资金加固处理而能够保证其安全性和使用性的能力。

混凝土的耐久性也成为20世纪80年代以来历届混凝土学术会议必不可少的重要议题，有关混凝土耐久性国际会议已召开多次，反映了各国研究的最新成果。如由欧洲RILEM等公司发起的建筑材料与构件的耐久性国际会议，自1976年以来，每三年举行一次。1987年国际桥梁与结构学会（IABSE）在巴黎召开了“混凝土的未来”国际会议；1988年在丹麦召开了“混凝土结构的重新评估”国际会议；1989年美国和葡萄牙都举办了有关结构耐久性的国际会议；1991年美国和加拿大联合举行了第二届混凝土结构耐久性国际学术会议；1993年IABSE在丹麦哥本哈根召开了结构残余能力国际学术会议。结构的耐久性问题在我国也日益受到重视。1990年4月，原建设部组织成立了全国建筑物鉴定与加固委员会，多次召开学术交流会。全国钢筋混凝土标准技术委员会混凝土结构耐久性学会于1991年成立；中国土木工程学会混凝土与预应力混凝土学会混凝土耐久性专业委员会也于1992年11月在济南成立。我国的混凝土耐久性研究已进入有组织的工作阶段。原建设部在“七五”和“八五”期间都专门设立课题，研究混凝土的耐久性问题。“七五”攻关课题为“大气条件下钢筋混凝土结构耐久性及其使用年限”，包括结构的耐久性调查、钢筋锈蚀、混凝土碳化、温湿度对碳化的影响等；“八五”攻关课题为“预应力混凝土结构及混凝土耐久性技术”，包括拟建混凝土结构耐久性设计方法，在用混凝土结构的耐久性检测和评估方法，在一定条件下诸因素对混凝土结构耐久性的综合影响以及建立混凝土结构耐久性数据库等。

综上分析，以积极态度对在建工程采取主动防腐措施，研究和使用海洋工程高性能混凝土是目前国内外提高建筑物使用寿命的主要发展方向之一。

近十年来，随着混凝土科学技术的快速发展和高性能混凝土的出现，业界对混凝土的开裂机理又有了新认识：水泥比表面积越大，水灰比越低，混凝土早期强度和弹性模量增长速度越快，体积稳定性也越差，混凝土越易开裂；混凝土早期弹性模量高，徐变小，塑性收缩、自生收缩、干燥收缩大，是引起混凝土开裂的最主要因素。近年来，国内外提出的提高混凝土抗裂性的新措施主要有：掺用高性能多元胶凝掺和料（包括粉煤灰），制备早期强度低、水化温升低、后期强度持续增长的混凝土；掺用多组分膨胀剂、减缩抗裂剂，进一步提高混凝土的体积稳定性；掺聚合物纤维，降低混凝土的早期塑性收缩；掺用钢纤维或复合纤维，提高混凝土的抗拉强度和抗弯韧性等。这些技术措施已经陆续在多个行业的基础设施建设中获得应用，取得了较好的技术经济效果，经过充分试验研究后，可应用于厦门翔安海底隧道工程，提高海底隧道衬砌混凝土的抗裂性。

二、防海水衬砌混凝土抗碳化寿命分析

国内外学者对混凝土碳化进行了大量深入的研究，内容涉及碳化机理、碳化的影响因素、检测方法、预测模型、碳化对钢筋锈蚀的影响等。前期研究主要集中在宏观层次上，研究影响因素与预测模型等主要采用以试验为基础的经验法。20 世纪 80 年代末，希腊学者 Papadakis 从分子层次上研究了混凝土的碳化机理，使混凝土碳化的研究获得了较大的进展。

1. 碳化机理

水泥、水、砂和石子是组成混凝土的基本组分。其中水泥与水发生复杂水化反应，生成自身具有一定强度的水化产物——水泥；水泥同时将散粒状的砂和石子黏结起来，成为一个坚硬的整体。在混凝土硬化过程中，水用量中约 1/3 部分参加硬化反应，生成氢氧化钙。氢氧化钙在硬化水泥体中结晶，或者在其空隙中以饱和水溶液的形式存在，其 pH 值约为 12~13，呈强碱性。

在水泥水化过程中，因化学收缩、自由水蒸发等多种原因，致使混凝土内存在大小不同的毛细管、孔隙、气泡等，大气中的二氧化碳通过这些孔隙向混凝土内部扩散，并溶解于孔隙内的液相，在孔隙溶液中与水泥水化过程中产的可碳化物质（氢氧化钙）发生碳化反应，生成碳酸钙。混凝土碳化过程发生的主要化学反应如下。

$$CO_2+H_2O \longrightarrow H_2CO_3$$

$$Ca(OH)_2+H_2CO_3 \longrightarrow CaCO_3+2H_2O$$

$$3CaO\cdot 2SiO_2\cdot 3H_2O+3H_2CO_3 \longrightarrow 3CaCO_3+2SiO_2+6H_2O$$

$$2CaO\cdot SiO_2\cdot 4H_2O+2H_2CO_3 \longrightarrow 2CaCO_3+SiO_2+6H_2O$$

2. 碳化产生条件及影响因素

混凝土碳化是混凝土中的碱与环境中的二氧化碳（CO_2）发生化学反应，生成碳酸钙（$CaCO_3$）的过程。混凝土碳化的最直接结果，是导致混凝土的碱性降低，从而使混凝土表面的钝化膜破坏，钢筋因失去保护作用而产生锈蚀，最终导致结构破坏。因此，混凝土碳化是一般大气环境混凝土中钢筋锈蚀的前提条件。同时，混凝土碳化会加剧混凝土的收缩，这些都可以导致混凝土的裂缝和结构的破坏。

根据碳化的机理，碳化的产生必须满足两个条件：一是与混凝土结构接触的气体中一定浓度二氧化碳的存在；二是混凝土溶液碱性环境的存在。

作为混凝土内部物质与外界环境之间发生的一个反映过程，有它发生的必要条件，也必然受到诸多因素的影响、制约。

（1）混凝土配合比

混凝土的品质与水灰比、水泥品种、水泥用量和混凝土掺和料有关。

水灰比是决定混凝土性能的重要参数，它基本上决定了混凝土中的孔结构。水灰比越大，混凝土内部的孔隙率就越大。由于 CO_2 的扩散是在混凝土内部的气孔和毛细管中进行的，因此水灰比就从一定程度上决定了 CO_2 在混凝土中扩散速度，即碳化过程。

水泥品种不同，水泥水化产物中碱性物质的含量及混凝土的渗透性不同，从而影响混凝土的碳化速度。混凝土吸收 CO_2 的量取决于水泥用量和混凝土的水化程度，水泥用量越大，碳化速度越慢。

在普通混凝土中掺加粉煤灰后，由于水泥中的熟料量相应地减少，导致混凝土吸收 CO_2 的能力降低。同时，由于粉煤灰混凝土的早期强度低，孔结构差，加速了 CO_2 的扩散速度，从而使碳化速度加快。

（2）混凝土强度

混凝土的抗压强度是混凝土最基本的性能指标，也是衡量混凝土品质的综合参数。它能反映其孔隙率、密实度的大小。混凝土强度高，其抗碳化能力强。

养护方法和龄期的不同导致水泥的水化程度不同，在水泥熟料一定的条件下生成的可碳化物质的含量不等，从而影响混凝土的碳化速度。

（3）环境条件

环境条件指的是相对湿度、环境 CO_2 浓度和环境温度。

环境相对湿度通过湿度平衡决定着孔隙水的饱和度，一方面影响着 CO_2 的扩散速度；另一方面，由于混凝土碳化的化学反应均需在溶液中或固体与液体界面上进行，因此相对湿度也是决定碳化反应快慢的因素之一。环境中 CO_2 浓度越大，混凝土内外 CO_2 浓度梯度就越大，CO_2 越容易扩散进入孔隙，同时化学反应速度也加快。

温度的升高可促进碳化反应速度的提高，更主要的是加快了 CO_2 的扩散速度。温度的交替变化也有利于 CO_2 的扩散。

3. 碳化危害

混凝土碳化反应产生的主要产物 $CaCO_3$ 属于非溶解性钙盐，比原反应产物的体积膨胀约 17%，因此，混凝土的凝胶孔隙和部分毛细孔隙管将被碳化产物堵塞，使混凝土的密实度和强度有所提高，一定程度上阻碍了 CO_2 和 O_2 向混凝土内部的扩散，这是有利的一面。另一方面，碳化会使混凝土的脆性变大。但从总体上讲，碳化对混凝土力学性能及构件受力性能的负面影响不大。

碳化的主要危害是引起钢筋锈蚀，影响结构的耐久性。混凝土碳化使混凝土的 pH 值降低。完全碳化混凝土的 pH 值为 8.5~9.0，钢筋表面强碱性环境中形成的“钝化膜”被活化，钢筋将会因失去“钝化膜”的保护作用而产生锈蚀。

4. 碳化残量研究

英国学者 Parrott 在试验中发现，影响钢筋锈蚀深度的一个主要因素是混凝土的碳化深度。在用酚酞试剂测定的碳化速度发展到距离钢筋表面某个长度时，钢筋就开始锈蚀，而且随着碳化深度加深，钢筋锈蚀速度加快，直到碳化深度发展到超过钢筋位置的某个长度时，钢筋锈蚀速度才基本稳定。

钢筋锈蚀是以钢筋表面的保护膜被活化为前提的，在混凝土碳化条件下，保护膜活化的诱因是混凝土 pH 值下降到一定的量值。混凝土中的钢筋，存在着两个临界 pH 值：一是 pH=9.88，这时钢筋表面的钝化膜开始生成，或者说低于此临界值时钢筋表面不会有钝化膜存在，即完全处于活化状态；二是 pH=11.5，这时钢筋表面才能形成完整的钝化膜，或者说低于此临界值时钢筋表面的钝化膜仍是不稳定的。研究表明，要维持混凝土中的钢筋处于保护状态，混凝土的 pH 值必须大于 11.5。

在混凝土碳化过程中，混凝土的 pH 值由外向内逐渐升高，根据 pH 值变化情况可将混凝土划分为三个区域，即完全碳化区、部分碳化区和未碳化区。未碳化区的 pH 值大约为 12.5，完全碳化区的混凝土的 pH 值为 8.5，部分碳化区的 pH 值为 8.5~12.5。因此，当钢筋位于部分碳化区，即碳化完全到达钢筋表面时，钢筋就有可能已经开始腐蚀。

为了研究混凝土碳化深度和钢筋锈蚀的关系，研究者进行了大量的工程调查和试验。结果表明，碳化深度达到钢筋表面和钢筋锈蚀并不具有对应的关系。在某些环境下，碳化深度超过钢筋表面 20~30mm 钢筋才开始锈蚀；而在另外一些环境中，用酚酞试剂测定的碳化深度未到达钢筋表面，但钢筋已经产生锈蚀。

基于碳化深度和钢筋锈蚀之间的关系，日本学者岸谷孝一提出了“碳化参量”的概念。其定义为：钢筋开始锈蚀时，用酚酞试剂测出的碳化前沿到钢筋表面的距离。碳化残量不同于部分碳化区长度，它由混凝土的部分碳化区长度和钢筋的脱钝速度控制。在部分碳化区的有效范围内，碳化残量由脱钝速度控制，在脱钝过程中，碳化仍在进行，能够比较明确地反映碳化深度与钢筋锈蚀之间的关系。在试验和工程检测资料的基础上可得知，碳化残量与碳化系数、局部环境系数和保护层厚度等有关。

三、防海水衬砌抗氯离子侵蚀分析

1. 氯离子侵蚀混凝土结构的机理

氯离子进入混凝土内部，当钢筋表面氯离子达到一定浓度值时，会破坏钝化膜，引起钢筋锈蚀。由于钢筋的锈蚀作用，会导致钢筋强度降低、钢筋截面减小、混凝土保护层开裂、钢筋与混凝土之间的黏结力下降等，造成结构的耐久性损伤。这是氯离子侵蚀造成结构耐久性损伤的主要途径。也就是说，氯离子侵蚀造成结构损伤是通过钢筋锈蚀间接引起的。

氯离子对钢筋锈蚀的影响主要表现在以下四个方面。

（1）破坏钝化膜

水泥水化的高碱性使混凝土内钢筋表面产生一层致密的钝化膜。该钝化膜中含有 Si—O 键，它对钢筋有很强的保护能力。然而，该钝化膜只有在高碱性的环境中才是稳定的，当 pH<11.5 时就开始不稳定，当 pH<9.88 时该钝化膜生成困难且已经生存的钝化膜逐渐破坏。Cl^- 是极强的去钝化剂。Cl^- 进入混凝土到达钢筋表面吸附于局部钝化膜处时，可使该处的 pH 值迅速降低，可使钢筋表面的 pH 值降低到 4 以下，从而破坏钢筋表面的钝化膜。

氯离子对钢筋的腐蚀作用并不是从氯离子扩散到“钝化膜”表面开始的，而是有一个累积过程。只有当钢筋表面的氯离子累积浓度达到一定量值，才会引起钝化膜活化，诱发钢筋锈蚀。一般将钢筋开始锈蚀时，钢筋周围混凝土溶液中游离氯离子的浓度称为临界浓度。当“钝化膜”表面的实际氯离子累积浓度高于氯离子的临界浓度时，钝化膜被破坏，钢筋失去保护，开始锈蚀；反之，钢筋表面钝化膜将处于稳定状态，保护钢筋不发生锈蚀。因此，氯离子侵蚀条件下，钢筋开始锈蚀时间与混凝土内部的氯离子扩散浓度和临界浓度值密切相关。

（2）形成腐蚀电池

在大面积的钢筋表面上具有高浓度氯化物，则氯化物所引起的腐蚀可能是均匀腐蚀，但在不均质的混凝土中，常表现为局部腐蚀。Cl^- 对钢筋表面钝化膜的破坏发生在局部，使这些部位露出了铁基体，与尚完好的钝化膜区域形成单位差。大面积钝化膜区域作为阴极，铁基体作为阳极形成电池作用。腐蚀电池作用的结果是，在钢筋表面产生蚀坑，由于大阴极对应于小阳极，蚀坑发展十分迅速。

（3）去极化作用

Cl^- 不仅促成了钢筋表面的腐蚀电池，而且加速了电池作用。Cl^- 与阳极反应产物 Fe^{2+} 结合生成 $FeCl_2$，将阳极产物及时地“搬运”走，使阳极过程顺利甚至加速进行。通常把使阳极过程受阻称作阳极极化作用，而将加速阳极极化作用称为去极化作用。Cl^- 正是发挥了阳极的去极化作用。在氯离子存在的混凝土中，在钢筋的锈蚀产物中很难找到 $FeCl_2$。这是因为 $FeCl_2$ 是可溶的，在向混凝土内部扩散时遇到 OH^- 就能生成 $Fe(OH)_2$ 沉淀，再进一步氧化成为铁的氧化物，就是通常所说的铁锈。由此可见，Cl^- 起到了搬运的作用，却并不被消耗。也就是说，凡是进入混凝土中的 Cl^- 会周而复始地起到破坏作用，这也是氯离子危害的特点之一。

（4）导电作用

腐蚀电池形成的主要因素之一就是要有离子通路。混凝土中 Cl^- 的存在强化了离子通路，降低了阴阳极之间的欧姆电阻，提高了腐蚀电池的效率，从而加速了电化学腐蚀过程。氯化物还提高了混凝土的稀释性，这也能够减小阴阳极之间的欧姆电阻。

上述四方面影响中，破坏钝化膜是氯离子侵蚀引起钢筋锈蚀的原因。

2. 氯离子入侵混凝土内部的机理

氯离子从外部环境通过混凝土内部的孔隙和微裂缝体系从周围环境向混凝土内部传递。氯离子传输过程是一个复杂的过程，涉及许多机理，目前已经了解的氯离子侵入混凝土的方式主要有以下几种。

（1）毛细管作用：氯离子向混凝土内部干燥的部分移动。

（2）渗透作用：在水压力作用下，氯离子向压力较低的方向移动。

（3）扩散作用：由于浓度差的作用，氯离子从浓度高的地方向浓度低的地方移动。

（4）电化学迁移：氯离子向电位较高的方向移动。

3. 氯离子的种类

一般来讲，混凝土中的氯离子可以分为两大类：掺入型氯离子和渗入型氯离子。掺入型氯离子是在混凝土拌和阶段由于拌和用水或集料带有氯离子引入的，可以通过精选材料、不使用海水或海洋中的集料、严格控制集料中有害离子含量等措施避免。渗入型氯离子是从周围环境中侵入混凝土中的，可以造成混凝土中的钢筋锈蚀。氯离子在侵入混凝土后，其中一部分氯离子在混凝土孔隙溶液中仍保持自由，称为自由氯离子（处于游离状态，也称游离氯离子）；一部分与水化铝酸盐反应生成 Friedel 盐（费氏盐）；还有一部分被水泥带正电的水化物所吸附。水泥石结合氯离子的能力很大程度上取决于 CSH 凝胶的数量，也受到 CSH 比表面积的影响，比表面积大的 CSH 结合较多的氯离子。所以，在混凝土中氯离子有两种存在形态，即自由氯离子和结合氯离子。只有自由氯离子才会造成钢筋锈蚀，从而对混凝土结构造成破坏。氯离子的这些状态也不是一成不变的，而是可以相互转化的，如费氏盐只有在强碱性环境下才能生成和保持稳定，而当混凝土的碱度降低时，费氏盐会发生分解，重新释放出 Cl^-，参与对钢筋的锈蚀。

四、防海水衬砌混凝土钢筋抗锈蚀分析

在环境因素作用下，钢筋在一定条件下产生锈蚀。钢筋锈蚀是引起结构性能损伤的直接原因。

1. 钢筋锈蚀产生

通常情况下，早期混凝土具有很高的碱性，其 pH 值一般大于 12.5。在高碱性环境中，埋置于混凝土中的钢筋很容易发生钝化作用，在钢筋表面产生一层致密的钝化膜，使钢筋处于钝化保护状态，能够阻止混凝土中钢筋的锈蚀。在环境作用下，如果由于某种原因破坏了钢筋表面的钝化膜，则在适宜的条件下就会发生锈蚀。

混凝土中钢筋锈蚀属于电化学腐蚀，根据电化学腐蚀的原理，混凝土中钢筋锈蚀的发生必须具备以下三个条件。

（1）在钢筋表面存在电位差，构成腐蚀电池。

（2）钢筋表面的钝化膜破坏，处于活化状态。

（3）在钢筋表面有腐蚀反应所需的水和溶解氧。

由于钢筋含有杂质及钢筋成分的不均匀性、周围混凝土提供的化学物理环境的不均匀性，都会使钢筋各部位的电极、电位不同而形成腐蚀电池。空气中的氧气和水分很容易通过混凝土中贯穿的孔隙和微裂缝进入到钢筋表面，提供锈蚀反应所需要的水和氧气。在上述条件下，钢筋表面的钝化膜被破坏，处于活化状态，钢筋就会产生锈蚀，进一步引起结构的耐久性能损伤。

2. 钢筋锈蚀的机理

混凝土中钢筋的锈蚀具有一般电化学腐蚀的特征，即在钢筋表面至少同时进行两个电极反应。一个是金属的阳极溶解反应，即金属被氧化，以离子形式转入溶液。在阳极附近，Fe^{2+} 与 OH^- 形成难溶的 $Fe(OH)_2$，并在富氧条件下进一步氧化为 $Fe(OH)_3$。$Fe(OH)_3$ 脱水后变成疏松、多孔的红锈 Fe_2O_3。在少氧的条件下，$Fe(OH)_2$ 发生不完全氧化，部分形成黑锈 Fe_3O_4。因此，最终的锈蚀产物取决于供氧状况。

锈蚀的阴极过程是溶液中各种去极化剂在腐蚀电池的阴极上被还原的过程。对于金属腐蚀来说，氢离子和氧分子的阴极还原反应是最常见的两个阴极去极化过程，相应产生的金属腐蚀就是析氢腐蚀和吸氧腐蚀。一般情况下，pH 值在 4~11.5 时金属发生吸氧腐蚀；只在 pH 小于 4 时，发生析氢腐蚀。

在正常环境下，由于混凝土的 pH 值一般大于 6，因此混凝土中的钢筋腐蚀为吸氧腐蚀。

在阴极区，大气中的氧气扩散至钢筋表面并溶解于钢筋表面的水膜，由它吸收阳极传来的电子，发生还原反应。在阴极产生的 OH^- 通过混凝土中的液相被传送到阳极，这样，就形成了腐蚀电流的闭合回路。

钢筋腐蚀形态从机理上也有所差别，分为宏电池腐蚀和微电池腐蚀两类。由氯离子侵蚀导致钢筋脱钝的锈蚀，其阴阳极是分开的，称为宏电池腐蚀。对于由保护层混凝土碳化引起的脱钝，则不形成明显的阴极和阳极，阴阳极是紧密相邻并随时变换的，称为微电池腐蚀。

3. 钢筋锈蚀的危害

在氯离子侵蚀作用或混凝土碳化作用下，海底隧道衬砌结构钢筋将会产生锈蚀。损伤效应的积累，必然会造成结构性能的退化，承载力下降，耐久性能降低；随着损伤日渐加剧，最终导致结构耐久性失效。外界环境侵蚀引起钢筋锈蚀，最终导致结构耐久性失效，这是环境作用造成结构耐久性损伤的主要途径，因此，钢筋锈蚀是引起结构损伤的最直接原因。

关于混凝土和锈蚀后钢筋经时间变化的力学性能，国内外已有较多的研究。在总结分析国内外混凝土长期暴露试验和建筑物实测结果基础上，原冶金工业部建筑研究总院通过对试验数据的模拟，提出了钢筋锈蚀后伸长率、屈服强度和抗拉强度的变化规律。试验证明，锈蚀后钢筋的伸长率与局部剩余面积比是指数关系，而屈服强度和抗拉强度则与局部质量之比是线性关系，但仅适用于截面锈蚀率小于 5% 的情形。中国建筑科学研究院结构所利用快速试验方法研究了钢筋的力学性能，并分别给出了大气条件下极限延伸率和极限抗拉强度与截面损失率的线性关系式，适用于截面锈蚀率小于 10% 的情形；根据钢筋混凝土构件内锈蚀钢筋的试验结果，给出了钢筋锈蚀后力学性能的变化规律，截面锈蚀率达 60% 仍可适用。钢筋锈蚀引起混凝土保护层胀裂，保护层胀裂后钢筋的锈蚀速度加快，大大影响混凝土构件的耐久性能。钢筋锈蚀后，导致钢筋有效截面减小，使得钢筋与混凝土之间的黏结强度发生变化，钢筋的强度不能被全部利用。钢筋锈蚀所引起各种损伤的综合作用，将引起结构承载力的损伤降低。

钢筋锈蚀是造成结构承载力下降，引起结构耐久性损伤的最主要因素，损伤作用主要表现在以下三个方面。

（1）钢筋锈蚀引起钢筋截面减小和强度降低。

（2）是钢筋锈蚀将产生体积膨胀（约 2~4 倍），导致混凝土保护层沿筋开裂，甚至脱落，从而使衬砌结构截面产生损伤。

（3）钢筋锈蚀将使混凝土与钢筋之间的黏结性能退化。

第二节　防海水衬砌混凝土氯离子扩散性能试验

翔安海底隧道位于厦门东海域，在我国隧道建设历史上属首例海底工程，至今尚无相关经验可借鉴。其混凝土为 100 年设计基准周期。根据工程地质报告，海域地下水对混凝土具有弱分解侵蚀、强结晶类腐蚀及强结晶分解复合类腐蚀，对钢结构有腐蚀性。不同于山岭隧道，海底隧道位于海底，长期受高压海水的作用，水文地质环境恶劣，恶劣的自然环境对结构的损伤和侵蚀作用将更加显著。因此，为保证隧道结构达到规范设计的基准周期，在结构设计中必须采用有效的耐久性工程措施，保证衬砌结构的耐久性。

扩散系数是反映氯离子侵蚀环境下混凝土耐久性的重要指标，扩散系数的准确度将直接影响结构寿命的预测结果。扩散系数是氯离子在混凝土中扩散特征的综合反映，它不仅和混凝土材料的组成、内部孔结构的数量及特征、水化程度等内在因素有关系，同时也受到外界因素包括温度、养护龄期、掺和料的种类和数量、诱导钢筋腐蚀的氯离子浓度等因素影响。因此，氯离子在混凝土中扩散具有个性特点，对不同的工程具有差异性。对于具体工程，应通过试验，具体研究混凝土的扩散特征。

通过扩散试验来研究不同工况下氯离子扩散特征，进而可预测结构寿命。试验预期达到以下三个目的。

（1）通过室内试验，得到不同龄期（30d、60d、90d、120d）所对应的扩散系数值。

（2）试块无荷载扩散的浸泡溶液浓度采用不同数值，进一步研究环境氯离子浓度对扩散特性的影响规律。

（3）实际工程中，海底隧道衬砌结构承受了复杂荷载作用，荷载作用将会在一定程度上影响氯离子扩散特性；为此，通过试验分别研究不同荷载工况（无荷载、承受拉应力、承受压应力）条件下的扩散特征，以期更准确地把握氯离子的扩散特性。

一、试验方案

1. 试验设计

（1）试验设计

根据上述试验目的，共设计三组试验，分别考虑无荷载、承受拉应力和承受压应力三种荷载工况，研究氯离子的扩散性能。扩散试验设计见表 2–1。

扩散试验设计表 表 2–1

试验组别	第一组	第二组	第三组
试验名称	试块无荷载扩散试验	短梁弯曲受拉扩散试验	短柱受压扩散试验
荷载特性	无荷载	拉应力	压应力
荷载等级	0	0.3P、0.6P	—
试件类型	150mm × 150mm × 150mm 立方体试块	100mm × 100mm × 515mm 素混凝土短梁	100mm × 100mm × 300mm 混凝土短柱
测求结果	对应龄期扩散系数值	对应龄期扩散系数值	对应龄期扩散系数值
试验龄期	30d、60d、90d、120d	60d、90d、120d	60d、90d、120d

注：P 为 28d 龄期时，对应极限承载力试验测得的荷载强度。

（2）试件编号

扩散试验试件编号见表 2–2。

扩散试验试件编号表 表 2–2

试件类别	试 件 编 号			
测试龄期	30d	60d	90d	120d
无荷载试块	N3Y7D30 Y5Y7D30 N8Y7D30	N3Y7D60 N5Y7D60 N8Y7D60 N5Y30D60	N3Y7D90 N5Y7D90 N8Y7D90 N5Y30D90 N5Y60D60	N3Y7D120 N5Y7D120 N8Y7D120 N5Y30D120 N5Y60D120 N5Y90D120
受拉试件	—	LT3Y30D60 LT6Y30D60	LT3Y30D90 LT6Y30D90	LT3Y30D120 LT6Y30D120
受压试件	—	LP3Y30D60 LP6Y30D60	LP3Y30D90 LP6Y30D90	LP3Y30D120 LP6Y30D120

注：每个编号试件数量均为 1 块。

试件编号规则：

“N+ 数字”表示 NaCl 溶液的浓度，如 N5 表示浸泡液的浓度为 5%NaCl 溶液。受拉和受压试件的浸泡溶液浓度均为 5%。

“Y+ 数字”表示养护多少天后开始浸泡，如 Y7 表示试件制作完成在标准养护室内标准养护 7d 后开始浸泡。

“D+ 数字”表示该试块测试的是从试件制作完成开始计算的龄期的扩散特征，如 D60，表示的是该试块用来测试 60d 的扩散特征。

受拉、受压试件编号中，“L”表示荷载，“T”表示拉力，“P”表示压力，后面数字表示荷载的级别，如 LP3 表示的是承受 0.3*P*（*P* 为极限荷载）压力的试件。

上述编号中，D 后面数字减去 Y 数字即为该试件在溶液中的浸泡天数，如 Y7D120 表示养护 7d 后浸泡到 120d 龄期，共浸泡 120–7=113（d）。

试件浇筑时，每组试件都多制作 3 个，养护至 28d 时按照规范要求测定相应的极限荷载强度，以确定试件加载的荷载值。

（3）试件制作

试件浇筑制作在同济大学地下建筑与工程系试验室进行，所有试件一次浇筑完成。试件采用钢模浇筑。钢模预先进行清洗、刷油处理。试件制作遵照现行混凝土施工规程进行，并严格控制试件制作质量。浇筑完成一天后（24h）拆模，并移入标准养护室养护。

2. 试验材料及混凝土配合比

（1）试验材料

水泥：采用海螺牌 42.5 级普通硅酸盐水泥，表观密度为 3 150kg/m^3，比表面积为 350m^2/kg，体积安定性合格。

磨细矿渣：比表面积为 400m^2/kg。

粉煤灰：I 级粉煤灰，细度为 5.0%。

粗集料：采用花岗岩二级配碎石，最大粒径 15mm。

细集料：河砂，细度模数 3.0，含水率 3.7%。

外加剂：NF 高效减水剂。

（2）混凝土配合比

试验混凝土配合比采用现场设计资料中推荐配合比，见表 2–3。

试验混凝土配合比　　表 2–3

编　号	粉煤灰（%）	矿渣粉（%）	水胶比	砂率（%）	水泥 + 粉煤灰 + 矿渣粉 + 砂 + 石 + 水（kg/m^3）	外加剂（%）	坍落度（mm）
FS	15	30	0.36	40	257+70+140+700+1 049+168	2	198

3. 试块无荷载扩散试验

1）试件浸泡

试件制作完成，在标准养护室养护至相应龄期后，用环氧树脂密封非扩散面，放入相应浓度 NaCl 溶液开始扩散试验。

试件密封办法：密封四个环向侧面，留两个相对面作为扩散试验面。

NaCl 溶液分别采用 3%，5% 和 8% 三种，浸泡水箱采用塑料水箱，溶液面高出试件表面 2cm。

浸泡过程中定时对溶液进行搅动，保持溶液浓度均匀。每 30d 更换溶液一次，重新配制同浓度新溶液继续进行较长扩散时间试件浸泡。

2）试验取样

试件浸泡至相应扩散时间后，取出试件，晾干后开始进行取样。根据氯离子含量测试方法要求，试验样品为混凝土粉末。取样步骤如下。

（1）将试块纵横切分成四小块。切分沿垂直扩散面方向进行，纵横切分，每个小块均为小方柱（73mm × 73mm × 150m）。

（2）取出其中一块，在长度方向的一端，沿四周分层画线。画线深度分别为：3mm、6mm 9mm、12mm、15mm。

（3）运用专门设计的磨粉工具，研磨取粉，研磨面与扩散面平行。取样分层如下：0~3mm、3~6mm、6~9mm、9~12mm、12~15mm。每层取混凝土粉末 30g，单独封装，并进行编号。

磨粉采用工程专用的混凝土角磨机，配以金刚石磨盘。为了便于磨粉取样的操作，并防止粉末在磨取过程中飘失，专门设计了磨粉取样装置。

（4）根据规范测试方法，测试分层氯离子含量。

4. 短梁弯曲受拉扩散试验

1）短梁加载浸泡

受拉短梁养护至 28d 后，取出晾干，清除表面浮浆，用环氧树脂密封非扩散面后，按设计要求施加荷载后放入 5%NaCl 溶液开始浸泡。

为了确定弯曲受拉短梁的实际加载数值，标准养护 28d 后，取 3 根试件，按照要求加载方式，测定其 28d 极限荷载强度 P。极限荷载试验在加载钢架上进行，采用油压千斤顶加载，按照《水运工程混凝土试验规程》（JTJ 270—98）中混凝土抗弯拉强度测定规程进行操作。

三个试件位置均在中间三分段内，符合规程要求。油压表读数分别为 7.55MPa、6.5MPa 和 7.14MPa，最大及最小值与中间值的差值均在中间值 15% 范围内，因此取三者平均值作为测试结果，即油压表平均读数为 7.06MPa。根据加载千斤顶相关参数，极限荷载 P=17.3kN。

短梁采用两点加载，则上层短梁的上表面和下层短梁的下表面分别为受拉面，即为试验所考虑的受拉扩散试验面。其余面为非扩散面，加载前预先用环氧树脂密封。加载 U 形螺栓、槽钢等采用工厂定制，并涂刷防锈漆。加载弹簧采用标准模具弹簧，并预先进行标定。加载时，两个为一组，共用一套加载装置。该试验共 3 组，分别用于测试 60d、90d、120d 龄期的扩散系数。

根据测得的极限荷载强度 P，两端用弹簧施加大小为 0.6P 的荷载。按照上述施力方式和加载等级，以加载支点为分界点，短梁可以分为三段，中间段上扩散面的应力等级为 0.6P；剩余两段受力状态对称相同，中点处受力等级为 0.3P。

按上述加载方式和相应加载等级，应用同一组加载试件，对两种荷载等级下的扩散系数进行测定。

浸泡过程中定时对溶液进行搅动，保持溶液浓度均匀。每 30d 更换溶液一次，重新配制同浓度新溶液继续进行较长扩散时间短梁浸泡。

2）试验取样

短梁浸泡至相应龄期取出，卸载、晾干后开始进行取样，步骤如下。

（1）沿加载支点（即三分点）将短梁切分成 3 小块。

（2）取出中间段和剩余两段中的任一段，分别沿垂直扩散面方向纵横剖切出 100mm × 70mm × 70mm 的小方柱体。扩散面为顶面，扩散面的形心为小方柱体顶面中心。

（3）在小方柱体的长度方向一端，按要求画出深度分层线，磨粉取样。画线分层深度，以及取样方法同试块无荷载扩散试验。每层研磨面均要求平行扩散面，每层取粉末 30g，分别封装，按要求编号保存。

（4）根据规范测试方法，测试分层氯离子含量。

5. 短柱受压扩散试验

1）短柱加载浸泡

标准短柱养护至28d后，取出晾干，清除表面浮浆，用环氧树脂密封非扩散面后，按要求施加荷载后放入5%NaCl溶液开始浸泡。

密封办法：密封上下两个顶面和一对侧面，留置一对侧面作为扩散试验面。为了确定短柱需要施加的实际荷载值，28d龄期养护完成后，按规范方法测试短柱相应加载方式下的28d极限荷载强度 P（kN）。

极限荷载强度测定在同济大学地下工程系试验中心岩石力学试验室80t压力机上进行。取3个短柱进行测试。测试和操作过程均按照《水运工程混凝土试验规程》（JTJ 270—98）要求进行。

测试结果：3个试件对应极限荷载分别为：243.2kN、266.84kN和287.13kN。最大值和最小值与中间值的差值都在中间值的15%之内，因此，取3个测试结果的平均值 P 作为短柱28d极限荷载强度，即 P=265.72kN。

试件加载受力装置采用加载钢架。钢架由钢结构加工厂专门制作，采用槽钢和钢板焊接连接。焊接接缝经过结构计算并严格控制施工质量，钢架设计最大承载力60t。钢架制作完成涂刷一层表面防锈漆，防止锈损。

荷载施加采用上海沪南千斤顶总厂定制生产的QYL型手动立式带表油压千斤顶。根据加载等级不同，分别选用QYL20（最大起重量20t）和QYL16（最大起重量16t）两种设备。设备对应技术参数见表2-4。

设备技术参数　　表2-4

设备型号	最大起重量（t）	公称压力（MPa）	油缸内径（mm）	1MPa压力（kg）
QYL20	20	79.65	56	251.1
QYL16	16	63.7	56	251.17

试验时两根短柱施加的荷载等级分别为0.3P和0.6P，对应荷载：0.3P=79.7kN，0.6P=159.44kN，相应油压千斤顶读数分别为32.4MPa和65MPa。在试验过程中定时检查油表读数，并及时补充压力，以恢复因油表压力泄漏所产生的压力损失，保持试验过程中荷载恒定。

浸泡时，短柱立放于盛有5%NaCl溶液的塑料水箱中。水箱采用PVC薄板焊接而成，为加强水箱防水效果，水箱内另贴铺两层PVC薄膜。根据油压千斤顶的使用要求，千斤顶底部支座不能浸于水中，因此在混凝土短柱和千斤顶支座间加垫一块1cm厚钢板，钢板除涂刷防锈漆外，还需外裹2层PVC薄膜。浸泡过程中定时对溶液进行搅动，保持溶液浓度均匀。每次取样后（30d）更换溶液一次，重新配制同浓度新溶液继续进行较长扩散时间短柱浸泡。

2）试验取样

短柱浸泡至相应时间取出，卸载、晾干后开始进行取样，步骤如下。

（1）每到相应浸泡龄期，卸载取出短柱。利用岩石切割机，从短柱一端切取长度为100mm的一段作为测试段，其余部分继续加载浸泡。

（2）将测试段清洗干净，沿垂直扩散面方向纵横剖切出100mm×70mm×70mm的小方柱体。扩散面为顶面，扩散面的形心为小方柱体顶面中心。

（3）在小方柱体的长度方向一端，按要求划出深度分层线，磨粉取样。划线分层深度，以及取样方法同试块无荷载扩散试验。每层研磨面均要求平行扩散面，每层取粉末30g，分别封装，按要求编号保存。

（4）根据规范测试方法，测试分层氯离子含量。

二、氯离子含量测定

按上述要求取样后，分层测定混凝土中自由氯离子含量。试验中对少量试件也同时测取总氯离子含量，旨在比较不同工况下自由氯离子含量和总氯离子含量的相对变化规律。

1. 自由氯离子含量测定方法

按《水运工程混凝土试验规程》（JTJ 270—98）中的方法测试混凝土中自由氯离子含量。

（1）将分层取出的混凝土粉末通过 0.63mm 的细筛，过筛后粉末分别封装。

（2）将混凝土粉末放入 105℃ ±5℃的烘箱中烘 2h，然后放入干燥冷却器中冷却至室温，供测定氯离子含量用。

（3）用感量为 0.01g 的天平称取混凝土粉末 20g（精确到 0.01g，质量为 G）置于三角烧瓶中，并加入 200mL（V_3）蒸馏水，塞紧瓶塞，剧烈振荡 1~2min 后放置 24h。

（4）将上述试样过滤，用移液管分别吸取滤液 20mL（V_4），置于两个三角烧瓶中，各加 2 滴酚酞，使溶液呈微红色，再用稀硫酸中和至无色后，加铬酸钾指示剂 10 滴，立即用硝酸银溶液滴至砖红色，记录所消耗硝酸银用量（V_5）（mL）。

（5）按式（2-1）计算自由氯离子含量。

$$P=C_{AgNO_3}V_5\times 0.03545/G\times(V_4/V_3)\times 100\% \tag{2-1}$$

式中：P——水溶性氯离子含量（%）；

C_{AgNO_3}——硝酸银标准溶液浓度（mol/L）。

2. 总氯离子含量测定方法

按照《水运工程混凝土试验规程》（JTJ 270—98）规定的佛尔哈德滴定法测定混凝土粉末中总氯离子含量。佛尔哈德滴定法原理：在浸泡试样粉末的硝酸滤液中加入过量的硝酸银标准溶液，使氯离子完全沉淀。在上述溶液中用铁钒作指示剂，将过量的硝酸银用硫氰酸钾（KCNS）标准溶液滴定。滴定时，CNS^- 首先与 Ag^+ 生成白色的 AgCNS 沉淀，当 CNS^- 略有多余时，即与 Fe^{3+} 形成 $Fe(CNS)^{2+}$ 络离子使溶液呈现红色，当红色能够维持 5~10s 不变色，即为滴定的终点。

试验步骤：

（1）将分层取出的混凝土粉末通过 0.63mm 的细筛，过筛后粉末分别封装。

（2）将混凝土粉末放入 105℃ ±5℃的烘箱中烘 2h，然后放入干燥冷却器中冷却至室温，供测定氯离子含量用。

（3）用感量为 0.01g 的天平称取混凝土粉末 20g（精确到 0.01g，质量为 G）置于三角烧瓶中。

（4）用容量瓶盛 100mL 稀硝酸（按照体积比为浓硝酸：蒸馏水 =15 ： 85）倒入盛有砂浆试样的三角烧瓶内，盖上瓶塞，防止蒸发。

（5）砂浆试样浸泡一昼夜（24h），期间应定期摇动三角烧瓶；然后用滤纸对浸泡液进行过滤，除去沉淀。

（6）用移液管准确量取滤液 20mL 两份，置于三角烧瓶中，每份由滴定管准确加入标定过的标准硝酸银溶液 15mL，并加入 8 滴 10% 铁钒溶液增加滤液中 Fe^{3+} 的含量，然后用标定过的标准硫氰酸钾溶液进行滴定。滴定时摇动三角烧瓶，当滴至红色能够维持 5~10s 不变色，即为滴定终点，读取硫氰酸钾的消耗量。

（7）用式（2-2）计算混凝土中总氯离子的含量。

$$P=0.03545\times(C_{AgNO_3}\cdot V-C_{KSCN}\cdot V_1)/G\cdot(V_2/V_3) \tag{2-2}$$

式中：P——混凝土粉末样品中氯离子含量（%）；

C_{AgNO_3}——硝酸银标准溶液的浓度（mol/L）；

V——加入滤液中的硝酸银标准溶液量（mL）；

C_{KSCN}——硫氰酸钾标准溶液的浓度（mol/L）；

V_1——滴定时消耗的硫氰酸钾标准溶液量（mL）；

V_2——每次滴定时提取的滤液量（mL）；

V_3——浸样品的滤液量（mL）；

G——混凝土粉末样品质量（g）。

三、试验结果分析

1. 扩散试验时间对氯离子扩散特性的影响分析

图 2-1~ 图 2-3 分别为不同溶液浓度条件下，不同扩散试验时间的氯离子分层含量曲线。可以看出，在同种 NaCl 浓度条件下，随着扩散试验时间的增加，氯离子分层含量都不同程度的增加。同时，随着扩散深度的增加，这种增加的幅度逐渐减小，在深度 13.5mm 的第五分层处，氯离子含量增加已经不明显。结果表明，氯离子进入混凝土内部是一个离子由高浓度向低浓度扩散，并在混凝土内部累积的过程。随着扩散时间的增加，各层氯离子浓度都会因累积而增加。同时，氯离子在混凝土内部的转移是因混凝土内部氯离子浓度差引起的，混凝土内部浓度差较低，扩散速度较慢，导致随着扩散深度的增加氯离子含量变化并不明显。基于此，提高保护层厚度，很大程度上可提高钢筋周围氯离子累积浓度达到临界浓度的时间，从而延长钢筋无锈工作时间，提高结构寿命。

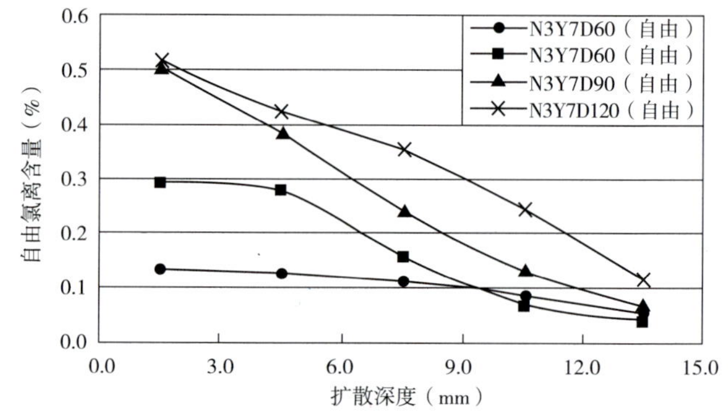

图 2-1　不同扩散试验时间的氯离子分层含量曲线（3%NaCl 溶液）

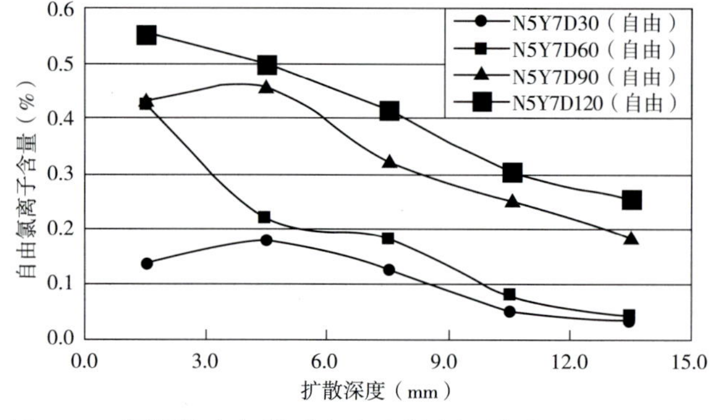

图 2-2　不同扩散试验时间的氯离子分层含量曲线（5%NaCl 溶液）

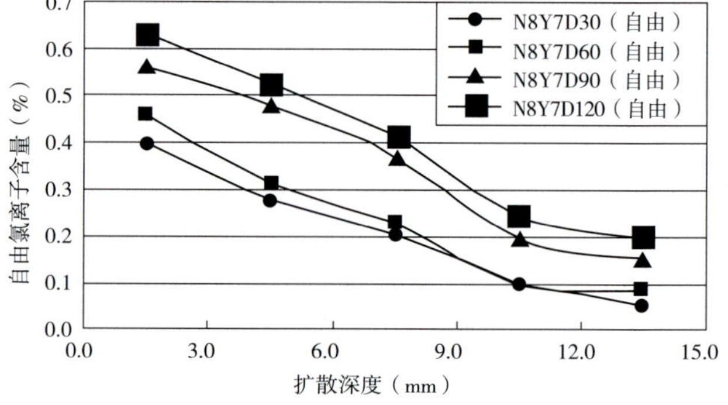

图 2-3　不同扩散试验时间的氯离子分层含量曲线（8%NaCl 溶液）

2. 环境氯离子浓度对氯离子扩散特性的影响分析

图 2-4~ 图 2-7 分别为不同溶液浓度条件下，不同扩散试验时间的氯离子分层含量曲线。可以看出，30d、60d 扩散龄期时，环境 NaCl 浓度为 3% 和 5% 两种试件的氯离子分层含量曲线相交，交点深度作为分界点，含量大小关系发生变化，而环境 NaCl 浓度为 8% 的试件的分层氯离子含量比前两者都有所增加。对于 90d、120d 扩散龄期，三种环境浓度扩散试件氯离子分层含量曲线都在不同深度相交。结果表明，在相同扩散龄期条件下，随着环境氯离子浓度的提高，氯离子内外浓度差提高，氯离子扩

散的源动力加强，扩散速度加快，氯离子的分层含量总体上有不同程度的提高。同时，由于扩散龄期总体较短，这种提高并不明显，并且随着分层深度的加深，增加的幅度逐渐减小。另因试件混凝土的离散性，导致有的分层含量甚至降低。但总体而言，环境氯离子浓度的提高促进了氯离子的扩散作用。因此，工程实践中应采取相应措施降低环境氯离子浓度，从而提高结构寿命。

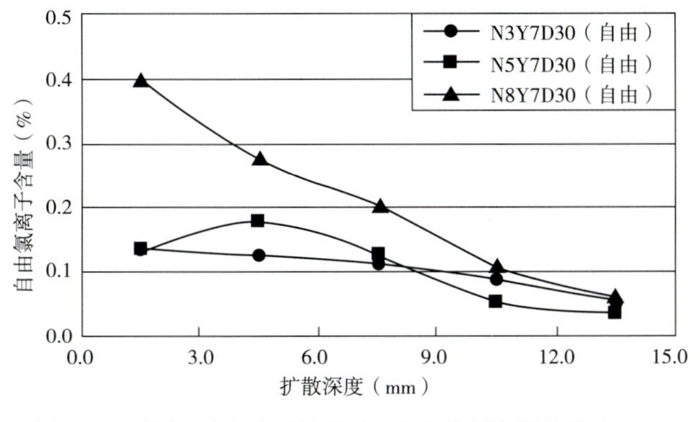

图 2-4　不同环境氯离子浓度时氯离子分层含量曲线（30d）

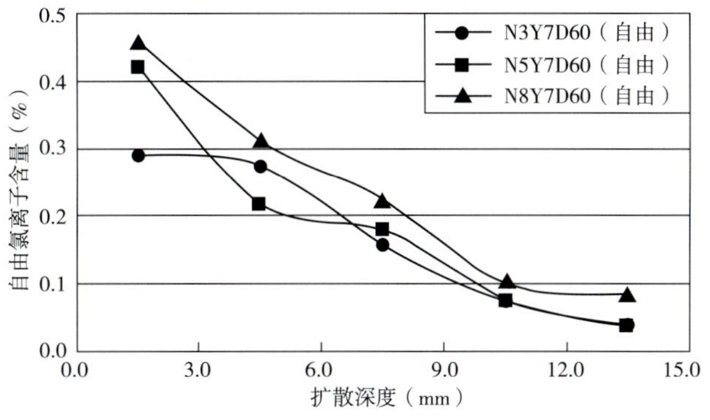

图 2-5　不同环境氯离子浓度时氯离子分层含量曲线（60d）

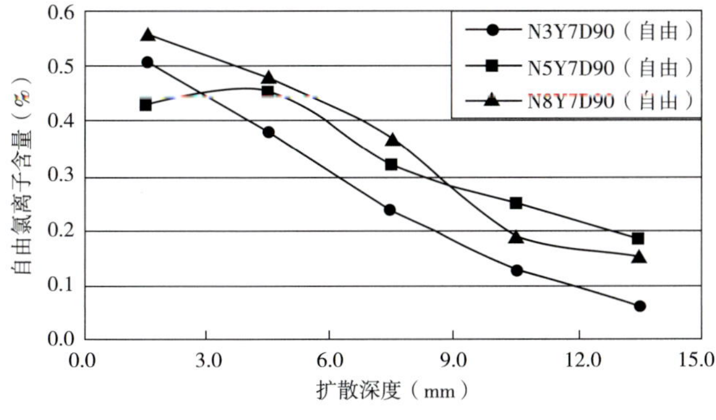

图 2-6　不同环境氯离子浓度时氯离子分层含量曲线（90d）

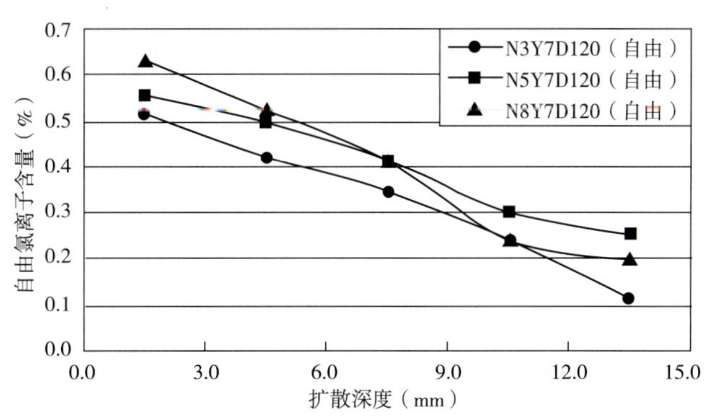

图 2-7　不同环境氯离子浓度时氯离子分层含量曲线（120d）

3. 混凝土龄期对氯离子扩散特性的影响分析

图 2-8 和图 2-9 分别为不同龄期混凝土，经大致相同时间的扩散试验后氯离子分层含量曲线。可以看出，扩散试验时间为 30d 时，四条曲线相互交叉在一起，随着开始试验时混凝土龄期的增大，分层氯离子含量并没有明显增加。当扩散试验时间为 60d 时，龄期 60d 开始扩散试验试件的氯离子分层含量低于其他两组。氯离子向混凝土内部扩散是通过混凝土内部的孔隙通道进行的，随着混凝土龄期的增长，内部反应逐步完成，孔隙率逐渐降低，因此相同条件下，氯离子的扩散能力降低。但扩散时间为 30d 时，降低的幅度并未显现，在扩散 60d 时，降低的幅度才趋于明显。上述结果也说明，氯离子的扩散能力随着混凝土龄期的增长是逐渐减弱的，这对混凝土结构的寿命有利。

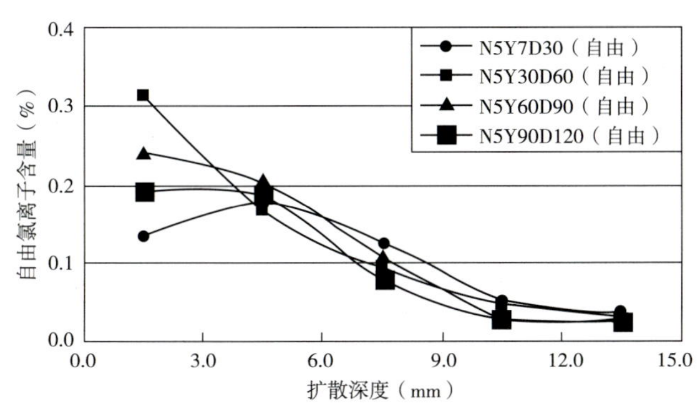

图 2-8　不同龄期相同扩散时间氯离子分层含量曲线（扩散 30d）

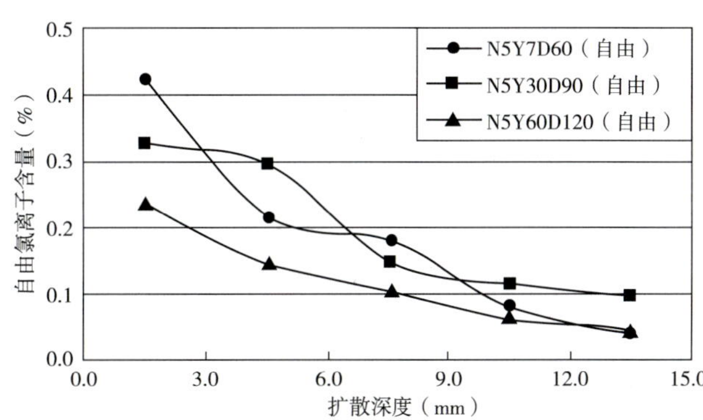

图 2-9　不同龄期相同扩散时间氯离子分层含量曲线（扩散 60d）

4. 拉应力对氯离子扩散特性的影响分析

图 2–10 和图 2–11 分别是 0.3P 和 0.6P 条件下不同龄期的氯离子分层含量曲线。可以看出，在同一级荷载下，随着龄期的增长，氯离子含量逐渐增加，浅层增加幅度比深层大。这和无荷载条件下氯离子的扩散特征相同，是氯离子随时间向混凝土内部扩散，并逐渐积累的结果。图 2–12 和图 2–13 分别为 60d 和 90d 龄期时不同拉应力荷载条件下氯离子分层含量曲线。可以看出，60d 龄期时，三种荷载情况下，氯离子含量差别不大。而在 90d 龄期时，两种荷载条件下的氯离子含量差别不大，但都稍小于无荷载条件下的氯离子含量。从混凝土材料角度上讲，在受拉荷载条件下，拉应力的存在会在一定程度上助长孔隙的发育，加大孔隙率，促进氯离子向混凝土内部的扩散。但从结果来看，短期龄期（60d、90d）时，这种变化并不明显，甚至在 90d 龄期时，拉应力还一定程度阻碍了氯离子的扩散。因此，在较小拉应力条件下，短期龄期内，应力对氯离子扩散的影响不大。

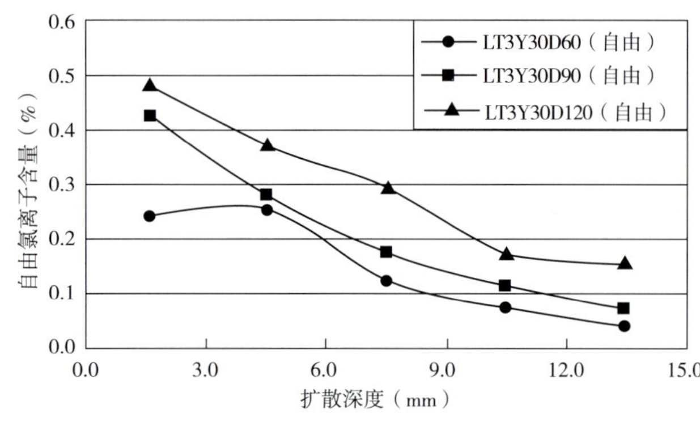

图 2–10　0.3P 拉应力条件下氯离子分层含量曲线

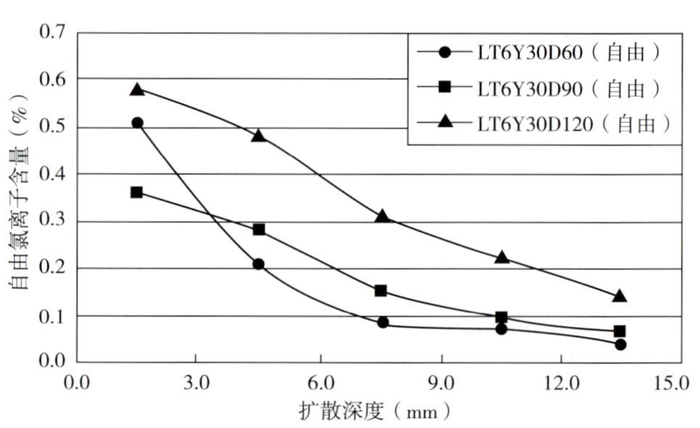

图 2–11　0.6P 拉应力条件下氯离子分层含量曲线

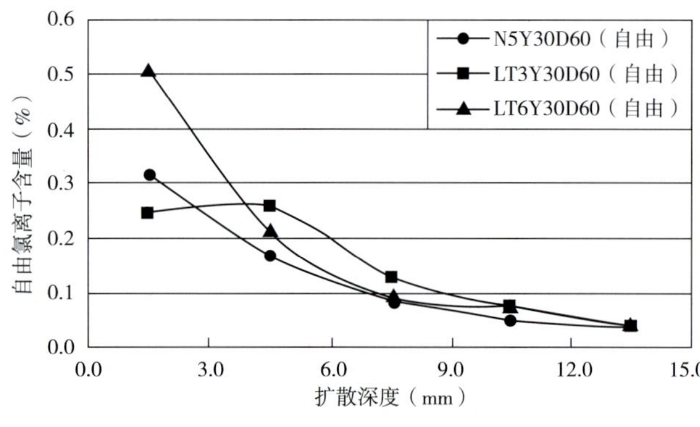

图 2–12　不同拉应力条件下氯离子分层含量曲线（60d 龄期）

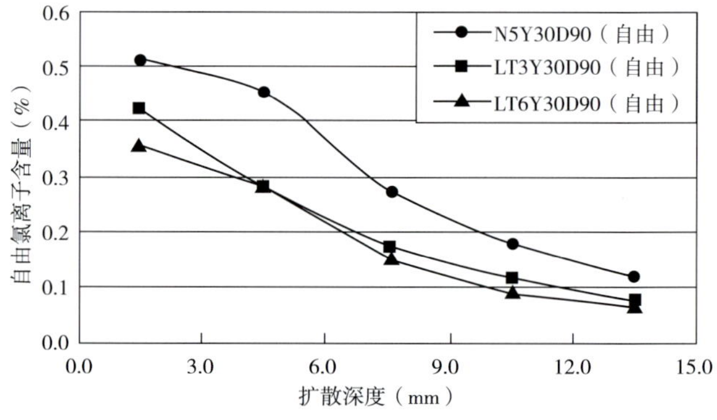

图 2–13　不同拉应力条件下氯离子分层含量曲线（90d 龄期）

5. 压应力对氯离子扩散特性的影响分析

图 2–14 和图 2–15 分别是 0.3P 和 0.6P 条件下不同龄期的氯离子分层含量曲线。可以看出，在同一级荷载下，随着龄期的增长，氯离子含量逐渐增加，浅层增加幅度比深层大。这和无荷载条件下氯离子的扩散特征相同，是氯离子随时间向混凝土内部扩散，并逐渐积累的结果。图 2–16 和图 2–17 分别为 60d 和 90d 龄期时不同压应力荷载条件下氯离子分层含量曲线。可以看出，60d、90d 龄期时，三种荷载情况下，氯离子含量没有明显差别。从混凝土材料角度上讲，在受压荷载条件下，应力的存在会在一定程度上对结构内部有压密作用，阻碍孔隙的发育，减小孔隙率，减弱氯离子向混凝土内部的扩散。但从结果来看，这种阻碍扩散作用并不明显。因此，较小压应力对氯离子扩散的影响不大。

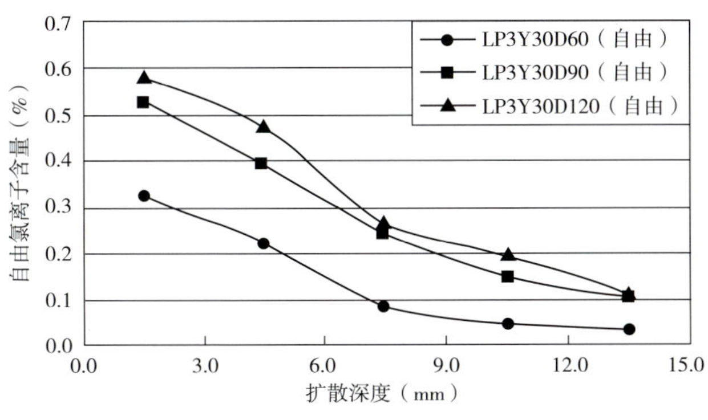

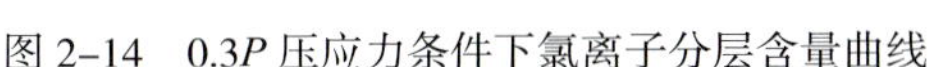

图 2-14　0.3*P* 压应力条件下氯离子分层含量曲线

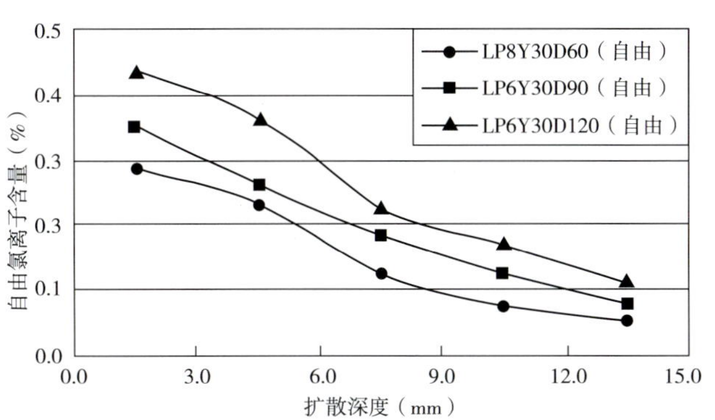

图 2-15　0.6*P* 压应力条件下氯离子分层含量曲线

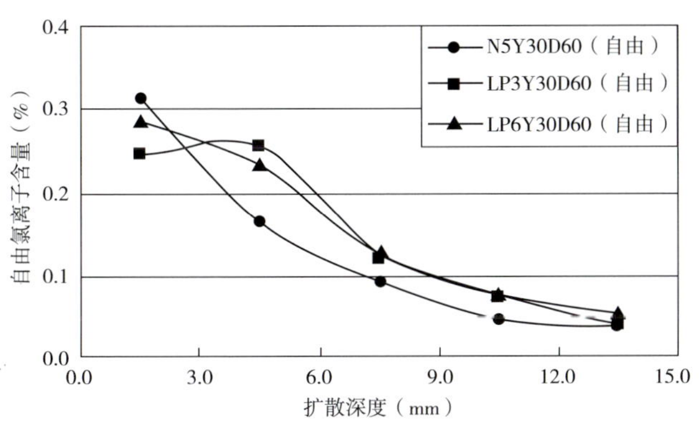

图 2-16　不同压应力条件下氯离子分层含量曲线（60d 龄期）

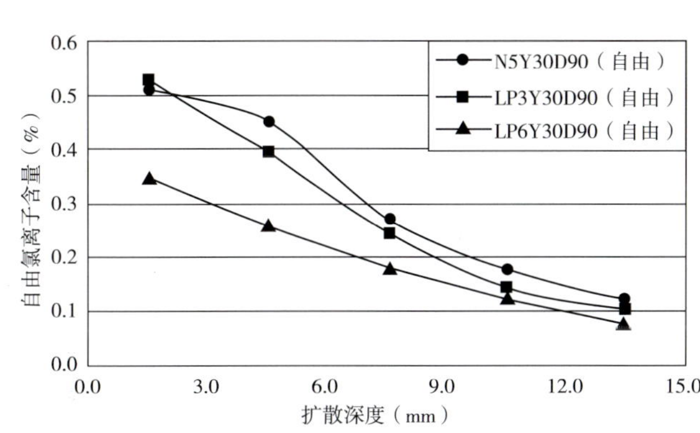

图 2-17　不同压应力条件下氯离子分层含量曲线（90d 龄期）

6. 自由氯离子含量和总氯离子含量比较分析

图 2-18 和图 2-19 分别为 5%NaCl 溶液条件下，60d 龄期和 90d 龄期时的分层自由氯离子含量和相应总氯离子含量曲线。可以看出，分层总氯离子含量均大于相应的自由氯离子含量，并且增大程度比较均匀。氯离子进入混凝土内部以后，一部分氯离子被混凝土其他离子吸附，变成结合氯离子，剩余部分才以自由氯离子的形式存在。从结果可以看出，在同一龄期下，各层两种氯离子含量的相对关系比较恒定。经平均计算，60d 龄期时，自由氯离子含量占总氯离子含量的 53.6%，90d 龄期时，自由氯离子含量占总氯离子含量的 75.7%，即随着龄期的增长，自由氯离子含量升高。分析其原因，混凝土吸附氯离子的能力是一定的，随着龄期增长，内部氯离子含量增大，自由氯离子相对总氯离子含量比值就变大。

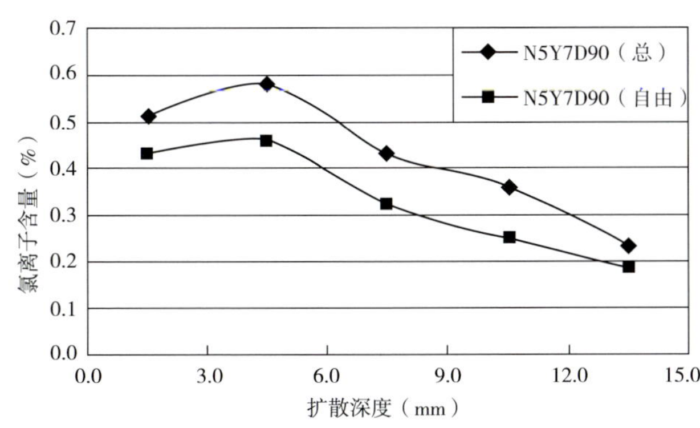

图 2-18　分层自由氯离子含量和相应总氯离子含量曲线（60d 龄期）

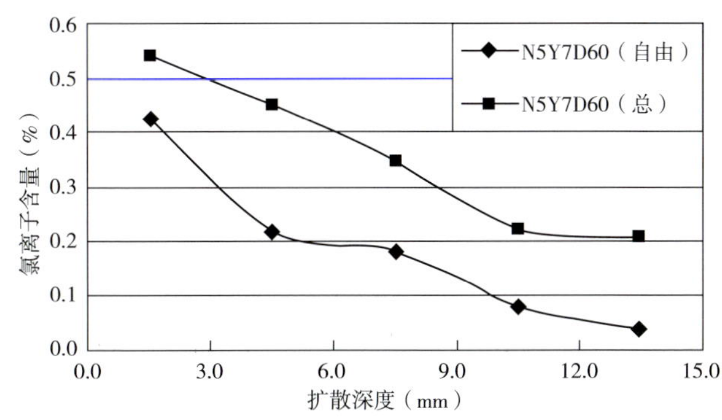

图 2-19　分层自由氯离子含量和相应总氯离子含量曲线（90d 龄期）

第三节　防海水衬砌混凝土配合比技术

一、配合比掺和料

1. 水泥

水泥为福建水泥股份有限公司生产的建福牌 P·O42.5 普通硅酸盐水泥和龙岩三德水泥建材工业有限公司生产的三德牌 P·O42.5 普通硅酸盐水泥。

按《硅酸盐水泥、普通硅酸盐水泥》（GB 175—1999）①的要求，对水泥胶砂抗压强度、抗折强度、凝结时间、安定性、细度、密度等有关指标进行了检验。试验结果表明（表 2-5），各项指标均能满足《硅酸盐水泥、普通硅酸盐水泥》（GB 175—1999）中有关普通硅酸盐水泥的规定，为合格水泥。

水泥强度等级及物理性能检验　　表 2-5

序号	项　目	抗折强度（MPa）		抗压强度（MPa）		凝结时间（h : min）		安定性（mm）	细度（%）	密度（kg/m³）	标准稠度用水量（%）
		3d	28d	3d	28d	初凝	终凝				
1	建福 P·O42.5	5.1	9.0	24.5	54.4	3 : 30	4 : 20	1.5	0.7	3 200	26.7
2	三德 P·O42.5	5.8	8.9	27.1	57.7	2 : 55	3 : 45	1.0	1.1	3 190	27.8
3	GB 175—1999 规定值	≥ 3.5	≥ 6.5	≥ 16.0	≥ 42.5	≥ 0 : 45	≤10 : 00	≤ 5.0	≤ 10	—	—

2. 掺和料

粉煤灰为益材粉煤灰有限公司生产的漳州后石电厂Ⅰ级灰，其主要品质指标检验结果见表 2-6。根据表 2-5 的粉煤灰品质检验结果，对照表中所列《用于水泥和混凝土中的粉煤灰》（GB 1596—1991）的定级标准：基本符合Ⅰ级灰的要求。粉煤灰的化学分析结果见表 2-8。

粉煤灰的品质检验　　表 2-6

项　目	密度（kg/m³）	细度（%）	需水量比（%）	含水率（%）	烧失量（%）	SO_3（%）
漳州Ⅰ级灰	2 230	12.5	94.6	0.1	1.44	1.02
GB 1596—91 Ⅰ级灰规定值	—	≤ 12	≤ 95	≤ 1	≤ 5	≤ 3

厦门市仁祥投资有限公司生产的 S95 磨细矿渣粉，其品质检验结果见表 2-7，化学分析结果见表 2-7。根据表 2-6 的矿渣粉品质检验结果，对照《用于水泥和混凝土中的粒化高炉矿渣》（GB/T 18046—2008）的定级标准，该矿渣粉属于合格的 S95 矿渣粉。

矿渣粉品质检验　　表 2-7

项　目	密度（kg/m³）	比表面积（m²/kg）	流动度比（%）	含水率（%）	SO_3（%）	Cl（%）	烧失量（%）	活性指数（%）	
								7d	28d
矿渣粉	2 810	415	97	0.0	2.65	0.01	0.1	77	98
GB/T 18046—2000 S95 指标	≥ 2 800	≥ 350	≥ 90	≤ 1	≤ 4	≤ 0.02	≤ 3	≥ 75	≥ 95

①本工程于 2005 年 9 月动工，相关要求按该时期执行的规范为准。

粉煤灰和矿渣粉的化学成分（%） 表 2-8

项　　目	SiO_2	$A1_2O_3$	Fe_2O_3	CaO	MgO	TiO_2	MnO	P_2O_5	K_2O	Na_2O
漳州Ⅰ级灰	47.22	36.22	4.61	6.23	0.95	1.36	0.07	0.56	0.83	0.18
矿渣粉	35.40	13.18	1.37	41.19	3.76	0.54	0.95	0.03	0.59	0.20

3. 粗细集料

（1）粗砂细集料

粗砂细集料为厦门龙海河砂，其有关指标的检验结果见表 2-9、表 2-10。由表 2-9 可见，粗砂的颗粒级配落在Ⅰ区范围内，级配良好，细度模数为 3.06，平均粒径 0.54mm，可见该砂属于Ⅰ区粗砂，根据《水运工程混凝土施工规范》（JTJ 268—96）的规定，Ⅰ区粗砂宜配制低流动性混凝土。《混凝土泵送施工技术规程》（JGJ/T 10—95）规定，泵送混凝土宜采用中砂，通过 0.315mm 筛孔的部分，不应少于 15%。厦门粗砂通过 0.315mm 筛孔的部分为 5.18%，明显偏少，容易引起混凝土泌水等不良现象。

第一批粗砂的颗粒级配 表 2-9

筛孔尺寸（mm）	JTJ 268—1996 规定的级配区			第一批粗砂
	Ⅰ区	Ⅱ区	Ⅲ区	符合Ⅰ区要求
	累计筛余（%）			
5.00	10~0	10~0	10~0	3.16
2.50	35~5	25~0	10~0	10.16
1.25	65~35	50~10	25~0	35.18
0.63	85~71	70~41	40~16	72.94
0.315	95~80	92~70	85~55	94.82
0.16	100~90	100~90	100~90	99.29

注：砂的实际级配与规定值相比，除 5.00mm 和 0.63mm 筛号外，允许稍超出分界线，但其总量不宜大于 5%。

第一批粗砂的主要指标 表 2-10

项　　目	细度模数	面干密度（kg/m^3）	表观密度（kg/m^3）	面干吸水率（%）
第一批粗砂	3.06	2 610	2 650	0.92

（2）中石粗集料

中石粗集料为人工碎石，有关指标的检验结果见表 2-11 和表 2-12，粗集料的颗粒级配分布不符合《水运工程混凝土施工规范》（JTJ 268—96）连续粒级配的规定，但符合 16~31.5 单粒级级配的要求，属单粒级中石粗集料。根据《水运工程混凝土施工规范》（JTJ 268—96）的规定，只有在保证不引起粗集料离析的情况下，才允许使用单粒级级配粗集料。

第一批中石粗集料的级配 表 2-11

项　　目	公称直径（mm）	累计筛余量（%）					
		筛孔尺寸（mm）					
		2.5	5	10	16	20	31.5
第一批中石粗集料	—	100	99	98	91	-75	0
JTJ 268—96 规定值连续粒级级配	5~31.5	99~100	90~100	70~90	—	15~45	0~5
JTJ 268—96 规定值连续粒级级配	16~31.5	—	95~100	—	85~100	—	0~10

第一批中石粗集料的主要指标　　表 2-12

项目	面干密度（kg/m³）	表观密度（kg/m³）	面干吸水率（%）	压碎指标（%）
第一批粗砂	2 590	2 620	0.69	8.6

4. 外加剂

试验采用的外加剂主要有厦门市仁祥投资有限公司生产的 NF-IIH$_0$ 萘系高效减水剂（液）和 JR-4 聚羧酸盐高效减水剂（液）和上海花王化学有限公司的 MIGHTY21S 聚醚系高效减水剂（液）。外加剂的具体掺量由混凝土试验结果而定。

二、配合比设计参数

混凝土试验主要按《水运工程混凝土试验规程》（JTJ 270—98）进行。

1. 混凝土的配制强度

按《水运工程混凝土施工规范》（JTJ 268—96）规定，混凝土强度等级应按照标准方法制作养护的边长为 150mm 的立方体试件，在 28d 龄期用标准方法测得的具有 95% 保证率的立方体抗压强度来表示。

因此，计算得试验室 28d 配制强度要求如下：

$$F_{cu,o}=f_{cu,k}+t\sigma \tag{2-3}$$

式中：$F_{cu,o}$——混凝土配制强度（MPa）；

$f_{cu,k}$——混凝土强度等级标准值（MPa）；

t——概率度系数，当混凝土的强度保证率为 95% 时，概率度系数为 1.645；

σ——混凝土强度标准差（MPa），《水运工程混凝土施工规范》（JTJ 268—96）规定的强度标准差见表 2-13。

标准差 σ 值　　表 2-13

混凝土强度等级	<C20	C20~C40	>C40
σ（MPa）	3.5	4.5	5.5

经计算得出 C30 衬砌混凝土 28d 试验室配制强度为 37.4MPa，设计要求 3d 标准立方体抗压强度达到 28d 设计指标的 70%，因此，试验室的 3d 配制强度应不低于 26.2MPa。

C45 衬砌混凝土 28d 试验室配制强度为 54MPa，设计要求 3d 标准立方体抗压强度达 28d 设计指标的 70%，因此，试验室 3d 的配制强度应不低于 37.8MPa。

1）掺用粉煤灰

根据《水运工程混凝土施工规范》（JTJ 268—96）和《粉煤灰混凝土应用技术规范》（GBJ 146—90）中的有关规定，对于 525 号硅酸盐水泥（相当于现行 P·O42.5），配制中、低强度混凝土或泵送混凝土时，粉煤灰取代水泥的最大的限量可达 40%。本次粉煤灰掺量可通过试验确定。

2）确定水胶比

本次试验时混凝土的水胶比以集料在风干状态下的混凝土单位用水量对单位胶凝材料用量的比值为准，单位胶凝材料用量为 1m³ 混凝土中水泥与掺和料质量的总和。水胶比必须同时满足混凝土强度和耐久性的要求。

（1）按强度要求选择水胶比

按指定的坍落度，用实际施工用的材料，拌制数种不同水胶比的混凝土拌和物，进行 28d 抗压强度试验，根据试验结果，绘制 28d 强度与水胶比关系图，按要求的配制强度计算水胶比。

（2）按耐久性要求规定的最大水胶比

根据《水运工程混凝土施工规范》（JTJ 268—96）的有关规定，最严酷环境混凝土水胶比的最大允许值为 0.40。由于 C30 衬砌混凝土承受很大的海水压力，以及潮湿海风和高速车流带入的海盐气流等，环境严酷，最大水胶比应小于 0.40。

根据《混凝土结构耐久性设计与施工指南》(CCES 01—2004)，厦门海底隧道工程为设计使用年限 100 年以上的重要土木基础设施工程，属一级，其环境类别及作用等级为 E 级（靠海的陆上室外构件类）。对于 E 级环境的 100 年以上高性能混凝土的水胶比不宜大于 0.36。

按强度要求得出的水胶比应与按耐久性要求得出的水胶比相比较，取其较小值作为配合比的设计依据，即取 0.36。

3）确定胶材用量

胶材用量应不低于按耐久性要求的最小水泥（胶材）用量。

根据《水运工程混凝土施工规范》(JTJ 268—96)的有关规定，衬砌混凝土胶凝材料用量不宜低于 360kg/m^3。

4）选择用水量和最优砂率

根据《水运工程混凝土施工规范》(JTJ 268—96)的有关规定，根据所用的砂石情况、确定的坍落度值（泵送混凝土的坍落度一般为 180~200mm）和所用的减水剂品种，经拌和并结合各地区经验选择用水量。对于衬砌混凝土，用水量为 160~170kg/m^3，由于材料为中粗砂，细集料中细颗粒偏少，粗集料中粗颗粒偏多，砂率应适当大一些，可选择 37%~43%。

根据选定的水胶比、粉煤灰参量和用水量计算相应的水泥用量和粉煤灰用量，选取数种不同的砂率，进行混凝土试拌，测定其坍落度，观察其和易性，选择坍落度较大、和易性比较好的为最佳砂率。

5）确定砂石用量

宜采用绝对体积法进行计算，即对于每立方米混凝土来说：

水泥的体积 + 粉煤灰的体积 + 砂石的体积 + 水的体积 + 含气体积 =1m^3

每种材料的体积应为该材料的质量（kg）除以相应的密度（kg/m^3）。砂石集料以风干状态为准。混凝土配合比的确定应以试验结果为准。

6）确定配合比

按以上确定的配合比，经试拌调整得出经济合理的配合比，该配合比应满足以下条件：混凝土表观密度实测值和计算之差的绝对值不超过计算值的 2%。

7）校核配合比设计

按确定的配合比制作试件，根据指定的要求，对混凝土强度、变形、抗渗性等性能进行试验验证。

2. 高性能混凝土的配合试验

高性能混凝土一般掺有各种掺和料，根据《混凝土结构耐久性设计与施工指南》(CCES 01—2004)，厦门海底隧道工程高性能混凝土的水胶比取 0.36，分单掺粉煤灰、粉煤灰与矿渣粉复掺，以及单掺矿渣粉三种情况分别进行试验，结果见表 2-14。表中 NF 高效减水剂的掺量为 1.8%，试验采用 P·O42.5 福建水泥。

满足要求的 C30 高性能混凝土配合比 表 2-14

编号	粉煤灰（%）	矿渣粉（%）	水胶比	砂率（%）	水 + 水泥 + 粉煤灰 + 矿渣粉 + 砂 + 石（kg/m^3）	NF（%）	含气量（%）	坍落度（mm）	抗压强度（MPa）	
									R_3	R_{28}
W9	30	0	0.36	40	165+321+138+0+698+1 047	1.8	0.8	184	27.1	51.1
W10	25	10	0.36	40	166+300+115+46+697+1 046	1.8	0.7	197	28.6	55.3
W11	20	20	0.36	40	167+278+93+93+701+1 051	1.8	0.7	194	27.9	57.6
W12	15	30	0.36	40	168+257+70+140+700+1 049	1.8	0.7	198	27.8	57.0
W13	10	40	0.36	40	169+235+47+188+699+1 048	1.8	0.6	199	27.0	57.7
W14	0	60	0.36	40	169+188+0+282+701+1 052	1.8	0.6	196	26.8	60.8

试验结果表明，当水胶比为0.36时，单掺30%粉煤灰，单掺60%矿渣粉，以及粉煤灰与矿渣粉按一定比例复合，3d抗压强度均可达到26.2MPa，一般在26.8~27.9MPa之间；28d抗压强度一般在51.1~60.8MPa之间，大于37.4MPa的配制强度要求，比37.4MPa配制强度高37%~63%。

（1）混凝土配合比试验结果分析

厦门海底隧道衬砌混凝土设计指标为C30，同时要求3d抗压强度应达到设计指标的70%。考虑混凝土强度标准差后，28d试验室配制强度必须达到37.4MPa，3d试验室配制强度应为26.2MPa。这样，在实际施工中，只要施工单位的施工水平在标准偏差范围内，现场混凝土的3d抗压强度应能达到设计指标要求的21MPa。

根据混凝土的强度发展规律，如果3d抗压强度达到设计指标的70%，那么28d抗压强度一定能达到设计要求。因此，厦门海底隧道衬砌混凝土的水胶比受3d抗压强度所控制。

根据3d抗压强度试验结果，普通混凝土达到设计要求的水胶比仅为0.51，但从水运工程耐久性角度，最严酷环境混凝土水胶的最大允许值为0.40，取0.39。根据土木学会的耐久性指南，E级环境的高性能混凝土的水胶比不宜大于0.36，因此，水胶比取0.36。

在水胶比为0.39和0.36时，满足3d抗压强度要求和耐久性要求的混凝土配合比。试验结果表明，当矿渣粉掺量增加时，粉煤灰的掺量就相应减少，粉煤灰最大掺量为30%，矿渣粉最大掺量为60%。

为了使混凝土有较好的和易性，粉煤灰的掺量一般也不宜低于10%，同时，为了使混凝土具有更好的抗海水腐蚀性能，应尽量多掺矿渣粉。配合比试验结果见表2-15、表2-16，选择粉煤灰掺量为10%和15%，对应的矿渣粉掺量取40%和30%，进行对比试验。

满足强度和耐久性要求的C30混凝土配合比　　表2-15

编号	粉煤灰（%）	矿渣粉（%）	水胶比	砂率（%）	水+水泥+粉煤灰+矿渣粉+砂+石（kg/m^3）	NF（%）	坍落度（mm）	抗压强度（MPa）	
								R_3	R_{28}
N	0	0	0.39	42	169+433+0+0+752+1 039	1.8	199	37.8	56.9
F25	25	0		42	164+315+105+0+752+1 039	1.8	190	26.3	48.7
S21	20	10		42	165+296+85+42+751+1 037	1.8	192	26.5	51.5
S22	15	20		42	166+277+64+87+755+1 042	1.8	191	26.7	52.6
S23	10	30		42	167+258+43+128+754+1 041	1.8	199	27.2	55.6
K50	0	50		42	169+217+0+217+752+1 041	1.8	188	26.7	56.0
W9	30	0	0.36	40	165+321+138+0+698+1 047	1.8	184	27.1	51.1
W10	25	10		40	166+300+115+46+697+1 046	1.8	197	28.6	55.3
W11	20	20		40	167+278+93+93+701+1 051	1.8	194	27.9	57.6
W12	15	30		40	168+257+70+140+700+1 049	1.8	198	27.8	57.0
W13	10	40		40	169+235+47+188+699+1 048	1.8	199	27.0	57.7
W14	0	60		40	169+188+0+282+701+1 052	1.8	196	26.8	60.8

C30衬砌高性能混凝土的初选配合比　　表2-16

编号	粉煤灰（%）	矿渣粉（%）	水胶比	砂率（%）	水+水泥+粉煤灰+矿渣粉+砂+石（kg/m^3）	NF（%）	坍落度（mm）	抗压强度（MPa）	
								R_3	R_{28}
W9	30	0	0.36	40	165+321+138+0+698+1 047	1.8	184	27.1	51.1
W12	15	30		40	168+257+70+140+700+1 049	1.8	198	27.8	57.0
W13	10	40		40	169+235+47+188+699+1 048	1.8	199	27.0	57.7
W14	0	60		40	169+188+0+282+701+1 052	1.8	196	26.8	60.8

（2）C30 衬砌混凝土的配合比参数

通过混凝土拌和物的最佳砂率试验、普通混凝土的配合比试验、粉煤灰混凝土的配合比试验、粉煤灰混凝土的配合比试验、粉煤灰复掺矿渣粉混凝土的配合比试验、矿渣粉混凝土的配合比试验和高性能混凝土的配合比试验，以及新拌混凝土拌和物的泌水率试验、混凝土干缩变形试验等，经过混凝土配合比试验结果分析，初步提出以下三种方案，见表 2–17。表中混凝土配合比的材料用量针对粗砂和单粒径中石粗集料而言，配合比中的粉煤灰掺量、矿渣粉掺量和水胶比参数应严格加以控制。

C30 衬砌混凝土初步建议配合比参数　　表 2–17

编号	粉煤灰（%）	矿渣粉（%）	水胶比	砂率（%）	水 + 水泥 + 粉煤灰 + 矿渣粉 + 砂 + 石（kg/m^3）	NF（%）	坍落度（mm）	抗压强度（MPa）	
								R_3	R_{28}
F	30	0	0.36	40	165+321+138+0+698+1 047	1.8	184	27.1	51.1
FK	15	30		40	168+257+70+140+700+1 049	1.8	198	27.8	57.0
K	0	60		40	169+188+0+282+701+1 052	1.8	196	26.8	60.8

3. 高性能混凝土的抗渗试验

混凝土抗渗试验分抗海水渗透试验和抗淡水渗透试验两种，试件养护龄期均为 28d。抗淡水渗透试验完全按《水运工程混凝土试验规程》（JTJ 270—98）的规定进行。抗海水渗透试验时，其渗透介质为人工海水，根据《水运工程混凝土试验规程》（JTJ 270—98）中第 7.11 条“混凝土中钢筋腐蚀快速试验（海水）”中规定，人工海水为 3.5％的 NaCl 食盐溶液。试验时将普通混凝土抗渗仪中的淡水，置换为人工配置的海水，试验过程与抗淡水渗透试验过程相同。采用逐级加压法，当水压逐级加压至 3.1MPa 后，拆下试件，将试件放在压力机上，沿纵断面将试件劈裂成两半，立即测量试件的渗水高度，取 10 个测点的算术平均值。

试验结果表明，抗淡水渗透试验的渗水高度为 7.8~29.1mm，远低于 150mm 的试件高度，抗渗能力大于 P30，能满足 P12 的设计要求，见表 2–18、表 2–19。

C30 衬砌混凝土的抗渗试验　　表 2–18

编　号	逐级加压至 3.1MPa 后的渗水高度（mm）		抗 渗 等 级	是否满足设计要求
	淡水	人工海水		
39	29.1	—	≥ P30	满足 P12
36	7.8	—	≥ P30	满足 P12
2F	13.5	—	≥ P30	满足 P12
2FK	15.6	—	≥ P30	满足 P12
2K	8.2	—	≥ P30	满足 P12

C30 衬砌混凝土的抗碳化试验　　表 2–19

编　号	碳 化 深 度（mm）			
	7d	14d	28d	60d
39	0.0	0.5	2.5	3.0
36	0.0	0.0	0.3	0.5
2F	2.6	5.7	5.9	6.0
2FK	0.0	2.7	4.8	5.0
2K	1.0	4.7	5.2	6.0

快速碳化试验结果表明，快速碳化 60d 后的碳化深度仅为 0.5~6.0mm，远低于混凝土的钢筋保护层

厚度（55mm）。

抗氯离子渗透性能试验结果表明，90d 龄期的相对氯离子扩散系数为 0.90×10^{-12}~$1.98 \times 10^{-12} m^2/s$，均满足小于 $2 \times 10^{-12} m^2/s$ 的要求；掺和料混凝土的氯离子扩散系数有较大改善。

90d 龄期的通电量，对于普通混凝土在 1 220C~1 350C 之间，不能满足小于 1 200C 的要求；对于掺和料高性能混凝土在 510C~660C 之间，能满足小于 1 200C 的要求。

掺和料能大大改善混凝土的氯离子扩散系数和通电量。因此，厦门海底隧道二次衬砌 C30 混凝土必须选择合适的掺和料方案，从各种性能加以综合考虑，见表 2-20 ~ 表 2-22。

C30 衬砌混凝土的抗氯离子渗透性能试验　　表 2-20

编号	相对氯离子扩散系数 D（$\times 10^{-12} m^2/s$）（JTJ 270—98）				通过的电量 Q（C）（JTJ 275—2000）
	7d	28d	60d	90d	
39	3.64	3.27	2.26	1.94	1 350
36	3.94	2.91	2.13	1.98	1 220
2F	3.81	1.92	1.27	1.04	660
2FK	3.02	1.81	1.28	0.96	570
2K	3.58	1.63	1.09	0.90	510

注：表中 JTJ 270—98 指《水运工程混凝土试验规程》，JTJ 275—2000 指《海港工程混凝土结构防腐蚀技术规范》。

聚丙烯纤维混凝土的抗渗对比试验　　表 2-21

编号	逐级加压至 3.1MPa 后的渗水高度（mm）	抗渗等级	是否满足设计要求
2FK	15.6	≥ P30	满足 P12
PP	41.8	≥ P30	满足 P12

C30 衬砌混凝土配合比　　表 2-22

编号	粉煤灰（%）	矿渣粉（%）	水胶比	砂率（%）	水（kg/m^3）	水泥（kg/m^3）	粉煤灰（kg/m^3）	矿渣粉（kg/m^3）	砂（kg/m^3）	石（kg/m^3）
2F	30	0	0.36	40	164	319	137	0	696	1 044
2FK	15	30	0.36	40	164	251	68	137	700	1 049
2K	0	60	0.36	40	165	183	0	275	701	1 052

注：编号中的“2”表示采用二级配粗集料，“F”表示粉煤灰方案，“K”表示矿渣粉方案，“FK”表示复掺方案。

三、碱集料反应

碱集料反应是指混凝土原材料中的水泥、外加剂、掺和料和水中的碱（$Na_2O+0.658K_2O$）与集料中的活性成分逐渐反应，其反应生成物吸水膨胀使混凝土产生内部应力，导致混凝土膨胀开裂损坏。由于活性集料经搅拌后大体上呈均匀分布，所以一旦发生碱集料反应，混凝土内各部分均产生膨胀应力，将混凝土自生胀裂，发展严重的只能拆除，无法补救，因而被称为混凝土的“癌症”。

1. 碱集料反应的分类

1）碱—硅酸反应

1940 年美国加利福尼亚州公路局的斯坦敦首先发现碱集料反应问题，引起全世界混凝土工程界的重视，这种反应就是碱—硅酸反应。碱—硅酸反应是水泥中的碱与集料中的活性氧化硅成分反应，产生碱硅酸盐凝胶或称碱硅凝胶。碱硅凝胶固体体积大于反应前的体积，而且有强烈的吸水性，吸水后膨胀引起混凝土内部膨胀应力，而且碱硅凝胶吸水后进一步促进碱集料反应的发展，使混凝土内部膨胀应力增大，导致混凝土开裂，发展严重的会使混凝土结构崩溃。

能与碱发生反应的活性氧化硅矿物有蛋白石、玉髓、鳞石英、方英石、火山玻璃及结晶有缺陷的石英以及微晶、隐晶石英等，而这些活性矿物广泛存在于多种岩石中，因此迄今为止，世界各国发生的碱集料反应绝大多数为碱—硅酸反应。

2）碱—碳酸盐反应

1955年加拿大金斯敦城人行路面发生大面积开裂，相关部门怀疑是碱集料反应，用美国ASTM标准的砂浆棒法和化学法进行试验，属于非活性集料。后经研究，斯文森于1957年提出一种与碱—硅酸反应不同的碱集料反应——碱—碳酸盐反应。

一般的碳酸岩、石灰石和白云石都是非活性的材料，只有泥质石灰质白云石，才会发生碱—碳酸盐反应。

碱—碳酸盐反应的机理与碱—硅酸盐反应完全不同，在泥质石灰质白云石中含黏土和方解石较多，碱与这种碳酸钙镁的反应时，将其中白云石（$MgCO_3$）转化为水镁石 $Mg(OH)_2$，水镁石晶体排列的压力和黏土吸水膨胀，引起混凝土内部应力，导致混凝土开裂。

碱—碳酸盐反应在斯文森提出后，在美国的印地安纳州、弗吉尼亚州、内华达州等以及其他国家也陆续发现存在这种类型的反应。

3）碱—硅酸盐反应

1965年基洛特加对位于加拿大的诺发斯科提亚的混凝土膨胀开裂进行研究发现：

（1）形成膨胀的岩石属于黏土质岩、千枚岩等层状硅酸盐矿物。

（2）膨胀过程较碱—硅酸盐反应缓慢得多。

（3）能形成反应环的颗粒非常少。

（4）与膨胀量相比析出的碱硅胶过少。

其又进一步研究，发现诺发斯科提亚的碱性膨胀岩石中，蛭石类矿物的基面间沉积物是可浸出的，在沉积物被浸出后吸水，使基面距由10Å增大到12Å，致使体积膨胀，引起混凝土内部膨胀应力。这类碱集料反应与传统的碱—硅酸反应不同，称为碱—硅酸盐反应。由于这种反应膨胀进程缓慢，用常规检验碱—硅酸反应的方法无法判断其活性。因此，在进行集料活性和集料反应膨胀检验时，还必须与一般酸—碱反应类型有所区别。

2. 碱集料反应的发生条件

混凝土工程发生碱集料反应需要具有三个条件：第一是混凝土的原材料水泥、掺和料、外加剂和水中含碱量高；第二是集料中有相当量的活性成分；第三是潮湿环境，有充分的水分或湿空气供应。

（1）含碱量高

早在1940年，斯坦敦用加利福尼亚州集料做砂浆膨胀试验时，就发现水泥含碱量越高，碱集料反应的膨胀量越大，在水泥含碱量低于0.6%时，就可以避免发生碱集料反应。后来在许多其他国家的试验表明，由于集料反应的活性不同，有时水泥含碱量低于0.4%氧化钠当量，也有发生碱集料反应膨胀量大的情况。

（2）活性集料

经世界各国许多学者六十余年的研究归纳，具有碱活性的集料主要是含活性二氧化硅的矿物。从活性成分看，该种矿物有无定形（非晶体）二氧化硅，如蛋白石、火山玻璃；结晶不完整的二氧化硅，如玉髓、磷石英、微晶石英等；结晶完整的二氧化硅，例如花岗岩为深层岩，其中石英结晶很完整，但由于地壳变动，受挤压力产生晶格扭曲变形，当其中应变石英含量大于30%，就会发生碱活性；还有一种层状页硅酸盐，属于现在有争议的碱—硅酸盐反应活性集料。

仅少数碳酸岩含以下活性成分：蛋白石、微晶石英、泥质白云石、页硅酸盐。

（3）潮湿多水

越是在潮湿多水的环境条件下碱集料反应对工程的损害发展就越快，往往在一个混凝土工程中，混凝土配制材料具备碱集料反应的条件，在这个工程潮湿多水的部位首先发生碱集料反应损害，在其他部位则发展缓慢。

受碱集料反应膨胀开裂的工程从外观上看，在少钢筋约束的部位为网状裂缝，在受钢筋约束的部位多沿主筋方向开裂。在同一工程中潮湿部位发展严重也是其外观特征之一。最终判断还需要从受害的工程取芯样进行鉴定。

3. 碱集料反应的预防方法

碱集料反应条件是在混凝土配制时形成的，即配制的混凝土中只要有足够的碱和反应性集料，在混凝土浇注后就会逐渐反应。在反应产物的逐渐吸水膨胀和内应力足以使混凝土开裂的时候，工程便开始出现裂缝。这种裂缝和对工程的损害随着碱集料反应的发展而发展，严重时会使工程崩溃。有人试图用阻挡水分来源的方法控制碱集料反应的发展。例如日本从大阪到神户的高速公路松原段陆地立交桥，桥墩和梁发生大面积碱集料反应开裂，有关部门曾采取将所有裂缝注入环氧树脂，注射后又将整个梁、桥墩表面全用环氧树脂涂层封闭，企图通过阻止水分和湿空气进入的方法控制碱集料反应的发展，结果仅仅经过一年，又多处开裂。因此，世界各国都是在配制混凝土时采取措施，使混凝土工程不具备碱集料反应的条件，主要有以下几种措施。

（1）控制水泥含碱量

自 1941 年美国提出水泥含碱量低于 0.6%（Na_2O+0.658K_2O）为预防发生碱集料反应的安全界限以来，虽然对有些地区的集料在水泥含碱量低于 0.4%时，仍可发生碱集料反应对工程的损害，但一般情况下低于 0.6%作为预防碱集料反应的安全界限，已为世界多数国家所接受。已有二十多个国家将此安全界限列入国家标准或规范。许多国家如新西兰、英国、日本等国的大部分水泥厂均生产含碱量低于 0.6%的水泥。加拿大铁路局规定，不论是否使用活性集料，铁路工程混凝土一律使用含碱量低于 0.6%的低碱水泥。

（2）控制混凝土中含碱量

混凝土中碱的来源不仅仅是水泥材料，可以是掺和料、外加剂、水，甚至有时从集料（例如海砂）中来，因此控制混凝土各种原材料总碱量比单纯控制水泥含碱量更为科学。对此，南非曾规定每立方米混凝土中总碱量不得超过 2.1kg，英国提出以每立方米混凝土全部原材料总碱量（Na_2O+0.658K_2O）不超过 3kg，已为许多国家所接受。

（3）对集料选择使用

如果混凝土含碱量低于 3kg/m^3，可以不做集料活性检验。如果水泥含碱量高或混凝土总碱量高于 3kg/m^3，则应对集料进行活性检测；如经检测为活性集料，则不能使用，或经与非活性集料按一定比例混合后，经试验对工程无损害时，方可按试验的比例混合使用。

（4）掺掺和料

掺某些活性掺和料可缓解、抑制混凝土的碱集料反应。根据各国试验资料，掺 5% ~10%的硅灰可以有效抑制碱集料反应。据悉冰岛自 1979 年以来，一直在生产的水泥中掺 5% ~75%硅灰以预防碱集料反应对工程的损害。另外掺优质粉煤灰也很有效，如果取代 30%的水泥，也可有效地抑制碱集料反应。另外，常用的抑制掺和料还有粒化高炉矿渣粉，现在美、英、德诸国对高炉矿渣粉的推荐掺量均在 50%以上。

（5）隔绝水和湿空气的来源

如果在担心混凝土工程发生碱集料反应的部分能有效地隔绝水和空气的来源，也可以取得缓和碱集料反应对工程损害的效果。

4. 我国土建工程的碱集料反应问题

我国水利工程从20世纪50年代起，就吸取了美国派克大坝等许多土建工程因碱集料反应破坏而拆除重建的教训，明确规定凡较大水利工程开采集料时都要求进行碱活性检验及专家论证，并采取掺大量掺和料的水泥以及在现场掺掺和料等措施。这些规定至今仍在水利工程有关规范、标准中沿用。因此，我国自50年代以来，建设了许多大型水利工作，未出现过碱集料反应对工程的损害。

自从1970年国际能源危机以来，水泥工业逐渐由湿法生产改为干法生产，我国大中型水泥厂到80年代陆续都已改为干法生产，使水泥含碱量增加；特别是在80年代后期，作为利用工业废料的节能措施，将回收高碱窑灰掺入水泥中作为一项先进措施在全国推广，使我国水泥含碱量大大增加。据悉，我国某些大厂如冀东、大同、琉璃河、郑州等水泥厂的熟料含碱量均较高，约为1%，有的甚至超过1.3%。值得注意的是，我国自70年代后期以来即以硫酸钠作为水泥混凝土早强剂，而防冻剂则多采用硝酸钠、亚硝酸钠、碳酸钾等，这些盐类中的可溶性钾、钠离子将大大增加混凝土中的总碱量，增加碱集料反应对工程损害的潜在危害。

5. 厦门海底隧道工程的碱集料反应试验

（1）集料岩相检验

工程中分别对第一批中石（16~31.5mm）粗集料、第二批小石（10~20mm）粗集料、第二批中砂细集料进行了岩相分析和X射线衍射（XRD）分析。结果表明，第一批中石粗集料主要含有微斜长石、石英和长石；第二批小石粗集料主要含有石英、长石和微斜长石；第二批中砂细集料主要为石英，在正交偏光显微镜下发现砂含有少量玉髓。

（2）集料碱活性快速压蒸测长试验

工程中分别对第一批中石粗集料（16~31.5mm）、第二批小石粗集料（10~20mm）、第二批中砂细集料进行了快速压蒸测长试验。小试体的快速压蒸测长试验按《砂、石碱活性快速试验方法》（CECS 48：93）进行，小试体的尺寸为10mm×10mm×40mm，测得的数据列于表2-23。表2-23的结果表明，三种集料的膨胀率小于0.1%，可以认为这三种集料均为非碱硅酸反应活性集料。

三种集料的小试体快速压蒸试验结果（线膨胀率，%） 表2-23

水泥：集料	10：1	5：1	2：1
第一批中石（16~31.5mm）	0.027	0.028	0.030
第二批小石（10~20mm）	0.024	0.027	0.032
第二批中砂	0.030	0.033	0.053

第四节 防海水衬砌混凝土施工质量控制技术

一、高性能混凝土配合比

翔安海底隧道决定采用高性能混凝土双掺混凝土配合比，其原材料为P·II42.5水泥、I级粉煤灰、S95磨细矿渣粉、M_x=2.6~2.9中河砂、5~31.5mm花岗岩二级配碎石、聚硅酸盐系高效减水剂、泵送混凝土［坍落度从160mm±20mm（仰拱）到200mm±20mm（拱墙）］。

双掺混凝土和实际采用的双掺混凝土有关数据见表2-24~表2-27（表中只列双掺混凝土，其他未列入）。

拌和物性能试验

表 2-24

编　号	水＋水泥＋粉煤灰＋矿渣粉＋砂＋石（kg/m³）	坍落度（mm）	含气度（%）	凝结时间（h：min）	
				初凝	终凝
2FK	164+251+68+137+700+1 049	190	0.9	9：40	12：30

混凝土的抗渗等级试验

表 2-25

编　号	逐级加压至 3.1MPa 后的渗水高度（mm）	抗渗等级	是否满足设计要求
2FK	15.6	≥ P30	满足 P12

混凝土力学性能试验

表 2-26

编　号	抗压强度（MPa）	轴心抗压强度（MPa）	轴心抗压强度（MPa）	轴心抗拉强度（MPa）		轴心抗拉强度（MPa）		极限拉伸值（$\times 10^{-6}$）	
	3d，7d，28d，90d	28d	28d	3d	28d	3d	28d	3d	28d
2FK	29.9，45.4，63.7，67.0	49.3	31.1	30.5	3.06	31.0	34.5	110	122

混凝土抗氯离子渗透性能试验

表 2-27

编　号	相对氯离子扩散系数 D（$\times 10^{-12}$m²/s）（JTJ 270—98）				通过的电量 Q（C）（JTJ 275—2000）
	7d	28d	60d	90d	
2FK	3.02	1.81	1.28	0.96	570

注：表中 JTJ 270—98 为《水运工程混凝土试验规程》；JTJ 275—2000 为《海港工程混凝土结构防腐蚀技术规范》。

混凝土初选配合比试验，见表 2-28、表 2-29。

混凝土初选配合比试验

表 2-28

编　号	粉煤灰（%）	矿渣粉（%）	水胶比	砂率（%）	水＋水泥＋粉煤灰＋矿渣粉＋砂＋石（kg/m³）	NF（%）	实测密度（kg/m³）
2FK	15	30	0.36	40	164+251+68+137+700+1 049	1.8	2 385

衬砌混凝土的干缩试验

表 2-29

编　号	相对湿度 60% ±5%的标准环境下各个龄期的干缩率（$\times 10^{-6}$）				
	1d	3d	7d	14d	28d
2FK	91	140	222	303	379

翔安海底隧道在工程建设中对混凝土做了多项和各种情况的室内试验及现场试验，经最后研究确定了采用双掺高性能混凝土，并同时对所用水泥、粉煤灰、矿渣粉等胶质材料进行碱集料反应试验。水泥中的碱含量 < 0.6%，每立方米混凝土中的总碱含量不大于 3kg。

现场实际采用的二次衬砌（简称“二衬”）混凝土配合比见表 2-30。

厦门东通道二衬混凝土配合比（实际）

表 2-30

水泥	水（kg）	掺和料①（kg）	掺和料②（kg）	砂（kg）	石（kg）	外加剂（kg）	水胶比	备　注
P·O42.5	—	Ⅰ级粉煤灰	粒化高炉矿渣 S95	河砂（中）	碎石 5~25m	X414	—	—
257	164	70	140	696	1 043	3.74	0.35	C30 明洞坍落度 200mm ± 20mm
P·Ⅱ42.5	—	Ⅰ级粉煤灰	粒化高炉矿渣 S95	河砂（中）	碎石 5~25m	X414	—	—
245	151	75	150	668	1 088	3.29	0.32	C45 仰拱坍落度 120mm ± 20mm
254	155	78	156	713	1 020	3.91	0.32	C45 拱墙坍落度 200mm ± 20mm

高性能混凝土在厦门翔安海底隧道使用状况良好，基本上达到了不开裂、不渗漏的要求。到目前为止，已做二衬段、拱墙以上没有湿迹，达到了干燥无水、内实外光。

二、高性能混凝土温度应力

翔安海底隧道现场使用的C45、C30、C25、C15混凝土均系业主所属混凝土公司供应，混凝土搅拌站严格按业主要求对混凝土所用材料进行现场检验，保证所供给混凝土满足防水、防腐蚀的高性能混凝土的要求。

混凝土用罐车运往现场浇注之前，施工单位、现场监理工程师必须对混凝土进行检查，同时现场取样进行试验。检查的内容包括混凝土的和易性、坍落度是否满足设计和现场试验的要求，对入模温度进行检测均符合要求后才准使用。

现场浇注前施工单位必须制作整体模板台车，整体模板台车主洞长度为10m，服务隧道长度为12m。浇注混凝土时混凝土罐车通过输送泵高压输送，将混凝土输入到混凝土模板台车的模板与初期支护防水板与模板之间，输送混凝土时，两侧要对称输入。模板台车两侧拱腰及边墙部位有混凝土输送窗口可供输送混凝土使用。

模板台车端头、挡头板要做成整体拼装式，中部要用木条作为施工缝预留中间橡胶遇水膨胀止水条的预留槽或止水带安装使用。

混凝土模板台车之前，要另设两个工作台车。第一台用作处理初期支护（以下简称“初支”）表面突出的尖锐之物，如小导管端头、锚杆露头和其他尖锐之物，并对初支表面进行喷射混凝土，将初支表面整平以保护防水板施作后不被尖锐物刺破，同时对初期支护有渗漏水的部位进行后注堵水，使初期支护表面平顺、无水，然后再做防水板。做防水板之前要先做一层无纺土工布作为防水板与初支间的缓冲层，以保护防水层。无纺土工布与防水板形成二衬与初期支护之间的防水隔离层。

第二台工作平台用来绑扎钢筋，在焊接钢筋时，靠近防水板的部位一定要用隔板隔开，以保护防水板在焊接钢筋时不被烧坏。

通过处理初期支护工作平台，施作防水板和绑扎钢筋工作平台以及混凝土台车形成二衬混凝土的一条流水作业线。

三、对二衬混凝土的温控和养护

二衬混凝土浇注后由于温度应力易造成二衬混凝土开裂和渗漏水，所以浇注混凝土时必须严格控制入模温度。

二衬厚度为60~80cm时属大体积混凝土。混凝土在水化热的作用下，将产生较高的水化热温升，形成不均匀非稳定温度场，产生非均匀的温度变形。温度变形在围岩、老混凝土和自身的约束之下产生较大的温度应力，容易导致混凝土开裂。对于海底隧道衬砌一旦发生温度裂缝，不但引起渗漏，还使钢筋长期处于海水的腐蚀之中，严重影响整个隧道的安全性和耐久性。

1. 混凝土的性能

（1）翔安海底隧道现场实际采用C45高性能混凝土（2KF），混凝土的配合比见表2-31。

混凝土参考配合比　　表2-31

水泥品种	粉煤灰（%）	矿渣粉（%）	水胶比	砂率（%）	水（kg/m^3）	水泥（kg/m^3）	粉煤灰（kg/m^3）	矿渣粉（kg/m^3）	砂（kg/m^3）	石（kg/m^3）	外加剂（%）
P·O42.5	15	30	0.36	40	164	251	68	137	700	1 049	N-1.8

（2）混凝土的力学性能

混凝土的主要力学参数见表2-32。

混凝土的主要力学参数 表 2-32

抗压强度（MPa）					抗折强度（MPa）				轴心抗压弹模（$\times 10^4$MPa）		
1.5d	2.0d	2.83d	6.83d	28.0d	2.83d	4.83d	6.83d	28.0d	4.83d	6.83d	28.0d
14.5	20.2	23.4	33.1	53.8	2.90	4.09	4.38	6.04	3.01	3.42	3.73

（3）混凝土的热学性能

混凝土不同龄期的绝热温升值如表 2-33 所示。

混凝土不同龄期的绝热温升（℃） 表 2-33

龄期（d）	0.5	1	2	3	4	5	7	14	28
绝热温升	14.3	29.4	48.6	50.9	51.1	51.2	51.2	51.2	51.2

2. 温度控制标准及措施温度控制标准

1）温度控制标准

（1）混凝土的内表温度应小于 16℃。

（2）混凝土的浇注温度应小于 $T+2$℃（T 为当天和前一天两天中洞内二衬待浇处的平均气温）；超厚混凝土入模时其入模温度要小于 T（用 $T-3$℃）。

（3）混凝土最高温升不超过 30℃。

2）温度控制措施

根据二衬混凝土的温度与温度应力特性，温控措施应侧重于以下四方面：降低混凝土的水化热温升，降低混凝土的浇注温度和升温期的环境温度，减小边基础的约束，特别加强 7d 以前的温度控制。为此，应执行以下温控措施。

（1）前期的温控监测表明，双掺粉煤灰和矿渣粉的配合比（2FK）满足温控要求，应继续使用，并保持配合比的稳定性，不要轻易变动。

（2）保持原材料的稳定性，特别是水泥的稳定性，水泥的水化热不能超过试验采用水泥的水化热。

（3）缩短二衬与边基础之间的浇注间歇期，二者间歇期宜小于 30d。

（4）应尽量选择外部气温低于洞内气温的日子施工。当厦门市最高日气温高于洞内气温时，混凝土的浇注时间必须安排在 22 点至次日 10 点。对于超厚衬砌，则不管洞外气温如何，都必须安排在 22 点至次日 10 点浇注混凝土。

（5）降低入仓温度，使混凝土的浇注温度满足规定的温度控制标准。

①水泥和矿粉提前 6d 入罐，让其自然冷却，确保拌和前的温度不高于 50℃。

②采用搭凉棚、堆高集料和底层取料等方法降低集料温度。

③拌和混凝土前 5h 开始用凉水喷淋石料。

④加冰屑拌和混凝土。

⑤加快运输速度，减少混凝土在运输中的温度回升。

（6）其中③ ~ ⑤条平时可根据气温情况酌情选择执行，当最高日气温高于洞内气温时，则必须严格执行。

控制最高温升，混凝土浇注后 3d 内为升温期，为加速散热，此间应保持浇注段的空气流通，避免大型机械在附近产生热量。

（7）表面保温。为减少内表温差，应利用模板保温，保温时间从混凝土浇完开始，至 3~4d 结束。脱模时间应在混凝土终凝（15h 左右）之后，拆模时间应在 3d 龄期（混凝土强度达到 21MPa）之后。对于超厚衬砌，应在拆模之后在距边基 200cm 高度的范围内悬挂无纺布或塑料薄膜保温，保温期为 10d。

（8）混凝土养生。采用喷水雾的方法进行混凝土养生，使混凝土表面在21d之内始终保持湿润状态。

（9）保证施工质量，满足振捣要求，提高混凝土的均匀性和抗裂性。

（10）进行温度监控，随时检测浇注段的气温和入仓温度，对于超厚衬砌最好抽测温度。当温度超标时，应及时改进温控措施。

3. 温控监测及监测结果

1）温控监测

温控监测就是在混凝土中埋入一定数量的测温仪器和测应变的仪器，检验不同时期的温度特性和温差标准，验证温度控制措施的效果；同时，通过混凝土的应变测值进一步计算温度应力和收缩应力，判断混凝土的应力状态和抗裂能力，预计产生裂缝的可能性。通过温控监测可及时掌握监控信息，便于调整和改进温控措施，做到信息化施工，为后续工程的温控技术积累经验。

2）仪器的选择

依据实用、可靠和经济的原则，在满足监测要求的前提下，应选择操作方便、价格适宜的仪器。根据多个水利、水电和交通工程的应用效果，测温计选择电阻温度计；测应变的仪器选用南京自动化设备厂生产的DI–25型和DI–10型差动电阻式应变计。

仪器的布置按照突出重点、兼顾全局的原则，在满足监测要求的前提下，以尽量少的仪器获得所需的监测资料。根据前面的温控监测结果，不同高度断面的温度基本相同，变化规律亦相当一致；距底板越近的部位拉应力越大，沿洞断面切线方向的应力都较小。所以，温控监测仪器的重点布置在下部，应变计埋设的方向应主要沿洞轴向。再根据二衬的对称性，仪器仅布置在监测段的中间断面的一侧即可。

3）温控结论性意见

容易导致裂缝的危险拉应力一般都发生在3~6d。这是因为，3~6d为内部温度骤降期，在上下层约束和自身约束的影响下，内部拉应力骤然增大。另一方面，混凝土早龄期的抗拉强度相对较小，衬砌混凝土在此期间抗裂安全度也就较小。所以，应特别重视7d以内的温度控制，稍有疏忽大意即可导致裂缝发生。

根据拉应力的分布规律：距边基础越近的部位拉应力越大，说明边基础二衬的约束力是产生温度应力的重要原因之一。二衬与边基础的间歇期一般都在2个月以上，上下层厚度数明显超挖，二衬的实际厚度已大大超过设计厚度。所以，减少超挖，特别是近边基部位的超挖，减薄衬砌厚度，是削减温度应力的另一有效措施。

拉应力沿衬砌厚度的分布是：中层面最大，外表面其次，内表面最小。所以，如果二衬产生裂缝，首先是从下部的中层开始，裂缝的方向为竖向。

从监测和现场实际情况看：

（1）二衬混凝土厚度超过60cm以后容易产生温度应力引起的裂缝，风化深槽地段、二衬钢筋混凝土一般都超过70cm厚度，有的地段由于超挖二衬钢筋混凝土的厚度达到90~100cm，所以最容易发生温度应力使二衬混凝土开裂。

（2）温度应力引起的钢筋混凝土开裂一般都在两侧拱腰以下矮边墙基础顶部。每模10m范围内出现2~3条环向裂缝，裂缝宽度一般都在0.2mm以下，不仔细看很难用肉眼看得见。

对此，现场采取了以下措施，并收到了明显效果。

（1）将混凝土入模温度降为T–3℃（T为当天和前一天洞内二衬待浇处的平均气温）。

（2）在二衬内侧（靠二衬混凝土表面）环向钢筋 1~1.2m 处焊一条纵向钢筋，ϕ6~ϕ12mm，每点都焊牢。

（3）从拆模处开始在拱腰以下，用无纺土工布遮挡二衬表面并喷洒水养护。

采取以上三项措施后，二衬温度应力引起的开裂完全消失，取得了较好的效果。

四、衬砌混凝土施工质量控制

1. 二衬钢筋定位

在隧道二次衬砌钢筋施工中，经常会出现钢筋安装偏位、保护层厚度不够等质量通病，其技术措施如下。

（1）在初期支护施工中确保二衬混凝土断面尺寸满足设计要求。

（2）严格控制钢筋加工过程，按设计图纸及规范要求加工钢筋，并采用机械操作，确保钢筋尺寸正确，图 2–20 为矮边墙钢筋安装。

（3）在安装钢筋前要精确测量定位。仰拱钢筋安装按测量标记先施工钢筋定位骨架，然后在定位骨架上按设计尺寸绑扎钢筋；拱墙钢筋采用钢筋台车安装，在绑扎钢筋前先将钢筋台车就位，按设计尺寸调好台车，然后在台车上绑扎钢筋。图 2–21 为仰拱钢筋安装。

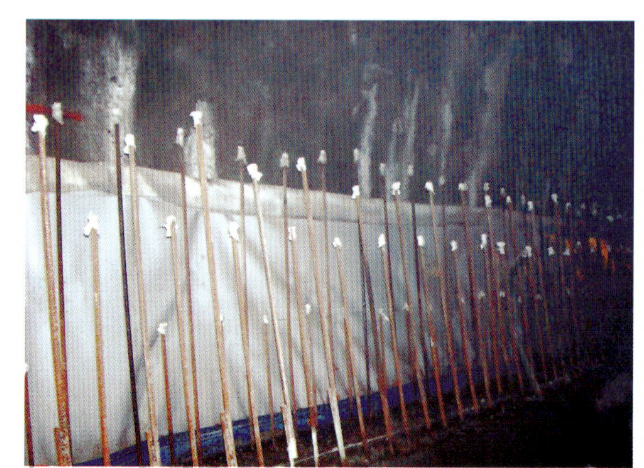

图 2–20　矮边墙钢筋安装图

（4）混凝土垫块安装。为确保钢筋保护层厚度，在混凝土衬砌施工前要安放混凝土垫块，混凝土垫块与二衬混凝土强度相同，厚度要稍大于设计钢筋保护层厚度。钢筋安置密度以梅花形每平方米一个垫块，内外层均应安放。图 2–22 为二衬钢筋混凝土垫块安装。

图 2–21　仰拱钢筋安装

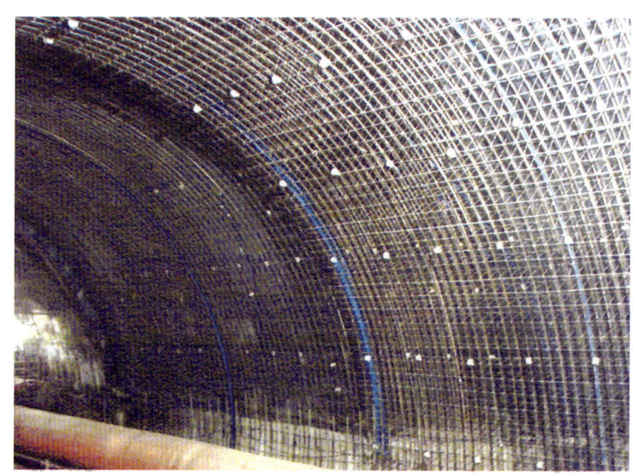

图 2–22　二衬钢筋混凝土垫块安装

2. 防水材料安装

1）背贴式止水带安装

（1）安装背贴式止水带之前测量定位，做好标记，并与防水板黏结牢固，图 2–23 为背贴式止水带安装。

（2）矮边墙施工中控制好混凝土高程，止水带的一半安装在混凝土施工缝以下。图 2–24 为矮边墙止水带安装。

图 2-23 背贴式止水带安装

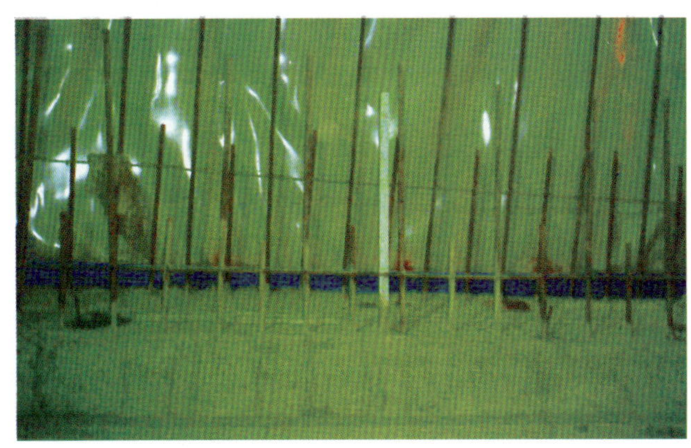

图 2-24 矮边墙止水带安装

2）止水条（带）安装

（1）环向止水条（带）利用衬砌台车挡头板上方钢预留沟槽，拆模后将止水条（带）安放在槽内。图 2-25 为二衬混凝土止水条（带）安装。

（2）纵向止水条采用泡沫板在混凝土上预留沟槽，施工前把泡沫板取出，安放止水条。

3）防水板安装

（1）严格按设计要求固定防水板，控制好固定点间距，保证防水板安装不松不紧。图 2-26 为防水板安装。

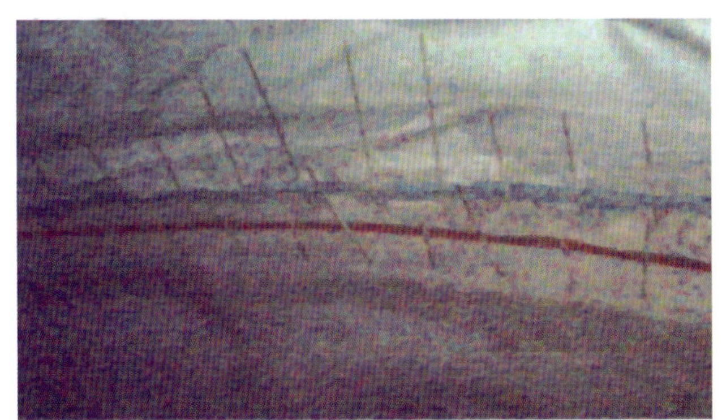

图 2-25 二衬混凝土止水条（带）安装

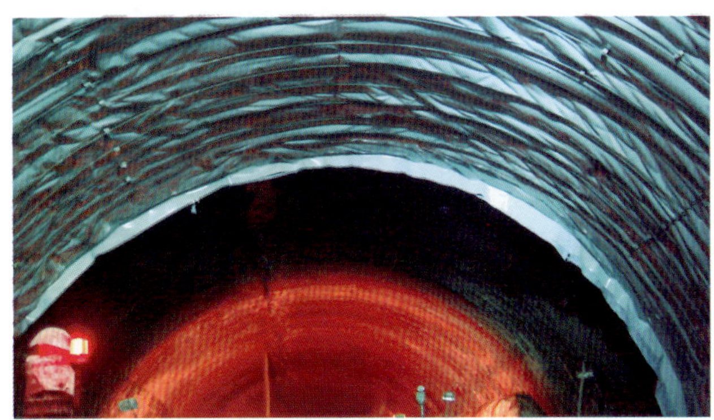

图 2-26 防水板安装

（2）电焊时用木板挡住防水板，防止被灼伤；采用气密性试验检验其是否黏结牢固。

（3）用无纺布包裹钢筋头，防止刺穿防水板。图 2-27 为无纺布包裹钢筋头。

4）二次衬砌混凝土防渗漏水

（1）加强拱背回填注浆，基本做到初期支护不渗不漏。

（2）严格按设计及规范要求施作防水层及排水系统。

（3）衬砌混凝土振捣密实，减少施工缝。

（4）出现渗漏水后及时进行注浆封堵或凿槽排导等处理。

3. 混凝土养护

混凝土浇注完成后，待表面收浆后尽快对混凝土进行养生。洒水养生应最少保持 10d，对于掺和料混凝土至少养护 21d。洒水养生应根据气温情况，掌握恰当的时间间隔，在养生期内保持表面湿润。图 2-28 为 混凝土喷水养护。

4. 混凝土材料质量控制

隧道施工所用的水泥、钢筋、防水材料、外加剂、砂、石料等原材料，经施工单位试验满足要求后报送监理审批同意后方可允许材料进场。在施工过程中加强原材料的检验，不合格的不得投入使用。

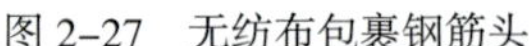
图 2-27 无纺布包裹钢筋头

图 2-28 混凝土喷水养护

第五节 防排水施工技术

一、概述

翔安海底隧道所处地下水及海水总水压为 0.7MPa 左右，为减少二次钢筋混凝土的水压力荷载，采取以“以堵为主，限量排放，多道防水，刚柔结合”的永久防排水原则。如图 2-29 所示为主洞防水设计。

翔安海底隧道设计为复合式衬砌结构，即初期支护用型钢钢拱架（主洞）和网构钢拱架（服务洞）、超前小导管（洞口大管棚）、径向锚杆、钢筋网，纵向连接钢筋、喷射防渗混凝土、铺设无纺土工布和防水板，施作二次衬砌、环向和纵向排水盲管，并在拱墙脚纵向排水沟上方防水板与二衬之间设泄水盲管，将防水板与二衬之间的渗水引入隧道纵向排水沟。在洞口和隧道中部最低点设永久性集水池，将水抽排至洞外。

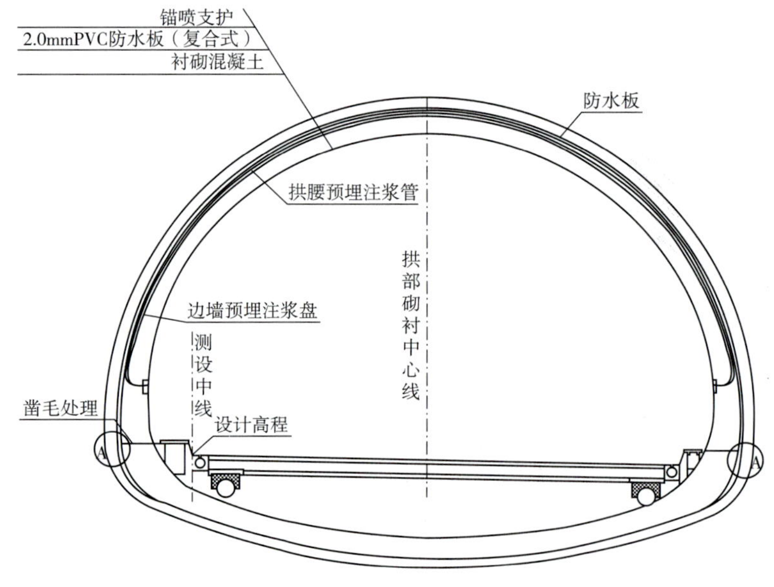

图 2-29 主洞防水设计

二、施工排水及永久排水

1. 概述

海底隧道的纵断面线形一般都为“V”形或“W”形和“⌣”形，总的来说是两端洞口高，隧道中间低，从洞口向洞内为下坡施工。地下渗水开挖面打孔眼，混凝土养护和机械清洗，施工用水以及大气降雨，形成的地表水等都对隧道施工和运营造成很大的影响；山岭隧道一般为“人”字坡，或单向坡，有利于自排水，施工时排水沟畅通，隧道内的水可以顺坡自排至洞外。但海底隧道洞内的水不能自排至洞外，施工时，洞外的雨水、地表水、洪水易顺坡进入隧道内，洞内的围岩渗水和施工用水也顺坡流向掌子面，给施工造成很大困难。特别是洞口段的软弱围岩和洞内的风化深槽（囊）在水的浸泡下会变软、塑化和液化，容易引起初期支护和围岩下沉、变形、塌方和涌水；隧道运营时，围岩的渗水沿初期支护在防水板外渗流入隧道两侧的渗水盲管，同时顺环向盲管流入隧道两侧的排水沟，并从排水沟顺坡排至洞中间的积水池；隧道运营时的清洗用水、消防用水以及服务洞中的自来水管的意外出水等，都将流入隧道中间的积水池，通过抽排水泵将积水池中的污水抽排出洞外。运营时的永久抽排水也是十分重要的，如抽排水不及时将会使隧道被淹，影响隧道的正常运营，影响行车安全和隧道的运营安全。

2. 施工排水

海底隧道的施工排水是十分重要的，必须要认真解决好。施工排水主要包括对洞口外的排水和洞内施工时的排水。

洞口外的排水主要是防止洞外台风、暴雨时的洪水流进洞内。隧道洞外有长距离的下坡道进入洞内，洞口段多为路堑式的引道，且洞外有一定的汇水面积，地面水将汇集至洞口，对隧道施工造成危险。洞内施工时，围岩的渗水、施工用水均向掌子面汇流，对掌子面施工造成危险，隧道开挖越长洞内排水工作量越大。

1）洞口排水

洞口施工排水要根据洞口汇水面积的大小和洞口段下坡的长度和施工经验来确定洞口段的积水量和洞内施工长度及排水量，来确定洞口积水池的大小。

根据厦门地区的实际情况以及洞口的汇水面积大小，参考以下公式计算洞外的雨水量：

$$q=1\,432.348\times(1+0.582\times\lg P)/(t+4.56)^{0.633}\ (\mathrm{L/s\cdot hm^2}) \tag{2-4}$$

式中：P——取 20 年；

t——降雨历时，取 5min；

q——降雨强度，其降雨按 20 年一遇和暴雨 5min 流量。

$$Q=\psi\times q\times F \tag{2-5}$$

式中：Q——暴雨 5min 时，其降雨的流量；

ψ——径流系数（绿地取 0.15，道路取 0.9）；

F——汇水面积（hm^2）。

加上设计提供的洞内渗透系数和渗水量，计算洞口积水池的容积。厦门翔安海底隧道四个标段洞口积水池分别为：

（1）A1 标其开挖主洞和服务隧道各 3 660m 长，其洞口积水池容积为 15×10×3=450（m^3）（长 × 宽 × 深）。

（2）A2 标右线主洞开挖长 3 141m，洞内水量小，洞口积水池为 5×4×4=80（m^3），用 2 台 36kW 的污水泵（一用一备）。

（3）A3 标左线主洞长 2 385m，服务洞长 2 390m，由于其 V 级围岩占 70% 以上，过 450m 富水砂层，地下水量大，其洞口积水池为 8×8×5=320（m^3），用 2 台 75kW 加 1 台 22kW 的污水泵，另有一小池 1.5×1.5×2=4.5（m^3），流向洞口的雨水用 15kW 抽排路基。

（4）A4 标右线主洞开挖长度为 2 910m，过 450m 富水砂层，地下水量较大，其洞口积水池为 20×10×3=600（m^3）（长 × 宽 × 深），另有一小积水池主要截流地面长路堑的雨水，其水池为

5×3×2=30（m^3），（长 × 宽 × 深）。

其大水池用2台55kW的污水泵（一用一备）。小水池为1台55kW污水泵，另备一台75kW的污水泵。

洞口积水池要起到抽排洞外顺洞口路堑流来的雨水和洞内抽排出来的污水，并将其抽排到洞顶消能沉淀池，再排到管涵沟渠，排到海中的作用。

洞口积水池根据施工的工期长短，一般要做成防渗漏的混凝土结构或钢结构。

由于洞口外路堑顺坡流向流口，厦门端为-2.86%的下坡流向洞内，翔安端为-2.98%下坡流向洞内，故在洞口外路面要各设3条横向截水沟，沟宽为60cm，深为40cm。横向坡度为2%，将路面上的水截流至洞口积水池，横向截水沟要用C25混凝土砌筑，并用6cm厚的铸铁滤水及膨胀螺栓固定在截水沟上面作为滤水盖板，既不影响车辆和行人通过，又能截流顺路面流下的泥水。图2-30为厦门端洞口排水布置示意图。

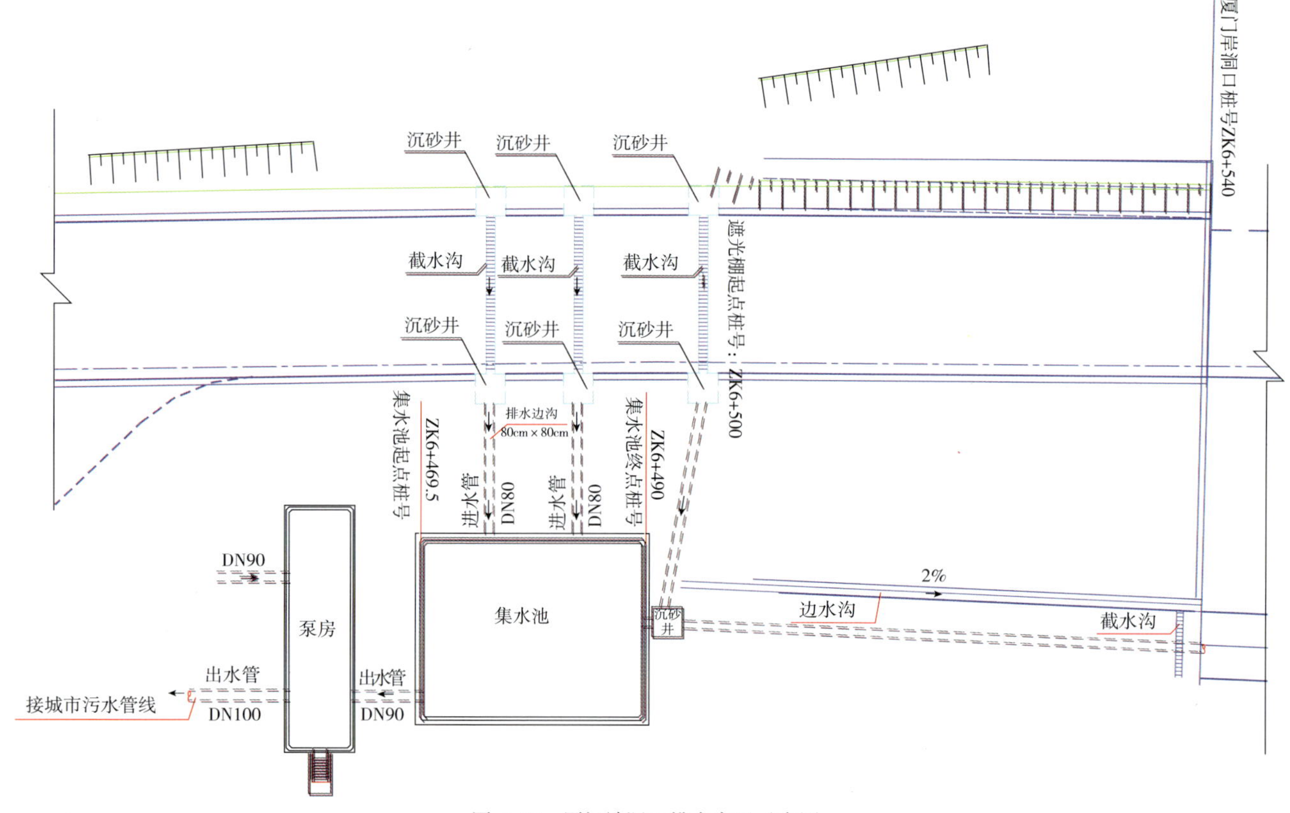

图2-30　厦门端洞口排水布置示意图

2）洞内排水

洞内排水采用分级抽排，洞内水量小的区段每500m设一积水池，水量大的区段每300m设一积水池。积水池的大小，根据水量大小确定，一般为5m×4m×3m。在掌子面附近设一临时积水坑，将掌子面的水集中在积水坑中及时抽排到上一级积水池中，再逐级抽排至洞外。掌子面附近在两侧要有临时水沟，将水集中汇入积水坑，不能让水到处漫流。

在掌子面呈淤泥浆，水无法汇流，而又将泥土软塑化无法施工时，要用真空抽水的方法，将导管一端插入泥土中另一端接在真空机上，将泥水中的水抽出来，使泥土无水、固化或硬化，再进行开挖。这些方法在厦门翔安海底隧道中也多处应用，很有效果。

在有条件的地段如地面无建筑物的陆域段，可采用地面井点降水。在厦门翔安隧道施工中，厦门五通端和翔安端也多处应用，同样很有效果。图2-31为施工临时排水平面布置图。

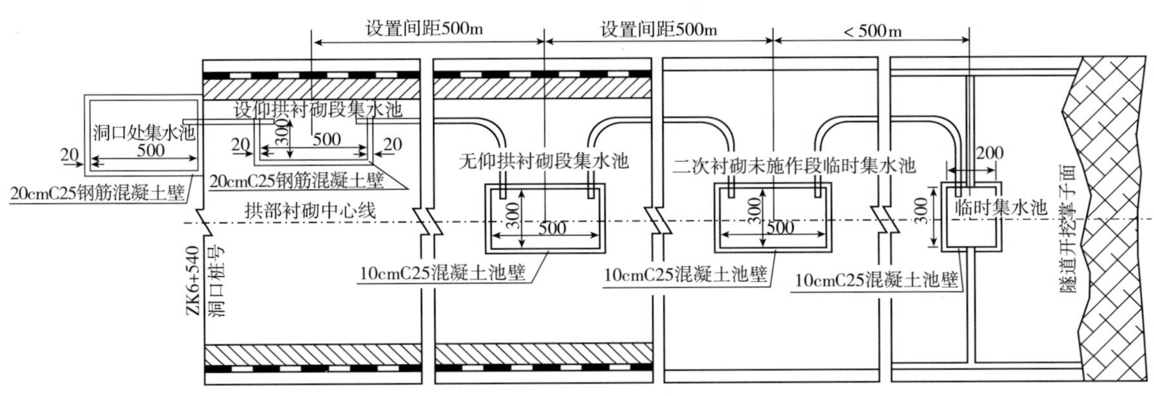

图 2-31　施工临时排水平面布置图（尺寸单位：cm）

3. 永久排水

1）洞口段永久排水

（1）五通端：五通端洞口外汇水面积为 4.145hm^2，路堑引道长度 370m，向洞口方向为 2.86% 下坡。为防止暴雨后雨水流向洞内，在洞口外路面设 3 条横向截水沟，其中 2 道明沟 1 道暗沟，将水引入洞口积水池。截水沟宽 60cm，深 40cm，坡度为 2%，与路基横坡相同。截水明沟用 C45 混凝土现浇，并利用桥梁伸缩缝改造后作盖板，不影响行车。截水沟端均设置深砂井。

厦门地区暴雨强度计算如下：

将 P=20 年，降雨历时 t=5min 代入式（2-4）得降雨强度为 q=603（L/s · hm^2），将其代入式（2-5）中得降雨流量 $Q=\psi\times q\times F$=1 770（L/s）=6 371（m^3/h）

厦门端洞口积水池设计容积为 800m^3，可以满足约 7.5min 储水能力。

水泵出水管采用 DN1000（d_j=1m）钢管，管道材料的泵压≥ 1.6MPa，垂直上行至隧道顶部后，排出水引入约 300m 远的洞顶消能池（2m×5m）最终流入环岛路干管。

抽水设备采用 6 台潜污泵（5 用 1 备，耦合式安装）。设计流量 Q=1 450m^3/h，扬程 H=25m，水泵吸水口的最小淹没深度≥ 0.50m；另配备辅助设备——移动式潜水泥浆泵（潜污泵 2 台，移动式潜水泥浆泵 1 台），设计流量 Q=36m^3/h，设计扬程 H=27m。水泵吸水口的最小淹没深度≥ 0.30m。

（2）翔安端：翔安端洞口外汇水面积为 5.874hm^2，引道段路堑长度约 595m。向洞口方向下坡为 2.9%。在洞口外路面设 3 道截水沟，截水沟的尺寸、坡度、结构与五通端相同。

根据计算，翔安端暴雨强度为 q=603L/s · hm^2，水流量 Q=8 218m^3/h（计算公式和参数除汇水面积和坡道长度外其余与五通端同）。

翔安端积水池设计容积：根据现场场地的布置情况并考虑到该端靠海，台风期间雨水的估计情况积水池容积拟按 1 800m^3，可以满足 13min 的能力设计。隧道左、右线洞口外均设置 2 道截水明沟（宽 60cm，深 40cm）和 1 道暗排沟。明截水沟采用 C45 混凝土现浇，并利用桥梁伸缩缝改造后作盖板，不影响行车。截水沟端部均设置沉砂井，沉砂井的尺寸根据水量的大小有 1.0m×1.0m×2.0m、1.0m×2.5m×2.39m、0.6m×0.6m×1.5m。水泵出水管采用 DN1000（d_j=1m）钢管。管道材料的承压设计标准≥ 1.6MPa。垂直上行至隧道顶部后，经变直径接口扩流至 DN1200，长约 300m 排水管路，引入明泄大水沟，再进入海里。

翔安端洞口永久抽排水设备采用主机潜水泵 6 台（5 用 1 备，耦合式安装）。

设计流量 Q=1 750m^3/h，设计扬程 H=28.5m。水泵吸水口的最小淹没深度≥ 0.75m。

辅助设备——移动式潜水泥浆泵 3 台（耦合式潜水泵 2 台，移动式潜水泥浆泵 1 台）。设计流量 Q=36m^3/h，设计扬程 H=30m。水泵吸水口的最小淹没深度≥ 0.30m。泵站内与主机水泵配套的管路、阀门等过流部件材料均要求材料的耐压强度≥ 1.6MPa。

2）洞内永久排水

（1）洞内废水（渗水）泵房设在海底隧道最低处，考虑服务隧道内所通过的 ϕ1 000mm 自来水管道万一破裂，将存在 2 000m 长的破裂积水；此外，不影响检修时，容许存储的水容积量为 1 500m^3。经实测洞内渗水量 Q=420m^3/h，加上道路冲洗用水和消防水等，考虑洞内积水池容积按 3 000m^3 设计。

洞内废水（渗水）泵房出水管采用经防腐技术处理的 DN400 承压复合防腐钢管，管道承压设计标准≥ 2.5MPa，在服务洞底部铺设，直接引至厦门侧洞口方向，并向外部延伸至洞顶消能池并汇入大海。另一侧 DN400 承压复合防腐管引入翔安端洞口侧经洞顶至排放涵。厦门侧管道长度 3 500m，翔安侧管道长度 3 620m，共计 7 120m。

洞内泵房排水管最低高程 –71.236m，排水管到洞口出水高程 +5.0m，洞内排水输出汇总管路的海拔净落差为 76.236m。

（2）洞内废水泵站设备系统集成方案：洞内废水泵房考虑海水腐蚀的影响，选用“不锈钢（卧式）多级潜水泵”安装方案，泵房主机设备的排水，流经室内管总成，汇集到在服务隧道两端铺设的 DN400 复合式防腐钢管排出汇水，引至厦门端、翔安端洞口方向，并直接向外部延伸到洞顶排水消能池或经排水管涵汇入大海。

洞内泵房设主潜水泵，不锈钢（卧式）多级潜水泵 5 台（卧式安装），设计流量 Q=250m^3/h，设计扬程 H=138mH$_2$O。水泵吸水的最小淹没深度≥ 0.50m。配备专用配套高性能潜水电机 160kW。辅助设备——移动式潜水泥浆泵 3 台（移动式安装），设计流量 Q=36m^3/h，设计扬程 H=25mH$_2$O。水泵吸水口的最小淹没深度≥ 0.30m。专用配套高性能潜水电机 7.5kW。

泵站内与主机水泵配套的管路、阀门等过流部件，均为优质的耐腐蚀材料且需为承压的复合管材，承压设计标准为≥ 2.5MPa。

三、结构防排水

结构防排水主要包括：初期支护防水、防水板防水、二次衬砌混凝土自防水和施工缝沉降缝的细部防水。

1. 初期支护防水

初期支护包括超前小导管、径向锚杆、型钢拱架支撑（主洞）、网构钢拱架（服务洞）、锁脚锚管、钢筋网、纵向连接钢筋、喷射混凝土、径向回填注浆等。

初期支护除对洞身周围岩体进行加固，防止围岩坍塌和沉降外，同时还要起到堵水、止水的作用。

初期支护堵水是海底隧道防水排水十分重要的部分。因初期支护直接与围岩密贴在一起，直接受地下水和海水的压力和腐蚀，陆域段多为回填土、砂土和强风化岩土地段，地下水位高，地下水丰富，富水砂层为 450 多米，直接与海水连通；海域段四个风化深槽（囊）直接与海水连通，所以初期支护防水排水是至关重要的。

初期支护防水，主要是做好径向注浆和喷射混凝土。

（1）径向注浆：主要是径向注入普通水泥浆，把初期支护与围岩之间的空隙填满、填密实，不仅可以加固初期支护背后的围岩提高其强度，防止初期支护后土体松弛下沉，同时还可以起到在初期支护背后堵水的作用。如果初期支护背后围岩中渗水量比较大，应注水泥、水玻璃双液浆，对初期支护背后围岩进行加固和堵水。

（2）初期支护喷射混凝土：初期支护除超前小导管、钢支撑、钢筋网、纵向连接钢筋和径向锚杆之外，主要是喷射混凝土。隧道开挖时，软弱围岩段由于土体松动和地下水的作用，洞周有松动、掉块和小面积坍塌现象，必须在破碎围岩段裂隙未发育，洞周架立钢拱之前立即喷射混凝土，对洞周土体进行封闭。喷射厚度为 5cm 以上，作为钢拱架的外圈保护层。有坍塌掉块时必须立即喷射混凝土进行封闭，喷射混凝土厚度不小于 30cm，钢拱架内圈保护层厚度不小于 5cm。在翔安海底隧道陆域段施工中，喷射混凝土厚度均超过 30cm，有个别地段超过 40cm。个别坍塌的地方必须用喷射混凝土喷满、喷密实。现场质检人员和监理人员对喷射混凝土的厚度和密实度进行检查，不符合设计要求的必须返工重新施作。

喷射混凝土的材料配合比和各种性能经过了多次试验，喷射混凝土的强度等级为 C25，要求 1d 的抗压强度（掺速凝剂后）大于 10.0MPa，满足 100 年耐久性的要求。喷射混凝土拌和物的坍落度控制在 140~180mm 范围内，在喷射混凝土掺加 12%粉煤灰和 27%的矿渣粉，使喷射混凝土 28d 的抗压强度增加 30%，达到 38.6MPa，超出了 C25 喷射混凝土的强度要求。

喷射混凝土的耐久性主要考虑抗渗性、抗碳化性能和抗氯离子渗透性能的要求。经过试验，喷射混凝土均超出 S12 抗渗性能的要求；碳化 28d（标养 28d 后）抗压强度最低达 38.5MPa，最高达到 60.2MPa，满足 100 年使用寿命的要求；经抗氯离子渗透性能试验，在 40~50mm 深度氯离子的水溶性含量为 0.005% ~0.106%，完全满足规范对抗氯离子渗透的要求。

（3）初期支护在陆域软弱围岩段和海底风化深槽（囊）段必须及时封闭成环，严格控制拱顶沉降和拱腰收敛。初期支护完成后要求做到变形稳定，不开裂、不渗不漏；在铺设防水板之前对初期支护有开裂渗漏的地方必须进行补充注浆，做到初期支护表面平顺，不允许有尖锐之物。经过断面净孔量测，无超欠挖满足径孔要求的情况下，再进行无纺布铺设和防水板的铺设。

2. 防水板防水

（1）厦门翔安海底隧道防水板选择的原则是：防水板在隧道和地下工程中有成功的、成熟的经验和丰厚的业绩。经全国防水专家论证，本隧道选择了 ECB 和 PVC 两种防水卷材，并在全国范围进行招标，由业主统一采购使用。两种防水卷材为比利时进口的 PVC 防水卷材（2mm 厚，后因投标价格问题，由国内 PVC 厂家中标）和沈阳星辰的 ECB 防水卷材（2mm 厚），技术指标均超过国标的要求。因考虑海底隧道防水的重要性，两种材料的拉伸强度纵横向均超过 16MPa，断裂伸长率均要求超过 250%，实际检测两种材料的拉伸强度在 20MPa 以上，断裂伸长率均在 350% 以上，加热伸缩量、不透水性、低温弯折等技术指标均超过国标的要求。

（2）防水板铺设：二衬混凝土施作之前，先在初期支护上铺设无纺布缓冲层并在无纺布上施作防水板。首先将无纺布用水泥钉和垫圈固定在初期支护上，按设计和规范要求纵向固定间距为 40~100cm，环向固定间距为 80cm，然后将防水板焊接在垫圈上。本隧道无纺布选用 400g/m^2，五通端（岛内）选用 2mm 厚的 PVC 防水板，翔安端（岛外）选用 2mm 厚的 ECB 防水板。防水板搭接长度按规范和设计要求为 10~12cm。在绑扎钢筋和浇注二衬混凝土之前对防水板施工进行检查。防水板在钢筋施工中受到破坏的地方要进行修补，确保防水板铺设平顺、完整，搭接符合要求；并要对搭接双焊缝进行气密性试验，检测满足要求后才能进行下道工序施工。该隧道无纺布和防水板只铺设拱墙到墙底与仰拱衔接处，仰拱不铺设防水板；在海域四个风化深槽段为全包防水，仰拱也铺设防水板。图 2-32 为 ECB 防水板铺设。

分区防水：为了防止防水板被穿破出现渗流和窜流，特设分区防水（图 2-33），按模板的长度（主洞为 10m，服务洞为 12m）划分。在主洞每 10m 为一防水分区，在二衬施工缝处设背贴式止水带，将渗流或窜流水隔开，并在 10m 中间设防渗肋条。背贴式止水带、防渗肋条均焊接在防水板上，每一防水分区在左右边墙下部设注浆管控制盘，每个控制盘带 5 根注浆管。在注浆管端头有注浆嘴。注浆嘴与圆盘连接。该圆盘用胶粘带临时封贴在防水板上，以防浇注二衬混凝土时砂浆堵塞注浆管。当某个分区发生渗漏水时可进行注浆封堵。图 2-34、图 2-35 分别为防渗肋条和橡胶膨胀止水条铺设图，分区防水平面示意图见图 2-36。

图 2-32　ECB 防水板铺设

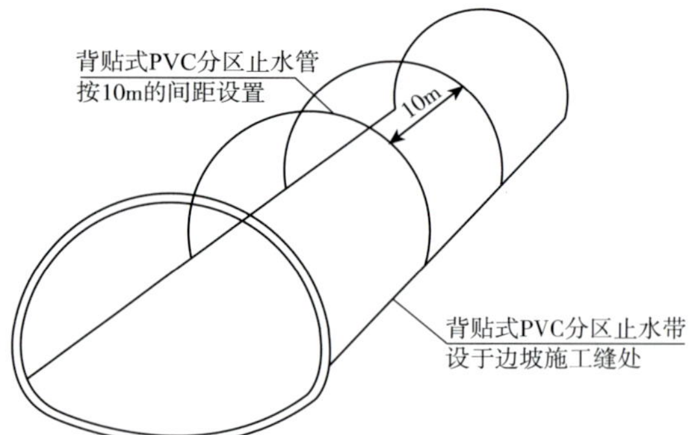

图 2-33　分区防水图（未示防渗肋条）

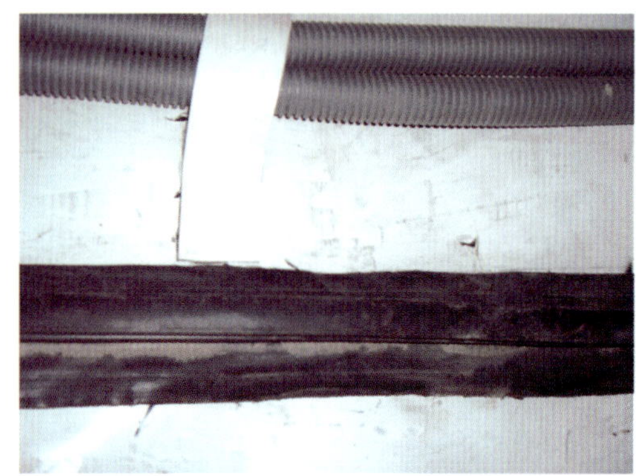

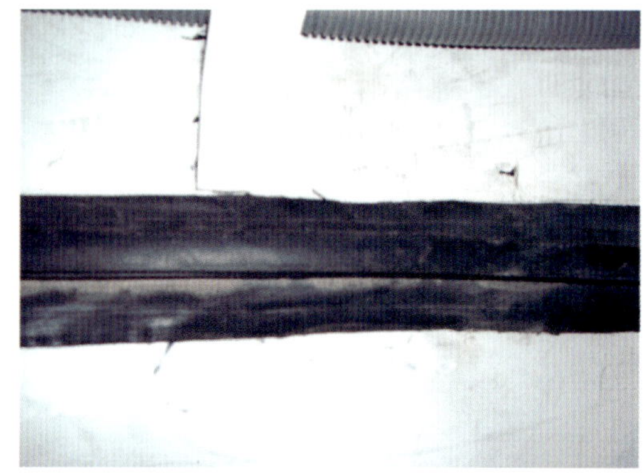

图 2-34　防渗肋条铺设现场照片

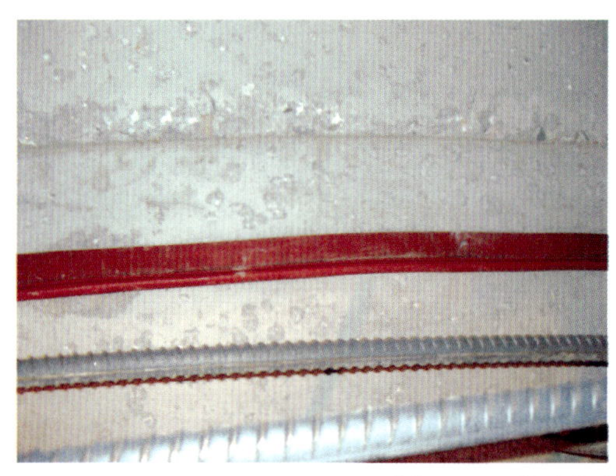

图 2-35　橡胶膨胀止水条铺设现场照片

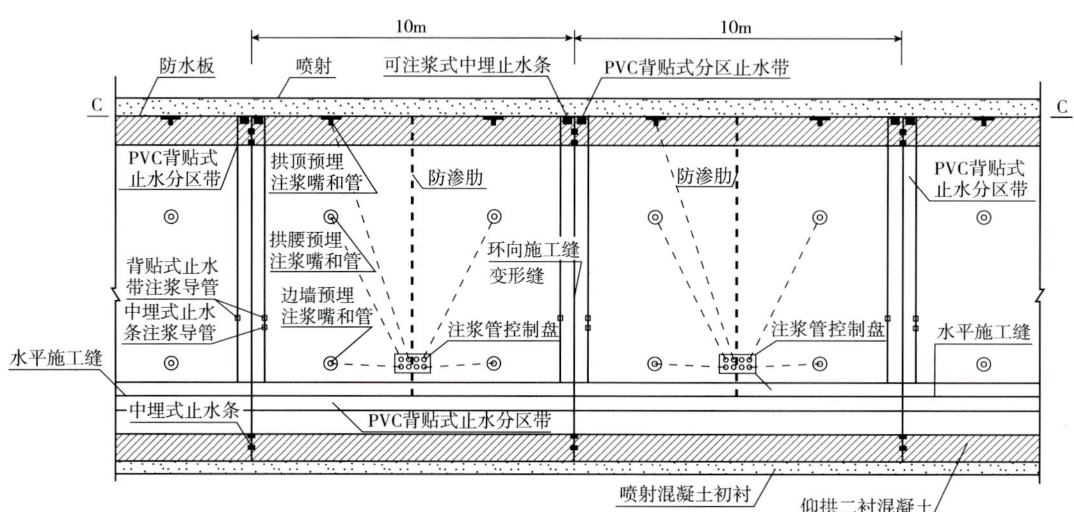

图 2-36　分区防水平面示意图

3. 细部构造防水

（1）施工缝防水：主隧道每 10m 一个环向施工缝，服务洞每 12m 一个环向施工缝。主隧道和服务隧道纵向左右边墙与仰拱衔接处各一条纵向施工缝。施工缝在防水板侧设带注浆管的背贴式止水带与防水板焊接，在二衬混凝土断面中部设带注浆管的橡胶遇水膨胀止水条，在二衬混凝土表面 3.8cm 深，2.5cm 宽处设水泥基渗透结晶型防水涂料。在纵向施工缝和环向相交处是容易出现渗漏水的地方，各在四个方向 1.2~1.5m 范围内涂设日产 P201 遇水膨胀液型密封剂，效果较好。施工缝防水处理见图 2-37~ 图 2-43。

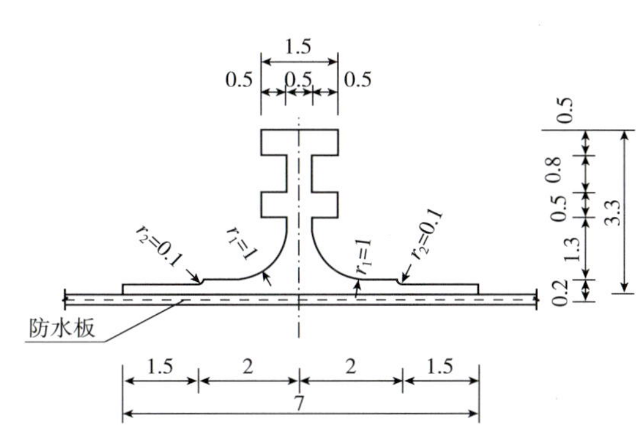

图 2-37　防渗肋条大样（尺寸单位：cm）

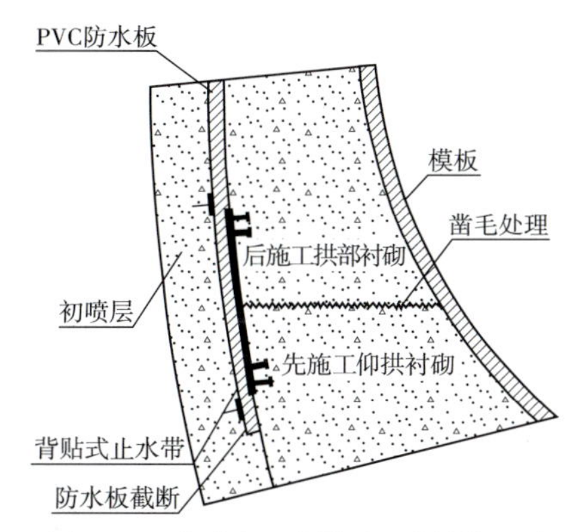

图 2-38　背贴式止水带（尺寸单位：m）

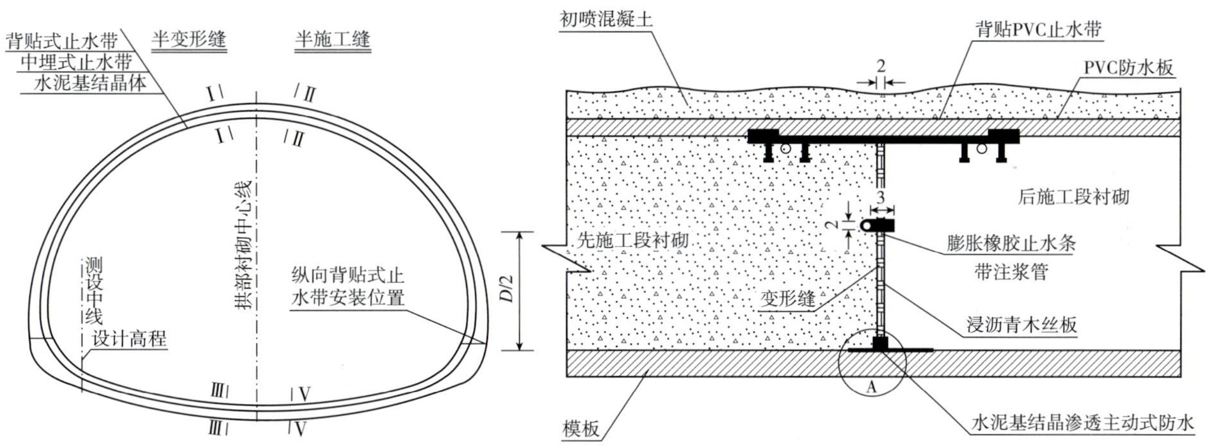

图 2-39　主隧道衬砌施工缝、沉降缝设计附图　　　图 2-40　拱部及边墙沉降缝

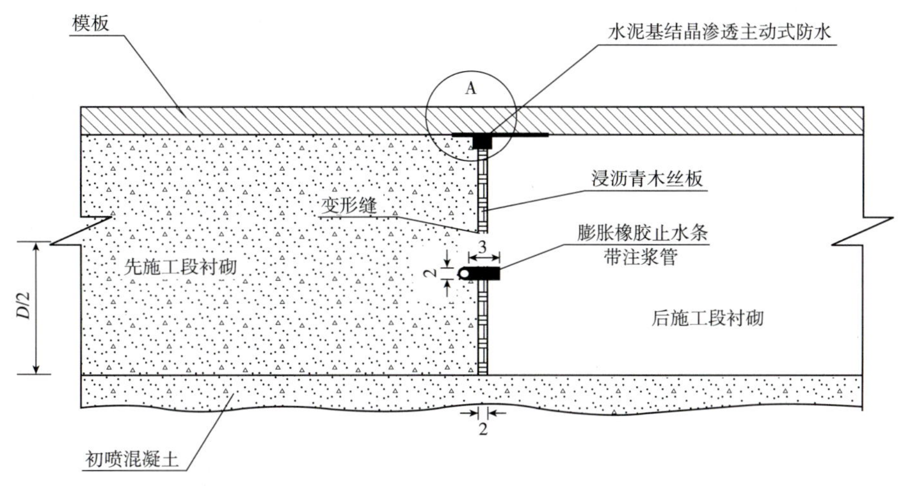

图 2-41　仰拱沉降缝

初期支护
防水板+土工布
2cm厚松木板
二次衬砌
待浇混凝土空间
挡头板
ϕ 8mm 定位钢筋
钢筋卡
模板
止水带
4 ϕ16cm（或主洞架立筋）

图 2–42　沉降缝处理示意图

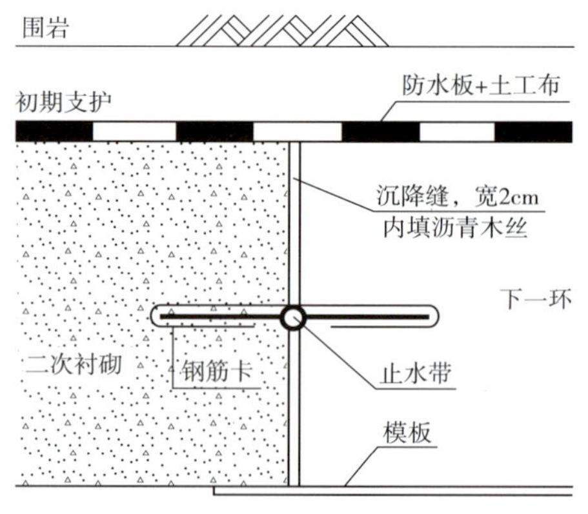

图 2–43　沉降缝处理示意图

（2）变形缝防水：本隧道尽量少设变形缝（沉降缝）。现只在明洞与暗洞交界处设了变形缝，对变形缝的防水，除在靠防水板侧设带注浆管的背贴式止水带之外（图 2–44），在二衬混凝土中部设带注浆管的中埋式橡胶止水带，并在环向变形缝与纵向施工缝处设日产 P201 遇水膨胀单液型密封剂。在二衬混凝土表面 3.8cm 深，2.5cm 宽处设水泥基渗透结晶型防水涂料，效果还比较好。

图 2–44　背贴式止水带铺设现场照片

4. 二次衬砌混凝土防水

本海底隧道工程混凝土处于湿热的海洋大气和渗透海水的侵蚀的介质环境中，特别是隧道中衬砌混凝土结构处于海水氯离子腐蚀和汽车尾气 CO_2 碳化腐蚀的双重威胁中。根据《混凝土结构耐久性设计与施工指南》（CCES 01—2004），隧道工程混凝土结构设计使用年限为 100 年以上的重要土木建筑设施工程属一级，其环境类别及作用等级为 E 级（靠海的陆上室外结构）。

整个隧道考虑海洋大气环境和浪滩区海水渗透的影响，结构设计为 C45 的混凝土强度等级。为保证海洋环境条件下，100 年以上耐久性设计要求，衬砌混凝土采用抗渗等级为 P12，90d 氯离子扩散系数 $< 2.0 \times 10^{-2} m^2/s$ 的高性能混凝土。

高性能混凝土由建设管理单位厦门路桥建设集团有限公司委托南京水利科学研究院历时一年多进行了多次试验，包括力学性能试验、混凝土干缩变形试验、混凝土自身体积变形试验、混凝土抗海水和抗淡水渗透试验、混凝土抗碳化试验、混凝土抗氯离子渗透性能等，并结合上述性能指标和碱集料反应试验，对不同原材料（水泥、砂石、外加剂）品种和不同混凝土配合比（普通混凝土配合比、单掺粉煤灰混凝土配合比、双掺混凝土配合比、单掺矿渣混凝土配合比）进行对比，初步确定衬砌高性能混凝土配合比方案和相关技术要求，并经过现场试验，最后确定了高性能混凝土的配合比和相关技术要求。相关数据如前所述。

第三章

CRD工法施工技术

第一节　CRD 工法设计方案及优化技术方案

一、CRD 工法设计方案

1.CRD 工法设计初期支护参数

Ⅳ~Ⅴ级围岩段初期支护主要由钢架、径向锚杆、钢筋网及喷射混凝土组成；每榀型钢钢架之间用 ϕ22mm 的钢筋连接，并与径向锚杆焊为一体，与围岩密贴形成承载结构。初期支护施工作业程序见图 3-1。

图 3-2 为 CRD 工法初期参数图。Ⅴ级围岩永久支撑设置 I20b 工字钢拱架，临时支撑为 I14 工字钢支撑，拱架间距 50cm。钢架施工工艺框图见图 3-3。

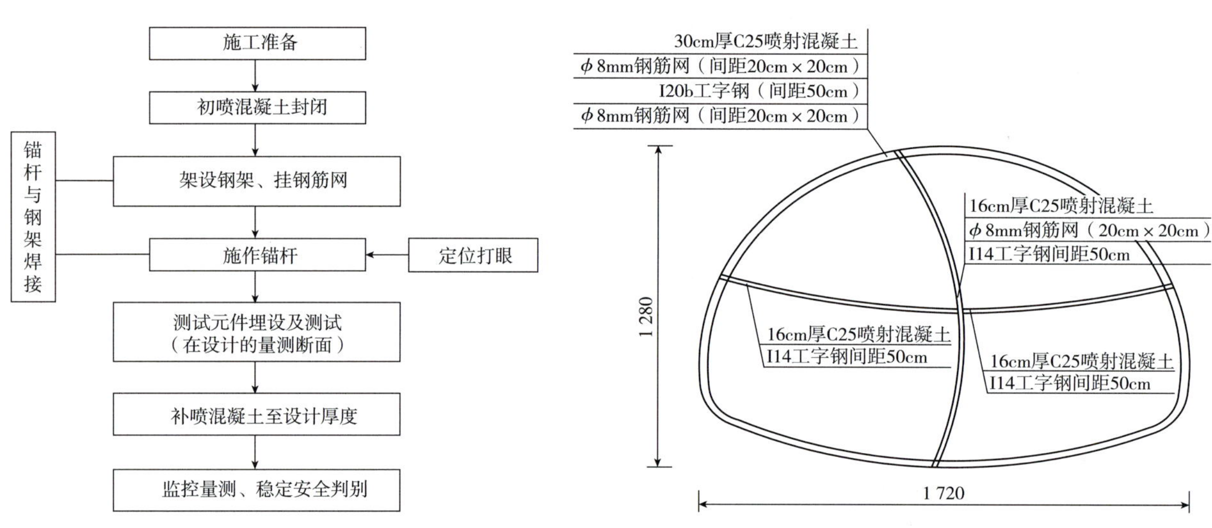

图 3-1　初期支护施工作业程序图

图 3-2　CRD 工法初期参数图（尺寸单位：cm）

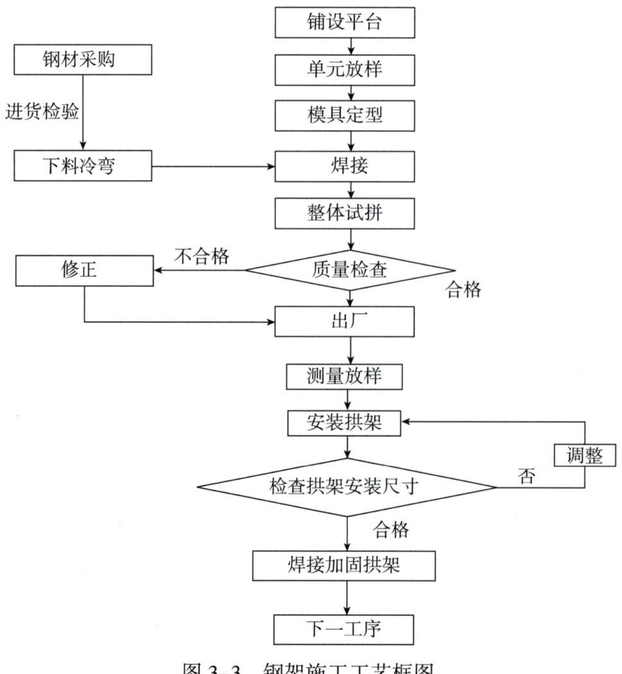

图 3-3　钢架施工工艺框图

1）钢架加工制作

工字钢钢架采用弯拱机加工成型，要求尺寸正确，弧形圆顺。钢架加工后进行试拼检查，合格后标识清楚，单独码放备用。

拱架连接设计采用 10mm 厚 A3 钢板制作连接板，M20 普通螺栓连接。

2）钢架安装

测量组至少放样 2 组中线水平点，以便施工引用。小断面拱架安装方法：先将拱架各节连接成两段，由两端向中间架立，连接好后再根据结构尺寸调整。大断面拱架安装：由下向上，依据结构尺寸分节调整到位，加固后再安装下一节。拱架检查合格后安装纵向连接钢筋或拉杆，在拱脚设置锁脚锚管（杆）。图 3-4 为 CRD 工法工字钢支撑总装图，表 3-1 为 CRD 工法钢支撑工字钢用料表，图 3-5 为钢拱架现场安装施工图。

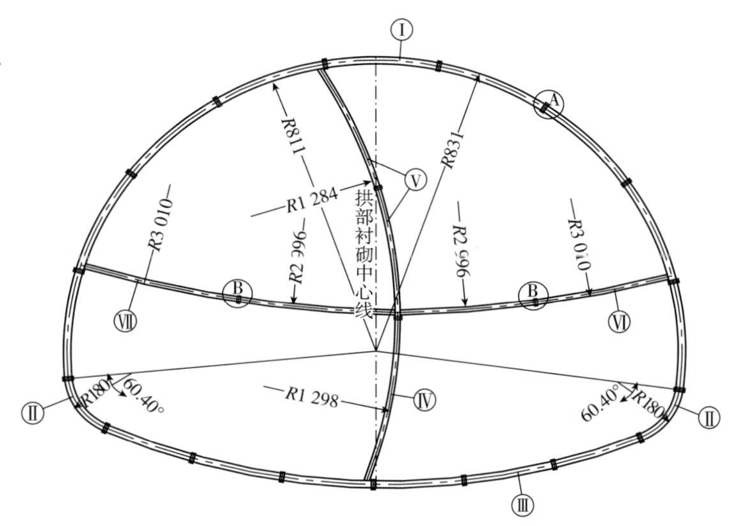

图 3-4　CRD 工法工字钢支撑总装图

CRD 工法钢支撑工字钢用料表　　表 3-1

材料及规格		每片长度（cm）	每片质量（kg）	片数（片）	总质量（kg）
I20b 工字钢	Ⅰ	305.2	94.92	9	1 417.02
	Ⅱ	177.2	55.11	2	
	Ⅲ	242.5	75.42	6	
I14 工字钢（回收）	Ⅳ	467.5	79.01	1	468.15
	Ⅴ	370.3	62.58	2	
	Ⅵ	362.4	61.25	2	
	Ⅶ	418.6	70.74	2	

图 3-5　钢拱架现场安装施工图

3）施工技术措施

（1）钢拱架的施工方法

钢架基脚位置预留 0.15~0.2m 原地基，架立钢架时挖槽就位。在钢架基脚处铺设槽钢，安装钢架，各单元连接牢固，调整位置和高度，保证与隧洞中线垂直，并与锚杆焊接牢固。当钢架和初喷层间存在较大空隙时，设垫块顶紧围岩。

钢架安装允许偏差：横向和高程允许偏差为 ±5cm。钢架平面垂直于隧洞中线，其倾斜度不大于 2°，钢架的任何部位偏离铅垂面不大于 5cm。

（2）钢筋网施工方法

在主洞 IV、V 级围岩地段采用双层钢筋网片。主洞网片钢筋采用 ϕ8mm 盘条，在洞外加工成间隔 200mm×200mm 的格网，洞内铺挂。钢筋使用前应清除锈蚀，在岩面喷射一层混凝土后进行铺设；采用双层钢筋网时，第二层钢筋网应在第一层钢筋网被混凝土覆盖后铺设。钢筋网应随受喷面的起伏铺设，钢筋网的混凝土保护层应不小于 20mm，且应与锚杆或钎钉连接牢固，在喷射作业时不发生颤动。

①钻孔、下管

锁脚锚管的施工方法：陆域段隧道完成初喷，钢拱架立设后，使用 ϕ42mm×3.5mm，L=3.0m 的钢花管按照设计要求在钢拱架两侧进行锁定拱架，控制钢拱架倾倒，初期支护完成后锁脚锚管能够有效地控制沉降、收敛。图 3-6 为锁脚锚管设计图，图 3-7 为隧道锁脚锚管施工图。要求在每榀拱架两侧采用风钻成孔，钻至设计孔深后，用吹管将碎渣吹出，注意避免塌孔。顶管施工时，先将 ϕ42mm 钢管加工成钢花管，在钻孔内插入 ϕ42mm 钢花管，安上与纤尾形状相同的击盘，在管尾后段 30cm 处，将麻丝缠绕在管壁上成纺锥状，并用胶带缠紧。开动风钻，利用气腿凿岩机的冲击力将钢花管顶入围岩中，孔口露出喷射混凝土面 15cm，钢管顶进钻孔长度不小于 90% 的管长。顶管至设计孔深后，将孔口用织物包裹，用水泥-水玻璃胶泥将钢花管与孔壁之间的缝隙封堵。孔口露出喷射混凝土面 15cm，安装钢拱架后与拱架焊接在一起。

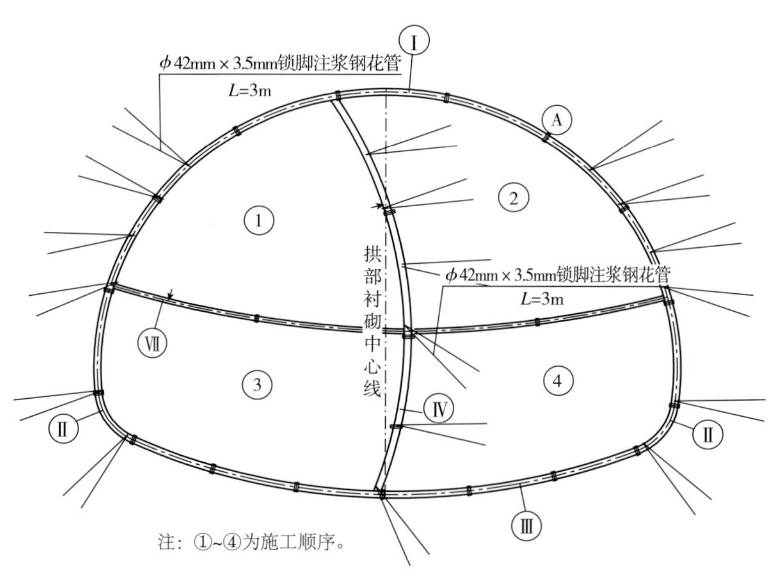

图 3-6　锁脚锚管设计图

②锚管注浆

注浆前加工连接球阀用的丝扣管、变径接头。注浆前将 ϕ42mm 丝口管焊接在管尾，安上球阀。小导管注浆采用 KBY-50/70 注浆机，自制水泥浆搅拌桶。采用球阀止浆，注浆结束标准为：注浆压力达到 1.0MPa，且注浆量也达到设计要求。停止时，先停注浆机，再关闭球阀，最后清洗管路。

（3）喷射混凝土施工方法

找顶、清帮完成后立即进行初喷封闭围岩，充分发挥围岩的自稳能力。喷混凝土采用湿喷机进行作业。

①喷射混凝土工艺流程

本隧道原设计采用湿喷法，喷浆料由施工单位自动计量拌和站生产。图 3–8 为混凝土拌和站。

图 3–7　隧道锁脚锚管施工图

图 3–8　混凝土拌和站

混凝土搅拌车运输，机械手配合湿喷机喷浆。图 3–9 为湿喷混凝土施工工艺框图。

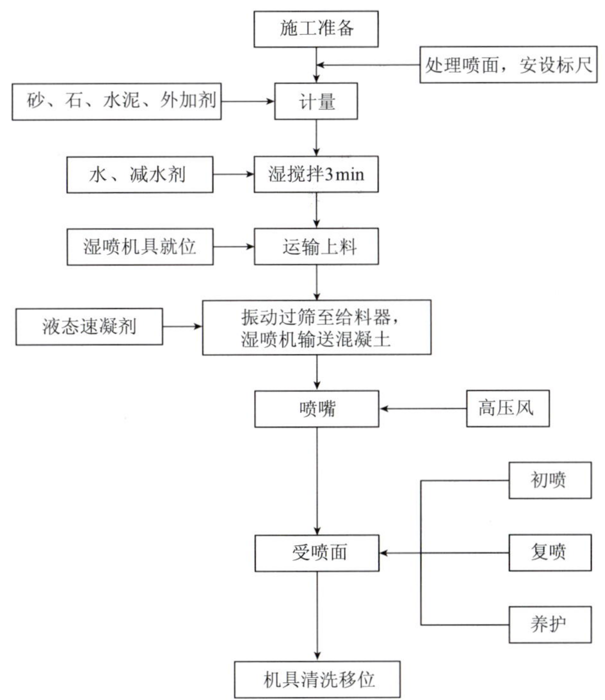

图 3–9　湿喷混凝土施工工艺框图

②施工方法

选用 AL–285 型混凝土喷射机配机械手施工。喷射前对喷射面进行检查，清除岩面浮石、墙角石渣和堆积物，用高压风（水）冲洗受喷面。喷射作业分段、分片，按由下而上的顺序进行，分层喷射，边墙每层厚度按 3~4cm 控制，拱部按 2.5~3cm 控制，后一层在前一层混凝土终凝后进行。图 3–10 为喷射混凝土作业图。喷嘴与受喷面保持垂直，距受喷面 0.6~1.0m。喷射压力 0.15~0.2MPa，水压力 0.3~0.4MPa。

③主要技术措施

隧道开挖后即对岩面初喷混凝土，以防岩体松弛。喷射混凝土前设置控制喷混凝土厚度的标志。

图 3-10　喷射混凝土作业图

施工机具布置在无危石的安全地带。喷射前处理危石，检查开挖断面净空尺寸。在不良地质地段，设专人随时观察围岩变化情况，当受喷面有涌水、淋水、集中出水点时，先进行引排处理。用高压水冲洗受喷面，当受喷面遇水易泥化时，用高压风吹净岩面。

在已有混凝土面上进行喷射时，清除剥离部分，以保证新老喷层混凝土之间具有良好的黏结强度。新喷射的混凝土按规定洒水养护。

喷射混凝土的回弹物不得重复利用，所有的回弹混凝土从工作面清除，并运出洞外或作为地面超挖填充料（碾压）。

2.CRD 工法设计施工步序和步长

CRD 工法分为四部进行，见图 3-11~ 图 3-14。原设计施工顺序采用Ⅰ→Ⅱ→Ⅲ→Ⅳ施工步序。每一分部高度均为 6m 左右，这对于人工开挖立设钢拱架来说仍然较高，因此，每一部再分为上下台阶法开挖支护。为保证每一步要有充分的作业空间，每个工作面需拉开一定的距离；但不能过长，过长会造成封闭时间太长，影响隧道整体安全和稳定。设计每一分部开挖相隔为 10~12m。

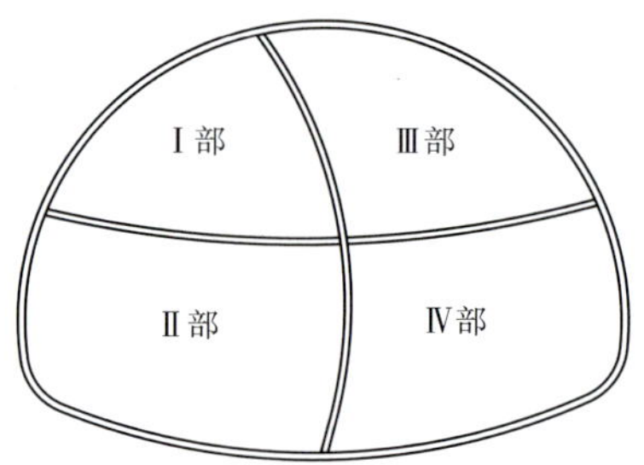

图 3-11　CRD 工法分部图

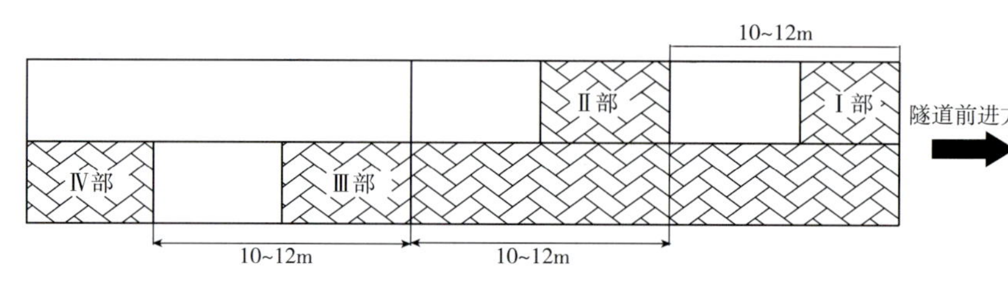

图 3-12　原设计开挖步序图

图 3-13　开挖顺序示意图

图 3-14　开挖现场施工图

在施工前期，本工程严格按照设计的初期支护参数和 CRD 工法施工工艺进行施工组织，但是在施工过程中发生了一系列施工问题，既影响了工程安全，也制约了工程进度，具体表现在以下几个方面。

（1）采用原设计的 CRD 工法施工步序和步长，支护结构和收敛变形过大，远远超过了设计的预留变形量，且各部分施工干扰大。

采用Ⅰ→Ⅱ→Ⅲ→Ⅳ施工步序，在施工过程中会形成Ⅰ、Ⅱ部首先封闭的支护结构，见图 3-15。该支护结构形成窄立受力结构，基底承载面小，顶部下压荷载大，造成结构整体沉降大；同时该结构两侧承载较大的侧向压力，不利于结构收敛变形。

（2）原设计钢拱架 CRD 支护参数不合理，尤其是临时支撑支护钢拱架偏弱，导致整个初期支护结构受力失衡，对施工安全造成较大威胁，见图 3-16。

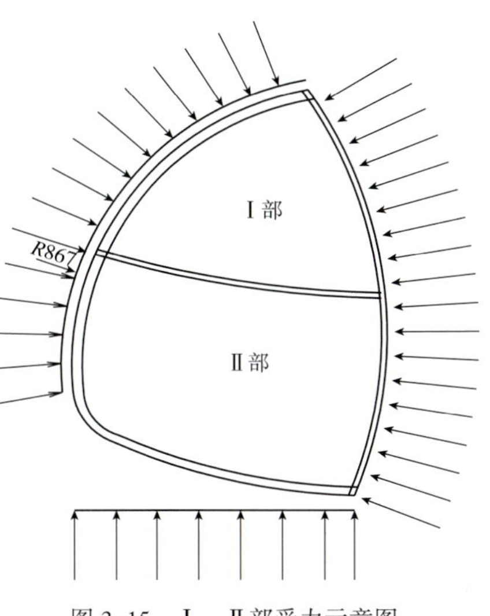

图 3-15 Ⅰ、Ⅱ部受力示意图

在开挖过程中，临时支撑发挥着与主支撑相同的作用，直至用 CRD 工法四部封闭后临时支撑依然发挥重要作用。根据设计永久支撑钢拱架采用 I20 工字钢、30cm 厚 C25 喷射混凝土，临时支撑钢拱架采用 I14 工字钢、16cm 厚 C25 喷射混凝土，临时支撑的支护强度还达不到主支撑支护强度的一半。因此，在 CRD 工法四部封闭前，临时支撑强度偏弱就成为整个结构的薄弱环节，且一旦支护结构变形就易产生偏压，使得薄弱的临时支撑更加雪上加霜，支护结构面临失稳的危险。同时，原设计的钢拱架连接采用 10mm 厚钢板，由 M20 普通螺栓连接，受力后接头钢板开裂（图 3-17），这也是支护结构的另一薄弱点。

图 3-16 拱顶沉降临时支护钢架变形图

图 3-17 连接板开裂图

（3）采用原设计 CRD 工法施工步序和步长，在施工过程中各部施工干扰大，不利于资源的统筹安排，对施工进度影响较大。

分析原因，主要是由于 CRD 工法上台阶施工材料供应困难和上下台阶施工相互影响所致。以上台阶运送喷浆料为例：上台阶道路不通，运送料困难，采用投料孔运送喷浆料，Ⅲ部在Ⅱ部之后，Ⅱ部开挖后临时仰拱不能行车，Ⅰ、Ⅲ部运输道路阻断；为解决该问题，只得在Ⅰ、Ⅲ部同时施作投料孔。若Ⅰ、Ⅲ部连通，则不需如此繁琐。同时，上台阶开挖因Ⅰ、Ⅱ部之间步长较大，出渣距离较大，对施工进度影响较大。

（4）采用湿喷混凝土工艺施工对喷射机械要求高，机械清洗和故障处理较麻烦；湿喷技术对砂和米石喷射材料的质量要求很高，且容易堵管，回弹量大，施工操作不方便。

二、CRD 工法优化技术方案

鉴于上节所述原因，为了确保工程安全质量，提高施工进度，本工程对 CRD 工法的施工工艺、施工组织和初期支护参数进行了优化创新。

1.CRD 工法施工步序和步长优化技术

工程前期采用Ⅰ→Ⅱ→Ⅲ→Ⅳ开挖支护顺序：先开挖Ⅰ部，Ⅰ部全封闭完成 10~12m 后开始开挖Ⅱ部，此时Ⅰ、Ⅱ部同时向前开挖，在Ⅱ部开挖支护完成 10~12m 后，再开挖Ⅲ部，见图 3-19。用同样的方式开始开挖Ⅳ部，这样就形成了以Ⅰ→Ⅱ→Ⅲ→Ⅳ开挖支护顺序的 CRD 工法开挖支护的局面，四部同时施作，同时前进。该施工步序存在着结构受力不合理、沉降收敛变形大、施工干扰大等不利因素。因此，有必要对 CRD 工法施工步序进行优化创新。优化后调整为Ⅰ→Ⅲ→Ⅱ→Ⅳ顺序，即Ⅰ、Ⅲ部上台阶超前，Ⅱ、Ⅳ部下台阶紧跟的开挖方法。优化后的开挖步序见图 3-18，CRD 工法开挖顺序见图 3-19。

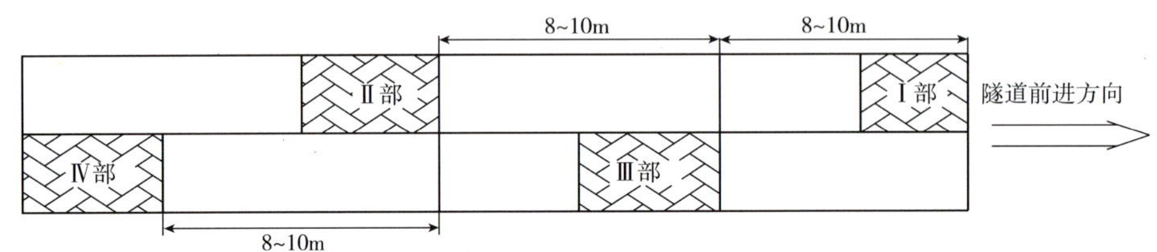

图 3-18　优化后的开挖步序示意图

优化后，Ⅰ→Ⅲ→Ⅱ→Ⅳ CRD 工法施工步序具有以下优点。

（1）Ⅰ、Ⅲ部上台阶开挖整体超前，在开挖过程中，Ⅰ、Ⅲ部支护结构形成了以主拱架为主、临时支撑为偏平支柱的受力对称、分布较合理的结构。

（2）减少了结构受偏压的可能，结构受力更合理，整个上台阶同时受力，增加了基础承载面积，可有效减轻沉降。Ⅰ、Ⅲ部上台阶受力见图 3-20。

图 3-19　CRD 工法开挖顺序

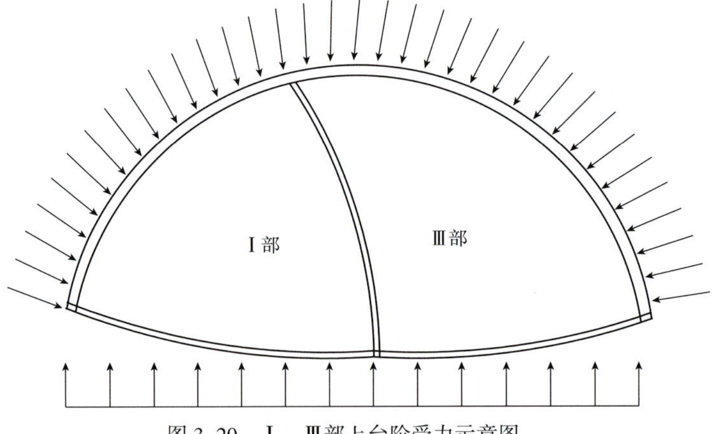

图 3-20　Ⅰ、Ⅲ部上台阶受力示意图

（3）Ⅰ、Ⅲ部上台阶可整体施工，施工过程可统筹规划，统筹管理，既减少了机具、设备、原材料的投入，又提高了使用效率，加快了施工进度。

采用 CRD 工法进行隧道的开挖初期支护。开挖分四个断面，以新奥法原理，严格按“管超前，严注浆，短进尺，弱爆破，快封闭，勤量测”的十八字方针施工，各自快速封闭成环，安全可靠。

翔安海底隧道浅埋 ~ 超浅埋，土石交界，透水砂层，风化深槽（囊），地质复杂多变，围岩难以自稳。加上地下水极其丰富，本工程在长距离不良地质水文条件下施工。若要保证隧道能顺利开挖掘进，各部施工步长的长短会直接影响封闭时间的长短。选择合理的开挖步长，很大程度上能够减小隧道的沉降和收敛。

在 CRD 工法的基础上，通过施工监测，可知隧道沉降和收敛主要发生在Ⅲ部、Ⅱ部和Ⅳ部。CRD 每部位均采用正台阶法开挖，进一步缩小了开挖断面。考虑各部台阶高度在 3m 左右，围岩稳定滑移面角度为 45°，确定台阶长度为 3~5m。优化台阶长度后台阶法开挖施工见图 3-21。开挖采用左右环形预留核心土方法，将开挖断面缩小到最小。预留核心土体部分能够起稳定开挖面的作用，还能够为立设工字钢拱架提供作业平台，利于初期支护的快速进行，见图 3-22。通过Ⅰ部量测断面时，数据都大于 2cm，但Ⅳ部（CRD 法最后一部）闭合后一天，沉降及收敛迅速降至 2mm 以下，直至完全稳定。考虑到台阶长度在 3~5m，同时根据现场经验，CRD 工法每部错开 8~10m 的距离，第一部和最后一部距离控制在 40m 以内，可有效降低施工过程产生的沉降。台阶长度控制在 5m 以内，同一里程上不会同时出现两个开挖面，可将施工对围岩的影响降到最小；同时，考虑Ⅰ、Ⅲ部施工设备对施工距离的要求，出渣采用 PC130 挖掘机，台阶长度过大还需要进行二次倒渣，影响施工进度，得出 CRD 工法开挖步长控制在 3~5m，各部错开 8~10m 的距离，Ⅰ部与Ⅳ部距离控制在 40m 以内为宜。

图 3-21 优化台阶长度后台阶法开挖施工

图 3-22 预留核心土图

2.CRD 工法初期支护参数优化技术

根据现场实际测得 I20 型钢所受轴向力最大值已经达到甚至超过了 120MPa（I20 型钢的允许工作应力［σ］=162MPa，其屈服极限值为 240MPa），非常接近 I20 型钢的许用工作应力 162MPa。型钢的工作安全系数只有 1.33，安全储备较低。从上述论述中可以看到，施工中各部开挖都对其他部位的钢支撑和围岩土压力有影响。可以说，每个部位开挖支护一次，围岩压力都要转变一次，相应的钢支撑的受力也要转变，并逐渐趋向稳定，直到 CRD 工法的Ⅳ部封闭成环后，方能逐渐稳定下来。也就是说，在 CRD 四部封闭成环之前，钢支撑所受的围岩土压力是个动荷载，这对支护结构的稳定非常不利。根据以往施工实践经验，这种情况下安全系数至少应该在 1.5 以上才能很好地保证结构的稳定性。

从 ZK6+978 里程段开始，初期支护结构钢支撑由 I20 工字钢优化为 I22b 工字钢，临时支撑（包括竖向和横向）由 I14 工字钢变优化 I18 工字钢，连接螺栓由原来的普通 M20 型优化为 M30 加强型，连接板采用 20mm 厚 A3 钢板；同时将钢拱架加工成分节不同的两种拱架，立设拱架时两种拱架交替使用，使拱架连接板相互错开 80cm 以上，以减少由于连接板处的应力集中。Ⅰ部永久钢拱架安装见图 3-23。CRD 工法钢拱架支护参数见图 3-24。CRD 工法改进后工字钢钢支撑用料见表 3-2。

图 3-23 Ⅰ部永久钢拱架安装

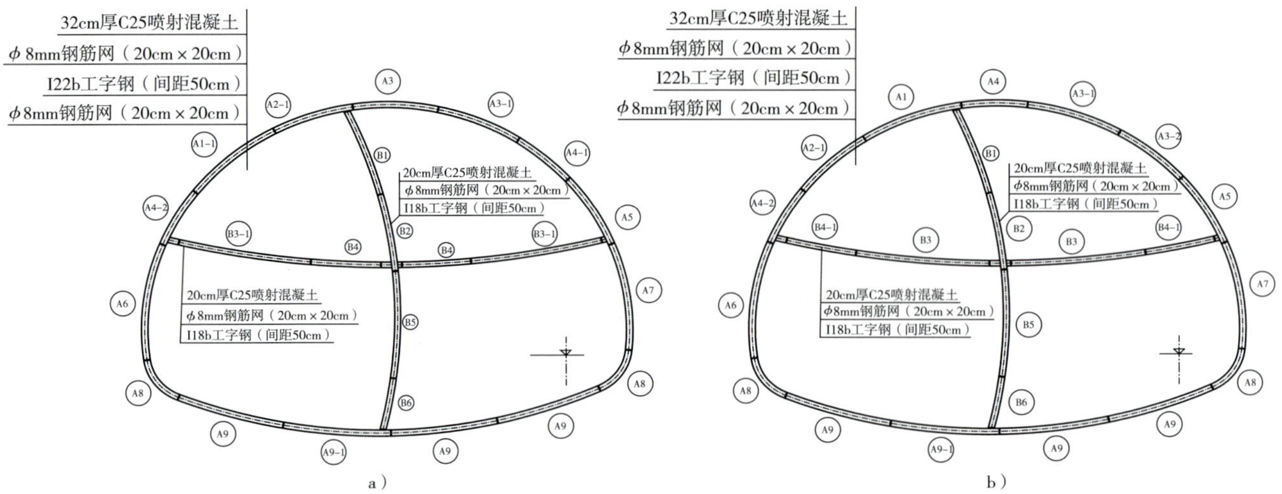

图 3-24　CRD 工法改进支护参数图

a）本榀主钢拱架加工、立设顺序图；b）下榀主钢拱架加工、立设顺序图

CRD 工法改进后工字钢钢支撑用料表　　表 3-2

	编　号	中心弧长（cm）	单节质量（kg）	节　数		编　号	中心弧长（cm）	单节质量（kg）	节　数
主拱架 I22b 工字钢	A1	350	127.8	1	临时支撑 I8b 工字钢	B1	323.7	78.01	2
	A1–1	350	127.8	1		B2	285.4	68.78	2
	A2	280	102.3	1		B3	450	108.5	2
	A2–1	280	102.3	1		B3–1	450	108.5	2
	A3	294.9	107.7	1		B4	237.9	57.33	2
主拱架 I22b 工字钢	A3–1	294.9	107.7	2	临时支撑 I8b 工字钢	B4–1	237.9	57.33	2
	A3–2	294.9	107.7	1		B5	392	94.47	2
	A4	222	81.1	1		B6	190	45.79	2
	A4–1	222	81.1	1					
	A4–2	222	81.1	2					
	A5	280	102.3	2					
	A6	430	157	2					
	A7	395.8	144.6	2					
	A8	180.1	65.8	4					
	A9	366.8	134	6					
	A9–1	366.8	134	2					

3. 喷射混凝土工艺优化技术

行车隧道Ⅴ级围岩初期支护需要喷射 32cm 厚的混凝土。由于湿喷、混合喷射对喷射机械要求高，机械清洗和故障处理较麻烦，而且湿喷技术对喷射材料的要求很高，即对砂和米石的要求特别高，且容易堵管，施工操作不方便。干喷除了喷射混凝土强度比其他方式喷射混凝土强度较低外，水灰比也不容易控制，混凝土的匀质性、强度稳定性也比较差，而且容易产生较大的粉尘，回弹量大。综合考虑干喷、潮喷、湿喷和混合喷的优缺点，最后选用水灰比易控制、混凝土匀质性好、强度稳定、回弹量小、粉尘少、机械清洗和故障处理容易的潮喷混凝土技术。喷浆机选 PZ–6T 及 PZ–5C 型。潮喷混凝土如图 3–25 所示。

4. 两种 CRD 工法技术分析

1）对隧道沉降和收敛分析

CRD 法开挖支护过程中采用两种施工工序。工序一：按Ⅰ→Ⅲ→Ⅱ→Ⅳ施工顺序先横向后竖向开挖支护。工序二：按Ⅰ→Ⅱ→Ⅲ→Ⅳ施工顺序先竖向后横向开挖支护。

通过现场跟踪监控量测，两种不同施工工序的垂直沉降值及水平收敛值变化见表 3-3~ 表 3-5。表中比较的两种工序采用相同的支护参数、相同的施工步长及相同的地质条件。

图 3-25　潮喷混凝土

行车隧道采用工序一的垂直沉降值　　表 3-3

量测日期（－年－月－日）	高程（m）	沉降量（mm）	累计沉降量（mm）
2006-03-27	0.399	—	—
2006-03-29	0.392	7	7
2006-03-30	0.392	0	7
2006-04-02	0.386	6	13
2006-04-04	0.386	0	13
2006-04-05	0.386	0	13
2006-04-06	0.382	4	17
2006-04-07	0.381	1	18
2006-04-08	0.381	0	18
2006-04-09	0.381	0	18
2006-04-10	0.373	8	26
2006-04-11	0.369	4	30
2006-04-12	0.369	0	30
2006-04-13	0.367	2	32
2006-04-15	0.361	6	38
2006-04-16	0.360	1	39
2006-04-17	0.352	8	47
2006-04-18	0.349	3	50
2006-04-19	0.349	0	50
2006-04-20	0.343	6	56
2006-04-21	0.335	8	64
2006-04-22	0.330	5	69
2006-04-23	0.326	4	73
2006-04-24	0.325	1	74
2006-04-25	0.325	0	74
2006-04-26	0.325	0	74

注：断面桩号为 ZK6+796，2006 年 3 月 27 日初测至 2006 年 4 月 26 日累计沉降量 74mm 后，沉降基本上已趋于稳定状态。

行车隧道采用工序二的垂直沉降值

表 3-4

量测日期（-年-月-日）	高程（m）	沉降量（mm）	累计沉降量（mm）
2006-03-31	2.252	0	157
2006-04-01	2.252	0	157
2006-04-02	2.250	2	159
2006-04-03	2.251	-1	158
2006-04-04	2.247	4	162
2006-04-05	2.247	0	162
2006-04-06	2.247	0	162
2006-04-07	2.245	2	164
2006-04-08	2.245	0	164
2006-04-09	2.245	0	164
2006-04-10	2.243	2	166
2006-04-11	2.243	0	166
2006-04-12	2.243	0	166
2006-04-13	2.243	0	166
2006-04-14	2.243	0	166
2006-04-15	2.243	0	166
2006-04-16	2.242	1	167
2006-04-17	2.242	0	167
2006-04-18	2.239	3	170
2006-04-19	2.239	0	170
2006-04-20	2.239	0	170
2006-04-21	2.239	0	170

注：①断面桩号为 ZK6+721.5，2006 年 2 月 6 日初测至 2006 年 4 月 21 日累计沉降量达到了 170mm。

②表中正值代表垂直沉降，负值代表垂直升高。

两种不同施工工序各部开挖引起 CRD 的水平收敛值变化

表 3-5

开挖工序	断面编号	各部开挖引起 CRD 的水平收敛值（mm）			
		Ⅰ部	Ⅱ部	Ⅲ部	Ⅳ部
工序一 CRD Ⅰ、Ⅲ超前	1	—	-44.8	-20.9	-2.3
	2	—	-45.1	-27.4	-4.9
	3	—	-40.5	-30.8	-0.9
	4	—	-53.6	-25.7	+50
	5	—	-45.6	-30.9	-7.5
	6	—	-30.7	-40.8	+2.4
工序二 CRD Ⅰ、Ⅱ超前	1	—	-132.9	-191	-26.3
	2	—	-89.6	230	-13.2
	3	—	122.1	-10.4	-10.8
	4	—	88.6	20.9	-24.7
	5	—	102.5	-63	-24.2
	6	—	80.7	34.6	-30.1

注：表中正值代表水平收敛，负值代表水平扩张；此表引用西南交通大学测量数据。

通过对沉降及收敛实际监控量测结果的对比可以看出，采用工序一进行开挖支护隧道的沉降及收敛值要比采用工序二小得多，采用工序一进行开挖支护隧道的安全系数会更大，更有利于隧道施工。从表 3–3、表 3–4 中可明显看出，采用工序一进行开挖支护的累计沉降值明显低于采用工序二的；通过表 3–5 亦可明显看出，工序一的收敛趋势是先扩张后收敛，工序二是先收敛后扩张，两种工序的收敛趋势是完全相反的，通过两种工序最终收敛的绝对值大小，可比较出两种工序对施工的影响值大小。通过对比，我们可知工序一断面最终最大收敛值为 –53.6mm，而工序二断面最终最大收敛值为 230mm，工序二断面最大收敛值的绝对值是工序一的 4.29 倍，而且为了保证第一条海底隧道整体工程质量，二次衬砌也本着厚度宁超勿缺的原则进行施作。

通过上述实际监测结果可以明显看出，工序一比工序二的沉降和收敛值都要小得多，这对隧道施工安全非常有利。保证初期支护的净空也会直接影响二次衬砌的施工进展情况。工序一会有一定的扩张，正常情况下基本不会侵入净空，这也保证了后续的二次衬砌施工能够顺利进行。经研究分析和现场试验检测后决定，将初期的工序二Ⅰ→Ⅱ→Ⅲ→Ⅳ优化为工序一Ⅰ→Ⅲ→Ⅱ→Ⅳ。

2）对结构受力和施工安全的分析

初期支护是开挖后围岩压力的主要持力体，钢支撑则是初期支护的主骨架，其允许承载力的大小及安全系数将直接影响初期支护的稳定。以左线隧道 ZK6+916 里程段为例，我们在该处进行了围压监测。该断面初期支护型钢背后压力计埋设的位置及编号见图 3–26。围岩压力及型钢应力监测成果分析如下。

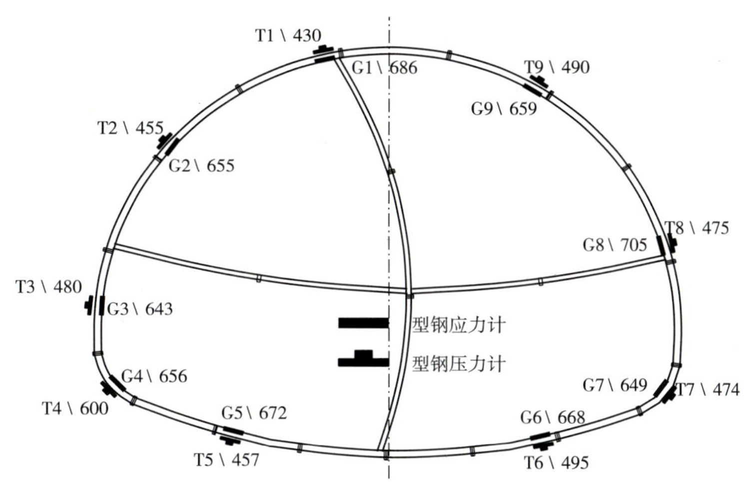

图 3–26　ZK6+916 里程监测主断面测点布置图

（1）初期支护与围岩间接触压力

①Ⅰ部结构中围岩压力变化分析

Ⅰ部初期支护结构背后所埋设压力计有 T1、T2。当Ⅲ部上半断面开挖近主监测断面里程时，拱顶处压力计 T1 读数陡增，增幅达到了 0.34MPa，并且使得原平稳发展的 T2 压力计读数亦开始增加，曲线呈上升趋势。此现象表明了Ⅲ部上半断面开挖引起了Ⅰ部土体大量沉降，使得Ⅰ部围岩与初期支护间接触压力增大。这亦符合应力场作用原理：隧道顶部的自重应力通过Ⅰ部初期支护结构向Ⅲ部结构集中，但由于Ⅰ部初期支护结构已成环支护，其能承载垂直方向的围岩自重压力；相对而言，由于Ⅲ部土体开挖，使得Ⅰ部初期支护水平方向未有约束，在较小的 0.1MPa（Ⅰ部拱腰处 T2）围压作用下产生了较大的位移。这也是当Ⅲ部施工后，Ⅰ、Ⅲ部之间的竖向中隔墙向Ⅲ部大量位移的主要原因。

同时，Ⅰ部拱顶 T1 围岩压力在 0.35MPa 附近维持了近 8d 时间，表明了在Ⅲ部开挖时，行车洞拱顶的确承载了近 0.35MPa 的围岩压力。在进入Ⅲ部下半断面开挖时，由于Ⅲ部初期支护结构接腿悬空，在左侧围岩压力作用下，Ⅰ部初期支护结构产生较大位移，见图 3–27 和图 3–28。此位移又使得围岩与初期支护结构接触不紧密，压力计所测得的围岩压力下降。其中 T2 压力计所测压力呈下降趋势。

根据经验，一旦Ⅲ部初期支护成环，T1、T2 处压力将会重新上升至原来水平，并且其值还将会随着Ⅱ、Ⅳ部施工工况起伏变化。

图 3-27　拱顶处元器件位置布置

图 3-28　拱腰处元器件位置布置

②Ⅲ部结构中围岩压力变化分析

Ⅲ部 T8、T9 压力计所测得的压力值也较小，并且其受下半部（Ⅱ部、Ⅳ部）施工影响较弱或几乎不受两者的影响。至该主断面里程处隧道施工完毕，Ⅲ部初期支护结构上的 T8、T9 处压力值均未超出 0.02MPa，表明Ⅲ部初期支护结构承载水平方向围压较低。

③Ⅱ部结构中围岩压力变化分析

主断面里程Ⅱ部开挖并架设型钢初期支护，在其后时间内，所测得的Ⅱ部边墙及边墙与仰拱交汇处围岩压力均不大，其值始终在 0.05MPa 以下，表明Ⅱ部边墙受到水平向围岩压力较小，并且其值受Ⅳ部施工的影响较小，即其时程曲线起伏较小。但埋设于Ⅱ部底部仰拱处的 T5 压力计在埋设后的第二天即测得高达 0.6 MPa 的围岩压力，至第三天达到最大值 0.636MPa。此处压力上升速度较快是因为其埋设于初期支护结构底部的原因，其除承载结构上方土体压力外，其还承载结构自重。

④Ⅳ部结构中围岩压力变化分析

Ⅳ部结构与围岩之间埋设有 T6、T7 压力计，但只测得一次有效值，第二天即被破坏，无分析价值。但仰拱处围岩压力起点较高，达到了 0.1MPa。

综上所述，主断面上初期支护结构拱顶、仰拱承载了较大的围岩压力，围压分别达到了 0.35 MPa、0.53 MPa；而初期支护结构承载的水平向围岩压力较低。

（2）初期支护永久型钢应力

①Ⅰ部初期支护结构中型钢应力

在Ⅰ部施工过程中，由于反铲开挖原因，使得埋设于Ⅰ部拱顶处的 G1 型钢应力计电缆线被挖断，不能正常工作，后在第Ⅲ部施工时对该拱顶位置处应力计进行了补埋，补埋后型钢应力计正常工作至今；Ⅰ部拱腰处型钢应力计 G2 为Ⅰ部开挖时埋设，正常工作至今，所测得Ⅰ部型钢承载应力时程曲线见图 3-29。

a. G1 应力时程曲线分析

G1 处型钢承载应力总体上是由正值向负值方向发展（37.33~-44.44MPa）。至Ⅳ部施工完毕时，拱顶 G1 处型钢承载的压应力已达到了 -44.44MPa，期间随着各部施工，该处所承载的应力值产生了波动。

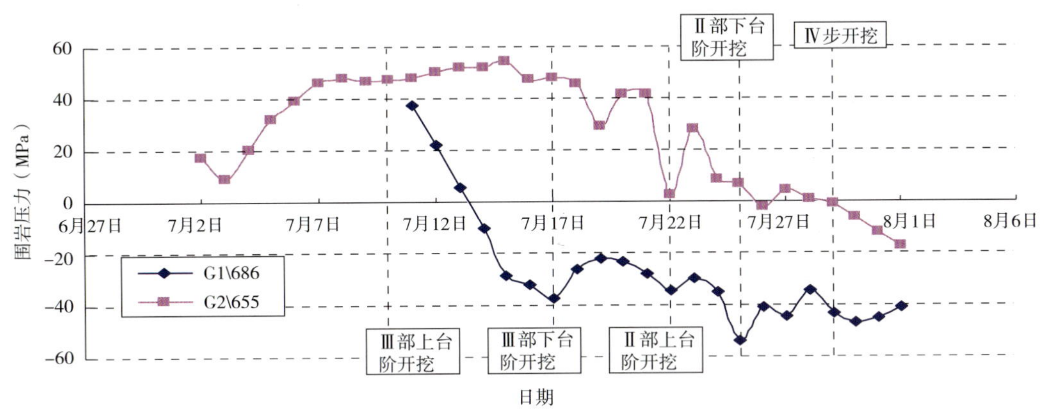

图 3-29 Ⅰ部型钢承载应力时程曲线

开始埋设后测得 G1 承载应力为正值（37.33MPa），表明拱顶处型钢内缘（近隧道净空方向）受到了拉应力作用。此现象可理解为当Ⅲ部上半断面开挖时，拱顶土体大量下沉，在下沉土体围岩压力作用下，该处型钢外缘受压，内缘受拉，与测量值在方向上保持一致。但由于出现险情，Ⅲ部下台阶施工（接腿）并未马上进行，使得结构对Ⅲ部拱顶处型钢约束力几乎为零，其所承载应力下降，即在Ⅲ部上下台阶开挖期间，G1 处型钢承载应力曲线呈下降趋势。

至Ⅲ部下台阶施工完毕后，G1 处型钢承载应力已变为压应力，值为 -37.622MPa，并已开始稳定。此现象可理解为Ⅰ部初期支护结构已成环支护，而此时Ⅲ部初期支护未成环，在围岩压力垂直向拱顶作用下，Ⅲ部拱顶处型钢被压，有向下位移欲脱离拱顶固定点的趋势，使得 G1 处型钢内缘受压，外缘受拉，再次与测量值在方向上保持一致。

一旦Ⅲ部初期支护结构成环，其能承载一定量垂直方向的围压作用，则拱顶处型钢内缘将会受拉，表现在 G1 时程曲线图上是压应力减小，曲线会向上发展，拉应力值减小至 -22.3MPa。实测值与分析情况基本上是符合的。另外也可发现，Ⅲ部施工时，G1 时程曲线有其第一次波动起伏。

当Ⅱ部开挖时，由于对初期支护结构约束减小，使得 G1 处型钢承载压应力减小，应力值会趋向于零值，在时程曲线上表现为向上发展。一旦Ⅱ部初期支护成环，其能承载一定量的压应力，将会使 G1 处型钢承载的压应力增加，在时程曲线上表现为向下发展。这样，在时程曲线上将表现出第二次波动。

同样，Ⅳ部施工时将会在时程曲线上表现出第三次波动。无论如何波动，至Ⅳ部施工完毕时，拱顶（G1）处型钢承载的压应力已达到 44.44MPa，基本上与第一次波动时承载的最大压力值相同。也就是说，在行车洞整体初期支护成环后，拱顶处型钢内缘受压。如果以后 G1 应力计测量数据不回至正值的话，则此量测值 -44.44MPa 与理论值是不相符合的。根据拱顶承载隧道上方土体自重垂直应力作用，拱顶处型钢外缘受压为负值，内缘受拉为正值。如若 G1 量测值在以后的时间内仍为负值，则可推测出行车洞靠服务洞侧的应力场受到了超前服务洞施工的影响，或该侧土体较另一侧软弱而出现偏压作用。

b.G2 应力时程曲线分析

埋设于Ⅰ部拱腰处的 G2 应力计，其自开挖埋设后就一直正常工作。Ⅰ部初期支护成环后，G2（拱腰型钢内缘）承载拉应力，为正值，且逐渐增强，稳定在 45.82MPa；由于 G2 位于行车洞上半断面，受拱顶上方土体垂直作用，G2 位置处外缘受压，内缘受拉，故实际承载应力在方向上与实测值表现一致。

Ⅲ部上台阶施工对 G2 承载应力值有所影响，曲线表现出上升状态，但升值较小。下台阶施工时，G2 值产生了较明显的波动及起伏，表明Ⅲ部下台阶施工较上台阶更能影响结构位移。波动值越大，位移则越明显。

Ⅱ部上台阶开挖很明显地对 G2 型钢应力产生了影响，其应力波动值接近 40MPa，应力最小值接近于 0。可以肯定，Ⅱ部施工也使结构产生了较大的沉降。观察此次应力波动幅度还可发现，此次波动明显要大于Ⅲ部施工时所产生的波动幅度，表明Ⅱ部施工对结构位移的影响要大于Ⅲ部施工对结构位移的影响，此即是“Ⅰ部＋Ⅲ部”施工（左右步施工）的安全性要大于“Ⅰ部＋Ⅱ部”施工的原因之一。Ⅱ部上台阶施工对G2应力计影响较大的原因还可解释为：由于Ⅱ部位于Ⅰ部的正下方，Ⅱ部接腿时直接使得Ⅰ部初期支护成环结构悬空，即Ⅰ部初期支护结构失去了对土体的支撑作用；反之亦然，土体对其约束能力降低，从而应力松弛，接近于零应力状态。

Ⅱ步下台阶施工亦在G2应力曲线上有所反映，但其波动幅度较小，最小值已低于零应力值，总体趋势是G2处型钢承载拉应力越来越小。

Ⅳ部施工使得G2处型钢承载应力变为压应力，即应力值小于0。也就是说，Ⅱ部、Ⅲ部、Ⅳ部施工，使得位于行车洞左侧拱腰处型钢承载应力重新进行了分配，其在上台阶（Ⅰ部＋Ⅲ部）施工中，承载为拉应力，在下台阶（Ⅱ部＋Ⅳ部）施工后其承载压应力，应力方向进行了转换。可理解为：在“Ⅰ部＋Ⅲ部”施工时，行车洞初期支护结构在左侧拱腰处承载了一定量、呈45°方向、由Ⅰ部指向Ⅳ部的土体偏压作用，使得该处型钢外缘受压，内缘受拉；但随着“Ⅱ部＋Ⅳ部”施工，行车洞左侧拱腰处承载土体偏压作用减小，只承载土体垂直自重荷载，使得行车洞初期支护结构拱顶受压，拱腰内缘受压。至当年8月1日，测得G2型钢承载压应力约为–17.7MPa。

②Ⅲ部初期支护结构中型钢应力

Ⅲ部初期支护结构中共埋设了两个应力计，分别为G8、G9，测得其应力时程曲线见图3–30。

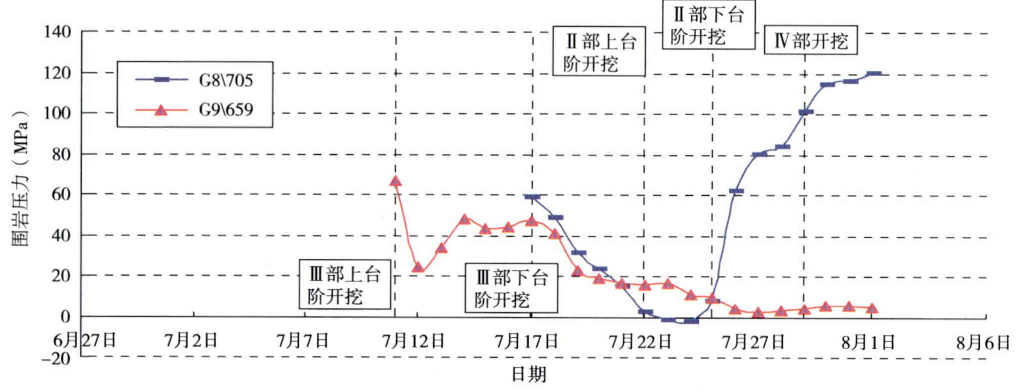

图3–30　Ⅲ部型钢承载应力时程曲线

a.G9应力时程曲线分析

G9埋设后，由于未接腿，只靠锁脚锚杆固定，其承载应力松弛下降是正常的，随着喷混凝土强度增强，此时初期支护型钢被逐渐紧固，承载应力增加，在应力时程曲线上表现为第一次波动。在Ⅲ部下台阶施工前，G9承载拉应力稳定在45 MPa左右。G9位于拱顶，该处型钢承载着隧道上方土体作用，其外缘受压，内缘受拉，则知其应力在方向与测量值是一致的。

随着Ⅲ部下台阶施工，G9处型钢应力又呈松弛状态，应力下降至20MPa以下，并且至整个Ⅲ部施工完毕后，该处应力仍保持在15~20MPa之间，未有增长趋势。根据经验，在Ⅲ部初期支护完成后，由于Ⅲ部初期支护结构被约束，G9承载的拉应力应该增加。若应力在初期支护完成后不增加，则意味着Ⅲ部初期支护结构仍处于位移状态，没有被约束，或者说，有可能是该侧土体软弱无约束力而导致此现象。此分析结论与G1相同。

G9值在Ⅱ部施工时亦再次下降，在该部初期支护完成后，其承载拉应力最低降至2.6MPa，即Ⅱ部施工对Ⅲ部拱腰处型钢承载应力影响相对较小，其值在10MPa之内。

Ⅳ部施工后，即整个行车洞初期支护成环后，G9值稳定在5MPa左右，表明了行车洞右侧拱腰承载自Ⅲ部指向Ⅱ部方向的土体偏压作用减小；也说明行车洞成环后，右侧拱腰处型钢初期支护承载应力较弱。

b.G8 应力时程曲线分析

G8 在Ⅲ部下台阶施工时埋设，其在Ⅲ部初期支护完成、Ⅱ部土体开挖前，其承载应力一直处于下降状态，且下降幅度较大，达到了近 60MPa，再次说明Ⅲ部初期支护施工后对土体的约束程度不够，或者说该侧因土体软弱而对支护结构的承载力不够。因为如若正常，在Ⅲ部初期支护成环后，该处承载拉应力应有所上升。

G8 在Ⅱ部施工过程中应力产生了波动，在此期间，其承载应力松弛至零应力状态。但在Ⅱ部初期支护成环后，该处承载拉应力上升近 90MPa。再次说明了Ⅱ部施工对行车洞整体结构位移、内力重新分布影响较Ⅲ部明显。

G8 在Ⅳ部施工过程中应力仍处于上升状态，至Ⅳ部初期支护完毕后，G8 应力值已超过 120MPa，为整个行车洞初期支护型钢承载的最大应力。

③Ⅱ部初期支护结构中型钢应力

Ⅱ部初期支护结构中共埋设了 3 个应力计，分别为 G3、G4、G5，其中 G4 在正常工作 4 个工作日后失效，失效前测得行车洞左侧墙脚型钢承载拉应力达到了 47.5MPa，如图 3–31 所示。

a.G3 应力时程曲线分析

G3 位于Ⅱ部型钢边墙内缘，在开始阶段，由于受侧向土体围压作用，该处外缘受压，内缘受拉。该方向与实测值在方向上是一致的。G3 在初测时应力为 25.3MPa。

随着Ⅱ部初期支护结构成环，型钢位移被约束，其承载应力上升。

随着Ⅳ部开挖及施工，行车洞拱顶压力重新进行调整，垂直压力增加，水平围压减小，使得 G3 处型钢内缘受压程度增强。其表现在应力曲线上为拉应力减小，压应力增强，曲线“下沉”。后期测得 G3 应力值约为 –22MPa。

b.G5 应力时程曲线分析

G5 应力计位于Ⅱ部仰拱型钢的外缘，在前期阶段，由于受土体侧压力的作用，其处于压应力状态之中。这与实测值在应力方向上是一致的，即测得其承载的拉应力为 15.17MPa。随着初期支护成环，喷混凝土强度增强，仰拱将会承载结构自重及拱顶垂直压力作用，也就是仰拱将变成外缘受压、内缘将受拉。这与实测情况也是相符的。G5 曲线整体呈较明显下降，至Ⅳ部施工前，G5 测量值为 –41.45MPa，承载已变为压应力（图 3–31）。

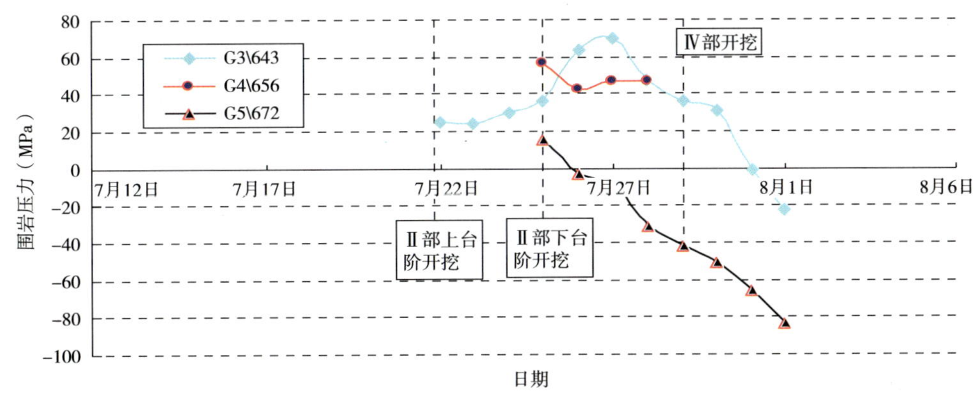

图 3–31　Ⅱ部型钢承载应力时程曲线

Ⅳ部开挖会使行车洞拱顶压力重新调整，将以垂直压力为主。Ⅱ部仰拱将主要接受其下方土体的“抗力”，即仰拱主要承载向上方向的反力。此压力变化将使得 G5 处型钢外缘受压程度增强。G5 测量值为 –83.59 MPa，为整个行车洞初期支护结构第二大承载应力。

④Ⅳ部初期支护结构中型钢应力

Ⅳ部初期支护结构中共埋设了2个应力计，分别为G6、G7。其中G6位于Ⅳ部仰拱型钢外缘上，G7位于Ⅳ部边墙角型钢内缘上，测得其应力时程曲线如图3-32所示。

a.G6应力时程曲线分析

G6应力计位于Ⅳ部仰拱型钢的外缘，与G5相同。在前期阶段，由于受土体侧压力的作用，其处于压应力状态之中，但随着初期支护成环，喷混凝土强度增强，仰拱将会承载结构自重及拱顶垂直压力作用，也就是仰拱将渐变成外缘受压、内缘将受拉，即压应力将减少，拉应力将增加。这与实测情况相符。据图3-32知，G6曲线整体呈较明显下降，G6测量值由初测时的31.19MPa减小为15.53MPa，减小幅度达5MPa/d。预测至一定时间后，该测点处型钢承载的应力将会变成负应力，即应力测量值为负值。

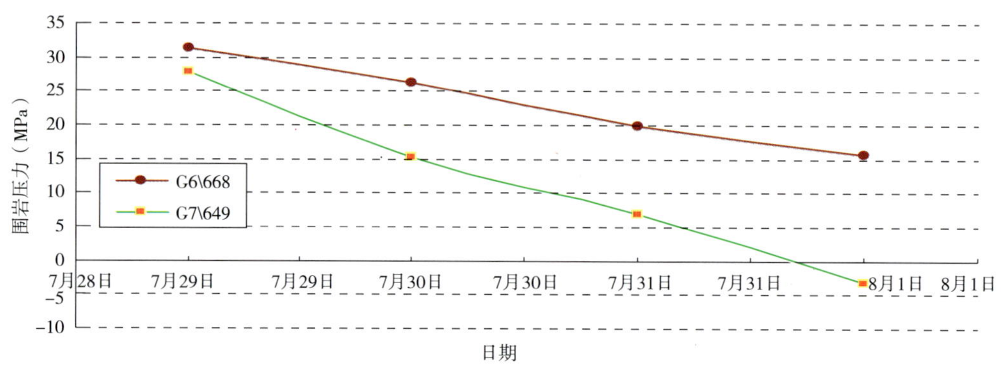

图3-32　Ⅳ部两测点型钢承载应力时程曲线

b.G7应力时程曲线分析

G7与G6相距较近，其承载应力变化基本上与G6相同，但其变化更加明显。至8月1日，G6测量值由初测时的27.7MPa减小为-3.42MPa，减幅高达10MPa/d。该型钢承载应力已由拉应力状态变为压应力状态。

综上所述，主断面里程初期支护结构成环后，测得主断面上初期支护结构最大承载应力已达到了120.57MPa，该应力位于Ⅲ部边墙脚，测点编号为G8；测得的第二大应力已达到了-83.59MPa，该应力位于Ⅱ部仰拱上，测点编号为G5；测得的第三大应力达到了41.44MPa，该应力位于行车洞拱顶型钢上，测点编号为G1。

I20型钢的允许工作应力［σ］=162MPa，其屈服极限值为240MPa。如果将前者作为初期支护型钢破坏标准，则其安全系数仅为1.34，已基本接近于I20型钢的允许工作应力。如果以初期支护型钢破坏、弯曲为承载极限（破坏标准），则其安全系数为1.99。理论上是以允许工作应力（即前者）计算结构的安全系数。很明显，行车洞初期支护型钢承载的内力尽管是在允许工作范围内，但其安全性储备是不够的，应加强初期支护结构中型钢连接处等“弱点”。

实测主断面上初期支护结构实际承载的应力分布如图3-33所示。通过实际监测和数据分析，得出以下几点结论。

①行车洞主断面里程初期支护成环后，型钢承载的最大应力达到了120.57MPa，结构安全系数仅为1.33，安全性储备较低，加强各段型钢连接处的强度，以防应力在连接处集中而使得结构遭受破坏。

②实测主断面上初期支护型钢承载的最大围岩压力达到了0.636MPa，位于Ⅱ部施工时的仰拱上；第二大围岩压力为Ⅰ部拱顶，实测到的围压为0.35MPa。但由于压力计不能适应各部施工时围压的骤增骤减变化，压力计失效情况较多（以上实测压力并不是最终或稳定后的围压）。

③Ⅱ、Ⅲ、Ⅳ部施工后，根据时空效应，行车洞拱顶承载的土体围压由施工中的侧向（45°方向）逐渐向垂直向（90°方向）转移，即在施工过程中存在着较明显的偏压作用。但当Ⅳ部施工完毕后，行车洞结构以拱顶承载垂直土压为主。

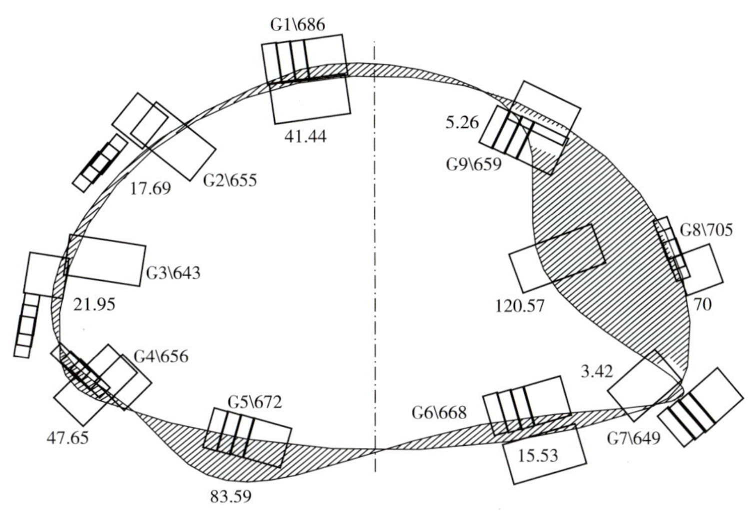

图 3–33　实测主断面初期支护型钢应力分布图（应力单位：MPa）

④据实测围压变化过程及初期支护型钢承载应力变化过程分析推测知：可能因服务洞施工改变了作用于行车洞结构上的应力场方向，或者说是行车洞与服务洞之间围岩软弱，使得偏压作用在施工过程中表现明显。但当行车洞初期支护结构成环支护后，实测出侧压力并不是很大。

⑤根据埋深及安全荷载模型计算，得知主断面里程处拱顶最大土压力在 0.4MPa 左右，而实测出最大土压力达到了 0.636MPa。分析原因可能是较大的土体沉降拉裂了地层，地表大量降雨后地层中含水率增加的缘故。故在以后的时间内，地表降雨将成为影响结构安全稳定性的一个主要因素。

分析小结：

①从力学角度对厦门翔安隧道特殊的地质情况进行分析。当Ⅰ部开挖后，土压力会分布于Ⅰ部永久性支撑和临时中隔墙上，表明永久性支撑承受的土压力会明显大于其他部位。当其他部位开挖后，围岩土压力也会均衡给其他部位的支撑。采用工序一开挖支护方案，当Ⅲ部紧随Ⅰ部开挖后，土压力会比较均匀地分布在Ⅰ、Ⅲ部的永久性支撑上，围岩的垂向平均土压力增加趋势会大于水平向压力；当临时仰拱封闭后，Ⅰ、Ⅲ部会产生整体下沉，并有压扁向两侧扩张趋势。采用工序二进行开挖支护，当Ⅱ部紧随Ⅰ部开挖后，水平和垂向土压力增大趋势都很明显，导致结构下沉应有挤扁趋势。通过前述数据可知，工序一的沉降值小于工序二的；另外，初期支护结构是刚性体，回变量很小，工序一产生的是水平扩张，而工序二产生的是水平收敛，即使Ⅱ、Ⅳ部开挖后，收敛和扩张的量值也是非常小的。考虑保证二次衬砌厚度，选择工序一比较有利。

②分析两种工序在施工安全方面的影响。由于翔安隧道的地质条件很差，地下水极其发育，围岩土体在地下水的影响下基本丧失了自稳能力。当Ⅱ部紧随Ⅰ部开挖时，Ⅱ部开挖面的土体会垮塌，且Ⅱ部与Ⅰ部下台阶的台阶长度在 3~5m 范围内，有向外涌出的趋势，导致Ⅰ部基底的土体失去原有的平衡，承载力更低，最终Ⅰ部会产生较大的收敛和沉降。而采用工序一则会避免这一情况的发生，有利于隧道的施工安全。

两种工序的选用完全是根据不同地质情况进行的，由于翔安隧道的地质极差，采用工序二难以满足施工时，则选用了工序一。这里需要指出，工序一在翔安隧道陆域大跨浅埋富水地质段有利于施工，但采用工序一时，CRD Ⅰ部和 CRD Ⅱ部台阶长度较长，不利于Ⅰ部出渣；而采用工序二时，Ⅱ部紧随Ⅰ部进行开挖，上下两部之间的步长在 10m 左右，这对出渣很有利。

不论采用以上哪种工法、工序，当围岩的围压接近或超过钢支撑的允许工作应力时，结构就会破坏。通过 ZK6+916 围岩段的应力量测发现，围岩的土压力达到了 0.53MPa，最大钢支撑应力达到了 121MPa，接近 I20b 的容许应力值，导致 ZK6+800~ZK6+978 段Ⅰ、Ⅲ部隧道多处初期支护产生大量收敛变形，钢支撑的连接螺栓被破坏，连接板处产生张口；临时支护破坏更严重，工字钢甚至被剪断，竖向的临时支护由弧线形变为折线。

在隧道施工中，根据各自的地质和施工情况应及时调整施工顺序和支护参数，这是保证隧道结构安全和顺利施工的重要因素。

根据上述应用和研究，在穿越翔安海底隧道海域段和陆域浅埋暗挖大跨段，开挖施工采用强支护，多种开挖方法和辅助工法综合合理利用，并根据不同地段、不同地质情况选用不同的施工工序，克服了陆域段隧道埋深浅、软弱围岩土体自稳能力差、地下水极其发育等不良地质地段开挖施工中的各大难点。这里需要强调的是，在各种开挖、辅助工法及施工顺序的选择方面，不同地段有不同的地质情况，应根据实际施工需要，及时、合理地调整工法、工序，以满足施工安全进度的需要。

3）施工进度分析

CRD 工法不仅要对受力、稳定、安全方面进行分析，而且要对施工进度的影响因素进行优化。两种 CRD 工法施工序（工序一：Ⅰ→Ⅲ→Ⅱ→Ⅳ；工序二：Ⅰ→Ⅱ→Ⅲ→Ⅳ）在施工进度方面的比较从以下几方面进行。

（1）原材料运输

CRD 工法上台阶拱架、网片等施工材料采用电动垂直起吊方式运送，喷浆料采用在地表设投料孔方式运送至作业面。

工序一：由于Ⅰ、Ⅲ部同步超前，故喷浆料只需自投料孔运送至Ⅰ部作业面，Ⅰ、Ⅲ部可同时使用，喷浆料运送简单、快捷。

工序二：由于Ⅰ部上台阶与Ⅲ部相隔较远（中间间隔Ⅱ部间距），且Ⅱ部开挖后只能通过临时仰拱连通，只能行人不能行车。所以Ⅰ、Ⅲ部喷浆料只能分别施作投料孔运输，增加附属设施投入。

（2）施工机械利用率

工序一：由于上下台阶分别同步进行，所以Ⅰ、Ⅲ部或Ⅱ、Ⅳ部的施工机具、设备可以共同使用，调整施工工序，可使机具、设备连续使用，提高了施工设备的利用率。

工序二：由于Ⅰ部上台阶与Ⅲ部相隔较远（中间间隔Ⅱ部间距），所以Ⅰ、Ⅲ部的机具设备只能分别使用，设备利用率低，且若Ⅰ部或Ⅲ部机具设备损坏，另一部设备空闲也不能联动使用，机械设备利用率低。

（3）出渣时间

CRD 工法下台阶出渣只需后方道路通畅，出渣方便；上台阶则利用小型挖掘机进行倒渣，运送到下台阶临时仰拱下料口，再通过出渣车运送出去。

工序一：由于进行了各部步长的调整，各部之间步长缩短，上台阶（Ⅰ、Ⅲ部）采用挖掘机出渣时间也相应缩短。

工序二：由于上台阶（Ⅰ、Ⅲ部）到下台阶距离较长，采用挖掘机出渣需多倒运一次，故出渣时间长。

（4）施工管理

工序一：之前已经介绍采用工序一时，Ⅰ、Ⅲ部或Ⅱ、Ⅳ部可分别形成两个互动工作面，有利于施工统一管理、统一调度。

工序二：由于Ⅰ部、Ⅲ部相隔较远且不能通车，Ⅰ部和Ⅲ部只能单独施工，不利于施工统一管理。

两种施工工序施工进度效果对比：采用 CRD 工法工序二进行施工时，施工周进度见图 3-34。其周平均进度为 9.8m，月平均进尺位 42.0m，没有达到施工组织设计进度要求月进尺 45.0m 的目标。

CRD 工法采用工序一进行施工时，施工周进度见图 3-35。其由原来的周平均进尺 9.8m 提高到现在的 11.8m，并在 2007 年 5 月份创下同等条件 CRD 工法月掘进 60m 的施工纪录。

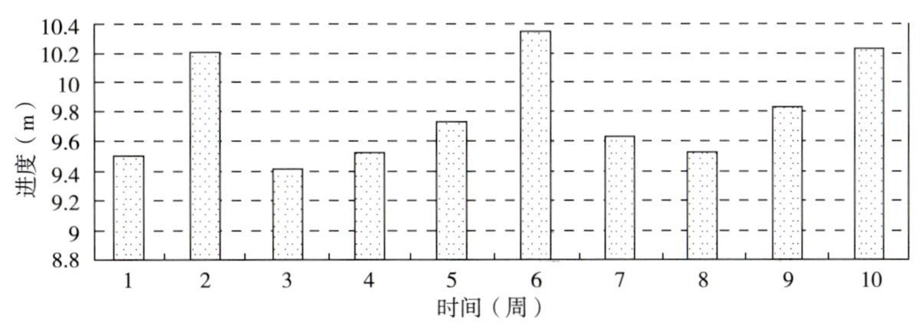

图 3-34　工序二周进度统计

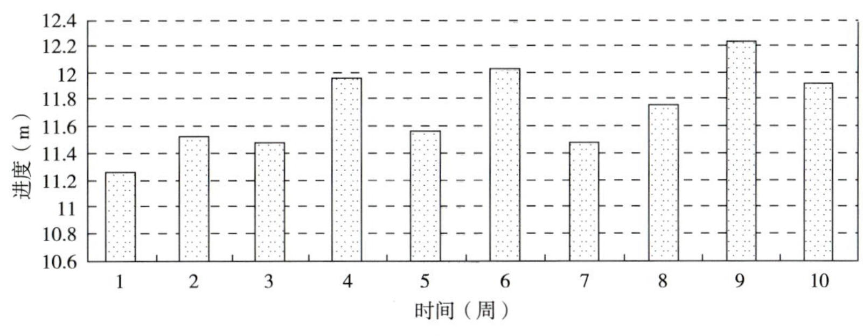

图 3-35　工序一周进度统计

第二节　超前支护施工技术

厦门翔安海底隧道地质情况复杂多变，土石交界面频繁交替出现，海域风化深槽和软土富水围岩地段长。为保证隧道安全、稳定、顺利地开挖通过不良地质地段，除采用合理、安全的开挖方法外，还需要采用多种辅助施工方法。

修建风化深槽（囊）、软弱浅埋、富水围岩隧道时，为保证开挖过程中不因围岩过度松弛造成局部失稳坍塌，在开挖之前沿开挖轮廓线周边进行超前支护，已成为隧道强行通过不良地段行之有效的辅助措施。超前支护方法，常用的主要有超前锚杆、超前小导管、小管棚和超前长管棚预支护措施。超前锚杆和超前小导管具有施工便捷、技术易掌握、机械化配套程度要求不高等优点，但支护长度小（仅 3~5m），锚杆或小导管伸入工作面前端滑动线内距离短，开挖循环进尺受限制（一般在浅埋松散地层中循环进尺多控制在 0.5~1.0m），循环次数增加，工序交换频繁，特别是在自稳能力极差的围岩中，锚杆和导管前端仍在滑移面内，起不到超前支撑保护的作用，极易造成工作面失稳，存在较大的安全隐患。为此，在厦门翔安海底隧道大跨风化深槽（囊）浅埋暗挖软弱、富水围岩地段的开挖过程中，采用了长、短管棚结合的超前预支护辅助施工工法，同时进行洞内外降水。这也是成功通过软弱、富水围岩地段的有效、可行方法。

一、超前锚杆及小导管支护施工技术

在浅埋、软弱地层中施工，当围岩自稳时间短，不能保证安全地完成初期支护时，为确保施工安全，加快施工进度，必须在开挖前对工作面前方的围岩进行超前支护，然后才能进行开挖作业。超前支护有多种方法，如插刀盾构、顶板法、超前预切槽、超前长管棚、超前锚杆或超前小导管、插板、排钎等，施工中应根据实际情况选择。当围岩自稳时间在 4~6h 时，必须采用先超前支护、后开挖的施工方法，通常采用超前锚杆支护。若开挖跨度较大或锚杆安装成孔困难而不易布设时，可采用超前小

管棚、超前锚杆断面，见图 3-36。

超前小导管加固是稳定开挖面的一种辅助施工方法。在软弱地质条件下，通过超前小导管对围岩进行预注浆，使地层得到固结和挤密，不仅能提高围岩整体强度、阻止地下水的流入、达到防水作用，而且起到超前支护的作用，从而有效地控制了隧道初期支护沉降变形带来的坍塌，保证了隧道施工安全。超前小导管锁脚锚杆见图 3-37。

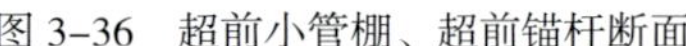

图 3-36　超前小管棚、超前锚杆断面

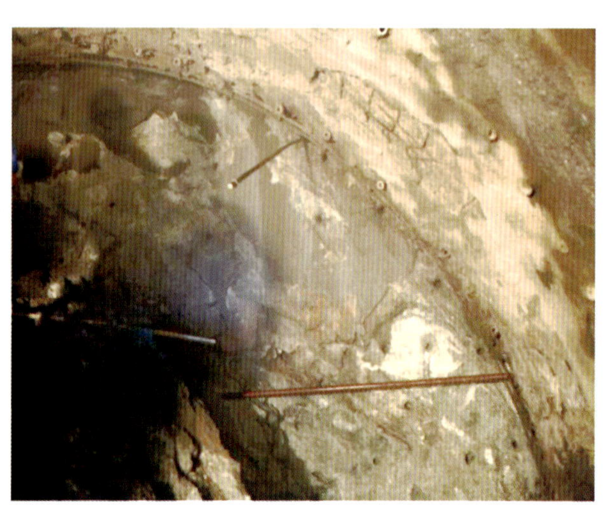

图 3-37　超前小导管锁脚锚杆

厦门翔安海底隧道陆域在Ⅳ ~ Ⅴ级浅埋软弱富水、大跨围岩段开挖设置超前锚杆或小导管预支护。超前锚杆或小导管一端支在未开挖的围岩上，另一端支在已立设的钢拱架上，起到两端有支点的梁的作用（图 3-38），使开挖临空面得到一个持力体，既稳定了临空的岩土体，也保证了施工人员、设备的安全。

图 3-38　Ⅰ部上拱部小管棚图

超前锚杆一般用于较坚硬的Ⅳ级围岩段，锚杆采用直径 D=25mm 的 MnSi 螺纹钢，长度 L=4m，环向间距 40cm，两排超前锚杆之间的搭接长度必须大于 1m，采用钻孔安装、锚固的方式。用 YT-29 型风钻钻孔至设计深度，再将砂浆或锚固剂填入孔中，最后将锚杆顶入孔中锚固牢固。锚杆的外露长度为 20cm，外插角多为 8°~10°，具体操作流程见图 3-39。

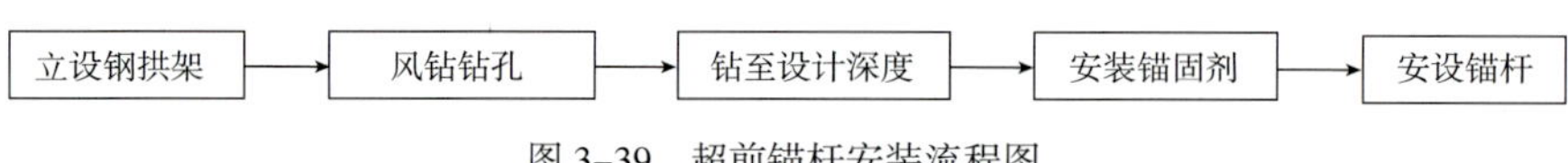

图 3-39　超前锚杆安装流程图

在Ⅳ～Ⅴ级软弱破碎、富水围岩，钻孔后易塌孔段，采用超前小导管并注浆支护措施，配合台阶法开挖。超前小导管支护也必须配合钢拱架使用。超前小导管采用3~4m长，外径42mm，壁厚3.5mm的热轧无缝钢管，钢管前端呈尖锥状，尾部焊上 ϕ6mm 加劲箍，管壁四周钻 ϕ8mm 压浆孔，但尾部有1m不设压浆孔，见图3-40。

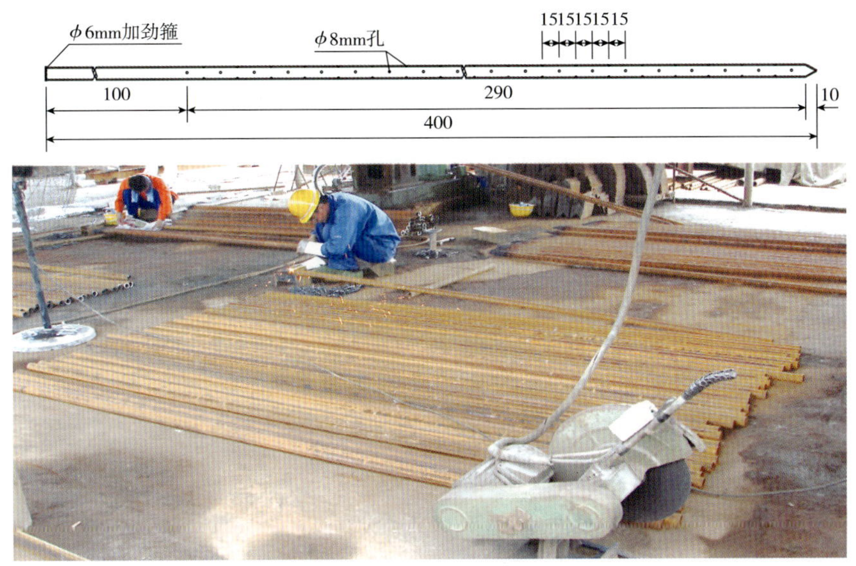

图3-40　超前小导管加工及小导管现场加工图（尺寸单位：cm）

超前小导管施工时，钢管与隧道轴线平行并以10°~15°仰角打入拱部围岩。钢管环向间距30~40cm，外露长度15cm。两排小导管之间的搭接长度必须大于1m。超前小导管施作完后，检查并封闭掌子面，对小导管进行注浆作业，进行小范围内的注浆止水，围岩加固，稳定开挖面。超前小导管现场支护效果见图3-41。

通过超前小导管进行注浆，具有工艺简单易行、施工设备少、成本低等特点。利用注浆设备将配置好的具有胶凝性能的浆液注入地层，浆液凝胶后便填充裂隙和胶结土砂颗粒，形成整体，达到稳定开挖面，保证隧道安全快速施工的目的。超前小导管注浆采用纯水泥浆液，注浆参数为：水泥浆水灰比1∶1~1∶1.5；注浆压力0.5~1.0MPa。超前小导管施工工艺流程图见图3-42。

图3-41　超前小管棚支护效果

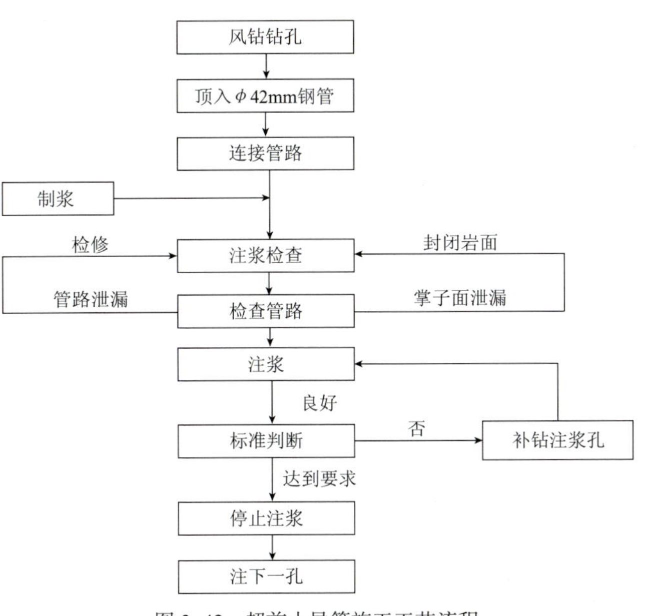

图3-42　超前小导管施工工艺流程

超前小导管施工时，先通过钢拱架或钢拱架预留小导管空洞用风钻顶管至设计孔深后，将水泥-水玻璃胶泥将钢花管与孔壁之间的缝隙封堵。孔口露出喷射混凝土面 15cm，并与钢拱架焊接在一起。

注浆前加工连接球阀用的丝扣管、变径接头。注浆前将 ϕ42mm 丝扣管焊接在管尾，安上球阀。小导管注浆采用 KBY-0/70 注浆机，自制水泥浆搅拌桶，采用球阀止浆。注浆结束标准为：注浆压力达到 1.0MPa 且注浆量也达到设计时，即可停止注浆。停止时先停泵再关闭球阀，最后清洗管路。

超前小导管主要技术措施如下。

（1）超前小管棚长短导管之间的搭接长度、施工角度、间距等参数应严格按照设计要求进行。

（2）钢花管在顶进之前应按照设计要求加工压浆孔，钢花管应顶到位；在不能顶进的情况下，应重新钻孔顶进，以达到设计要求的预支护效果。

（3）注浆参数根据现场试验注浆效果进行调整，以达到较好的支护和加固效果，注浆效果应经检查合格后方可进行下一步的开挖支护作业。

超前锚杆或超前小导管的作用是防止拱部开挖面坍塌，当相邻已施工的初期支护抑制了围岩的有害变形时，超前锚杆或超前小导管支护才能承受纵向“次生拱”的压力。因此，要求初期支护能可靠地承受锚杆或小导管支护端部传来的荷载，并能保证整体稳定。特别要注意距离掌子面 1~1.5 倍洞径内初期支护变形和收敛情况，如有问题，应及时采取加固措施；否则，会造成此范围内的整体坍塌，造成施工事故。

在自稳能力极差的围岩段，锚杆和导管前端仍在滑移面内，起不到超前支撑保护的作用，极易造成工作面失稳。为此，当超前小管棚不能满足施工要求时，就需及时采取其他超前支护措施，如长管棚超前支护加固地层。

二、超前大管棚支护加固地层施工技术

长管棚超前支护作为地下工程的辅助施工工法，是为了在恶劣和特殊情况下安全开挖，预先提供增强地层承载力的临时支护方法。开挖法施工时，辅助使用该施工方法，对于防坍塌和沉陷效果较好。它是防止地层中及地面结构物开裂、倒塌的有效方法之一。长大管棚钻孔的精度要求高，施工工艺也较复杂，速度慢，造价高，只在通过不良地层、不稳定地层及洞门开挖等特殊地段时采用。而厦门翔安海底隧道海域段风化深槽（囊）为确保其施工安全，防止海水涌入洞内，多采用长大管棚方法施工。

长管棚超前支护施工技术的支护作用机理，主要是钢管与浆液固结体共同作用的结果，一方面进行钻孔、下设钢管，当钢管穿过松散软弱围岩、岩石（土）等破坏区后，伸入到原状土部位时，有力地保障了开挖掌子面岩土体的稳定，起到骨架、格栅作用；另一方面通过注浆使浆液从钢花管孔眼中压出，并在一定的压力作用下注入钢管周围松散、软弱的地层中，从而形成复合稳定的固结体，使周围地层的力学性质得到改变，稳定性能得到加强，可以防止土层坍塌和地表下沉。

近年来，随着非开挖定向技术的提高和施工设备的革新，在管棚打设的精度和长度上都有了很大的突破。管棚一次打设的长度不断增加，目前，最长的管棚长度可达 100m，极大地提高了施工的效率，节约了人力、物力。特别是在自稳能力极差的围岩中，锚杆和导管前端仍在滑移面内，起不到超前支撑保护的作用，极易造成工作面失稳，存在较大的安全隐患，长管棚可以弥补这个缺陷。

翔安隧道长管棚主要用于洞门开挖（图 3-43、图 3-44）、陆域富水软弱围岩特别是土石交界层、陆域软弱围岩穿越环岛路和海域风化深槽的开挖（图 3-45）。

图 3-43　洞门管棚

图 3-44　洞门管棚水平钻机作业

行车隧道洞门位于 V 级围岩地段，埋深浅，上覆地层属于第四纪残积土和全强风化层，围岩稳定性差。为确保暗洞进洞安全，采用长管棚超前预支护辅助施工方法。长管棚超前预支护具有棚架、锚固地层的作用，且刚度大，能够满足施工进洞需要。洞口长管棚超前预支护采用 ϕ108mm，壁厚 6mm，节长 3m、6m 的热轧无缝钢管，环向间距 40cm，与隧道轴线方向平行，仰角 1°。钢管施工径向误差不大于 10cm，图 3-46 为洞口 108 号大管棚。

图 3-45　风化深槽（囊）拱部管棚及Ⅲ部超前注浆管

图 3-46　洞口 108 号大管棚

隧道纵向同一断面内钢管接头数不大于钢管根数的 50%，相邻钢管的接头错开至少 1m。钢管接头采用丝扣连接，丝扣长 15cm。钢管的四周留有 ϕ8mm 的溢浆孔，见图 3-47。长管棚施工完后进行管棚注浆作业，采用纯水泥浆液，注浆参数为：水泥水灰比 1∶1~1∶1.5，注浆压力 0.7~1.0MPa。超前长管棚施工工艺流程图见图 3-48。

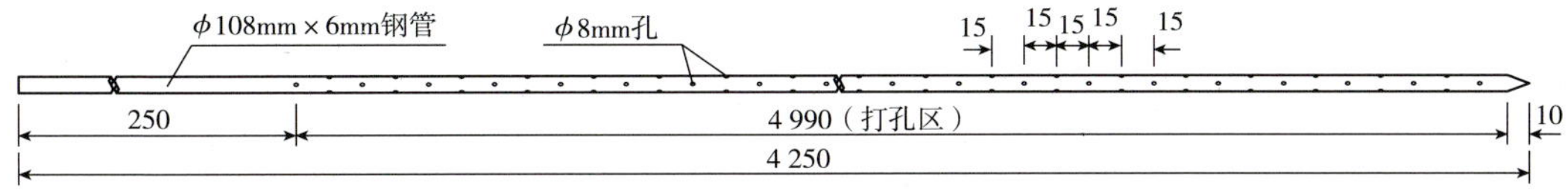

图 3-47　长管棚钢管加工图（尺寸单位：cm）

洞口长管棚具体施工方法如下。

1. 立设混凝土套拱

采用 C30 钢筋混凝土套拱作为长管棚导向墙，在明洞外轮廓线外施作。套拱模型采用钢拱架支撑、拼装式钢模，在硬化后的土台上安装套拱模型。加工两弧形钢筋用于孔口管固定，与套拱钢筋一齐安

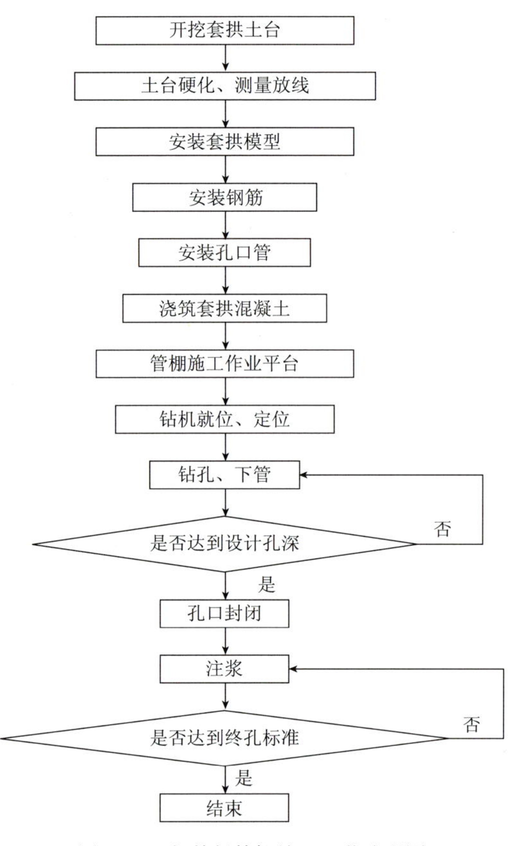

图 3–48　超前长管棚施工工艺流程图

装。导向管设 1° 仰角，导向管与钢筋焊接成整体。套拱混凝土按衬砌混凝土标准施工，达到内实外光。

2. 钻孔

采用进口管棚钻机钻孔，ϕ108mm 管棚委外加工，丝扣连接。为确保同一横断面内接头数量不超过 50%，相邻两根管棚交错编号为奇数和偶数根。编号为奇数的第一节管采用 3m 钢管，编号为偶数的第一节钢管采用 6m 钢管。

3. 注浆

每施作完成一个孔的管棚，孔口密封处理。管棚与孔口管之间的空隙采用麻丝或棉纱填塞，管口用水泥－水玻璃胶泥封闭。封孔后注浆，注浆浆液采用纯水泥浆，水灰比 1∶1~1∶1.5，注浆压力 0.7~1.0MPa，注浆采用 KBY–80/70 注浆机。加固方式采用全孔一次性注浆。注浆结束采用定压定量相结合。洞口大管棚施工效果见图 3–49。

隧道暗挖陆域富水软弱围岩段、土石交界段、陆域软弱围岩穿越环岛路和海域风化深槽段所应用的长管棚辅助工法，与洞门的长管棚辅助工法的区别在于洞门属明洞部分，管棚工作基地位于洞外；而暗洞管棚工作基地位于洞内，施作长管棚时需要开挖管棚工作洞室，见图 3–50。即在隧道内扩大断面来设置隧道内管棚工作室，一般洞室长 8m，扩挖 1m，洞室规模可根据施工需要适当放大，但不能过大，因为扩挖洞室对地层稳定性不利，使工期延长，造价增加。现以陆域过环岛路段长管棚辅助施工法为例予以介绍。

图 3–49　洞口大管棚施工效果图

图 3–50　洞内长管棚施工现场

行车隧道过环岛路段地质围岩极为软弱，尤其是拱部，岩体呈稀泥状，为全风化花岗闪长岩，地层含水量丰富，导致围岩压力较大。为了能保证顺利通过此石土交界面，并能够保证沉降不破坏环岛路，在拱腰以上沿开挖轮廓线外施作超前长管棚，以提高围岩结构的整体受力能力，保证开挖施工结构安全。长管棚采用 L=30m、ϕ=108mm、δ=6mm 无缝钢管，节长为 2.5~3.5m，中间丝扣连接。管棚沿隧道开挖轮廓线布设，管棚环向间距 30cm，外插角 3°。在管棚上钻设 ϕ8mm 溢浆孔，梅花形布孔，最先钻入的一节管棚前端做成尖锥形，以利于下管。

用地质钻机钻设 ϕ127mm 孔，钻到设计深度后退出钻杆，安设 ϕ108mm 大管棚。管棚布设完成后，对管棚进行全孔一次性注浆，注浆材料为水泥单液浆，浆液配合比为 W∶C = 1∶1~1∶1.5，注浆终压 0.7~1.0MPa。管棚注浆是一个重要的环节，通过注浆可以加固围岩、防堵地下水，很大程度上能够及时修补并减小相邻管棚施工过程对围岩扰动造成的不良效应。管棚注浆完成后，及时清理掉管棚中残留的浆液，用 M30 的砂浆进行紧密充填，这样还可以提高管棚的刚度和强度。大管棚设计参数见表 3-6。

大管棚设计参数表 表 3-6

序 号	参数名称	参数值	备 注
1	管棚长度	30m	—
2	管棚规格	ϕ108mm、δ=6mm	管棚上钻 ϕ8mm 溢浆孔
3	每节长度	2.5~3.5m	—
4	环向间距	30cm	—
5	管棚个数	72 根	—
6	注浆终压	0.7~1.0MPa	—

行车隧道过环道路段长管棚扩挖工作室高 1m，长 7.5m。长管棚施工钻孔易弯曲，应每隔 5m 检查一次，弯曲趋势加大时，应加以修正。防止钻孔弯曲的措施有：钻孔前使钻孔准确定位；准确测定标准拱架和钻孔位置；钻进过程中防止钢管剧烈晃动；注意钻进过程中对扭矩、油压、回转等参数的控制。

管棚施工总结以下几点体会。

（1）影响水平长管棚梁效应的因素很多，除了管棚自身几何尺寸和布置方式以外，土层条件、施工方法、支护参数和掘进速度等均可以对管棚沉降产生程度不同的影响。研究和掌握各种参数之间的变化关系可以在设计和施工中综合采取各种措施，以实现用最少的投入取得最大的控制效果。

（2）实践表明，隧道洞口管棚门架可以有效地控制管棚起始段的沉降，但其作用范围有限。管棚端部设为固定支座与设为铰支座对于限制管棚沉降差别不大，而且，将端部设为固定端会导致 3 倍于铰接条件下的管端弯矩。

（3）工作面效应对管棚沉降有重要影响，当隧道开挖独头掘进，开挖至管棚尾端或两端同时开挖将近贯通时，要采取相应措施控制好工作面的土体松弛，否则会产生管棚沉降峰值。同时，控制好工作面效应可以使管棚受力条件得到较大程度的改善。

（4）管间距对于管棚挠度的影响是近于正比的，同比条件下，其不如管棚直径对管棚的影响大。在管棚参数不能满足要求的情况下，应首先考虑增大管棚直径。

三、超前长、短管棚结合支护技术

行车隧道和服务隧道洞门开挖、陆域富水软弱围岩特别是土石交界段、陆域软弱围岩穿越环岛路和海域风化深槽的开挖中，通过长管棚配合超前小管棚辅助施工措施得以安全、顺利地通过。施工中改善了施工工艺，顺利通过重难点地段。

在厦门翔安海底隧道的开挖初期支护过程中，单独使用一种辅助工法是不能完全满足复杂软弱富水围岩施工的。穿越浅埋大跨软弱富水地层时，必须采用长管棚先行，长距离、强刚度地进行一次性超前预支护，后在开挖过程中再辅以超前小管棚的预支护工法。施工中形成多重棚架，多次防御，提高了围岩稳定性，改善了安全施工环境。

施工中，为加强超前支护强度，超前小管棚多采用 ϕ=42mm，壁厚 3.5mm 的热轧无缝注浆钢管，每两个循环即 1m 设一环（初期支护钢支撑间距为 50cm）。这样在每次开挖过程中，会有三层小管棚超前支护，配合长管棚支护，也就是每循环都会有四层超前预支护管棚，最大限度地棚闭了围岩土体，能够保证隧道在软弱富水地段顺利、安全地开挖支护。

长管棚超前支护注浆施工技术对大跨度、超浅埋、工程地质条件复杂的工程有很好的支护效果，可以克服超前小管棚等传统工法存在的缺点，特别是在自稳能力极差的软弱围岩中，较长的管棚支护能够很好地支撑、保护掌子面破裂角范围内的不稳定土（岩）体，使其不至发生沉陷甚至流塌，为类似不良地质条件下修筑隧道等地下工程提供参考借鉴。

由于有些工程大管棚施工采用气动夯管锤，对围岩土体扰动较大，引起地表沉降，尤其在非降水施工中影响更大，这与浅埋暗挖法施工尽量保护围岩的原则是矛盾的，故建议采用施工中产生振动较小的钻机进行引孔下管，尽量减小施工对围岩的扰动。

第三节　洞内真空降水施工技术

一、洞内真空降水的目的

根据新奥法原理采用 CRD 工法施工，对工程地质、水文地质条件复杂多变，土石界面起伏不定，围岩主要由强风化花岗闪长岩辉绿岩脉和二长岩脉组成，地下水极其发育，围岩软弱富水、自稳能力极差的Ⅴ～Ⅵ级围岩，特别是海域段六条风化深槽（囊），施工中易受塌方、突泥、突水、涌水、涌砂等不良地质作用影响，给施工带来极大风险。为了保证隧道能够顺利通过软弱富水地段，有必要采取有效的降排水措施。

根据隧道开挖及隧道底板结构施工的要求，降水的目的为：

（1）通过降水及时疏干开挖范围内土层的地下水，减小地下水对隧道施工的影响。

（2）通过降水使隧道围岩土体得以压缩固结，以提高土层的自稳能力，防止隧道开挖过程中大量坍塌。

（3）在隧道开挖施工时做到及时降低隧道中的地下水位，保证隧道开挖施工在一较为干燥的条件下顺利进行。

二、洞内真空降排水施工技术

单级井点管降水，采用 JSJ-60 真空泵进行抽水，如图 3-51 所示，最大可带十几根井点管同时抽水。降水参数及井点管按下列公式进行计算。

图 3-51　JSJ-60 型卧式真空抽水机组

采用佐藤邦明法预测隧道通过潜水含水体时，单位长度隧洞的最大涌水量 q_0［m^3/（d·m）］、正常涌水量 q_s［m^3/（d·m）］的计算式如下。

$$q_0=\frac{1.72\pi K(h-r_0)}{\ln\left[\tan\frac{\pi(2h-3r_0)}{4H}\cot\frac{\pi r_0}{4H}\right]} \tag{3-1}$$

$$q_s=q_0-7.475Kr_0 \tag{3-2}$$

$$r_0=\sqrt{A/\pi} \tag{3-3}$$

式中：K——渗透系数（m/d），根据现场抽水试验确定为0.432m/d；

h——静水位至隧洞底的高度（m）；

r_0——隧洞横截面等价圆半径（m）；

A——隧道断面面积；

H——含水体厚度（m），取平均值30m。

单井出水量 q_w 的确定：

$$q_w=120\times\pi\times r_{管}\times L\times\sqrt[3]{K} \tag{3-4}$$

式中：$r_{管}$——井点管半径；

L——井点滤管段长度。

也可根据《建筑与市政降水工程技术规范》（JGJ/T 111–1998）要求（1.5~2.5m³/h），确定真空井点单井的出水量，此处选用1.5m³/h。考虑真空泵不能24h连续工作，每天工作约12h，故真空井点降水单井每天出水量为 q_w =1.5×12=18m³/h。

真空井点数量 n 的确定：

$$n=1.1q_0/q_w\text{（根/m）} \tag{3-5}$$

经过计算取2根/m，真空井点降水全貌图见图3–52。

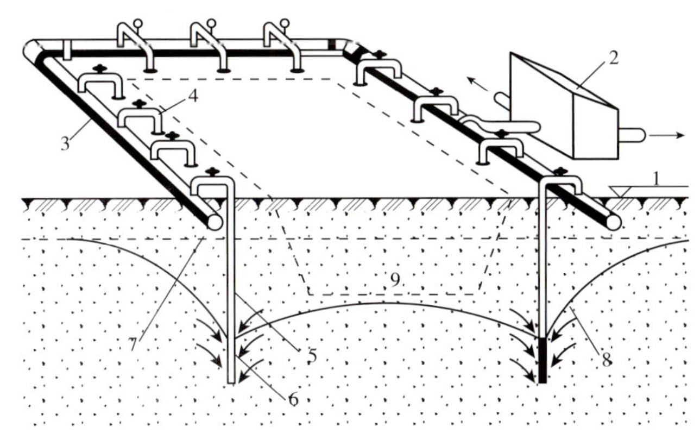

图3–52 真空井点降水全貌

1–地面；2–水泵房；3–总水管；4–弯连管；5–井点管；6–过滤器；7–原地下水位线；8–降低后地下水位线；9–基坑

通过采用洞内真空井点降水措施，在很大程度上改善了围岩土体的含水率，为隧道开挖提供了一个相对较为干燥的施工条件。

三、陆域地表深井降水技术

地表深井降水技术多用于渗透性较好的富水地层地下工程施工，通过地表向下打深井降水，降低工作面地下水位，使施工在干燥或少水条件下进行。降水的方法很多。从经济上比较，深井管井施工成本高，运行日费用较大，运行周期长，但对于渗水量大、基坑挖深范围大、施工周期长的建筑工程，深井管井降水又是其他施工降水所无法替代的。深井降水的施工设计与基坑大小、含水土层的渗透系数以及基坑的安全和降水深度有关。影响渗水量的关键是土的渗透系数。

对翔安海底隧道陆域富含水流塑地层进行地表深井降水处理。井管采用 D=200mm的硬质PVC管或 D=400mm无砂混凝土滤管，底部8m为过滤水管，要求钻设 ϕ20mm的透水孔，间距20cm，梅花形布设，周围包裹一层丙纶滤布。成孔 ϕ400~ϕ800mm，分别采用X100轻型地质钻机和重型钻机成井。井管采用PVC管方案时，需对井管和井壁之间充填滤料。滤料根据《建筑基坑支护技术规程》（JGJ 120—99）要求采用中粗砂，中粗砂细度模数控制在2.0~2.7。施工间期可将编号为偶数的井作为观测井，以检验降水井效果，及时调整有关参数。

1. 井管深井降水参数计算

（1）等效半径 r_0 的计算

井管布置在隧道轮廓线以外 3m，降水范围可等视为矩形基坑，则：

$$r_0=0.29(a+b)=0.29\times(22.8+60)=24.01\ (\mathrm{m})$$

（2）降深 S 的计算

雨季地下水位平均为 -9.5m，则：

$$S=h+0.5-h'=30.1+0.5-9.5=21.1\ (\mathrm{m})$$

（3）降水井影响半径 R 的计算

该地层为潜水，H=23.6m，强风化地层渗透系数为 0.485m/d，则：

$$R=2S\times \mathrm{SQRT}(k\times H)=2\times 21.1\times \mathrm{SQRT}(0.485\times 23.6)=142.8\ (\mathrm{m})$$

（4）基坑涌水量计算

根据隧道所处位置，按远离边界情况考虑，则：

$$Q=1.366\times k\times S\times(2H-S)/\lg(1+R/r_0)=433.3\ (\mathrm{m^3/d})$$

（5）管井单井出水量计算

$$q=120\times\pi\times r_s\times 1\times \mathrm{SQRT}-3k=120\times 3.14\times 0.1\times 1\times \mathrm{SQRT}-30.485=29.6\ (\mathrm{m^3/d})$$

（6）降水井数量计算

$$n=1.1\times Q/q=16.1$$

取 16，则两侧各 8 口井，井管间距取 8m，并大于 15 倍滤管直径。

图 3-53 为地表深井降水施工设计图，图 3-54 为地表降水管井结构剖面图。

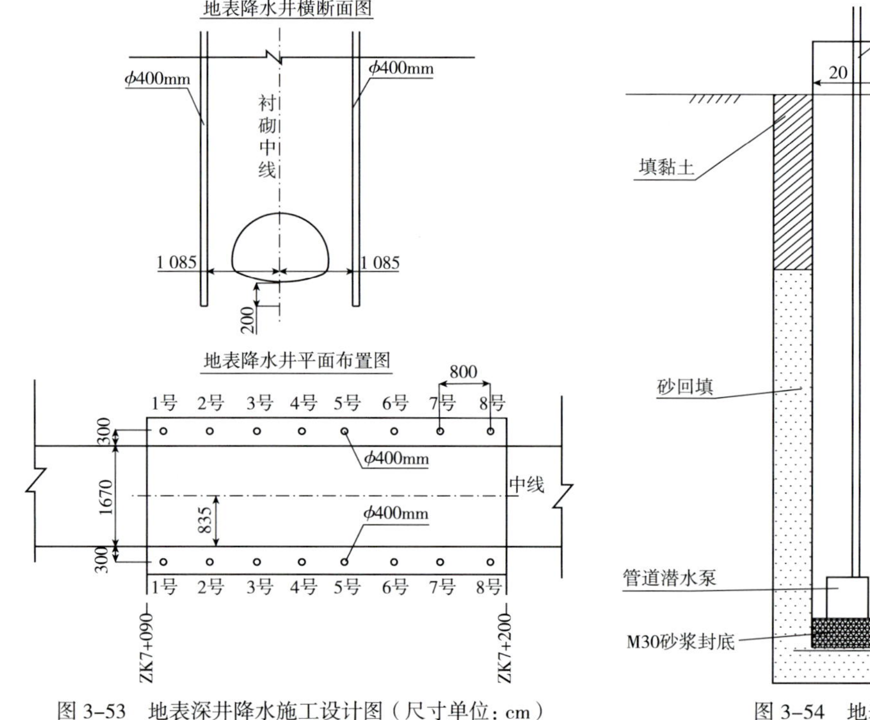

图 3-53　地表深井降水施工设计图（尺寸单位：cm）

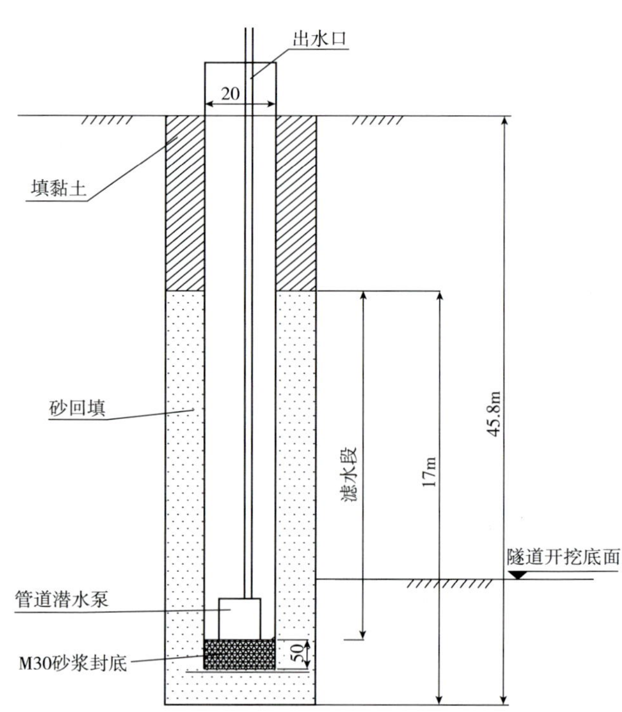

图 3-54　地表降水管井结构剖面图

成孔施工机械设备选用 X100 轻型地质钻机和重型钻机及其配套设备，采用正循环回转钻进泥浆护壁的成孔工艺及下井壁管、滤水管，围填填砾、黏性土等成井工艺。

2. 成井工艺流程

测放井位：根据降水井平面布置图测放井位，当布设的井点受地面障碍物或施工条件的影响时，现场可作适当调整。

埋设护口管：护口管底口应插入原状土层中，管外应用黏性土和草辫子封严，防止施工时管外返浆，护口管上部应高出地面 0.10~0.30m。

安装钻机：机台应安装稳固、水平，大钩对准孔中心，大钩、转盘与孔的中心三点成一线。

钻进成孔：开孔孔径为 ϕ400mm，一径到底。钻进开孔时应吊紧大钩钢丝绳，轻压慢转，以保证开孔钻进的垂直度，成孔施工采用孔内自然造浆，钻进过程中泥浆密度控制在 1.10~1.15，当提升钻具或停工时，孔内必须压满泥浆，以防孔壁坍塌。

清孔换浆：钻孔钻进至设计高程后，在提钻前将钻杆提至离孔底 0.50m，进行冲孔清除孔内杂物，同时将孔内的泥浆密度逐步调至 1.10，至孔底沉淤厚度小于 30cm，返出的泥浆内不含泥块为止，深井洗孔见图 3-55。

图 3-55　深井洗孔

下井管：管子进场后，应检查过滤器的缝隙是否符合设计要求。下管前必须测量孔深，孔深符合设计要求后，开始下井管，下管时在滤水管上下两端各设一套直径小于孔径 5cm 的扶正器（找正器），以保证滤水管能居中，井管焊接要牢固、垂直，下到设计深度后，井口固定居中。

填砾料（中粗砂）：填砾料前在井管内下入钻杆至离孔底 0.3~0.5m，井管上口加闷头密封后，从钻杆内泵送泥浆，边冲孔边逐步调浆，使孔内的泥浆从滤水管内向外由井管与孔壁的环状间隙内返浆，孔内的泥浆密度逐步调到 1.05，然后使用小泵量按前述井的构造设计要求填入滤料，并一边填，一边测填滤料的高度，直至滤料下入预定设计高程为止。

井口封闭：为防止泥浆及地表污水从管外流入井内，并为后继的井点加设真空度，保证井壁周围密封性，在地表以下回填 3.00m 厚黏性土止水，也可采用水泥浆封孔。

洗井：采用活塞、压缩空气联合洗井。活塞洗井时一定要将井水拉出井口，形成喷射状。置换出管底沉淤，洗至井水清澈时，检验出水含砂量，含砂量应小于 1/10 000。

安泵试抽：成井施工结束后，在降水井内及时下入潜水泵并接真空管，设置排水管道，地面真空泵及电缆安装等。电缆与管道系统在设置时应避免在抽水过程中不被挖土机、吊车等碾压、碰撞损坏，因此，现场要在这些设备上进行标识。抽水与排水系统安装完毕，即可开始试抽水。采用深井潜水泵抽水，可继续在井管中加入真空度，用以加强管井的出水效果。

排水：洗井及降水运行时应用管道将水排至场地四周的明渠内，通过排水渠将水排入场外或市政污水管道中。

降水运行期间，设专人对降水情况进行观察，并详细记录出水量、水位、水泵运行状况等项目。发现异常情况，及时进行处理。降水井抽出的水就近排入排水沟。隧道开挖支护完成后，拆除回填深井。

基坑降水工作若降水井布置合理，井管、滤料选择正确，成井工艺适合地质条件，运行、管理措施得力，可以确保工程施工达到事半功倍的效果。

第四节　支护辅助施工技术

一、锚网喷与钢管抗滑结合支护技术

1. 锚网喷支护

锚网喷支护是靠锚杆、钢筋网和混凝土共同工作来提高围岩的结构强度和抗变形刚度，减小岩（土）体侧向变形，增强围岩的整体稳定性。一般喷射混凝土厚度多为 5~10cm。锚网喷支护作用的原理为混凝土砂浆在高压空气作用下高速喷向受喷面，在喷层与土层间产生嵌固层效应，从而改善围岩受力条件，有效地控制侧向位移，保证围岩稳定。锚杆深固于土体内部，主动支护土体，并与土体共同作用来有效地保护和提高周围土的强度，使土体变荷载为支护结构体系的一部分，从而使原来的被动支护变为主动支护。钢筋网有效地调整喷层与锚杆内应力分布，增大支护体系的柔性和整体性。

翔安隧道在开挖过程中，采用 CRD 工法开挖的陆域浅埋全强风化层段，地下水发育，土体呈软塑或流塑状，开挖采用环形开挖预留核心土法。但是，由于土体的侧压力过大，需辅以锚网喷方法封闭工作面，用以保证工作面的安全、稳定。喷锚支护前先将工作面核心土体修整平（圆）滑。然后再安装锚杆、铺网、喷混凝土。这种辅助施工方法在处理塌方、突泥、涌水等不良地质灾害的处理上显得尤为重要。图 3-56 为涌泥断面封锚效果图。

锚网喷支护采用直径 ϕ48mm，壁厚 3.5mm 的钢锚管，根据工作面空间的实际情况，钢锚管长度为 2~6m，间距取 1.5m，垂直工作面顶进。锚管上布置孔眼。

面层钢筋网为 ϕ6mm@200mm × 200mm，网片规格为 1.5m × 0.5m/ 片，铺满整个坡面。网片之间采用焊接方式连接牢固。喷射 C15 混凝土，锚喷网厚度为 10cm。图 3-57 为喷锚注浆加固后的掌子面。

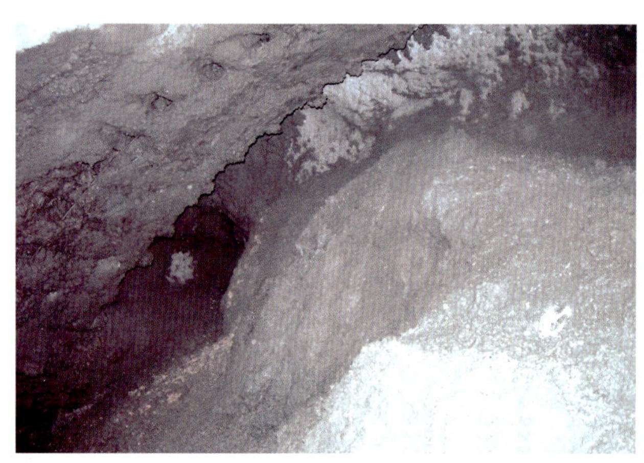

图 3-56　涌泥断面封锚效果图

图 3-57　喷锚注浆加固后的掌子面

锚网喷支护施工工艺流程为：施工准备→土方开挖（分部环形预留核心土）→修坡→初喷混凝土（视坡土体情况定）→锚杆（管）制作安装→挂网、焊接→复喷混凝土→达到强度后注浆（通过钢锚管）。

通过锚网喷技术，加固了核心土体，保证了工作面的稳定；加固核心土体的同时，也保障了后继工作的顺利进行。

2. 钢管抗滑桩

桩是深入土层或岩层的柱形构件。抗滑桩是通过桩身将上部承受的坡体推力传给桩下部的侧向土体或岩体，依靠桩下部的侧向阻力来承担坡体的下推力而使坡体保持平衡或稳定，工作原理见图 3-58。

抗滑桩主要承担水平荷载。钢管桩一般为打入式桩，其特点是强度高，抗弯能力大，施工快，可快速形成排桩或桩群。

钢管抗滑桩也主要用于隧道陆域浅埋全强风化层段，由于地下水极其发育，土体呈流塑状，采用环形预留核心土法开挖仍不能稳定工作面。隧道开挖过程中多次发生掌子面推动核心土体整体外涌事故。为快速稳定核心土体及开挖面的稳定，采用钢管抗滑桩稳定土体的措施。钢管采用 ϕ48mm，壁厚 3.5mm 的钢管，以群桩的形式布置。用重锤打入或风镐顶入地基稳定的土体。图 3-59 为现场实际施工钢管抗滑桩处理掌子面土体。

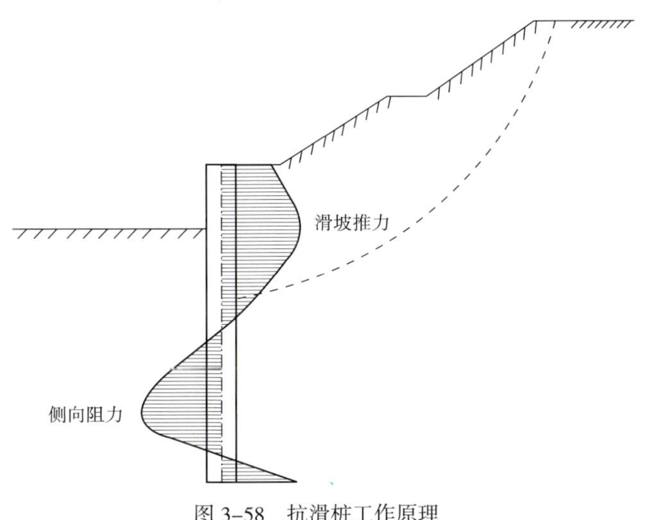

图 3-58　抗滑桩工作原理

图 3-59　钢管抗滑桩处理掌子面土体

3. 锚网喷与钢管抗滑桩法

锚网喷与钢管抗滑桩法是翔安隧道 CRD 工法开挖全强风化土层中应用较多的辅助施工方法，二者结合利用多与预留核心土开挖法配合应用。在预留核心土仍不能满足工作面稳定的要求时，可再增设抗滑桩，然后及时喷射素混凝土或挂设钢筋网喷射混凝土封闭开挖工作面。抗滑桩多采用 ϕ48mm × 3.5mm 厚的钢管，地质情况极差时可采用更高强度的材料，如型钢等材料。

由于锚网喷支护与钢管抗滑桩支护措施在隧道开挖过程中基本上都是结合应用的，故将两种方法归类为一种辅助施工法，特别是在隧道风化深槽（囊）段、土石交界层、富水软弱围岩段及隧道施工塌方处理中，多次应用钢管抗滑桩和锚网喷支护技术迅速封堵工作面效果极佳。然后通过导管注浆加固围岩及核心土体，及时控制住险情，化险为夷，且为后继的小导管周边预注浆、小导管超前预注浆加固掌子面土体等施工措施创造有利条件。图 3-60 为现场实际施工 CRD Ⅰ部锚网喷配合钢管抗滑桩封闭掌子面。

图 3-60　CRD Ⅰ部锚网喷配合钢管抗滑桩封闭掌子面

二、拱背补偿注浆填充地层技术

拱背补偿注浆指隧道衬砌混凝土与地层间空隙、坍塌空洞、地层空隙、初期支护结构裂缝等采用浆液回填灌满，使地层与支护结构紧密整合，以加强围岩的稳定性。

行车隧道和服务隧道开挖支护施工过程中，对于土质围岩采用锚网喷 + 拱架支护结构体系施工段，为能够及时有效地控制地层变形，均严格执行了初期支护背后回填灌浆工艺，主要参数：ϕ42mm 钢花管，长 70~100cm，纵、环向间距 2.0m。在拱架安装过程中同时预埋好。注浆钢花管末端必须顶在岩面上，前端焊接在钢拱架上，外露长度 20cm。主要布设于拱部和仰拱部位，待各部封闭成环后立即安排进行回填注浆。图 3-61 为行车隧道补偿注浆管布设图。注浆参数：终压 0.5MPa，以单液浆为主，根据初期支护渗漏情况决定是否注双液浆，单液浆采用 P·O32.5 水泥，水灰比 0.7~1.0，注浆压力 1.0~2.5MPa；当采用双液浆时，C-S（水泥-水玻璃）双液浆参数为：水泥浆与水玻璃（模数 2.2~2.7，30~35Be）按体积比 1∶1 混合。图 3-62 为行车隧道补偿注浆施工图，图 3-63 为行车隧道补偿注浆后效果图。

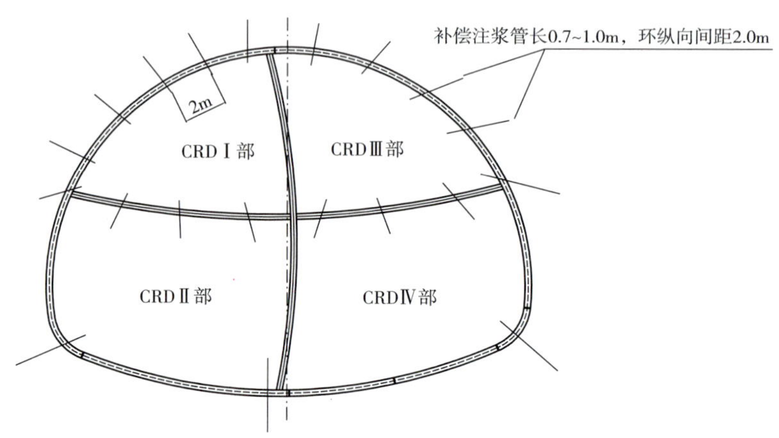

图 3-61　行车隧道补偿注浆管布设图

图 3-62　行车隧道补偿注浆施工图

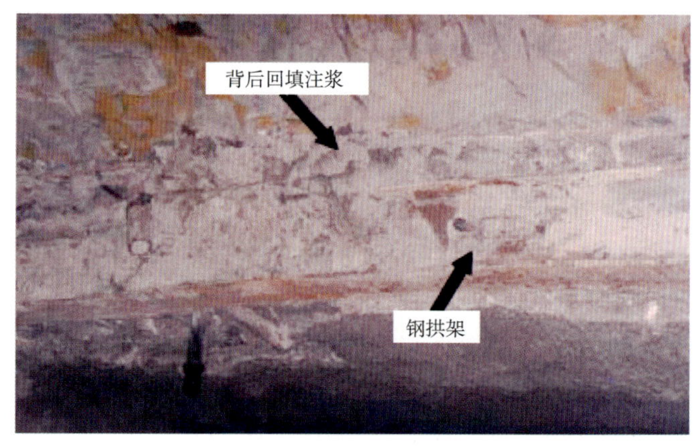

图 3-63　行车隧道补偿注浆后效果图

三、临时护拱支撑技术

厦门翔安海底隧道地质条件复杂恶劣，初期支护完成后，由于结构沉陷较大或需要严格控制结构稳定时，采用在紧贴结构内侧立设钢拱架以保证结构稳定的二次支护措施。当不良地质段开挖后因特殊原因二次衬砌不能紧跟，或地层变形异常致使初期支护结构破坏可能引发事故时，无论是事先预计可能发生还是已发生，均应立即使用此辅助工法，确保工程安全和人员安全。

此工法主要采用与主体初期支护参数相同的钢支撑和连接筋体系进行二次支护。行车隧道陆域穿越全强风化层施工中多次应用此辅助工法。由于地层富水，土质呈流塑状，雨季期间有效地杜绝了更大的质量安全事故，待加固完成初期支护封闭成环并经量测证明结构已处于安全状态时，即可及时拆除该二次护拱支护。隧道开挖初期支护过后，在地下水的影响下，围岩仍不能达到稳定状态，围岩压力很大，初期支护结构已基本处于临限破坏状态或结构已有开裂变形。在此种情况下，采用临时护拱支撑，不喷射混凝土，纵向采用 ϕ22mm 螺纹钢或 14 号槽钢做连接系，加强了初期支护结构的刚性和承载力，配合其他加固、注浆等措施，控制结构的继续变形，保证初期支护结构、施工人员的安全及前方工作面的交通通畅，使隧道继续顺利施工。图 3-64 为 CRD Ⅰ部临时护拱的应用。

值得一提的是，本工程在 F1 风化深槽通过竖井段工作面，二次衬砌不具备及时跟进的条件。为确保穿越风化深槽施工不出现强度、刚度不足而导致结构失稳现象，预先采取该辅助工法将开挖断面放大 20cm，护拱采用喷射混凝土网锚喷结构，参数与原初期支护结构相同，并作为永久性初期支护的一部分，图 3-65 为二次立设钢拱架作业图。通过采用临时护拱配合其他辅助工法，顺利通过了 F1 风化深槽，为后面风化深槽的施工提供了安全可靠的技术手段。该工法的应用也是翔安隧道工程中的一大创新。

图 3-64 CRD Ⅰ部临时护拱的应用

图 3-65 二次立设钢拱架作业图

第五节 土石交界层施工技术

厦门翔安海底隧道地质条件复杂多变，围岩跨级式突变（即土质围岩同石质围岩间直接突变）频繁出现，土石交界面存在跨越距离长、软硬不一、不规则、水量大等诸多不良地质现象，施工难度极大。陆域段土石交界面施工的成功经验对海底风化深槽的施工起到极为重要的借鉴作用。

一、施工难题及特点

厦门翔安海底隧道陆域段隧道围岩主要为全～强风化花岗岩，穿越距离长，基岩露头上下起伏不定、形式多变，导致土石交界面频繁出现；同时，地下水通过地表渗流及地下径流作用，汇集到土石交界面处。土石交界面这种特殊的地质条件也导致了交界面不规则、距离长、软硬交替变化、极其富水等工程地质及水文地质特点。

（1）土石交界面不规则主要体现在交界面形态及产状的多样化，如呈水平状交界面（上土下石）、竖直状交界面（一半是土、一半是石或外边是土、里边是石）、倾斜状交界面、混杂状交界面（石土夹杂）等。

（2）土石交界段穿越距离长主要体现在交界面沿着隧道轴线方向延伸距离长，在厦门翔安隧道修建过程中，土石交界面沿隧道轴向最长的达 400m 之多，给施工带来极大的困难。

（3）土石交界段围岩软硬变化主要体现在隧道围岩一边为软土，另一边为硬岩，从而导致施工中同一里程段需要采用两种或多种开挖方法，工序复杂，且半软半硬的围岩地质会产生不均匀沉降。

（4）土石交界段极其富水主要是因为土石交界面多为汇水点，地下水极其发育。在地下水的影响下土质遇水即崩解塌垮，并呈流塑状堆塑。

厦门翔安隧道在土石交界面的实际开挖过程中，土质围岩绝大多数呈流塑性泥状，极易坍塌失稳，常伴有突泥、涌水等不良地质现象发生。这导致了在开挖中不能运用大型机械设备，只能采用小型机械配合人工开挖。图 3-66 为行车隧道及服务隧道土石交界段地质情况。

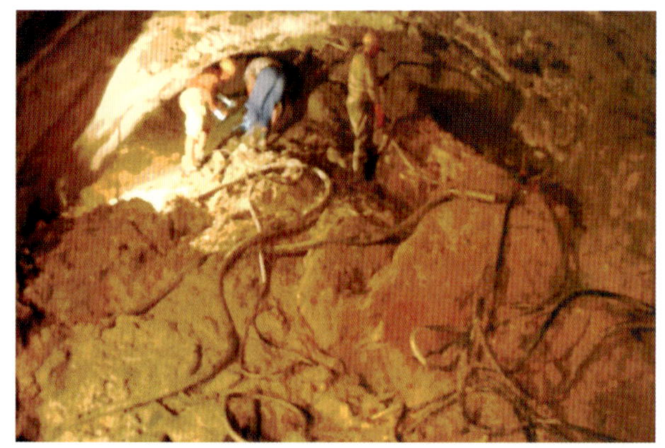

图 3-66 行车隧道及服务隧道土石交界地质情况

二、土石交界层施工技术

1. 开挖方法与支护参数

行车隧道穿过土石交界处的施工开挖，由于结构开挖断面大，跨度大，施工难度更大，初期支护参数安全可靠，满足支护结构要求。采用 CRD 工法开挖辅以全断面帷幕注浆、井点降水及超前管棚、回填注浆等辅助施工措施，以保证能够安全、快速、顺利地通过土石交界层，满足正常施工进度的需要，避免不必要的工期损失。

1）开挖方法

土石交界层 CRD 工法开挖按Ⅰ、Ⅲ部先行通过，等其沉降稳定后，再开挖Ⅱ、Ⅳ部。每部开挖依然在台阶法基础上采用左右环形开挖，预留核心土体，每部下台阶先开挖边脚，再接仰拱。机械开挖，人工风镐配合修整成型，机械出渣。施工工序为：CRD Ⅰ部（上台阶环形开挖支护→下台阶左右边腿开挖支护→临时仰拱开挖支护）→ CRD Ⅲ部（上台阶右侧至拱顶环形开挖支护→下台阶右侧边腿开挖支护→临时仰拱开挖支护）→ CRD Ⅱ部（上台阶左右两侧开挖支护，由于Ⅰ部已有临时支护核心土，上部可暂不开挖→下台阶左右边腿开挖支护→仰拱开挖支护）→ CRD Ⅳ部（上台阶右侧开挖支护→下台阶右侧边腿开挖支护→仰拱开挖支护）。开挖采用小型挖掘机进行，人工风镐配合修整成型，必要时进行弱爆破，防止对岩体造成大的扰动。

2）支护参数

初期支护参数为：永久支护采用 I20b@50cm 工字钢支撑作为主拱架，ϕ8mm 双层钢筋网，30cm 厚 C25 喷射混凝土。临时支护采用 18mm@50cm 工字钢作为主拱架，ϕ8mm 单层钢筋网，22cm 厚 C25 喷射混凝土。图 3-67 为行车隧道环形开挖工艺及支护参数示意图。

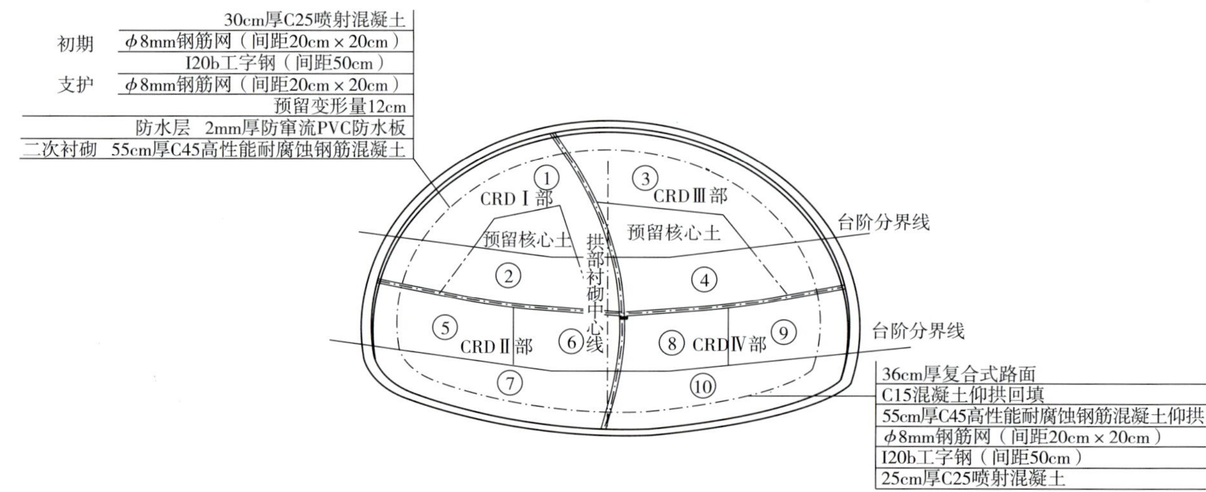

图 3-67 行车隧道环形开挖工艺及支护参数示意图

2. 辅助施工技术

1）地表深井降水

翔安隧道针对富含水流塑地层土石交界层进行地表深井降水，采用井管降水方案，井管采用 D=200mm 的硬质 PVC 管或 D=400mm 的无砂混凝土滤管，成孔 ϕ400~ϕ800mm，分别采用 X100 轻型地质钻机和重型钻机成井。井管采用 PVC 管方案时，需对井管和井壁之间充填滤料，滤料根据《建筑基坑支护技术规程》（JGJ 120—1999）规范要求采用中粗砂。

（1）降水时间

隧道开挖到里程桩号提前 1 个月时开始降水，并做好降水记录。

（2）水位观测

降水过程中轮流选取 1~2 口井停止抽水，作为观测井（必要时设专门的水位观察孔）。停抽过程中，每天对水位进行测量，及时分析数据，以指导隧道开挖。

（3）水井施工工艺流程

测量定位→钻机就位→钻孔→终孔后冲孔→下井管→砾砂反滤层回填→止水封孔→洗井→下泵试抽水→降水运行。

降水运行时将水排至场地四周的排水沟内，通过排水沟将水排入指定地点。

（4）降水井点回填

当开挖面通过井点里程 10m 后，需对降水井点及时进行回填封堵。

2）大管棚施工

进入土石交界层后，土层结构主要为强风化花岗岩，土体稳定性差，渗水、坍塌均比较严重。为更好地控制变形，采用非开挖夯管法施工 ϕ127mm 管棚进行拱部加固。大管棚施工主要有气动夯管锤及地质钻机两种施工方法。夯管锤施工主要特点是需要作业空间较小，主要用于 CRD 工法各部小空间施工；地质钻机法施工灵活方便，但需要作业空间较大。行车隧道段土石交界面 CRD 工法夯管锤大管棚施工法以行车隧道过环岛路地质钻机大管棚施工法为例。

（1）气动夯管锤大管棚施工法

厦门东通道根据现场施工情况，从Ⅰ部 ZK7+102 和Ⅲ部 ZK7+090 开始进入土石交界层，土层结构主要为强风化花岗岩，土体稳定性差，渗水、坍塌均比较严重，为更好地控制变形，采用非开挖夯管法施工 ϕ127mm 管棚进行拱部加固。图 3–68 为 CRD 工法Ⅰ、Ⅲ部夯管法施工超前大管棚布置图。

施工机械及参数：采用 TT145、TT190 夯管锤进行施作。

单根 ϕ127mm 管棚施工步骤：夯进前准备、测量定位→夯管锤固定及支架安装→第一根夯进→后续钢管连接及跟管夯进→清孔。

夯管锤参数见表 3–7，大管棚主要参数见表 3–8。

夯管锤参数表 表 3–7

名称 / 参数 / 产地	气动夯管锤	工作压力（MPa）	冲击频率（次 /min）	最大冲击力（t）
德国	TT145 型	0.6~0.7	100	80
德国	TT190 型	0.6~0.7	90	100

大管棚主要参数表 表 3–8

项目 / 编号	技术参数	施工标准及技术要求
1	管棚设计长度	25m
2	管材标准	管径为 ϕ127mm 热轧无缝钢管，壁厚 8mm

续上表

编号 \ 项目	技术参数	施工标准及技术要求
3	布设范围	隧道Ⅰ、Ⅲ部轮廓线外 300mm
4	环间搭接	环与环之间纵向搭接不小于 5m
5	管棚与结构关系	钢管中心超出结构外轮廓尺寸线 300mm
6	管棚坡度	仰角 1%（不含隧道纵坡）
7	方向	与中线平行
8	布设间距	300mm
9	管节长度	2~4m
10	施工误差	左右偏差≤ 20cm，上下偏差≤ 30cm
11	接头错缝要求	接头错开距离≥ 1.0m，同一断面接头数量≤ 50%
12	管节连接方式	焊接

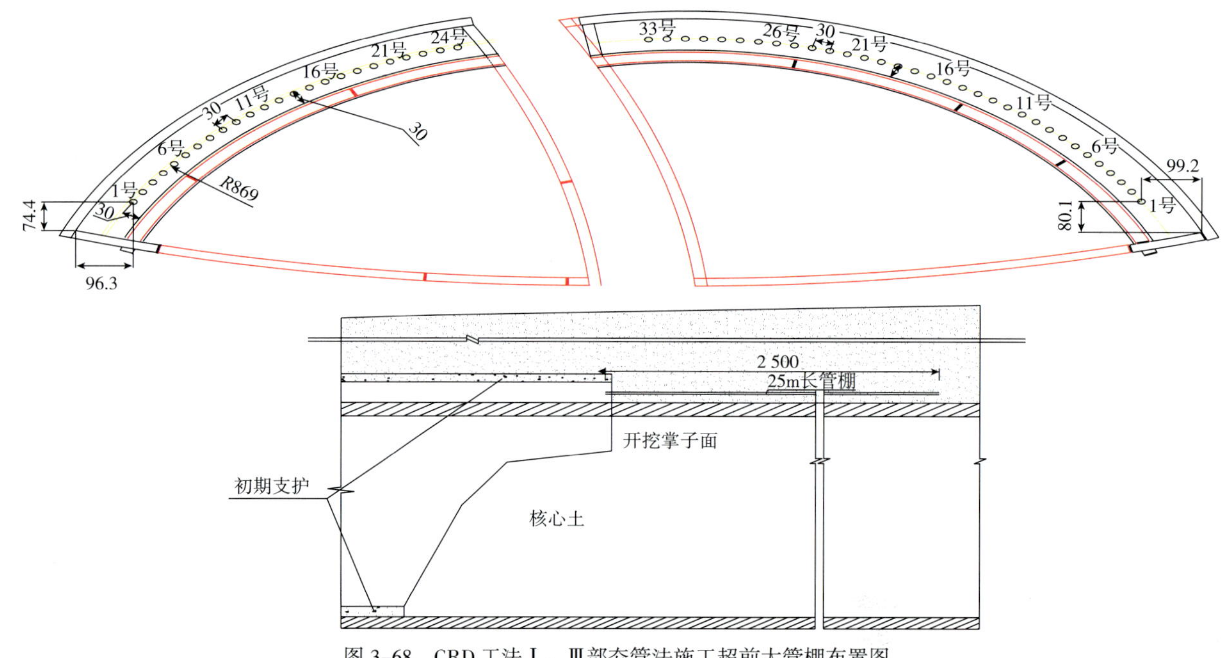

图 3-68 CRD 工法Ⅰ、Ⅲ部夯管法施工超前大管棚布置图

注：1. 本图尺寸均以 cm 计；

2. ϕ 127mm 大管棚Ⅰ部一环 24 根，Ⅲ部一环 33 根。

施工方法如下。

①气动夯管锤带管施工

气动夯管锤带管施工是以压缩空气为动力，通过气动夯管锤夯击钢管进入土层的一种工艺。该方法的最大特点是无需后背力，利用动态冲击能将空心钢管夯入土中。钢管和夯管锤通过出土器连接，架设在预先铺好的轨道上，通过高压空气使夯管锤动作，从而推动钢管前进。一段钢管夯完后，夯管锤后撤，加装下一段钢管，并焊接牢固，连接夯管锤，继续夯进。这样夯焊结合，完成钢管铺设。

②施工前其他准备工作完成后，根据测量交底点位安装夯管锤，夯管锤坡度按照管棚坡度安置，夯管锤中心与管棚中心重合。夯管锤就位完成后对夯管锤进行紧固，保证夯进时夯管锤稳定。

③安装导向支架，导向支架安装位置根据夯管锤与进口的距离来定，应确保 0.5m 范围内钢管有支架支撑固定。

④大管棚钢管内出渣采用洛阳铲取出，根据地质情况每隔一段挖取一次，同时保证管头 2m 以上不

取土，以保证管内掌子面地质稳定。

⑤大管棚注浆在每部大管棚全部夯进完成后进行，注浆采用全段一次注浆，注浆参数如下。

a. 灌注浆液：纯普通水泥浆液或水泥-水玻璃双液浆。

b. 注浆参数：水泥浆水灰比为 1∶1~1∶1.5，C-S（水泥-水玻璃）体积比为 C∶S=1∶0.6~1∶1，注浆压力 0.7~1.0MPa。

c. 注浆参数根据现场实际情况调整。

d. 注浆结束后，及时清除管内浆液并用 M30 水泥砂浆紧密充填，增强管棚的刚度和强度。

（2）地质钻机大管棚施工法

行车隧道过环道路段地质围岩极为软弱，尤其是拱部，岩体稀泥状强风化花岗闪长岩，地层含水量丰富，导致围岩压力较大。为了保证顺利通过此石土交界面，并能够保证沉降不破坏环岛路，还需在拱腰以上沿开挖轮廓线外施作超前大管棚，以提高围岩结构整体受力能力，保证开挖施工结构安全。大管棚采用 L=30m、ϕ108mm、δ=6mm 无缝钢管，节长为 2.5~3.5m，中间丝扣连接。管棚沿隧道开挖轮廓线布设，管棚环向间距 30cm，外插角 5°，在管棚上钻设 ϕ8mm 溢浆孔，梅花形布孔，最先装入的一节管棚前端做成尖锥形，以利于下管。

用地质钻机钻设 ϕ127mm 的孔，到设计深度后退出钻杆，安设 ϕ108mm 的大管棚，管棚布设完成后，对管棚进行全孔一次性注浆，注浆材料为水泥单液浆，浆液配合比为 W∶C = 1∶1~1∶1.5，注浆终压 0.7~1.0MPa。大管棚设计参数见表 3-9。

大管棚设计参数表 表 3-9

序号	参数名称	参数值	备注
1	管棚长度	30m	—
2	管棚规格	ϕ108mm、δ=6mm	管棚上钻 ϕ8mm 溢浆孔
3	每节长度	2.5~3.5m	—
4	环向间距	30cm	—
5	管棚个数	72 根	—
6	注浆终压	0.7~1.0MPa	—

行车隧道过环道路段长管棚扩挖工作室高 1m，长 7.5m。

长管棚施工钻孔易弯曲，应每隔 5m 检查一次。弯曲趋势加大时，应加以修正。防止钻孔弯曲的措施有：钻孔前准确定位；准确测定标准拱架和钻孔位置；钻进过程中防止钢管剧烈晃动；注意钻进过程中对扭矩、油压、回转等参数的控制。

行车隧道和服务隧道洞门开挖，陆域富水软弱围岩、特别是土石交界段，陆域软弱围岩穿越环岛路和海域风化深槽的开挖，通过长管棚配合超前小导管，小导管周边注浆，全断面注浆等辅助施工措施安全、顺利地通过。施工中，长管棚施工的一些参数得到了修正，改进了施工工艺，解决了隧道开挖中最大的几个难点处的开挖和支护。

3）拱背回填注浆

行车隧道和服务隧道开挖支护施工过程中，对于土质围岩采用锚网喷＋拱架支护结构体系施工段，为能够及时有效地控制地层变形，均严格执行了初期支护背后回填灌浆工艺，其主要参数为：ϕ42mm 钢花管，长 70~100cm，纵、环向间距 2.0m，在拱架安装过程中同时预埋好。注浆钢花管末端必须顶在岩面上，前端焊接在钢拱架上，外露长度 20cm，主要布设于拱部和仰拱部位，待各部封闭成环后立即进行回填注浆。注浆参数：终压 0.5MPa，以单液浆为主，根据初期支护渗漏情况决定是否注双液浆，单液浆采用 P·O 32.5 水泥，水灰比 0.7~1.0，注浆压力 1.0~2.5MPa；当采用双液浆时，*C–S* 双液浆参数为：水泥浆与水玻璃（模数 2.2~2.7，30~35Be）按体积比 1∶1 混合。

4）其他辅助施工措施

行车隧道过土石交界处辅助施工措施还包括超前小管棚、小导管周边注浆、全断面帷幕注浆等。其施工原理及施工工艺与本节第二部分介绍的辅助施工方法一致。

第六节　临时拱架支护结构拆除技术

厦门翔安海底隧道约 5 100m 不良地质全部采用 CRD 工法施工，其临时支护的拆除将直接影响初期支护的结构安全和后继的二次衬砌施工，临时支护的拆除时机选择和如何安全快速的施工将直接影响整个工程的进展及隧道初期支护结构的施工安全。

隧道的开挖使结构受力状态发生变化。临时支护的拆除必须以隧道监控量测的结果为指导，临时支护是一个重要的受力结构，必须在受力状态趋于稳定之后方可拆除。若盲目拆除，会使开挖过程中隧道结构受力频繁发生变化，将成为隧道塌方最严重的安全隐患之一。

一、临时拱架支护结构拆除时机选择

根据施工进度及施工需要，行车隧道初期支护的临时支撑需要拆除。为确保二次衬砌能够及时跟进和隧道结构安全，临时支撑必须满足以下几个条件方能进行拆除作业。

（1）临时支护拆除前必须保证拆撑段的永久支护已经封闭完成，且结构符合规范和设计要求。

（2）临时支护拆除前该拆除段沉降和收敛量测结果已满足稳定条件，沉降收敛达到稳定的标准，收敛允许值不超过 0.2mm/d。

（3）临时支护拆除的断面里程与二次衬砌的间距不大于 50m，临时支护拆除后能尽快进行二次衬砌支护，确保隧道结构的稳定和安全。

二、临时拱架支护结构拆除施工顺序

本着安全第一的原则，结合现场施工情况，临时支护以从上到下的顺序分段进行拆除。行车隧道临时钢支撑拆除施工顺序为：布置量测点→搭脚手架及布置防护安全网→凿除喷射混凝土→临时支护拆除→处理初期支护表面杂物→拆除位置补喷混凝土找平。

考虑隧道跨度大，断面大，为了结构安全，每次临时支护的拆除长度控制在 5m，并在临时支护拆除后，加强隧道初期支护的监控量测。

三、临时拱架支护结构拆除施工技术

1. 临时拱架支护结构拆除

1）拆除内容

CRD 钢拱架临时支撑拆除内容包括：临时仰拱、中隔墙喷射混凝土的凿除，钢拱架的拆卸及锚杆、钢筋网片的切除清理等。

2）布置量测点

为了保证隧道在临时支撑拆除过程中和拆除以后的安全，施工作业前应在隧道拆除地段先布量测点，见图 3-69，通过隧道支护结构变形的多少来判断隧道的安全度，进行施工指导，并在拆除过程中经常进行量测监控（至少 1 次 /d），当结构每天的沉降量小于 0.2mm 时，说明结构稳定安全，可进行拆除工作。

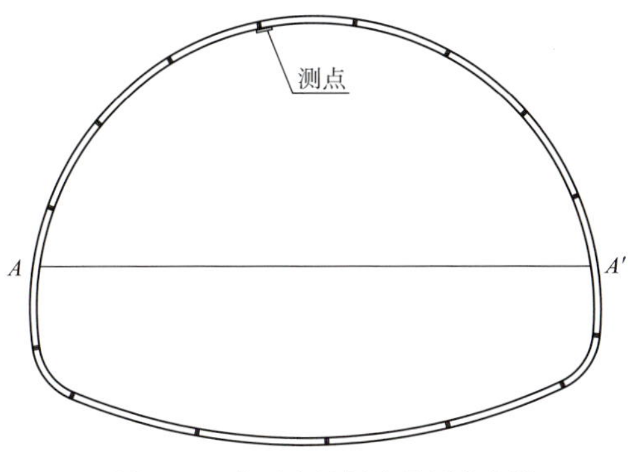

图 3-69　临时支护拆除量测点布设

3）搭脚手架及布置防护安全网

（1）脚手架立杆采用 ϕ42mm 钢管，立杆横距 80cm，步距 100cm，纵距 100cm；立杆与立杆采用扣件连接；连墙件采用钢管式，与钢支撑焊接牢固。钢管上铺设木板，木板厚度 5cm，木板与小横杆用铁丝连接成整体，见图 3-70。

（2）脚手架搭设完成后，经过安全员检查符合相关的安全规范，方可在脚手架上进行作业。高空作业必须系好安全带。

（3）在拆除临时支撑过程中，应保证作业人员和施工相关人员的施工安全，做好必要的脚手架及布置防护安全网的工作，避免高空坠物伤人和人员坠落的事件发生。

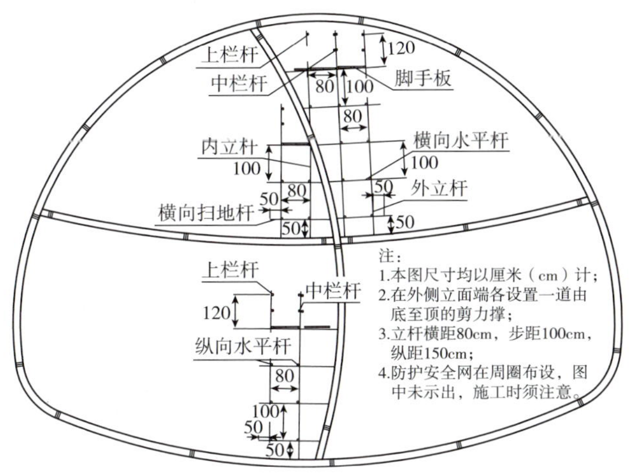

图 3-70　脚手架搭设示意图

4）凿除喷射混凝土

在临时支护拆除施工中，喷射混凝土的凿除是最为困难的。拆除过程中，不能产生过大的振动，不能采用大型一次性爆破；否则，会对围岩及初期支护结构产生过大的扰动，可能导致初期支护开裂，结构失稳，造成不必要的安全质量事故。这就需要对混凝土的凿除过程进行严格的技术控制。结合本工程的特殊地质状况及工程特点，经过长时间的总结，在凿除喷射混凝土的过程中，采用风镐和弱控制爆破的组合方式进行，对结构和围岩的扰动不会造成太大的影响。但进行弱爆破作业时，必须分部进行，每次弱爆破的范围不能超过 2m。弱控制爆破设计参数见图 3-71。

5）临时支护拆除顺序

临时支护拆除顺序见图 3-72，图 3-73 为临时支护拆除现场。

6）钢支撑拆除具体步骤

（1）凿除临时支护喷射混凝土层。

（2）切割清除连接筋、网片、锚杆等。

（3）用安全绳将钢支撑固定牢固。

（4）对拆除部分的钢支撑连接板进行切割。

（5）用卷扬机将切割下的钢支撑缓缓下放至安全地点并及时运走。

7）Ⅱ部和Ⅳ部施工协调

为能够在临时支护拆除作业中尽量减小对隧道开挖支护的影响，施工中Ⅰ部和Ⅲ部错位拆除，尽量在Ⅱ部和Ⅳ部喷混凝土时安排对应Ⅰ部和Ⅲ部拆除作业。Ⅱ部和Ⅳ部在掌子面附近中隔墙处设行人、管路等互通。在临时仰拱拆除时，下部严禁行人、行车。

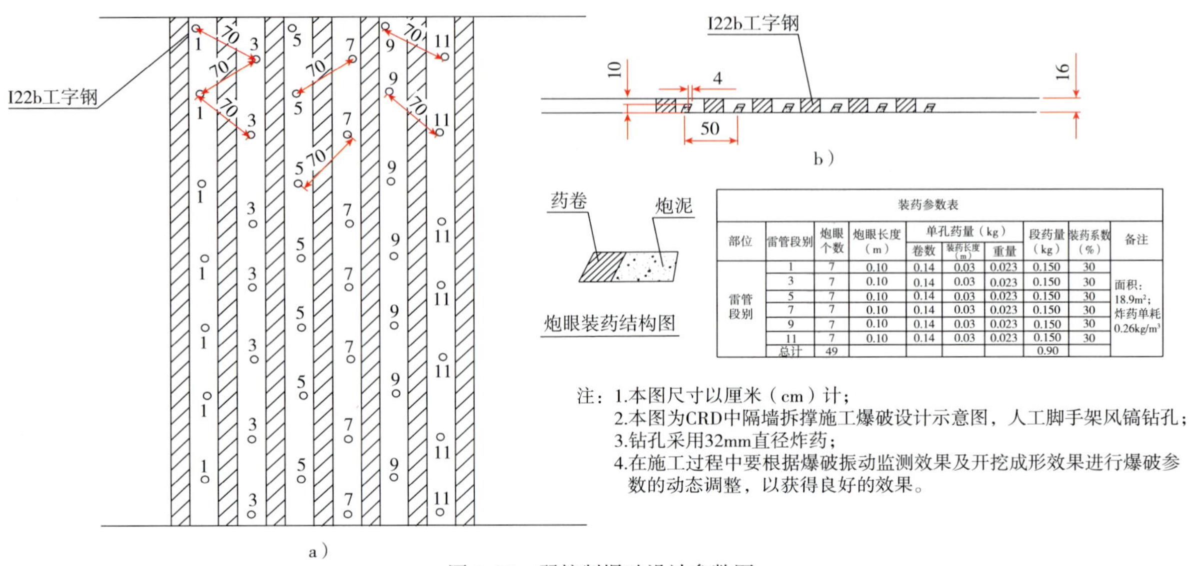

装药参数表

部位	雷管段别	炮眼个数	炮眼长度（m）	单孔药量（kg）			段药量（kg）	装药系数（%）	备注
				卷数	装药长度（m）	重量			
雷管段别	1	7	0.10	0.14	0.03	0.023	0.150	30	面积：18.9m²；炸药单耗0.26kg/m³
	3	7	0.10	0.14	0.03	0.023	0.150	30	
	5	7	0.10	0.14	0.03	0.023	0.150	30	
	7	7	0.10	0.14	0.03	0.023	0.150	30	
	9	7	0.10	0.14	0.03	0.023	0.150	30	
	11	7	0.10	0.14	0.03	0.023	0.150	30	
	总计	49					0.90		

图 3-71 弱控制爆破设计参数图

a）炮眼纵剖面布置图；b）炮眼布置示意图

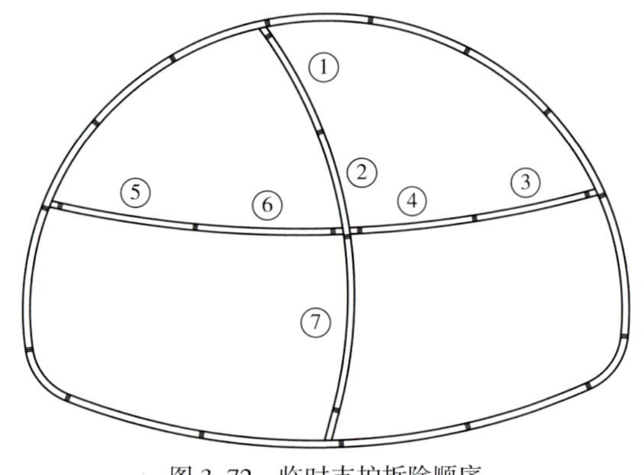

图 3-72 临时支护拆除顺序

图 3-73 临时支护拆除现场

8）处理初期支护表面杂物

临时支护拆除过程中，应将初期支护表面杂物清理干净，为二次衬砌防水板施工创造有利条件。

9）拆除位置补喷混凝土找平

临时支护拆除后应对拆除位置补喷混凝土找平，保证初期支护混凝土面圆顺平整。

2. 临时支护拆除施工作业要点

（1）在准备拆除内支撑时，应在拱顶埋设沉降观测点，采用全站仪进行无尺量测，在拱腰处埋设收敛点，量测条件一旦具备即量测初始数据。

（2）为保证结构的安全，一次性拆除长度不能过大，根据经验总结及量测数据表明，一次拆除长度不得大于5m，且待量测没有发现明显变形后方可进行下一次拆除工作。拆除距离应根据监控量测结果进行控制。

（3）第一次内支撑拆除10m后，加强监控量测，如发现拱顶沉降、收敛变形量过大（超过3cm），要立即重新安装内支撑，对初期支护重新加固。

（4）加强对初期支护参数变化处断面的监控量测。内支撑拆除后，如果发生变形值突变，变形很大，应及时将钢支撑重新恢复原样，进行加固后再行拆除。

（5）中隔墙拆除过程中必须按照规范要求做好安全防护网，高空作业必须配置安全带。

（6）内支撑拆除长度严格按照量测数据变化进行作业。

（7）进行弱控制爆破时应符合工程控制爆破相关规范的要求。

3. 临时支撑拱架拆除后的二次利用

拆除的临时支护钢支撑，可重复利用。要求在临时支护钢拱架拆除时，尽量在连接板的位置进行切割，钢拱架不能在拆除后直接坠落，要用卷扬机或吊车吊放。旧拱架的二次利用应满足如下质量要求，方可进入施工现场。

（1）钢拱架无残留喷浆料，无锈蚀。

（2）钢拱架整体拼装偏差小于 ±3mm，平面翘曲度小于 ±2°。

（3）钢拱架抗拉强度不小于 370MPa，伸长率大于等于 26%，弯曲无起皮，不裂纹。

（4）钢拱架焊接采用平焊，焊缝表面不得有裂纹、焊瘤、烧穿、弧坑等缺陷。焊缝不得有表面气孔、夹渣、弧坑、裂纹、电弧擦伤等缺陷。

二次利用旧钢支撑要提倡，但必须满足以上四个条件方能再次利用。严禁使用不合格的旧材料。

4. 临时支撑拆除时的安全环保措施

（1）进行拱架拆除的工作人员必须戴安全帽，穿工作服，佩戴防护用品。

（2）拆除中隔墙属于高空作业，施工人员必须正确佩戴安全带、安全绳等专用物品。

（3）拆除下来的混凝土等废渣应投放到指定地点；可以回收利用的工字钢分类堆码；各种废弃锚杆、网片应收回。

（4）现场设置专人指挥和专职安全员，严禁交叉作业。拆除过程中混凝土易伤人，尤其临时仰拱拆除时，下部严禁行人、行车。

（5）拆除过程中及时恢复行车、行人通道，做好相应的护栏。

（6）保证施工区域的空气流通，做好消烟、除尘工作。

（7）进行弱控制爆破时应进行人员安全警戒，相关人员及机械设备应撤离到安全地段。

第七节　CRD 工法设备选型配套技术

一、开挖、出渣机械选择及配套技术

行车隧道采用四部 CRD 工法进行开挖支护，以Ⅰ部→Ⅲ部→Ⅱ部→Ⅳ部的施工工序进行。开挖断面总面积 168m^2，平均每个断面大小约 40m^2，各开挖断面较小，特别是Ⅰ部、Ⅲ部，由于开挖断面尺寸小，临时仰拱又不能够承受过大的载重，所以开挖时选用体积较小的小型挖掘机，人工风镐配合进行开挖修整成型。机械开挖采用特定的小型 MX337 挖掘机，将上台阶土体开挖并扒渣至下台阶。图 3-74 为Ⅰ、Ⅲ部小型挖掘机开挖示意图。

CRD 工法施工，临时仰拱上部断面的出渣是一个难题，Ⅰ部（Ⅲ部）的下台阶与Ⅱ部（Ⅳ部）上台阶开挖间距大约 10m，而小型挖掘机的工作半径只有 6m 多，用 MX337 型挖掘机不可能一次将上部渣体倒至下部出渣车上。为确保施工安全，挖掘机的作业范围必须在下方掌子面，不允许在下方掌子面后方已悬空的临时仰拱上频繁活动。所以挖掘机的活动范围很小，且Ⅰ部（Ⅲ部）和Ⅱ部（Ⅳ部）掌子面之间距离较大，出渣难度很大。为了更方便、快速地出渣，本工程引用皮带传输机。采用皮带机将洞渣传送至后方的出渣口，倒卸至Ⅱ部（Ⅳ部）出渣口下方的自卸车上，然后直接一次性运至指定的洞渣场。图 3-75 为 CRD 工法Ⅰ、Ⅲ部开挖出渣现场施工图。

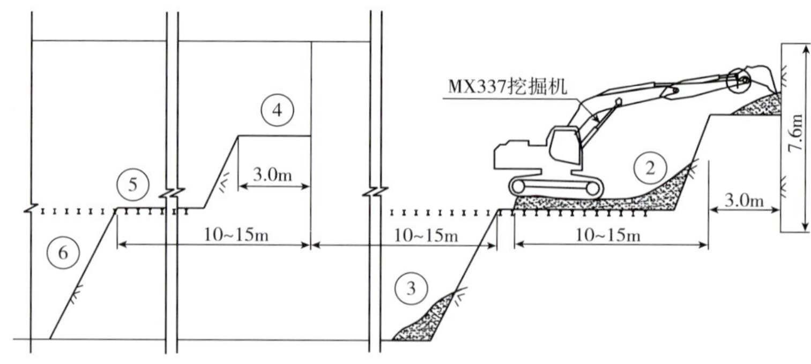

图 3-74　Ⅰ、Ⅲ部小型挖掘机开挖示意图

图 3-75　CRD 工法Ⅰ、Ⅲ部开挖出渣现场施工图

Ⅱ部、Ⅳ部开挖断面相对较大，无临时仰拱的束缚，开挖出渣可以直接采用较大型机械。Ⅱ部、Ⅳ部开挖选用 GRADALL（XL-4200）直臂挖掘机（或 PC200 中型挖掘机）配合人工风镐施工，由于该机配备液压伸缩臂可进行 240° 旋转，所以在缩短开挖时间的同时，还减少了人工风镐的工作量。Ⅱ部、Ⅳ部下台阶开挖时选用 PC120 小型挖掘机和 PC200 挖掘机。Ⅱ部、Ⅳ部的出渣相对较容易，洞渣直接由挖掘机装到出渣车上运到弃渣场（图 3-76）。

图 3-76　CRD 工法Ⅱ、Ⅳ部开挖出渣施工图

二、支护作业设备选择配套技术

CRD 工法初期支护作业主要是拱架的立设及喷混凝土作业。海底隧道钢支撑的立设采用人工作业，Ⅴ级围岩初期支护采用喷射 32cm 厚混凝土。由于湿喷、混合喷射对喷射机械要求高，机械清洗和故

障处理较麻烦，且湿喷技术对喷射混凝土、砂和米石等材料的要求很高，施工中容易堵管，操作不方便。由于围岩软弱富水，湿喷混凝土的回弹率极高，封闭时间太长，造成了一定的安全隐患。干喷除了喷射混凝土强度比其他方式喷射混凝土强度较低外，水灰比也不容易控制，混凝土的匀质性、强度稳定性也比较差，且容易产生较大的粉尘，回弹量大。综合考虑干喷、潮喷、湿喷和混合喷的优缺点，再对湿喷和潮喷工艺进行现场试验对比，最后选用回弹量小、粉尘少、机械清洗和故障处理容易的潮喷，喷浆机选 PZ-6T 及 PZ-5C 型。由于喷浆料运输车不能将喷浆料直接送至Ⅰ部、Ⅲ部，如果通过机械把喷浆料从Ⅱ部、Ⅳ部提升至Ⅰ部、Ⅲ部，工序太烦琐而且时间较长。本工程结合陆域竖井和斜井，通过在掌子面后方垂直向地表打投料口来解决喷浆料的运输问题，喷浆料运输车将喷浆料运至地表的投料口，通过投料口将喷浆料传送到隧道内的自卸车上，再运到喷浆作业面，既方便，又快捷（图 3-77）。Ⅱ部、Ⅳ部喷混凝土作业时，可通过运输车直接将混凝土运至喷混凝土作业面进行支护作业。

图 3-77 喷混凝土作业及混凝土投料口

三、通风排水设备选择配套技术

翔安海底隧道采用 CRD 工法施工，为保证工人的作业环境，采用 CRD 四个部位分别一次性送风技术。通风设备选用山西侯马 SDF-NO12.5 型通风机，通风量最大可达到 2 912m^3/min。通风机置于洞口清新空气处，共两台，分别将新鲜空气输送至Ⅰ、Ⅱ部及Ⅲ、Ⅳ部，保证 CRD 工法四个断面的空气清洁度，提高工人的工作效率（图 3-78）。

图 3-78 CRD 工法施工通风

1. 行车隧道所需风量计算

（1）按内燃机械作业所需风量计算

满足供风量不小于 3m^3/（min · kW），按下式计算：

$$Q_1=(H_s \cdot \alpha_s+H_D \cdot \alpha_D+H_E \cdot \alpha_E) \cdot q=2\,646\ (m^3/min) \quad (3\text{-}6)$$

内燃机械作业总功率为 882kW，内燃机械的工作效率取 1。

式中：Q_1——内燃机械作业所需风量（m^3/min）；

H_s——装渣机械总功率（kW）；

α_s——装渣机械的工作效率；

H_D——运输类汽车总功率（kW）；

α_D——运输类汽车的工作效率；

H_E——其他类机械总功率（kW）；

α_E——其他类机械的工作效率；

q——内燃机械单位功率供风量［$m^3/(min \cdot kW)$］。

（2）按洞内同时作业的人数计算

考虑每班最多工作人数为 47 人，空气用量 $3m^3/$（人·min）。

行车隧道所需风量 Q_1=47 人 ×$3m^3/$（人·min）=$141m^3/min$。

行车隧道 CRD 工法开挖工作总断面所需风量为 2 787m^3/min。

由上式计算可看出，选用两台大功率通风机可以满足通风需要。

2.CRD 工法排水设备及技术选型

本隧道施工时水来自三个方面：首先是海水渗入及大气降水造成的地表水；二是地表水渗流；三是开挖面用水、混凝土养护用水、清洗施工机械及文明施工洞内作业产生的水。

对大气降雨造成的地表水，采取在洞口设置截排水沟、积水池等防排措施；洞内排水主要通过积水池用机械逐级抽至污水处理池，经净化后再排至市政排水系统。

1）洞口段排水设备及技术

首先在仰、边坡刷坡顶外设置双向截水沟，以拦截地表水，防止流水冲刷洞门造成危害；洞口排水利用洞口的集水池集中引排，图 3-79 为洞口排水布置图。根据设计文件，厦门岸 ZK6+400~ZK6+540 引道段路堑长约 140m，其汇水面积约为 $1.5hm^2$，整个隧道进口端雨水设计流量为 939.2L/s。每个洞口由两家施工单位分配，每家施工单位按 0.6×936.2 ＝ 563L/（$s \cdot hm^2$）计算。

$$563L/s \times 3\,600s/h \times 1m^3/1\,000L=2\,026.8m^3/h$$

考虑洞内排量：

$$2\,026.8m^3/h+105m^3/h+110m^3/h = 2\,241.8m^3/h$$

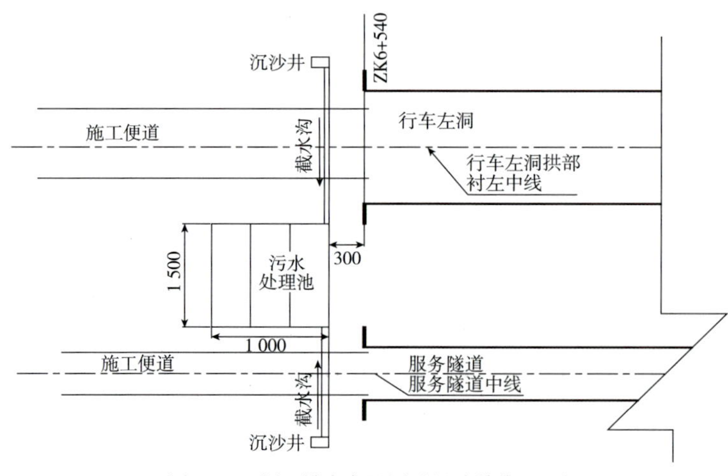

图 3-79　洞口排水布置图（尺寸单位：cm）

厦门端洞口与地面最大高差为 10.4m，翔安端洞口与地面最大高差为 9.5m。配置排量 $800m^3/h$，扬程不小于 11m 的排污泵。需 3 台 $800m^3/h$，扬程为 14m 的排污泵，考虑水泵的工作负荷过大易损坏等因素，备用 2 台，共计 5 台 $800m^3/h$ 排污泵。

2）洞内排水设备及技术

行车隧道为反坡开挖，施工期间隧道内产生的水主要为较大的围岩渗水和施工用水，根据实际施工情况设置集水池，并进行逐级抽水排至洞外。因服务隧道超前施工，且为下坡施工，施工过程中污水无法自然排出，需在服务隧道间隔设置移动泵站，将污水分级抽排。图 3-80 为施工期间的临时排水平面布置图。移动泵站可以设在人行横洞中，不影响服务隧道的正常施工。

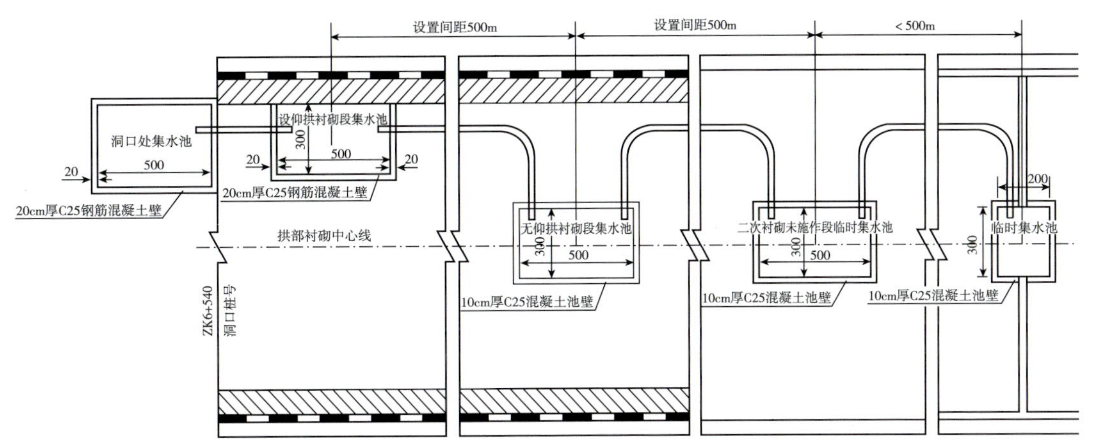

图 3-80　施工期间的临时排水平面布置图（尺寸单位：cm）

泵站采用 $5m^3$ 钢板集水箱并配移动式抽水机。施工排水顺序为：掌子面积水坑（潜水泵）→前方移动泵站（掌子面后约 50m）→后方移动泵站（掌子面后行车或行人横洞内）→相邻行车隧道分级泵站→逐级排水→洞外污水处理池。

根据设计文件提供的资料，行车隧道各段中 ZK8+973~ZK10+660 段涌水量最大，最大涌水量为 2 526.75m^3/d。

$$2\,526.75m^3/d \div 24h = 105m^3/h$$

最大坡度为 -2.86%，最大高差为 500m × 2.86% =14.3m。选择抽水量大于 110m^3/h，扬程不小于 20m 的水泵。

每隔 500m 一个集水池，洞内共 6 个集水池。数量考虑最不利情况，每处集水池配置 2 台排污泵，并备用 1 台。

确定施工排水方式后机械设备配置满足施工安全要求，并完善排水管路的布置；同时，成立应急排水系统，即备用两台 7.5kW · h 的排污泵，直接与总排水泵站联通。

3. 施工用电

CRD 工法场地临时用电采用三相五线制供电系统，变压器的输出端设总控制箱，各施工部位分别设控制箱，通过电缆输电至各用电负荷点。在洞口设置发电机房，以备断电应急所用，见图 3-81。

图 3-81　自备供电源

现场照明：沿线路每 15~30m 设一路灯，配备足够的高压钠灯作局部加强照明，满足现场施工要求。从隧道洞口开始，每 50m 左右增设一个二级配电箱作为隧道内小动力用电设备、照明的分开关和电源。配电箱应设置良好的接地装置，配备漏电开关，防止触电事故发生。重点配置配电系统和漏电保护，见图 3–82。

图 3–82　施工用电配电箱

对其他临时用电管理的安全技术措施如下。

（1）采用 TN—S 接地、接零保护系统，即“三项五线制”系统。

（2）采用三级配电结构，即总配电箱—分配电箱—开关箱。

（3）实行两级漏电保护制，即一是设置两级漏电保护系统；二是实施专用保护零线 PE，二者组合形成防触电两道防线。

（4）用电设备实行“四一制”，即用电设备、机具一律实行“一机、一箱、一闸、一漏”。照明电压不大于 36V。

（5）搞好用电组织设计。按照《施工现场临时用电安全技术规范》（JGJ 46–2005）规定，编制用电组织设计，并绘制用电设备图，指导用电者正确使用。

CRD 法所需设备应满足空间及快速施工要求，对开挖作业线、装渣运输作业线、通风和排堵水辅助作业线进行配属，检测仪器、量测仪器和试验检测设备，按施工要求成套配置。

第八节　CRD 洞口段施工技术

一、施工组织机构

1. 组织机构设置

本项目实行项目经理部—施工队两级管理模式，按项目法组织施工。成立“厦门东通道（翔安隧道）工程×标项目经理部”进行施工管理、现场协调和指挥，项目经理部设六部两室：工程管理部、安质部、财务部、科研部、物资设备部、合同成本部、试验室和办公室。现场施工组织机构框图见图 3–83（项目部经理由集团副总经理担任）。

2. 组织机构职能

项目经理部代表承包人履行合同的权利和义务，按项目法组织施工，实行项目经理负责制，负责工程施工的现场组织和全面管理，承担工程实施、完成及缺陷修复等全部工作，直至竣工按期交付。

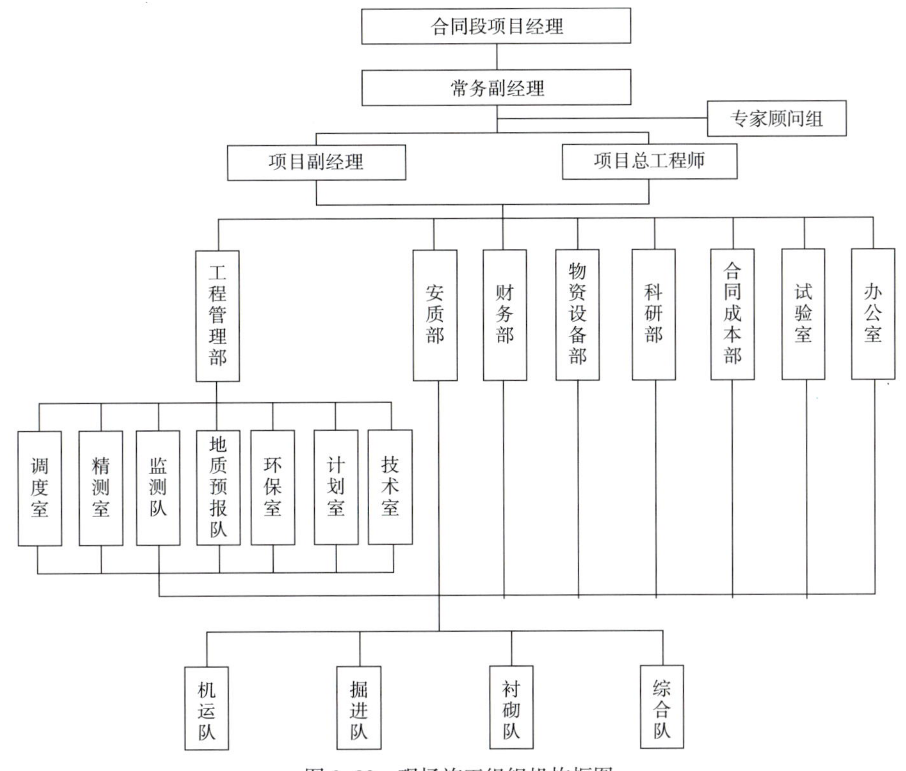

图 3-83　现场施工组织机构框图

项目经理部管理层职责见表 3-10，项目经理部管理部门职能见表 3-11。

管理层职责表　　表 3-10

序号	岗　位	职　　责
1	项目经理	1. 贯彻落实本工程质量方针和目标，建立健全组织机构，根据工程情况，合理配置所需资源； 2. 主持全面工作，确保全面履行项目合同的要求； 3. 定期组织安全、质量大检查，主持制订和改进方案及各项施工保证措施； 4. 主管进度、安全和质量工作
2	项目副经理	1. 负责主持整个项目的施工进展、文明施工、环保、水土保持和文物保护、后勤保障、行政事务等工作，督促解决工作中出现的问题； 2. 协助项目经理做好施工管理控制与协调工作，及时、准确、全面掌握工程施工情况，为项目经理提供可靠的调控和决策依据
3	总工程师	1. 全面负责项目工程的施工技术管理工作，主持编制本项目工程的实施性施工组织设计，负责重大技术方案、技术难题的审定和解决，并督促实施； 2. 督促检查采购物资、设备的控制，加强施工全过程的工序控制，主持对不合格品的评审和处置； 3. 组织推广和应用“四新”技术，编写有关成果报告，组织竣工文件的编制及验收交接工作； 4. 主持对不合格品的评审和处置； 5. 组织竣工文件的编制及验收交接工作

管理部门职能表　　表 3-11

序号	机　　构		职　　能
1	工程管理部	技术	全权负责工程的技术管理工作，主管图纸审核、岗前培训、技术交底，进行临时工程设计，编制施工组织设计，制订施工技术方案、工艺细则及应急方案等，保证各项技术工作规范、科学、正确、有序开展，为每道工序生产合格产品提供可靠的技术保证；参与工程质量的评定与验收，对各种工程技术问题的准确性、完整性负责；负责对外籍专家的语言翻译工作；负责工程全部施工图纸及技术资料的收集、管理、归档、保存等工作
		测量	负责工程的测量工作，保证其测量放线准确、精度满足规范要求，保管各种内、外业测量资料

续上表

序号	机构		职能
1	工程管理部	调度	负责工程的施工生产调度及现场管理，主管施工组织设计的实施及调整，负责协调各部门、各施工队的关系，组织召开工程例会，及时与建设单位、监理部门联系，解决好施工生产的协调与调整工作
		监测	负责按隧道设计的监测方案，做好各项监测工作，收集和整理各项监测数据，并将信息及时反馈到相关部室
		地质预报	负责对隧道地质情况进行超前综合探测，将探测到的信息进行归纳分析后，对隧道掌子面前方地质出据预测报告，及时反馈到各个管理层面；负责对超前预报结果进行全过程跟踪分析，动态调整各项预报信息
		环保	负责工程施工中自然生态环境、水土保持、文物保护及施工环境和生活环境的保护和整治等工作，负责文明施工及文明工程现场的检查工作
		计划	负责工程的全面计划管理，制订切实可行的施工生产作业计划，按期上报各种报表，做好计划保障、调整工作
2	安质部	安全	负责工程的安全管理工作，主管施工安全保障计划的编制并检查落实；进行岗前安全教育培训、日常安全检查及事故分析，严格安全操作程序，督促检和管理作业人员安全防护品的佩戴和使用
		质量	负责工程的质量管理工作，主管质量检查计划的编制并检查落实，监督施工方案、施工工艺及操作规程的执行情况，制订质量通病防治措施，组织质量教育和 QC 小组
3	合同成本部	合同成本	负责工程对外合同的保管，完善内部合同管理，负责工程计量与支付工作，负责项目责任成本核算的实行
4	财务部	财务	保障工程资金管理、调配和使用，专款专用，严格按照财务管理制度开展工作
5	科研部	科研	负责科研项目在本工程项目的顺利开展，并负责对科研成果予以推广和应用；负责新技术、新材料、新设备、新工艺在本项目的推广和应用
6	物资设备部	物资	负责工程材料的采购、运输、入库、点验、登记、保管、发放等管理工作，做到采购、订货、验收、搬运、储存、发放和使用手续完备，记录齐全，具有可追溯性；保障各种施工材料、成品、半成品的供给，组织好物资储备，确保节假日的物资供应
		设备	保证工程实施过程中的各种机械、设备、机具的正常使用和维修工作
7	试验室	试验	按照现行有关的国家标准和作业规程，负责生产过程中的试验、计量管理工作；负责试验设备的鉴定、校准、维护和保养；负责采购物资的抽样和试验，提供正确、完整的试验资料；对试验数据进行统计分析，为质量分析提供分析报告
8	办公室	行政	负责工程实施中项目经理部的日常行政事务管理，主管文件的起草、递送和保管，项目会议的组织服务，以及项目经理部的生活、卫生管理等工作
		贯标	负责 ISO 9001：2000 质量标准在工程中的正确实施，并做好各种质量记录，保证其畅通、有序、有效运行
		其他	负责施工一线职工的医疗、预防、保健和初级抢救；负责工程现场消防、治安保卫、综合治理及案件查处等工作

二、施工机械配备

根据洞口段工程施工项目和作业内容，主要配置土方机械、锚喷设备、管棚设备、衬砌设备、防护设备、金属加工设备等，表 3-12 为洞口段主要施工机械配置表。

洞口段主要施工机械配置表

表 3-12

机械名称	规格型号	额定功率（kW）或容量（m^3）或吨位（t）	数量	新旧程度（%）
挖掘机	210L3	120/1.2m^3	1	90
挖掘机	210L3	120/1.2m^3	1	新
推土机	TY220	162kW	1	95
装载机	W380	3.5m^3	1	95
空压机	L22/7	132L/min	6	90
空压机	L55-40/8	250L/min	2	90

续上表

机械名称	规格型号	额定功率（kW）或容量（m^3）或吨位（t）	数量	新旧程度（%）
挖掘机	PC220-6	1.0m^3	1	95
自卸汽车	N2631	20t，323kW	4	95
双向自卸汽车	VOLVOA25C	25t	4	90
混凝土湿喷机	TK-961	8kW	2	95
混凝土强制拌和机	JS1000	25m^3/h	1	95
混凝土输送车	CXZ-81K	8m^3	3	95
混凝土输送泵	HBT60	60kW	2	90
水平地质钻机	MK-5	30kW	5	95
注浆机	2TGZ-60/50	10kW	3	90
泥浆泵	5PU	200m^3/h 扬程37m	2	90
钢筋切断机	GQ40	3kW	4	90
钢筋弯曲机	GW40	3kW	4	90
钢筋调直机	GX12	3kW	3	90
交流电焊机	BX-300	5kW	6	95
钢筋对焊机	UN1-100	100kW	2	95
直流电焊机	AX4-300-1	11kW	12	95
自动爬行焊机	ANEISTENCH-60	60kW	2	新
冷弯机	LM-22	22kW	2	95
防水板焊接机	TRIACS	15kW	3	新
普通车床	C620-1	7.5kW	2	90
摇臂钻床	ZQ3040	5.5kW	2	90
机动翻斗车	FY20	2t	8	90
汽车起重机	QY25	25t	1	95

施工前期，由于试验室未建立完备，对施工原材料委托固定试验室试验。工地试验室经验收，取得工地试验资质后，正式投入使用，主要试验、质量检测设备配备见表3-13。

主要试验、质量检测设备配备表　　表3-13

序号	仪器设备名称	规格型号	单位	数量	备注
一	通用试验仪器				
1	新标准砂石筛	ϕ300mm	套	2	—
2	新标准石子筛	ϕ300mm	套	2	—
3	摇筛机	SZB-84（合同）	台	1	—
4	石料压碎值测定仪	EP-33071	个	1	—
5	压碎值标测定仪	CD110	个	1	—
6	拍击式电动振筛机	6611	台	1	—
7	双面岩石切割机	C30-1	台	1	—
8	针片状规准仪		台	1	—

续上表

序号	仪器设备名称	规 格 型 号	单 位	数 量	备 注
9	架盘天平	JPT-2	架	1	—
10	分析天平	TG628	架	3	—
11	电子天平	JA21002	架	3	—
12	案秤	AGT-1	个	2	—
13	台秤	TGT-100	个	2	—
14	量筒（杯）	1 000/250/100mL	套	3	—
15	比重瓶	50/100mL	套	3	—
16	比重机	NE-1	个	3	—
二	钢筋及混凝土检测试验仪器				
17	万能材料试验机	WE-1 000kN	台	1	—
18	万能材料试验机	WE-300kN	台	1	—
19	洛氏硬度仪	HR-150A	台	1	—
20	数显液压式压力试验机	YE-2 000kN	台	1	—
21	压力试验机	NYL-2 000D	台	1	—
22	压力试验机	NYL-500	台	1	—
23	钢筋扫描仪	PROSOMETER5	台	1	—
24	混凝土振动台	$1m^2$	个	2	—
25	混凝土强制式搅拌机	J50L	台	2	—
26	混凝土标准养护室	HY-40	个	2	—
27	移动式混凝土标准养护室	FHBH	个	2	—
28	电热鼓风恒温干燥箱	CS101-A	个	1	—
29	中性烘箱	450cm × 550cm × 550cm	个	2	—
30	水质分析仪	EA513-162	台	1	—
31	混凝土维勃稠度仪	HC-I	台	1	—
32	混凝土凝结时间测定仪	150	台	1	—
33	混凝土含气量测定仪	仿日式	台	1	—
34	坍落度测定仪	10cm × 20cm × 30cm	个	1	—
35	混凝土回弹仪	HT-225	个	2	—
36	砂浆稠度仪	SV-145	台	1	—
37	混凝土贯入阻力仪	HC-80	台	1	—
38	混凝土弹性模量测定仪	0.001mm	台	1	—
39	自动分析超声波检测仪	RS-STOAC	台	1	—
40	钢筋标准打点机	T35	台	3	—
41	冷弯冲头	WX100	个	3	—
42	锚杆拉拔仪	50kN	台	6	—
43	砂子含水率快速测定仪	PW-1	个	1	—
44	水灰比测定仪	HKY-1	个	1	—
45	混凝土试模	150cm × 150cm × 150cm	组	160	—
46	混凝土试模	100cm × 100cm × 100cm	组	30	—

续上表

序号	仪器设备名称	规格型号	单位	数量	备注
47	砂浆试模	70.7mm	组	80	—
48	电动脱模器	200kN	个	1	—
三	水泥鉴定仪器				
49	新水泥胶砂振动机	ZS-15	台	1	—
50	新水泥胶砂搅拌机	JJ-5	台	2	—
51	水泥净浆搅拌机	SJ-160	台	1	—
52	水泥抗折试验机	KZJ-500	台	1	—
53	水泥针入度测定仪	CHN-1	台	1	—
54	水泥安定性测定仪	SSD-293E	台	1	—
55	跳桌	YZ-1	个	1	—
56	雷氏夹测定仪	LB-50	个	1	—
57	水泥雷氏沸煮箱	TE-31	个	1	—
58	数显压力试验机	NYL-300	台	1	—
59	水泥负压筛析仪	FSY150-4	台	1	—
60	水泥抗折试模	40cm × 40cm × 160cm	组	20	—
61	恒温恒湿养护箱	YH-408	个	1	—
62	电热鼓风干燥箱	HWX-L	个	1	—
63	电热恒温干燥箱	101-2A	个	1	—
四	量测仪器				
64	隧道周边收敛计	SP-540	台	4	—
65	断面测量系统	TCRA1102	台	1	—
66	断面测量系统	TCRA1101	台	1	—
67	压力盒及接收仪	—	台	60	—
68	温、湿度测定仪	—	台	6	—
69	多点式位移计	—	台	40	—
70	静态电阻应变计	YJ-2	台	26	—
71	经纬仪	JDJ2	台	2	—
72	经纬仪	J2	台	2	—
73	水准仪	徕卡 NA2	台	2	—
74	水准仪	DS-32	台	3	—

三、边仰坡施工技术

洞口边仰坡防护采取边开挖、边防护施工技术，由上往下逐步进行。洞口边坡防护为6cm厚C25喷射混凝土；洞口仰坡上部防护主要包括ϕ32mm中空预应力锚杆，L=10m，间距2.0m，梅花形布置，挂ϕ6mm钢筋网（20cm × 20cm），10cm厚C25mm喷射混凝土；下部ϕ25mm砂浆锚杆，L=6m，间距1.5m，梅花形布置，挂ϕ6mm钢筋网（20cm × 20cm），10cm厚C25喷射混凝土。喷射混凝土采用湿喷工艺施工，湿喷混凝土在拌和站利用强制搅拌机拌制，混凝土搅拌运输车运输，湿喷机喷射。

1. 预应力中空锚杆施工

1）施工工艺

预应力中空锚杆杆体在专业厂家购买，潜孔钻机成孔，测斜仪控制钻孔角度，潜孔钻机辅助人工安装预应力中空锚杆。锚固端注浆采用二次注浆法施工，注浆完成达到设计强度后，利用扳手对锚杆施加预应力。施工中严格按照如下顺序进行：清理工作面→设置锚栓孔→清孔→对杆体自由端进行防腐处理→放置锚杆→注浆→设置锚头→施加预应力→设置其他外部防护工程。预应力中空注浆锚杆施工工艺见图 3-84。

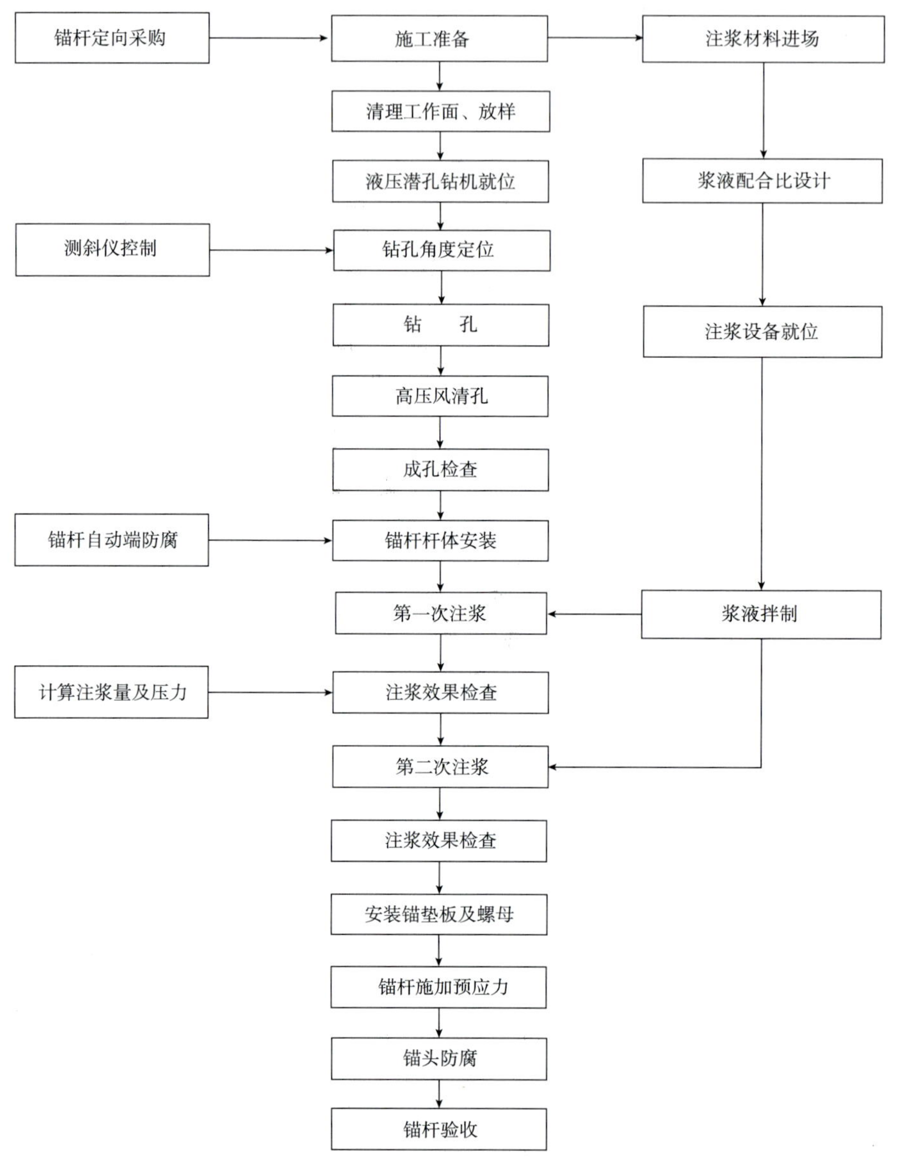

图 3-84　预应力锚杆施工工艺图

2）施工要点

预应力中空注浆锚杆注浆采用水泥浆，施工准备阶段主要完成有关水泥的相关试验和水质化验，进行浆液配合比试验。隧道明洞仰坡采用分层明挖法施工，一层开挖完成后进行仰坡喷射混凝土施工。按设计要求准确测量放出锚杆孔位，液压潜孔钻机就位。采用液压潜孔钻机钻孔，测斜仪控制孔身倾斜角度，利用短杆冲孔，然后接长钻杆钻孔到设计长度。利用高压风清孔，禁止采用高压水洗孔，避免人为坍孔，清孔完成后进行孔道检查，检查开孔孔径、孔深、孔道倾斜度。锚杆杆体分为两部分，一部分为自由端，一部分为锚固端，首先安装自由端 PVC 套管及 PVC 套管封堵段，PVC 套管直径为 50mm，利用铅丝固定牢固，再在杆体上每 2m 安装一个锚杆对中支架，利用锚杆对中支架固定锚杆杆体位置。孔检查合格后，安装锚杆杆体，潜孔钻机辅助人工安装锚杆杆体。

预应力中空注浆锚杆采用两次注浆法施工。注浆浆液配合比设计：注浆采用水泥浆水灰比为0.4~0.45，添加三乙醇氨早强剂、铝粉膨胀剂，注浆压力控制在2~4MPa范围内。第一次注浆：锚杆杆体安装完成后，进行注浆；注浆采用专用注浆泵施工，根据注浆量、注浆压力及探杆确定注浆效果。第二次注浆：第一次注浆效果检查完成后，为确保锚固端饱满密实，进行二次注浆；注浆完成后，根据设计要求对锚杆的拉拔力进行检测。

施压预应力前，进行网喷混凝土表面处理，安装楔形垫板、螺母固定锚杆。锚杆注浆后进行养生，强度70%以上时，施加第一次预应力，施加值为预应力的40%~50%，待浆体强度达到90%以上，变形充分完成后，再按设计值施加预应力。预应力中空注浆锚杆采用测力扳手施加预应力。完成预应力施加后设置锚头防腐设施，选择有代表性的锚杆进行长期观测，每个设置段不少于3处。

2. 砂浆锚杆施工

1）施工工艺

砂浆锚杆采用风动凿岩机成孔，先注后插工艺安装锚杆，测斜仪控制锚杆孔道倾角，注浆采用专用注浆泵施工。施工中严格按照如下顺序进行：清理开挖面→设置锚杆孔→清孔→注浆→放入锚杆→安装端头垫板。

砂浆锚杆施工工艺流程见图3-85。

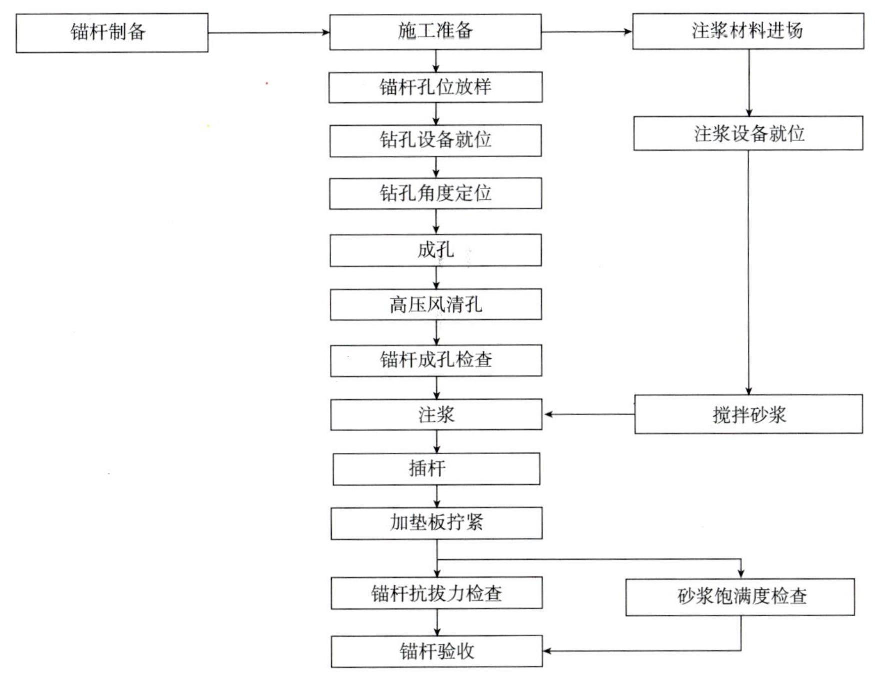

图3-85　砂浆锚杆施工工艺图

2）施工要点

锚杆杆体、锚垫板在现场加工，并进行相关试验，确保锚杆质量。每段工程取代表性段落对锚杆进行抗拔试验，锚杆抗拔力大于100kN/根，通过试验修正施工参数。砂浆锚杆注浆采用水泥砂浆，施工准备阶段主要完成水泥、砂料的相关试验和水质化验，进行浆液配合比试验。

隧道明洞边坡采用分层挖法施工，一层开挖完成后，进行边坡防护，先挂网喷射混凝土防护，后进行锚杆支护。利用高压风清孔，严禁采用高压水清孔，避免人为坍孔。清孔完成后进行孔道检查，检查开孔孔径、孔深、孔道倾斜度。采用单管注浆工艺，直接将注浆管插入锚杆孔底，开始注浆后反复将注浆管向孔底送，使砂浆将孔内多余的水挤压出孔外，随后边注浆边拔出注浆管，准备插杆。

砂浆配合比设计：注浆采用水泥砂浆，灰浆比为1∶1~1∶2，水灰比为0.38~0.45，水泥砂浆的强度等级不应低于 M20。注浆后及时放置锚杆，锚杆放入后视实际需要补注浆，锚杆孔注满浆后，将锚杆钢筋插入锚杆孔内，同时用水泥袋纸或塑料布封住孔口。锚杆孔内砂浆达到设计强度的 80% 以上时，方可进行垫板安装的外部操作。图 3-86 为砂浆锚杆施工工艺流程图。

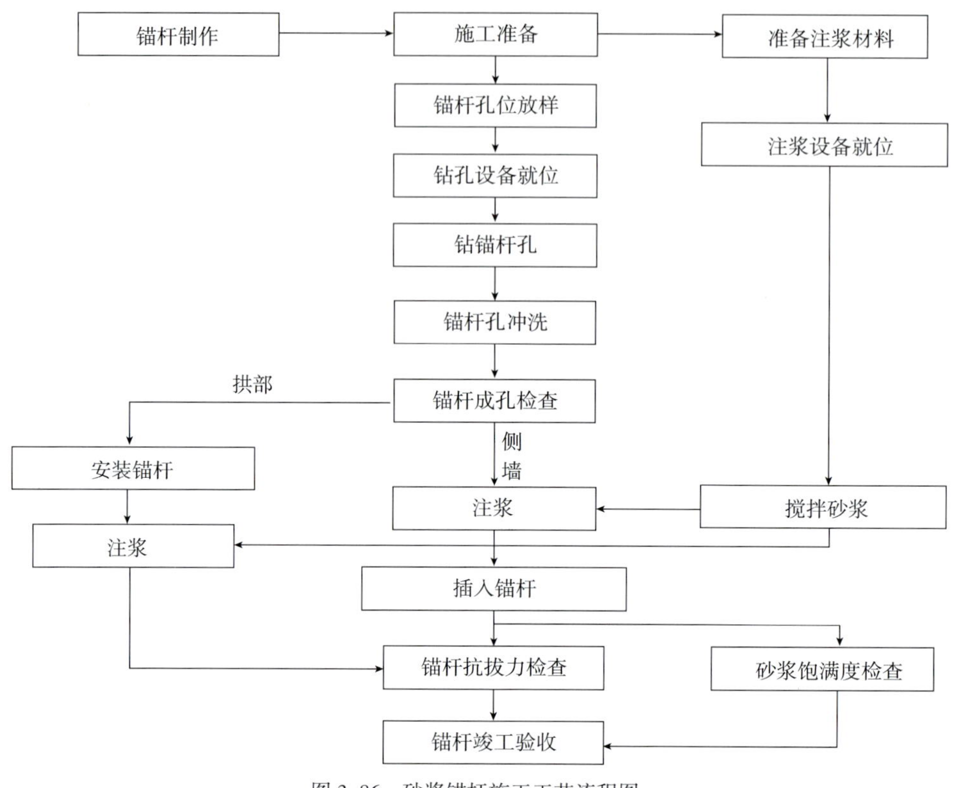

图 3-86　砂浆锚杆施工工艺流程图

3. 网喷混凝土施工

钢筋网采用 ϕ6mm 盘条，间距为 20cm×20cm 格网，钢筋网在洞外加工成型，分块预制，现场铺挂。钢筋网根据开挖面的实际坡度铺设，钢筋网片间连接及与锚杆连接用点焊机焊接在一起，使钢筋网在喷射时不易晃动。钢筋网安设要点：钢筋网所采用钢筋型号和网格尺寸必须符合设计要求；制作前进行校直，清除锈及油污等，确保施工质量；为防止钢筋污染，钢筋网在安装前，坡面先初喷一层，混凝土厚 2~3cm，然后适时安装钢筋网，安装时钢筋网与初喷面密贴。图 3-87 为钢筋网安装工艺。

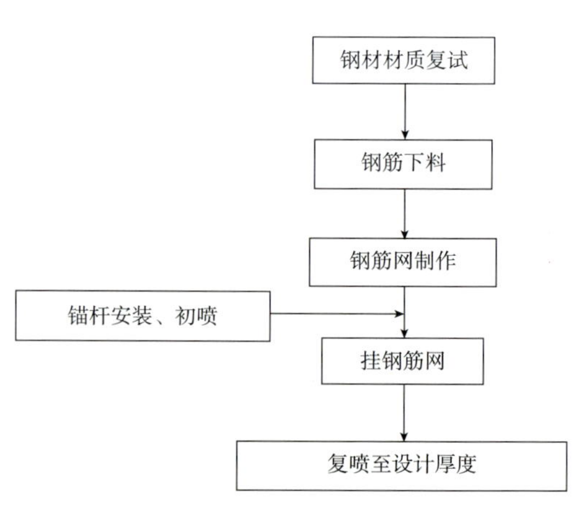

图 3-87　钢筋网安装工艺

4. 喷射混凝土

按湿喷工艺采用 TK-961 型湿喷机湿喷，湿喷混凝土施工工艺框图见图 3-88。

湿喷混凝土抗渗能力大于 S8，喷射混凝土配合比根据现场确定，坍落度控制在 140~180mm，并且具有良好的黏聚性。喷射前，认真检查边、仰面，对欠挖部分及所有开裂、破碎、出水点、崩解的破损面进行清理和处理，清除浮土和虚渣。喷头距喷射面距离以 1.5~2.0m 为宜，喷头与受喷面垂直。喷射面有钢筋网时，可将喷头稍加偏斜，角度大于 70°。喷射路线应先下后上，分区、分段旋喷。喷射时，喷嘴作反复缓慢的螺旋形运动，螺旋直径为 20~30cm，后一圈压前一圈 1/3，以保证混凝土喷射密实。喷射混凝土厚度大于 5cm 时分两层作业。第二次喷射混凝土在第一层混凝土终凝 1h 后进行。喷射混凝土终凝 2h 后，进行喷水养护，养护时间不少于 7d。

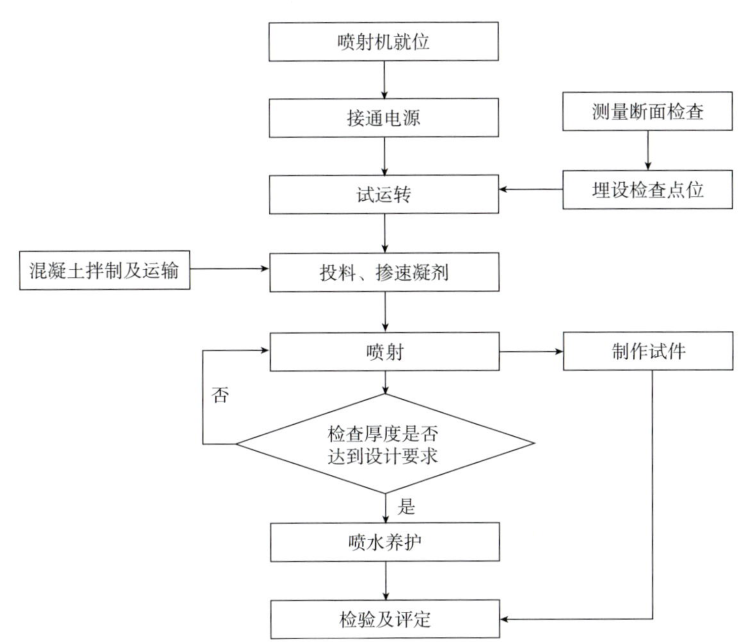

图 3-88　湿喷混凝土施工工艺框图

有水地段喷射混凝土采取如下措施：当水点不多时，可设导管引排水后再喷射混凝土；当涌水量范围较大时，可布设树枝状导管后再喷混凝土；当涌水严重时，可设置泄水孔，边排水边喷混凝土；增加水泥用量，改变配合比，喷混凝土由远而近逐渐向涌水点逼近，然后在涌水处安设导管，将水引出，再向导管附近喷混凝土。当开挖面普遍渗水时，可先喷砂浆，并加大速凝剂掺量，保证初喷后再按原配合比施工。当局部出水量较大时，采用埋管、凿槽、树枝状排水盲沟等措施，将水引导疏出后再喷混凝土。

四、明洞段施工技术

1. 明洞仰拱施工

明洞土方开挖（图 3-89、图 3-90）预留有 1m 厚的保护层。保护层的开挖采用人工配合机械开挖，自卸汽车运输。开挖时，洞口留 10m 作为管棚套拱及管棚施工场地，其预留保护层暂不开挖，待洞口管棚施工完后，再开挖仰拱。

图 3-89　洞口明洞土方开挖（1）

图 3-90　洞口明洞土方开挖（2）

明洞基坑开挖应选择在晴天进行，测量人员首先测量出开挖中线、边线及高程，用挖掘机挖除大部分土，人工整修至仰拱设计形状。开挖完成经监理工程师检查并测量地基承载力，符合要求后，喷射 S8 防水等级的 C25 喷射混凝土保护地基，明洞仰拱施工见图 3-91。

图 3-91 明洞仰拱施工

仰拱钢筋安装及混凝土施工见图 3-92。仰拱分段整幅施工，每段 10m，矮边墙顶面高度控制在盖板顶面下 10cm。钢筋采用现场绑扎，钢筋保护层厚度为 5cm，并预埋好边墙接茬钢筋。

图 3-92 仰拱钢筋安装及混凝土施工

外边墙采用组合钢模板，两端采用木模板封堵（图 3-93），并按设计要求安装止水带。监理工程师检查复核合格后，开始浇筑混凝土。采用商品混凝土，混凝土运输车运至现场，泵送入模（图 3-94），插入式振捣器振捣密实。混凝土终凝后用湿麻袋覆盖，并洒水养护 14d。仰拱混凝土达到强度后，按设计要求施工仰拱填充及管沟混凝土，复合式路面暂不施工。

图 3-93 边墙组合钢模板

图 3-94 混凝土浇筑施工

2. 明洞衬砌施工

1）衬砌台车

明洞衬砌与洞内二次衬砌结合使用自行式全断面液压整体模板衬砌台车。台车长度按 10m 加工，主洞衬砌台车面板采 $\delta 12$ 钢板，服务隧道面板采用 $\delta 10$ 钢板，纵梁采用钢板焊接而成的箱形梁，断面为 500mm × 400mm。衬砌台车（图 3-95）通行能力充分考虑大型作业机械的穿行空间，其中，主洞净宽 340cm，净高 420cm。

服务隧道净宽 330m，净高 410cm（图 3-96）。预留风管通过空间，主隧道风管按 160cm 设计，服务隧道按 140cm 考虑。由于受服务隧道空间受限，服务隧道风管穿过台车时，采取变径方式。

图 3-95　衬砌台车

图 3-96　衬砌台车

明洞衬砌外模采用预制拱形模架，模板采用组合钢模（图 3-97）。

衬砌台车委外加工好后在厂家进行试拼装，检查符合要求后运抵施工现场，在明洞段进行安装，调试完好并经监管工程师检查合格同意后投入使用。

2）明洞衬砌

图 3-97　明洞衬砌外模

待完成暗洞口段 2~3 组衬砌后，开始自暗洞口向明洞口衬砌明洞。利用洞内挂设防水板简易台车绑扎钢筋，经监理工程师检查钢筋绑扎符合要求后，按设计要求安装止水带。采用商品混凝土，用混凝土运输车运至现场卸入混凝土泵，再由混凝土泵泵入钢模台车的模板内。使用插入式和附着式振捣器振捣密实，以插入式振捣为主，附着式振捣为辅。主洞、服务隧道明洞二次衬砌的施工工艺流程如图 3-98 所示。

由于二次衬砌为钢筋混凝土结构，为保证混凝土的流动性，坍落度控制在 18~20cm，粗集料采用 5~20mm 级配良好的碎石。为确保钢筋混凝土的保护层符合要求，采用工程塑料制作的保护层定位架或定型生产的纤维块来保证钢筋保护层厚度尺寸及钢筋定位的准确性。混凝土灌注时两侧对称自下而上分层进行，每层高度 300mm 左右，灌注顺序从灌注段起始处开始。

3）明洞回填

明洞衬砌混凝土浇筑完成后，把表面清理干净，表面干燥后按要求施工明洞外表面 FSB 防水涂层，涂层完成经检验合格后布设防水板（图 3-99），施工明洞 M7.5 号浆砌片石，浆砌片石在明洞两测同时施工。

明洞衬砌、防水涂层、浆砌片石完工，明洞衬砌混凝土达到设计强度后，进行明洞夯填碎石土回填。经试验选择合格的碎石与土，按设计比例人工搅拌均匀，手推车或小型翻斗车运抵现场，用溜槽溜至沟槽内，蛙式打夯机打夯压实。压实度大于 85% 时，开始在主洞与服务隧道两侧分别同时分层施工，两侧的高差不超过 1m；回填高出洞顶后，水平分层施工，手推车或小型翻斗车直接将填料倒入沟槽内，人工摊铺平整，每层虚铺厚度不超过 30cm，压路机碾压，压实度大于 90%（图 3-100）。

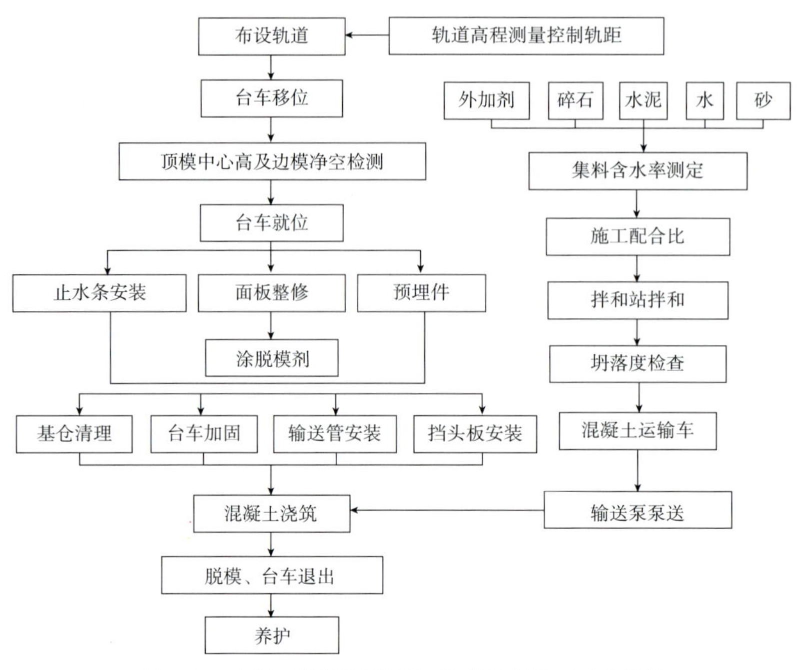

图 3-98　主洞、服务隧道明洞二次衬砌的施工工艺流程

图 3-99　防水板铺设

图 3-100　洞两侧填土

回填至离原始地面 50cm 后，施工黏土隔水层。试验选择合格的黏土，确定其最佳含水率，用小型翻斗车运抵现场，人工分层摊铺，小型压路机静压，最后回填至与原地面线平齐。

4）混凝土质量施工保证措施

海底隧道混凝土质量具有高抗压强度、高防渗性能和高抗裂性能三个特点。为保证质量，必须从混凝土原材料、配合比设计、拌和、运输及灌注各个施工环节全方位进行质量控制。

（1）混凝土原材料

①水泥

不宜使用高强度等级及早强水泥，选用合适强度等级、合格品种的水泥。水泥中 Na_2O 含量不超过 0.6%，这样既能保证强度抗渗要求，又不至于使混凝土水化热过高。严禁采用受潮和过期水泥，不同品种与不同强度等级的水泥不得混用。水泥进场必须附有质量证明文件，并按品种、强度等级、包装、出厂日期进行检查。水泥质量有问题时，进行复查试验，按试验结果的强度等级使用。

②水

非自来水要经化验合格后方可使用。

③砂石

除符合现行的《普通混凝土用砂质量标准及验收方法》和《普通混凝土用碎石或卵石标准及验收

方法》的规定外，采用级配最佳的砂石材料。其中：石子最大粒径不宜大于40mm，砂子含泥量不得大于2%，碎石含泥量不得大于0.5%，所含泥土不得呈块状或包裹在石子表面，吸水率不大于1.5%。

④外加剂

不使用含氯离子的外加剂，选用高效减水剂。

（2）配合比设计

为保证混凝土配合比质量，对混凝土整个拌制过程进行监督管理。配合比由试验最终确定，严格控制水灰比和水泥用量，选择级配良好的石子，以减少空隙率和砂率，使混凝土的收缩降至最低。

（3）混凝土拌和

①材料混合均匀，颜色一致，称量准确。允许偏差：水泥、水、外加剂掺和料均为±1%，砂石为±2%。

②将外加剂溶成较小浓度的溶液，将其加入搅拌机，不可直接加入。

③经常测定集料的含水率，雨天施工时增加测定次数，并根据含水率情况，及时调整配合比。

④搅拌时间根据外加剂的技术要求确定。

⑤建立混凝土搅拌岗位责任制。向混凝土拌和站派驻内部监理员，其主要职责：监督检查各种材料到货质量证明文件；材料外观质量、材料计量情况；混凝土搅拌时间，协助试验人员抽样和试验（坍落度），与施工现场及时联系互通情况，记录罐车驶离搅拌站的时间。

（4）混凝土供应及运输

①本工程混凝土采用商品混凝土，混凝土罐车运输。

②施工前，对搅拌站的地理位置、运输线路、运输和供应能力等详细考察。确定运距短、交通方便的最佳运输线路及特殊情况下的应急线路、应急措施，确保混凝土从搅拌至浇筑间隔时间不大于45min。

③每月25日前将下个月混凝土使用计划提交混凝土搅拌站，以保证供应安排。

（5）混凝土灌注

①成立混凝土作业班，专门从事混凝土灌注工作，班内按卸料、入模、振捣及收面分工定人定岗，建立岗位责任制。混凝土班组建原则：a. 选择有丰富混凝土施工经验的技术工人；b. 对组建后的班组人员不定期进行混凝土浇筑技术质量培训，考核合格者上岗。混凝土灌注实行质检工程师现场监督制。

②合理确定结构分段，降低混凝土收缩量，结构施工缝设在受剪力或弯矩最小处。

③模板选择刚度大、表面平整光滑、无变形翘曲的好模板。立模前进行受力检算，保证选用合适模板支架，且支架稳定，无松动、跑模、超标准的变形下沉等现象。

④不宜在气温高、天气炎热的情况下浇筑混凝土，温度高时，灌前混凝土内加入冰块搅拌并向模板上洒水降温。大体积混凝土内埋设测温计，定时测混凝土内外温度，采取措施确保混凝土内外温差不大于25℃。

⑤每次灌注前，均备好一台状况良好的发电机以应付发电机组突然损坏而停止运转现象的发生，并备足足够面积的彩条布，防止新浇混凝土雨淋或暴晒。

⑥混凝土灌注过程中自由倾落高度大于2m，设串筒或溜槽，防止混凝土产生离析。

⑦混凝土采用振捣器振捣，振捣时间30s并达到三个条件结束振捣：a. 混凝土表层开始泛浆；b. 不再冒泡；c. 混凝土表面不再下沉。

⑧混凝土灌注连续进行，间歇时间不超过规范规定。

（6）施工缝的质量保证措施

①所有施工缝均按设计图和技术规范的要求进行处理。

②施工缝表面必须凿毛并清洗干净，确保混凝土面浮渣、尘土、积水清扫干净，浇筑前洒水湿润后用与混凝土同强度等级的水泥砂浆进行接缝处理。

③若在浇筑过程中，由于设备故障而无法连续浇筑时，间隔超过2h必须按规范要求留置施工缝。

④施工缝处理完后，质检人员应自行检查，填写“隐蔽工程检查记录”，报请监理检验、验证。

（7）混凝土养生及保护

①混凝土初凝前，进行混凝土面的提浆、压实、抹光工作，初凝后终凝之前进行二次压光，以提高混凝土抗拉强度，减少收缩量。浇筑后及时覆湿麻袋养生，养生期不少于14d，养护施工定方案、定人员、定设备、定时间、定措施，确保养护方案在执行过程中不走样。

②混凝土强度未达设计要求强度前，禁止重型设备从旁频繁经过及在结构表面堆载重物。

（8）混凝土结构防腐蚀措施

部分地段地下水含有硫酸盐或侵蚀性CO_2，对混凝土及混凝土结构中的钢筋具有弱腐蚀性，对钢结构具有中等腐蚀性。

对混凝土的防腐主要从四个方面进行：水泥品种的选择，掺和料的选择，水灰比和最小水泥用量的选择，保证混凝土密实施工技术及工艺措施。

①水泥品种的选择：采用硅酸盐水泥和普通硅酸盐水泥、火山灰硅酸盐水泥、粉煤灰硅酸盐水泥，必要时采用硫酸盐水泥或抗硫酸盐水泥，无论选用何种水泥，均严格控制水泥熟料中的矿物成分含量：C3A<8%，水泥强度等级不低于42.5。

②掺和料的选用：采用掺混合材料水泥，或在硅酸盐水泥和普通硅酸盐水泥中掺一定量的高活性掺和料，如粉煤灰、硅灰、石灰石微粉末，达到降低水灰比、增强混凝土密实性、满足混凝土抗腐蚀性要求。

③水灰比和水泥用量的选择：

a. 水灰比小于0.5，并以此规定最小水泥用量；当掺外加剂（减水剂或引气剂）时，水泥用量相应减少10%。

b. 在满足混凝土和易性的前提下，采取有效措施，尽量降低水灰比。

④采用干净的中粗砂，细度模数为2.8~3.0，平均粒径不小于0.38mm，砂率控制在35%。

⑤严格控制混凝土抗渗配合比，严格控制施工工艺，确保混凝土充分振捣密实。

⑥保证钢筋净保护层厚度迎水面不小于5cm。

5）钢筋工程质量保证措施

（1）原材料质量控制

①钢筋进场按规定应有出厂质量证明书或试验报告单，每捆钢筋均应有标牌。进场时应按批号及直径分批验收。

②钢材进场后，要进行复试，并将复试报告报监理审查，经审查合格后方能使用。

③钢筋堆放点和防雨措施要经监理检查合格。

（2）钢筋加工制作质量控制

①及时向监理提交加工方案、加工材料表。加工时钢筋应平直，无局部曲折。如遇死弯时，应将其切除。

②钢筋表面应洁净，无损伤、油漆和锈蚀。钢筋级别、钢号、直径必须符合设计要求；需要代换钢筋时，必须有设计人员书面意见，报监理认可后方能代替。

③钢筋弯曲成型，应在常温下进行，不允许热弯曲，也不允许用锤击或尖角弯曲。

（3）钢筋焊接质量控制

①焊工必须持证上岗，所使用的焊机、焊条必须符合质量要求。

②每批钢筋正式焊接前，必须按实际操作条件进行试焊，报经监理检查、试验合格后，方可正式成批焊接。

③受力主筋焊接接头用闪光对焊，并需在焊接接头处进行纵向加工。未经纵向加工的焊接接头只容许在受力较小的主钢筋的弯起部分附近放置，其他部分的主钢筋均不允许有未经纵向加工的焊接接头存在。

（4）绑扎钢筋质量控制

①钢筋的交叉点应用铁丝全部绑扎牢固，至少不得少于90%。钢筋绑扎接头搭接长度及误差应符

合规范要求和设计要求。

②各受力钢筋的绑扎接头位置相互错开，从任一绑扎接头中心至1.3倍搭接长度的区段范围内，有绑扎接头的受力钢筋截面面积占受力钢筋总截面面积的百分率，受拉区不得超过25%，受压区不得超过52%。

6）隐蔽工程质量保证措施

健全各项质量检查和验收制度，并切实予以执行，是保证质量的关键。

（1）检查及验收制度

①隐蔽工程采用班组自检、专业复检与监理签认相结合的检查方式。

②各工序完成后，班组先自检，合格后由主管技术人员、质量检查工程师会同各工班长按技术规范进行检验，不合格者坚决予以返工处理。

③邀请监理工程师检查验收，并做好验收记录、签证及资料整理工作。

④隐蔽工程填写施工记录，记录上有技术负责人、质量检查人签字。

⑤工序中间交接时，有明确的质量合格交接意见。

（2）岗位责任制

贯彻落实验收制度，对有关人员定岗定责。

①各主管工程师详细审查施工图纸，熟悉设计意图、技术要求等。

②做好技术交底，技术交底实行复核制、签字制。

③对各分项工程，设一名主管工程师及一名施工员专职负责。

④加强检查，消除隐患。主管工程师及质量检查人员在检查工程时，重点检查隐蔽工程，发现问题及时处理，将隐患消除在萌芽状态。

⑤和其他工程加强协调，主动配合，做好隐蔽工程。

7）预埋件、预留孔洞的施工质量保证措施

（1）建立质量控制多级检查体系。

（2）施工前，主管工程师对图纸进行详细的审查，对各类图纸中反映的预埋件、预留孔洞的位置尺寸、大小、数量、规格等进行仔细复核，充分了解设计意图，发现问题，及时向驻地监理工程师及设计人员反映，不私自变更原设计。

（3）每个结构段施工之前，将该段内的预留孔、预埋件详细统计，并绘制交底图及表格说明，向施工员和班组长交代清楚，做好技术交底，并严格执行复核制。

（4）预埋件、预留孔洞严格控制其中心线位置及高程，测量执行双检制。

（5）预留孔模型加工尺寸误差符合设计、规范要求，预埋件选用合格材料精心加工，并认真做好防水处理。模板支撑牢固，防止跑模变位。

（6）混凝土灌注前，主管工程师会同质检人员共同对预留孔、预埋件位置进行仔细检查，自检合格后，报请监理工程师验收并做好记录。混凝土灌注过程中，对预留孔等模型设置变形量测点进行监测，以控制混凝土灌注。混凝土振捣时，振动棒离孔模不能太近，并采取措施保证孔壁混凝土密实。

（7）拆模时小心谨慎，不使用橇棍沿孔边硬橇的拆模办法。拆模时不碰对拉螺栓，以免影响混凝土与对拉螺栓之间的黏结。拆模后及时做好预留孔、预埋件的竣工测量，对孔口尺寸、孔壁垂直度误差超出规范要求的尽早修补。对接地体设置隔栏加以保护并和其他预埋件露出结构面部分一道设置明显位置标志。

五、超前长大管棚施工技术

1. 管棚套拱施工

超前长管棚钻眼前先施工C30钢筋混凝土套拱作为长管棚施工的导向墙。C30混凝土长2m，套拱混凝土厚80cm，套管采用ϕ127mm×4mm钢管（图3-101）。套拱施工时严格控制套管方向与倾角。套管固定前用隧星随机断面测量系统校核方向与倾角，洞口段处于曲线段的半径为4 940m，以长管棚始点与终点的弦线作为管棚钻进的理论方向。由于洞口处于全风化花岗岩Ⅴ级围岩，地基较软弱，为防止套拱灌筑后受自重影响引起套拱下沉导致套管偏移设计位置，在施工前须做地基承载力的试验，承载力达不到350kPa时，应增设C15片混凝土扩大基础。

图 3-101 洞口套拱施工

2. 超前长管棚施工

洞口段设计40m长管棚，钻孔采用MK-5水平地质钻机一次完孔。管棚管为壁厚6mm的 ϕ108mm的无缝钢管，节长3m、6m，对口丝扣连接。丝扣螺纹段长度大于150mm。管棚钢管大样见图3-102。管棚孔口位置沿隧道拱部开挖轮廓线外250mm布置。钢管环向中心间距400mm，外插角1°，与路线方向平行施作，施工误差径向不大于100mm。主隧道管棚纵面布置见图3-103，主隧道管棚立面布置见图3-104。

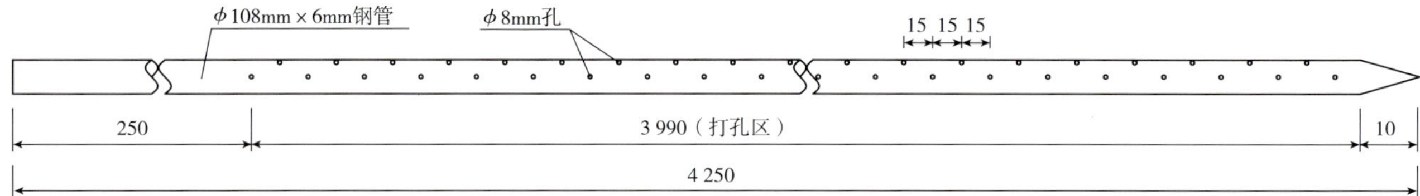

图 3-102 管棚钢管大样（尺寸单位：mm）

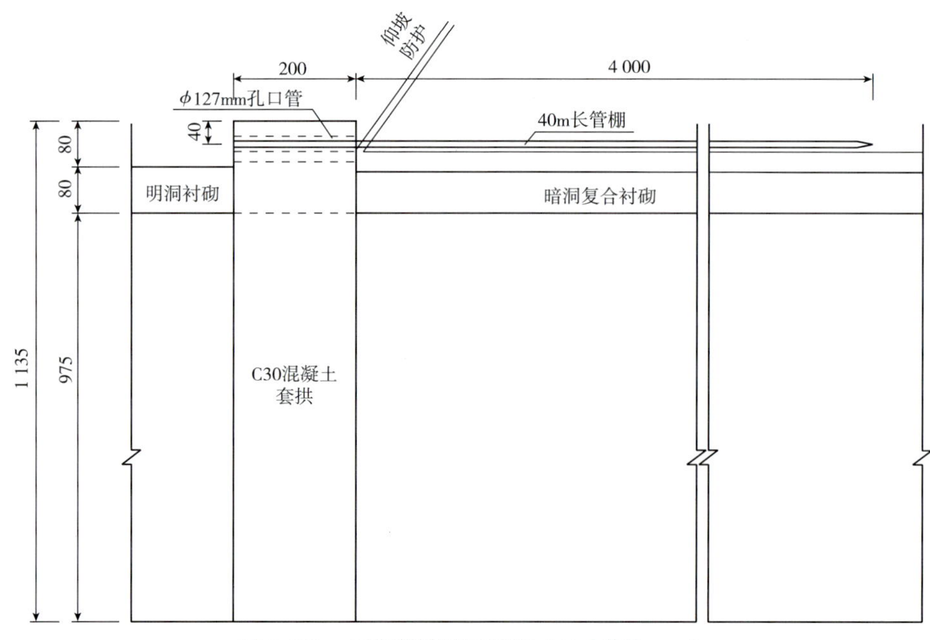

图 3-103 主隧道管棚纵面布置（尺寸单位：cm）

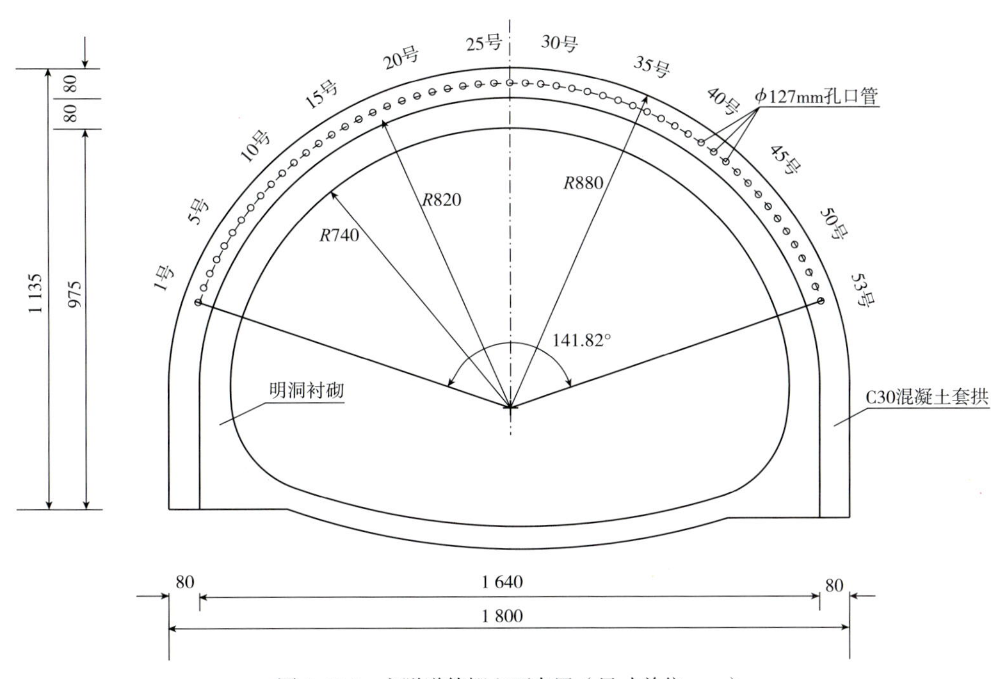

图 3-104　主隧道管棚立面布置（尺寸单位：cm）

服务隧道管棚钢管大样见图 3-105。服务隧道长管棚纵面布置见图 3-106。

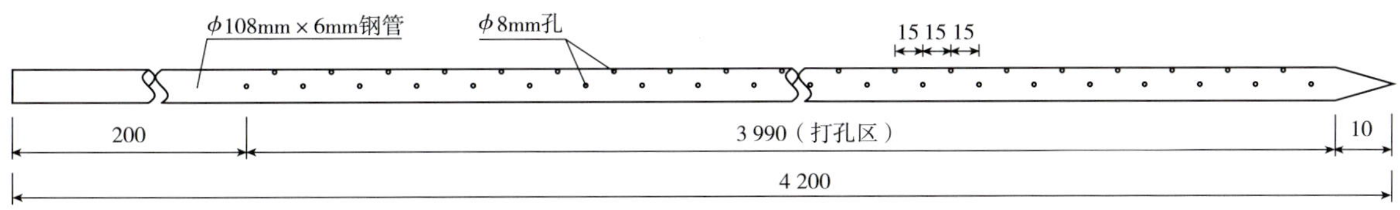

图 3-105　服务隧道管棚钢管大样（尺寸单位：cm）

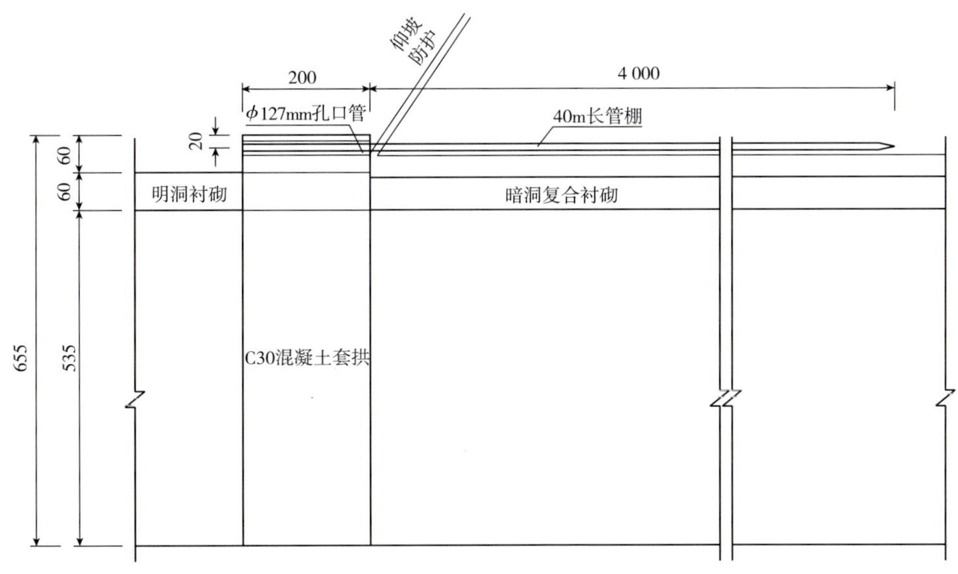

图 3-106　服务隧道长管棚纵面布置（尺寸单位：cm）

3. 长管棚施工工艺

（1）工作台架：用型钢木板搭设施工平台，按设计方向和角度架设长管棚导向架并固定。按隧道中线控制测量高程，计算每个管棚管位置坐标，用红油漆在墙上标注，用全站仪测量方向，指导钻机摆放就位、对孔。

（2）安装导向管：先将套拱钢筋安装完毕后，然后在钢筋上安装 ϕ127mm 导向钢管，导向管采用 ϕ20mm 钢筋焊成剪刀撑固定。导向管布置在暗洞初期支护衬砌结构外 40cm 处（管中心），环向间距 45cm，仰角 1°，方向与线路中线平行。施工时要精确量测定位，使钢管位置和方向准确无误。

（3）浇筑套拱：为进一步固定导向架，在洞口设置一环型 C25 混凝土管棚套拱，将导向架包裹固定起来作为长管棚的支点，同时，注浆时也能起到止浆作用。图 3-107 为套拱施工。

（4）钻孔：采用管棚钻机，从导向管钻进，开孔时应低速低压，钻孔偏斜控制在 1/200，确保钻孔方向正确。为提高工效，拟采用双机联合作业（图 3-108）。先打有孔（奇数编号）钢管，注浆后再打无孔钢管（偶数编号）。无孔钢管可作为检查管，检查注浆质量。

图 3-107　套拱施工

图 3-108　管棚钻机施工

（5）钢管插入及孔口密封处理：钢管由机械顶进，钢管节段间用丝扣连接，插入时，第一节采用节长 3m 和节长 6m 的管节交替进行，以保证隧道纵向同一横断面内的接头不大于 50%，管壁上钻小孔，以便浆液向围岩内压注。每根钢管顶到位后，钢管与导向管间隙堵塞严密。图 3-109 为洞口管棚施工。

（6）管棚注浆：为加固隧道周边围岩，控制地表下沉，增加管棚刚度，充填钢管周边空隙，对每根钢管进行注浆。图 3-110 为大管棚压浆。有效扩散半径为 0.3m，浆液采用纯水泥浆，初压 0.5MPa，终压 1.0MPa，并采用定量注浆法控制注浆量。当注浆压力达到设计终压 10min 后，进浆量仍达不到设计注浆量时，也可以结束注浆。注浆结束后用 M30 水泥砂浆填充，增强管棚的刚度和强度。图 3-111 为大管棚施工工艺流程图。

图 3-109　洞口管棚施工

图 3-110　大管棚压浆

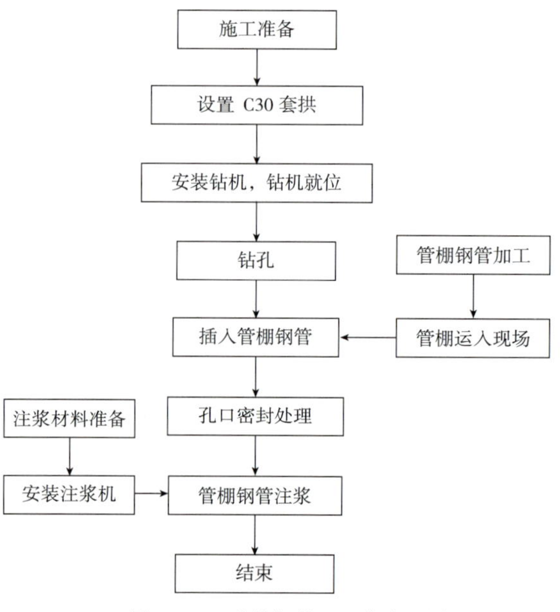

图 3-111　大管棚施工工艺流程图

第九节 CRD 工法科技成果

一、CRD 工法研究内容

进入 21 世纪，我国地下隧道建设步入了快速发展的阶段，铁路隧道、公路隧道、水利隧道、城市地铁等各类型隧道竞相开工。随着隧道施工技术的不断进步，隧道建设水平有了跨越式的发展，提出了许多隧道施工方法。其中，“化整为零”的 CRD 工法就是很有代表性的一种工法，又名“交叉中隔壁工法”。该方法以地层预加固为前提，以钢拱架、锚、网喷支护为基础，使加固后的地层与初期支护体系共同受力，承受外部荷载；以监控量测手段指导施工，控制初期支护结构的拱顶沉降和收敛，确保开挖洞室和地面建筑物的安全。

CRD 工法是在浅埋暗挖法基础上发展的一种新型工法，该法是在借鉴新奥法的某些理论基础上，针对中国的具体工程条件开发出来的一整套完善的隧道修建理论和操作方法。该工法的提出就是为解决地铁车站位于城市地区松散土介质围岩条件下，隧道跨度大且埋深小于或等于隧道直径，以很小的地表沉降修筑隧道的技术方法。因此，地铁车站是 CRD 工法应用较多的施工工法。代表工程实例：北京地铁光华路车站位于东三环路下、东三环路与规划商务中心街交叉口处，南北走向，车站总长 169.2m，总宽度 46.7m，中间洞宽 14.4m，两侧洞宽 10.81m，单侧站台宽 4.5m，线间距 40m。结构形式为单跨三洞地下局部双层分离岛式车站台（中间为双层结构，两侧站台为单层结构），三洞间以通道相连。风道覆土 8.0m，风道全长 106.795m，标准断面开挖宽 11.8m，高 14.1m；风道初期支护结构厚 350mm，二次衬砌厚 500mm，中板厚 400mm。侧洞（左右行车线路）覆土 13.4m，全长 147.2m，标准断面开挖宽 10.81m，高 9.44m，侧洞初期支护结构厚 300mm，二次衬砌厚 600mm。车站均采用复合式衬砌结构。车站风道，主体侧洞以及出入口暗挖部分均采用浅埋暗挖 CRD 工法施工，将结构分为 6 部开挖支护，快速完成车站施工任务。

CRD 工法应用于地质条件极差的又一工程实例：位于粤境北山区的洋碰隧道，是京珠高速公路粤境北段最长的隧道，为分离式单向行车双线隧道。该隧道地质复杂，受地质构造影响强烈，尤其是 LK76+748~LK76+816 段共 68m 为 F7 与 F8 断层交汇处，断层带内充填残积亚黏土及全风化砂页岩，呈软塑状。为确保施工安全，该段采用 CRD 工法施工，成功穿越 F7 与 F8 断层交汇处。

新曲儿岔隧道为宝（鸡）兰（州）二线控制工程，隧道全长 4 010 m，为黄土质双线电气化铁路隧道。出洞口 DK1672+600~DK1672+794 段 194 m，下穿既有陇海铁路路基及浅埋段。隧道与既有线呈 89° 交叉，交叉里程为 DK1672+737.19，既有线线路位于 R=350 m 圆曲线上，路基面至隧道外拱顶高度约 25 m，其中，路基填土高 15 m，原地面覆土厚度约 10 m；既有线右侧边坡坡脚至洞口长 29 m，左侧边坡坡脚下为一自然低洼段，长 35 m，隧顶覆土厚度仅为 6~8 m。洞 El 段隧道穿越第四系冲积砂质黄土、黏质黄土、浅黄色，土质均匀，具孔隙，半干硬至硬塑，有自重湿陷性，为新黄土，属 I 级围岩，含水率 20.6% ~24.1% 。跨度大、结构扁平、受力条件差。隧道净宽 9.86 m，开挖跨度达 12.60 m，结构矢跨比为 0.5。

20 世纪 70 年代初，国外开始将新奥法应用于浅埋地层的研究，至 70 年代末 80 年代初已基本形成了包括台阶法、CRD 工法、双侧壁工法等一套完整的技术。德国是当今地下工程应用新奥法技术最多的国家，不仅在地铁区间隧道建设中应用，而且在多层多线路大断面地铁站中广泛应用，其中采用 CRD 工法施工的工程有：波鸿、纽伦堡地铁站等，其技术水平已经发展到了较高水平。日本于 1976 年开始在城市地铁建设中应用新奥法，在学习我国小导管技术的基础上，开始逐渐使用CRD工法修建城市地下工程。

厦门翔安海底隧道是一项规模宏大的跨海工程，工程分为左右线隧道和服务隧道。主隧道设双向六车道，开挖断面成马蹄形，开挖宽度为17.2m，为大跨度隧道。隧道陆域浅埋段全长880~1 200m，隧道埋深6~27.6m，属于超浅埋～浅埋隧道，地质为土层或岩土互层地层，翔安端还要穿越450m砂层，且地下水丰富，土层遇水即崩解坍塌，施工难度极大。

结合厦门翔安隧道工程研究软弱地层特性，形成一套完整的、实用性强的浅埋大跨度隧道软弱地层长距离施工技术，通过研究指导施工，为工程保驾护航；通过施工为研究提供数据，出高水平高质量的科研成果，为今后类似工程借鉴应用。

国内软弱围岩浅埋大跨度工程实例很多，大多为地铁施工中车站隧道的施工或短距离穿越地质破碎带，但一般施工长度较短（一般均小于200m）；而像厦门翔安海底隧道这样长距离、大跨度穿越软弱富水围岩施工在国内非常罕见，经检索未发现有如此长距离采用CRD工法施工的工程先例。因此，研究海底隧道浅埋大跨软弱富水围岩长距离CRD工法施工技术，使CRD工法施工长度由原来的200m延长到1 000m以上，开拓了CRD工法向长距离发展的空间，丰富了CRD工法适用范围。

厦门翔安海底隧道陆域浅埋段地质条件复杂，地层中存在大小不一、位置各异的花岗岩球状风化物，且根据设计基岩面起伏不定，施工中将长距离穿越土层和岩土互层地层，甚至穿越部分沙层；同时地下水丰富，土层遇水即崩解坍塌，丧失自稳性，施工难度非常大。本项目将结合厦门翔安海底隧道工程施工进行研究，以解决隧道施工过程中软弱围岩CRD工法的超前支护、长距离CRD工法施工步序及步长、长距离CRD工法施工组织及设备配套技术、CRD工法临时支撑拆除技术，其目的就是形成一套完整的海底隧道浅埋大跨度软弱富水围岩隧道长距离CRD工法施工技术，指导并应用厦门翔安海底隧道工程，确保工程施工安全和质量，并为以后类似工程提供借鉴和模块。研究的技术方案有：CRD工法超前支护技术研究，CRD工法分部施工工序及步长研究，长距离CRD工法设备选型及配套设备技术研究，CRD工法配套辅助技术研究，CRD工法临时支撑拆除技术研究。研究的关键技术为：

（1）CRD工法超前支护技术。

（2）CRD工法改进及优化。

（3）长距离CRD工法设备选型及配套设备技术。

（4）长距离CRD工法配套辅助技术。

（5）CRD工法临时支撑拆除技术。

二、CRD工法研究过程

CRD工法的研究工作分为四个阶段：资料调研、理论研究、室内试验、现场验证。

1. 资料调研

在项目研究前期，2005年12月~2006年5月，课题组采用技术图书与计算机上网检索，查阅了大量国内外有关浅埋暗挖及CRD工法隧道施工资料，包括相关规范、施工方面的论文、学术专著，并通过对收集到的资料进行对比分析，制订了本课题的总体研究思路和研究方法，编制了课题的研究方案和实施计划。

结合本项目部与厦门大学的联合科研基础，请厦门大学资深教授指导，依托厦门大学海量馆藏技术书籍，开阔视野，丰富相关技术知识，为本课题研究打好资料调研基础。同时邀请同济大学驻本项目科研组，讲授结构受力分析知识和专业软件操作规程，发挥高端专业技术优势，为本课题研究做好基础理论知识准备。

2. 理论研究

2006 年 5 月 ~2006 年 8 月主要进行了以下三个方面的理论研究：CRD 工法超前支护技术；长距离 CRD 工法设备选型及配套设备技术；CRD 工法配套辅助技术。2006 年 8 月 ~2006 年 11 月主要进行了以下两个方面的理论研究：CRD 工法步序、步长及初期支护参数研究；CRD 工法临时支撑拆除技术。

通过以上几个方面的理论研究对之后，结合现场施工情况，对如何提高 CRD 工法在软弱浅埋大跨地层中快速施工产生了积极的影响。

3. 室内试验与现场验证

通过室内试验，对试验成果及时进行了分析，及时将研究成果转化应用，在工程施工中进行改进完善，进一步指导施工。最后对浅埋大跨隧道软弱围岩（含岩土互层及土石交替）长距离 CRD 工法快速施工研究所得到的大量数据进行统计分析，并与理论分析结果进行对照验证，最后进行总结。

三、主要科研成果

在上述研究取得初步成果的基础上，课题组结合工程施工所获得的大量数据继续进行深入的研究，不断完善和改进各项研究工作。从 2008 年 4 月起项目转入了资料整理分析和总结工作，2008 年 10 月完成全部研究工作，主要研究成果为：

（1）在浅埋大跨隧道中，采用长短结合的超前支护措施对围岩进行超前预支护，可有效防止土层坍落，减少自然超挖，保证作业人员安全，提高工效，加快初期支护的封闭。

（2）对 CRD 工法各分部施工的先后顺序、各分部之间合理的距离以及初期支护和临时支护的合理搭配进行研究，以达到最大限度地控制隧道沉降和变形收敛的目的。

（3）长距离 CRD 工法选择何种开挖、出渣方式以及相应的设备选型及配套技术能够实现隧道快速施工。

（4）在厦门翔安隧道陆域软土富水地层中，采用灵活多变的 CRD 工法配套辅助技术，特别是对水的处理结果是影响施工的一个主要因素。

（5）对 CRD 工法临时支撑拆除的时机、拆除顺序进行研究，以便达到既能保证隧道作业安全，又能加快二次衬砌进度的目的。

2009 年 4 月 18 日，福建省交通运输厅在福州市组织召开《海底隧道长距离浅埋大跨软弱富水围岩 CRD 工法施工技术研究》项目技术鉴定会（图 3-112）。由全国人大代表、中国工程院资深院士、著名隧道与地下工程专家、博士生导师王梦恕担任鉴定委员会主任并主持了会议。鉴定委员会经严格认真审查，听取了课题组林作雷、孙振川、惠建永等同志的汇报后，审阅了有关资料，经质疑、讨论，形成如下鉴定意见。

图 3-112　项目技术鉴定会照片

（1）课题组以工程为依托进行研究的方法是正确的，提供的鉴定材料翔实、完整，数据可靠。完成了福建省交通运输厅下达的交通科技发展项目技术任务书的研究内容，符合技术鉴定要求，同意鉴定。图 3–113 为王梦恕院士主持鉴定会。

图 3–113　王梦恕院士主持鉴定会

（2）课题针对海底大断面隧道（170m^2）超浅埋（6~17m）、浅埋（27 m）长距离（5 000 多米）穿越软弱、流沙、海底富水、软硬交界面等施工难度大、风险高的工程，对 CRD 工法的开挖方法、封闭长度、初期支护参数与工艺、机械设备配套等进行了优化改进，研究成果有效地降低了风险，控制了围岩沉降和收敛，确保了隧道结构安全，加快了施工进度，为成功建设特大型水底隧道提供了适用性强、安全有效、质量可靠的方法，实现了平均 45m/ 月的进度，最高达到 60m/ 月以上，为推动我国水底隧道的技术发展，取得了显著的经济和社会效益。

（3）课题组在施工中根据地质水文变化情况及时调整施工中的辅助工法的研究，提出了具有针对性的超前支护体系，创新采用了新工艺和新技术，提出了喷、网、钢拱架、锁脚锚管组成的新型一次支护结构，为及时支护，提高围岩承载力，将湿喷混凝土改为潮喷混凝土，解决了施工过程中遇到的突泥、坍塌、变形、失稳等技术难题，确保了施工安全和工程质量。图 3–114 为王梦恕院士（中）。

图 3–114　王梦恕院士（中）作报告

（4）课题组针对长距离 CRD 工法的特点进行了设备选型和配套施工技术研究，合理匹配开挖、出渣、进料等施工机械设备，提高了施工进度，保证了施工安全。图 3–115 为作者作汇报（中）。

图 3-115　作者作汇报（中）

（5）课题组通过理论分析、现场量测和检验，提出了软弱围岩隧道 CRD 工法临时支撑拆除时机及合理长度，为安全、快速施工提供了技术支持。

（6）研究成果为大型不良地质水底隧道特别是海底隧道建设项目提供了工程范例，产生了巨大的社会和经济效益。该课题的研究成果整体上达到国际先进水平，其中安全快速施工技术达到国际领先水平。图 3-116 为得到与会专家高度评价。

图 3-116　得到与会专家高度评价

2009 年 12 月，福建省科学技术厅在福州市召开 2009 年度获奖课题答辩会，作者作为课题组长参加了时间仅限于 8min 的答辩，图 3-117 为作者在答辩。

图 3-117　作者在答辩

答辩主要内容如下。

1. 立项背景

厦门翔安海底隧道是世界第一座暗挖法三车道海底公路隧道、中国第一座钻爆法大断面海底公路隧道、中国第一座海底特长公路隧道、中国第一座自行设计施工监管的跨海大型地下工程。图 3–118 为隧道横断面图。该隧道全长 6 050m，概算投资 31.9 亿元，主隧道设双向六车道，中间设服务隧道，开挖断面呈马蹄形，最大开挖断面 170m^2，最大宽度 17.2m，埋深 1.7~27m，见图 3–119。隧道地质水文条件极为复杂，有“三难、三险”。

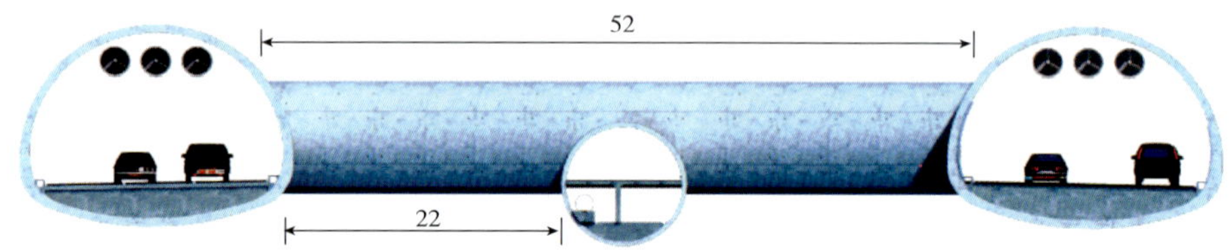

图 3–118　隧道横断面图（尺寸单位：m）

一难：左右洞主行车道Ⅴ级围岩（软弱）占 56% 以上，长度约 6.5km。

二难：翔安端 1 510m 砂层、淤泥且含高岭土（膨胀性），700m 超浅埋 ~ 浅埋。

三难：厦门端 1 180m 杂填土、黏质砂土、土石交界层（300m）和全强风化花岗岩 600m 超浅埋和浅埋，且穿过环岛路、桥梁、民房。图 3–120 为 450m 透水砂层浅滩。

图 3–119　洞口超浅埋 1.7m

图 3–120　450m 透水砂层浅滩

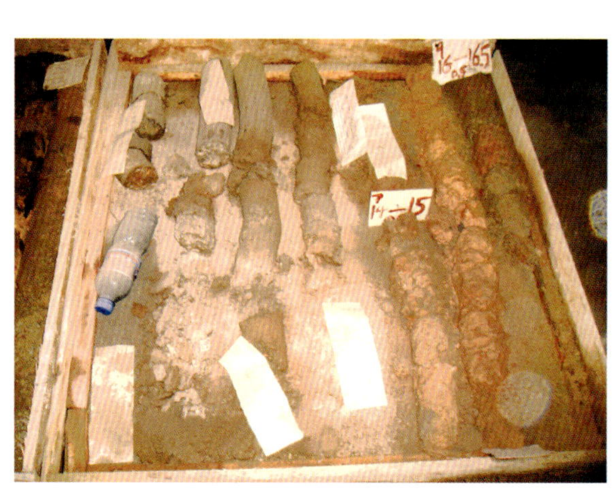

图 3–121　风化槽钻孔芯样图

一险：4.2km 海域六条风化深槽（囊），总长 1 089m，直接与海水相连通，头顶汪洋大海存在坍塌、冒顶、涌水、突水等安全风险。见图 3–121 为风化槽钻孔芯样图。

二险：翔安端 450m 透水砂层侵入隧道轮廓线内，且直接与海水相连通，存在崩塌、涌沙、涌水等安全风险。

三险：翔安洞口高程在海平面以下 1.5m，陆域两端地下水位高、地下水丰富。土石交界层受海水垂直补给与海水连通。

以上“三难、三险”是海底隧道施工成败的关键。

海域段最大埋深从海平面到隧道拱顶约 70m，海水深约 35m，隧道拱顶覆盖层仅 35m，隧道承受 70m 海水压力达 0.7MPa。图 3–122 为隧道纵断面图。

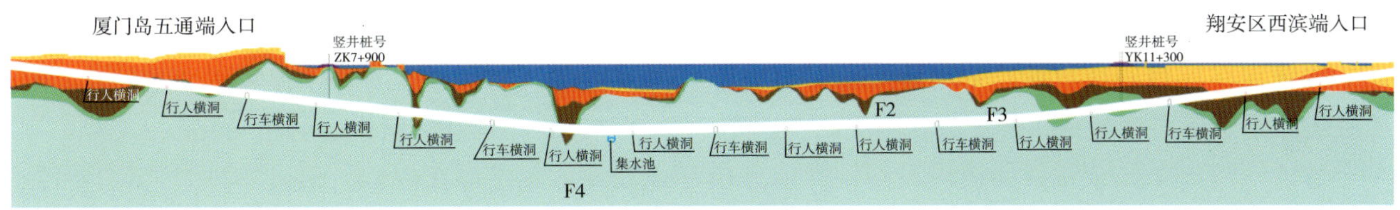

图 3-122　隧道纵断面图

国内软弱围岩浅埋大跨度工程多为城市地铁车站隧道，一般采用 CRD 工法长度不超过 200m；而厦门翔安海底隧道长距离大跨度采用 CRD 工法穿越 5 000m 软弱富水围岩及穿越海域风化深槽（囊）施工，在国内外尚属首例。因此，研究创新本工程 CRD 工法施工技术，为施工扫除技术障碍，是非常必要的。图 3-123 为 CRD 法现场作业断面图。

2. 总体思路

通过对 CRD 工法施工步序、施工步长、支护参数、机械配套、辅助措施、临时支撑拆除等进行技术改进和创新研究，实现防沉陷、防塌方、防冒顶、防突泥、防涌砂、防涌水、防灾难性事故发生的“零”死亡及快速施工目标，确保最危险地段初期支护结构强度、刚度和稳定性；确保二次衬砌尚未达到强度不能承受各种外荷载时不被压裂或掉块，保证二次衬砌工程质量。图 3-124 为Ⅰ部开挖断面图，图 3-125 为Ⅲ部注浆断面图。

图 3-123　CRD 法现场作业断面图

图 3-124　Ⅰ部开挖断面图

总结出一套先进的、实用性强的 CRD 工法，确保厦门翔安隧道软土及风化深槽地段安全、快速、优质建成，并为今后类似工程提供宝贵的技术支持和经验借鉴。图 3-126 为作者解答专家提问。

图 3-125　Ⅲ部注浆断面

图 3-126　作者解答专家提问

3. 研究方法、手段

课题组在项目研究前期，采用技术图书与计算机网上检索，查阅大量国内外有关浅埋暗挖及 CRD 工法隧道施工资料，包括相关规范、施工论文、学术专著，将收集到的资料进行分析对比。

邀请同济大学驻项目科研组讲授结构受力分析知识和专业软件操作规程，结合本项目海底风化深槽（囊）、透水性砂层、各类土石交错地层、地下水丰富、海水与不良地层连通、陆域超浅埋、浅埋等工程地质水文情况特点，制订本课题的总体研究思路和研究方法，编制课题的研究方案和实施计划。

通过对 CRD 工法超前支护技术、初期支护参数、施工步序步长、长距离 CRD 工法设备选型及配套技术、配套辅助技术、临时支撑拆除技术的研究及以现场监控量测数据和室内试验为主要手段，不断调整支护参数、施工步序步长，改进施工工艺和施工方法，获得安全可靠的 CRD 工法成套施工技术。

4. 主要创新点

（1）课题对 CRD 工法的超前支护体系、初期支护参数、施工步序、施工步长及开挖方法、封闭长度等技术创新，研究成果有效地克服了风险，控制了围岩沉降和收敛，确保隧道结构安全，加快施工进度，为不良地层成功建设特大型海底隧道提供了适用性强、安全有效、质量可靠的方法，实现平均 45m/ 月的进度，最高达到 60m/ 月以上的安全快速施工世界纪录。图 3-127 为 CRD 法施工图。

（2）课题研究根据地质水文变化情况及时调整施工辅助工法：提出钢拱架、锁脚锚管（杆）、喷网组成的新型一次支护结构及洞内降水、岩土层注浆；将湿喷混凝土改为潮喷混凝土克服土层渗水量大的难题，以解决突泥、坍塌、变形、失稳等技术难题，确保施工安全和工程质量。图 3-128 为锚管施工图。

图 3-127　CRD 法施工图

图 3-128　锚管施工图

（3）课题针对长距离 CRD 工法的特点进行了设备选型和配套技术研究，合理匹配开挖、出渣、进料等施工机械设备，提高了施工进度，保证了施工安全。

（4）课题通过理论分析、现场量测和超前地质预报，得到了软弱围岩大跨度 CRD 工法初期支护结构的最佳参数。

（5）课题通过理论分析、现场量测，得到临时支撑拆除时机、合理长度，为二次衬砌快速施工和隧道安全提供了技术保障。

2009 年 4 月 18 日，福建省交通运输厅在福州市组织召开该项目技术鉴定会，中国工程院院士、全国人大代表王梦恕等七名国内资深隧道专家对该项目取得的成果及创新性予以高度的评价与肯定。

研究成果为大型不良地质水底隧道特别是海底隧道工程建设项目提供工程范例，产生了巨大的社会和经济效益。该课题研究成果整体上达到国际先进水平，其中安全快速施工技术达到国际领先水平。

图 3-129 为鉴定专家组与课题组合影。

图 3-129 鉴定专家组与课题组合影

5. 国内引用及应用情况

课题科研成果首先在本工程其他三个标段推广应用，采用 CRD 工法掘进总长度 5 000m 以上（F1~F4 六条风化深槽共 1 089m），期间创下月进尺 60m 的世界领先纪录。课题研究成果及经验还为国内类似工程施工提供了宝贵的案例和借鉴经验。

（1）青岛胶州湾海底隧道、大连海湾海底隧道、湖南浏阳河隧道、广州台山核电站、龙厦铁路等项目业主多次来翔安海底隧道参观、考察、学习。图 3-130 为青黄海底隧道业主参观风化槽断面图。

（2）大连海湾海底隧道即将动工修建，拟借鉴本 CRD 工法。

（3）刚建成通车的厦门机场路三车道梧桐山隧道、湖南浏阳河隧道、正在兴建的长沙湘江三车道隧道，均借鉴采用本 CRD 工法获得成功。

（4）琼州海峡 34km 海底隧道，拟采用钻爆法和盾构法修建铁路海底隧道。

（5）渤海湾大连到烟台 110km 跨海铁路隧道，拟采用钻爆法、TBM 法，正在论证中。

6. 对相关学科的学术贡献

课题科研成果不仅为成功建设特大型海底隧道扫除了技术障碍，推动了我国跨海特长隧道学科技术发展，提升了海底隧道的建设质量、进度和安全管理水平，填补了我国在跨海隧道工程施工零安全事故的空白，也对铁路、水利、城市地铁等隧道与地下工程设计施工提供了技术支撑。同时培养了一批高水平的设计、科研、咨询、施工、监理、管理、监督等隧道人才，提升了我国参与国际隧道工程建设的核心竞争力及交通运输行业创新能力，为未来诸多大型水底隧道建设项目提供了支撑及示范，对我国海底隧道建设有极深远的影响。图 3-131 为深圳地铁业主到海底隧道考察照片。

图 3-130 青黄海底隧道业主参观风化槽断面图

图 3-131 深圳地铁业主到海底隧道考察

7. 对福建省经济社会发展所作的贡献

厦门翔安海底隧道的建成展示了我国工程技术的发展和实力，对推进隧道工程的技术进步，缩小与世界海底隧道先进修建技术的差距，起到里程碑式的作用，其政治、社会效益巨大，影响深远。

（1）课题研究成果不仅提升了我国参与国际隧道工程建设的核心竞争力及交通运输行业创新能力，为未来诸多大型海（水）底隧道建设项目提供支撑及示范，产生巨大的社会和经济效益，也将对我省对外开放、对台三通、发展海西交通及提高我省地下工程技术科技创新能力产生深远影响。

（2）CRD 工法一整套研究技术成果，成功应用在厦门翔安海底隧道，从 2005 年 9 月开工到 2009 年 6 月 13 日 16 时右洞顺利贯通、2009 年 10 月 14 日 16 时中间服务洞顺利贯通、2009 年 11 月 5 日 16 时左洞顺利贯通，未发生塌方、冒顶、涌沙、涌水、突泥、突水等工程事故。它的安全施工，在国内、国际产生了很大的影响，创造了巨大的社会和经济效益。连续安全生产 1 500 多天，零死亡事故，史无前例，创造了世界海底隧道施工奇迹。图 3–132 为右洞贯通面图，图 3–133 为作者与隧道专家瞿守信合影。

图 3–132　右洞贯通面

（3）我省已建、在建不良地质高速公路隧道均采用 CRD 工法获得成功。

（4）采用潮喷技术，有效减少了粉尘污染，防止了对环境的破坏。图 3–134 为潮喷混凝土施工图。

（5）采用弱爆破、人工配合挖掘机开挖技术，既减少了爆破振动对周边环境的影响，又有效减小了废气对环境的污染。对土石交界段、富水段进行堵水注浆处理，防止地下水流失，有效保护了当地生态环境。

图 3–133　作者与隧道专家瞿守信合影

（6）正在研讨中的台湾海峡通道工程（图 3–135），若采用修建海底隧道建设方案，采用钻爆法施工，解决不良水文地质条件 CRD 工法施工方案仍是首选。

据统计：降低工程风险、加快工程进度、降低管理成本、避免工程事故，总计节省工程成本约 0.6 亿元；厦门洞口浅埋段的民房建筑 80 多座约 2 万多平方米未造成损失；环岛东路距隧道拱顶仅 17m，未发生路面开裂；横跨环岛路的五通大桥基础摩擦桩底部距隧道拱顶仅 8m，由于新技术的应用确保了已有工程结构安全和交通畅通，节省工程成本约 0.2 亿元；新技术、新工艺、新材料、新设备的应用可为厦门翔安海底隧道工程节约成本约 0.6 亿元，以上合计节省成本约 1.4 亿元。经施工方案比选，采用钻爆法比 TBM 法节省投资 5 亿元。图 3-136 为环岛路与跨线桥图，图 3-137 为洞口段周边环境图。

因提前通车、结构耐久性能的提高、为今后类似地下工程提供借鉴参考以及培养企业人才等，产生的间接经济效益更为可观。

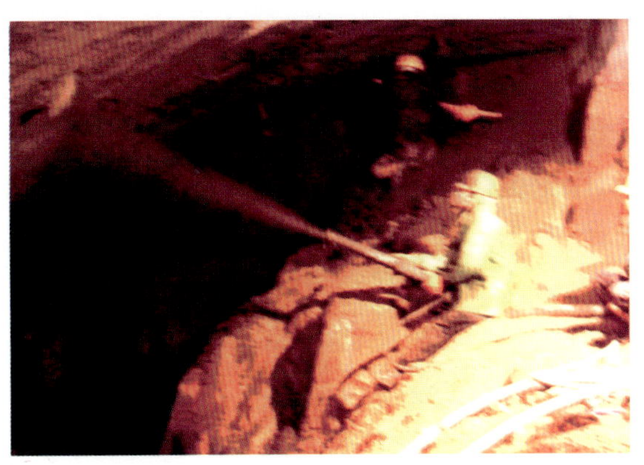
图 3-134 潮喷混凝土施工图

图 3-135 台湾海峡通道图

图 3-136 环岛路与跨线桥

图 3-137 洞口段周边环境

8. 小结

通过本课题研究总结出一套先进的、实用性强的 CRD 工法在长距离浅埋大跨度软弱富水围岩的隧道施工技术，经济合理地解决了厦门翔安隧道陆域浅埋段富水软土层、砂层及土石互层地层施工问题，确保了厦门翔安隧道安全、快速、优质建成，对推进隧道建设技术的进步，缩小与世界海底隧道先进修建技术的差距，起到里程碑式的作用，其政治、社会效益巨大，影响深远，并为今后类似工程提供宝贵的技术支持和经验借鉴。

第四章

双侧壁工法施工技术

第一节　双侧壁施工技术参数

一、钢拱架结构支护技术参数

1. 双侧壁工法钢拱架结构支护设计技术参数

设计文件双侧壁法钢拱架主拱采用 I20b 工字钢，临时支撑采用 I18 工字钢，见图 4-1 双侧壁工法钢拱架结构设计图。

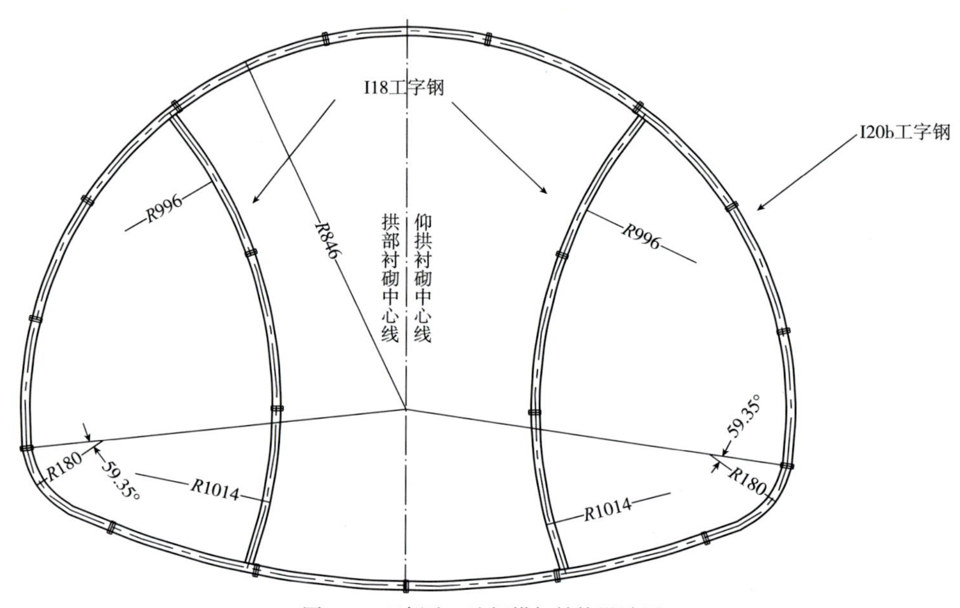

图 4-1　双侧壁工法钢拱架结构设计图

双侧壁工法设计初期支护参数见表 4-1。

双侧壁工法设计初期支护参数表　　表 4-1

项　目	主　拱	侧　壁	备　注
超前支护	ϕ42mm 超前小导管支护 4m 长，环向间距 40cm，纵向间距 250cm	ϕ22mm 药卷锚杆超前支护 2.0m 长，环纵向间距 100cm	—
初期支护	I20b 工字钢拱架，间距 50cm	I18 工字钢拱架，间距 50cm	—
	ϕ8mm 双层钢筋网片，网格间距 20cm × 20cm	ϕ8mm 单层钢筋网片，网格间距 20cm × 20cm	—
	30cm 厚 C25 喷射混凝土	20cm 厚 C25 喷射混凝土	—
回填注浆	拱背回填注浆，纵向环向每间隔 2m 为一个注浆点，梅花形布量，深度 1m	—	—

2. 双侧壁工法钢拱架结构支护优化技术参数

按设计双侧壁法施工，一般地段基本上能控制住围岩的收敛变形。由于海底隧道地质水文情况变化较大，陆域浅埋段洞顶地表众多建筑物及海域段风化深槽极其复杂的地质条件，为确保施工安全，对双侧壁工法支护参数进行施工优化极为重要。在厦门翔安海底隧道主行车道右线 A2 合同段的双侧壁工法施工中，主要对初期支护钢架的结构形式、钢架强度、超前支护、锁脚锚管及施工步长步序技术参数进行优化，达到了快速、安全、优质的施工预期效果，获得了圆满成功。

在采用双侧壁法施工前，依据地质情况，按两个侧壁与主拱连接部位的不同对初期支护结构的稳定性进行计算。计算时选取厦门翔安隧道陆域段 YK7+100 断面为研究对象，该断面采用双侧壁导坑法开挖，计算参数见表 4-2。

隧道双侧壁导坑法开挖计算参数表 表 4-2

材　料	弹性模量 E（GPa）	泊松比	黏聚力 c（MPa）	内摩擦角（°）	密度（kg/m³）	厚度（cm）
全风化花岗岩	0.05	0.45	0.033	23	1950	—
初期支护	—	—	—	—	—	30
竖撑	—	—	—	—	—	25

（1）钢拱架结构形式一见图 4-2。

钢拱架结构形式一计算模型见图 4-3。

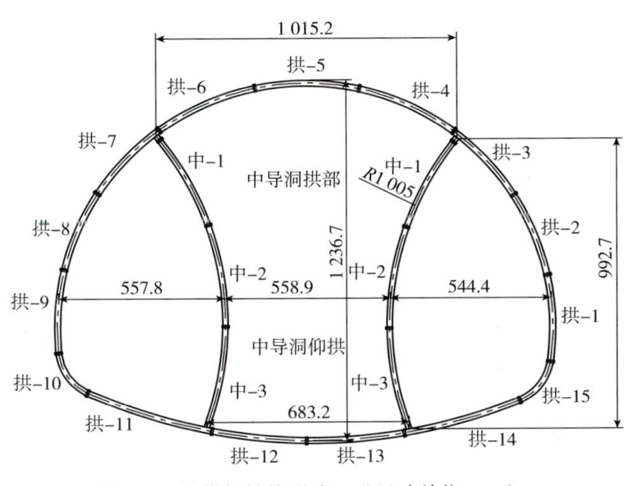

图 4-2 钢拱架结构形式一（尺寸单位：cm）

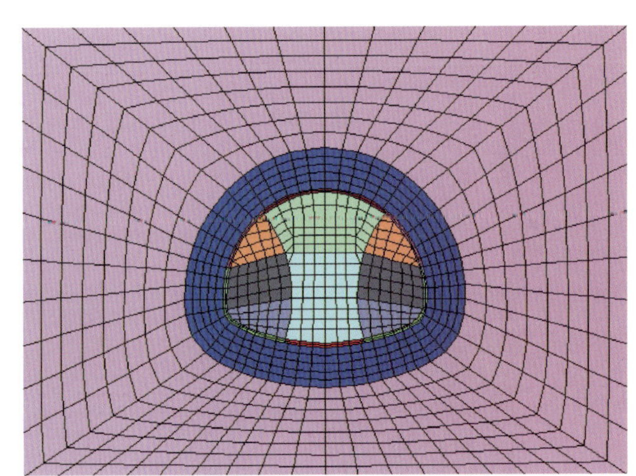
图 4-3 钢拱架结构形式一计算模型图

开挖完成后初期支护弯矩轴力详细数值见表 4-3。

钢拱桥结构形式一初期支护弯矩轴力表 表 4-3

截　面	弯矩（kN·m）	轴力（kN）	截　面	弯矩（kN·m）	轴力（kN）
1	0.5	−1 662.9	14	4.4	−900
2	0.4	−364.9	15	−3.4	−996
3	−3.3	−1 662.6	16	−15.8	−1 208
4	2.4	−2 114.7	17	2.9	−1 382
5	3.2	−2 244.0	18	51.4	−1 406
6	5.0	−2 258.7	19	106.4	−1 677
7	12.9	−2 099.9	20	12.9	−2 100
8	106.4	−1 676.8	21	5.0	−2 259
9	51.4	−1 405.9	22	3.2	−2 244
10	2.9	−1 381.9	23	2.4	−2 115
11	−15.8	−1 207.8	24	−3.3	−1 663
12	−3.4	−996.4	25	0.4	−365
13	4.4	−900	26	0.5	−1 663

隧道弯矩轴力对应截面见图 4-4。

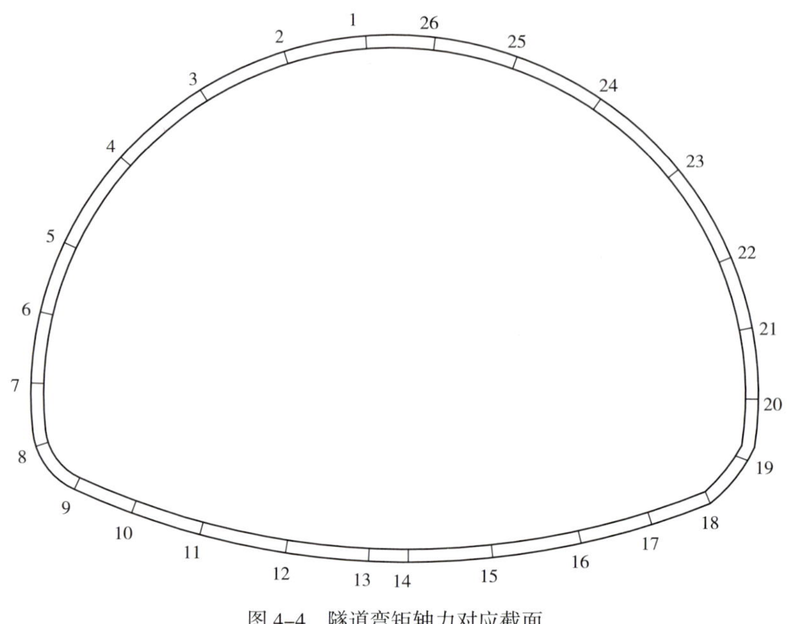

图 4-4 隧道弯矩轴力对应截面

钢拱架结构形式一左右导坑开挖完后位移云图及钢拱架轴力见图 4-5。

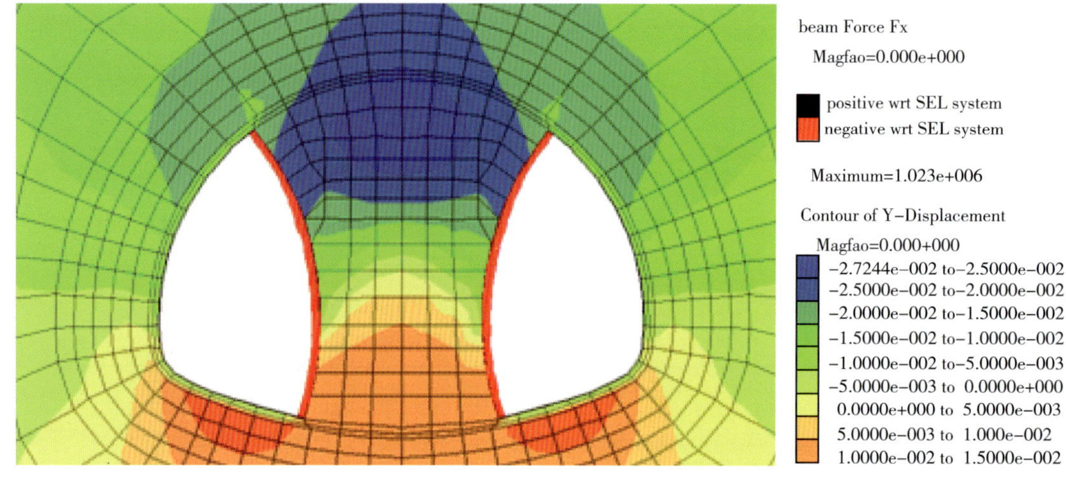

图 4-5 钢拱架结构形式一左右导坑开挖后位移云图及钢拱架轴力

钢拱架结构形式一弯矩见图 4-6，钢拱架结构形式一轴力见图 4-7。

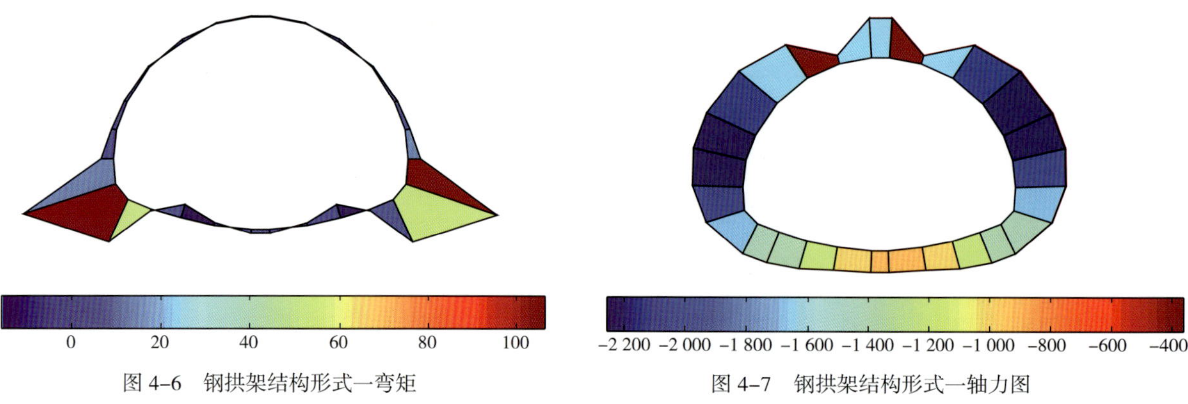

图 4-6 钢拱架结构形式一弯矩

图 4-7 钢拱架结构形式一轴力图

钢拱架结构形式一开挖后地表沉降见图 4-8。

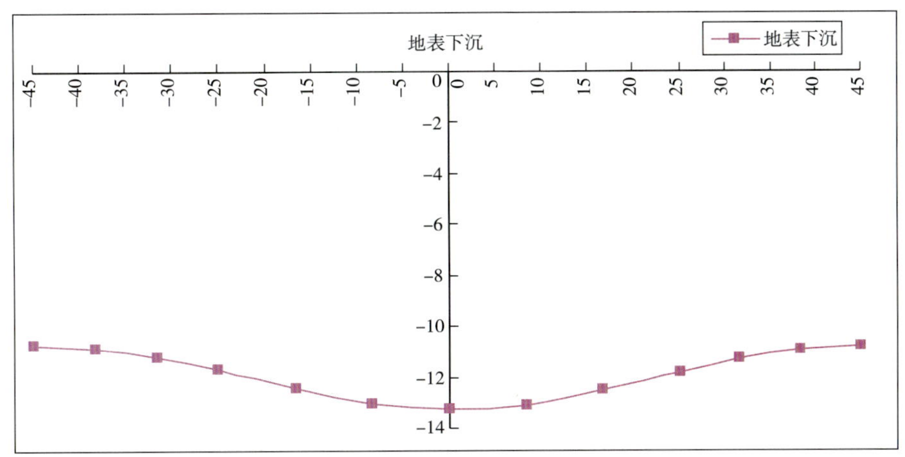

图 4-8 钢拱架结构形式一开挖后地表沉降图

钢拱架结构形式一开挖完成后地表沉降值见表 4-4。

钢拱架结构形式一开挖后地表沉降量　　表 4-4

位 置（m）	位 移（mm）	位 置（m）	位 移（mm）
-45	-10.711	8	-13.087
-38	-10.861	17	-12.505
-32	-11.215	25	-11.792
-25	-11.71	32	-11.305
-17	-12.441	38	-10.96
-8	-13.05	45	-10.807
0	-13.279		

（2）钢拱架结构形式二见图 4-9。

钢拱架结构形式二计算模型见图 4-10。

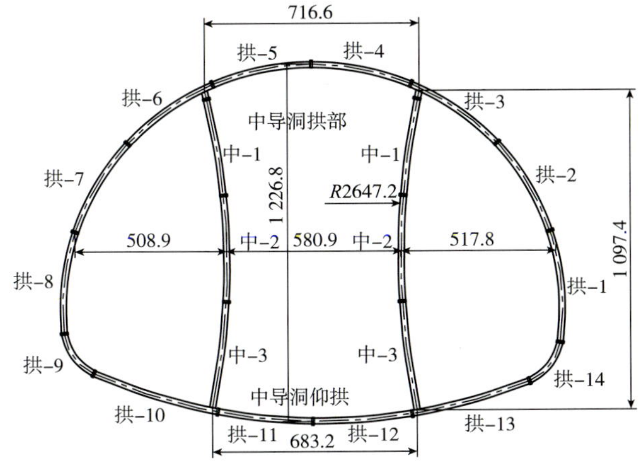

图 4-9 钢拱架结构形式二（尺寸单位：cm）

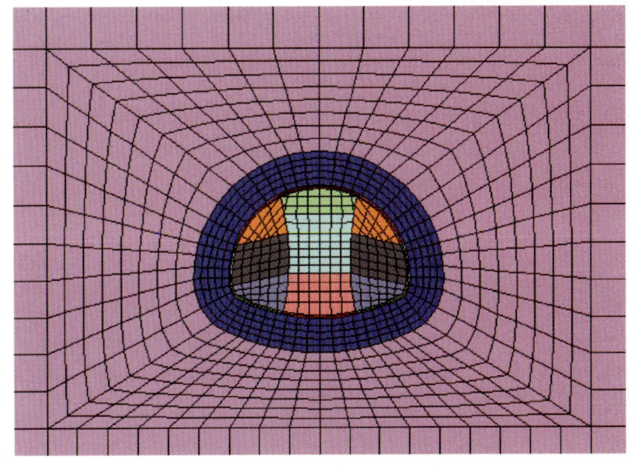

图 4-10 钢拱架结构形式二计算模型图

钢拱架结构形式二左右导坑开挖完之后位移云图及钢拱架轴力见图 4-11，钢拱架结构形式二弯矩见图 4-12，钢拱架结构形式二轴力见图 4-13。

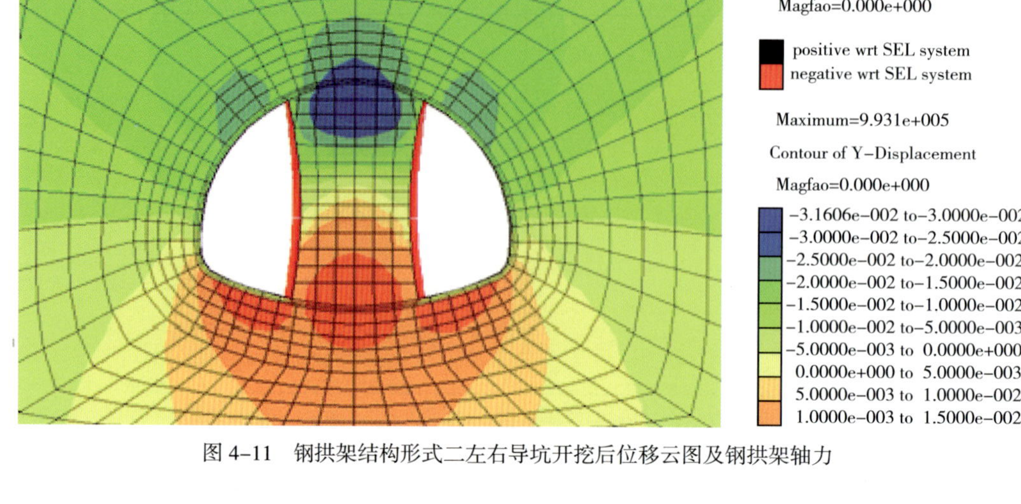

图 4-11　钢拱架结构形式二左右导坑开挖后位移云图及钢拱架轴力

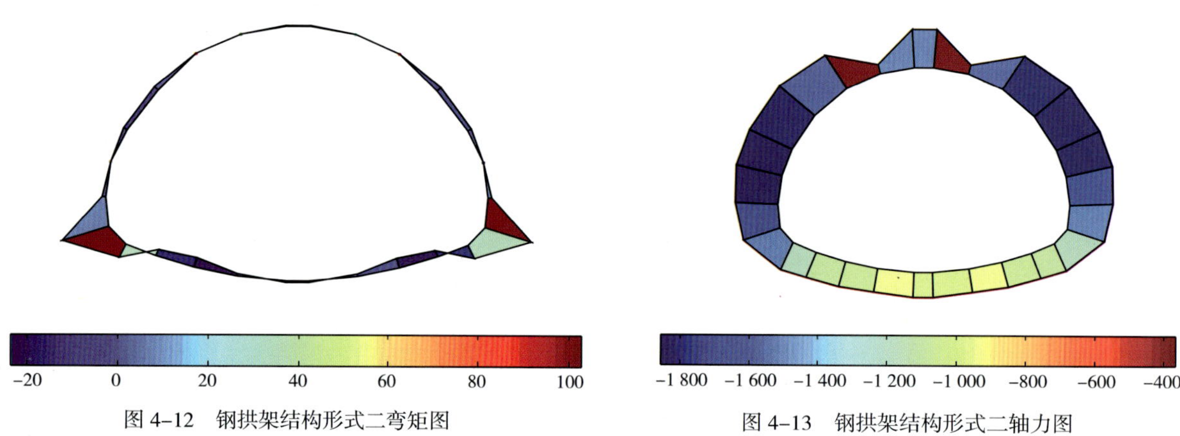

图 4-12　钢拱架结构形式二弯矩图

图 4-13　钢拱架结构形式二轴力图

钢拱架结构形式二开挖完成后初期支护弯矩轴力见表 4-5。

钢拱架结构形式二开挖完成后初期支护弯矩轴力表

表 4-5

截　面	弯矩（kN·m）	轴力（kN）	截　面	弯矩（kN·m）	轴力（kN）
1	3.0	-1 516.4	14	4	-993.4
2	0.4	-364.9	15	-6	-941.3
3	0.6	-1 592.1	16	-23	-1 042.3
4	-11.3	-1 823.2	17	-16	-1 078.3
5	-8.8	-1 859.3	18	34	-1 172.7
6	0.0	-1 851.6	19	103	-1 525.2
7	7.4	-1 708.2	20	7	-1 708.2
8	102.7	-1 525.2	21	0	-1 851.6
9	33.8	-1 172.7	22	-9	-1 859.3
10	-15.6	-1 078.3	23	-11	-1 823.2
11	-23.4	-1 042.3	24	1	-1 592.1
12	-5.6	-941.3	25	0	-364.9
13	4	-993.4	26	3	-1 516.4

钢拱架结构形式二开挖后地表沉降见图 4-14。

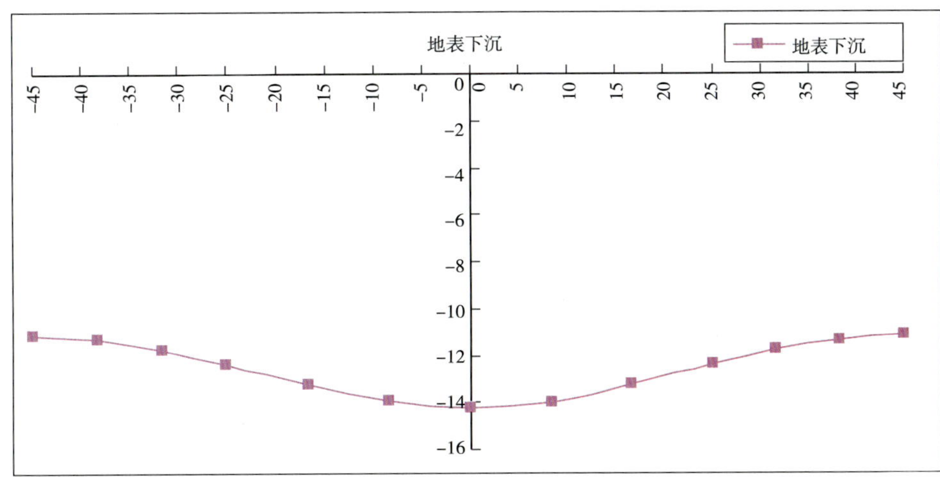

图 4-14　钢拱架结构形式二开挖后地表沉降图

钢拱架结构形式二开挖完成后地表沉降量见表 4-6。

钢拱架结构形式二开挖后地表沉降量　　表 4-6

位　置	位 移（mm）	位　置	位 移（mm）
-45	-11.107	8	-13.944
-38	-11.28	17	-13.229
-32	-11.721	25	-12.355
-25	-12.326	32	-11.756
-17	-13.194	38	-11.306
-8	-13.925	45	-11.13
0	-14.225		

（3）钢拱架结构形式三见图 4-15。

钢拱架结构形式三计算模型见图 4-16。

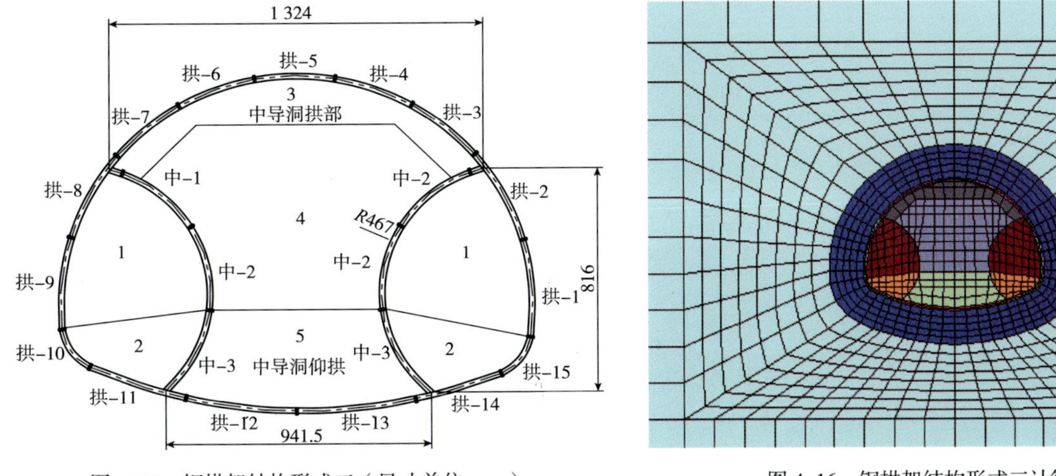

图 4-15　钢拱架结构形式三（尺寸单位：cm）

图 4-16　钢拱架结构形式三计算模型图

钢拱架结构形式三左右导坑开挖完后位移云图及钢拱架轴力见图 4-17，钢拱架结构形式三弯矩见图 4-18，钢拱架结构形式三轴力见图 4-19。

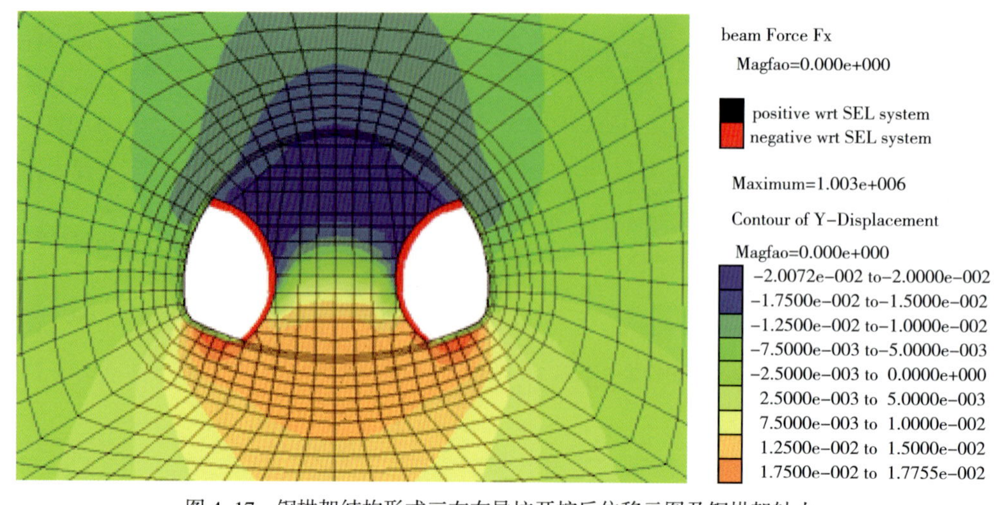

图 4-17 钢拱架结构形式三左右导坑开挖后位移云图及钢拱架轴力

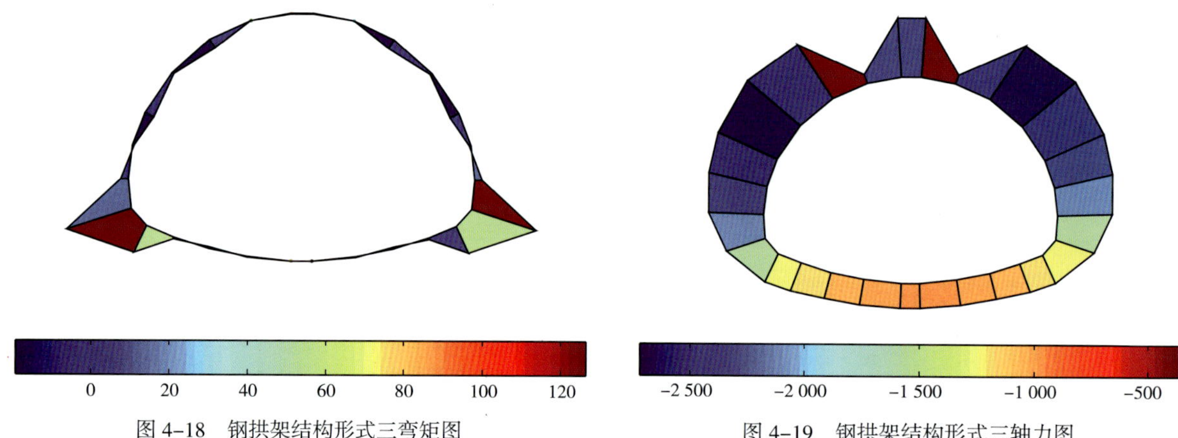

图 4-18 钢拱架结构形式三弯矩图

图 4-19 钢拱架结构形式三轴力图

钢拱架结构形式三开挖完成后初期支护弯矩轴力见表 4-7。

钢拱架结构形式三开挖完成后初期支护弯矩轴力表 表 4-7

截 面	弯矩（kN·m）	轴力（kN）	截 面	弯矩（kN·m）	轴力（kN）
1	-0.6	-2 354.5	14	-1	-990.5
2	0.4	-364.9	15	0	-1 020.8
3	-19.1	-2 538.6	16	-4	-1 053.2
4	-5.0	-2 724.2	17	3	-1 183.3
5	-18.7	-2 539.2	18	54	-1 245.9
6	-2.5	-2 331.1	19	126	-1 578.1
7	15.0	-2 121.1	20	15	-2 121.1
8	126.4	-1 578.1	21	-3	-2 331.1
9	54.0	-1 245.9	22	-19	-2 539.2
10	3.2	-1 183.3	23	-5	-2 724.2
11	-4.3	-1 053.2	24	-19	-2 538.6
12	0.2	-1 020.8	25	0	-364.9
13	-1	-990.5	26	-1	-2 354.5

钢拱架结构形式三开挖后地表沉降见图 4-20。

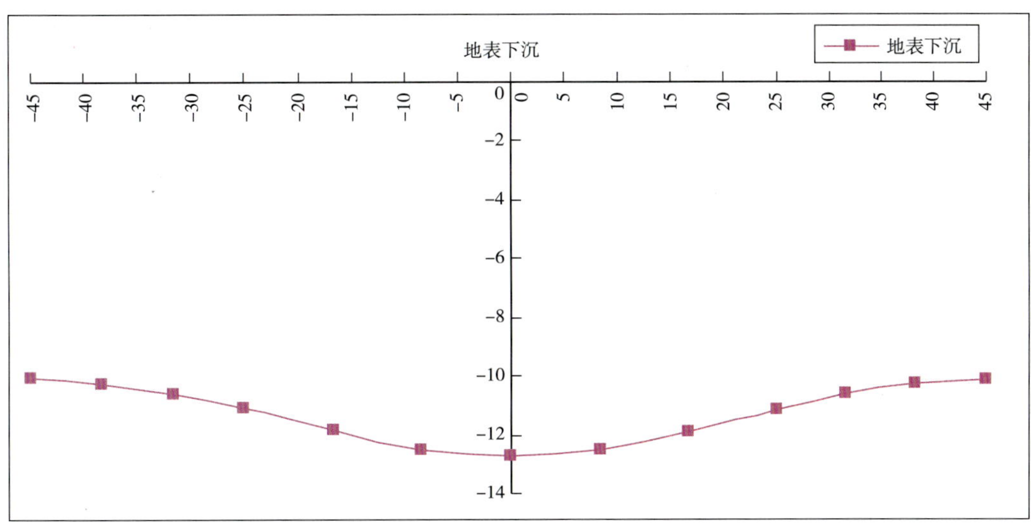

图 4-20　钢拱架结构形式三开挖后地表沉降图

钢拱架结构形式三开挖完成后地表沉降量见表 4-8。

钢拱架结构形式三开挖完成后地表沉降量　　表 4-8

位　置	位 移（mm）	位　置	位 移（mm）
-45	-10.083	8	-12.494
-38	-10.236	17	-11.869
-32	-10.594	25	-11.131
-25	-11.091	32	-10.632
-17	-11.834	38	-10.266
-8	-12.471	45	-10.111
0	-12.735		

（4）三种钢拱架结构形式比较见表 4-9。

三种结构形式对比分析表　　表 4-9

名　称	结构形式一	结构形式二	结构形式三
最大弯矩（kN·m）	106.4	103	126.4
最大轴力（kN）	-2 259	-1 859.3	-2 724.2
导坑最大轴力（kN）	-1 023	-993.1	-1 003
地表最大沉降（mm）	-13.279	-14.225	-12.735
施工机械使用	可采用大型机械	可采用大型机械	使用小型机械
导坑开挖可控坍塌	较好	好	较差
施工进度	较快	快	较慢

表 4-9 为三种结构形式对比分析表。从表 4-9 数据可知三种钢架结构形式弯矩和轴力大小差距不大，都满足隧道开挖安全性。

结构形式二由于两侧导洞较高，对控制地表沉降不利，不宜采用。

结构形式三两侧小导洞控制地表沉降最好，但不能利用大型施工机械，进度缓慢。

结构形式一控制地表沉降较好，能使用大型机械，进度较快。

综上验算风险，选用第一类型的双侧壁工法钢拱架结构形式。

双侧壁工法钢拱架结构形式一的两侧导洞相对较小，中导洞顶部较宽，施工前，有的专家担心中导洞施工难度大，容易造成拱顶下沉过大，不利安全。在施工过程中，经围岩监控量测证明，其拱顶沉降量很小。分析原因是该试验断面因两侧导洞施工超前，已将中导洞围岩中的水排干，起到改良围岩的作用，同时由于两侧导洞已封闭成环，中导洞两侧拱脚稳固，所以中导洞施工时，基本上不会发生大的沉降。从中总结出：在横向侧力较大、地质条件极差的情况下，可在导坑中增加横向支撑，以保证初期支护的整体稳定性。图 4-21 为双侧壁工法钢拱架结构临时横撑结构。

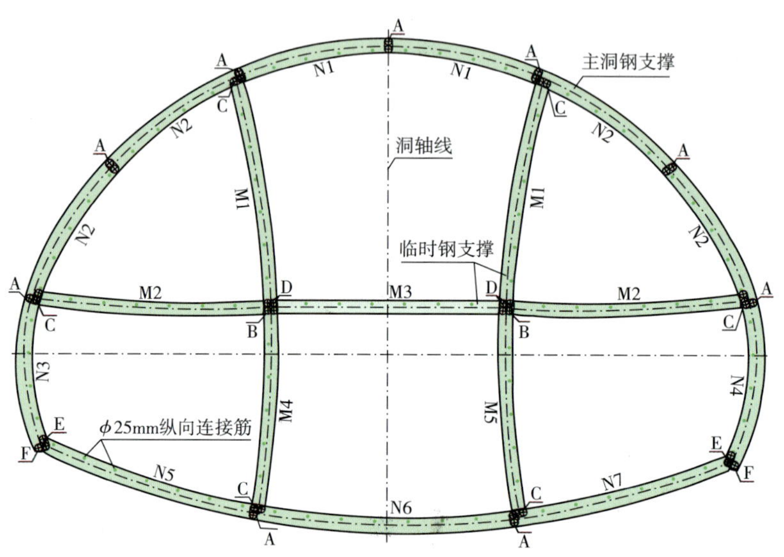

图 4-21　双侧壁工法钢拱架结构临时横撑结构图

二、超前支护体系技术参数

为有效防止隧道拱部变形、沉降、坍塌等施工安全事故的发生，及有效防止掌子面涌水、突泥、坍塌等施工安全生产事故的发生，课题组创新性地提出超前支护体系采用长大管棚、超前短小管棚、超前小导管、超前预注浆等组合的新型超前支护结构，确保开挖掌子面前方围岩稳定和安全快速掘进。

1. 超前大管棚支护技术参数

翔安海底隧道双侧壁工法采用大管棚施工的地段有：洞口浅埋地层、穿越厦门环岛东路、土石交界地层及海底风化深槽等不良地质地段，图 4-22 为双侧壁右侧上导坑管棚图，图 4-23 为洞口管棚施工图，图 4-24 为土石交界地层管棚施工图。表 4-10~ 表 4-13 列出了隧道大管棚施工的有关情况。

图 4-22　双侧壁右侧上导坑管棚图

图 4-23　洞口管棚施工图

图 4-24　土石交界地层管棚施工图

大管棚施工项目　　表 4-10

项目 \ 部位	洞口超浅埋段	环岛路土石交界	富水砂层、风化深槽
施作管棚环境	洞外	洞内管棚室	洞内管棚室
地表状况	省道	环岛路（环城）	海水
覆盖层厚度（m）	4~17	25~35	25~40
施工前准备项目	套拱导向墙	小导管界面注浆	止浆墙、帷幕注浆
施工机械	地质钻机	MZ400 管棚钻机	RPD-150c

洞口及超浅埋段长大管棚支护技术参数表　　表 4-11

材料规格	管棚长度（m）	环向间距（cm）	外插角（°）	弧形度（°）	注浆参数	注浆压力（MPa）
ϕ108mm 热轧无缝钢管，δ6mm	60	40	1	140	纯水泥浆液 $W:C$ 1：1~1：5	0.7~1.0

土石交界层及环岛路段长大管棚支护技术参数表　　表 4-12

材料规格	管棚长度（m）	环向间距（cm）	管棚工作室	注浆参数	注浆压力（MPa）
ϕ108mm 热轧无缝钢管，δ6mm	45~50	35~40	长度 8m，算轮廓线 2m	纯水泥浆液 $W:C$ 1：1~1：5	0.7~1.0

风化深槽段长大管棚支护技术参数表　　　表 4-13

材料规格	管棚长度（m）	环向间距（cm）	管棚工作室	外插角（°）	注浆参数	注浆压力（MPa）
ϕ108mm 热轧无缝钢管，δ6mm	35	30	止浆墙为套拱	1	$W:C$ 0.6：1~0.8：1	2~3

2. 超前小管棚支护技术参数

超前小管棚施工地段：海域风化深槽、土石交界层、环岛路、跨线桥。图 4-25 为超前小管棚支护，表 4-14 为小管棚支护技术参数。

图 4-25　超前小管棚支护

小管棚支护技术参数　　　表 4-14

序　号	参 数 名 称	技术参数值
1	小管棚长度（m）	4.0，10.0
2	小管棚规格	热轧无缝钢管 ϕ50mm，δ4.0mm
3	环向间距（cm）	40~60
4	与隧道轴线平行角度（°）	10
5	水泥浆液	$W:C$=1：1.5
6	外插角	不侵入开挖轮廓线
7	注浆压力（MPa）	0.5~1.0

3. 超前小导管支护技术参数

超前小导管施工地段：Ⅳ ~ Ⅴ级软弱、破碎、富水围岩或管棚钻孔施工后容易塌孔地段，超前小导管支护必须配合双侧壁工法钢拱架使用。图 4-26 为超前小导管加锚杆支护，表 4-15 为超前小导管支护技术参数。

图 4-26　超前小导管加锚杆支护

超前小导管支护技术参数 表 4-15

序　号	参 数 名 称	技术参数值
1	小导管长度（m）	3~4
2	小导管规格	ϕ 42mm，δ3.5mm 热轧无缝钢管
3	打入拱部围岩仰角（°）	10~15
4	环向间距（cm）	30~40
5	小导管外露长度（cm）	15~20
6	搭接长度（m）	≥ 1.0
7	水泥浆液	$W : C$=1 : 1~1 : 1.5
8	注浆压力（MPa）	0.5~1.0

4. 超前砂浆锚杆支护技术参数

锚杆是隧道施工过程中维护围岩稳定、保证安全的重要支护手段，在一定程度上可以作为永久支护结构的一部分。翔安海底隧道超前砂浆锚杆用于Ⅳ级围岩地段。超前砂浆锚杆支护技术参数见表 4-16。图 4-27 为砂浆锚杆支护作业断面。

超前砂浆锚杆支护技术参数 表 4-16

序号	参 数 名 称	技术参数值
1	锚杆规格	D=25mm，MnSi 螺纹钢
2	锚杆长度（m）	4.0~4.5
3	环向间距（cm）	40
4	外插角（°）	8~10
5	两排搭接长度（m）	＞ 1
6	外露长度（cm）	20

图 4-27 砂浆锚杆支护作业断面

第二节 超前支护施工技术

一、超前支护体系施工技术

翔安海底隧道超浅埋、浅埋及风化槽、土石交错层等不良地质Ⅴ级围岩地段，为有效控制拱顶局部坍塌，采用了不同类型的超前支护体系施工技术。超前支护体系包括长大管棚、超前小管棚、超前小导管和超前砂浆锚杆等。

1. 超前长大管棚施工技术

翔安海底隧道右线主行车道采用双侧壁工法大管棚施工的地段有：洞口浅埋地层、穿越跨线桥及厦门环岛路、土石交界地层、海域风化深槽等不良地质地段。表 4-17 列出了大管棚施工的部位和项目。

超前长大管棚施工项目 表 4–17

项目＼部位	洞口浅埋段	环岛路土石交界段	风化深槽段
施作管棚环境	洞外	洞内管棚室	洞内管棚室
地表状况	省道	环岛路	海水
覆盖层厚度（m）	4~14	21	25~40
施工前准备项目	套拱导向墙	小导管界面注浆	止浆墙、帷幕注浆
施工机械	地质钻机	MZ400 管棚钻机	RPD–150c

图 4–28 为超前长大管棚施工流程图。

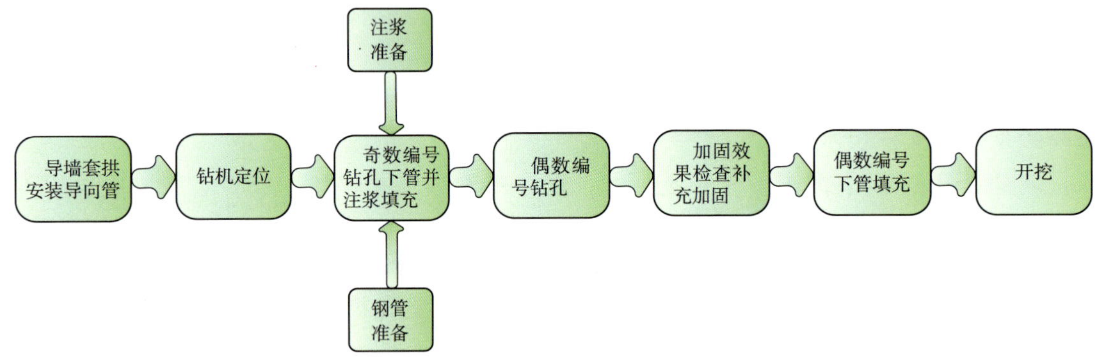

图 4–28 超前长大管棚施工流程图

（1）施工前准备工作

现场制作钢花管，钢管钻孔径为 8mm，梅花形布置，孔间距为 15cm。钢管节长分别为 3m、6m 两种，钢花管加工大样见图 4–29。

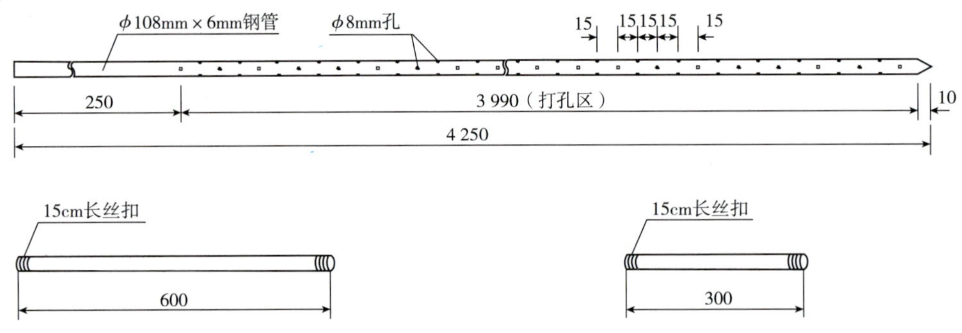

图 4–29 钢花管加工大样（尺寸单位：cm）

洞口段采用 C30 钢筋混凝土套拱做大管棚导向墙，套拱在明洞外轮廓以外施作。采用扩大套拱基础，在钢筋混凝土套拱中预埋 ϕ127mm 钢管作为导向管，要求精确量测并固定牢固，防止浇筑混凝土跑位，套拱采用全断面一次性浇筑。洞内采用管棚室作为管棚施作空间，在工字钢架上安装导向管。

（2）钻孔

洞内掌子面必须按要求先施作止浆墙，以确保掌子面在进行压力注浆时不出现漏浆、坍塌。钻孔速度应保持匀速，特别是钻头遇到夹泥夹沙层时，应控制钻进速度，避免发生夹钻现象。为避免钻杆太长，钻头因自重下垂或遇到孤石钻进方向不易控制等现象，开钻上挑角度控制在 30°～50° 之间，并随时用测斜仪量测角度和钻进方向。

（3）安装大管棚

为避免出现塌孔，钻孔完成后及时安设大管棚钢管，用钻机将钢管逐节顶入。为了使钢管接头错开，编号为奇数的第一节管采用 3m 钢管，编号为偶数的第一节管采用 6m 钢管，后每节均采用 6m 钢管。大管棚安装见图 4–30。

（4）大管棚注浆

钻孔安装有孔管棚后及时注浆，采用一孔式注浆形式，注浆浆液为纯水泥浆液，注浆工艺流程见图 4–31。

图 4–30 大管棚安装

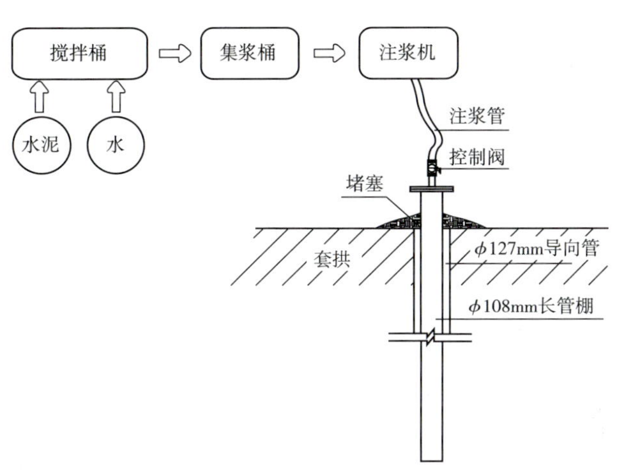

图 4–31 大管棚注浆工艺流程图

（5）施作偶数编号孔

管棚全部注浆完毕后，再进行无孔钢管（偶数编号）的钻孔、安设。利用无孔管作为检查管，检查注浆质量。

（6）注浆效果评价

对注浆加固区进行钻孔取芯，观察注浆充填情况；在进行无孔钢管钻孔时观察孔内涌水颜色及涌水量，如较澄清或夹带水泥渣块，涌水量小于 0.2L/（min · m），则注浆效果较好；如涌水为泥浆颜色或涌水量较大时，应补注浆或重注浆。

2. 超前小管棚施工技术

超前小管棚根据隧道不同地质段采用不同的超前支护形式（图 4–32）。超前小管棚用于陆域和海底风化深槽全风化花岗岩 V 级围岩地段，采用 10m 超前自进式锚杆和 4m 钢花管组合形式，注水泥浆液。超前小管棚用于浅滩全风化花岗岩 V 级围岩地段，采用 10m 和 4m 两种超前钢花管组合形式，注水泥浆液和超细水泥。

图 4–32 所示的超前小管棚的 10m 长导管采用 φ38mm 自进式锚杆，壁厚 8mm，钢管与隧道轴线平行并以 10° 仰角打入拱部围岩，钢管环向间距 60cm。4m 短导管采用外径为 42mm、壁厚 3.5mm 的热轧无缝钢管，钢管前端呈尖锥状，尾部焊上 φ6mm 加劲箍，管壁四周钻 8mm 压浆孔。尾部 1m 不设压浆孔，短导管与隧道轴线平行并以 10° 仰角打入拱部围岩，钢管环向间距 40cm。

图 4–33 所示的超前小管棚采用 φ50mm、壁厚 4.0mm 的热轧无缝钢管，短导管采用外径为 42mm、壁厚 3.5mm 的热轧无缝钢管，钢管前端呈尖锥状，尾部焊上 φ8mm 的加劲箍，管壁四周钻 8mm 压浆孔，尾部 1m 不设压浆孔。施工时，钢管与隧道轴线平行并以 15° 仰角打入拱部围岩，长导管环向间距 60cm，短导管环向间距 40cm。每打完一排钢管注浆后及时开挖拱部及施作径向系统锚杆、钢筋网、喷射混凝土并架设钢拱架，初期支护完成后，在下一设计位置再打另一排钢管注浆。

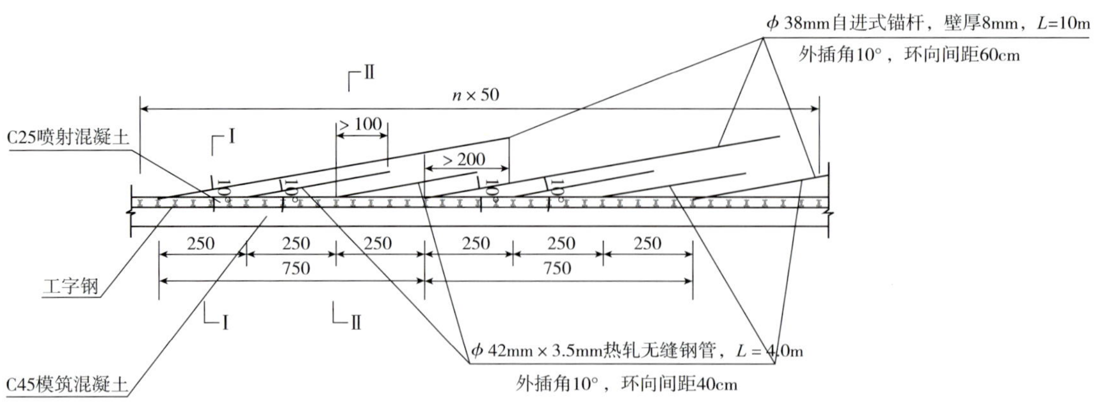

图 4-32　超前小管棚支护形式（尺寸单位：cm）

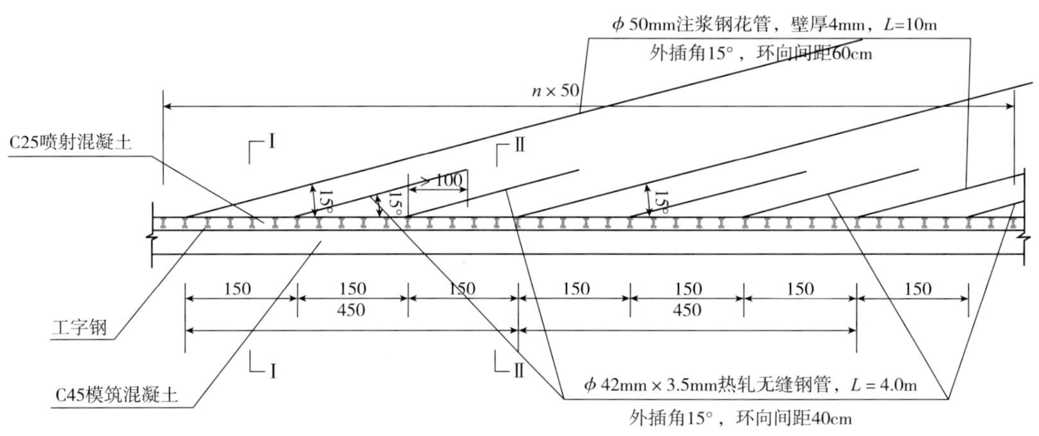

图 4-33　超前小管棚支护形式（尺寸单位：cm）

钢架安装垂直度允许偏差为 ±2°，中线及高程允许偏差为 ±50mm。在钢架上沿隧道开挖轮廓线纵向钻设管棚孔，其外插角以不侵入隧道开挖轮廓线越小越好。孔深以管长为准，孔径比管棚钢管直径大 20~30mm，钻孔顺序由高孔位向低孔位进行。

3. 超前小导管施工技术

超前注浆小导管用于Ⅳ ~ Ⅴ级围岩地段，超前小导管采用长 3m、外径 42mm、壁厚 3.5mm 的热无缝钢管制作，见图 4-34，钢管前端呈尖锥状，尾部焊上 ϕ6mm 的加劲环箍，管壁四周按 20~30cm 间距钻 ϕ8mm 压浆孔，梅花形布置，尾部 1m 不设压浆孔。

图 4-34　超前小导管制作

（1）超前小导管施工工艺流程见图 4-35。

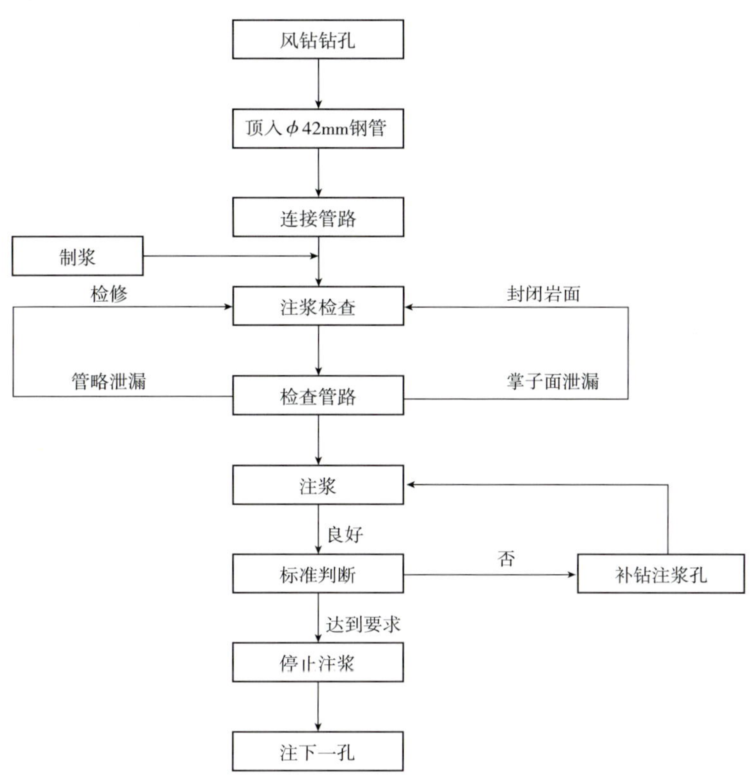

图 4-35 超前小导管施工工艺流程

（2）超前小导管施工技术

①布孔：根据小导管施工开挖断面的中线，沿拱顶外轮廓线中心高程和支距进行布孔放样，并以插钎作为标记控制小导管的间距。

②成孔：先架设方向架，确定打孔方向、位置和仰角，采用风枪打眼成孔，钻孔方向要求顺直，不得弯曲和塌孔等。钢管与隧道轴线平行以 10° 仰角打入拱部围岩，钢管环向间距 40cm。

③插管：安设小导管时要求对准管孔的方向和角度，必要时使用液压或风动推进器将导管推入，并力求导管尾端在同一剖面且外露长度以 30cm 为宜。

④封口：喷混凝土厚 5~8cm，对管尾周围加强封闭。

⑤注浆：每打完一排小导管注浆后，开挖拱部及施作径向系统锚杆、钢筋网、喷射混凝土并架设钢拱架，初期支护。完成后，在设计位置再打下一排钢管并注浆，每排之间搭接长度须大于 1.0m。

在施工中，由于掌子面喷射混凝土封闭厚度不可能太厚，导致小导管注浆压力上不去，浆液扩散半径小，环向间距 40cm 不能保证将小导管周围的土体固结，超前支护的效果不好。同时，在施工中，由于围岩地质较差，每次开挖最多只能进尺 1m，按原设计方案，小导管纵向间距 2.5m 显然不合适。图 4-36 为原设计超前小导管支护图。因此，对以上超前支护技术参数进行调整优化，将小导管长度优化为 3m，环向间距优化为 30cm，纵向间距优化为 1m 一环。经优化后施工，大大提高了超前支护效果，较好地控制住了隧道拱顶局部坍塌。图 4-37 为优化设计超前小导管支护图。

（3）小导管注浆

小导管注浆施工前地质超前预报对小导管注浆参数的确定和效果起重要作用。对围岩除应调查其构造特征外，还应查明围岩强度、胶结程度、颗粒成分、空隙率和物理力学性能；当围岩分层时应查清互层状况、软硬层次、厚薄组合等情况，以便确定注浆方案。注浆前先进行注浆现场试验，注浆参数通过现场试验按实际情况确定。图 4-38 为小导管安装施工。

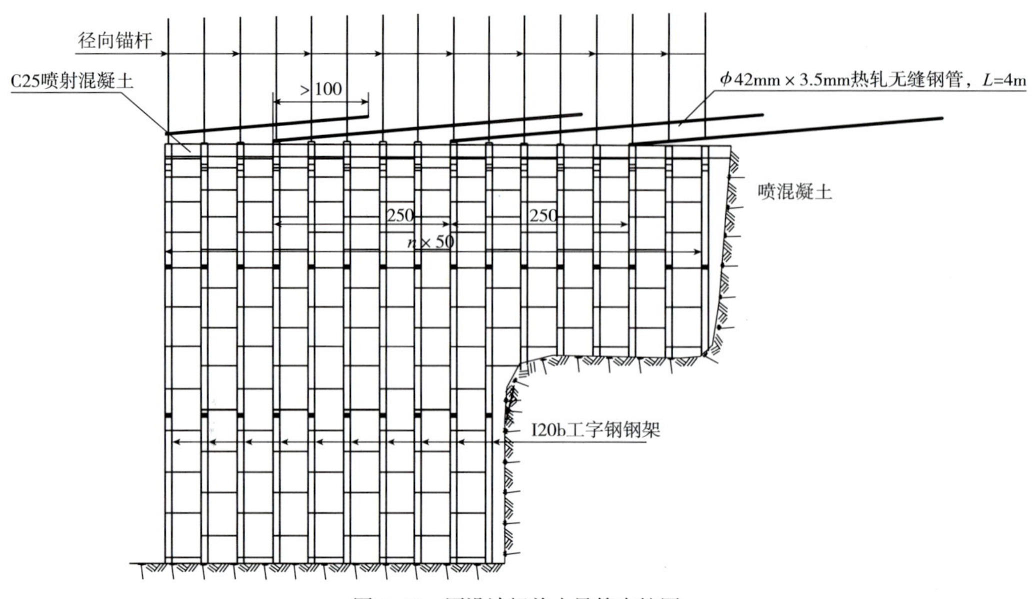

图 4-36　原设计超前小导管支护图

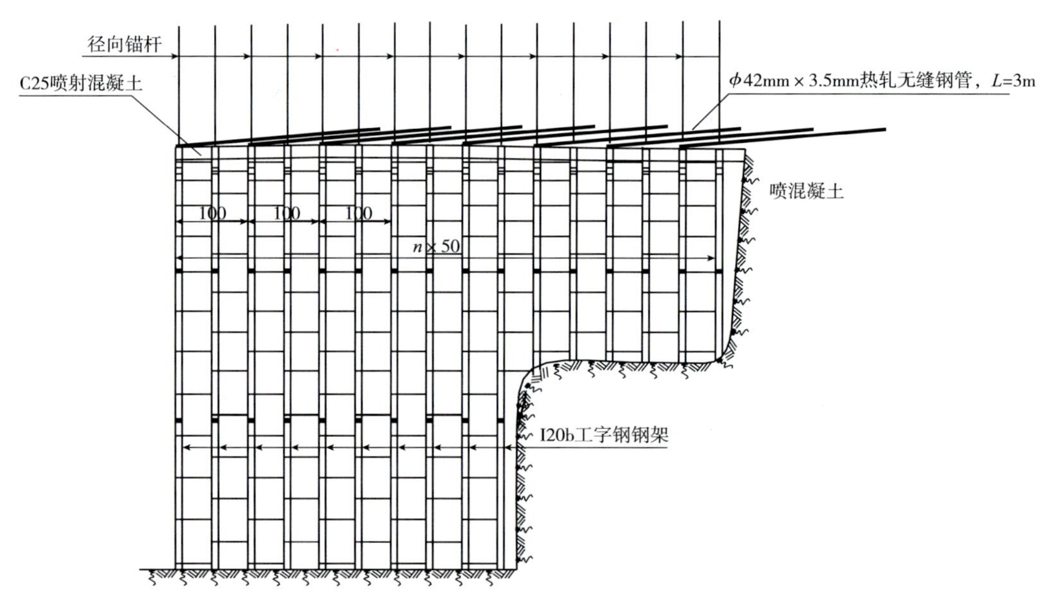

图 4-37　优化设计超前小导管支护图

图 4-38　小导管安装施工图

4. 超前砂浆锚杆施工技术

超前锚杆用于Ⅳ级围岩地下水较贫乏地段及岩脉地段，设计超前锚杆采用 20MnSi ϕ 22mm 砂浆锚杆，锚杆环向间距 40cm，外倾角 8° ~10°，见图 4-39。

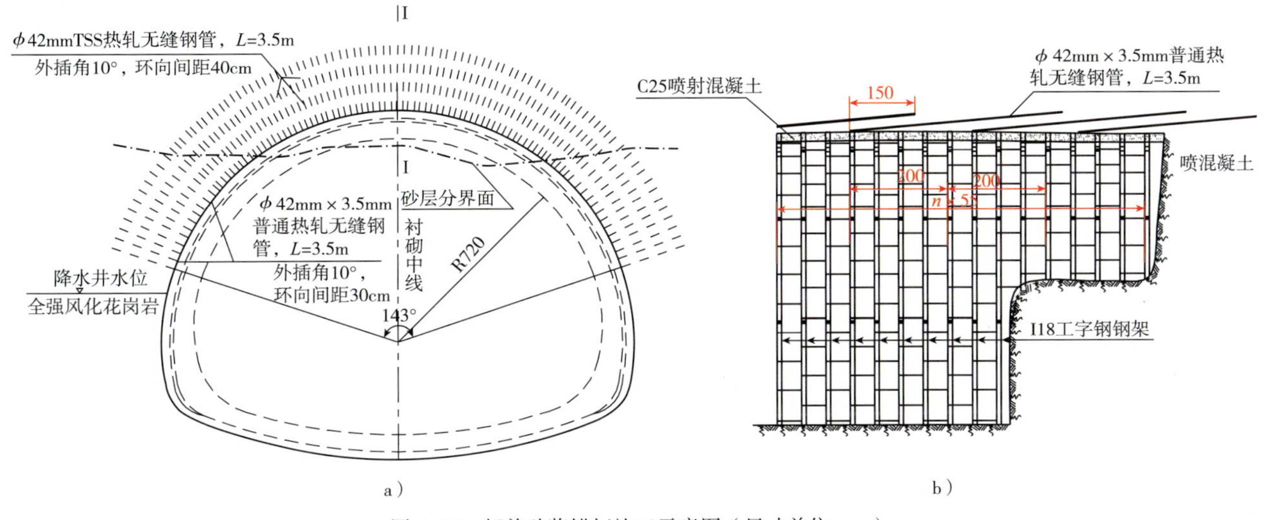

图 4-39 超前砂浆锚杆施工示意图（尺寸单位：cm）

a）行车隧道超前小导管布置图；b）I-I 断面图

二、超前预注浆施工技术

翔安隧道全、强风化地层强度低，地下水极丰富，自稳能力差，对水的浸透作用十分敏感，遇水膨胀，容易发生渗透破坏。采用超前预注浆施工技术，对整个软弱富水围岩地层加固的安全稳定具有十分重要的作用。

1. 加固注浆

分长管棚注浆、周边加固注浆和超前预注浆，主要用在Ⅴ ~ Ⅳ级围岩地段。通过注浆使浆脉周边的风化土体挤密和压实，从而改善风化层的强度和减小渗透系数。同时通过浆脉硬化与土体构成一种复合体，提高土体强度，改善围岩自身承载能力和结构受力条件。图 4-40 为注浆后仰拱开挖施工图。

图 4-40 注浆后仰拱开挖施工图

超前帷幕预注浆采用孔口管注浆，钻孔长 10~30m，孔口管采用直径 76mm、壁厚 4mm、长 4~10m 的热轧无缝钢管，作为止浆和孔口保护。钻孔以 7° ~15° 外插角向前方打入围岩，环向间距 120cm。注浆加固厚度控制在 5.0m，注浆孔全断面布置，注浆压力控制在 1.5~3.5MPa。为保证注浆效果和均匀性，分段进行注浆，即每钻进 10m 为一段进行注浆，直到一孔结束。注浆起讫范围应根据超前水平钻孔进行判定。图 4–41 为风化深槽影响带钻孔注浆图。

图 4–41　风化深槽影响带钻孔注浆图

长管棚和周边加固注浆采用纯水泥浆液注浆，不仅可简化工艺，降低造价，而且注浆效果较好。对于浅滩隧道围岩存在砂砾层地段以及在风化深槽地段，根据出水量的大小决定采用单液浆或水泥–水玻璃双液浆。

2. 止水注浆

当初期支护喷射混凝土表层出现明显集中渗漏水情况时采取注浆止水措施。一般采用水泥–水玻璃双液浆，浆液浓度根据围岩情况加以调整。当围岩裂隙较小，同时地下水水压较大时采用水溶性聚氨酯浆液，浆液的凝胶时间根据现场情况通过调整催化剂用量来调节。

3. 断面注浆

在隧道围岩含水率极大、土体呈流塑状没有自稳能力时，采用断面注浆。先用喷射混凝土或模筑混凝土施作止浆墙，然后在断面按不同的角度进行打孔，注入水泥–水玻璃双液浆，堵塞土体中的渗水通道，固结围岩，达到改良土体的目的。厦门翔安隧道在海底风化槽内和陆域浅埋土石分界段均采用了断面注浆的施工方法。图 4–42 为风化深槽掌子面注浆作业图。

图 4–42　风化深槽掌子面注浆作业图

4. 注浆结束标准

注浆过程中应以反复注入、稀浓交替、压力和浆量控制相结合为原则，一般地段按单管达到设计注浆量作为注浆结束的标准。当注浆压力达到终压 10min 后，进浆量仍达不到设计注浆量时，也可结束注浆。但在海域地段，要求达到两个指标，即达到设计压力和吸浆量小于规定值，且在每一组注浆钻孔注浆结束后，利用一组注浆钻孔检查其注浆效果，要求每孔每延米涌水量小于 0.15L/min。注浆作业中认真做好记录，随时分析和改进施工作业，并注意观察初期支护和工作面状态，保证安全。

5. 断面帷幕注浆施工技术

1）注浆参数

（1）注浆压力的确定

根据设计，注浆压力取静水压力的 3~5 倍，即：

$$P=(3\sim5)P_0 \tag{4-1}$$

式中：P——注浆终压（MPa）；

P_0——渗透地下水压力（MPa）。

在海底风化深槽地段注浆虽然主要采用劈裂注浆和挤密注浆而非渗透注浆，注浆压力从低到高逐渐加压，但注浆压力不易过高，达到设计注浆量即可停止注浆，避免过多地扰动地层。计算得全断面帷幕注浆压力取值为 2.0~4.0MPa。

（2）浆液扩散半径

扩散半径按下式计算：

$$R_e=\frac{r_\omega \cdot g \cdot h \cdot r_e}{2s}+r \tag{4-2}$$

孔隙等效半径 r_e=0.000 045cm，注浆材料凝胶强度 s=9dyn/cm^2，注浆孔半径 r=30cm。计算得到注浆扩散半径为 1.5m。

（3）注浆加固范围

注浆区域应按围岩止水的有效范围进行计算，行车隧道全断面超前预注浆范围为开挖轮廓线外 5m。

（4）注浆孔布置

全断面帷幕注浆孔终孔间距一般为注浆扩散半径的 1.5~1.75 倍，即 $L=(1.5\sim1.75)R$，根据服务隧道土石交界段注浆揭露情况，修正终孔间距定为 2.2m。

（5）注浆速度

浆液在裂隙中的摩擦阻力受裂隙大小、延伸方向和其中存在的填充物有关，同时取决于浆液的密度和黏度。参照达西流体运动方程：

$$v=-cd^2\left(\frac{\rho g}{\mu}\right)\left(\frac{\mathrm{d}h}{\mathrm{d}L}\right) \tag{4-3}$$

式中：cd^2——介质渗透特性函数；

$\frac{\rho g}{\mu}$——流体特性函数。

改变上述方程，简化成单位长度内渗透速度的变化与相应水土压力 h 的变化方程：

$$\mathrm{d}h=\frac{\mu}{-cd^2\rho g}\mathrm{d}v \tag{4-4}$$

$$\mathrm{d}h=\frac{\mu_{cs}}{-cd^2\rho_{cs}g}\mathrm{d}v_{cs} \tag{4-5}$$

对于注浆的浆液而言：

$$h=-\int\frac{\mu_{cs}}{k\rho_{cs}}\mathrm{d}v_{cs}+P_{静} \tag{4-6}$$

上述公式中的 μ_{cs}、ρ_{cs} 应为无量纲值。

经计算，注浆速度可取 5~110L/min，并根据现场作业情况进行调整。

（6）隧道超前帷幕注浆参数

超前帷幕注浆参数见表 4-18。

全断面超前预注浆参数表　　表 4-18

序号	参数名称	参数值	备注
1	径向注浆加固长度（m）	25	—
2	径向加固范围	开挖轮廓线外 5m（主隧道）、4m（服务隧道）	—
3	浆液扩散半径（m）	1.5	—
4	注浆压力（MPa）	2.0~4.0	—
5	注浆孔直径（mm）	ϕ90	—
6	注浆量（L/min）	5~110	—
7	终孔间距（m）	2.2	—
8	注浆方式	分段前进式结合后退式注浆	分段长度 3~5m
9	注浆孔数量	见图 4-43、图 4-44	—
10	C25 混凝土止浆墙厚度（m）	3.0	—
11	孔口管	L=3m，ϕ121mm，壁厚 5mm	—

（7）全断面注浆设计图

F1 风化深槽行车主洞全断面注浆设计图见图 4-43、图 4-44。

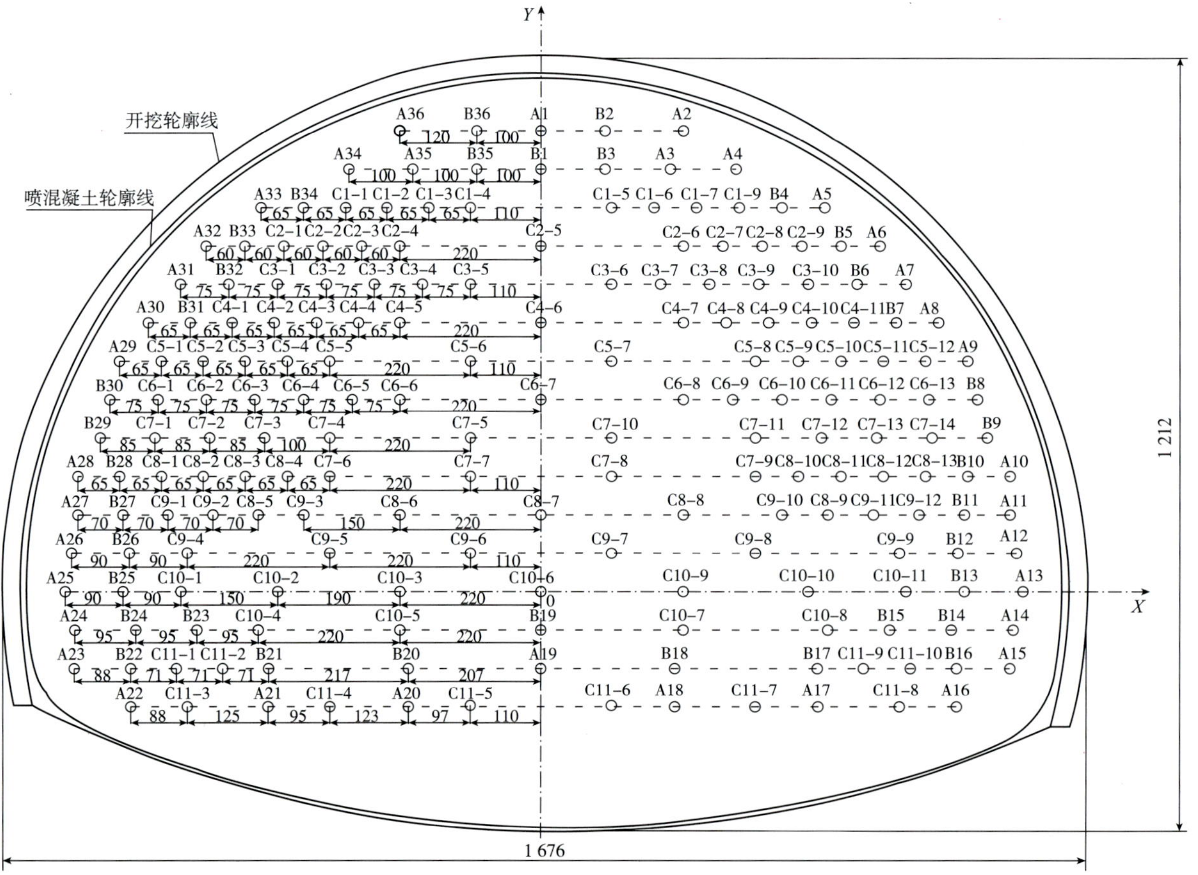

图 4-43　行车隧道全断面注浆开孔图（尺寸单位：cm）

2）注浆材料

根据全断面帷幕隧道注浆堵水要求和本着合理、高效、经济、耐久的原则，注浆堵水材料主要选用普通 32.5 水泥单液浆、超细水泥单液浆（MFC）、普通水泥–水波璃（*C–S*）双液浆和高早强高强度混凝土（HSC）为主。根据前期 TSP 超前地质预报及钻孔地质情况可知，注浆主要为劈裂注浆和挤密劈裂注浆。注浆材料的选择：$P<2$MPa 时以普通水泥单液浆和普通水泥–水玻璃双液浆为主；$P>2$MPa 时以超细水泥浆单液浆和超细水泥–水玻璃双液浆为主。浆液配合比参数见表 4–19。

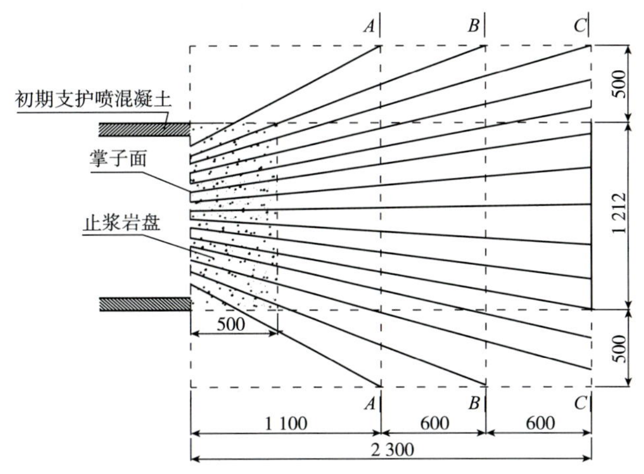

图 4–44 行车隧道全断面注浆纵剖面图（尺寸单位：cm）

浆液配合比参数表 表 4–19

序号	名　称	配 比 参 数		
		水灰比 *W*：*C*	体积比	水玻璃浓度
1	普通水泥单液浆	（0.8~1.1）：1	—	—
2	普通水泥–水玻璃双液浆	（0.8~1.1）：1	*C*：*S*=1：（1~120.3）	35Be
3	超细水泥单液浆	（0.8~1.1）：1	—	—
4	超细水泥–水玻璃双液浆	（0.8~1.1）：1	*C*：*S*=1：（1~0.3）	35Be

3）设备配套

钻孔设备选择 2 台意大利产卡萨 C6 钻机或日本矿研钻机。卡萨 C6 钻机是专门用于隧道钻孔的，该款钻机集功率大、定位快、操作简单、钻进速度快、可钻孔也可注浆多种功能于一身，是保证注浆质量和按时完工的主要硬件措施。全断面超前预注浆选用 6 台 KBY–50/70 注浆机；一套制浆设备。注浆设备配套见表 4–20，双侧壁左上台阶钻孔注浆（图 4–45）。

注浆设备配套表 表 4–20

序　号	机 械 名 称	型　号	数　量	单　位
1	双液注浆泵	KBY–80/70	6	台
2	水泥浆搅拌机	—	6	台
3	自搅拌式储浆桶	—	3	个
4	储水玻璃桶	—	2	个
5	清水桶	—	2	个
6	混合器	T 形	4	个
7	麻丝	—	若干	—

4）施工方法

（1）施工工艺流程

F1 风化深槽超前全断面帷幕注浆施工工艺流程见图 4–46。

图 4-45　双侧壁左上台阶钻孔注浆图

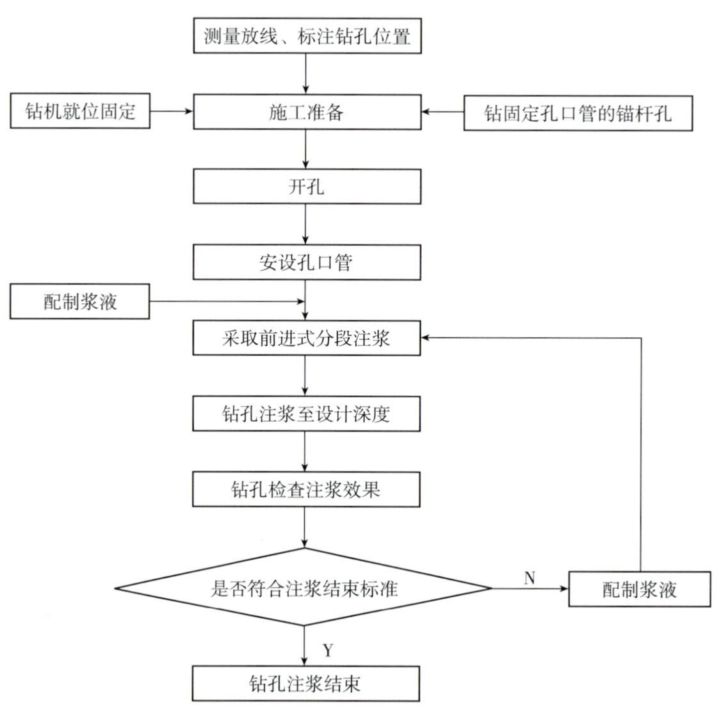

图 4-46　超前全断面帷幕预注浆施工工艺流程图

（2）钻孔注浆施工方法

①施工准备

按设计在掌子面将钻孔位置用红油漆标出，将钻具对准注浆孔孔口位置，调整钻机至钻孔方向与设计钻孔方向一致（即偏角和立角与设计相同），固定钻机。

②开孔

钻机采用低压力、慢钻速，采用 ϕ127mm 钻头开孔，钻深 2m，退出钻杆。

③孔口管安装

孔口管在孔口管距法兰盘端部 30cm、60cm 处缠绕棉纱两道，孔内放入环氧树脂锚固剂或水泥-水玻璃双液浆，将孔口管顶入孔内，用螺栓固定。

孔口管安装及防突装置采用法兰盘球阀装置进行控制。

④钻孔注浆

a. 采用前进式分段注浆，注浆孔前段安设 ϕ121mm×5mm 套管。套管段采用 ϕ127mm 钻头成孔，后续注浆段采用 ϕ90mm 钻头成孔。

b. 通过孔口管钻进 5~10m 后，停止钻孔，进行注浆施工，之后每钻进 3~5m，再注浆，如此循环下去，直至完成该孔的钻孔及注浆施工。

c. 注浆顺序：按从下向上，从里向外（后退式注浆），或从上向下，从外向里（前进式注浆）的顺序进行注浆。

按从上向下的顺序注浆，是因为地下水补给来源于海水，从上向下注浆可先切断地下水补给源，为下一步注浆打下良好基础。按从外向里的顺序进行注浆，先进行外圈注浆形成外圈加固层，再进行内圈注浆，可在一定程度上使内圈浆液留在加固圈内，提高内圈注浆利用率，同时为保证内圈注浆质量，内圈注浆可适当加大注浆压力。

d. 注浆方式：成孔注浆采用前进式分段结合后退式注浆。前进式注浆为：套管安装完成后，每钻进 3~5m 即开始注浆，注浆达到设计要求后开始下一阶段钻孔注浆。如钻孔时孔内涌水量较大或出现坍孔等情况，可改用后退式进行注浆。实际操作孔深 15m 前可采用前进是注浆，大于 15m 采用后退是注浆，既可以提高注浆效率，加快施工进度，同时后退式注浆因浆液首先到达孔底，由孔底向孔口倒退，注浆压力也由孔底向孔口递减，所以孔底压力大，有利于保证孔底注浆效果，从而解决注浆随深度增加而注浆效果衰减的问题，保证全程注浆效果。

e. 注浆效果检查：注浆效果检查采用钻检查孔法。根据注浆状况，确定检查孔位置，检查孔数量按照注浆孔数量的 15% 确定。对检查孔进行钻孔检查，检查孔钻深为开挖段长度以内并预留 3m。根据检查孔涌水量及强度来决定是否须补设注浆孔。如果每孔每延米涌水量大于 0.15L/min，或局部孔涌水量大于 3L/min 时追加钻孔注浆，再次压注直到达到设计要求为止。

6. 大管棚加固施工技术

（1）管棚工作室

大管棚施工是一种精度较高的施工工艺。图 4–47 为全断面帷幕注浆作业面。厦门翔安海底隧道洞内大量采用大管棚施工，较洞口施工大管棚最大的区别在于洞内空间狭小，大管棚支护是在开挖轮廓线外进行支护，所以在洞内施工大管棚必须对洞室进行扩挖，即施工管棚工作室。

图 4–47　全断面帷幕注浆作业面

F1 风化深槽的管棚工作室施工方法有两种：第一种是在进入风化深槽前对已开挖岩石段进行扩挖；第二种是进入风化深槽内部后在开挖过程中直接对作业面进行扩挖。扩挖洞室支护情况见图 4-48。

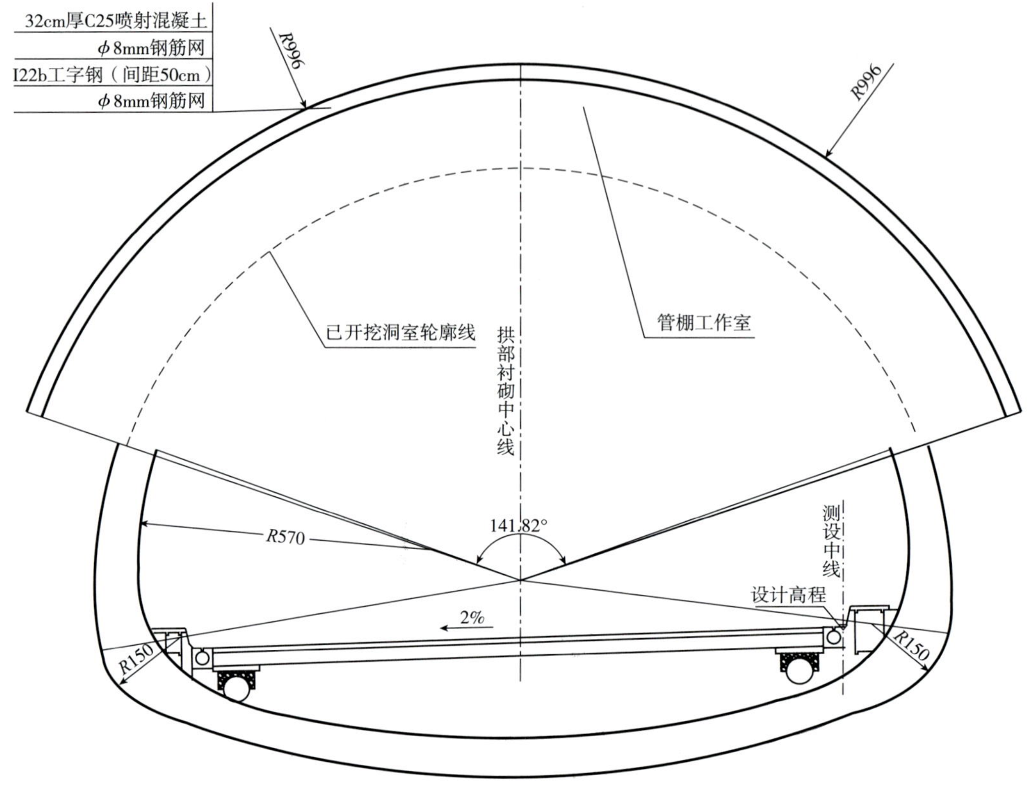

图 4-48　扩挖洞室支护图（尺寸单位：cm）

（2）大管棚设计参数

大管棚采用 L=25~40m、ϕ =108mm、δ=6mm 的无缝钢管，节长为 2.5~3.5m，中间丝扣连接。管棚在隧道拱腰以上，沿开挖轮廓线布设，管棚环向间距 30cm，共计 35 根，外插角 5°，在每 50cm 管棚上钻设 ϕ 8mm 的溢浆孔 4 个，外加贴片加工成 TSS 管，梅花形布孔，最先装入的一节管棚前端做成尖锥形，以利于下管。表 4-21 为大管棚设计参数表。

大管棚设计参数表　　表 4-21

序　号	参 数 名 称	参 数 值	备　　注
1	管棚长度（m）	25~40	—
2	管棚规格（mm）	ϕ 108、δ=6	管棚上钻溢浆孔
3	每节长度（m）	2.5~3.5	—
4	环向间距（cm）	30	—
5	管棚个数（根）	35	—
6	注浆终压（MPa）	2~3	—

采用地质钻机钻设 ϕ 135mm 的孔，安装 ϕ 130mm、长度为 2m 的导向管，然后从导向管中钻 ϕ 120mm 钻孔，到设计深度后退出钻杆，安设 ϕ 108mm 大管棚，管棚布设完成后，对管棚进行全孔一次性注浆，注浆材料为超细水泥单液浆，浆液配合比为 $W:C$ =（0.6~0.8）：1，注浆终压 2~3MPa。

（3）大管棚施工工艺

厦门翔安海底隧道风化槽大管棚施工工艺流程见图 4-49。

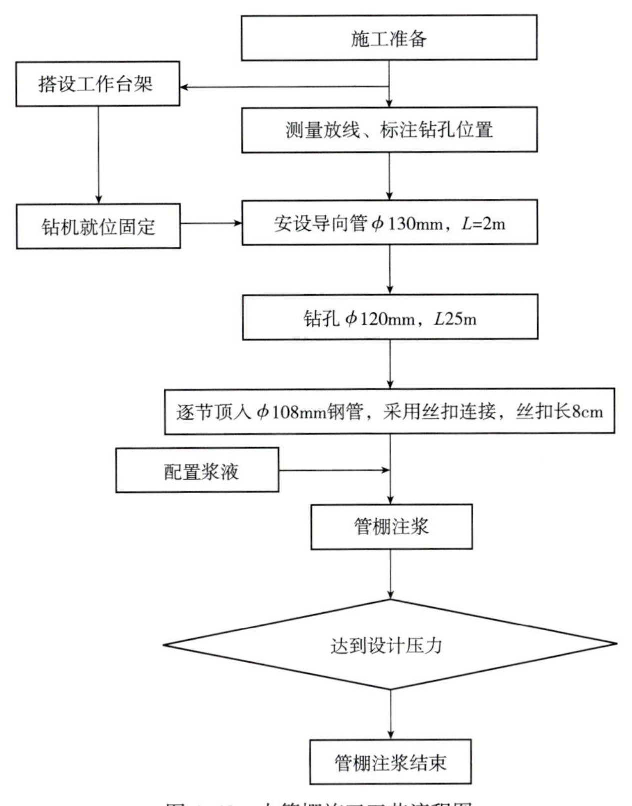

图 4-49 大管棚施工工艺流程图

（4）机械设备配备

F1 风化深槽大管棚施工机械设备配套见表 4-22。

大管棚施工设备配套表 表 4-22

序号	机械名称	型号	单位	数量	备注
1	水平地质钻机	ZDY1500	套	2	—
2	双液注浆泵	KBY50/70	套	2	—
3	水泥浆搅拌机	自购	台	2	容量≥ 300L
4	自搅拌储浆桶	自制	个	1	储存水泥浆
5	储浆桶	自制	个	4	储存水玻璃
6	清水桶	自制	个	2	容量≥ 100L
7	混合器	T 形	个	1	储存水泥浆
8	高压注浆管	—	m	100	与注浆泵配套购置
9	防振压力表	—	个	4	与注浆泵配套购置
10	钻杆	φ63.5mm	m	50	每台钻机
11	冲击器	CIR120	个	6	—
12	冲击钻头	φ120mm	个	4	—
13	取芯钻头	φ135mm	个	4	—
14	岩芯管	φ135mm	m	10	—

（5）F1 风化深槽大管棚施工设计

F1 风化深槽大管棚施工开挖布置图如图 4-50 所示，纵剖面图见图 4-51。

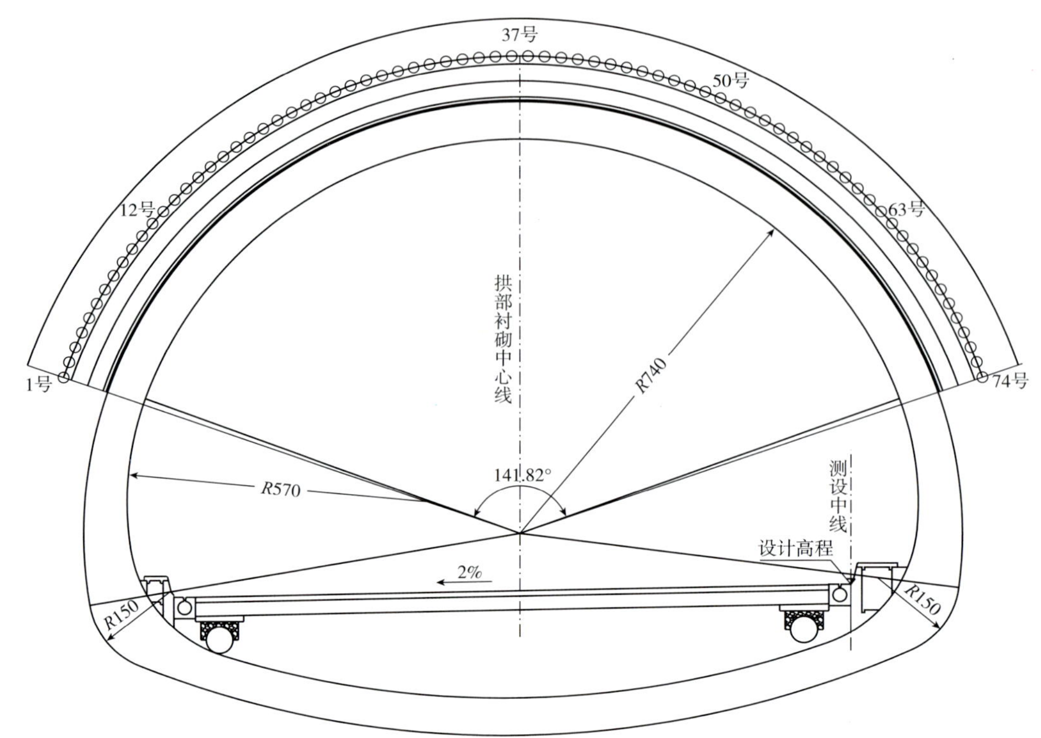

图 4-50　大管棚施工开挖布置图（尺寸单位：cm）

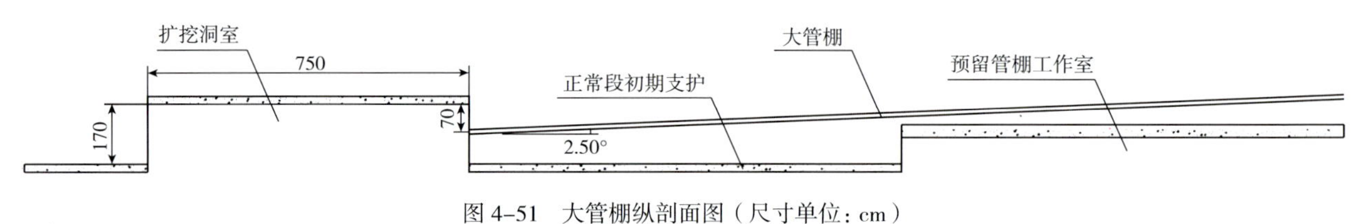

图 4-51　大管棚纵剖面图（尺寸单位：cm）

第三节　初期支护体系施工技术

一、钢拱架的制作与安装

钢拱架集中制作，现场安装。制作时应把好工字钢弯制弧度和连接板角度的质量关，焊接质量要求达到设计及规范相关要求；安装按测量尺寸架立并根据地质情况及围岩监控测量的结果留够预留变形量，防止出现侵限现象。图 4-52 为钢拱架制作，图 4-53 为钢拱架安装。

二、钢筋网片的制作与安装

钢筋网片集中制作，现场安装。制作时要确保钢筋质量及加工尺寸，安装时应注意钢筋网的搭接长度及其与钢拱架之间要焊接牢固。双层钢筋网应分两次施工，第一层钢筋网施工完成后即开始进行喷射混凝土施工，喷到第二层钢筋网位置时停止喷混凝土施工，进行第二层钢筋网片安装，安装完后再继续进行喷射混凝土施工，直至满足设计厚度。图 4-54 为钢筋网制作，图 4-55 为钢筋网片分层施工。

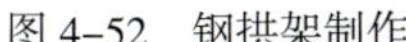
图 4-52 钢拱架制作

图 4-53 钢拱架安装

图 4-54 钢筋网制作

图 4-55 钢筋网片分层施工

三、喷射混凝土施工

导坑开挖后，为有效减少和防止围岩变形，必须立即进行混凝土初喷施工，初喷厚度一般为3~5cm。喷射混凝土采用潮喷工艺，严格按设计配合比配料、拌和；混合料在运输、存放过程中，严防雨淋、滴水及杂物等混入，装入喷射机前过筛。

喷射作业应按分段、分片、自下而上、先墙后拱的顺序及时实施，复喷每段长度不宜超过 6m。喷射作业时，喷嘴垂直受喷面作反复缓慢螺旋形运动，螺旋直径 20~30cm，同时与受喷面保持一定的距离，一般可取 0.8~1.0m。若受喷面被钢筋网或格栅钢架覆盖时，可将喷头稍加倾斜，但不小于 70° ，以保证混凝土喷射密实，保证钢支撑背面填满混凝土，黏结良好。图 4-56 为喷射混凝土作业。

喷混凝土分次施喷完成，第一层钢筋网安装后进行第一次喷射混凝土施工，待第二层钢筋网安装好后再复喷至设计厚度。后一层在前一层混凝土终凝后进行，若终凝 1h 后再喷射时，先用风水清洗喷层面。

四、锁脚锚管

足够数量的锁脚锚管与钢拱架焊接在一起才能起到锁脚承载的作用。在初期支护仰拱尚未封闭前，钢拱架将受到的围岩压力直接传递到拱脚上，软弱围岩在拱脚基底承载力不足时，将使上部结构整体下沉。锁脚锚管是将钢架悬挂在软弱围岩上，起到减缓初期支护钢架下沉的作用。在海底隧道设计文件中仅设置锁脚锚杆，没有设置锁脚锚管。经围岩监控量测数据表明，设置锁脚锚杆的钢架，其下沉量较大，我们根据现场实际情况，由锁脚锚杆变更为锁脚锚管，从而有效地控制了钢架下沉。图 4–57 为锁脚锚管。

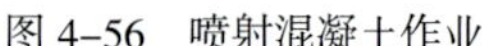
图 4–56　喷射混凝土作业

图 4–57　锁脚锚管

施作锁脚锚管前后的位移对比见表 4–23。加锁脚锚管后，左、右导洞拱顶下沉分别减小 17.3% 和 16.8%，水平收敛减小了 6.5% 和 5.9%。这表明采用锁脚锚管可以减小拱顶下沉，水平收敛也明显减少。

施作锁脚锚管前后位移对比　　表 4–23

施作前后＼位移	拱顶下沉（mm）		水平收敛（mm）	
	左导洞	右导洞	左导洞	右导洞
锁脚锚杆	120.2	132.6	150.2	145.5
锁脚锚管	99.4	110.3	140.4	136.9

五、临时侧壁支撑

设计双侧壁工法主拱采用 I20b 工字钢，侧壁临时支撑的钢架采用 I18 工字钢。在施工中，发现导洞的横向收敛变形较大，并且整体向侧壁方向位移。经分析，原因在于侧壁临时支撑钢架较主拱钢架相对较小，构造物如果发生位移，位移方向一定是向相对较弱的一方。经与设计驻地代表组商讨，将临时支撑钢架优化为 I20b 工字钢。经观测，初期支护收敛变形和位移明显减小，加强临时支撑前后位移对比见表 4–24。

加强临时支撑前后位移对比　　表 4–24

施作前后＼位移	拱顶下沉（mm）		水平收敛（mm）	
	左导洞	右导洞	左导洞	右导洞
变更前	118.9	200.2	145.0	169.6
加强临时支护后	105.6	187	140.4	142.5

六、拱背回填注浆

拱背回填注浆可有效减少围岩变形。每个导洞仰拱封闭后要及时进行拱背回填注浆，回填注浆管不宜过长，以穿透喷射混凝土层、进入土层 20cm 为宜，注浆压力控制在 0.6MPa 以内。图 4–58 为双侧壁导坑法拱背回填注浆布置图。

回填注浆必须在各部仰拱封闭成环后进行，防止在未封闭成环前注浆压力对初期支护结构产生影响。注浆管安装顺序为打孔→插入→锚固安装导管；注浆施工顺序为先下后上，即从仰拱到拱部注浆管从下至上逐一进行注浆。

双侧壁导坑法拱背回填注浆：拱部采用 ϕ42mm×3.5mm 的热轧无缝钢管，单根长 1.0m，间距 2.0m×2.0m；仰拱采用采用 ϕ42mm×3.5mm 的热轧无缝钢管，单根长 2.5m。图 4–59 为拱顶小导管注浆加固作业。

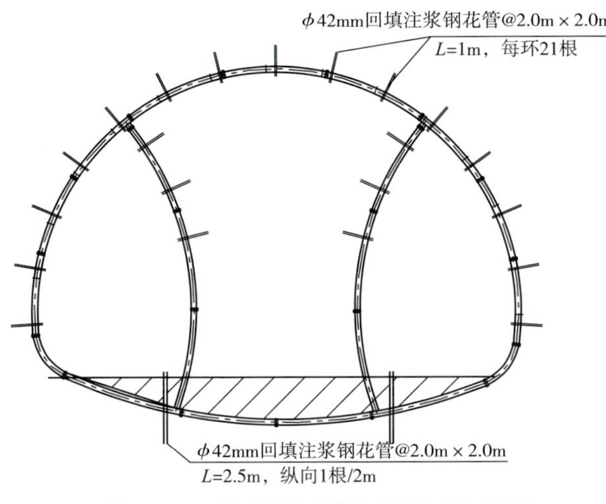

图 4–58　双侧壁导坑法拱背回填注浆布置图

图 4–59　拱顶小导管注浆加固作业

注浆参数：

（1）采用纯水泥浆液，水泥浆水灰比：1∶1.5~1∶1.8。

（2）注浆压力：仰拱 0.5~1.0MPa，拱部 0.3~0.5MPa。

七、临时支撑拆除

初期支护全环封闭后，围岩变形已基本稳定，依据围岩量测结果（每天变形量小于 0.5mm），临时支撑可拆除。

拆除临时支撑时注意事项：双侧壁工法施工安全的关键问题是拆除中壁。在这一作业施工管理中，重要的是判定侧壁拆除时间和侧壁拆除后的安全性；要根据监控量测数据和分析结果，以侧壁拆除前的拱顶下沉量（一般每天下沉量小于 0.5mm）净空收敛值来确定，以及侧壁拆除中和侧壁拆除后的拱顶下沉增量（不大于 6mm）作为管理基准。图 4–60 为双侧壁临时拱架拆除施工图。

图 4–60　双侧壁临时拱架拆除施工图

1. 拆除顺序

利用大型挖掘机的破碎锤击碎临时支撑的喷射混凝土。双侧壁法临时支撑拆除顺序见图 4–61；双侧壁法临时支撑拆除流程见图 4–62，每 10m 为一个循环，拆除完成后进行下一循环的拆除。

图 4–61　双侧壁法临时支撑拆除顺序图

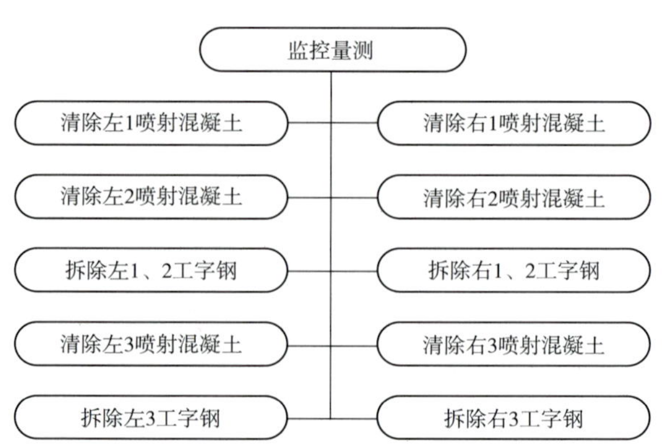

图 4–62　双侧壁法临时支撑拆除流程图

在临时支撑全部拆除完毕后，临时支撑和主拱架连接处的处理在挂设防水板前，凿平凸凹不平处，进行喷射混凝土施工，或在拆除完毕后，利用脚手架对连接凹凸处进行处理。

拆除后，应尽快安排该段仰拱混凝土施工，以确保结构安全。

2. 拆除机具

大型挖掘机：利用大型挖掘机的锤击破临时支撑喷射混凝土，辅助人工拆除。图 4–63 为人工配合拆除临时拱架。

图 4–63　人工配合拆除临时拱架

利用 ϕ42mm 钢管脚手架、氧气焊拆除工字钢，用 VOLVO 自卸运输车运输凿除下来的喷射混凝土块和拆除下来的工字钢。

3. 双侧壁临时支撑人员组织

双侧壁临时支撑人员组织见表 4–25。

双侧壁临时支撑人员组织　　表 4–25

工　班	人　数	职　　责	备　注
拆除工班 2 个工班	各 6 人	工班长 1 人：负责拆除现场指挥工作	—
		安全员 1 人：负责拆除现场安全工作	
		挖机驾驶员 1 人：负责挖掘机凿除混凝土工作	
		工人 3 人：配合挖机凿除混凝土及拆除拱架	
运输工班 2 个工班	各 4 人	负责运输混凝土块和拱架	—

八、安全措施

（1）临时支撑的拆除应以洞内监控量测的数据为依据，没有达到稳定的地段坚决不允许拆除。

（2）拆除现场要有专职安全员负责安全工作。

（3）现场设置安全警示标志，提醒操作人员及过往人员注意安全。

（4）拆除现场设置安全防护网，防止坠物伤人。

（5）高空作业要佩戴安全带等防护装置，防止高空坠落。

（6）在凿除混凝土和拆除拱架时，拱架两侧禁止人、车通行。

（7）准备应急抢险物资，如长原木、ϕ150mm 钢管、I20b 工字钢，以备急用。

（8）每次拆除长度不宜过多，以 10m 为限，在拆除过程中，要加强监控量测工作，如发现初期支护变形过大，应立即停止拆除，采取加固措施，以防坍塌。

（9）拆除时，工字钢要用绳子慢慢往下放，注意保护洞内线路，防止工字钢挂断电线，发生事故；拆除时，人员、机具要在安全地段，防止坠落下来的工字钢和混凝土块伤人、砸坏机具。

在拆除过程中设有专职安全员观察拱架变形，测量人员每天进行监控量测，及时、反馈测量数据，做出是否继续拆除的判断；在拆除过程中发现拱顶下沉量增大，初期支护变形过大，影响到支护安全时，应立即停止拆除并进行加固。安全加固办法：

①在变形处增加 I20b 工字钢横支撑、竖支撑，以防止侧壁钢拱架变形倾限。尺寸布置为：在变形处两边各 2m 范围内呈整环。图 4-64 为双侧壁法支护大变形时 I20b 工字钢加固及注浆管布置示意图。

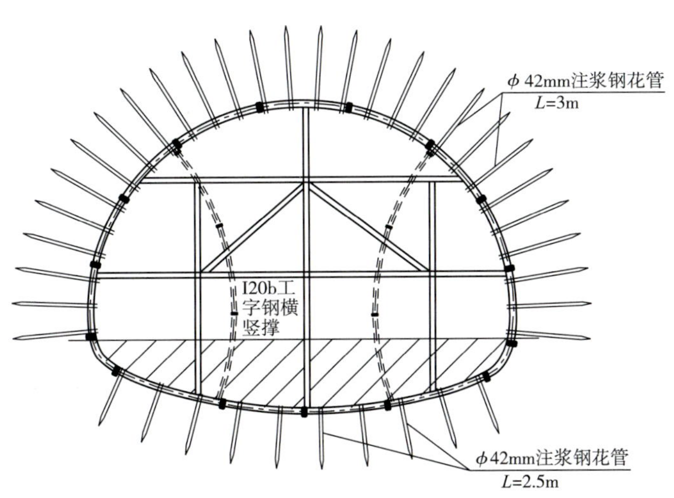

图 4-64 双侧壁法支护大变形时 I20b 工字钢加固及注浆管布置示意图

②变形处施作 3m 长、ϕ42mm 的注浆钢花管，距离为环距 1m，呈梅花形布置。

③在仰拱打 2.5m 长注浆钢花管，距离为环距 1.5m，呈梅花形布置，进行注浆加固，加固及注浆管布置见图 4-65。

④加快二次衬砌速度，使二次衬砌及时跟进，尽快将变形处两边先行衬砌。

⑤初期支护倾限地段应凿除喷射混凝土层，拆除钢拱架，重新进行初期支护。支护后，再进行二次衬砌施工。

九、经验体会

（1）超前地质预报是确定及修正施工方案的可靠依据。

（2）超前支护是减少拱部坍塌的有效手段。在双侧法施工中，超前支护和超前支护施工质量，直接影响到隧道开挖的安全性及对拱部超挖的控制。

（3）锁脚锚管要有足够的数量并和钢拱架焊接在一起才能起到防止拱架受力后下沉的作用。

（4）上部钢架的拱脚基础必须采用钢板或混凝土块垫实，防止钢架变形或下沉。

（5）施工操作手应定岗、定位，定时、定量完成作业，严格现场交接班制度，紧凑工序衔接，使导坑及时封闭成环，以减少初期支护变形。

（6）开挖后及时进行围岩监控量测，根据量测结果及时调整预留变形量。

（7）仰拱封闭后及时进行拱背回填注浆。

（8）侧导洞结构中，初期支护作为施工支护的主要手段，当位移量过大时，及早加设横向钢撑或木撑。

第四节　步序步长施工技术

按设计，双侧壁工法分为左、中、右三个导洞，左、右导洞在地质条件允许的前提下，可一次开挖，每次进尺 1~2m，左右相隔 3~5m，中导洞分为上下两个台阶，施工中结合工程地质实际情况，采取了双侧壁工法步序步长优化施工技术。图 4–65 为双侧壁工法施工工序图。掘进时由开挖面向后依次开挖，形成平行作业。掘进时各部间距 5m 为宜，开挖面与仰拱的距离不大于 15m。左右导洞的施工步距：左右导洞作业相对独立，调度得当将互不干扰，若有干扰也只是作业土体的扰动是否对称，实施过程中根据监控量测的信息反馈，及时对左右导洞的步距进行调整。中导洞与两侧洞之间的步距：中导洞与左右导洞之间的步距以不影响左右导洞的开挖为宜，其拱部掘进应在左右导洞的仰拱封闭成环后进行。中导洞开挖：中导洞的拱部、仰拱的掘进，初期支护循环进尺以 1.5~2.0m 为宜，根据现场的地质情况确定；各步距以形成平行作业、减少干扰为原则。图 4–66 为各掌子面之间的步长示意图，图 4–67 为小型挖掘机开挖，图 4–68 为双侧壁导坑法施工工程序图。

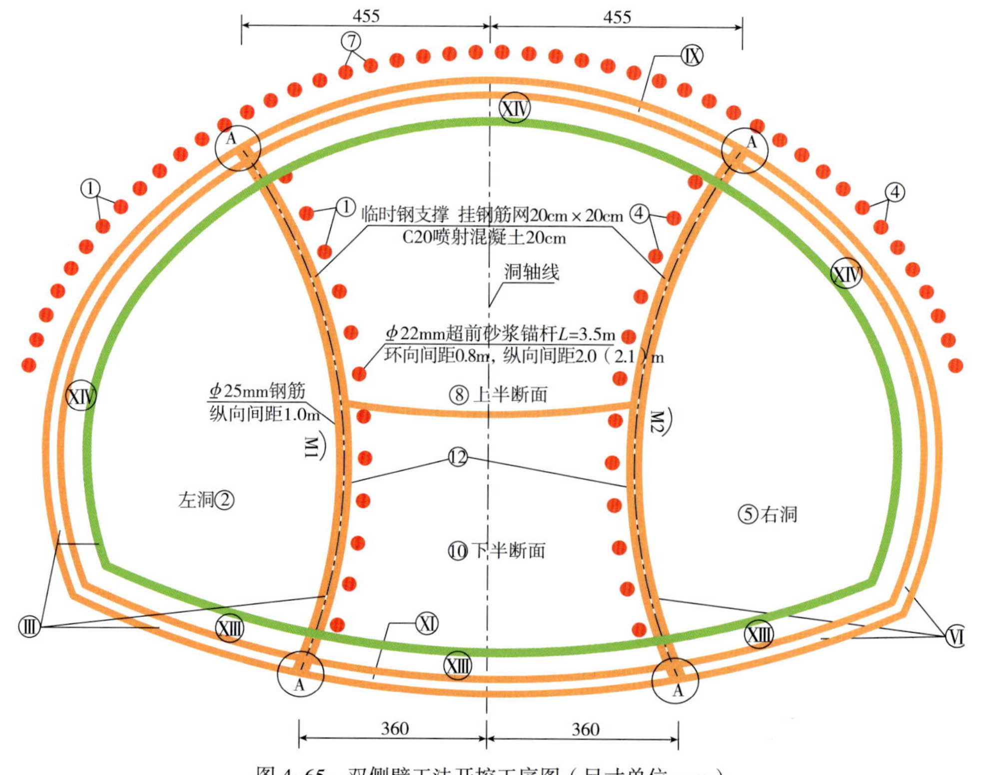

图 4–65　双侧壁工法开挖工序图（尺寸单位：cm）

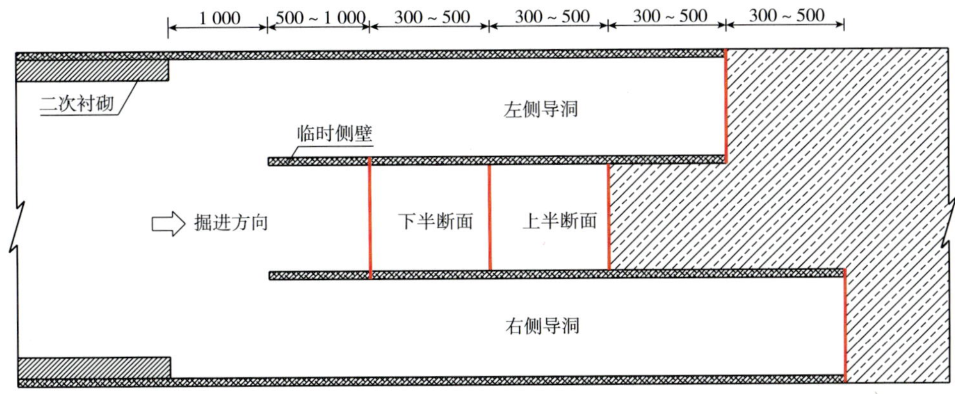

图 4-66 各掌子面之间的步长示意图

图 4-67 小型挖掘机开挖

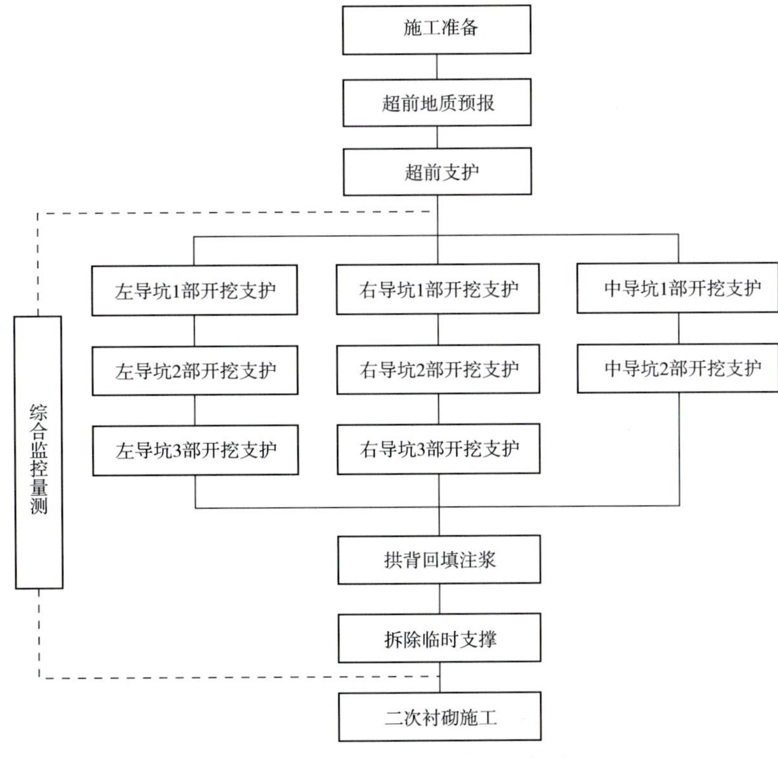

图 4-68 双侧壁导坑法施工程序图

第五节　洞身开挖降排水施工技术

陆域浅埋富水段围岩软弱松散，自稳能力差，初期支护沉降变形大。海底隧道纵断面线形呈V字结构，两端为反坡施工，坡度为 -2.86%，掌子面易积水，围岩泡水后软化造成坍塌。陆域段主要为全强风化岩，在伴有地下水的情况下，岩层软化成泥状，将沿开挖后的掌子面挤出而造成涌泥。由地下水而引起的隧道初期支护严重变形、坍塌，突泥涌水将会带来隧道顶部地表沉陷，从而造成地表建筑物严重损毁。翔安隧道开挖施工防排水的主要技术措施是“截、堵、排、改”四字方针。

截：就是在洞口及洞顶设立截水沟，将地表水拦截在隧道影响范围之外，阻止地表水流入或渗入隧道，给开挖施工带来影响。

堵：就是采用周边注浆的方法，在隧道四周形成一道隔水墙，或是采用地下连续墙的方式，将水阻隔在隧道之外。

排：就是利用各种抽水设备，将隧道内的水抽排出去，翔安隧道主要采取了隧道内的多级泵站抽水、洞内真空抽水、地表降水井降水三种方式。

改：就是利用注浆或地表旋喷桩的方式来改良土体，使其达到开挖要求。

一、洞外截水沟施工技术

1. 洞口截水沟

翔安隧道五通端引道段路堑长约 140m，其汇水面积约为 1.5hm^2，隧道进口端雨水设计流量为 939.2L/s，939.2L/s × 3 600s/h × 1m^3/1 000L=3 381.12m^3/h。图 4-69 为洞口截排水沟施工。

图 4-69　洞口截排水沟施工图

考虑洞内排量 3 381.12m^3/h+105m^3/h+220m^3/h=3 706.12m^3/h

洞口与地面最大高差为 10.4m。需 5 台 800m^3/h，扬程为 14m 的排污泵，考虑水泵的工作负荷过大易损坏等因素，备用 2 台，共计 7 台 800m^3/h 排污泵。

洞口设置三道截水沟（100cm 宽），截水沟的排水坡度 2% 与路基横坡相同。

截水沟采用 30cm 厚 C25 混凝土浇筑，6cm 厚铸铁水箅利用膨胀螺栓和混凝土连接牢固并用混凝土抹平。截水沟端部均设置沉砂井，根据水量大小有 1.0m × 1.0m、1.0m × 2.5m、0.6m × 0.6m 等规格，井深有 1.5m、2.0m、2.39m 几种。沉砂井之间通过路基边沟铸铁管连通，将污水排入洞口集水池。

2. 洞顶截水沟

在洞口坡顶上方外 5m 左右设置宽 1m 的截水沟，浆砌片石砌筑，见图 4–70 洞顶石砌排水沟施工图，防止地表水冲刷。

图 4–70 洞顶石砌排水沟施工图

3. 洞顶沿线防水措施

因翔安隧道五通端陆域段属于浅埋 ~ 超浅埋隧道，地表水对隧道开挖施工影响较大，故在该段施工中，要对地表水进行处理，处理措施如下。

（1）在隧道沿线两侧设置截水沟，并经常清除沟内杂物，防止地表水渗入。

（2）在洞顶沿线较低洼易积水的地方，采用土石方填平。图 4–71 为洞顶沿线排水沟。

图 4–71 洞顶沿线排水沟

二、浅埋段堵水施工技术

1. 周边帷幕注浆技术

在地下水较丰富地段，采用大管棚或超前小管棚，周边帷幕注浆，将水堵在隧道开挖范围 4~5m 之外。通常采用的是水泥–水玻璃双液浆，注浆压力为 0.7~1.0MPa。

2. 地下连续墙堵水技术

在地下水丰富且水源补给充足的浅埋隧道施工地段，首先采用地下连续墙止水，切断地下水的补给通道，并通过降水井疏干土层中的水，使该区域满足隧道施工要求，消除隧道施工时产生突水、涌水和坍塌的安全隐患。

地下连续墙应根据隧道围岩透水层的位置来布置，在隧道开挖轮廓线外5m的位置垂直方向穿过透水层，深度进入隔水层4.0~6.0m，防止地下水从连续墙底部绕流进入帷幕区内，见图4–72。

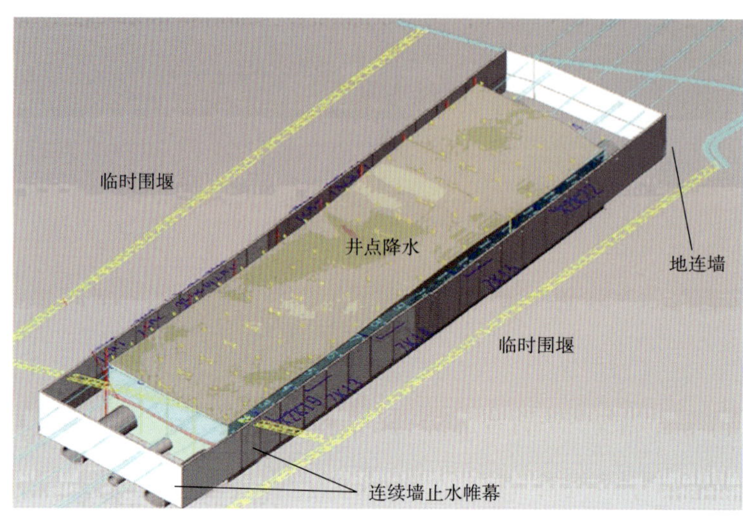

图4–72　地下连续墙示意图

连续墙施工工艺流程：

场地平整→测量放线→钢筋混凝土导墙施工与养护→槽段划分→泥浆制备→钻设导孔→冲抓成槽→浇筑混凝土→泥浆循环→弃土倒运。

三、隧道抽排水及井点降水施工技术

1. 洞内明水的抽排

隧道洞内明水主要来源有隧道围岩渗水、涌水和施工用水。其中，围岩渗涌水占绝大部分。在施工中，根据出水量来确定集水池（坑）的密度和抽水机械的功率。翔安隧道五通端陆域浅埋段按150m一个集水池布置，25kW水泵，多级泵站接力往外抽排水。

2. 洞内轻型真空井点降水

洞内轻型井点降水多用于渗透性较好的富水地层或受作业空间限制的地下工程施工，这种方法是通过降低工作面地下水位，在干燥或少水条件下施工。

该工法由集水管路和真空射流泵组成轻型井点降水系统。翔安隧道真空射流泵采用JSJ60型，集水管路由ϕ127mm钢管总管和ϕ42mm钢花管井点管及软式透明弹簧软管组成。一台射流泵最多可带30个井点管工作，布设距离长达60~90m，视地层含水率情况和作业空间大小而定，一般带6~10根井点降水管，井点管布置间距以2~3m为宜，距离支护结构50cm左右。当井点管长度大于4m时，可分节下管，通过丝口连接。保证真空降水效果井点管下端的滤管加工精度和各环节的密封至关重要。施工中根据实际地层情况亦可考虑在上台阶两侧拱脚处设5~10m的超前井点降水管，一定程度上能实现短距离超前降水。图4–73为洞内真空降水管。

3. 地表深井降水

深井降水多用于渗透性较好的富水地层施工，通过地表向下打深井降水，降低工作面地下水位，在干燥或少水条件下施工。

降水井采用ϕ200mm PVC管，井壁填充滤料采用5~10mm的豆石。井纵向间距5~10m，沿隧道两侧布置。在有地下连续墙地段的降水井，应在连续墙内密布。井深比隧道底部再低2~3m。

图 4–73 洞内真空降水管

（1）降水井施工工艺流程

井点放线→钻机就位→冲击钻孔→孔内循环→下放滤管→管壁投放滤料→洗井→安装潜水泵和供电设备→铺设排水干管→试抽→降水运行。

（2）降水井施工要点

①成孔：成孔采用冲击钻机，孔径 ϕ200mm。

②下滤管：成孔后下滤管，滤管采用特制的 PVC 管，上下管连接要紧密，下管时要垂直居中。

③滤料：滤料采用 5~10mm 的豆石，回填时要求从井口四周均匀回填，防止将井管挤偏，井口地面以下 1.0m 范围内最好采用黏土回填，防止地表水流入井内。

④抽水：用潜水泵抽水，水泵下至距井底 1.5m；水泵功率和抽水量根据现场出水量进行调整。

⑤排水管：排水总管要顺直，坡度、长度根据现场条件确定，符合场内排水要求；场地机械设备施工时应严格控制行走路线，避免破坏井点。降水运行开始时间宜在隧道开挖前一周进行，为保证降水效果，降水运行时间不得小于设计天数，成井记录、水文观测记录要翔实可靠。

四、富水软弱围岩改良施工技术

在隧道围岩含水率大，呈流塑状时，需要对其进行改良加固。翔安隧道一般采取的是全断面帷幕注浆和高压旋喷桩两种方法。

1. 隧道全断面帷幕注浆施工技术

图 4–74 为 F1 风化槽超前帷幕注浆断面图。

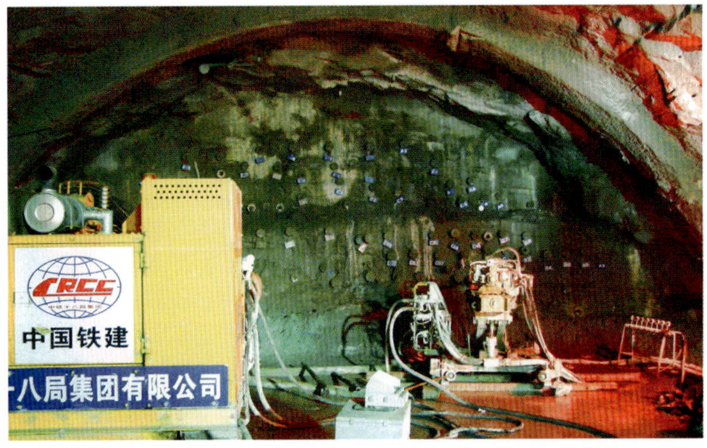

图 4–74 F1 风化槽超前帷幕注浆断面图

（1）注浆参数

注浆参数见表4–26。

全断面帷幕注浆参数表　　表4–26

序　号	参 数 名 称	参　数　值
1	纵向注浆加固长度	6~15m
2	径向加固范围	开挖面内及开挖轮廓线外3~6m
3	浆液扩散半径	1.5m
4	注浆压力	2~4MPa
5	注浆孔直径	ϕ42mm~ϕ63mm
6	注浆速度	5~140L/min
7	终孔间距	2.0~2.5m
8	注浆方式	后退式、前进式、钢管孔底注浆

（2）注浆材料

注浆材料主要选用普通水泥单液浆和水泥–水玻璃双液浆。浆液配合比：W：C=（0.6~1）：1，C：S=1：（1~0.3），水玻璃浓度30~40Be。

（3）钻孔注浆机械设备配套

全断面帷幕注浆主要施工机具有水平钻机、注浆泵、浆液搅拌机等，见表4–27。

钻孔注浆机械配套表　　表4–27

序　号	机 械 名 称	型　号	主要性能参数
1	水平地质钻机	RPD–150C	最大给进力：60kN 额定扭矩：8 000N·m 速度：0~6.5m/min
2	水平地质钻机	RPD–75SL–H3	最大给进力：60kN 额定扭矩：6kN·m 速度：0~7m/min
3	单液注浆泵	PH15	最大压力：8MPa 最大流量：158L/min
4	双杠双液变比注浆泵	ZYB–S系列	最大压力：10MPa 最大流量：70L/min
5	水泥浆搅拌机	LJ–300	最大容量：300L

（4）钻孔注浆施工工艺

根据注浆工艺分析，浆液扩散过程主要有三个阶段：挤密阶段、劈裂阶段和流动填充阶段。注浆方式主要有分段钻杆后退式注浆、分段钻杆前进式注浆、钢管孔底注浆3种工艺。3种工艺可单独使用，也可以组合使用，互为补充。在单独使用时的优缺点对比见表4–28。

注浆工艺的优缺点比较表　　表4–28

序号	注 浆 方 式	优　　点	缺　　点	适 用 地 层
1	分段钻杆后退式注浆	工效高，重复扫孔工作量小，能实现定位、控域注浆，操作较简单，易保证注浆效果	孔口管密封要求高，要求设备先进	软弱破碎、水量较小、成孔困难的地层
2	分段钻杆前进式注浆	适用性强，操作简单，易保证注浆效果	重复扫孔次数多，工作量大，工效低	软弱破碎、水量较大、成孔困难的地层
3	钢管孔底注浆	孔底及钻孔全长均有浆液，起到棚架作用，地层加固作用强	工艺比较复杂，成孔要求高	软弱破碎、基本无水、成孔较容易的地层

2. 高压旋喷桩施工技术

高压旋喷桩是先用钻机把带有喷嘴的注浆管钻入土层的预定位置，将水以高压流的形式从喷嘴射出，形成喷射流冲击破坏土层，然后将预先配置好的水泥浆液通过高压脉冲泵获得巨大能量后通过注浆管从喷嘴射出，同时钻杆以一定的速度边旋转、边徐徐提升，从而使浆液与土体充分搅拌，浆液凝固后形成一定直径的固结体，起到改良加固土体的作用。水平与垂直高压旋喷注浆工艺相同。沿隧道纵向进行的高压旋喷注浆作业，形成旋喷水泥柱体。图 4-75 为垂直高压旋喷桩机施工。

旋喷桩设计参数如下。

旋喷方式：单管旋喷。

旋喷桩径：0.6m。

旋喷桩长度：12.0m。

倾角：4° 。

布孔形式及孔距：水平咬合 8cm，环向间距 52cm。

图 4-75 垂直高压旋喷桩机施工

第六节 特殊地层加固支护施工技术

一、土石交界地层施工技术

土石交错层主要特征表现：①交界面纵向波浪状时起时伏；②上断面软下断面硬；③半断面硬半断面软；④上断面局部硬软参差。土石软交界层地下水特别发育，海域段受海水垂直补给，与海水相连通，陆域段受地面降水和海水潮汐涨落的影响，地下水极丰富，隧道断面处于地下水的全包围之中，是隧道施工最大风险之一。采取的施工技术方案为：超前上半断层帷幕注浆，局部扇形帷幕注浆，小导管周边注浆，超前大小管棚注浆，洞内轻型真空井点降水。图 4-76 为真空机降水。

图 4-76 真空机降水图

1. **超前上半断面帷幕注浆**

上半断面的土石交界面一次性 20~30m 为一循环的上半断面超前帷幕注浆，加固富水软弱围岩及进行帷幕止水。超前注浆加固范围为隧道开挖轮廓线外 4~5m。图 4-77 为风化槽注浆效果断面图。

图 4-77　风化槽注浆效果断面图

1）注浆参数

（1）注浆压力的确定

上半断面帷幕注浆压力取值为 1.0~2.5MPa，孔口 5m 范围内为 1.0~1.5MPa，其他位置取 1.5~2.5MPa。

（2）浆液扩散半径

注浆扩散半径为 2m。

（3）注浆加固范围

隧道开挖轮廓线外 4~5m。

（4）注浆孔布置

详见图 5-46。

（5）注浆速度

注浆速度为 5~110L/min。

（6）浆液注入量

单位长度孔注浆量计算公式：

$$Q=\pi \cdot R^2 \cdot n \cdot \alpha \cdot \beta \tag{4-7}$$

地层空隙率 n=0.2，地层有效充填系数 α=0.8，浆液损耗系数 β=1.2，计算得 Q=0.265m^3/m。

2）注浆材料

注浆材料主要选用普通水泥浆液、普通超细水泥浆液（W：C=0.8：1~1：1）和水玻璃双液浆，水泥浆：水玻璃体积比为 C：S=1：0.6~1：1。

3）注浆配套

注浆设备选取：钻孔设备为 2 台 MK-5 地质钻机，注浆设备选用 PH15 和 KBY-80/70 注浆机。图 4-78 为进口注浆机外形。

4）主要施工方法及技术措施

超前上半断面帷幕注浆施工工艺流程见图 4-79。

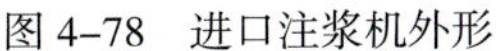
图 4-78 进口注浆机外形

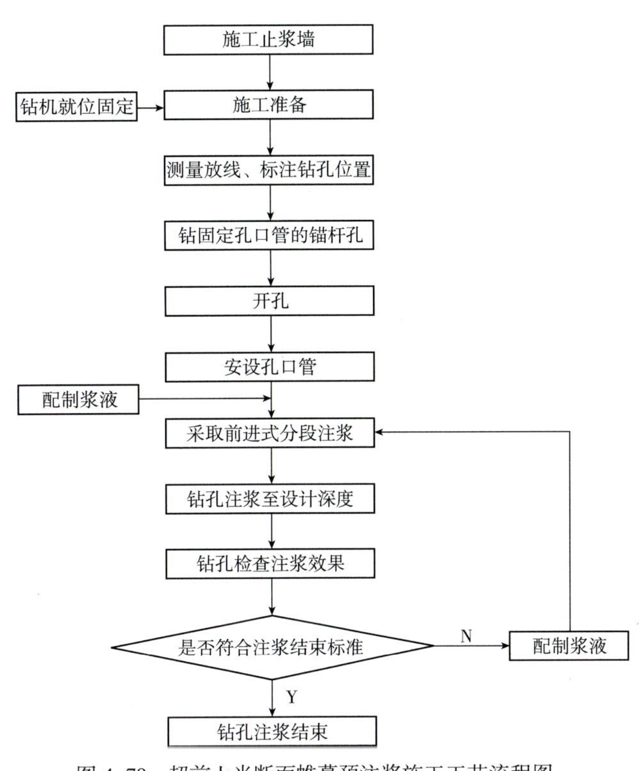

图 4-79 超前上半断面帷幕预注浆施工工艺流程图

（1）施工止浆墙

止浆墙为 1.5m 厚 C25 浇筑素混凝土，止浆墙优先做成全断面一次性直立止浆墙。若临时仰拱距掌子面小于 1m，则止浆墙可做成斜面。若距掌子面较远，则止浆墙分段做成台阶形式。

止浆墙制作与初期支护连成整体，在初期支护表面沿半径方向间距 1.5m 左右布置 ϕ22mm，L=100cm 长的连接锚杆，锚杆外露长度 50cm，浇筑混凝止浆墙时，锚杆埋在混凝土中，起到固定作用。图 4-80 为止浆墙施工断面。

图 4-80 止浆墙施工断面

（2）施工准备

在掌子面钻孔位置用红油漆标出，将钻具对准注浆孔孔口位置，调整钻机至钻孔方向和设计钻孔方向一致，固定钻机。

（3）开孔作业

钻机采用低压力、慢钻速，采用 ϕ120mm 钻头开孔，钻深 1.5m，退出钻杆。孔口管安装采用螺栓固定法，在孔口管距法兰盘端部 30cm、60cm 处缠绕棉纱两道，安设 ϕ108mm 孔口管，1 号 ~64 号孔孔口管长均为 1.5m，孔内放入环氧树脂锚固剂或水泥–水玻璃双液浆，将孔口管顶入孔内，用螺栓固定。孔口管安装采用法兰盘球阀装置进行控制。图 4–81 为钻机作业。

图 4–81　钻机作业

（4）钻孔注浆

钻孔注浆采用前进式分段注浆，注浆孔前段孔口采用 ϕ108mm 孔，后续注浆段采用 ϕ90mm 钻头成孔。通过孔口管钻进 6~7m 后停止钻孔，进行注浆施工，后方每钻进 5m，再注浆，依此循环，直至完成该孔的钻孔及注浆施工。注浆顺序从外圈向里圈进行。每环注浆先施工奇数编号注浆孔，然后施工偶数编号注浆孔并作为检查孔。采用前进式分段注浆，套管安装完成后，每钻进 5m 即开始注浆，注浆达到设计要求后开始下一阶段钻孔注浆。图 4–82 为前进式注浆方式示意图。

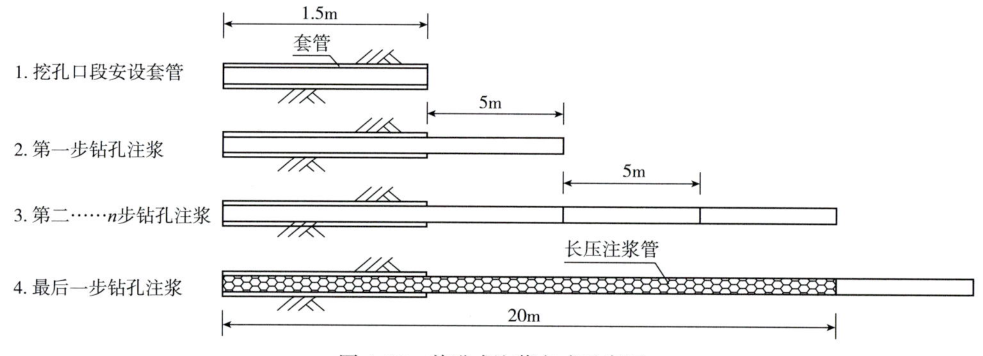

图 4–82　前进式注浆方式示意图

（5）注浆效果检查

注浆效果检查采用钻检查孔法，根据注浆状况，确定检查孔位置，检查孔设置数量为 4~6 个。对检查孔进行钻孔检查，测定涌水量，检查孔钻深为开挖段长度以内并预留 3m。根据检查孔涌水量及取芯率和强度来决定是否须补充注浆孔。如果每孔每延米检查孔涌水量大于 0.15L/min 或局部孔涌水量大于 3L/min 时，补充钻孔注浆，再次压注直到达到设计要求为止。

上半断面帷幕注浆多用于砂土、有水黏砂土、大跨度、地面不容许有较大沉陷的地下工程中。该方法费工、费时、费料，施工难度大，仅在特殊情况下使用。厦门翔安隧道主要处于土石交界富水软弱围岩段，根据实际的地质情况和施工阶段，或以堵水为主，或以加固地层为主。

2. 局部扇形帷幕注浆

局部扇形帷幕注浆工艺：既对周边围岩预注浆加固，同时对掌子面进行注浆加固。当开挖作业面出现半软半硬（斜向土石交界面）土层时，即可考虑采用局部扇形帷幕注浆工艺。图 4–83 和图 4–84 为 YK7+136.0~YK7+153.5 段拱部右侧局部帷幕注浆施工图，详细注浆设计参数同上半断面帷幕注浆。该工艺需使用专用潜孔钻机进行较深钻孔，孔径一般大于 60mm，并采用前进式或后退式等复杂注浆工艺。

图 4-83　帷幕注浆及注浆后的开挖效果图

图 4-84　局部扇形帷幕注浆断面

局部扇形帷幕注浆主要用于土石分界段的土质部位，进行局部注浆堵水，以利于开挖支护。

3. 小导管周边注浆

小导管超前预注浆工艺：周边围岩预注浆采用单层或多层 6m 长钢花管，TSS 管袖阀注浆工艺，技术参数同小管棚。对周边围岩超前预注浆加固，根据实际条件，可采用单层或双层超前小导管进行注浆。当条件所限只能施作单层超前小导管时，可将该环的钢花管按奇偶数编号，奇数号以大角度（35°~45°）打入围岩，偶数号以小角度（10°~15°）打入围岩。为提高注浆效果，可采用孔内单止浆塞或双止浆塞分段后退式注浆工艺，加固后开挖长度应比小导管长度少 1m，并作为下一循环注浆的止浆墙。该工艺主要利用风钻顶入小导管，并简单施作 C25 网喷混凝土止浆墙。图 4-85 为小导管周边注浆。

图 4-85　小导管周边注浆

隧道小导管周边注浆是在开挖面前方沿隧道开挖轮廓线外钻孔，导管注浆，起稳定开挖面和止水作用。同时，小导管还起到超前管棚支护作用。

因其灵活多变的工艺工法，本工程小导管注浆辅助工法富含水流塑地层、陆域富水流塑地层、风化深槽、土石交界段采用小导管注浆工法。

4. 超前（大小）管棚预支护

翔安海底隧道土石交界层采取了大管棚或小管棚超前预支护措施。当围岩基本能自稳时，通常采用 ϕ42mm 超前注浆小导管，L=3~4m，环向间距 30~40cm，排距 2.0m；或采用 ϕ42mm 超前小管棚，

L=3~4m，环向间距 20~30cm，排距 1.0m，同一剖面至少有三层小导管。当围岩自稳时间较短、局部坍塌严重或对拱顶沉降有较严格要求时，则采取超前大管棚预支护，根据岩体强度选择 ϕ89~ϕ127mm 不同壁厚的大管棚，大管棚施作长度在 15~30m 之间。根据对控制拱顶沉降需要分别选择，外插角度大小设计取决于是单一循环还是多循环施工大管棚。当一次性施作大管棚时，外插角应与隧道坡度平行或接近平行，适当考虑一定的钻孔下挠度即可；当连续多循环施作大管棚时，外插角应适当增加到满足尾部施作管棚工作室空间需要。

当围岩自稳时间较短，必须采用先超前支护、后开挖的施工方法。本工程在土石交界段Ⅴ级围岩隧道开挖段设置超前小管棚预支护。超前锚杆或小导管一端支在未开挖的围岩上，另一端支在已立设的钢拱架上，起到两端有支点的梁的作用，使开挖临空面得到一个持力体，稳定了临空的岩土体，也保证了施工人员、设备的安全。图 4-86 为超前小管棚支护效果图。

图 4-86　超前小管棚支护效果图

管棚超前支护作为地下工程的辅助施工工法，是为了在恶劣和特殊情况下安全开挖，预先提供增强地层承载力的临时支护方法。开挖施工时，使用方法对于防坍塌和沉陷效果较好，是防止地面结构物开裂、倒塌的有效方法之一。但钻孔的精度难以控制，施工工艺也较复杂，速度慢，造价高。

5. 洞内轻型真空井点降水

该工法由集水管路和真空射流泵组成轻型井点降水系统，双侧型工法施工则既可对作业面前方 5m 降水，又可对后续各部进行降水。翔安隧道真空射流泵采用 JSJ60 型，集水管路由 ϕ127mm 钢管总管和 ϕ42mm 钢花管井点管和软式透明弹簧软管组成，在上台阶两侧拱脚处设 5~10m 的超前井点降水管带 6~10 根井点降水管，井点管布置间距为 2~3m，距离支护结构 50cm，当井点管长度大于 4m 时，可分节下管，通过丝口连接，为保证真空降水效果，井点管下端的滤管加工和各环节的密封至关重要。

二、穿越地面建筑物段施工

翔安隧道行车右线 YK6+945~YK6+960 段为全风化花岗岩，围岩含水率大，埋深仅有 12m，洞顶厂房、民房建筑面积超过 80 000m^2。

2006 年 10 月初，隧道按双侧壁法施工至此段，经围岩监控量测揭示，隧道右导洞 YK6+940、YK6+945、YK6+950 处连续几天沉降较大。其中，YK6+950 处 10 月 19 日一天沉降达到 66.4mm，累计沉降 200.8mm，为双侧壁法施工以来日最大沉降量。由于含水率大，土体的侧压力增大，造成右导洞靠近掌子面处的中隔壁受挤压严重，导洞内侵限，且在 YK6+950 处有一环向裂缝。地表在

YK6+920~YK6+960 段出现裂缝，隧道顶的三层楼有下沉的趋势。针对上述险情，施工单位采取了以下措施。

1. 洞内施工技术措施

（1）在靠近掌子面 YK6+950~YK6+960 处，中隔壁和主拱补打锁脚锚管，与拱架焊接牢固，然后进行注浆加固。图 4–87 为锁脚锚管图。

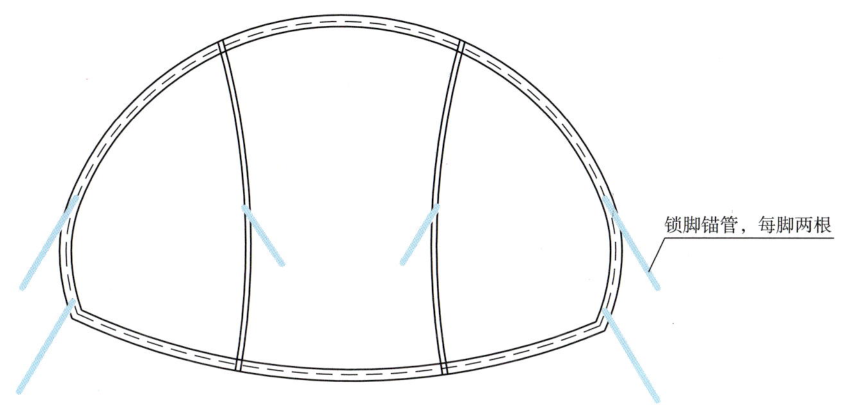

图 4–87 锁脚锚管图

（2）停止掌子面掘进，加快导洞仰拱施工速度，尽快将初期支护封闭成环。

2. 洞顶施工技术措施

（1）在洞顶布置沉降观测点，注意观测地表沉降和楼房的变形。

（2）在 YK6 + 920~YK6 + 960 三层楼周围，沿地表裂缝进行打管注浆加固。注浆浆液根据注浆的效果采用双液浆或单液浆。

技术参数：

ϕ42mm 无缝注浆钢花管，3m 长，沿裂缝走向每 2m 布置一根，进行注浆加固。

纯水泥浆，水灰比为 1∶1，注浆压力为 0.5~0.8MPa。

双液浆，纯水泥浆水灰比为 1∶1；水玻璃：纯水泥浆为 1∶1，注浆压力为 0.5~0.8MPa。

3. 施工效果

经过以上加固措施，洞内初期支护收敛变形趋于稳定，沿洞顶 80 000m^2 多的公用民、用建筑安然无恙，达到了预期的效果。图 4–88 为厦门环岛路跨线桥周边公用民用房屋。

图 4–88 厦门环岛路跨线桥周边公用民用房屋

洞顶 5 个大池塘、7 口水井常年存水，见图 4-89，在隧道开挖范围内，直接影响施工安全，表 4-29 为沿途水井分布表，表 4-30 为沿途房屋及水塘分布表。此外，制冰厂安装有氨气管道，如果发生氨气泄漏事件，将造成严重的后果。为保证施工安全，经过多次研究采取了下列技术措施。

图 4-89 洞顶池塘、水井

沿途水井分布表 表 4-29

里 程	至测设中线距离（m）		直径（m）	井深（m）	水深（m）	备 注
	左	右				
YK6+980	—	1	0.8	7.5	0.5	不包括制冰厂内几口深水井
YK7+062	—	5.6	1	3.7	0	
YK7+062	—	24	0.8	5.6	0	
YK7+085	—	7	0.8	6.3	0	
YK7+151	5	—	0.6	7.6	0.6	
YK7+158.5	—	40	5	7.6	2.4	
YK7+163	8	—	8	6.7	4	
YK7+196	4	—	12	7	2.9	

沿途房屋及水塘分布表 表 4-30

序号	里 程	房屋或水塘	至测设中线距离（m）	备 注
1	YK7+078~YK7+143	房屋	-33~24.5	—
2	YK7+062~YK7+151	水塘群	15.2~108	—
3	YK7+188~YK7+218	制冰厂及小庙	-3~28.2	—
4	YK7+249~YK7+329	饭店及小商店	3~57	—

1）地表井点降水

作为辅助措施，在隧道开挖轮廓线双侧各 8m 范围内按 15m 间距布置降水井点，井深 30m，直径 300mm，采用抽水机抽水，将水排入远处水塘中。

2）洞内加固措施

（1）洞内双侧壁工法临时钢拱架结构的支护按设计参数进行调整，加设锁脚锚管，以提高锚喷混凝土强度，见图 4-90~ 图 4-92。

（2）在施工中注意短进尺、快循环，每次掌子面视地质情况最多只开挖 1m，仰拱及时跟进，左、右两侧导洞掌子面与仰拱的距离控制在 15m 左右，导洞早成环，中导洞及时跟进。

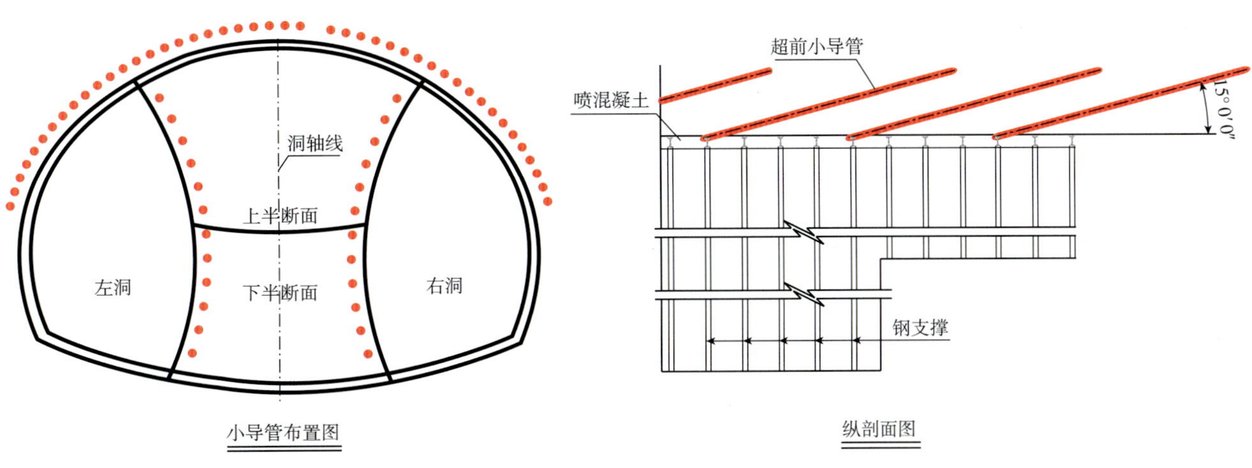

图 4-90 超前导管布置图

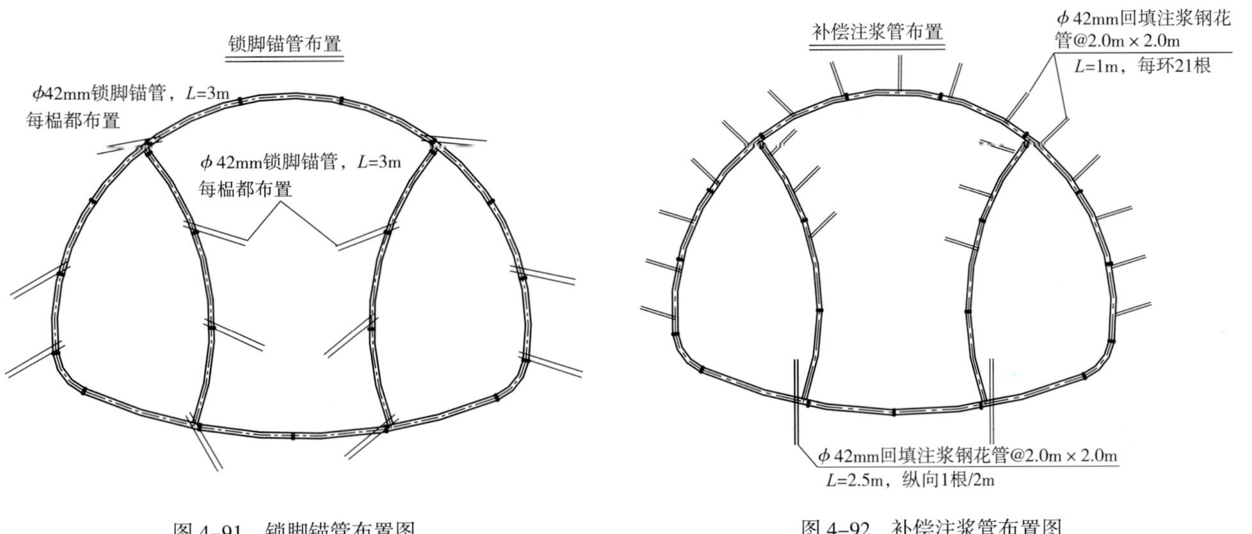

图 4-91 锁脚锚管布置图　　图 4-92 补偿注浆管布置图

（3）在含水率较大的地段，采用长短结合的超前小导管注浆，在局部涌泥、开挖不能自稳的地段，采用断面封闭注浆，浆液采用双液浆。注浆采用 L=3m 的 ϕ42mm 钢花管，1m×1m 梅花形布置，断面封闭喷射混凝土厚度为 20cm，见图 4-93。

图 4-93 洞内断面封闭注浆

（4）洞内设观测点进行测量观测，对沉降、收敛较大的断面，及时进行回填注浆加固，采用普通水泥浆。ϕ42mm 钢花管 1m × 1m 梅花形布置。

（5）在横向侧力较大处增设 I20b 工字钢横撑，50cm 间距增设一榀。

（6）注浆参数为纯水泥浆，水灰比为 1∶1，普通水泥；双液浆，浆液采用普通水泥–水玻璃双液浆，配合比为 W∶C=1∶1，C∶S=1∶1 水玻璃浓度为 30Be。

三、穿越厦门环岛东路和跨线桥段施工技术

翔安隧道行车右线 YK7+411~YK7+496 段下穿环岛路和跨线桥，并与环岛路 K4+794.4 分离式立交跨线桥 0 号桥台相交（对应隧道里程 YK7+380）。此处隧道围岩为强风化花岗岩，局部夹弱风化花岗岩，隧道埋深 21m。跨线桥桥台桩基为摩擦桩，桩底距隧道拱顶高程仅 2m，边桩距隧道断面外轮廓线最小间距仅 6m（图 4–94~ 图 4–97）。为保证环岛路不开裂、不沉降及跨线桥不变形，桥梁结构不破坏，采取以下加工措施。

图 4–94　环岛路跨线桥桥台

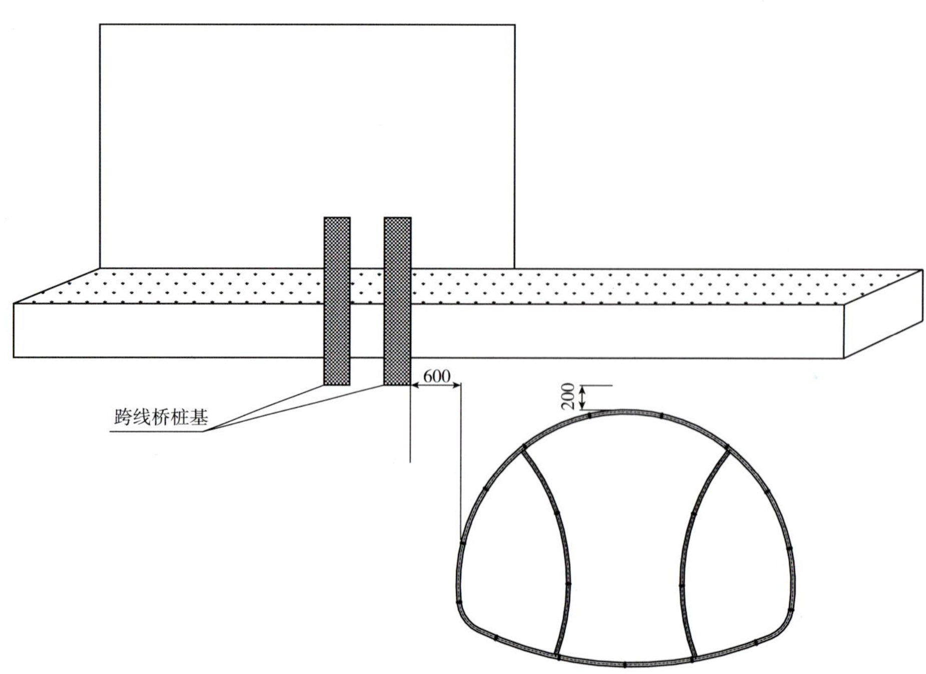

图 4–95　跨线桥与隧道关系图（尺寸单位：cm）

图 4–96　六车道环岛路及跨线桥图

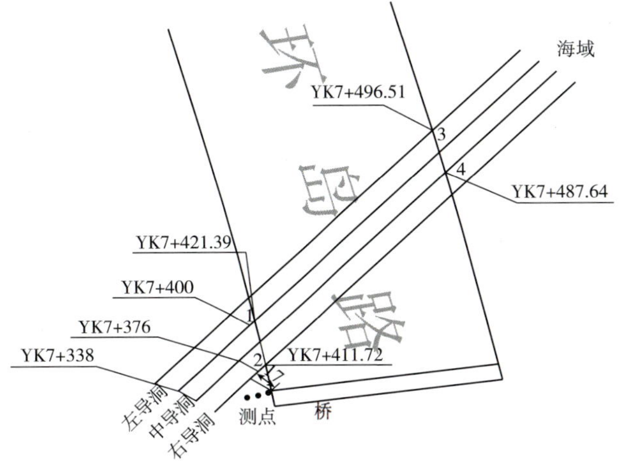

图 4–97　六车道环岛路与隧道关系图

1. 左导坑施工措施

鉴于该段左导坑掌子面地质情况较好，大部分围岩为弱风化花岗岩，横穿环岛路时仍按正常双侧壁工法进行施工，只是每循环光面爆破钻炮眼时多钻一个 3m 深的掏槽眼。此眼的作用有两点：一是作为此循环光面爆破掏槽眼的临空面；二是探明下一循环地质情况，为下一循环施工服务。此外，断面布眼及装药要采取“多钻眼，少装药”的弱炮形式，尽量避免放大炮产生较大的振动力，减少对周边岩体产生较大的扰动。

2. 右导坑施工措施

右导坑掌子面大部分围岩仍为强风化花岗岩，为了确保右导坑安全顺利通过环岛路和跨线桥，避免桥台处地表下沉及开裂，对右导坑施工采取如下措施。

（1）从桩号 YK7+370 开始，在右导坑主拱及边墙增打 ϕ42mm、长 6m 的径向注浆钢花管，每米沿环向增打 6 根，梅花形布置，纵、横向间距为 1m × 1m，采用单液浆注浆，浆液配合比为水灰比 1∶1。注浆管具体布置形式见图 4–98。

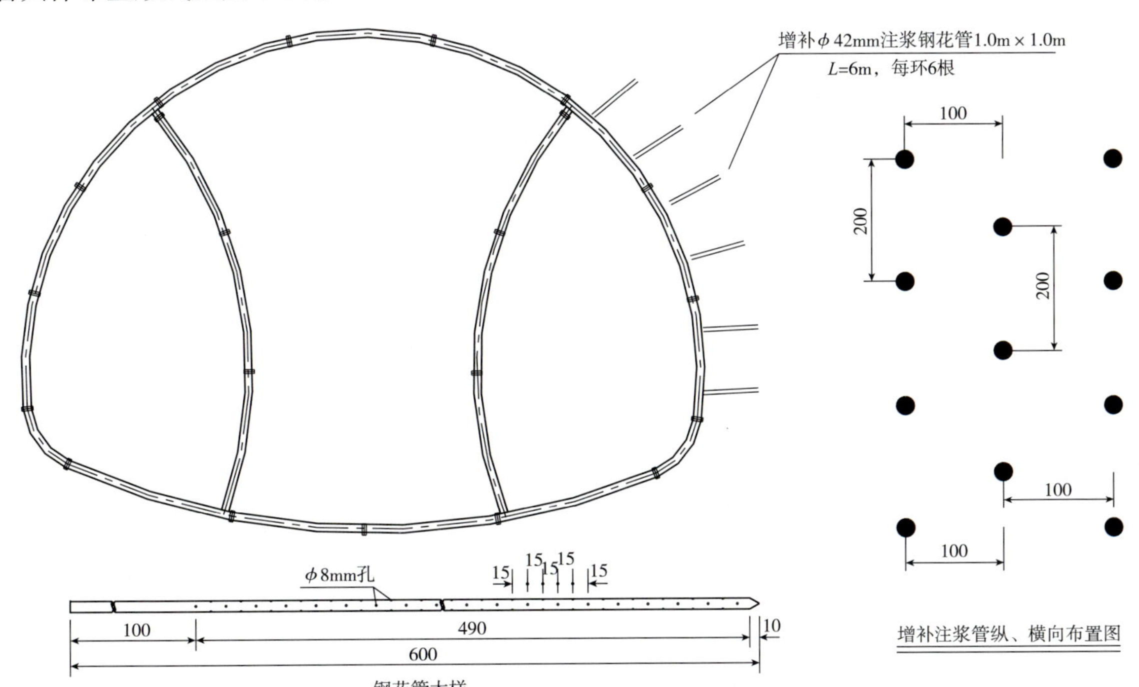

图 4–98　增打注浆导管布置图（尺寸单位：cm）

（2）右导掌子面从桩号 YK7+379 开始，每循环安装一榀工字钢，增打 18 根 ϕ42mm、长 6m 的超前小导管，按 45° 仰角打入并进行注浆。采用单液浆，浆液配合比为水灰比 1∶1；增打 ϕ42mm、长 6m 的超前小导管的目的是进一步扩大固结断面四周围岩，减少围岩坍塌及沉降，布置形式见图 4–99。

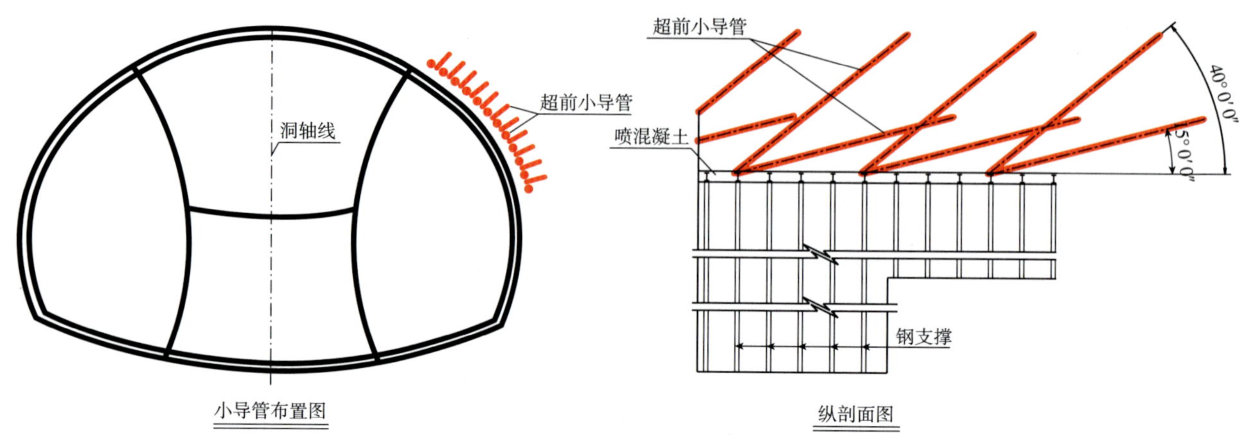

图 4–99 增打超前小导管布置图

（3）2007 年 12 月 29 日在环岛路 K4+794.4 分离式立交桥 0 号桥台处（对应隧道里程 YK7+380）钻一地质探孔，为右导坑掘进横穿此段提供超前地质资料，探孔地质特征描述见表 4–31。

0 号桥台处地质特征表

表 4–31

项次	检测项目 / 检测结果			地质柱状图
1	高程（m）	厚度（m）	地质特征描述	
2	15.59 14.59	1.00	杂填土，渣样主要含碎石、砖块、水泥块	15.59 14.59
3	14.59 8.09	6.50	亚黏土，红褐色、灰白色，含少量中粗砂	8.09
4	8.09 –1.80	9.89	残积亚黏土，灰白、灰黄，主要成分为黏粒、粉粒，泥浆转为灰白色	–1.80
5	–1.80 –13.20	11.4	全风化花岗岩，主要成分为石英、云母、长石、灰黄色矿物	–13.20
6	–13.20 –18.50	5.30	强风化花岗岩，灰黄色矿物，主要成分为石英、长石、云母	–18.50

注：隧道右导坑在 YK7+380 处开挖断面拱顶设计高程为 –17.2m，右导坑在 YK7+380 处地质情况为强风化花岗岩，灰黄色矿物，主要成分为石英、长石、云母。强风化花岗岩为灰黄色矿物。

（4）坚持每天在 K4+794.4 分离式立交桥 0 号桥台处（对应里程 YK7+380）观测地表沉降及裂缝变形情况，并及时做好地表监测日报表，报表形式见表 4–32、表 4–33，沉降观察点布置如图 4–100 所示。

X 月 X 日地表沉降观察日报表

表 4–32

测点编号	与隧道中心线距离（m）		每天下沉量（mm）	累计下沉量（mm）	隧道掌子面进度里程		备 注
	左（+）	右（–）					
1	–28.2		1.3	6.6	左导坑主拱 YK7+404	右导坑主拱 YK7+378	桥台对应隧道里程为 YK7+380
2	–26.6		1.2	17.7			
3	–23.5		1.2	23.8			

X 月 X 日桥台裂缝观察日报表　　表 4–33

测点编号	布点时两测点间距离（mm）	昨日两测点间距离（mm）	今日两测点间距离（mm）	每天裂缝变形量（mm）	裂缝累计变形量（mm）	备注
1 号	373	378	379	1.0	6.0	—
2 号	183.5	192	190	–2.0	6.5	
3 号	154	151	151	0	–3.0	
4 号（桥台外）	171	174	176	2.0	5.0	
5 号（沉降缝）	78	80	81	1.0	3.0	

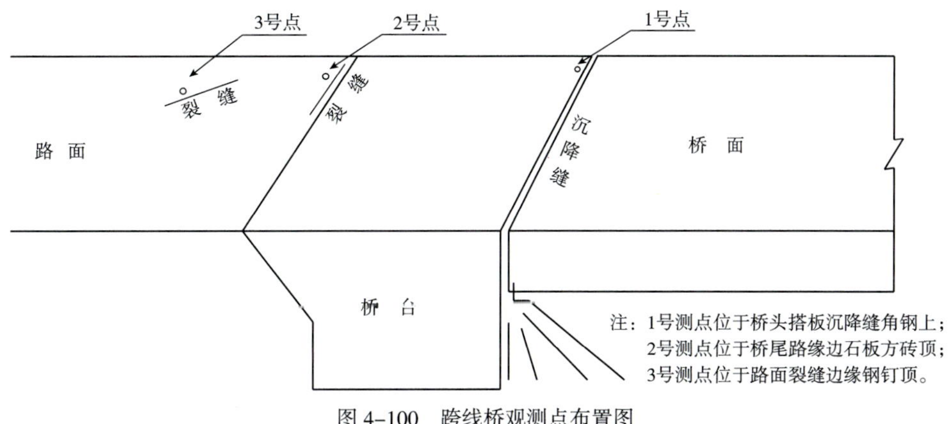

图 4–100　跨线桥观测点布置图

（5）对于局部挖掘机挖不动需放炮的围岩，采取“多钻炮眼，少装药”的弱爆破方法，尽量达到让岩石松动的效果，再配合挖掘机进行清理，避免放大炮产生较大的振动力，尽量减少对岩体产生较大的扰动。

（6）掌子面每循环进尺严格控制在 1m 以内，严格按技术交底施作超前小导管，并严格对超前小导管进行注浆。

（7）边墙与掌子面距离严格控制在 8m 以内，边墙与仰拱距离严格控制在 5m 以内，并尽早使主拱、边墙及仰拱封闭成环。

3. 施工效果

从地表沉降观测来看，环岛路路面沉降最大只有 7mm，桥台沉降也控制在允许范围内，以上施工技术措施基本达到预期目的。图 4–101 为环岛路路面沉降曲线。

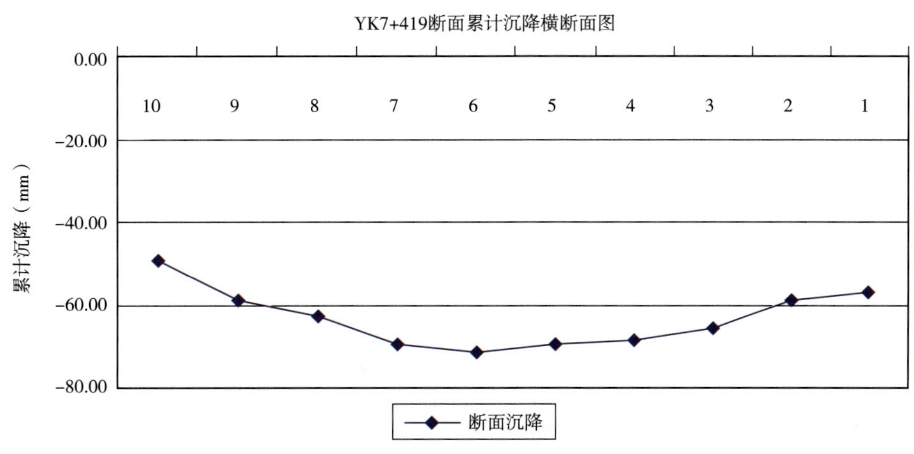

图 4–101　环岛路路面沉降曲线

第七节　双侧壁工法施工组织管理技术

一、劳动力组织

根据双侧壁导坑法施工的特点以及相应的工程数量，突出机械施工的特点，科学合理配置劳动力，按照各工种专业化和劳力配备动态管理与相对稳定相结合的原则，根据工程进展适当调整。劳动力组织表见表4–34。

劳动力组织表　　表4–34

序　号	工种类别	投入时间	高峰时人数	备　注
1	开挖工	开挖时	30人	配合机械开挖
2	喷射工	初期支护时	6人	初期支护
3	驾驶员	开挖时	32人	开挖及支护
4	机修工	设备进场时	10人	机械维修
5	电焊工	初期支护时	6人	初期支护及二次衬砌
6	钢筋工	衬砌时	55人	初期支护及二次衬砌
7	混凝土工	衬砌时	35人	二次衬砌
8	架子工	开工时	30人	初期支护及二次衬砌
9	电工	开工时	4人	施工用电及生活用电
10	普工	开工时	30人	配合其他人员施工
11	木工	二次衬砌时	10人	二次衬砌
合计		248人		

二、主要施工机械设备

双侧壁工法的一个突出优点就是能够利用大型机械设备，与CRD工法相比较，能显著提高劳动生产率，提高施工进度。主要机械设备见表4–35、表4–36。图4–102为导洞开挖出渣示意图。

掘进运输主要机械设备表　　表4–35

序　号	设备名称	规格型号	数　量	备　注
1	凿岩机	YT–28	10台	—
2	挖掘机	PC300–7	1台	—
3	挖掘机	EC55B	4台	—
4	铣挖机	ER1500–S	1台	—
5	装载机	$3m^3$	2台	—
6	自卸车	北方奔驰	6台	—
7	自卸车	VOLVO	7台	—
8	自卸车	东风	2台	—

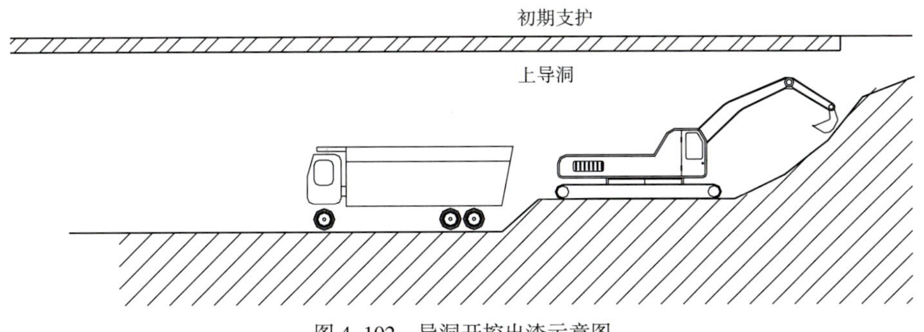

图 4-102 导洞开挖出渣示意图

其他主要机械设备表 表 4-36

序 号	设备名称	规格型号	数 量	备 注
1	变压器	600kV·A	1	—
2	混凝土拌和楼	—	1 座	—
3	空压机	$20m^3$	4 台	—
4	高压风管	ϕ150mm	3 200m	—
5	轴流风机	SDF（C）-No12.5	4 台	—
6	轴流风机	SDFA-No5.6	1 台	—
7	管棚钻机	MZ200	1 台	—
8	PVC 双抗软风管	ϕ1.5m	3 200m	—
9	仰拱栈桥	自制	1 台	—
10	混凝土喷射机	—	5 台	—
11	注浆泵	30kW	4 台	—
12	水泵	QW-50	6 台	—
13	水泵	QW-80	6 台	—
14	水泵	QW-100	15 台	—
15	排水管	ϕ150mm	3 200m	—

三、施工通风

施工通风是隧道施工的重要配套工艺之一。合理的通风系统、理想的通风效果是实现隧道快速施工、施工人员身心健康及施工安全的重要保证。

设计科学、先进、合理的通风系统，配置高效的通风机械是解决通风难题的根本。此外，高水平的施工通风管理也是保证通风效果的关键。根据隧道通风经验及对当前通风设备技术性能的调研结果，按照自成体系的原则，综合考虑施工过程中可能的各工况制订本工程通风方案。图 4-103 为洞内施工通风。

1. 施工通风计算原则

全风化花岗岩内双侧壁法施工主要考虑洞内内燃机械设备（主要是出渣车辆）使用所需要的风量；利用三通对其左、中、右三个导坑进行通风，此时掌子面所需风量取值考虑这三个导坑的供风，以此为计算依据。

总阻力为风管段阻力和隧道段阻力相加。风管段阻力包括静压损失和动压损失；隧道段阻力包括扬程阻力损失、动压损失和局部阻力损失。

正洞隧道内摩阻系数为 0.02。直径为 1.5m 的风管，管节长 100m，百米漏风率为 1%，管道内摩阻系数为 0.018。

图 4-103　洞内施工通风

2. 施工通风系统布置

图 4-104 为双侧壁导坑法通风布置横断面图，图 4-105 为双侧壁导坑法通风布置平面图。

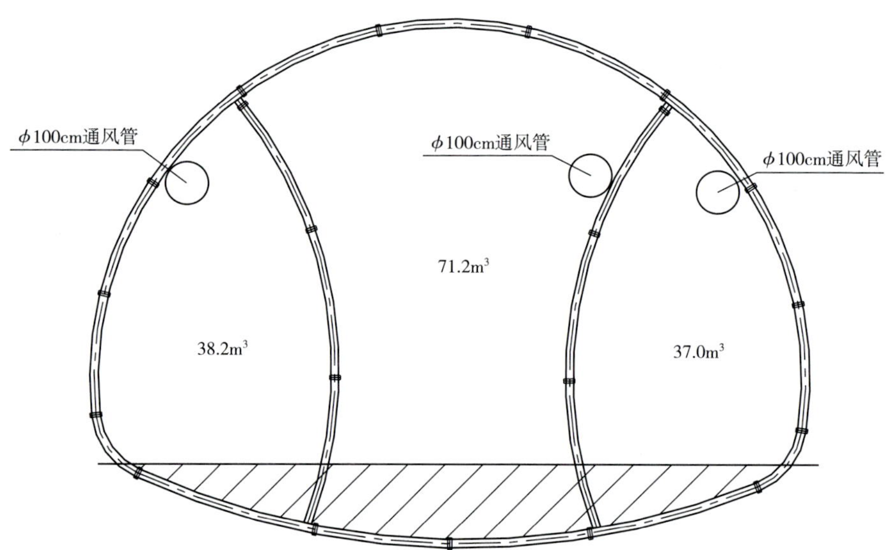

图 4-104　双侧壁导坑法通风布置横断面图

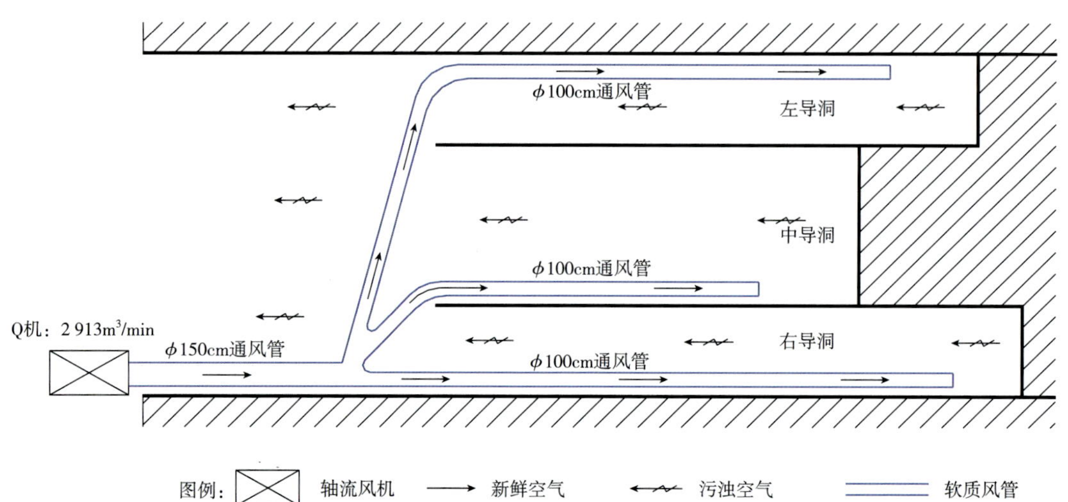

图 4-105　双侧壁导坑法通风布置平面图

3. 通风系统设备配置

根据施工距离及无轨出渣方式，同时考虑经济合理，计算出施工通风设备配备。

施工通风设备及材料见表 4–37。

施工通风设备及材料表　　表 4–37

型　号	单机功率（kW）	风量（m^3/min）	风压（Pa）	数　量
轴流风机 SDF（C）–No12.5	110×2	2 912	5 355	1 台
PVC 双抗软风管 φ1.5m	—	—	—	3 200m
PVC 双抗软风管 φ1.0m	—	—	—	800m

4. 通风管理

施工通风管理水平的高低是影响通风质量的关键因素之一。以往有的隧道施工通风不好，除了通风系统布局不合理、风机风管不匹配等技术原因外，主要还是通风管理不善、管道通风阻力大、开挖工作面得不到足够的新鲜风流等问题，造成洞内沿途污浊空气不能及时排出洞外，洞内污染严重，直接影响到施工安全。

以“合理布局，优化匹配，防漏降阻，严格管理，确保效果”二十字方针作为施工通风管理的指导原则，强化通风管理。

建立以岗位责任制和奖惩制为核心的通风管理制度和组建专业通风班组，通风班组全面负责风机、风管的安装、管理、检查和维修，严格按照通风管理规程及操作细则组织实施。

四、施工环保

1. 隧道施工作业环境

按照国家有关规定，隧道施工作业环境必须符合下列卫生标准。

（1）粉尘允许浓度：每立方米空气中含有 10% 以上游离二氧化硅的粉尘为 2mg；含有 10% 以下游离二氧化硅的水泥粉尘为 6mg；二氧化硅含量在 10% 以下，不含有毒物质的矿物性和动植物性的粉尘为 10mg。

（2）有害气体浓度：一氧化碳浓度不大于 30mg/m^3。当施工人员进入开挖面检查时，浓度可为 100mg/m^3，但必须在 30min 内降至 30mg/m^3。二氧化碳：按体积计，不超过 0.5%。氮氧化物换算成二氧化氮（NO_2）为 5mg/m^3 以下。

（3）隧道内气温不得超过 28℃。

（4）坑道中氧气含量：按体积计，不得低于 20%。

隧道施工时，供给每人的新鲜空气量不应低于 3m^3/min，采用内燃机械作业时，1kW 功率的机械设备供风量不宜小于 3m^3/min。

隧道开挖时全断面风速不应小于 0.15m/s，坑道内不应小于 0.25m/s。

2. 空气污染

隧道施工对空气的污染主要来源于爆破和施工机械所产生的废气，主要采取下列技术措施。

（1）处理措施

翔安隧道双侧壁法施工地段围岩主要为全强风化花岗岩，局部夹杂有孤石，为减少爆破产生的废气，在开挖施工中尽量不进行爆破施工。必须进行爆破施工的地段，采用“多打眼、少装药”进行弱爆破的方法，减少炸药使用量，从而有效减少爆破气体的产生。

为减少施工机械所产生的废气，双侧壁法施工地段所采用的机械均为性能良好、油耗低的设备，并于平时加强对机械设备的维护、修理工作，勤换设备的空气滤芯，减少对空气的污染。

（2）治理效果

邀请厦门市环保局等有关单位，在翔安隧道施工期间，每个季度到洞内进行空气质量监测，监测结果达到国家相关规范要求。

3. 水污染

隧道施工水的污染主要有施工机械油污染、模板清洗及脱模剂污染、爆破炸药污染等。翔安隧道对施工废水主要采用多级过滤、沉淀的方法进行净化，达到标准后排放出去。图 4–106 为行车右线洞口水处理三级沉淀池，图 4–107 为斜井口三级沉淀池。

图 4–106　行车右线洞口水处理三级沉淀池

图 4–107　斜井口三级沉淀池

4. 噪声污染

施工过程中，各种施工机械设备作业、施工运输车辆是主要噪声源，主要采取以下控制技术措施，减少噪声对环境的影响。

（1）根据国家和地方有关环保法规，严格控制施工期噪声排放量，施工场界噪声执行《建筑施工场界噪声限值》（GB 12523—1990），并遵照《厦门市环境噪声管制办法》执行。

（2）限制高噪声机械设备的使用，减少对居民正常生活的影响。高考期间按照市政府和环保局的要求，做好施工噪声控制。

（3）主要施工场地边界构筑围墙作为声屏障，以隔声减噪，减小施工机械作业对外界的噪声污染；相对固定的施工机械，如风机、电机等，应力求选择有声屏障的地方安置，尽量远离声敏感目标。

（4）施工期间，注意控制施工车辆鸣笛，经过居民区的重型运输或施工机械，限速行驶。

（5）选用高效低噪声的施工机械，并加强机械设备的日常维护，保证施工机械设备在良好的状态下运行；必要时采用减噪装置，降低噪声污染。

（6）加强施工期环境管理，合理安排施工工序，做到文明施工，减少噪声影响。

五、文明施工

在现场设置隧道施工总体平面布置图，现场平面布置充分利用洞内外现场的自然条件，合理布局，既有利于施工作业，又确保安全。

严格按确定的平面布置图设置临时设施，各种材料堆场及机具库设置合理。

保持通向隧道施工场地的道路状况良好，做到晴雨畅通。洞内运输道路平顺、整洁、排水设施良好，并有人定期维护。

建立现场挂牌制度，设置鲜明周正的标示牌、责任划分牌（工程名称、施工单位、负责人、技术负责人、试验员、质检员、安全员）、形象进度图（隧道工程数量、工程简介及进度计划、工期安排和实际完成数量及进度指标）、配合比牌（灌注部位、混凝土强度等级及施工配合比）。

机械设备库房布局合理，方便施工机械进出，并做到上不漏水、下排水畅通，视线和通风良好，并有保暖措施。发电机、空压机、拌和机等设备安放合理、整齐，安全可靠，操作方便，并有可靠的安全操作规程牌，设专人负责。

洞内“管、线、路”安全可靠、布局合理、顺直成线。

零配件、边角料和水泥袋、包装纸箱等及时收集清运，保持现场卫生状况良好，做到场容整洁、美观。

经常性地安排和组织以质量、安全为主要内容的健康向上的宣传活动。在施工现场设置宣传标语、板报专栏等，及时报道施工安全、质量等方面的情况。

六、水土保持

隧道工程开挖土石方量较大，严格按设计规划要求弃土、弃渣，不乱倒乱堆。弃土、弃渣场地首先构筑拦渣工程，再分层砌筑，分层碾压，压实度不低于85%，并设置截、排水设施。图4-108为海底隧道水土保持现场。

图4-108 海底隧道水土保持现场

对施工临时用地，施工结束后及时进行土地整治，结合城市化建设进程，考虑表土回填以利复耕或进行绿化恢复。

七、渔业资源保护

（1）通过采取前述减少施工泥沙入海的一系列措施，减小施工期海域水质SPM（浮游粒子状物质）增量的影响范围，减小悬浮泥砂对中华白海豚活动的影响和泥砂沉积作用对文昌鱼生境的破坏。

（2）减少施工对中华白海豚生境及渔业资源影响的措施：双侧壁法将大断面隧道分割成三个小断面，分部施工，在岩石地段一次爆破量小，使用药量小，经试验证明，其产生的爆破振动很小，对白海豚生活没有影响。

第八节 双侧壁工法研究成果

厦门翔安海底隧道是世界上第一座钻爆法三车道海底公路隧道，是我国大陆第一座海底隧道，隧道全长6 050m，其中海域段长4 200m（图4-109）。针对海底隧道工程地质水文条件极其复杂，陆域段不良地质地下水位高、地下水丰富，海域段风化深槽、土石交错层受海水垂直补给与海水相连通，整个隧道断面在地下水和海水的包围之中，存在坍塌、冒顶、涌水、涌泥等施工安全风险；针对长距离（1 206m）、超浅埋（4~17m）、大断面（170m^2）穿越海底风化深槽、土石交错层、全强风化地层及地面环岛主干公路、跨线桥、军事设施、厂房民房等众多建筑物的工程难点和特点，为实现安全、优质、快速施工和零死亡安全生产目标，福建省交通建设质量安全监督局、中铁十八局集团有限公司联合成立课题组，组长林作雷（福建省交通质监局总工程师、驻厦门翔安海底隧道监督组组长），副组长潘建立（中铁十八局集团厦门翔安海底隧道 A2 合同段常务副经理），技术负责人叶小兵（中铁十八局集团厦门翔安海底隧道 A2 合同段总工程师），技术骨干魏聿前（福建省交通质监局高级工程师、驻厦门翔安海底隧道监督工程师）组织开展《超浅埋富水软弱围岩隧道新双侧壁工法施工技术研究》课题研究，图 4-110 为作者与中铁十八局集团 A2 项目部总工程师叶小兵，总监办驻地组长陈智在检查隧道右线贯通断面现场。

图 4-109　厦门翔安海底隧道海域

图 4-110　作者与中铁十八局集团 A2 项目部总工程师叶小兵，总监办驻地组长陈智在检查隧道右线贯通断面现场

国内采用双侧壁工法施工的工程实例多为地铁车站隧道和公路、铁路隧道软弱围岩小跨度短距离进洞等施工，一般长度小于 200m，而厦门翔安翔安海底隧道长距离大断面超浅埋穿越海底隧道软弱富水围岩双侧壁工法施工，经检索国内外资料，目前尚无先例。

一、应用领域和技术原理

厦门翔安海底公路隧道海域段风化深槽、全强风化层、土石交错层及陆域超浅埋等富水软弱围岩地段，为有效解决沉降、水平变形等技术难题，为成功战胜海水直接涌入隧道断面内引发灾难性安全事故的施工风险，为创造安全施工环境和条件优质快速建成我国第一座钻爆法大断面海底特长公路隧道，经理论和实践研究，成果形成了一套完整、实用性强的超浅埋大断面富水软弱围岩隧道新双侧壁法施工成套技术，其成果还可直接应用于铁路、公路、地铁等隧道与地下工程及军事领域地下工程等，为今后类似工程的设计和施工提供强有力的技术支持。图 4-111 为叶小兵总工程师向深圳地铁公司考察团介绍双侧壁工法施工技术。图 4-112 为海底隧道超浅埋大断面富 K 软弱围岩新双侧壁工法施工技术研究内容。

技术研究包括：双侧壁工法钢拱架结构形式理论计算和方案比选的技术研究，双侧壁工法初期支护参数技术研究，双侧壁工法开挖松动圈围岩稳定性评价技术研究，双侧壁工法超前支护体系技术研究，双侧壁工法施工技术研究，双侧壁工法注浆技术研究，双侧壁工法超前地质预报技术研究，双侧壁工法监控量测技术研究，双侧壁工法通风与环保技术研究，双侧壁工法与 CRD 工法方案对比技术研究，双侧壁工法施工风险评估与安全质量管理技术研究。

图 4-111 叶小兵总工程师向深圳地铁公司考察团介绍双侧壁工法施工技术

采取的技术路线见图 4-112。

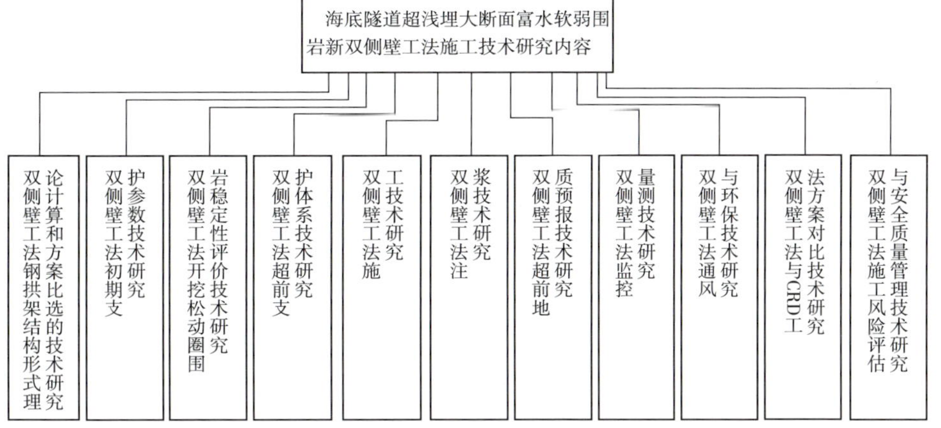

图 4-112 双侧壁工法研究技术路线框图

二、研究任务技术指标

本课题研究成果形成了具有国内外先进水平的海底隧道超浅埋大断面富水软弱围岩双侧壁工法成套施工技术，成功地应用于厦门翔安海底公路隧道，创造了海底隧道施工零死亡事故的世界奇迹。图 4-113 为双侧壁工法施工图，主要性能指标如下。

图 4-113 双侧壁工法施工图

（1）本课题依托厦门翔安隧道工程，以实践为主，科研和实践相结合，主要解决以下问题：

①双侧壁工法超前支护技术。

②双侧壁工法分部施工工序及步长。

③双侧壁工法侧壁位置的优化及横向支撑的采用。

④双侧壁工法设备选型及配套设备技术。

⑤双侧壁工法配套辅助技术。

⑥双侧壁工法临时支撑拆除技术。

⑦双侧壁工法通风与环保技术。

⑧双侧壁工法与 CRD 工法的对比。

⑨双侧壁工法风险评估与安全质量管理。

（2）通过该课题研究，总结形成一套完整的具有国内先进水平的海底隧道超浅埋大断面富水全强风化岩隧道双侧壁工法施工技术，指导并应用于厦门翔安隧道工程，确保了工程施工安全和质量，并为以后类似工程提供借鉴经验。

①双侧壁工法超前支护技术——根据实际地质情况及施工步距对超前支护体系进行优化。

②双侧壁工法施工步序、步长及初期支护参数的研究——通过对双侧壁工法施工步序、步长及支护参数的优化，做到更有效地控制沉降，保证隧道施工安全。

③双侧壁工法侧壁位置的优化及横向支撑的采用研究——通过对双侧壁结构侧壁位置的优化，使初期支护受力结构更加合理，使安全更为可控。

④双侧壁工法设备选型及配套设备技术——通过选择合理的机械设备，可以及时封闭围岩，加快施工进度。

⑤双侧壁工法配套辅助技术——积极采用新材料、新工艺、新技术解决双侧壁工法施工过程中遇到的问题，使工程安全、快速进行。

⑥双侧壁工法临时支撑拆除技术——提出一整套关于双侧壁工法临时支撑拆除安全、快捷、实用的拆除技术及安全预案。

⑦双侧壁工法通风与环保技术——提出双侧壁工法的通风系统布置及环保施工措施。

⑧双侧壁工法与 CRD 工法的对比研究——将两种工法进行对比，提出各自的优缺点及各自的适用范围，为今后类似工程施工提供经验。

⑨双侧壁工法风险评估与安全质量管理——通过对双侧壁工法的风险评估及安全质量管理研究，使该工法的可操作性大大增强，实用效果显著提高。

三、同类研究技术比较

双侧壁法，又称双侧壁导洞法或眼镜工法，属于新奥法的一个分支，以新奥法基本原理为依据。在开挖导坑时，尽量减少对围岩的扰动，导坑断面近似椭圆，周边轮廓圆顺，避免应力集中。初期支护采用钢架、挂网、喷混凝土柔性支护体系，及时施作，使断面及早闭合，以充分利用围岩的自承能力控制围岩变形。建立一整套围岩支护结构监控量测系统，进行信息化施工管理，随时掌握施工过程中的动态变化，合理安排、调整施工工艺和设计参数，确保施工安全。

双侧壁工法主要应用于大跨度浅埋暗挖法公路隧道和地铁中，工程实例有深圳地铁、重庆临江门车站隧道、福厦铁路天马山隧道等，与之相比，本项目所研究的厦门翔安海底隧道穿越不良地质地段长，使用该工法距离长达 1km，并且通过不断优化其结构形式和改进施工辅助措施，使用配套的机械设备，成功克服了原双侧壁工法施工进度慢的缺点，使本项目的研究达到了国内国际先进水平。

四、技术成果先进性

（1）该课题对双侧壁工法的结构形式进行了优化创新，使得新双侧壁工法中各断面分割更合理，可使用大型机械设备，同时使初期支护的钢架受力更合理，对控制围岩收敛变形更加有利，从而显著提高施工进度。

（2）该课题对开挖松动圈围岩沉降、水平变形及塑性区变化进行理论验算，验证新双侧壁工法钢拱架结构合理性及安全性。

（3）该课题根据超前地质预报变化的工程地质水文情况，创造性地提出了长大管棚、短小管棚、长短小导管、超前预注浆组合的新型超前支护体系结构，有效解决了复杂多变地质水文条件下的世界级施工技术难题，成功战胜了涌水、突泥、坍塌等灾难性安全事故的施工风险。

（4）该课题根据施工中实际的地质水文情况，创新采用了喷、钢拱架、锁脚锚管、网、喷组成稳固的新型初期支护体系，使初期支护在软弱围岩中的收敛变形得到有效控制，确保了施工安全和工程质量。

（5）该课题对双侧壁工法的开挖方法、开挖顺序和施工步距、施工工艺、辅助施工技术、特殊地段支护技术、风险控制、环境保护、机械设备配套等进行了优化创新，控制了围岩的收敛变形，确保了隧道施工安全，加快了安全施工进度，保证了工程质量，避免了因隧道施工产生地表沉陷造成民用建筑和交通设施等损坏而带来的巨大经济损失，具有显著的经济效益和社会效益，可为今后类似工程提供可靠的技术借鉴。

（6）该课题经过对双侧壁工法进行风险评估及安全质量管理研究，使该工法的可操作性大大增强，实用效果显著提高。

研究成果为大型不良地质水底隧道特别是海底隧道建设项目提供了工程范例，产生了巨大的社会和经济效益。该课题的研究成果总体上达到国际领先水平。

五、技术成果作用意义

1. 技术效益分析

海底隧道超浅埋大断面富水全强风化岩新双侧壁工法通过合理的施工步序、步长、配套辅助施工技术及选用合理的降水技术，有效地控制了隧道初期支护的沉降和收敛，确保了工程施工安全和质量，加快了施工进度。

海底隧道超浅埋大断面全强风化岩新双侧壁工法形成的一整套施工技术，将为今后类似工程建设提供完善的技术保障和示范技术，相关科研成果可运用在类似水底隧道的建设中，确保水底隧道的施工质量、进度和安全，推动我国水底隧道技术的发展。

2. 社会效益分析

厦门翔安隧道是我国大陆第一条钻爆法施工的海底隧道，它的建成展示了我国海底隧道施工的技术水平和实力，在中国隧道建设史上起到里程碑式的作用，对我国海底隧道建设有极深远的影响，为今后我国隧道工程界具备建造超大型跨海工程的技术能力建设、参与国际竞争提供强大的技术支撑，其政治、社会效益巨大。

超浅埋大断面富水全强风化岩新双侧壁工法在超浅埋大断面富水软弱围岩的应用及经验总结，为国内外类似工程施工提供了宝贵的借鉴资料。国内青岛胶州湾海底隧道及韩国待建的其国内第一条海底隧道等业主、设计施工单位曾多次来翔安海底隧道参观考察学习，从中吸取经验。正在论证中的大连湾海底隧道、34km 的琼州海峡海底隧道、110km 的渤海湾大连到烟台海底隧道、拟建的厦门西通道海底隧道均具有很强的借鉴价值。图 4-114 为 A2 合同段常务副经理潘建立向韩国客人介绍双侧壁工法施工经验。

图 4-114　A2 合同段常务副经理潘建立向韩国客人介绍双侧壁工法施工经验

本工程的建成大大缩短了厦门岛至内地的路程（行车由原来的 2.5h 缩短到现在的 10min），社会效益显著。由于厦门地理位置的特殊性，该隧道的建设质量与技术对两岸交流产生巨大的影响，加快了厦门与金门通道的建设步伐，也将对远期的台海通道技术论证提供技术支撑，意义非常重大。

3. 生态效益分析

新双侧壁工法有效地控制了地表的沉降，土石交界段、富水段进行堵水注浆措施减少了水土的流失，有利于保护生态环境。

新双侧壁工法施工过程中采用弱爆破、人工配合挖掘机开挖，既减少了爆破振动对周边环境的影响，又有效地减小了废气对环境的污染。

厦门翔安海底隧道施工时洞口设置大型污水三级处理沉淀池，确保外排水质达标。隧道粉尘、噪声、环境振动、施工废水每季度由厦门市环境监测中心分别依据《大气污染物综合排放标准》（GB 16297—1996），《建筑施工场界噪声限值》（GB 12523—1992），《城市区域环境噪声标准》（GB 3096—1993），《农用灌溉水质标准》（GB 5084—2005）等国家标准，每季度检测一次，各项指标均达标。

4. 经济效益分析

（1）通过新双侧壁工法成套技术的研究，提高了机械利用率，规避了施工风险，施工进度较优化前提高近 2.0 倍，使隧道如期建成通车，其节约的成本及带来的隐性经济收入蔚为可观。

（2）使用该工法在翔安隧道右线共施工 1 206m，为该工程降低了工程风险，加快了工程进度，降低了管理成本，节省工程投资计 0.25 亿元。

（3）陆域浅埋段埋深仅 4~27.6m，洞顶建筑 80 多座约 2 万 m^2，未发生墙体开裂、房屋倒塌、意外拆迁事故，节省投资计 0.4 亿元。

（4）环岛路距隧道拱顶仅 17m 左右，未发生路面开裂或中断交通；横跨环岛路五通跨路大桥基础的摩擦桩底距隧道拱顶仅 6m 左右，由于新技术的应用确保了已有工程结构的安全，节省投资计 0.03 亿元。

（5）有效地解决了施工过程中遇到的涌水、突泥、坍塌、失稳、变形及地表沉陷等技术难题，确保了施工安全和施工质量，经济效益不可估量。

（6）超浅埋大断面富水全强风化岩新双侧壁工法关键技术研究成果，可供今后类似工程借鉴以及为企业培养了人才等，产生了显著的间接经济效益。

双侧壁工法研究成果形成的一套完整的、先进的、实用性强的海底隧道超浅埋大断面长距离富水全强风化岩新双侧壁工法施工技术，确保了不良地质地段安全、快速、优质地建成。研究成果不仅直接运用于本项目超浅埋大断面、富水、软弱围岩段施工，而且成功地战胜了海底风化深槽、浅埋等软弱富水围岩的施工风险，同时研究成果为大型不良地质水底隧道特别是海底隧道建设项目提供了工程范例，也将对铁路、水利、军事、城市地铁等地下工程设计施工提供技术支撑，填补了我国在跨海隧道工程施工“零安全”事故的空白，对我国海底隧道建设产生了深远的影响，取得了巨大的社会和经济效益。

翔安海底隧道工程建成通车对我国隧道建设技术的进步和发展，缩小与世界先进水平的差距，将起到里程碑式的作用。2010 年 4 月 21 日，交通运输部、安全监管总局《关于对厦门翔安海底隧道安全生产工作给予表彰的通报》（交质监发［2010］202 号）对厦门翔安海底隧道工程予以全国通报表彰。图 4–115 国家安全监管总局王勇处长，交通运输部质监总站安全专家桂志敬亲临厦门翔安海底隧道调研零死亡施工安全管理经验。

图 4–115 国家安全监管总局王勇处长，交通运输部质监总站安全专家桂志敬亲临厦门翔安海底隧道调研零死亡施工安全管理经验

六、主要技术成果

（1）通过对双侧壁工法钢拱架结构三种形式的理论计算与优缺点分析比选，选用结构形式一。其可有效控制沉降、变形，有利大型机构设备施工，创造了月进尺 68m 的高掘进钻爆法施工世界纪录。

（2）通过对双侧壁工法开挖松动圈围岩沉降、水平变形及塑性压变的理论验算，进一步验证了开挖断面围岩稳定性及围岩强度，验证了沉降、水平变形的安全性。

（3）双侧壁工法超前支护体系采用长大管棚、超前短小管棚、超前小导管、超前预注浆等组合的新型超前支护结构，确保了开挖掌子面前方围岩稳定和安全快速掘进。

（4）双侧壁工法初期支护体系采用喷、钢拱架、锁脚锚管、网、喷组成的新型支护结构，确保了初期支护结构具有足够安全可靠的承载能力。

（5）双侧壁工法侧壁位置的优化及横向支撑的采用研究——通过对双侧壁结构侧壁位置的优化，使初期支护受力结构更加合理，使安全更为可控。

（6）双侧壁工法施工步序、步长及初期支护参数的研究——通过对双侧壁工法施工步序、步长及支护参数的优化，做到更有效地控制沉降，保证隧道施工安全。

（7）双侧壁工法配套辅助技术——采用新材料、新工艺、新技术解决双侧壁工法施工过程中遇到的问题，确保工程质量。

（8）侧壁工法设备选型及配套设备技术——通过选择合理的机械设备，可以及时封闭围岩，加快施工进度。

（9）双侧壁工法临时支撑拆除技术——提出一整套双侧壁工法临时支撑安全、快捷、实用的拆除技术及安全预案。

（10）双侧壁工法通风与环保技术——提出双侧壁工法的通风系统布置及环保施工措施。

（11）双侧壁工法与 CRD 工法的对比研究——将两种工法进行对比，提出各自的优缺点及各自的适用范围，为今后类似工程施工提供借鉴。

（12）双侧壁工法风险评估与安全质量管理——通过对双侧壁工法的风险评估及安全质量管理研究，使该工法的可操作性大大增强，实用效果显著提高。

七、技术成果鉴定

2010 年 5 月 22 日，福建省交通运输厅在福州市组织召开了《海底隧道超浅埋大断面富水全强风化岩新双侧壁工法施工技术研究》课题成果技术鉴定会，图 4–116 技术成果鉴定会场。鉴定委员由中国科学院院士、著名隧道与地下工程专业资深专家、同济大学博士生导师孙钧为主任委员，图 4–117 孙钧院士主持技术鉴定会，形成鉴定意见如下。

图 4–116　技术成果鉴定会场

图 4–117　孙钧院士主持技术鉴定会

（1）课题组提供鉴定的材料齐全，内容完整，数据翔实，完成了技术任务书的研究内容，符合技术鉴定要求。

（2）本课题针对海底风化深槽、超浅埋（4~17m）和浅埋（17~27.6m）长距离（1 206m）、大断面（170m^2）穿越富水全强风化地层等施工风险高、难度大的工程，提出了成套的新双侧壁法施工工法。研究成果有效地控制了围岩收敛和沉降，创造了该工法月进尺 60m 以上的高掘进速度，创造了海底隧道“零死亡”的安全生产纪录，图 4–118“永不言弃”为隧道贯通点。

图 4–118　隧道贯通点

（3）课题组根据复杂地质水文情况有针对性地对超前支护体系进行了优化和创新，采用了喷、钢拱架、网、喷、锁脚锚管组成的新型支护结构和施工步序，在钢拱架结构参数、开挖方法、步长步序、封闭长度、施工工艺、机械设备等方面进行优化，确保了隧道施工质量、安全和进度。

（4）通过理论分析、现场量测和检验，提出了软弱围岩双侧壁工法临时支撑合理拆除时机及长度，从而显著提高了施工进度，为安全、快速施工提供了技术支持。

（5）研究成果为大型不良地质海（水）底隧道建设项目提供了工程范例和技术支撑，产生了巨大的社会和经济效益，为今后类似工程提供了宝贵的施工经验。

综上所述，鉴定委员会认为该课题的研究成果总体上达到国际领先水平。图 4–119 为孙钧院士鼓掌祝贺。

图 4–119　孙钧院士鼓掌祝贺

第九节　双侧壁工法应用技术

一、八车道小净距隧道双侧壁法施工技术

1. 工程概况

沈海高速公路福建境福州至厦门段大帽山隧道扩建工程在现有隧道两洞之间新建一座单洞四车

道左线隧道，并将既有右洞双车道扩建为四车道，形成了特大断面特小间距隧道群，从左至右有：左洞两车道隧道、新建四车道隧道和扩建四车道隧道。既有两车道左线隧道与新建四车道隧道的行车道中线间距为 23.53 m，新建与扩建四车道隧道的行车道中线间距为 29.61 m，最小净距仅 5.98 m。图 4–120 为大帽山隧道进洞口洞室位置关系图，图 4–121 为大帽山山洞口隧道施工断面图。

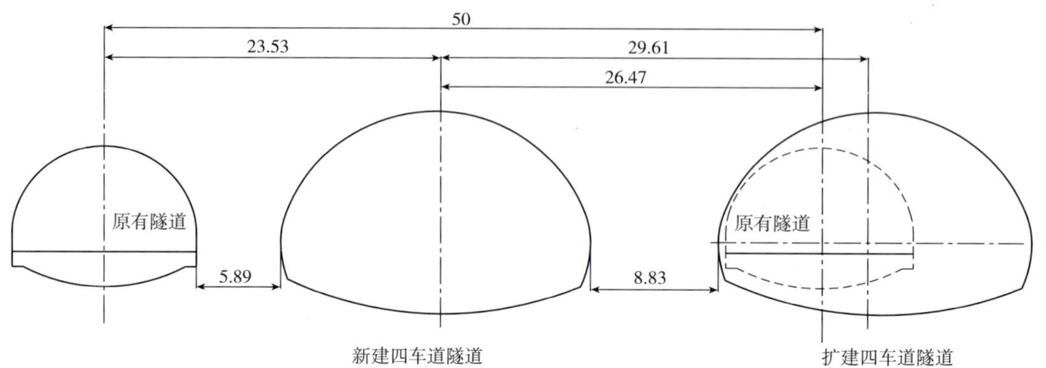

图 4–120　大帽山隧道进洞口洞室位置关系图（尺寸单位：m）

图 4–121　大帽山山洞口隧道施工断面图

大帽山隧道区属构造剥蚀微丘地貌，地处大帽山体与石崛山体鞍部，山包呈浑圆状，最大高程 147m，山坡坡度一般为 15° ~25°，地表植被较发育，现有洞口边坡稳定。隧道穿越的地层岩性为强 ~ 弱风化花岗岩。

大帽山隧道长度及围岩类别情况见表 4–38。双侧壁工法施工地段为洞口及浅埋段Ⅳ、Ⅴ级围岩左线隧道 336m，右线隧道 264m。

隧道长度及围岩类别统计表　　表 4–38

名　称	线　落	长度（m）	Ⅱ级（m）	Ⅲ级（m）	Ⅳ级（m）	Ⅴ级（m）
大帽山隧道	左线（新建）	600	102	162	217	119
	右线（扩建）	600	138	198	154	110

帽山隧道于 1997 年建成通车，为双向 4 车道、双洞分离式隧道，隧道净宽 10.7m，净高 5.0m，隧道长 582m。既有隧道结构按新奥法原理进行设计施工，采用复合式衬砌。

隧道健康检测：检测内容为采用地质雷达检测隧道衬砌厚度及缺陷；采用地质雷达检测隧道衬砌背后空洞状况；采用裂缝测宽仪与超声波仪辅以人工调查检测衬砌裂缝及渗漏水；采用激光断面仪检测隧道衬砌轮廓；采用回弹仪及超声回弹仪检测隧道衬砌混凝土强度。综合健康检测结果表明，隧道总体质量基本达到《公路工程质量检验评定标准》（JTG F80/1—2004），隧道工程质量合格。

2. 施工重难点

大帽山隧道全长600m，为复合式衬砌设计，按新奥法原理设计施工。大帽山隧道总体施工顺序为：先新建中间四车道隧道，待新建四车道隧道通车后，再将既有右侧隧道扩建为四车道隧道；采取进、出口同时掘进，以缩短工期。施工过程中将超前地质预报和围岩监控量测纳入关键的施工工序。主体工程采用"进出口双向掘进，分部开挖作业，仰拱紧跟，衬砌完善配套"的施工方案。总体实现掘进（钻爆、无轨运输出渣）、支护（管棚、拌、运、锚、喷）、衬砌（拌、运、灌、振捣）三条机械化作业线。通风采用大功率通风机、大口径软管、压入式隧道供风技术。

（1）两洞行车道中线间距仅29.61m，中间岩核净宽8.83m，约0.4B，属特小净距隧道；隧道在Ⅳ、Ⅴ级围岩中开挖跨度达22m，扁平率约为0.626，开挖面积217m^2，属软弱围岩中大跨度扁平隧道。

（2）大帽山隧道为大断面超小间距隧道，国内基本无可类比的工程，设计及施工经验极少；国内没有成熟的施工经验可借鉴，需要在施工过程中不断地优化施工方案，积累施工经验。边施工、边优化、边总结、边创新是本工程的重点。图4–122为既有两车道隧道与中间四车道隧道施工图。

图4–122 既有两车道隧道与中间四车道隧道施工图

（3）大帽山隧道施工既要保证新建隧道的施工质量、施工进度，又要保证既有隧道的行车安全。在施工过程中需要采取光面爆破、微振爆破、预裂爆破等控制爆破技术和多项施工控制措施，并在监控量测的指导下施工组织。控制爆破、监控量测是本工程的重点。

（4）大帽山隧道是在边通车边施工的情况下进行的，进行合理的交通组织，确保运营安全及施工安全是本工程的难点。

（5）大帽山隧道施工过程中不能长时间中断既有交通，施工难度大，施工干扰多，施工技术含量高，制订合理、科学的施工组织方案保证既有交通的通畅、保证行车和运营的安全、保证隧道施工过程安全和工程质量是本工程的难点。

3. 双侧壁工法施工技术措施

1）洞口施工技术措施

洞口工程开始施工前，对洞口四周进行清理，排除陷穴、危石、滑坡等对洞口工程有危害的结构后，做好洞口及洞顶的截、排水系统，再进行施工。图4–123为洞口顶截排水沟（管）。

边、仰坡开挖自上而下采用挖掘机进行开挖。由于隧道洞口边仰坡为原大帽山隧道明洞回填结构，为了防止开挖时出现坍塌，开挖前需对坡面采取预加固措施，开挖后及时采用锚、喷、网对坡面临时支护。开挖时要确保边坡的平顺和稳定，尽量避免超、欠挖和对周围围岩的扰动。开挖边、仰坡时，随挖随支护，随时监测、随时检查山坡稳定情况，加强防护。

图 4-123　洞口顶截排水沟（管）

洞门和明洞施工前，先对基底进行加固处理。之后尽快施作仰拱，封闭基底。明洞采用衬砌台车作为内模，组合钢模板作外模，泵送混凝土整体式衬砌。

明洞外模拆除后，立即按照设计的要求施作防水层，并进行拱背回填，设置黏土隔水层，及时回填种植土，植草（树）进行绿化。

洞口段由于埋深较浅，且围岩破碎，开挖后，围岩不能形成自然拱，围岩自稳性差，或者自稳时间较短，易导致坍塌。为安全进洞，拟采用混凝土套拱 + 超前管棚支护。套拱施作前，清理边仰坡，并对边仰坡进行锚杆挂网和喷混凝土封闭。为保证进口段中间岩柱的稳定，隧道进洞前，从隧道端墙面打设长为 20m 的 ϕ108mm 注浆大管棚对围岩进行预加固，见图 4-124。

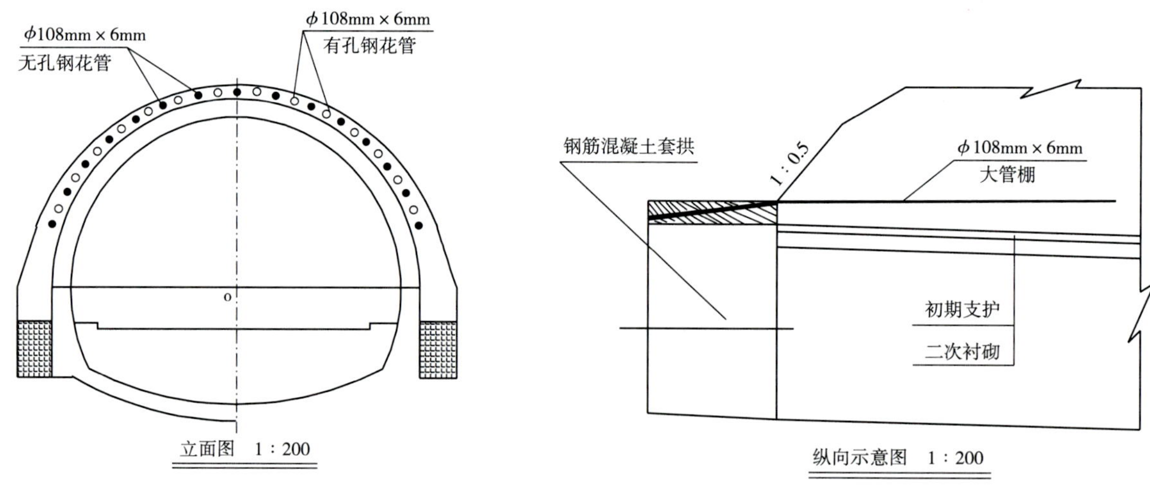

图 4-124　隧道进洞方案示意图

超前支护：洞口段采用 ϕ108mm 壁厚 6mm 的热轧无缝钢管。采用 C25 混凝套拱作为管棚导向墙，超前管棚采用水平钻机施工大管棚。洞身Ⅳ围岩段采用自制钻孔台车及注浆机施作超前导管，导管采用 ϕ50mm、壁厚 5mm、长度 5m 的热轧无缝钢管及 ϕ22mm、长度 5m 的水泥药包锚杆。

初期支护：Ⅴ级围岩采用双层初期支护，第一层采用 C25 喷射钢纤维混凝厚 30cm、I22b 钢支撑，纵向间距（Z5-1）60cm、（KZ5-1）50cm、（Z5）80cm；第二层采用 C25 喷射钢纤维混凝厚 15cm，系统锚杆为 ϕ25mm 中空锚杆，长度 5m，间距 70cm，呈梅花形布置。Ⅳ级围岩初期支护采用 C25 喷射混凝厚 26cm、ϕ8mm 单层钢筋网、I18 钢支撑，纵向间距（Z4-1）80cm、（KZ4-1）60cm、（Z4）1m、（KZ4）80cm；系统锚杆采用 ϕ25mm 中空锚杆，长度 4.5m（Z4、KZ4 长度 4m），间距 1m，呈梅花形布置。

2）洞身施工技术措施

（1）双侧壁工法施工步序步长技术措施

新扩建隧道Ⅴ级围岩采用双侧壁导坑法开挖，双层初期支护；Ⅳ级围岩在无水的情况下采用单侧壁导坑法开挖，单层初期支护；Ⅳ级围岩在岩体较完整的情况下采用上中下台阶法开挖，单层初期支护。

Ⅴ级围岩采用 ϕ108mm 注浆大管棚超前支护，采用 ϕ50mm 注浆小导管支护，Ⅳ级围岩以下采用超前锚杆支护。Ⅴ级围岩以机械开挖为主，局部实施低振动的松动爆破，Ⅳ级围岩以下根据围岩情况原则上采用光面控制爆破。Ⅴ级围岩段开挖支护步序见图 4-125。

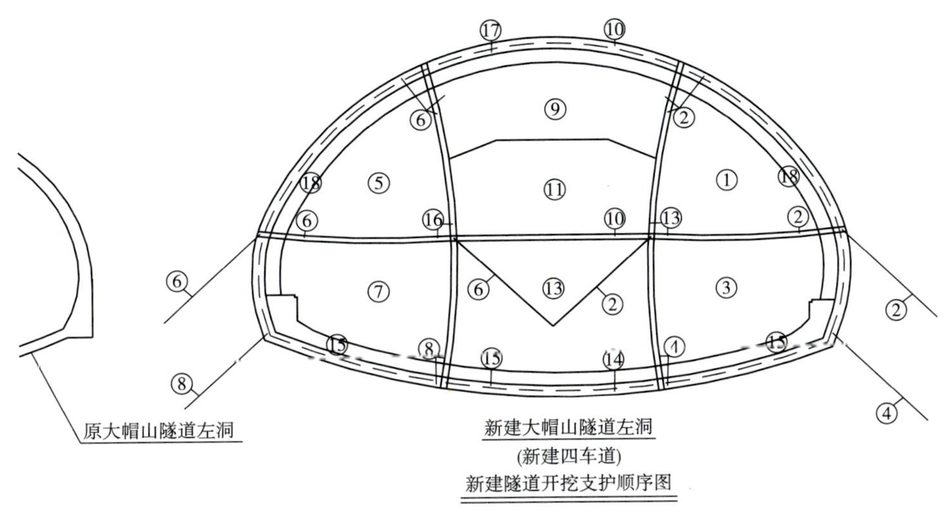

图 4-125 Ⅴ级围岩段开挖支护步序

①新建隧道施工步序步长

新建隧道开挖支护在施工辅助措施完成并达到强度要求后进行，施工步长 0.6~0.8m，施工步序如下。

a. 开挖右侧导坑上台阶；

b. 施工右侧导坑上台阶的初期支护、临时支护、临时仰拱、锁脚锚杆；

c. 开挖右侧导坑下台阶；

d. 施工右侧导坑下台阶的初期支护、临时支护、锁脚锚杆；

e. 施工左侧导坑上台阶；

f. 施工左侧导坑上台阶的初期支护、临时支护、临时仰拱、锁脚锚杆；

g. 开挖左侧导坑下台阶；

h. 施工左侧导坑下台阶的初期支护、临时支护、锁脚锚杆；

i. 开挖中部导坑上台阶；

j. 施工拱部初期支护；

k. 开挖中部导坑中台阶；

l. 施工临时仰拱；

m. 开挖中部导坑下台阶；

n. 施工中部导坑下台阶初期支护；

o. 施工仰拱第二层初期支护、二次衬砌及仰拱回填；

p. 拆除临时支护及临时仰拱（一次拆除纵向长度小于 1m）；

q. 施工拱墙部第二层初期支护；

r. 铺设环向盲沟及防水板，整体浇筑拱墙部二次衬砌，见图 4-126。

图 4-126　洞口双侧壁施工图

②扩建隧道施工步序步长

扩建隧道开挖支护按下列顺序在施工辅助措施完成并达到相应强度要求后进行，施工步长0.5~0.7m，施工步序如下。

a. 回填既有隧道至拱腰；

b. 机械拆除既有隧道支护部分；

c. 开挖左侧导坑上台阶；

d. 施工左侧导坑上台阶初期支护、临时支护和锁脚锚杆；

e. 开挖左侧导坑下台阶（包括原洞路面及二次衬砌）；

f. 施工左侧导坑下台阶初期支护、临时支护和锁脚锚杆；

g. 开挖右侧导坑上台阶；

h. 施工右侧导坑上台阶的初期支护、临时仰供、锁脚锚杆；

i. 开挖右侧导坑下台阶；

j. 施工右侧导坑下台阶的初期支护、锁脚锚杆；

k. 施工仰拱第二层初期支护、二次衬砌仰拱及仰拱回填；

l. 拆除临时支护和临时仰拱（一次拆除纵向长度小于 1m）；

m. 施工拱墙部第二层初期支护；

n. 铺设环向盲沟及防水板，整体浇筑拱墙部二次衬砌。

（2）中隔壁支护系统施工技术措施

①中隔壁支护系统施工技术措施

双侧壁导坑法开挖的一个重要环节，就是按照各部开挖顺序采用临时横竖支撑系统逐次对开挖断面采取中间支护，以提高围岩开挖后的稳定性，确保施工安全。中隔壁支护系统采用型钢横竖支撑和中隔壁喷射混凝土，各分部开挖完成后采用型钢钢架施作上部中隔壁和底部支撑，开挖轮廓一侧与初期支护的型钢钢架连为一体，接头部位采用锁脚锚管锁定，横竖支撑沿隧道轴向间距同初期支护的型钢钢架安设，两榀之间以环向的 ϕ22mm 螺纹钢筋焊连固定，然后喷射中隔壁混凝土，喷射厚度以覆盖型钢支撑 5cm 为准，底部仰拱初期支护完成后，形成完整的中间支护体系。

②中隔壁支护系统拆除施工技术措施

中隔壁支护系统的拆除时间由两个因素确定：一个是围岩的变形稳定情况；另一个是中隔壁支护系统对后续工序作业的影响。本隧道Ⅴ级围岩初期支护为双层设置，中隔壁支护系统的拆除在隧道二次衬砌防水层施作前拆除。

采用机械加人工风镐拆除钢支撑之间的喷射混凝土壁，中隔壁顶部与初期支护拱部连接部位附着在钢架上的喷射混凝土采用人工凿除，气焊烧断与初期支护连接部位。图 4-127 为双侧壁工序转换 CD 工法施工图。

图 4-127 双侧壁工序转换 CD 工法施工图

（3）既有隧道结构拆除施工技术措施

隧道扩建施工是在扰动过的围岩中进行，施工方法的选择尤为重要，必须采用技术先进、经济合理的工程措施及方法，制订可靠的技术安全措施和周密的施工组织计划，确保拆除施工安全，力求缩短施工期限，减少对临近运营隧道的干扰。

①既有隧道衬砌结构

大帽山既有隧道于 1997 年建成通车，为双洞分离式隧道，衬砌断面形式为曲墙式三心圆拱。隧道位于直线段内，长度为 582m，纵坡 -2.0%，进出口为仰斜式洞门。洞内采用电光照明和机械通风、防排结合的综合治理措施，隧道结构按新奥法原理进行设计，采用复合式衬砌。

采用激光断面仪、地质雷达、回弹仪、裂缝测宽仪与超声波仪辅以人工调查对隧道实施健康检测，检测内容包括：衬砌厚度与缺陷、二次衬砌裂缝、衬砌背后空洞状况和衬砌混凝土强度。检测结果表明，隧道总体质量达到《公路工程质量检验评定标准》（JTG F80/1—2004）的要求。

②既有隧道爆破拆除方案

为确保施工安全，对大帽山既有隧道初期支护及二次衬砌爆破拆除方案采用以下方案。

分段全断面拆除方案：

a. 沿隧道环向布置炮眼，爆破预开挖出环向沟槽，采用“切割式爆破”拆除爆破方法，拆除长度为未加固段 0.5~1.0m，加固段 0.8~2.0m。

b. 切断初期支护及二次衬砌的钢筋，将衬砌沿隧道纵向分成三段。

c. 在每一段内布置倾斜炮孔（拱顶）、垂直炮孔（拱角和拱脚），对既有隧道的支护系统进行爆破剥离拆除。

d. 采用“倒塌 + 破碎性”拆除爆破方法完成爆破拆除。

拆除安全技术措施：

a. 拆除一段，支护一段。

b. 进行爆破振动速度监测。通过监测反馈的信息，修改爆破方案，调整钻爆参数，达到最佳效果。

c. 进行隧道监控量测，在每次爆破后进行加密观测，增加观测频次，发现异常及时采取施工措施，确保既有线运营安全。

d. 隧道口段拆除中，采取爆破飞石防护措施，确保在被保护构筑物方向上没有飞石。

（4）既有隧道拆除钻爆设计

①隧道环向沟槽开挖爆破参数

a. 炮孔深度 L

$$L=(0.7\sim1.0)B \tag{4-8}$$

式中：L——炮孔深度（m）；

B——隧道衬砌厚度（m），Ⅴ、Ⅳ、Ⅲ类围岩中分别为 B=40cm、50cm、65cm，则炮孔深度分别取 L=40cm、50cm、65cm。

b. 炮孔间距 a 和排距 b

$$a=(0.8\sim1.2)L；b=(0.5\sim0.8)L=0.7L \tag{4-9}$$

c. 单孔装药量 Q

$$Q=qV=qabB \tag{4-10}$$

式中：q——炸药单耗（kg/m^3）；

V——破碎岩石体积（m^3）；

其余符号意义同前。

d. 堵塞长度

不装药部分全部堵塞。

②各分段内爆破参数

通过试爆拆除衬砌，有了工作面后，钻爆参数作了调整，沿纵向钻眼。这部分的钻爆参数如下。

a. 炮孔深度 L

为方便钻孔作业，拱部采用倾斜炮孔，炮孔倾角 $\alpha=45°\sim60°$（实际倾角可以以钻孔方便为原则确定，但必须保证相邻炮孔平行；因为炮孔是倾斜的，布孔时一定要注意根据药包最小抵抗线的位置来确定孔间距）。

$$L=B/\sin\alpha \tag{4-11}$$

其他部位炮孔均采用垂直炮孔，梅花形布孔，孔深为：

$$L=B \tag{4-12}$$

b. 炮孔间距 a 和排距 b

实际炮孔间距 a 和排距 b 可根据试炮结果和围岩状况调整。

$$a=(0.8\sim1.2)L；b=L \tag{4-13}$$

c. 单孔装药量 Q

$$Q=qV=qabB \tag{4-14}$$

d. 堵塞长度

不装药部分全部堵塞。

③爆破振动安全计算

为了判断振动强度，确保建筑物安全，采用质点振动速度表示振动强度较合适。质点振动速度与一次爆破的装药量大小、测点至爆源的距离、地质地形条件、爆破方法等有关。《爆破安全规程》（GB 6722—2003）规定，爆破地震安全距离用下式计算：

$$R_{安}=\left(\frac{K}{v_{安}}\right)^{\frac{1}{\alpha}}Q^{\frac{1}{3}} \tag{4-15}$$

式中：K——与爆破场地条件有关的系数；

α——与地质条件有关的系数；

Q——最大起爆药量（kg）；

$v_{安}$——允许的安全振动速度（cm/s）。

对于临近既有隧道，设计技术资料给定 $v_{安}$=10cm/s。

K、α 取值：《爆破安全规程》（GB 6722—2003）中，对中硬岩石 K=150~250，α=1.5~1.8，根据具体条件，取 K=200，α=1.65。

4. 钻爆设计技术

1）洞身开挖爆破设计原则

为了保证隧道爆破后轮廓线的平整度，减少爆破振动对既有隧道围岩、支护结构的扰动和损伤，采用微差减振光面控制爆破技术方案。设计采取以下设计原则。

（1）合理选取钻爆参数和单位炸药消耗量，力求达到理想爆破效果；单位炸药消耗量的确定以满足较高的炮眼利用率和降低大块率，便于机械装渣为原则。

（2）隧道周边炮眼按光面爆破设计，防止超挖或欠挖及减少围岩损伤，软岩地段光爆炮眼半孔残留率控制在 55%，硬岩控制在 90%以上。

（3）合理控制起爆顺序及间隔时间。

（4）严格控制单段起爆药量和一次起爆总药量，爆破质点振动速度控制在 10cm/s 以内。

2）隧道开挖钻爆设计

（1）爆破设计参数

①隧道开挖爆破采用钻头直径为 38mm 的风动凿岩机钻孔，炮眼直径 D=40mm。

②掏槽孔、掘进孔爆破参数。

a. 由于与既有隧道净距小，考虑到炮孔深度过大时，爆破夹制性大，爆破地震效应强。为确保施工安全，隧道采用短进尺掘进爆破，炮孔深度根据隧道开挖进尺确定，掏槽孔超深约 20cm。周边眼及底眼超深约 10cm。

b. 炸药单耗：隧道掘进爆破的炸药单耗主要与岩性和开挖断面积有关，由下式给出或根据隧道工程施工经验及有关资料确定。

$$q=1.4\,(f/S)^{1/2} \tag{4-16}$$

式中：q——炸药单耗（kg/cm^3）；

f——岩石普氏系数，一般根据工作面岩石的抗压强度或经验判断；这里根据隧道所穿过的岩层地质描述及所对应的Ⅴ ~ Ⅱ级岩体的 BQ 值，其岩石普氏系数可折算为 6~8；

S——隧道一次爆破开挖断面积（m^2），大于 $18m^2$ 时，按 $18m^2$ 选取。

c. 单循环装药量：按照一次爆破的岩体体积计算单循环爆破的装药量，装药量由下式计算：

$$Q=q\times s\times L\times \eta \tag{4-17}$$

式中：Q——单循环装药量（kg）；

η——炮孔利用率，一般取 0.80~0.95。

d. 炮孔间距：掏槽眼用来先掏出开挖面上的一部分岩石，增加临空面，改善其他炮眼爆破条件。设计采用四眼中空直眼掏槽。有 2 对对称的直炮眼，成对地在炮眼底集中炸出一个桶形体的空间。桶形成对炮眼的孔口距为 8cm，孔底距为 8cm，相邻炮眼的孔距为 11cm，炮眼数量为 5 个。相比于直眼掏槽而言，楔形掏槽产生的振动要小。因此，若振动达不到要求可考虑采用楔形掏槽。每对中心掏槽孔的孔口距取 60cm，孔底距取 20cm；同排相邻的中心掏槽孔孔距取 40cm。

辅助眼：辅助眼用以扩大掏槽的体积，为周边眼爆破创造有利条件。辅助眼应交错均匀地布置在周边眼与槽眼之间，并垂直于开挖面打眼，力求爆下的石渣块体大小适合装渣要求。辅助眼炮眼间距为 0.5~0.7m，抵抗线 W=0.4~0.5m。

e. 单孔装药量：隧道掘进爆破的单孔装药量按下式计算：

$$Q_1=kl\gamma \tag{4-18}$$

式中：Q_1——单孔装药量（kg）；

l——炮孔长度（m）；

γ——单位长度的药卷质量（kg/m）；

k——装药系数，掏槽孔装药系数为 0.6~0.8；其他炮孔装药系数为 0.5~0.75。

③周边孔、底板孔爆破参数。

a. 周边孔光面爆破参数：为控制超欠挖，降低洞壁粗糙率，减少隧道通风阻力等，对Ⅱ、Ⅲ、Ⅳ、Ⅴ级围岩采用光面控制爆破技术，并利用微差爆破技术减振。

光面爆破的最小抵抗线（光爆层厚度）为 70~80cm，炮孔间距按照光面爆破的炮孔密集系数选取，密集系数按下式计算：

$$m=\frac{a}{W} \tag{4-19}$$

式中：m——炮孔密集系数；

a——炮孔间距（m）；

W——光爆层厚度（m）。

光面爆破的炮孔密集系数一般选取为 0.5~1.0。

由于光面爆破孔孔距通常为炮孔直径的 10~18 倍，考虑上部边界控制要求较高，取炮孔间距为 55cm，靠近底板的周边孔炮孔间距为 75cm。装药不耦合系数 K 取为 1.5~2.0，线装药密度取为 0.25~0.3kg/m（考虑装药后的全孔平均值）。光爆参数将根据试验优化确定。

b. 底板孔爆破参数：底板孔间距取为 90cm，底板孔装药系数取为 0.5~0.75，并按式（4-18）计算单孔装药量。

④炮眼数量计算：

$$N=\frac{q\times S\times \eta\times m}{k\times b} \tag{4-20}$$

式中：q——炸药单耗（kg/m^3）；

S——隧道一次爆破掘进断面积（m^2）；

η——炮眼利用率，η=0.85；

m——每卷炸药长度（m）；

b——每卷炸药质量（kg）；

k——炮眼平均装药系数，k 取为 0.5。

（2）装药结构与堵塞

周边眼采用小直径药卷连续装药。当岩石很软时，可采用导爆索装药结构，用竹片和导爆索连接，为克服炮眼底部岩石夹制力，在炮孔底装半卷 ϕ32mm 的药卷做加强药包。其他炮眼孔采用 ϕ32mm 的药卷连续装药。

装药后用炮泥对炮眼孔进行堵塞，炮眼堵塞长度不少于 30cm。

（3）各级围岩爆破参数

各级围岩爆破参数见表 4-39~ 表 4-45，炮眼布置图见图 4-128~ 图 4-133。

Z5-1 爆破设计参数表 表 4-39

部位	循环进尺（m）	炮眼名称	孔深（m）	炮眼数量	炮眼直径（mm）	单眼药量（kg）	总药量（kg）
Ⅰ、Ⅲ	0.6	掏槽眼	0.8	4	40	0.23	0.94
		辅助眼	0.7	47	40	0.19	8.80
		周边眼	0.7	34	40	0.19	3.18
		底眼	0.8	11	40	0.23	2.57
Ⅱ	0.6	掏槽眼	0.8	4	40	0.23	0.94
		辅助眼	0.7	63	40	0.19	11.79
		周边眼	0.7	40	40	0.19	3.74
		底眼	0.8	10	40	0.23	2.34
Ⅳ	0.6	掏槽眼	0.8	4	40	0.23	0.94
		辅助眼	0.7	57	40	0.19	10.67
		周边眼	0.7	39	40	0.19	3.65
		底眼	0.8	10	40	0.23	2.34
Ⅴ	0.6	掏槽眼	0.8	4	40	0.23	0.94
		辅助眼	0.7	85	40	0.19	15.91
		周边眼	0.7	51	40	0.19	4.77
		底眼	0.8	11	40	0.23	2.57
Ⅵ	0.6	掏槽眼	0.8	0	40	0.23	0.00
		辅助眼	0.7	61	40	0.19	11.42
		周边眼	0.7	0	40	0.19	0.00
		底眼	0.8	12	40	0.23	2.81

Z5 爆破设计参数表 表 4-40

部位	循环进尺（m）	炮眼名称	孔深（m）	炮眼数量	炮眼直径（mm）	单眼药量（kg）	总药量（kg）
Ⅰ	0.8	掏槽眼	1	4	40	0.31	1.25
		辅助眼	0.9	47	40	0.25	11.73
		周边眼	0.9	34	40	0.25	4.24
		底眼	1	11	40	0.31	3.43
Ⅱ	0.8	掏槽眼	1	0	40	0.31	0.00
		辅助眼	0.9	80	40	0.25	19.97
		周边眼	0.9	0	40	0.25	0.00
		底眼	1	9	40	0.31	2.81
合计				89			22.78
Ⅲ	0.8	掏槽眼	1	4	40	0.31	1.25
		辅助眼	0.9	47	40	0.25	11.73
		周边眼	0.9	34	40	0.25	4.24
		底眼	1	11	40	0.31	3.43
Ⅳ	0.8	掏槽眼	1	0	40	0.31	0.00
		辅助眼	0.9	78	40	0.25	19.47
		周边眼	0.9	0	40	0.25	0.00
		底眼	1	9	40	0.31	2.81

续上表

部位	循环进尺（m）	炮眼名称	孔深（m）	炮眼数量	炮眼直径（mm）	单眼药量（kg）	总药量（kg）
V	0.8	掏槽眼	1	4	40	0.31	1.25
		辅助眼	0.9	85	40	0.25	21.22
		周边眼	0.9	51	40	0.25	6.36
		底眼	1	11	40	0.31	3.43
Ⅵ	0.8	掏槽眼	1	0	40	0.31	0.00
		辅助眼	0.9	61	40	0.25	15.23
		周边眼	0.9	0	40	0.25	0.00
		底眼	1	12	40	0.31	3.74

Z4–1 爆破设计参数表　　表 4–41

部位	循环进尺（m）	炮眼名称	孔深（m）	炮眼数量	炮眼直径（mm）	单眼药量（kg）	总药量（kg）
Ⅰ	0.8	掏槽眼	1	4	40	0.31	1.25
		辅助眼	0.9	96	40	0.25	23.96
		周边眼	0.9	45	40	0.25	5.62
		底眼	1	17	40	0.31	5.30
Ⅱ	0.8	掏槽眼	1	0	40	0.31	0.00
		辅助眼	0.9	93	40	0.25	23.21
		周边眼	0.9	9	40	0.25	1.12
		底眼	1	16	40	0.31	4.99
Ⅲ	0.8	掏槽眼	1	4	40	0.31	1.25
		辅助眼	0.9	84	40	0.25	20.97
		周边眼	0.9	49	40	0.25	6.12
		底眼	1	15	40	0.31	4.68
Ⅳ	0.8	掏槽眼	1	0	40	0.31	0.00
		辅助眼	0.9	77	40	0.25	19.22
		周边眼	0.9	11	40	0.25	1.37
		底眼	1	13	40	0.31	4.06

Z4 爆破设计参数表　　表 4–42

部位	循环进尺（m）	炮眼名称	孔深（m）	炮眼数量	炮眼直径（mm）	单眼药量（kg）	总药量（kg）
Ⅰ	1	掏槽眼	1.2	4	40	0.39	1.56
		辅助眼	1.1	94	40	0.31	29.33
		周边眼	1.1	45	40	0.31	7.02
		底眼	1.2	17	40	0.39	6.63
Ⅱ	1	掏槽眼	1.2	0	40	0.39	0.00
		辅助眼	1.1	92	40	0.31	28.70
		周边眼	1.1	9	40	0.31	1.40
		底眼	1.2	17	40	0.39	6.63

续上表

部位	循环进尺（m）	炮眼名称	孔深（m）	炮眼数量	炮眼直径（mm）	单眼药量（kg）	总药量（kg）
Ⅲ	1	掏槽眼	1.2	4	40	0.39	1.56
		辅助眼	1.1	84	40	0.31	26.21
		周边眼	1.1	49	40	0.31	7.64
		底眼	1.2	15	40	0.39	5.85
Ⅳ	1	掏槽眼	1.2	0	40	0.39	0.00
		辅助眼	1.1	76	40	0.31	23.71
		周边眼	1.1	10	40	0.31	1.56
		底眼	1.2	14	40	0.39	5.46

Z3 爆破设计参数表 表 4-43

部位	循环进尺（m）	炮眼名称	孔深（m）	炮眼数量	炮眼直径（mm）	单眼药量（kg）	总药量（kg）
Ⅰ	1.5	掏槽眼	1.7	4	40	0.64	2.57
		辅助眼	1.6	65	40	0.53	34.22
		周边眼	1.6	33	40	0.53	8.69
		底眼	1.7	17	40	0.64	10.94
Ⅱ	1.5	掏槽眼	1.7	0	40	0.64	0.00
		辅助眼	1.6	72	40	0.53	37.91
		周边眼	1.6	7	40	0.53	1.84
		底眼	1.7	17	40	0.64	10.94
Ⅲ	1.5	掏槽眼	1.7	0	40	0.64	0.00
		辅助眼	1.6	67	40	0.53	35.28
		周边眼	1.6	24	40	0.53	6.32
		底眼	1.7	0	40	0.64	0.00
合计				91			41.59
Ⅳ	1.5	掏槽眼	1.7	0	40	0.64	0.00
		辅助眼	1.6	58	40	0.53	30.54
		周边眼	1.6	7	40	0.53	1.84
		底眼	1.7	14	40	0.64	9.01
合计				79			41.39

Z2 爆破设计参数表 表 4-44

部位	循环进尺（m）	炮眼名称	孔深（m）	炮眼数量	炮眼直径（mm）	单眼药量（kg）	总药量（kg）
Ⅰ	2	掏槽眼	2.2	4	40	0.94	3.74
		辅助眼	2.1	65	40	0.78	50.70
		周边眼	2.1	33	40	0.86	14.16
		底眼	2.2	17	40	0.94	15.91
Ⅱ	2	掏槽眼	2.2	0	40	0.94	0.00
		辅助眼	2.1	41	40	0.78	31.98
		周边眼	2.1	6	40	0.86	2.57
		底眼	2.2	17	40	0.94	15.91

续上表

部位	循环进尺（m）	炮眼名称	孔深（m）	炮眼数量	炮眼直径（mm）	单眼药量（kg）	总药量（kg）
Ⅲ	2	掏槽眼	2.2	0	40	0.94	0.00
		辅助眼	2.1	67	40	0.78	52.26
		周边眼	2.1	24	40	0.86	10.30
		底眼	2.2	0	40	0.94	0.00
Ⅳ	2	掏槽眼	2.2	0	40	0.94	0.00
		辅助眼	2.1	33	40	0.78	25.74
		周边眼	2.1	7	40	0.86	3.00
		底眼	2.2	13	40	0.94	12.17

KZ5-1/KZ5 型爆破设计参数表 表 4-45

部位	循环进尺（m）	炮眼名称	孔深（m）	炮眼数量	炮眼直径（mm）	单眼药量（kg）	总药量（kg）
Ⅰ	0.5	掏槽眼	0.7	4	40	0.195	0.78
		辅助眼	0.6	34	40	0.156	5.304
		周边眼	0.6	43	40	0.156	6.708
		底眼	0.7	11	40	0.195	2.145
Ⅱ	0.5	掏槽眼	0.7	4	40	0.195	0.78
		辅助眼	0.6	42	40	0.156	6.552
		周边眼	0.6	42	40	0.156	6.552
		底眼	0.7	10	40	0.195	1.95
Ⅲ	0.5	掏槽眼	0.7	0	40	0.195	0.78
		辅助眼	0.6	59	40	0.156	8.892
		周边眼	0.6	65	40	0.156	9.828
		底眼	0.7	16	40	0.195	3.12
Ⅳ	0.5	掏槽眼	0.7	0	40	0.195	0
		辅助眼	0.6	24	40	0.156	3.744
		周边眼	0.6	0	40	0.156	0
		底眼	0.7	21	40	0.195	4.095

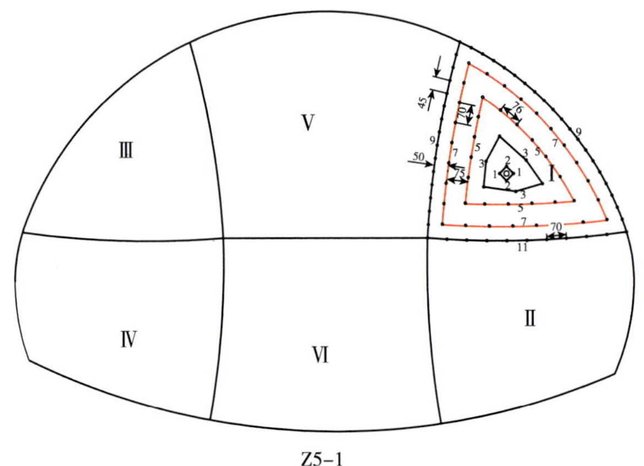

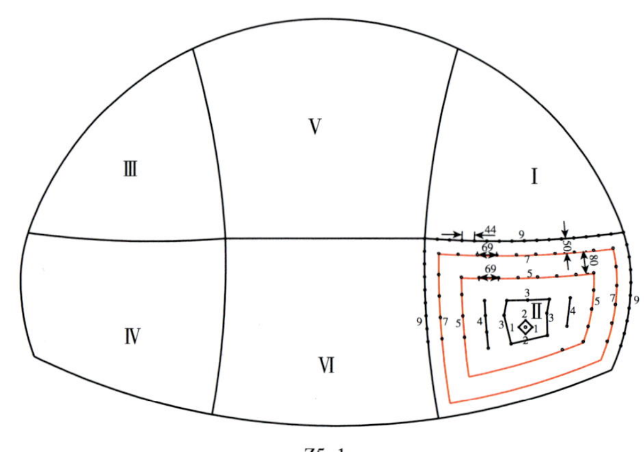

图 4-128 Z5-1 爆破炮眼布置图（一）（尺寸单位：cm）

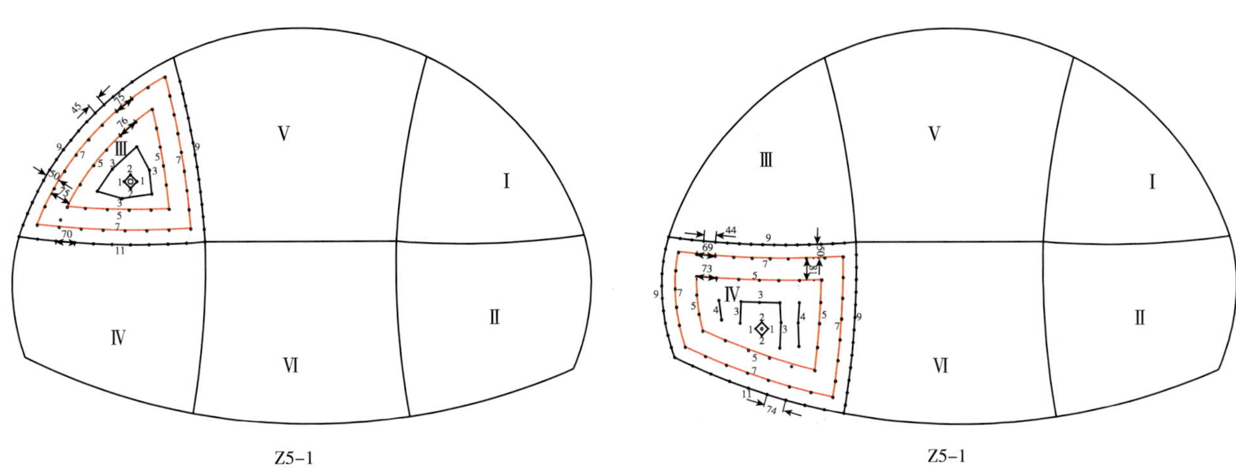

图 4-129　Z5-1 爆破炮眼布置图（二）（尺寸单位：cm）

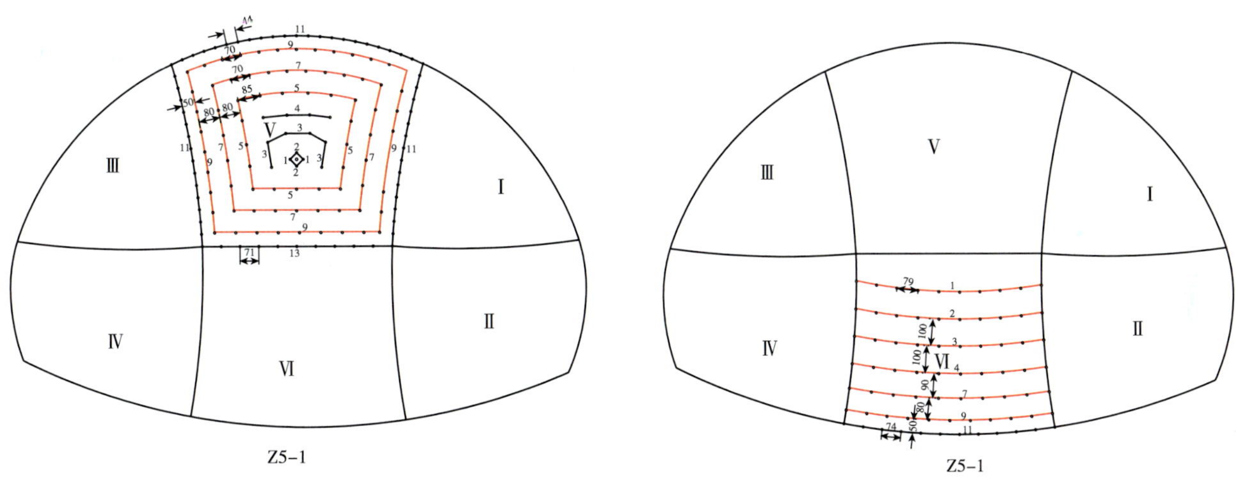

图 4-130　Z5-1 爆破炮眼布置图（三）（尺寸单位：cm）

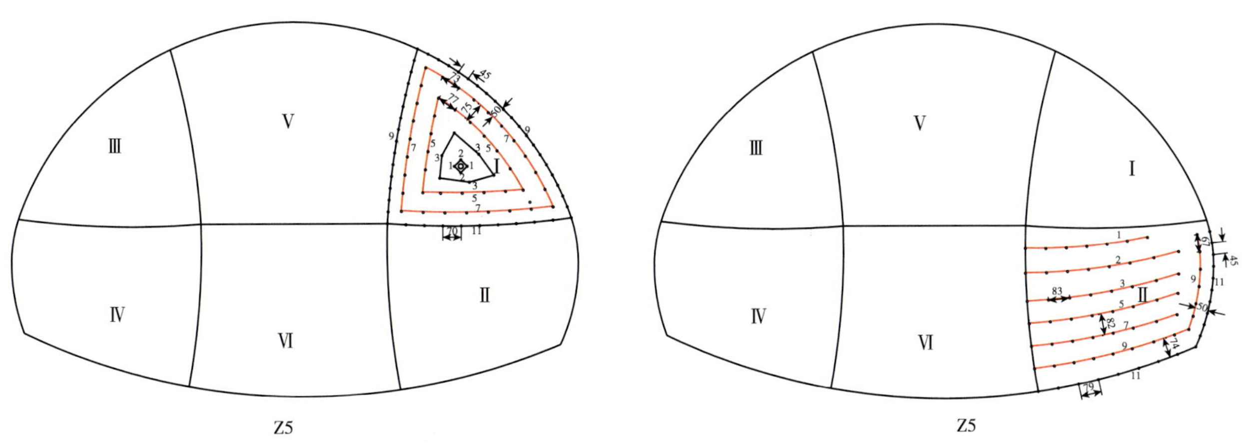

图 4-131　Z5 爆破炮眼布置图（一）（尺寸单位：cm）

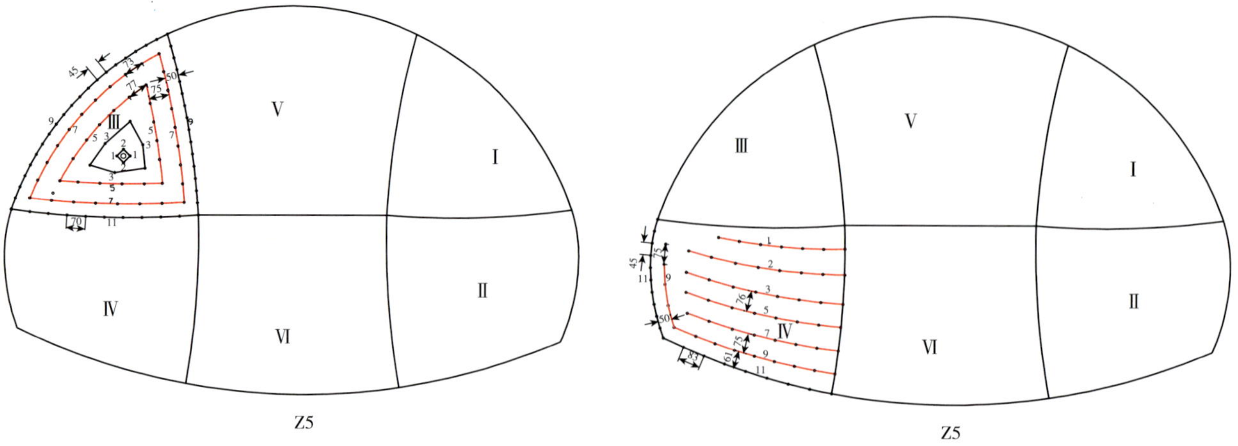

图 4-132　Z5 爆破炮眼布置图（二）（尺寸单位：cm）

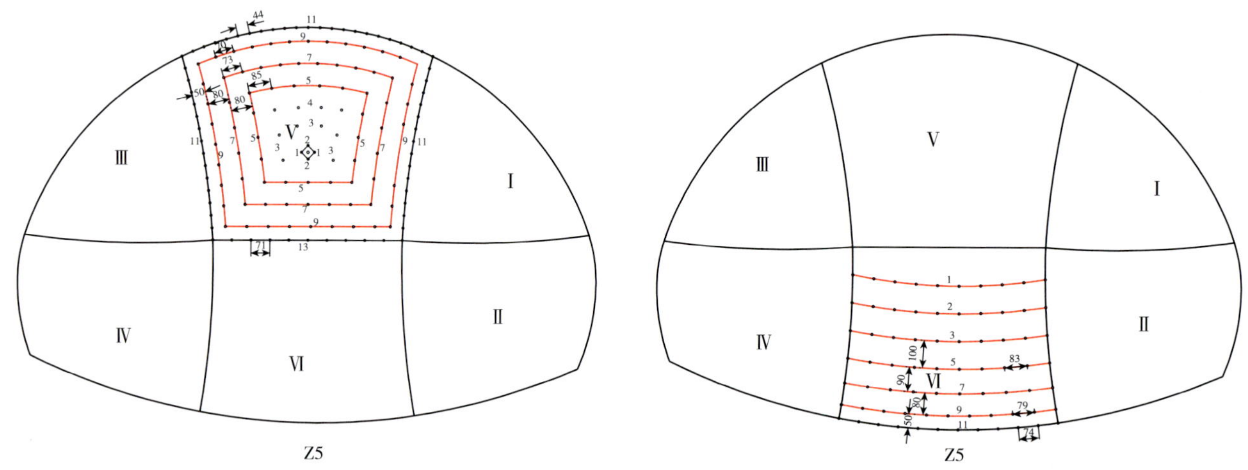

图 4-133　Z5 爆破炮眼布置图（三）（尺寸单位：cm）

3）洞身爆破起爆方法

（1）起爆顺序：在严格限制单段最大装药量的同时，尽量能使掏槽孔、各类同排炮孔同时起爆。因此，炮孔起爆顺序是：掏槽眼→内圈眼→扩大眼→周边眼→底板眼。

（2）起爆网路：所有炮孔采用非电导爆管一次点火、孔内毫秒延期起爆，每个炮孔内装入 1 发非电导爆管毫秒雷管，并采用簇并联方式连接，主传导爆管用电雷管引爆，并保证各段的延迟时间间隔大于 50ms，以避免地震波叠加而产生过大的振动强度。

4）减轻爆破振动的措施

大帽山隧道属超小净距隧道，无论是新建隧道还是扩建隧道施工时，均会对相邻隧道产生较大的振动干扰，尤其是爆破作业显得更明显，甚至起破坏作用。针对爆破影响，本隧道采用微振光面爆破或预裂爆破，可有效减轻振动影响，减小对围岩的扰动，亦是保证本隧道施工安全的重要措施，其施作要点如下。

（1）加强爆破振动地震波测试，将爆破振动监测作为关键工序纳入施工组织，根据不同围岩等级调整优化爆破参数，确保相邻隧道的安全。

（2）实施微差爆破，把一次爆破的许多炮孔分为若干组，按先后顺序起爆，以达到改善破碎质量和降低爆破振动的目的。

（3）合理安排段间隔时差：为避免爆破振动波形叠加，降低爆破振动强度，毫秒雷管跳段使用，段间隔时差控制在 50ms 左右。

（4）根据以往施工经验，爆破产生大振速部位通常为：掏槽爆破、底板或底角爆破、周边光面（预裂）爆破。复杂环境下隧道爆破开挖过程中，采用合理的掏槽方式，并进行掏槽眼的参数优化以控制爆破地震危害是很有必要的。

（5）加强炮孔堵塞，可以提高炸药的利用率，有效降低单位耗药量，减小振动速度。

（6）若爆破振动超过规范允许值，分析原因，查明事实，调整钻爆方案。

①设置干扰减振孔，周边施打减振孔可以减振30%~50%。

②调整爆破工程传爆方向：调整爆破工程传爆方向，以改变与被保护物的方位关系。实践证明，抛掷爆破时，最小抵抗线方向的振动最小，反向最大，两侧居中；而采用成排的群药包爆破时，在药包中心的边线方向比在垂直于连线方向的振速降低25%~45%，即优化掏槽位置、装药结构和起爆顺序。

③调整优化微差间隔时间，提高爆破地震波的振动频率。

5）爆破施工安全措施

（1）钻爆作业必须按照钻爆设计进行钻眼、装药、接线和引爆。

（2）钻眼前应定出开挖面中线、水平线和断面轮廓，标出炮眼位置，经检查符合设计要求后方可钻眼。

（3）炮眼的深度、角度、间距应按设计要求确定，并应符合下列精度要求。

①掏槽眼：眼口间距误差和眼底间距误差不得大于5cm。

②辅助眼：眼口排距、行距误差均不得大于5cm。

③周边眼：沿隧道断面轮廓线上的间距误差不得大于5cm，周边眼外斜率不得大于5cm/m，眼底不超出开挖面轮廓线10cm，最大不得超过15cm。

（4）光面爆破均应采用不耦合装药。光面孔应按设计图纸钻凿在一个布孔面上，钻孔偏斜误差不超过10cm。

（5）装药前应对作业场地、爆破器材堆放场地进行清理，装药人员应对准备装药的全部炮孔进行检查。

（6）装药前应将炮眼内泥浆、石屑吹洗干净，已装药的炮眼应及时用炮泥堵塞，周边眼的堵塞不宜小于30cm。

（7）地下水较多的地方，应采用具有防水性能的爆破材料，敷设爆破网路时接头不得浸在水中。

（8）进行爆破时，所有人员应撤离至安全地点，爆破后必须待有害气体排出后方可至开挖面工作，并用水喷洒爆堆。

（9）两头相向掘进的隧洞，在两掘进工作面相距15m时，一头停止掘进，改为单向掘进。

（10）应加强洞内车辆调度，统一管理，安排好各工序的施工作业时间，机械运转时，非操作人员应退至安全地点，发现情况异常应立即停机。

（11）钻眼、出渣、爆破等施工人员进入隧道后对顶板进行检查，确认无浮石、无冒顶危险时方可开始作业。

（12）通往爆破区的路口应设置安全警戒标志。

（13）每次爆破前15min，必须封闭原隧道内的交通，爆破后检查洞内安全后放行，施工时做好工序组织，安排左、右洞在同一时段内放炮，减少中断交通的时间。

（14）爆后检查。

①一般岩土爆破应检查的内容有：

a. 确认有无盲炮。

b. 露天爆破爆堆是否稳定，有无危坡、危石。

c. 地下爆破有无冒顶、危岩，支撑是否破坏，炮烟是否排除。

②露天浅孔爆破，爆后应超过 5min 方准检查人员进入爆破作业地点；如不能确认有无盲炮，应经 15min 后才能进入爆区检查。

③隧洞开挖爆破后，经通风吹散炮烟、检查确认地下空气合格后、等待时间超过 15min，方准作业人员进入爆破作业地点。

④处理盲炮前应由爆破领导人定出警戒范围，并在该区域边界设置警戒，处理盲炮时无关人员不准进入警戒区。

⑤应派有经验的爆破员处理盲炮，并由爆破工程技术人员提出方案并经单位主要负责人批准。

二、八车道连拱隧道双侧壁工法施工技术

1. 隧道设计概况

罗汉山隧道设计为双向八车道连拱隧道，平均长 248.0m。罗汉山隧道左右两侧与福州市三环路辅道双向三车道隧道形成了小间距 + 连拱 + 小间距的群体隧道。图 4–134 为罗汉山隧道布置形式断面，图 4–135 为罗汉山隧道竣工断面图。

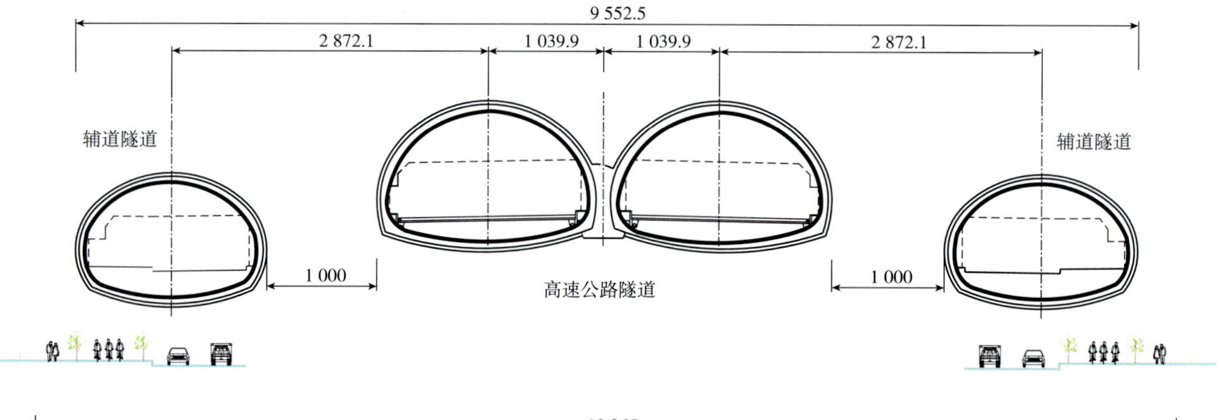

图 4–134　罗汉山隧道布置形式断面（尺寸单位：cm）

图 4–135　罗汉山隧道竣工断面图

1）工程地质与水文地质条件

隧道位于低山丘陵区，地表覆盖薄层残坡积土，进出口基岩风化层较厚，场区植被发育。地形稍起伏，洞身最高点海拔 60.0m。隧道进出口自然斜坡稳定，天然坡度为 10°~30°。隧道场区表层为第四系薄层残坡积土（Q^{dl}），下伏基岩为燕山晚期侵入花岗岩（γ_5^3）及其风化层。隧道区区域性构造较稳定，未发现有大的断裂带通过。隧道区岩性以弱风化花岗岩、闪长岗斑岩为主，局部见有闪长玢岩

呈细脉状侵入，区域构造较稳定。隧道区未见有滑坡、崩塌、泥石流等不良地质现象，场地构造稳定性尚好，隧道区进出口围岩以Ⅴ为主，隧道洞身围岩级别以Ⅳ ~ Ⅳ级为主，适宜隧道建设。

隧道区地下水主要为风化层孔隙裂隙水和基岩裂隙水，前者赋存于第四系残坡积层底部及基岩强风化层中，后者赋存于花岗岩、花岗斑岩及闪长玢岩的节理裂隙中，其富水性及导水性为弱 ~ 中等，主要接受大气降水及地下水侧向补给，向沟谷排泄，流量随季节性影响而变化较大。勘察期间，洞口地下水水位较低，主要聚集在强风化岩层中、弱风化岩层裂隙中。洞身地下水主要聚集在节理裂隙中。经勘察估算，整个隧道涌水量约 176.00m^3/d，地下水对混凝土结构不具有腐蚀性。

2）断面技术标准

隧道设计建筑界限：行车道宽度为 2 × 3.5m ＋ 2 × 3.75m，左侧不设检修道，设 0.5m 余宽，左侧向宽度为 0.50m，右侧向宽度为 1.0m，右侧设检修道宽 0.75m。限界宽度为：0.5m+0.50m+3.5m+3.5m+3.75m+3.75m+1.00m ＋ 0.75m=17.25m，净高 5m。隧道采用曲墙三心圆拱的内轮廓净空，隧道断面采用 R=950cm 和 R=640cm 的三心圆形式，单洞标准断面内轮廓面积（路面以上）左洞为 142.16m^2，右洞面积为 140.65m^2，含仰拱面积为 171.06m^2。图 4–136 为隧道净空断面图。

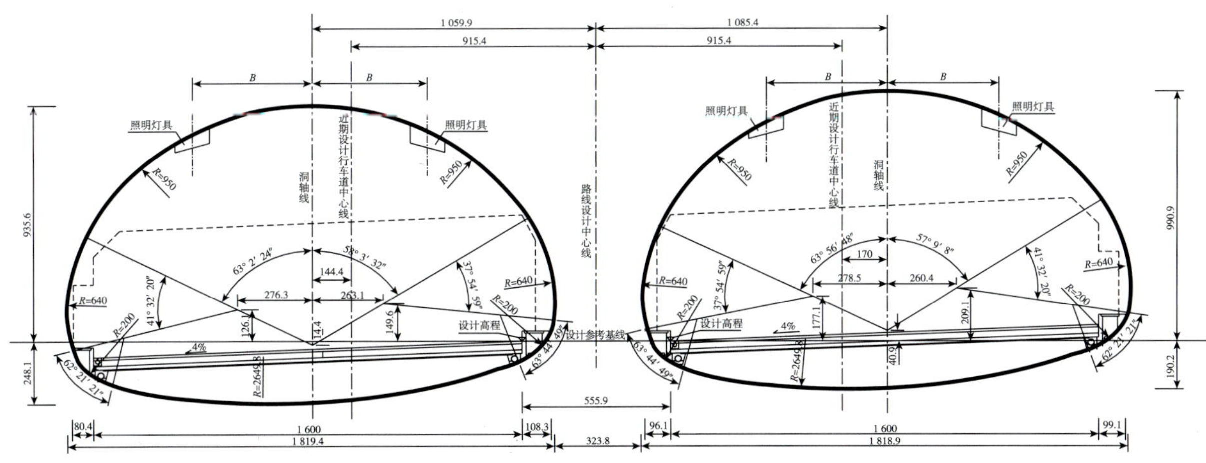

图 4–136　隧道净空断面图（尺寸单位：cm）

3）隧道支护技术参数

罗汉山隧道设计为连拱隧道，采用三层复合式曲中墙，中墙厚度为 3.1m，其中，中部中隔墙最小厚度为 2m。洞室支护结构按新奥法原理设计，采用复合式支护，以锚杆、湿喷混凝土（钢筋挂网）、钢拱架等为初期支护，大管棚、超前注浆小导管、超前锚杆等为施工辅助措施。初期支护喷射混凝土均采用湿喷法喷射，LZ5–1 型复合支护采用双层初期支护，在拱部土质围岩地段取消拱部 90° 范围内系统锚杆，隧道复合式衬砌支护参数见表 4–46。

隧道复合式衬砌支护参数表　　表 4–46

<table>
<tr><th rowspan="3">支护类型</th><th colspan="7">初 期 支 护</th><th colspan="2" rowspan="2">二次衬砌
C30 钢筋混凝土</th><th rowspan="3">施工辅助措施</th></tr>
<tr><th colspan="2">C25 喷射混凝土</th><th colspan="3">ϕ 22mm 组合锚杆</th><th colspan="2">钢支撑</th></tr>
<tr><th>厚度（cm）</th><th>位置</th><th>长度（m）</th><th>间距（m）</th><th>位置</th><th>型号</th><th>间距（m）</th><th>拱墙（cm）</th><th>仰拱（cm）</th></tr>
<tr><td>LZ0–1</td><td>—</td><td>—</td><td>—</td><td>—</td><td>—</td><td>—</td><td>—</td><td>80</td><td>80</td><td>—</td></tr>
<tr><td>LZ0</td><td>—</td><td>—</td><td>—</td><td>—</td><td>—</td><td>—</td><td>—</td><td>70</td><td>70</td><td>—</td></tr>
<tr><td rowspan="2">LZ5–1</td><td>25</td><td>拱墙
仰拱</td><td>5.0</td><td>0.7</td><td>拱墙</td><td>I25b</td><td>0.6</td><td rowspan="2">55</td><td rowspan="2">55</td><td rowspan="2">超前小导管
或大管棚</td></tr>
<tr><td>20</td><td>拱墙
仰拱</td><td>—</td><td>—</td><td>—</td><td>钢格栅</td><td>0.6</td></tr>
</table>

续上表

支护类型	初期支护							二次衬砌 C30 钢筋混凝土		施工辅助措施
	C25 喷射混凝土		φ22mm 组合锚杆			钢支撑				
	厚度（cm）	位置	长度（m）	间距（m）	位置	型号	间距（m）	拱墙（cm）	仰拱（cm）	
LZ4-1	26	拱墙 仰拱	4.5	1.0	拱墙	I18	0.7	55	55	超前锚杆
LZ3	15	拱墙	3.5	1.2	拱	—	—	45	45	—

中导洞宽 8m，高 6.8m，为使中墙与顶部围岩连接紧密，将中导洞锚杆杆体伸入中墙中。采用的支护技术参数见表 4-47。

中导洞支护参数表 表 4-47

支护参数	初期支护							施工辅助措施
	C20 喷混凝土		φ22mm 水泥药包锚杆			钢支撑		
	厚度（cm）	位置	长度（m）	间距（m）	位置	型号	间距（m）	
LZ5Z	18	拱墙	4.5	0.6	拱墙	钢格栅	0.7	超前锚杆
LZ4Z	15	拱墙	4.5	0.6	—	钢格栅	1.2	—

2. 隧道施工技术

金鸡山隧道进出口完成 φ108mm 大管棚，对暗洞洞口段地层进行注浆超前加固，中隔墙浇筑完成后，将右洞进口套拱落到中隔墙上，采用双侧壁导坑法。先开挖暗洞外侧壁导洞，再开挖内侧壁导洞。开挖完毕立即进行侧壁导坑支护，支护顺序为初喷射混凝土厚 4cm+ 施作钢拱架支撑 + 安装钢筋网 + 喷射混凝土。主洞施工按先暗洞后明洞的施工顺序进行，右洞开挖先行于左洞，施工中左右洞纵向间距 30~40m，各相邻导坑纵向间距 10~15m。各导坑上下台阶纵向间距不超过 5m，上部开挖后及时施作初期支护，下部开挖初期支护后及时施作仰拱。仰拱每次施作长度 4~5m，仰拱超前二次衬砌 15m，形成闭合环稳定结构。Ⅴ级围岩一次开挖进尺 0.8~1m，Ⅳ级围岩段一次开挖进尺 1.5m。中隔墙为土质基础，为提高基础承载力，在中墙底基础增设 φ50mm × 5mm 注浆小导管。

1）施工步序

（1）Ⅴ级围岩双侧壁导坑施工步序

图 4-137 为Ⅴ级围岩双侧壁导坑法施工工序示意图。

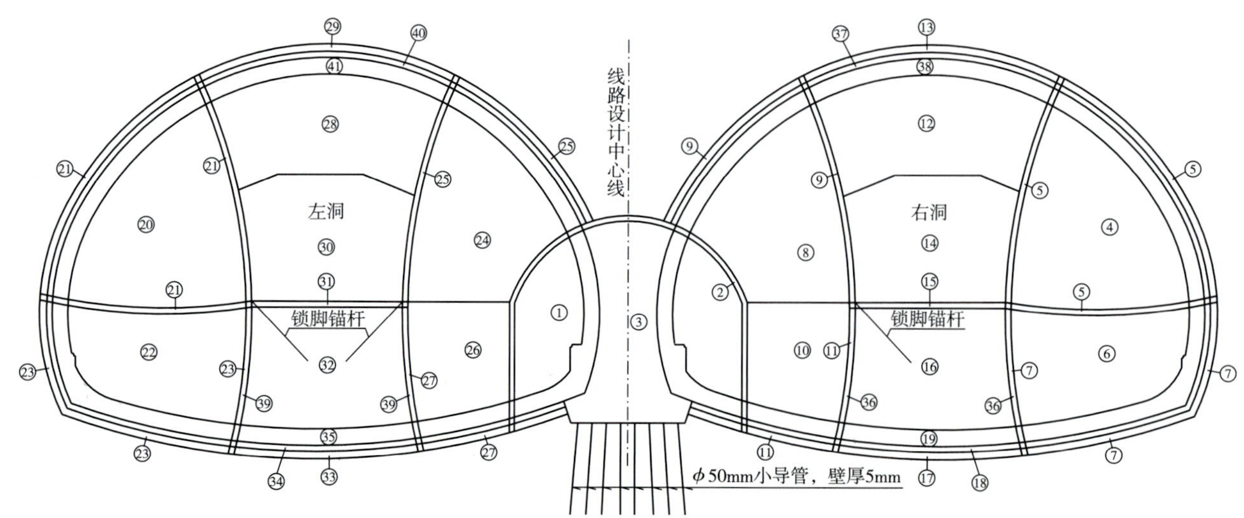

图 4-137　Ⅴ级围岩双侧壁导坑法施工工序示意图

施工顺序为：开挖中导洞—中导洞初期支护—中墙基底加设小导管（必要时），浇筑中隔墙—开挖右洞外侧导洞上台阶—施作右洞外侧导洞上台阶第一层初期支护、临时支护，施作锁脚锚杆—开挖右洞外侧导洞下台阶—施作右洞外侧导洞下台阶第一层初期支护、临时支护—开挖右洞内侧导洞上台阶—施作右洞内侧导洞上台阶第一层初期支护、临时支护，施作锁脚锚杆—开挖右洞内侧导洞下台阶—施作右洞内侧导洞下台阶第一层初期支护、临时支护—开挖右洞中部上台阶—施作右洞中部上台阶第一层初期支护—开挖右洞中部中台阶—施作右洞中部临时支护—开挖右洞中部下台阶—施作右洞中部下台阶第一层初期支护—施作右洞仰拱第二层支护—施作右洞仰拱二次衬砌及仰拱回填—开挖左洞外侧导坑上台阶—施作左洞外侧导洞上台阶第一层初期支护、临时支护，施作锁脚锚杆—开挖左洞外侧导洞下台阶—施作左洞外侧导洞下台阶第一层初期支护、临时支护—开挖左洞内侧导洞上台阶—施作左洞内侧导洞上台阶第一层初期支护、临时支护，施作锁脚锚杆—开挖左洞内侧导洞下台阶—施作左洞内侧导洞下台阶第一层初期支护、临时支护—开挖左洞中部上台阶—施作左洞中部上台阶第一层初期支护—开挖左洞中部中台阶—施作左洞中部临时支护—开挖左洞中部下台阶—施作左洞中部下台阶第一层初期支护—施工左洞仰拱第二层初期支护—施作左洞仰拱二次衬砌及仰拱回填—拆除右洞临时支护、临时仰拱—施工右洞拱墙部第二层初期支护—铺设环向盲沟及防水板，整体浇筑右洞拱墙部二次衬砌—拆除左洞临时支护及临时仰拱—施工左洞拱墙第二层初期支护—铺设环向盲沟及防水板，整体浇筑左洞拱墙部二次衬砌。

（2）Ⅳ级围岩双侧壁导坑施工步序

图 4-138 为Ⅳ级围岩双侧壁导坑法施工工序图。

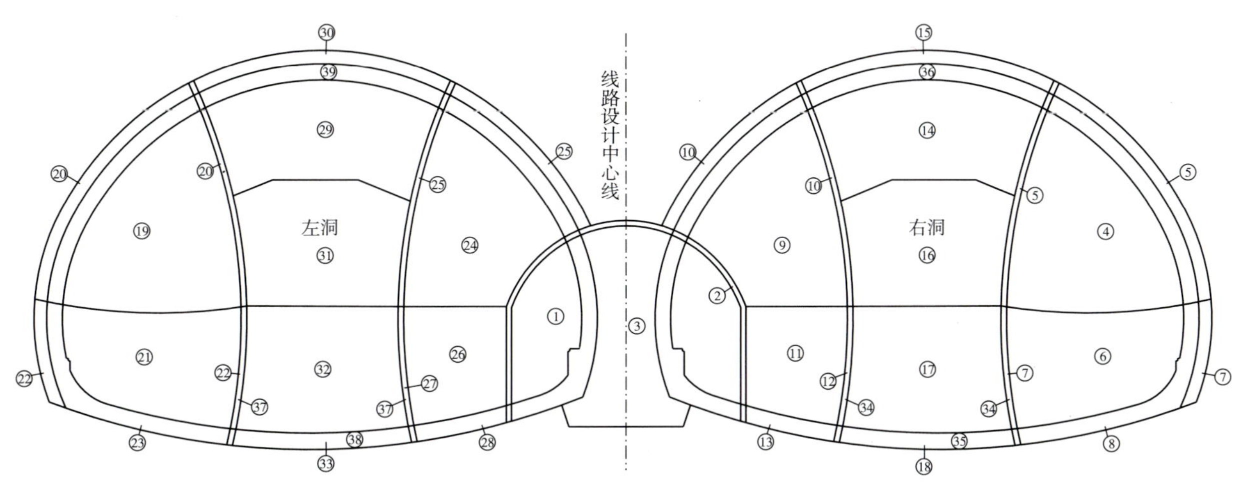

图 4-138 Ⅳ级围岩双侧壁导坑法施工工序示意图

施工顺序为：中导洞施工辅助措施施工及开挖中导洞—中导洞初期支护—浇筑中隔墙—施作超前支护，先开挖右洞外侧导洞上台阶—施作右洞外侧导洞上台阶初期支护、临时支护，施作锁脚锚杆—开挖右洞外侧导洞下台阶—施作右洞外侧导洞下台阶初期支护、临时支护—施作右洞外侧导洞下台阶仰拱—开挖右洞内侧导洞上台阶—施作右洞内侧导洞上台阶初期支护、临时支护，施作锁脚锚杆—开挖右洞内侧导洞下台阶—施作右洞内侧导洞下台阶临时支护—施作右洞内侧导洞下台阶仰拱—开挖右洞中部上台阶—施作右洞中部上台阶初期支护—开挖右洞中部中台阶—开挖右洞中部下台阶—施作右洞中部下台阶仰拱—开挖左洞外侧导洞上台阶—施作左洞外侧导洞上台阶初期支护、临时支护，施作锁脚锚杆—开挖左洞外侧导洞下台阶—施工左洞外侧导洞上台阶初期支护、临时支护—施作左洞外侧导洞下台阶仰拱—开挖左洞内侧导洞上台阶—施作左洞内侧导洞上台阶初期支护、临时支护，施作锁脚锚杆—开挖左洞内侧导洞下台阶—施作左洞内侧导洞下台阶初期支护、临时支护—施作左洞内侧导洞下台阶仰拱二次衬砌—开挖左洞中部上台阶—施作左洞中部上台阶初期支护—开挖左洞中部中台阶—开挖左洞中部下台阶—施作左洞中部下台阶仰拱二次衬砌—拆除右洞临时支护—施作右洞仰拱回填—右洞施工防排水设施，整体浇筑二次衬砌—拆除左洞临时支护—施作左洞仰拱回填—左洞施工防排水设施，整体浇筑二次衬砌。

2）初期支护

初期支护施工是本工程成败的关键。洞口浅埋及暗洞Ⅴ级围岩的初期支护分两次施作，第一层初期支护采用C25喷混凝土（挂钢筋网）+I20b钢拱架结构，钢拱架间距0.5m；第二层初期支护采用C25喷混凝土+钢格栅拱架结构，格栅钢拱架主筋直径采用ϕ25mm。

（1）组合系统锚杆

系统锚杆采用ϕ22mm组合式注浆锚杆，相对于传统锚杆具有安装方便、注浆饱满、耐久性好、提高锚固强度等特点，锚固抗拔力不小于80km。组合式锚杆专门设有排气管，注浆时，可保证仰角注浆饱满无空隙，且具有先进性、合理性、适用性、可靠性、经济性等优点。开挖后，立即检查围岩面和初喷混凝土，及时施作锚杆。锚杆长度5m，间距70cm×70cm梅花形布置，锚杆杆体不能有油污或其他不符合规范要求的缺陷。锚杆孔位、孔深及布置形式符合设计要求，注浆浆液配合比严格按设计及规范要求施作，确保其强度达到设计要求。锚杆钻孔严格按设计要求定出孔口位置，孔位偏差不大于50mm，钻孔与岩面垂直。锚杆杆体插入锚杆孔时，保持位置居中，杆体露出的长度不应大于喷层厚度，锚杆垫板与孔口混凝土密贴。锚杆施工主要工序如下。

①画眼：开挖断面检查合格后，按设计要求在岩面上画出锚杆孔位。

②钻孔：采用人工风钻造孔，钻孔开口偏差小于5cm，方向偏差小于2%，孔深比锚杆插入部分长3~5cm。

③装孔：孔内装入充分润湿的早强水泥药卷，再用YT-28凿岩机前端自制的钎尾套将L=500cm，ϕ22mm的钢筋锚杆直接顶入围岩，或用大锤击入杆体，杆体完毕后用快硬水泥堵塞孔口。

④承压垫板及螺母安装：组合锚杆安装完毕后在锚杆尾部加上垫板、螺母，不紧固。安装24h后，对螺母进行紧固。组合注浆锚杆施工工艺见图4-139。

（2）钢筋网

①钢筋网材质、规格、尺寸符合设计要求，与锚杆或其他固定装置连接牢靠，喷射混凝土钢筋网不晃动。

②钢筋网在岩面喷射一层4cm混凝土后随受喷面起伏铺设。

③采用双层钢筋网时，第二层钢筋网应在第一层钢筋网被混凝土覆盖后铺设。

（3）钢拱架

①拱架制作安装

在混凝土地坪上按测量组放样轮廓线设定位钢筋，主筋用定位钢筋直接弯制成型，焊好箍筋、连接钢板后，分节格栅拱架制作完成。

钢拱架加工好后在加工场内将整个隧道轮廓各节进行整体试拼，以检查连接部位是否吻合，只有加工误差符合规范要求的拱架才可运到工地使用。

每榀钢拱架安装前，用全站仪准确测量定出拱架安装的中线、高程及拱脚设计位置。

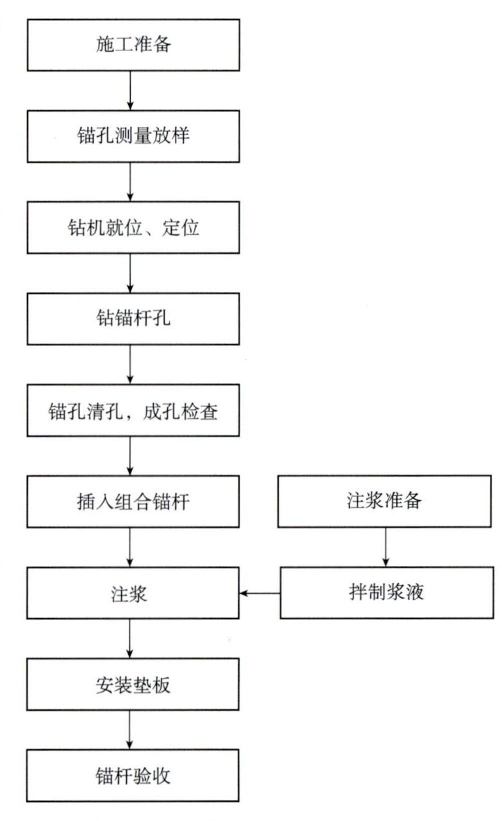

图4-139　组合注浆锚杆施工工艺框图

拱架安装由人工借助机具进行架立就位，安装前先对围岩进行初喷封闭，架设时拱脚必须架立在坚固的基座上，用短钢筋将拱架焊接在锚杆上。

焊接纵向连接筋：用 ϕ25mm 螺纹钢筋按设计间距将各榀拱架焊接成整体。

每榀钢架安装好后，在其拱腰及拱脚处拱架两侧，各设置三根 ϕ22mm 锁脚锚杆来固定，以限制初期支护下沉，其尾部与钢架焊接牢固。

②钢拱架安装工艺流程

a. 钢架在初喷混凝土后安装，与围岩密贴，应保留 3~4cm 间隙作混凝土保护层。

b. 钢架安装应确保两侧拱脚放在牢固的基础上，安装前应将底脚处浮渣清理干净，采用喷射混凝土加固基底。

c. 钢架严格按设计间距架设，钢架安装允许横向偏差和高程为 ±5cm，倾斜度不得大于 2°。

LZ5-1 型复合衬砌临时钢支撑采用 I16 型钢，纵向间距 0.6m；LZ4 型复合衬砌临时钢支撑采用 I14 型钢，纵向间距 1m。LZ5（4）型复合衬砌 V 级围岩钢支撑采用 I20b 型钢，纵向间距 0.5m，VI 级围岩钢支撑采用 I18 型钢，纵向间距 1m。LZ4 型复合衬砌 VI 级围岩钢支撑采用 I18 型钢，纵向间距 1m。各单元钢支撑由工字钢、连接板焊接成型，单元之间螺栓连接，接头处焊缝厚度不得小于 6mm。图 4-140 为钢拱架安装工艺流程。

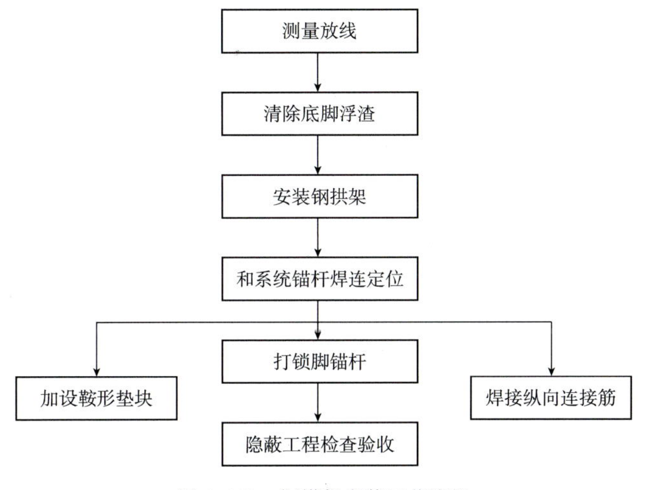

图 4-140 钢拱架安装工艺流程

（4）喷射混凝土

采用 TK-961 型喷射混凝土机湿喷作业。系统风压保持不小于 0.5MPa，风量不小于 $10m^3/min$。图 4-141 为湿喷作业示意图。

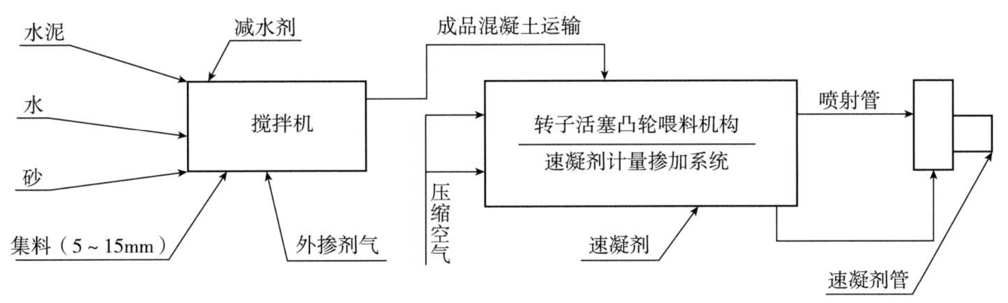

图 4-141 湿喷作业示意图

①原材料

a. 水泥为强度等级 42.5 的普通硅酸盐水泥。

b. 粗细集料：石子最大粒径为 10mm；砂子细度模数为 2.5~3.0，含水率 5%~7%。

c. 减水剂：为满足混凝土坍落度及品质要求，选用高效减水剂，减水剂掺量一般为水泥质量的 0.4%~1.0%。

d. 特种速凝剂：选用液态速凝剂。

②喷混凝土作业

a. 系统风压应保证不小于 0.5MPa，风量不小于 $10m^3/min$。

b. 喷射前，应先清洗干净岩面，保证良好接触。

c. 喷头距岩面距离以 0.6~1.0m 为宜，喷头应垂直受喷面，喷初期支护钢架时，可将喷头稍加偏斜，角度大于 70° 。喷射路线应先边墙后拱部，分区、分段 S 形运动，喷头作连续不断的圆周运动，后一圈压前一圈 1/3，螺旋状喷射。

d. 喷混凝土施工时，小凹坑要喷圆顺，小洞穴采用锚杆吊模模喷封堵平顺岩面，以利防水层铺设，确保初期支护、防水隔离层和二次衬砌密贴。

e. 当岩面普遍渗水时，可先喷砂浆，并加大速凝剂掺量，在保证初喷后，按原配合比施工。当局部出水量较大时采用埋管、凿槽、树枝状排水盲沟等措施，将水引导疏出后，再喷混凝土。

f. 一次喷射厚度不超过 10cm，两次喷射时间间隔 15~20min。

三、四车道浅埋偏压双侧壁法施工变形监控技术

1. 工程概况

前欧隧道为单洞四车道特大断面隧道，进口位于直线上，出口位于半径 1 990m 的圆曲线上，纵坡为 1.0% 和 –1.74%，进口桩号为 ZK357+036，出口桩号为 ZK357+782，长度为 746m，进出口均采用削竹式洞门。隧道进口未见有滑坡、崩塌、泥石流、危石等不良地质现象。前鸥隧道出口位于原高速公路弃土场下，偏压严重，影响出口稳定，挖除表层填土、石，隧道出口围岩为全 ~ 强风化岩层。图 4–142 为隧道出口断面图。

图 4–142　隧道出口断面图

隧道区地下水主要为风化带网状孔隙裂水和基岩裂隙水，一般路段富水性及导水性弱，主要接受大气降水及地下水侧向补给，向沟谷排泄，流量随季节性变化较大。该隧道具有以下几点工程难点。

（1）隧道断面大、跨度大。隧道单洞标准断面内轮廓面积（路面以上）154.24m^2，含仰拱面积为 189.16m^2。最大开挖量为 255.24m^2（Ⅴ级围岩），最小开挖量 188.4m^2，隧道开挖断面大。设计隧道跨度为 19.67m，隧道开挖断面最大跨度为 22.03m。

（2）隧道扁平率大，达到 0.497。

（3）隧道中轴线偏离山体中线，偏压明显，受力较不利且复杂。

（4）隧道埋深较浅，最浅处埋深仅为 3.28m。

（5）隧道左侧为正在运营的高速公路的高边坡，要求严格控制爆破参数。

（6）克服没有设计标准、施工规范、控制指南等技术空白的困难。

可见，对隧道施工变形监控量测，掌握隧道在开挖过程中的收敛变形规律，对及时预见事故和险

情，并为调整和修改支护设计参数等提供重要依据，对调整支护参数，确保隧道安全具有重要意义。

2. 测试方案

（1）测试目的与内容

采用新奥法设计和施工的隧道，施工中必须开展现场监控量测工作。现场监控量测是判断围岩和隧道的稳定状态、保证施工安全、指导施工顺序、进行施工管理、提供设计信息的重要手段。本隧道工程监测的主要目的如下。

①通过监控测量，了解施工期地层、支护结构与周边环境的动态变化，明确施工对地层、支护结构和周边环境的影响程度，以及可能产生安全事故的薄弱环节，及时对其安全性作出评估，同时综合各种信息进行预警和报警，使有关各方有时间及时作出反应，防止环境事故的发生。

②充分发挥第三方监测的综合技术优势，结合施工、地质情况对监测成果进行充分、深入分析，必要时对设计和施工提出适当的调整建议，使监测工作真正发挥优化设计和反馈指导施工的作用（而不是仅仅满足于收集资料和提交报表），对可能出现的各种突发情况提出建议措施，提高信息化施工水平。

③量测数据经过分析处理与必要的计算和判断，预测和确定隧道最终稳定时间，指导施工工序和施作二次衬砌的时间。

④积累资料，为今后类似工程或工法本身的发展提供借鉴，并为隧道运营后的养护与维修提供可靠的原始数据。

本隧道监测的内容包括：隧道周边收敛，隧道拱顶下沉。

（2）隧道收敛监测

收敛位移直观明确，是围岩稳定情况的重要标志。可用来推算最终位移值，确定二次支护最佳时机。因此，应根据围岩地质条件、施工方法及围岩的时间和空间效应等因素，按一定的间距选择观测断面和测点位置。采用收敛计观测周边收敛位移，观测精度 0.04mm。

①测点布设

洞口段和埋深小于 2*D*（*D* 为开挖的隧道直径）的地段，每隔 5~10m 设一个断面，其余地段可视地质条件、地压分布、隧道埋深、开挖方式及进度、断面收敛速度等因素每隔 30~50m 设一个断面。段面上测点布设可根据开挖方式是采用的单侧壁导坑法还是双侧壁导坑法，分别采用不同的布设方案。图 4–143 所示在全断面形成前，洞壁测点用全站仪量测洞壁测点绝对位移；全断面形成后，原测点作为收敛观测点继续测收敛。

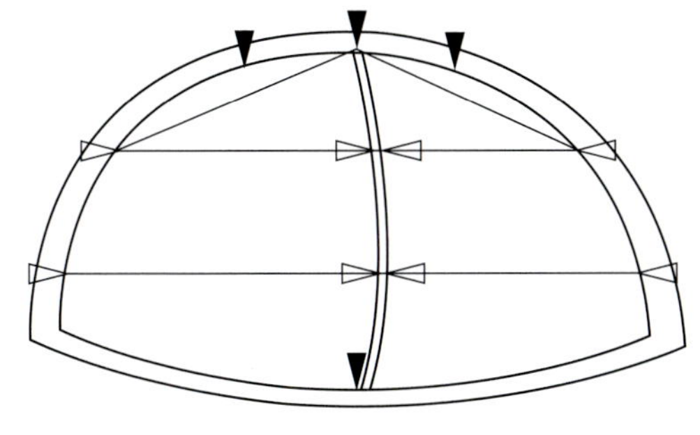

a）

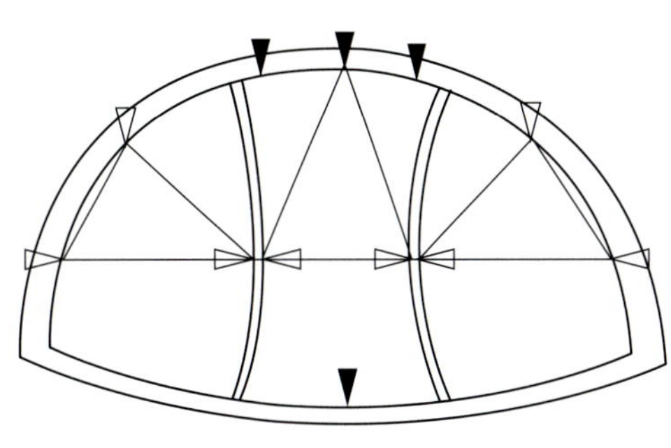

b）

图 4–143　隧道监测断面围岩收敛、拱顶下沉监测点布置示意图

a）单侧壁导坑法开挖；b）双侧壁导坑法开挖

▽ – 收敛监测点；▼ – 拱顶下沉监测点

考虑现场施工条件和可操作性，如使用收敛计不方便量测，可改用高精度全站仪的无尺量测技术，具体方法同临近隧道的收敛量测。

②测点数目及频率

量测频率按表 4–48 取值，由于从不同测线得到的位移速度不同，应取位移速度最高值；根据位移速度和距工作面距离两项指标分别选取频率，取两者中的高值。

隧道监测断面围岩收敛、拱顶下沉量测频率 表 4–48

位移速度（mm/d）	距工作面距离	频 率
>10	（0~1）*D*	1~2 次 /d
5~10	（1~2）*D*	1 次 /d
1~5	（2~5）*D*	1 次 /2d
<1	>5*D*	1 次 / 周

考虑开挖隧道的地质条件、地貌和开挖方式，暂定布设 20 个收敛监测断面，每个断面的监测频率暂定 60 次，假设隧道全线开挖均为单侧壁导坑法。

（3）拱顶沉降监测

拱顶下沉监测的作用是判断围岩稳定性及进行位移反分析，为二次衬砌的施作提供依据，还可作为计算收敛监测各点绝对位移量的验证之用。

拱顶下沉量测测点设置在收敛量测同一断面的拱顶中心及两侧适当位置，测点布置要根据现场施工情况，在各导坑开挖完毕，具备条件后及时布置。

①监测方法

拱顶下沉测试示意图如图 4–144 所示。

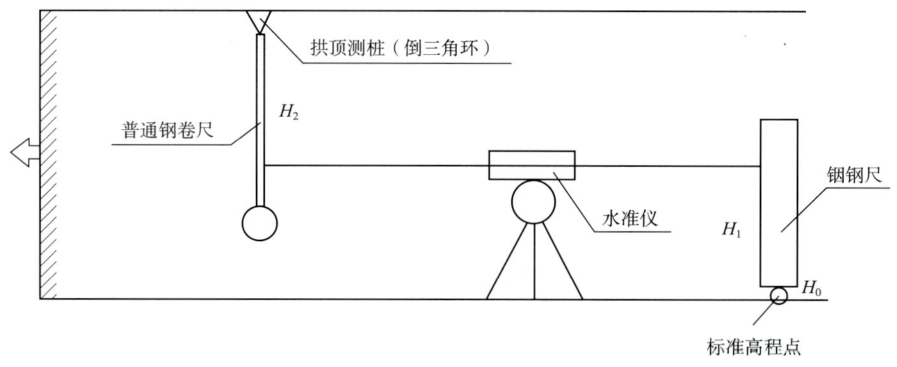

图 4–144 拱顶下沉测试示意图

②测点布设

拱顶下沉量测断面布置、断面间距与收敛量测相同。每个断面布设 3 个监测点，其中两个测点设在拱顶中心附近（图 4–143）。

考虑现场施工条件和可操作性，如使用拱顶沉降监测受现场施工干扰较大的时，可考虑用高精度全站仪的无尺量测技术来替代。

3. 主要测试成果及分析

（1）软弱围岩施工变形规律

隧道软弱围岩部分在施工过程中极易发生变形，且变形主要为塑性变形，其主要包括边墙收敛、拱顶下沉以及由此引起的洞内塌方、地表沉降及塌陷。隧道一经开挖，围岩应力释放，地下裂隙贯通，地下水导通，围岩在水的作用下，自承能力下降，土质、软岩发生蠕变自承能力降低，由原来的静止土压力转变为主动土压力。尤其围岩节理、裂隙水发育，加快了围岩蠕变速度，作用在钢架、锚、网、喷联合初期支护体系上，在受力过程中，锚、网、喷支护体系给型钢拱架的力是面力与点力的关系。

前欧隧道软弱围岩主要分布在里程为ZK357+056~ZK357+081、ZK357+354~ZK357+417、ZK357+621~ZK357+750，设置了多个监测断面。下面以ZK357+740 Ⅲ导坑的监测断面为例对软围岩变形规律进行分析，该断面为软弱围岩，埋深仅18.03m，采用喷混凝土、锚杆、钢支撑结合进行初期支护。现场部分监测结果如图4-145~图4-147所示。

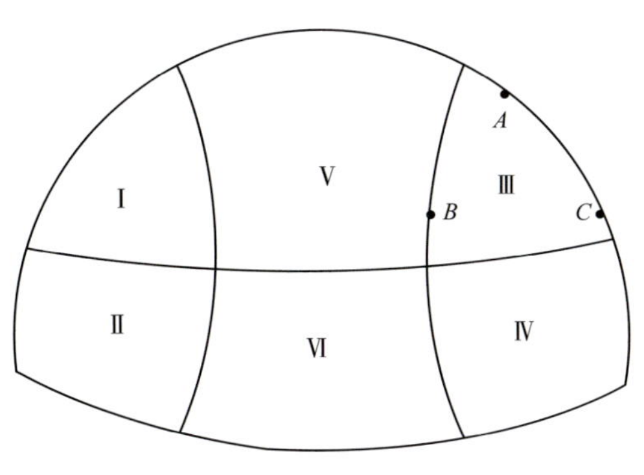

图4-145 测点布置图

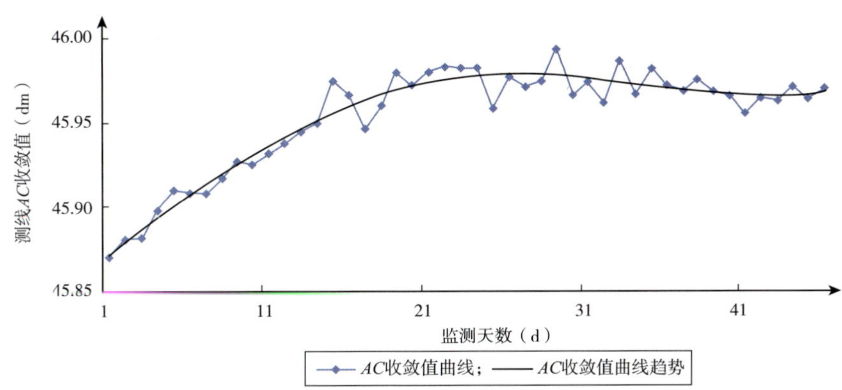

图4-146 测线AC收敛曲线及趋势线图

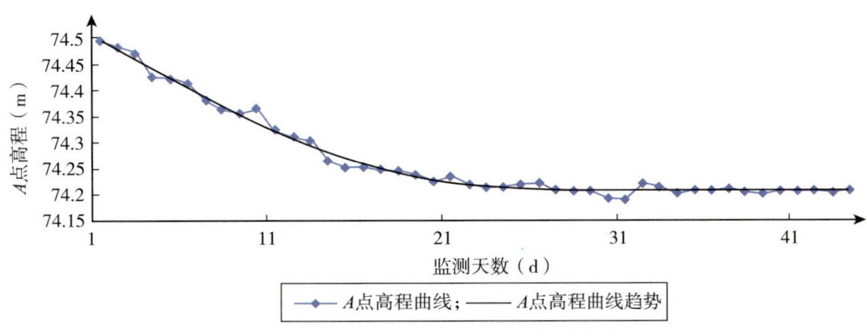

图4-147 A点高程曲线及趋势线图

由图4-146可以看出，在软弱围岩里程ZK357+740处，在监测的前23d，测线AC收敛值波动较大，收敛值趋于增大，到第23d达到4.98m，23d之后呈现下降趋势，开始波动下降。从第38d起以后数值仍然不断变化，但收敛值减小的趋势明显趋于稳定。该断面出现上述情况是由于该断面围岩较差，埋深浅且偏压，在施工时采用超前管棚加固，同时采用CRD双侧壁导坑法施工，导致收敛值先增大后减小，而后趋于稳定。采用多项式函数对该曲线进行拟合，拟合方程如下。

$$y=1E-11x^6-3E-0.9x^5+3E-0.7x^4-1E-0.5x^3+0.000\,1x^2+0.006\,3x+45.867 \quad (4-21)$$

R^2值为0.933 8。其拟合曲线准确地反映出测线AC的收敛趋势。故测线AC至少在近50d内的收敛规律可以用该拟合方程反映。

由图4-147可以看出，在软弱围岩里程ZK357+740处，在监测的前22d拱顶测点A高程下降趋势明显，直至第22d，下沉量达到33mm。从第23d起以后数值仍然有微小波动，但A点下沉趋势明显趋于稳定。采用多项式函数对该曲线进行拟合，拟合方程如下。

$$y=-1E-11x^6+2E-0.8x^5-2E-0.6x^4+8E-0.5x^3-0.001x^2-0.013\,7x+74.509 \quad (4-22)$$

R^2值为0.99。其拟合曲线较准确地反映出测点A的高程变化趋势。故测点A至少在近50d内的沉降规律可以用该拟合方程反映。

另外，对比图4-146和图4-147可发现，软弱围岩隧道在施工过程中，其收敛值较小，小于2cm。其原因可能是该断面采用CRD双侧壁导坑法施工，有效减小了收敛值。拱顶沉降趋势比收敛趋势明显，且沉降值远大于收敛值，将近达到3.5cm。

（2）浅埋与深埋施工变形规律

隧道按埋置深度分为：浅埋隧道和深埋隧道。《公路隧道施工技术规范》（JTG F60—2009）在条文说明4.3浅埋工程中规定，覆盖层不足毛洞洞跨2倍的隧道或区段，属于浅埋隧道。覆盖层浅埋的隧道，其围岩难以自成拱。

前欧隧道浅埋区段较多，下面以里程为ZK357+730 Ⅲ导坑的监测断面为例对浅埋隧道变形规律进行分析。在里程ZK357+730处开挖毛洞洞跨为22.03m，而埋深为20.46m，小于44.06m，则该断面为浅埋。该断面围岩为Ⅴ级围岩，采用喷混凝土、锚杆、钢支撑结合进行初期支护。现场部分监测结果如图4-148~图4-150所示。

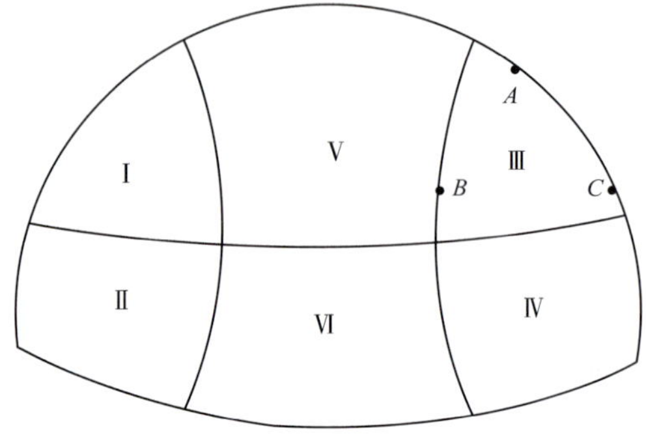

图4-148 测点布置图

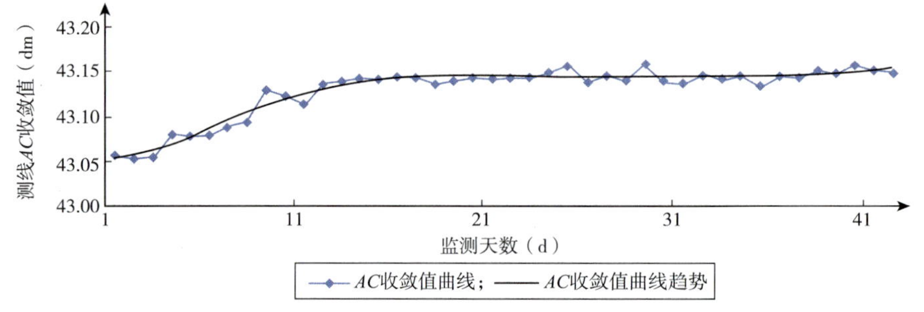

图4-149 测线AC收敛曲线及趋势线图

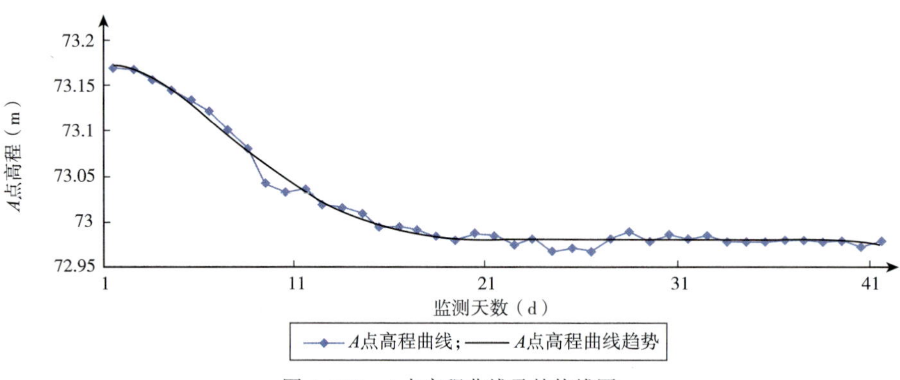

图4-150 A点高程曲线及趋势线图

由图4-149可以看出，在浅埋区段里程ZK357+730处，在监测的前16d测线AC收敛值变化明显，收敛值趋于增大，到第17d后收敛值增大趋势不明显，收敛值有微小波动，但总体趋于稳定。采用多项式函数对该曲线进行拟合，拟合方程如下。

$$y=1E-0.9x^6-2E-0.7x^5+8E-0.6x^4-0.000\ 2x^3+0.002\ 5x^2-0.003\ 1x+43.054 \tag{4-23}$$

R^2值为0.944 5。其拟合曲线准确地反映出测线AC的收敛趋势。故测线AC至少在43d的收敛规律可以用该拟合方程反映。

由图4-150可以看出，在浅埋区段里程ZK357+730处，在监测的前16d拱顶测点A高程下降趋势明显，直至第17d，下沉量达到33mm。其中在第8、9d，下沉量突然加大，是下雨导致的。从第10d

天晴后 A 点高程不再受雨天影响。从第 23d 起以后数值仍然有微小波动，但 A 点下沉趋势明显趋于稳定。采用多项式函数对该曲线进行拟合，拟合方程如下。

$$y=-2E-0.9x^6+3E-0.7x^5-2E-0.5x^4+0.000\,4x^3-0.004\,9x^2+0.008\,1x+73.169 \quad (4-24)$$

R^2 值为 0.989 2。其拟合曲线较准确地反映出测点 A 的高程变化趋势。故测点 A 至少在 43d 的沉降规律可以用该拟合方程反映。

另外，对比图 4-149 和图 4-150 可发现，浅埋隧道在施工过程中，其收敛值较小，仅接近 1cm。其原因可能是该断面采用 CRD 双侧壁导坑法施工，有效减小了收敛值。拱顶沉降趋势比收敛趋势明显，且沉降值大于收敛值，接近 2cm。

下面以里程为 ZK357+667I 导坑的监测断面为例对深埋埋隧道变形规律进行分析。在里程 ZK357+667 处开挖毛洞洞跨为 22.03m，而埋深为 44.80m，大于 44.06m，则该断面为深埋。该断面围岩为 V 级围岩，采用喷混凝土、锚杆、钢支撑结合进行初期支护。现场部分监测结果如图 4-151~ 图 4-153 所示。

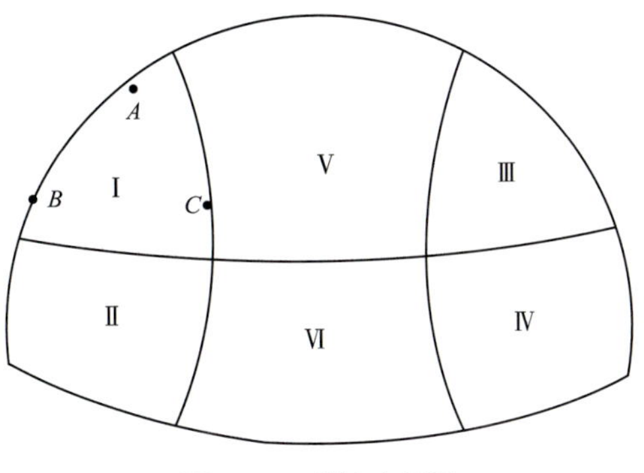

图 4-151 测点布置图

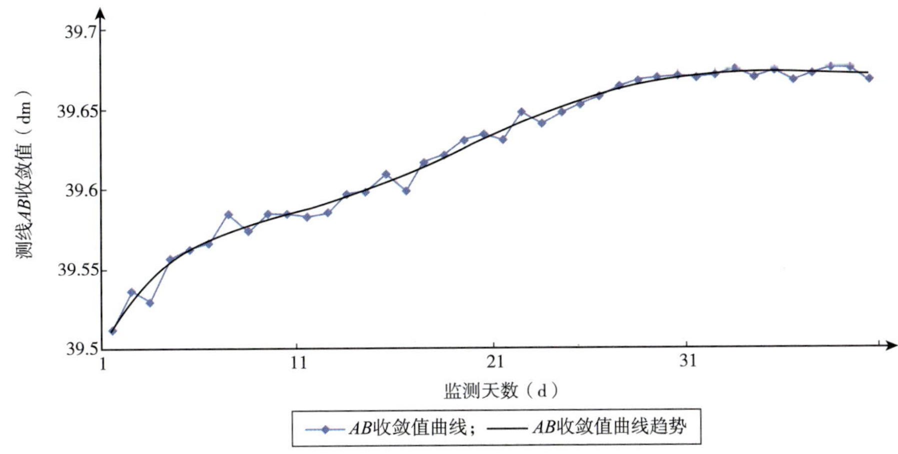

图 4-152 测线 AB 收敛曲线及趋势线图

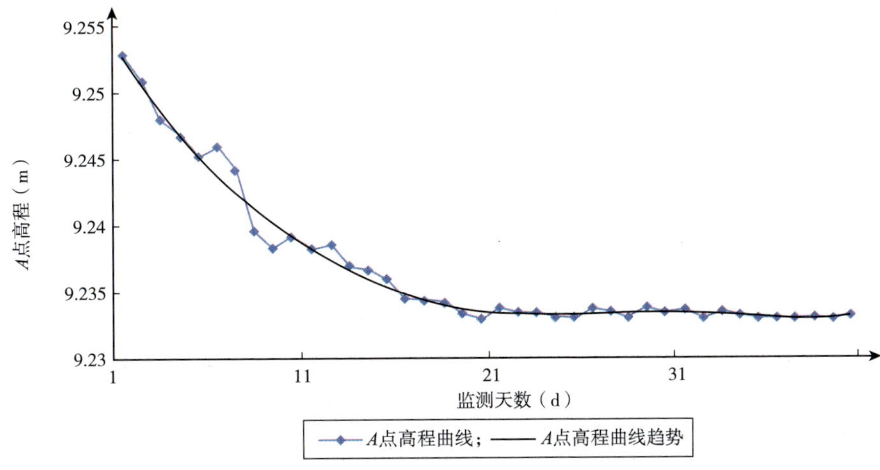

图 4-153 A 点高程曲线及趋势线图

由图 4-151 可以看出，在深埋区段里程 ZK357+667 处，在监测的前 30d 测线 AB 收敛值变化明显，收敛值趋于增大，达到 1.72cm。到第 31d 后收敛值增大趋势不明显，收敛值有微小波动，但总体趋于稳定。采用多项式函数对该曲线进行拟合，拟合方程如下。

$$y=-8E-10x^6+1E-0.7x^5-8E-0.6x^4+0.000\,2x^3-0.003\,4x^2+0.027\,1x+39.487 \tag{4-25}$$

R^2 值为 0.990 5。其拟合曲线准确地反映出测线 AC 的收敛趋势。故测线 AC 至少在 40d 的收敛规律可以用该拟合方程反映。

由图 4-153 可以看出，在深埋区段里程 ZK357+667 处，在监测的前 20d 拱顶测点 A 高程下降趋势明显，直至第 20d，下沉量达到 19.6mm。其中在第 6、7、8、9d，A 点高程变化较为异常。从第 21d 起以后数值仍然有微小波动，但 A 点下沉趋势明显趋于稳定。采用多项式函数对该曲线进行拟合，拟合方程如下。

$$y=1E-10x^6-1E-08x^5+5E-0.7x^4-1E-05x^3+0.000\,2x^2-0.002\,6x+9.255\,2 \tag{4-26}$$

R^2 值为 0.983 4。其拟合曲线较准确地反映出测点 A 的高程变化趋势。故测点 A 至少在 40d 的沉降规律可以用该拟合方程反映。

另外，对比图 4-152 和图 4-153 可发现，深埋隧道在施工过程中，其收敛值不大，在 2cm 内。拱顶沉降趋势与收敛趋势相似，且沉降值不大且与收敛值相近，也在 2cm 内。

（3）CD 法、双侧壁法和 CRD 双侧壁法施工变形规律

当今国内外大跨度公路隧道施工方法主要有以下几种。

①中隔壁工法（CD 法）：它将断面分成左右两部分，使开挖掌子面开挖跨度减小，促进掌子面和顶板稳定，抑制拱顶及地表下沉。

②双侧壁坑导法：它有助于确认地质条件，降低水位，对地表的影响较小，比较适用于大跨度公路隧道的施工，在国内外这种开挖方法运用都比较广泛。

③交叉中隔壁工法（CRD 工法）：源于日本，是中隔壁工法和台阶法的综合，将半幅开挖再分成台阶。

④三导坑（洞）法：首先开挖中央导坑（洞）、再开挖两侧导坑（洞），多用于特大断面公路隧道。

⑤全断面法：仅在围岩类别较好的条件下使用，其开挖速度较快。

⑥台阶法和台阶分部法：由于隧道开挖跨度大、矢跨比小，故开挖时应特别注意各施工工艺的衔接。

采用不同的施工方法进行施工，隧道在施工过程中的变形规律不尽相同。重庆交通科研设计院的黄伦海等通过模型试验研究了单洞四车道公路隧道在Ⅳ、Ⅴ级围岩条件下采用不同开挖方式施工时周边围岩的变形，指出了在Ⅳ、Ⅴ级围岩条件下施工建议采用的施工方式和应采取的措施。

前欧隧道在开挖过程中，采用的施工方法如下：CD 法、双侧壁导坑法、CRD 双侧壁导坑法。本小节结合具体的断面，研究特定断面在某种施工方法下的变形情况。

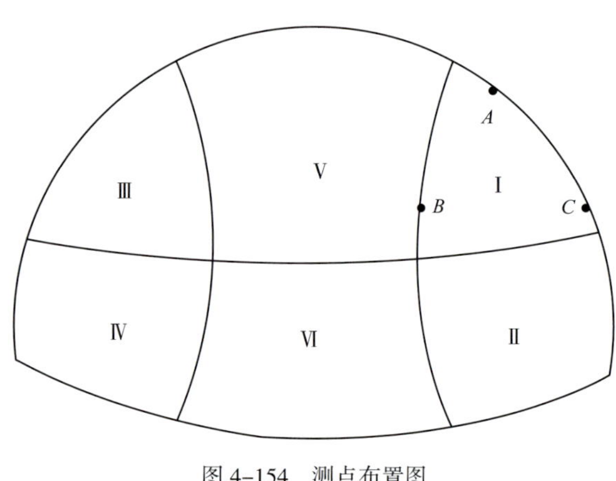

图 4-154 测点布置图

在里程 ZK357+140 处设置一个监测断面，该断面埋深为 42.93m（42.93m 小于 2 倍毛洞开挖跨度 44.06m，为浅埋），围岩为Ⅳ级，采用喷混凝土、锚杆、钢支撑结合进行初期支护，用 CD 法进行施工。ZK357+140I 导坑部分监测结果如图 4-154~ 图 4-156 所示。

由图 4-155 可以看出，在浅埋区段里程 ZK357+140 处，其监测的前 28d 测线 AC 收敛值变化明显，收敛值趋于减小，达到 1.35cm。到第 29d 后收敛值增大趋势不明显，收敛值略有波动，但总体趋于稳定。采用多项式函数对该曲线进行拟合，拟合方程如下。

$$y=3E-10x^6-4E-0.8x^5+2E-0.6x^4-5E-0.5x^3+0.000\,7x^2-0.013\,2x+48.35 \tag{4-27}$$

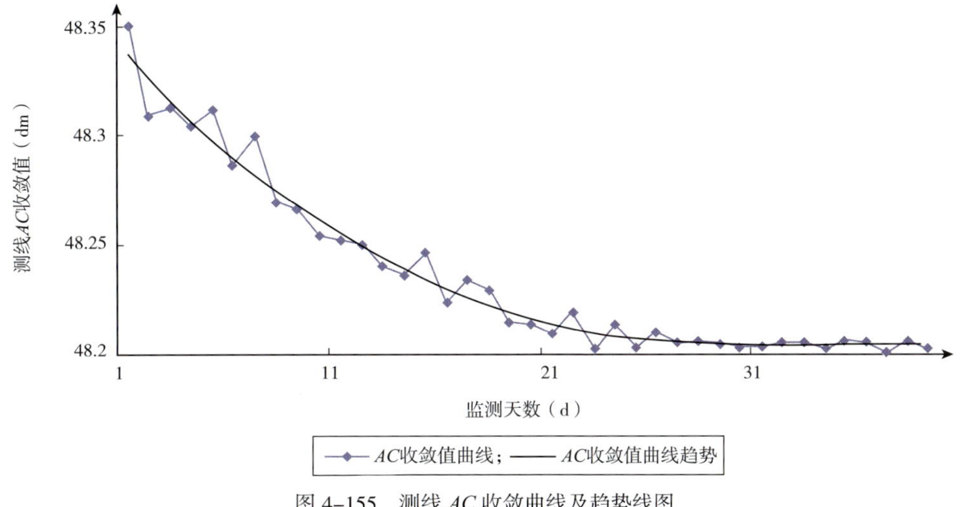

图 4-155　测线 AC 收敛曲线及趋势线图

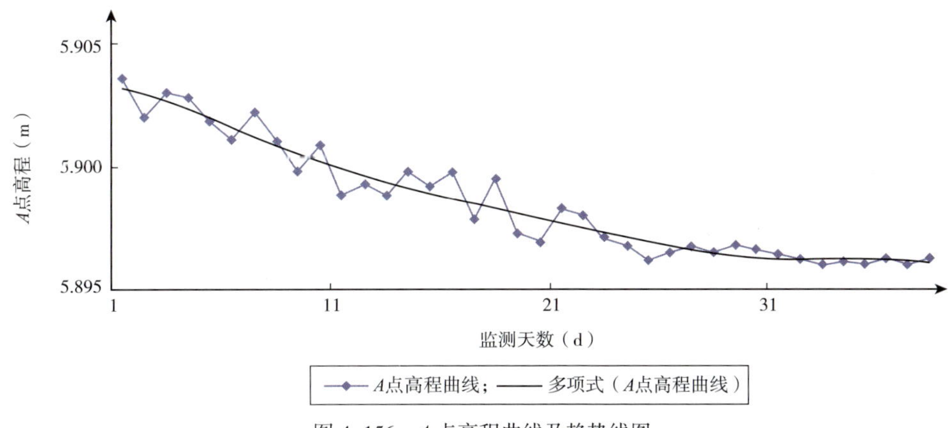

图 4-156　A 点高程曲线及趋势线图

R^2 值为 0.972 4。其拟合曲线准确地反映出测线 AC 的收敛趋势。故测线 AC 至少在 39d 的收敛规律可以用该拟合方程反映。

由图 4-156 可以看出，在浅埋区段里程 ZK357+140 处，在监测的前 32d 拱顶测点 A 高程波动较大，但下降趋势明显，且下沉量不大，直至第 32d，下沉量仅为 7.5mm。从第 33d 起以后数值仍然有微小波动，但 A 点下沉趋势明显趋于稳定。采用多项式函数对该曲线进行拟合，拟合方程如下。

$$y=-8E-11x^6+9E-0.9x^5-4E-0.7x^4+9E-0.6x^3-8E-0.5x^2-9E-0.6x+5.903\,2 \qquad (4\text{-}28)$$

R^2 值为 0.942 5。其拟合曲线较准确地反映出测点 A 的高程变化趋势。故测点 A 至少在 39d 的沉降规律可以用该拟合方程反映。

另外，对比图 4-155 和图 4-156 可发现，浅埋隧道在采用 CD 法施工过程中，其收敛值不大，在 1.5cm 内。虽然拱顶点 A 波动较大，但沉降趋势与收敛趋势相似，且沉降值不大，在 0.8cm 内。

在里程 ZK357+700 处设置一个监测断面，该断面埋深为 29.46m（29.46m 小于 2 倍毛洞开挖跨度 44.06m，为浅埋），围岩为Ⅴ级，采用喷混凝、锚杆、钢支撑结合进行初期支护，用双侧壁导坑法进行施工。ZK357+700 Ⅲ导坑部分监测结果如图 4-157~ 图 4-159 所示。

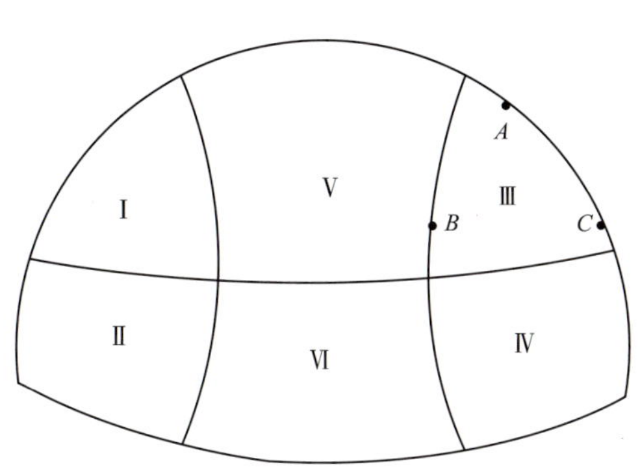

图 4-157　测点布置图

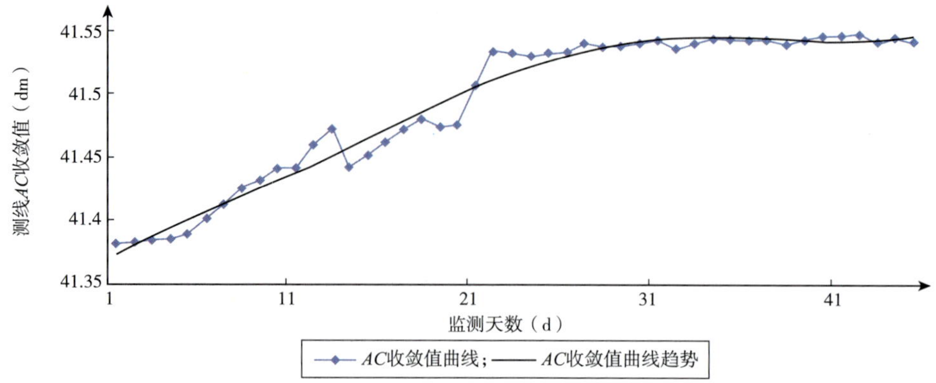

图 4–158　测线 AC 收敛曲线及趋势线图

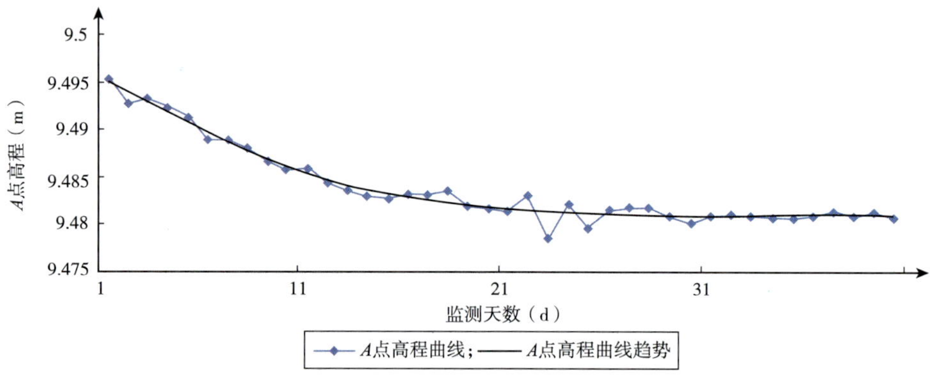

图 4–159　A 点高程曲线及趋势线图

由图 4–158 可以看出，在浅埋区段里程 ZK357+700 处，其监测的前 31d 测线 AC 收敛值变化明显，收敛值趋于增大，达到 1.75cm。到第 31d 后收敛值增大趋势不明显，收敛值略有波动，总体趋于稳定。采用多项式函数对该曲线进行拟合，拟合方程如下。

$$y=-3E-10x^6+4E-0.8x^5-3E-0.6x^4+7E-0.5x^3-0.000\ 8x^2+0.009\ 9x+41.364 \quad (4\text{–}29)$$

R^2 值为 0.9727。其拟合曲线准确地反映出测线 AC 的收敛趋势。故测线 AC 至少在 39d 的收敛规律可以用该拟合方程反映。

由图 4–159 可以看出，在浅埋区段里程 ZK357+700 处，在监测的前 31d 拱顶测点 A 高程波动较大，但下降趋势明显，直至第 32d，下沉量为 1.62cm。从第 23d 起以后数值仍然有微小波动，但 A 点下沉趋势明显趋于稳定。采用多项式函数对该曲线进行拟合，拟合方程如下。

$$y=-1E-10x^6+1E-0.8x^5-7E-0.7x^4+2E-0.5x^3-0.000\ 2x^2-0.000\ 5x+9.495\ 4 \quad (4\text{–}30)$$

R^2 值为 0.966 7。其拟合曲线较准确地反映出测点 A 的高程变化趋势。故测点 A 至少在 39d 的沉降规律可以用该拟合方程反映。

另外，对比图 4–158 和图 4–159 可发现，Ⅴ级围岩、偏压、浅埋隧道在采用双侧壁导坑法施工过程中，其收敛值不大，在 2cm 内。虽然拱顶点 A 沉降趋势明显，但沉降值不大，在 2cm 内。

在里程 ZK357+750 处设置一个监测断面，该断面埋深为 15.33m（15.33m 小于 2 倍毛洞开挖跨度 44.06m，为浅埋），围岩为Ⅴ级，采用喷混凝土、锚杆、钢支撑结合进行初期支护，用双侧壁导坑法进行施工。ZK357+750 Ⅲ导坑部分监测结果如图 4–160~ 图 4–162 所示。

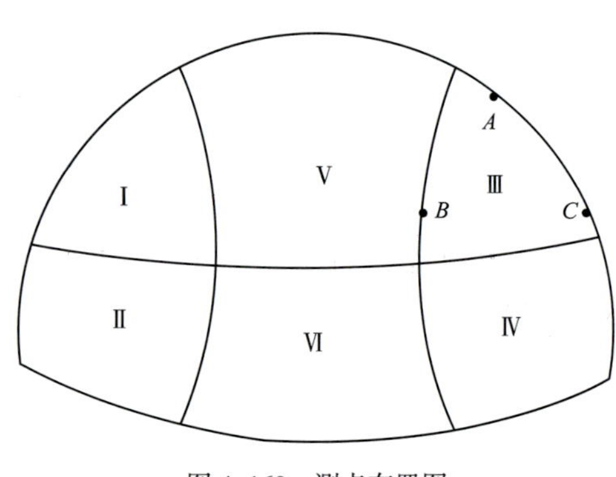

图 4–160　测点布置图

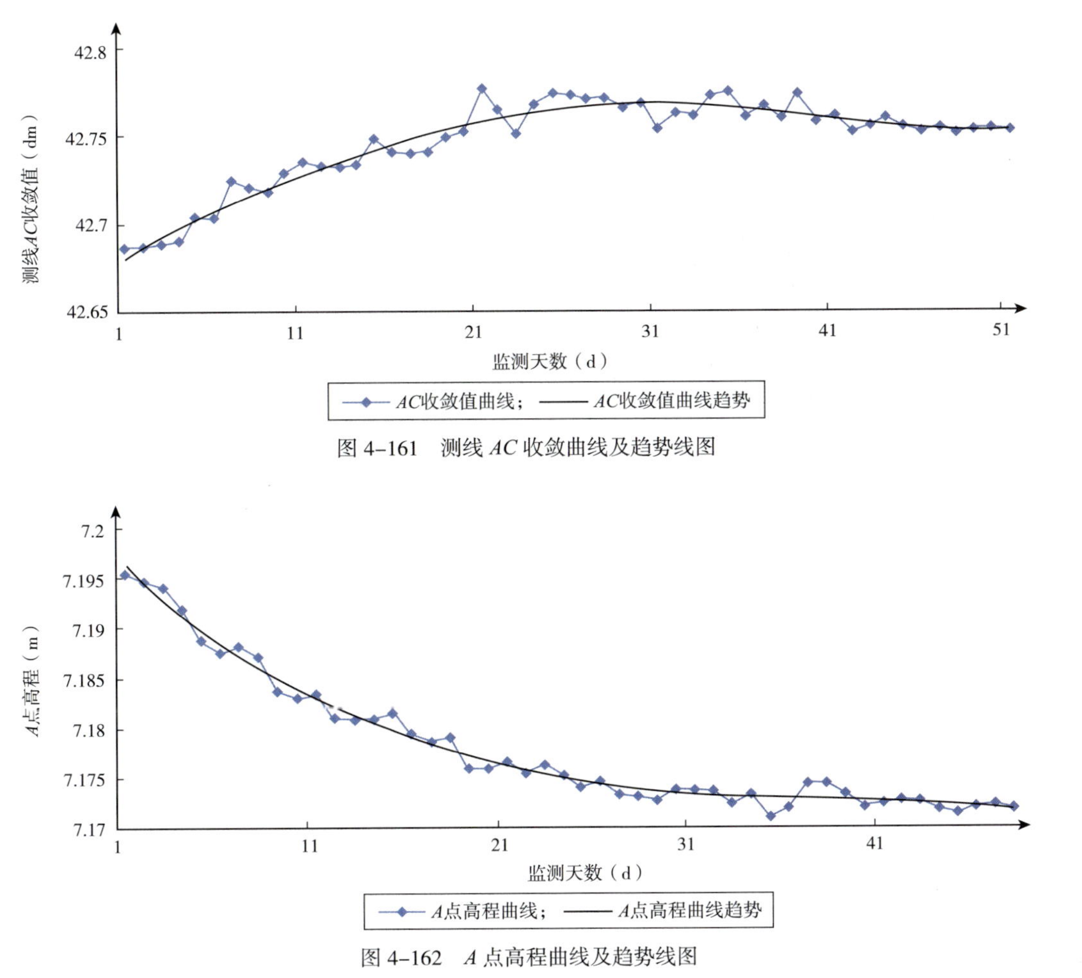

图 4-161　测线 *AC* 收敛曲线及趋势线图

图 4-162　*A* 点高程曲线及趋势线图

由图 4-161 可以看出，在浅埋区段里程 ZK357+750 处，总体来看其监测的前 31d 测线 *AC* 收敛值变化明显，收敛值有增大趋势，在第 31d 之后收敛值有减小趋势。到第 41d 后收敛值略有波动，但趋于稳定。该断面出现上述情况是由于该断面围岩较差，埋深浅且偏压，在施工时采用超前管棚加固，导致收敛值先增大后减小，而后趋于稳定。采用多项式函数对该曲线进行拟合，拟合方程如下。

$$y=-7E-11x^6+1E-0.8x^5-8E-0.7x^4+2E-05x^3-0.000\,4x^2+0.007\,5x+42.673 \tag{4-31}$$

R^2 值为 0.94。其拟合曲线准确地反映出测线 *AC* 的收敛趋势。故测线 *AC* 至少在 39d 的收敛规律可以用该拟合方程反映。

由图 4-162 可以看出，在浅埋区段里程 ZK357+750 处，在监测的前 31d 拱顶测点 *A* 高程波动不大，总体下降趋势明显，直至第 32d，拱顶测点 *A* 高程波动偏大，是由于开挖 I 导坑引起的，而后拱顶测点 *A* 高程波动减小，虽然仍然有微小波动，但 *A* 点下沉趋势明显趋于稳定。采用多项式函数对该曲线进行拟合，拟合方程如下。

$$y=2E-11x^6-3E-0.9x^5+2E-0.7x^4-7E-0.6x^3+0.000\,1x^2-0.002\,3x+7.198\,5 \tag{4-32}$$

R^2 值为 0.985。其拟合曲线较准确地反映出测点 *A* 的高程变化趋势。故测点 *A* 至少在 39d 的沉降规律可以用该拟合方程反映。

另外，对比图 4-161 和图 4-162 可发现，Ⅴ级围岩、偏压、浅埋隧道在采用 CRD 双侧壁导坑法施工过程中，该断面受偏压等因素的综合作用导致其收敛值呈现先增大后减小再趋于稳定的变化规律，且总体收敛值变化不大，在 0.9cm 内。其拱顶沉降趋势明显，但沉降值不大，在 2.4cm 内，可以接受。

4. 小结

本章介绍前欧隧道的水文地质条件，讲述其施工方案及监测目的、要求及方案等，根据监测数据研究软弱围岩隧道在施工过程的变形规律，研究深埋和浅埋下隧道的变形规律，研究在侧壁导坑法施工过程中相应围岩的变形规律。通过绘制其变形曲线，拟合其前期变形规律方程，分析影响部分变形的原因。由于施工过程严格控制浅埋、偏压条件下洞身开挖和初期支护阶段的变形，工程已顺利建成并交工验收。图 4-163 为四车道隧道完工断面图。

图 4-163　四车道隧道完工断面图

第五章

海底风化深槽（囊）施工技术

第一节　风化深槽（囊）辅助施工技术

一、超前地质预报措施

海底风化深槽施工前，必须做好地质超前预报，真正摸清开挖面前方工程地质和水文地质情况。地下工程，特别是海底隧道，由于受隧道上方海水的限制，通过海上地质钻探（探孔数量受限制），很难对海底工程地质和水文地质情况摸的很清楚，很准确，所以对洞内掌子面前方实施地质及水文情况的超前预报是十分重要的，要先探明情况，再采取相应措施，特别是快到风化深槽前 20m 范围，要把风化深槽与正常段的分界面准确地摸清楚。一般说来，分界面是不很规则的，有些甚至是犬牙交错、形状多变的。要摸清交界面的具体里程位置，在距其 5~10m 应该停止开挖，采取封堵、注浆加固措施。

风化深槽超前地质预测预报总体方案：物探、钻探相结合，长短相结合；先物探后钻探，先长后短。隧道施工在距离风化深槽 50m 左右时采用 TSP203 长距离探测一次，先初步探明掌子面前方的土石交界面位置、含水体、裂隙、地层物理力学性能等地质情况，在接近、穿越风化深槽时加大短距离预报密度，主要以地质雷达 GDR 探测仪对掌子面前方 30m 范围以内进行围岩和地下水分布情况及风化深槽前围岩顶部安全厚度进行探测，并同时与 TSP 预报成果进行验证。在条件允许的情况下，增加高密度电阻率法等物探手段进行探测和验证，并进行地质素描。最主要的还要进行 30~50m 范围内的地质水平超前钻探，钻探取芯，真正掌握掌子面前方 30~50m 范围内的地质情况，围岩性质破碎程度及含水情况。在钻进过程中，及时测定前方地下水的水压和水量，并做好注浆堵水的准备。如在钻进过程中从钻孔中突水，要及时进行堵水，钻机本身应有防突水装置。

几种超前地质预报探测方法在施工中相互补充，相互印证。根据超前地质预报结果制订专门的施工方案。

1. TSP 超前地质探测

厦门翔安海底隧道长距离超前探测主要采用 TSP203 超前地质预报系统，利用地震波在不均匀地质体中产生的反射波特性来预报隧道掌子面前方及周围临近区域的地质情况。它是在掌子面后方边墙上一定范围内布置一排爆破点，依次进行微弱爆破，产生的地震波信号在隧道周围岩体内传播，当岩石强度发生变化时，比如有断层或岩层变化，信号的一部分被返回。界面两侧岩石的强度差别越大，反射回来的信号也就越强。返回的信号被经过特殊设计的接收器接收转化成电信号并进行放大。根据信号返回的时间和方向，通过专用数据处理软件处理就可以得到岩体强度变化界面的位置及方位。图 5-1 为 TSP203 探测工作原理。

风化深槽前 TSP 超前地质预报，采用在隧道两侧同时布孔形式，如图 5-2 所示。左右两排炮孔分别接收数据，然后对两排炮孔接收数据进行对比、分析，分别判断左右两侧壁的地质，使预报结果更加接近真实情况。

进行风化深槽超前地质预报探测时，由于事先不能准确了解其规模、形态，所以一般要求 TSP 探测尽可能一次性跨越风化深槽，以便进行其他预报手段及施工前能够在宏观上大体了解风化深槽的规模、形态。图 5-3 为 TSP203 工作组图。

TSP203 超前地质预报系统有以下特点：

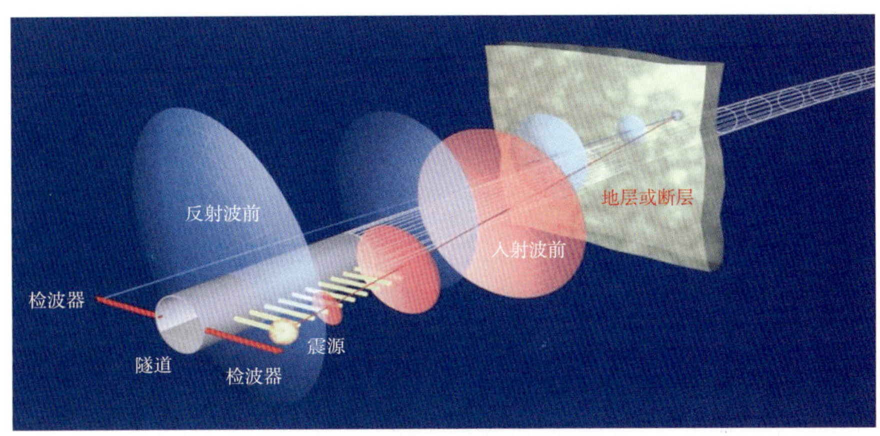

图 5-1 TSP203 探测工作原理图

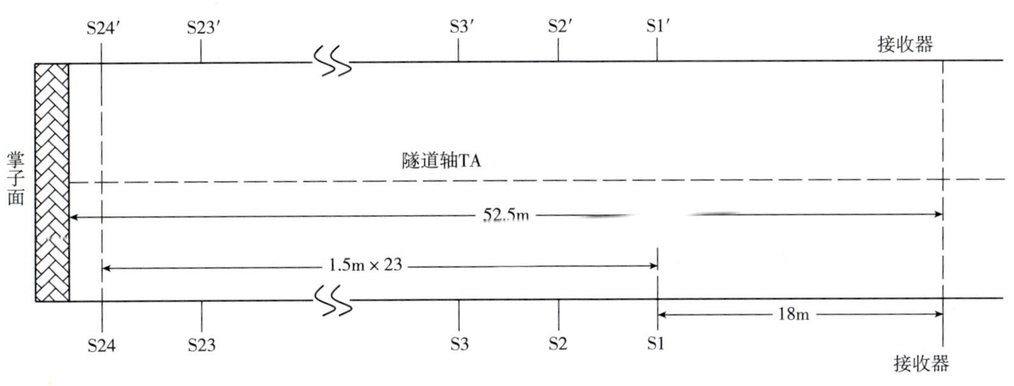

图 5-2 TSP 双侧布孔设计图

图 5-3 TSP203 工作组图

（1）适用范围广，适用于极软岩至极硬岩的任何地质情况。

（2）预报距离长，能比较准确地预报开挖面前方 100~350m 范围内的围岩地质状况。在厦门翔安海底隧道特殊的工程意义及工程地质条件下，要求每次预报距离不超过 100m（风化深槽预报不限距离）。

（3）对隧道施工干扰小，可以在隧道施工间隙进行，即使专门安排此项工作，也就 40min 左右。

（4）提交资料及时，在现场采集数据的第二天即可提交正式成果报告，可比较准确地得出断层破碎带、软弱夹层等不良地质体相对于隧道的空间位置。

（5）预报费用低。

2. 地质雷达探测

地质雷达（Ground Penetrating Radar，简称 GPR）探测是一种用于探测地下介质分布的广谱

（1MHz~1GHz）电磁技术。在地下水、断层及其影响带等不利地质情况下，由于其不利介质与完好介质的相对介电常数均有较大差异，为进行地质预报提供了良好的物理基础。在掌子面对前方地质情况进行探测，与其他方法比较更能反映溶洞和断层富水带状况。预报距离一般在20~40m，与TSP配合使用，可提高地质预报的准确性和时效性。由于其受隧道施工干扰及对施工干扰较小，对于隧道（非半无限界面、干扰因素大且多）进行超前地质雷达探测是十分关键的。图5-4为高频雷达探测仪及处理系统。

地质雷达预报主要有超前地质预测和拱部岩层顶板厚度探测两种，一般超前探测采用低频（100MHz）天线，探顶采用高频（不小于400MHz）天线。根据雷达预报结果来指导施工，及时调整支护参数。

由于隧道内地质情况较为复杂，因此测试人员必须具有丰富的地质和隧道施工经验，结合地质特征和雷达测试的异常特征作出最后的地质预报。

（1）雷达超前地质预报

地质雷达超前地质预报主要是探测风化深槽界面的形态走向及地质水文情况。翔安海底隧道雷达探测测线一般布置“两横三竖”五条，使探测范围基本覆盖整个掌子面，以全面了解风化深槽地质界线及地质条件，为施工提供更为精确的参数。雷达超前地质预报实施见图5-5。

图5-4 高频雷达探测仪及处理系统

图5-5 雷达超前地质探测实施

（2）雷达顶部岩层厚度探测

这主要用于探测风化深槽两侧影响范围带内的拱部岩层厚度，采用SIR-20系列探地雷达，中心频率为400MHz的天线，探测拱部完整岩层的厚度，并根据雷达探测结果对风化深槽影响带采取合适的处理方案。图5-6为雷达顶部岩层厚度现场测试。

图5-6 雷达顶部岩层厚度现场测试

顶部岩层安全厚度一般是根据开挖洞室半径大小及隧顶埋深来确定的，厦门翔安海底隧道一般要求隧顶完整围岩厚度行车隧道不小于 3m，服务隧道不小于 2m 方能保证施工安全；否则，采用立拱加强支护体系。

地质雷达对拱顶岩石厚度的探测是非常必要的，只有了解拱顶岩石厚度才能确定工作面是否安全，这对风化深槽施工安全具有重要意义。同时通过拱顶岩石厚度分析，可得出 F4 风化深槽结构面与隧道呈斜交状态，若按直线斜交可推测出拱顶到达 F4 风化深槽里程为 ZK8+888，这与实际开挖中揭示的风化槽起始里程完全一致。

3. 水平探孔超前地质预报

超前地质探孔是使用钻机对前方一定深度进行钻探，通过钻探过程中钻机钻进速度判断围岩软硬程度，通过分析吹出的颗粒物判断特定深度围岩组成，还可通过测定孔内出水量判断地层潜水情况，甚至可进行地质取芯，采集连续的地质芯样，对地层进行直观分析。虽地质探孔所探测结果只反映一定范围的地质情况，并不能代表整个断面，但可通过布设一定数量不同方向的超前钻孔，所得结果即可反映整个断面地质情况。

风化深槽地质钻孔根据 TSP 宏观预报结果进行系统布置钻孔，施工采用意大利进口的 C6 钻机进行，钻孔直径多为 90mm，其钻孔设计除中心钻孔在开挖轮廓线内，其余都在开挖轮廓线外 2m 附近。图 5-7 为水平钻孔开孔和终孔布置图。

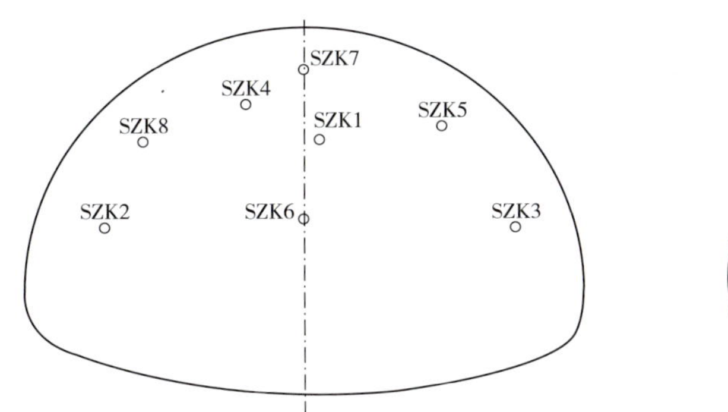

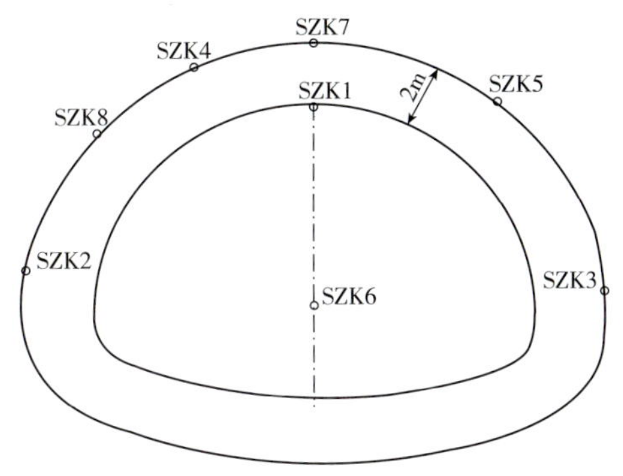

图 5-7　水平钻孔开孔和终孔布置图

风化深槽超前地质探孔采用全孔取芯方式，见图 5-8，也是唯一的长距离直观探测方法。通过钻孔岩芯可以准确地了解到围岩各种特性指标，包括岩层的完整情况、稳定性、可注性等。

图 5-8　钻孔取芯

超前水平探孔既能够直观了解前方工程地质情况，也能够准确测出探孔的水文地质情况；但是在钻孔过程中容易发生突水，这就要求钻孔施工时，必须采取有效的防突（涌）水措施。厦门翔安海底隧道在风化深槽钻孔施工时，采用加设孔口管及止水球阀设备防突（涌）水，图 5-9 所示。在发生大的突（涌）水时，可关闭止水球阀，或通过限量排水进行减压，防止大量的涌水浸积在工作面，对施工造成不利影响。

图 5-9　钻孔防突（涌）水装置

4. 工作面地质跟踪

隧道掘进施工过程中，每循环开挖过后，由专职地质工程师对下一循环工作面进行地下水状态、地层岩性、岩石特征、地质结构面、软弱夹层、贯穿性强大节理、断层等内容进行素描后绘制地质素描图，并作出开挖面前方较短距离内的岩体稳定性分析，同时结合服务隧道所揭示的情况，通过综合分析判断，提出地质预测报告。

通过地质素描距离预判不良地质体出现部位。结合长期的工程经验，不良地质体在被揭露前一般均有明显或不明显前兆标志。

（1）断层破碎带前兆标志：节理裂隙组数及密度剧增，岩石强度降低，出现压裂岩、碎裂岩，石风化相对强烈，泥质含量增加等。

（2）突水、突泥前兆标志：节理裂隙组数增加，渗水量增加且浑浊，并常常含有泥质物（常规钻爆法的炮孔中的涌水量剧增，且夹有泥沙或碎石）等。

风化深槽是厦门翔安海底隧道地质最复杂、施工难度和施工风险最大的地段，同时也是对超前地质预报要求最高的地段，只有做好超前地质预报，才能得到最精确的地质参数，为制订最安全、最科学、最经济的施工方案提供最直观的依据。

正是因为风化深槽地质的复杂性，所以风化深槽的超前地质预报不可能由一种预报方式完成，要保证地质预报的准确性，就必须由多种预报方式多层次、多角度、全方位预报，才能使各种地质预报相互综合、相互印证、相互补充，从而得出最准确的超前地质预报。同时，在开挖中要不断对预报结果进行验证，总结经验。

二、超前预注浆措施

1. 注浆堵水方案的选择研究

海底隧道陆域全～强风化岩地段和海底风化深槽地段岩体风化严重，软弱破碎、节理和裂隙发育，强度低，含水率大，自稳能力差，开挖时容易发生涌水突泥。因此，注浆加固和堵水是保证施工安全和质量的重要手段，也是工程成败的关键。常用的超前预注浆方案有全断面注浆、上半断面注浆、周边帷幕注浆、周边小导管和大管棚注浆等；开挖后注浆一般分为径向注浆、回填注浆等。径向注浆一般用来回填初期支护背后的空洞，对一定范围内的围岩进一步加固和补强，抑制变形，封堵地下水；

回填注浆一般主要用来回填二次衬砌背后的空洞。

不同的地质条件和设计要求应选择不同的超前预注浆方案，影响超前预注浆方案选择的因素也很多，主要有地质条件、隧道埋深、设计要求、施工方法、机械设备等。其中，地质条件对注浆堵水方案影响最大，这里重点进行研究和探讨，在地质条件方面主要考虑开挖面稳定情况、水压力、涌水量、泥沙含量等。根据类似工程经验，结合厦门翔安海底的地质条件，超前预注浆主要方法选择如表 5–1 所示，几种主要超前预注浆方法的优缺点如表 5–2 所示。

超前预注浆主要方法选择 表 5–1

注浆方案 \ 适用条件	上半断面稳定情况	下半断面稳定情况	探孔最大出水量（m^3/h）	水压力（MPa）	水中泥沙含量（kg/m^3）
全断面注浆	无法自稳	无法自稳	≥ 20	≥ 0.3	≥ 100
上半断面注浆	无法自稳	可以自稳	≥ 10	≥ 0.2	≥ 10
上半断面周边帷幕注浆	无法自稳	可以自稳	≥ 5	≥ 0.1	≥ 1
小导管和大管棚注浆	可以自稳	可以自稳	> 1	> 0.05	≥ 0.1

注：注浆方案的选取，只要满足其中一个条件即可。

几种主要超前预注浆方法的优缺点 表 5–2

注浆方案 \ 项目	注浆工艺	设备投入	施工效率	安全性	工程费用
全断面注浆	复杂	多	低	好	大
上半断面注浆	复杂	多	较低	好	较大
上半断面周边帷幕注浆	比较复杂	少	较高	较好	较小
大管棚和小导管注浆	简单	少	高	较好	小

根据以上分析，对于陆域地段全 ~ 强风化花岗岩地层主要选择了全断面超前预注浆、上半断面超前预注浆、周边小导管注浆三种方法。对于海底段风化深槽主要选择了全断面超前预注浆、上半断面超前预注浆、周边帷幕注浆、周边大管棚和小导管注浆四种方法。

2. 注浆材料的选择和试验研究

（1）水泥和水玻璃的主要成分和性能

根据现场情况，主要选择了普通水泥单液浆（P・O32.5）、超细水泥单液浆（MC–20）、超细水泥灌浆料（MFC–GM8000）、硫铝酸盐超细水泥（HSC）、普通水泥–水玻璃浆、超细水泥–水玻璃浆 6 种材料进行对比试验，以选择和确定比较理想的注浆材料。四种水泥的主要成分和配合比见表 5–3，水玻璃的性能见表 5–4。

四种水泥的主要成分和配合比 表 5–3

水泥型号 \ 成分和性能	主要成分	比表面积（g/cm^3）	中位粒径 D50（μm）	最大粒径 D90（μm）
P・O32.5 普通硅酸盐水泥	硅酸盐水泥熟料、石膏、活性和非活性混合材料等	≥ 3 000	≤ 40	≤ 80
MFC–GM8000 超细水泥	SiO_2、AL_2O_3、Fe_2O_3、CaO、MgO、SO_3 等	≥ 8 500	≤ 2	≤ 20

续上表

成分和性能 水泥型号	主 要 成 分	比表面积 (g/cm^3)	中位粒径 D50 (μm)	最大粒径 D90 (μm)
MC-20 超细水泥	—	≥ 8 640	≤ 5.59	≤ 18.18
HSC 硫铝酸盐超细水泥	硫铝硅酸盐水泥熟料、石膏、活性和非活性混合材料等	≥ 8 000	≤ 4.0	≤ 20

水 玻 璃 的 性 能 表 5-4

材料 性能	主要成分	密度(g/cm^3)	模数	波美度(Be)	Fe(%)	水不溶物(%)
水玻璃	SiO_2N_2O	1.261~1.45	2.2~3. 4	30~45	≤ 0.05	≤ 0.4

(2)注浆材料性能试验

不同拌制和养护条件下的浆料性能室内试验结果如表 5-5 所示，不同配合比注浆材料强度室内试验结果如表 5-6、表 5-7 所示。

不同拌制和养护条件的注浆材料性能试验结果 表 5-5

浆液	材料种类	水灰比 *W*:*C*	胶凝时间(s)	初凝(min)	终凝(min)	流动度(mm)	结石率(%)	抗弯拉强度(MPa)				抗压强度(MPa)			
								1d	3d	7d	28d	1d	3d	7d	28d
单液浆	MC-20	淡水拌制 *W*:*C*=1:1，海水养护	—	637	689	257	81	0.5	2.8	4.4	7.8	1.4	8.0	14.4	19.9
	HSC		—	52	88	221	100	1.6	1.5	1.2	1.4	5.0	5.0	5.0	6.6
	MFC		—	409	591	204	99	1.4	3.3	3.2	5.0	4.1	7.5	8.6	12.4
	P·O32.5		—	416	604	280	78	1.6	3.4	6.2	8.6	5.0	11.5	18.0	25.1
	MC-20	海水拌制 *W*:*C*=1:1，海水养护	—	450	495	298	88	1.3	4.1	5.5	7.8	4.0	11.7	16.3	15.2
	HSC		—	66	98	257	100	1.7	1.5	1.5	1.4	6.3	7.2	6.7	5.6
	MFC		—	346	435	199	99	0.8	1.8	2.4	3.7	3.7	7.5	8.3	10.7
	P·O32.5		—	498	522	296	83	1.2	3.3	3.9	5.4	3.9	9.8	13.7	18.7
双液浆(水泥浆和水玻璃体积比比为 1:1)	MC-20	淡水拌制 *W*:*C*=1:1，海水养护	70	—	—	—	—	0.3	1.5	1.4	1.6	5.8	9.2	9.2	9.6
	HSC		110	—	—	—	—	0.3	0.5	0.5	1.0	1.6	1.7	2.1	4.3
	MFC		45	—	—	—	—	0.6	0.0	1.1	1.2	7.0	7.4	8.7	9.2
	P·O32.5		105	—	—	—	—	0.3	0.2	1.3	2.0	0.4	1.4	5.6	7.8
	MC-20	海水拌制 *W*:*C*=1:1，海水养护	65	—	—	—	—	0.1	1.5	1.6	2.2	2.7	9.8	7.1	11.2
	HSC		110	—	—	—	—	0.5	0.4	0.4	0.8	0.9	2.8	1.4	2.8
	MFC		40	—	—	—	—	0.5	0.0	0.3	0.4	4.0	8.1	6.9	10.0
	P·O32.5		75	—	—	—	—	0.2	0.9	1.8	2.6	0.4	4.5	5.9	7.9

不同配合比注浆材料的强度测试结果 表 5-6

项目 材料名称	水灰比 / 水泥-水玻璃	强 度(MPa)							备注
		1d	3d	7d	28d	3 个月	半年	1 年	
MC-20 超细水泥浆	0.6	—	17.3	34.8	51.4	53.1	53.1	52.6	拌制和养护条件：淡水拌制，淡水养护
	1.0	—	2.8	6.3	11.6	11.6	11.1	11.8	
	1.5	—	2.4	3.8	8.4	8.5	3.3	5.6	
MC-20 超细水泥 + 水玻璃	1.25/1:0.6	3.4	3.8	4.6	5.3	4.7	10.6	10.0	
	1.0/1:0.6	7.6	9.9	10.2	9.9	9.0	9.0	9.0	
	1.0/1:1	3.8	4.4	11.0	17.3	17.6	13.0	12.6	

续上表

材料名称 \ 项目	水灰比 / 水泥-水玻璃	强度（MPa）							备注
		1d	3d	7d	28d	3 个月	半年	1 年	
HSC 硫铝酸盐超细水泥	0.6	24.7	30.9	31.3	39.9	40.1	48.4	53.8	拌制和养护条件：淡水拌制，淡水养护
	0.7	18.3	23.9	24.8	30.2	30.8	53.0	53.6	
	1.0	8.0	14.0	18.0	20.0	21.0	21.0	21.0	
	1.2	6.5	9.5	9.6	16.0	16.5	16.6	16.7	
普通水泥 32.5 + 水玻璃	0.6/1 : 1	4.9	6.4	6.9	9.0	9.9	3.7	—	
	0.8/1 : 1	4.2	5.7	7.9	8.0	8.7	4.5	—	
	1.0/1 : 1	2.8	3.4	3.6	6.1	6.5	2.1	—	

海水腐蚀性较强，为了选择耐久性好的注浆材料，对材料的耐久性进行了室内试验研究，试验结果如表 5-7 所示。

几种材料的耐久性试验结果　　表 5-7

材料名称 \ 项目	配合比	抗冻融循环	抗干湿循环	耐酸性试验
MC-20 超细水泥	$W \cdot C$=1.0	D_{20} 合格	合格	合格
超细水泥 + 水玻璃	$W : C \leqslant 1.0$，$C : S$=1 : 1	D_{20} 合格	合格	合格
超细水泥 + 水玻璃	$W : C$>1.0，$C : S$=1 : 1	D_{20} 不合格	不合格	合格
HSC 硫铝酸盐超细水泥	$W : C \leqslant 1.0$	D_{20} 合格	合格	合格
MC-20 超细水泥	$W : C$=1.0	D_{20} 合格	合格	合格
普通水泥 + 水玻璃	$W : C \geqslant 1.0$，$C : S$=1 : 1	D_{20} 不合格	不合格	合格

（3）水灰比及水泥-玻璃体积比对浆液强度的影响

水泥浆与水玻璃进行化学反应，有一个适宜配合比，在此配合比下反应充分，不同水灰比和水玻璃浓度配判的浆液固结后的抗压强度变化试验结果如图 5-10 所示，三条曲线为水玻璃波美度为 30~45，在不同水灰比下的综合变化趋势。试验条件：水泥为 P·O32.5 普通硅酸盐水泥，测试温度为 23~23.5℃。

从图 5-10 中可以看出，在相同的水灰比条件下，水泥-水玻璃的体积比为 0.4~0.8 时，强度较高，在水泥浆-水玻璃配合比一定的条件下，水灰比减小，固结体强度提高。

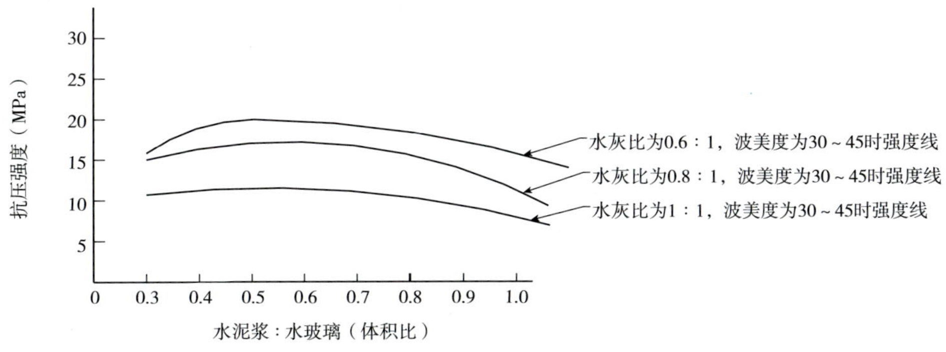

图 5-10　水泥浆与水玻璃浆体积比对浆液 28d 抗压强度影响

从以上材料性能和试验结果看，普通水泥单液浆为普通硅酸盐水泥加入一定量的水配置，水泥颗粒直径大，比表面积小；配判的浆液凝胶时间长，固结体强度较高，耐久性好，价格较低；普通水泥-水玻璃双液浆凝胶时间很短，固结体强度低，耐久性差，价格较高；MFC-GM8000、MC-20、HSC 超细水泥单液浆，采用超细水泥或特种材料水泥加入一定量的水配判，水泥颗粒直径小，比表面积大；配判的浆液凝胶时间较长，固结体强度较高，耐久性好，但价格昂贵。因此，现场注浆时，应根据不同地质条件和注浆目的选用合适的注浆材料。

3. 不同地层注浆材料的选择

根据以上注浆材料配合比试验结果，从强度、凝胶时间、结石率、流动度、耐久性、经济性等指标对比分析，同时考虑价格因素，不同类型注浆材料的优缺点及适用条件如表 5-8 所示，海底隧道不同地层条件下注浆材料选择方法如表 5-9 所示。

不同类型注浆材料优缺点和适用条件　　表 5-8

材料名称	优　点	缺　点	适用条件
普通水泥单液浆	①可渗透注入 0.5mm 的裂隙和平均粒径 1mm 以上的砂层； ②凝胶时间长，能够进行大量注浆和远距离扩散； ③胶结体具有较高的抗压、抗剪强度，能有效地提高地层的稳定性； ④材料来源丰富，价格较低	①凝胶时间不易调节，初凝时间长，抗分散性能差，易被地下水稀释，因而不宜在水压高、流速大的条件下采用； ②颗粒粒径大，在致密的黏土和砂层中及微小裂隙条件下渗透困难； ③浆液结实率低，容易收缩	适用于节理、裂隙破碎岩层及中粗砂、砂砾石地层，适用于水量小、水压低、裂隙宽、砂层颗粒直径大等条件下堵水和加固
超细水泥 MC-20 和 MFC-GM8000 单液浆	①可注性强，渗透注浆时能注入宽度大于 0.05mm 的裂缝和平均粒径为 0.1~0.2mm 的细砂层中； ②具有早强、高强的特点，固结体抗压、抗剪强度较高，能得到好的注浆加固效果； ③颗粒粒径小，在致密砂层和黏土层中能得到较好的堵水和加固效果	①终凝时间较长，受地下水稀释影响，对其凝胶性能会产生影响，因而在水压高、流速大条件下会有一定的浆液损失； ②水灰比大时，浆液略有收缩； ③价格较高	适宜于各种地层的注浆加固，特别对于致密的粉细砂层、黏土地层等空隙率很小的地层加固和堵水比较有效
超细型 HSC 浆	①具有较好的抗分散性，能有效地控制注浆区域，适宜在高水压、大流速条件下注浆施工； ②具有早强、高强、高抗渗、流动度大的特点，可快速提高地层的稳定性； ③具有微膨胀性，胶结后，地层密实度提高	①浆液的抗分散性能受水灰比影响较大； ②浆液的强度受海水影响较大； ③采用海水拌和和海水养护时，强度较低； ④价格较高	适宜于各种地层的注浆加固，特别适用于水量大、水压高、地下水流速大的地层
普通水泥-水玻璃双液浆	①可渗透注入裂隙为 0.2mm 以上的岩体或平均粒径为 0.5mm 以上的砂层，可注性较好； ②凝胶时间短且容易控制，具有早强的特点； ③浆液配制容易，使用方便，价格中等	①胶结体后期强度较低，耐久性差，受水长期浸泡容易分解；对地层长期堵水和加固有不利影响； ②注浆工艺比较复杂，容易堵管； ③具有弱腐蚀性，对操作人员健康有一定影响	适用于临时堵水、加固围岩和控制浆液扩散范围以及止浆墙渗漏时的快速封堵

海底隧道不同地层条件下注浆材料选择　　表 5-9

地层岩性	钻孔涌水量 Q（m^3/h）	水压力 P（MPa）	主要注浆材料
全风化花岗岩	$Q \geqslant 20$	$P \geqslant 0.2$	普通水泥浆、HSC 浆、普通水泥-水玻璃浆
	$10 \leqslant Q < 20$	$0.1 \leqslant P < 0.2$	MFC 浆、普通水泥-水玻璃浆
	$Q < 10$	$P < 0.1$	MFC 浆、超细水泥-水玻璃浆
强风化花岗岩	$Q \geqslant 20$	$P \geqslant 0.2$	普通水泥浆、HSC 浆、普通水泥-水玻璃浆
	$10 \leqslant Q < 20$	$0.1 \leqslant P < 0.2$	普通水泥浆、MFC 浆、超细水泥-水玻璃浆
	$Q < 10$	$P < 0.1$	MFC 浆、超细水泥-水玻璃浆
中、微风化花岗岩	$Q \geqslant 10$	$P \geqslant 0.1$	MFC 浆、超细水泥-水玻璃浆
	$Q < 10$	$P < 0.1$	MC-20 浆、超细水泥-水玻璃浆

4. 海底风化深槽超前预注浆参数研究

注浆参数主要包括注浆加固范围、注浆压力、注浆量、浆液配合比及凝胶时间、浆液扩散半径、注浆速度等。

1）注浆加固范围的确定

确定注浆加固范围时，主要应考虑将地层承载能力和堵水率提高到何种程度，此外要考虑工程成本和工期要求，主要通过计算并结合有关经验确定。根据部分山岭隧道和海底、水底隧道的施工经验，在一般富水的节理、裂隙地层，注浆加固范围为隧道直径的1~2倍，在高压富水区各岩溶特别发育地区，注浆加固范围按开挖直径的2~3倍确定，日本青函隧道注浆时考虑海底涌水的危险及地层的不良原因，注浆加固范围设计为开挖直径的2~3倍。随着注浆新材料的不断开发及性能的改进，注浆技术也不断进步，注浆质量不断提高。因此，超前预注浆和径向注浆的注浆加固范围都有缩小的趋势。考虑海底隧道地质条件、施工的难度及工程成本，主洞和服务隧道超前预注浆加固范围为直径 D 的1~2倍，具体设计指标为：行车隧道为开挖范围及开挖轮廓线外5m，服务隧道为开挖范围及开挖轮廓线外4m。

2）注浆压力和浆液扩散半径

注浆压力主要与隧道埋深、水压力及地层岩性、结构和构造、注浆材料等因素有关，一般根据经验和室内试验选用，并经过现场试验确定。对于可注性差、水压力高、节理裂隙不发育、空隙率小的地层，注浆压力应选大值，扩散半径应选小值；对于可注性好、水压力小、节理裂隙发育、空隙率大的地层，注浆压力应选小值，扩散半径应选大值。

（1）全风化花岗岩

全风化花岗岩地层主要由砂黏土组成，地层致密，空隙率小，可注性差，浆液主要以挤密和劈裂方式向地层中扩散，因此需要较高的注浆压力，其注浆压力一般为：

$$p_{注}=p_{土}+(1.0\sim2.0)\text{ MPa} \tag{5-1}$$

对于浅埋隧道，土压力一般为上覆土柱产生的压力，海底隧道几个风化槽的埋深一般为30~50m，在隧道位置的最大土压力为0.6~1.0MPa，因此，注浆压力最大控制在3.0MPa左右比较合适。根据类似工程的经验，在此注浆压力下，全风化岩层中浆液扩散半径一般为1~2m。

经过现场试验，注浆终压为2~4MPa，浆液扩散半径 R 一般为1~2m。

（2）强风化花岗岩

强风化花岗岩地层主要由软弱破碎的花岗岩岩块组成，节理裂隙发育，空隙率大，可注性好，地层和海水连同性强，水压力高，浆液主要以渗透充填的方式向地层中扩散，因此需要的注浆压力不大，其注浆压力一般为：

$$p_{注}=p_{水}+(1.0\sim2.0)\text{ MPa} \tag{5-2}$$

在隧道位置实测的最大水压力为0.5MPa，因此注浆压力最大控制在2.5MPa左右比较合适。根据类似工程经验，在此注浆压力下，强风化岩层中浆液扩散半径一般为2~3m。

经过现场试验，注浆终压为2~3MPa，浆液扩散半径 R 一般为2~2.5m。

3）注浆孔终孔间距

（1）注浆孔终孔间距

根据注浆加固交圈理论，注浆后应能形成严密的注浆帷幕。在注浆终孔断面上，根据注浆扩散半径进行注浆设计时，不应有注浆盲区存在，同时注浆孔尽量均匀布置，并且有利于钻孔。这样，在进行注浆设计时，在多排孔的情况下，一般进行梅花形布孔，以获得较佳的注浆加固体厚度，减少注浆盲区。注浆孔布置如图5-11所示。

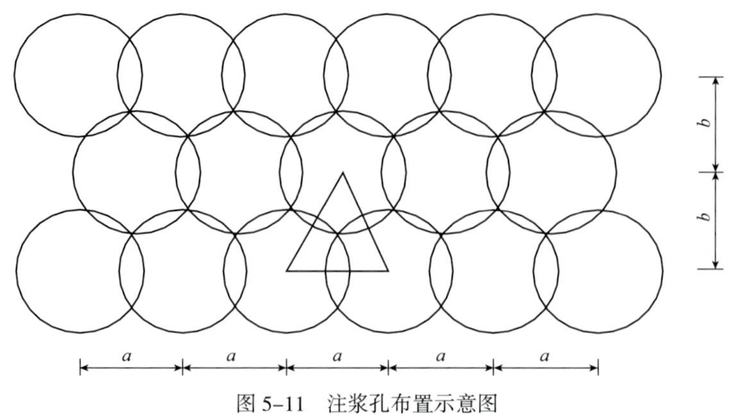

图 5-11　注浆孔布置示意图

注浆孔终孔行距 a 和排距 b 应满足下式要求：

$$a \leqslant \sqrt{3}R \tag{5-3}$$

$$b \leqslant 3R/2 \tag{5-4}$$

上两式中：a——注浆孔终孔间距（m）；

b——注浆孔终孔排距（m）；

R——浆液扩散半径（m）。

（2）注浆段长度

注浆段长度一般应综合考虑地质条件、钻机的工作效率、注浆加固圈厚度、预留止浆墙厚度、注浆效果等，根据工程类比，结合厦门海底隧道的地质条件、注浆方案及钻孔、注浆机械设备配置，在进行超前预注浆施工时，注浆段长度 L 选择为 20~40m。

4）注浆量及注浆速度

（1）全风化花岗岩地层的注浆量及注浆速度

全风化花岗岩地层以挤密和劈裂注浆为主，主要包括挤密注浆量和劈裂注浆量。在劈裂注浆过程中，如将长度、宽度、高度相近的浆脉称为同一级浆脉，则单孔单段的注浆量计算公式如下。

$$Q=(1+\beta)\left[\pi r_1^2 L\alpha+\sum_{i=1}^{n}\delta_i B_i H_i L_i+\sum_{j=1}^{m}\xi_j B_j H_j L_j+\cdots\right] \tag{5-5}$$

式中：　Q——单孔单段注浆量（m^3）；

r_1——注浆孔扩大后半径（m）；

L——注浆段（m）；

β——浆液损失率，一般取 0.1~0.2；

α——浆液填充率，与挤密区形状有关，一般取 0.8~1.0；

n、m——分别为一级浆脉、二级浆脉的条数；

B_i、B_j——分别为一级浆脉、二级浆脉的宽度；

H_i、H_j——分别为一级浆脉、二级浆脉的高度；

L_i、L_j——分别为一级浆脉、二级浆脉的长度；

δ_i、ξ_j——分别为一级浆脉、二级浆脉的形状系数，一般取 0.9~1.1。

在全风化花岗岩地层为了达到较好的注浆效果，应进行低压慢注，注浆速度应控制在 5~30L/min，注浆结束时，注浆速度应小于 5L/min。

（2）强风化花岗岩地层的注浆量及注浆速度

强风化花岗岩地层以渗透填充注浆为主，注浆量主要与地层的空隙率有关，其单孔单段注浆量如下。

$$Q=\pi R^2 Ln\alpha(1+\beta) \quad (5\text{-}6)$$

式中：Q——单孔单段注浆量（m^3）；

R——浆液扩散半径（m）；

L——浆液填充的注浆段长（m）；

n——地层裂隙度或空隙率；

α——浆液填充率，一般取 0.8~1.0；

β——浆液损失率，一般取 0.1~0.2。

强风化花岗岩地层中的注浆速度，前期注浆速度应控制在 30~50L/min，后期注浆速度应控制在 5~30L/min，注浆结束时，注浆速度应小于 5L/min。

5. 全断面超前预注浆工艺

全断面超前预注浆工艺主要包括分段前进式注浆，孔口止浆钻杆后退式注浆、钢管孔底注浆、大管棚和小导管注浆等。注浆顺序为先外圈，后内圈，最后在隧道周边采用大管棚注浆加固，开挖过程中采用小导管注浆。为了阻挡开挖轮廓线外的海水进入开挖面，控制浆液扩散范围，开挖轮廓线外的孔一般采用分段前进式注浆工艺，逐段钻孔，一旦涌水量超过标准，立即停止钻孔，进行注浆。这样逐段加固和堵水，防止了钻孔过程中的涌水突泥。为了改善周边孔底注浆效果，提高周边土体的强度和刚度，抑制隧道开挖后的变形，上半断面开挖轮廓线外的第一圈在完成分段前进式注浆后，再采用钢管孔底注浆进行加固，开挖轮廓线外的孔注浆完成后，开挖轮廓线内的钻孔水主要来自开挖面前方，涌水量已经大大减小，钻头可以一次性钻到孔底。为了改善孔底注浆质量，在注浆段底部形成质量较高的止水帷幕，形成“水平桶状止水效应”，开挖轮廓线内的孔一般采用孔口止浆钻杆后退式注浆工艺，浆液从钻杆中进入，经过钻头排出，从孔底开始注浆，减少了重复钻孔工作量，实现了钻注一体化，注浆效率和注浆质量大大提高。分段前进式注浆工艺如图 5-12 所示。

孔口止浆钻杆后退式注浆工艺如图 5-13 所示。钢管孔底注浆工艺如图 5-14 所示，钢管采用无花孔的钢管制作，注浆时浆液由孔底返向孔口。大管棚和小导管采用钢花管制作，注浆工艺均为全孔一次性注浆。几种工艺优缺点对比见表 5-10。

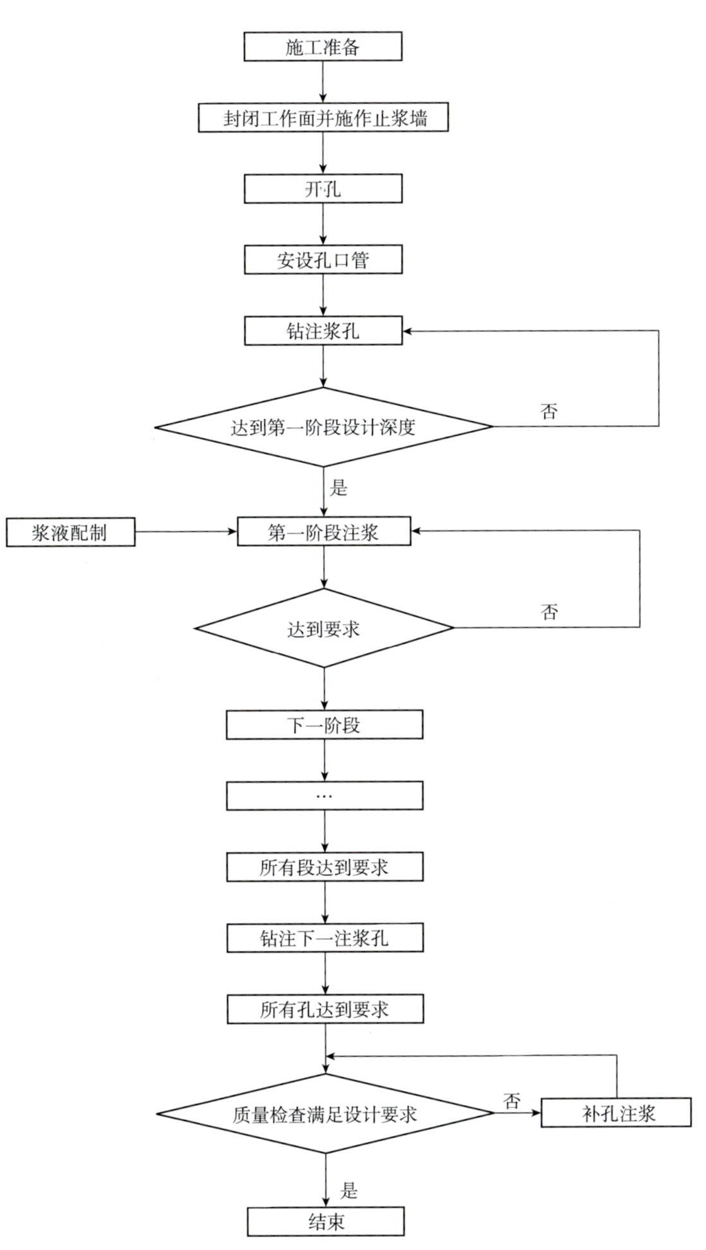

图 5-12　分段前进式注浆工艺图

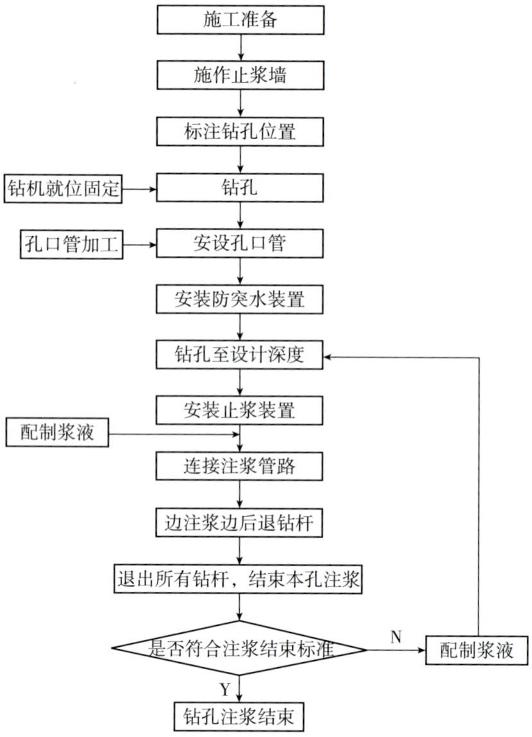

施工准备
施作止浆墙
标注钻孔位置
钻机就位固定 → 钻孔
孔口管加工 → 安设孔口管
安装防突水装置
钻孔至设计深度
安装止浆装置
配制浆液 → 连接注浆管路
边注浆边后退钻杆
退出所有钻杆，结束本孔注浆
是否符合注浆结束标准 —N→ 配制浆液 → 钻孔至设计深度
Y
钻孔注浆结束

图 5-13　孔口止浆钻杆后退式注浆工艺图

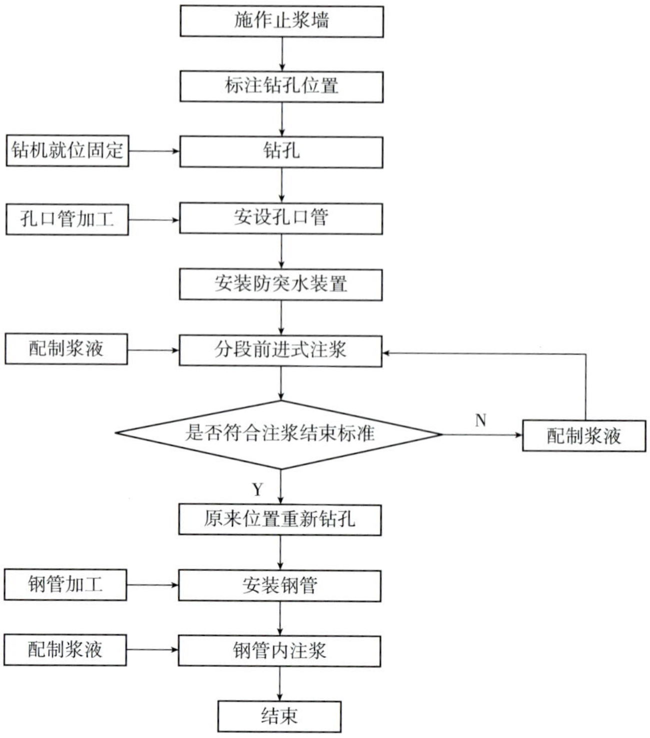

施作止浆墙
标注钻孔位置
钻机就位固定 → 钻孔
孔口管加工 → 安设孔口管
安装防突水装置
配制浆液 → 分段前进式注浆
是否符合注浆结束标准 —N→ 配制浆液 → 分段前进式注浆
Y
原来位置重新钻孔
钢管加工 → 安装钢管
配制浆液 → 钢管内注浆
结束

图 5-14　钢管孔底注浆工艺图

几种注浆工艺的优缺点比较表　　表 5-10

序号	注浆方式	优　点	缺　点	适用地层
1	分段前进式注浆	适用性强，操作简便，易保证注浆效果	重复扫孔次数多，工艺复杂，工作量大，工效低	地层软弱破碎，水量较大，成孔困难
2	钻杆后退式注浆	工效高，重复扫孔工作量小，能实现定位、控域注浆	易卡钻杆，工艺比较复杂，对孔口密封要求较高	地层软弱破碎，水量较小，成孔困难
3	钢管孔底注浆	能保证孔底及钻孔全长均有浆液，能起到棚架作用	工艺比较复杂，成孔要求高，地层加固作用强	地层软弱破碎，基本无水，成孔比较容易

6. 钻孔注浆设备配套

厦门海底隧道风化深槽采取“以堵为主、限量排放”的原则，由于海底隧道共通过 5 个风化深槽，因此钻孔数量多，钻孔和注浆工作量大，交叉作业，相互干扰，地质条件复杂，设备损耗大，因而要求钻孔注浆机械配套要系列化、多样化、自动化、高效化。为此，现场共进行了两种设备配置试验。第一方案为：小型钻机配作业台架 + 注浆机组；第二方案为大型履带多功能钻机 + 注浆机组。主洞和服务隧道钻注设备配置见表 5-11，钻孔注浆机械设备配套见表 5-12。

主洞和服务隧道钻注设备配置　　表 5-11

隧道类别	设备配套方案	钻　机	注浆泵	搅拌机组	作业台架
主洞	1	ZDY1900S 钻机 4 台	PH15 1 台　KBY-50/70 4 台	2 个	1 个
	2	C6 多功能钻机 2 台	PH15 1 台　KBY-50/70 4 台	2 个	—
服务隧道	1	ZDY1900S 钻机 2 台	PH15 1 台　KBY-50/70 2 台	1 个	1 个
	2	C6 多功能钻机 1 台	PH15 1 台　KBY-50/70 2 台	1 个	—

钻孔注浆机械设备配套表　　表 5-12

序号	机械名称	型号	单位	数量	主要性能参数	备注
1	国产地质钻机	ZDY1900S	台	6	额定功率：38kW 最大扭矩：1 900N·m 给进能力：46kN 起拔力：46kN	没有底盘
2	进口地质钻机	CASAGRANDEC6	台	2	额定功率：93kW 最大扭矩：13 550N·m 给进能力：35kN 起拔力：63.5kN	底盘带有履带
3	双液注浆泵	KBY50/70	台	6	额定功率：12kW 最大压力：7MPa 最大流量：50L/min	可进行单液和双液注浆
4	单液注浆泵	PH15	台	2	额定功率：18.5kW 最大压力：10MPa 最大流量：80L/min	可进行单液和双液注浆
5	高速水泥浆搅拌机	HSKYS-1	台	3	最大容量：300L 转速：1 200r/min	—
6	高速水泥浆搅拌机	LSKYS-2	台	3	最大容量：300L 转速：100~300r/min	—

现场试验表明，在正常情况下，对于主洞，如果钻孔 220 个左右，注浆加固长度为 30m，加固范围为开挖轮廓线内 5m 及整个开挖面；采用第一方案完成整个钻孔注浆工作需要 3~4 个月，采用第二方案完成整个钻孔注浆工作需要 1~2 个月。对于服务隧道，如果钻孔 120 个左右，注浆加固长度为 30m，加固范围为开挖轮廓线内 4m 及整个开挖面；采用第一方案完成整个钻孔注浆工作需要 2~4 个月，采用第二方案完成整个钻孔注浆工作需要 1~2 个月。

第一方案慢的主要原因是：钻机需要搭设专门作业台架，改变孔位时，需要人工移动钻机和定位，速度慢，钻机自重小，单台钻机功率小，钻进速度慢，钻机效率低，在软弱破碎地层中钻孔，钻进能力差，钻孔速度只有多功能钻机的 1/3 左右。

第二方案快的主要原因是：钻机带有履带和自动定位系统，移动和定位速度快；钻机高度大，下半断面钻注完成后，在开挖面附近垫上石渣，即可开始上半断面钻孔，不需要为钻机搭设专门作业台架，钻机功率和扭矩大，自重大，钻进效率高，在软弱破碎地层中钻孔，钻进能力强，钻孔速度是普通钻机的 3 倍左右。

7. 注浆效果检验和评价标准研究

注浆效果的检验和评定主要是评价地层加固和堵水情况，为隧道开挖和支护方法的选取提供依据。注浆效果的检验和评价方法主要包括分析法、钻孔检查法、取样测试法，此外还有弹性波法（包括声波、地震波或电磁波法等）。分析法主要分析注浆过程的压力和进浆速度，反算地层空隙率，计算地层堵水率等；钻孔测试法主要测定钻孔的取芯率，并利用检查孔进行涌水量、压水试验、渗透系数测定等；取样检查法主要测试固结体力学指标。

1）分析法

（1）注浆 P–V–t 和 P–Q–t 曲线分析

在注浆施工过程中，通过对注浆记录的有关数据进行整理，分析每个孔段的注浆压力、注浆速度、注浆量以及串浆情况，找出可能出现的薄弱部位，根据注浆过程中注浆压力、注浆速度、注浆量的变化，绘制注浆施工过程中的 P–V–t 和 P–Q–t 曲线，可判断注浆效果。

全风化花岗岩地层十分致密，空隙率小，主要以挤密和劈裂注浆为主，随着注浆时间增长，注浆压力反复变化，注浆速度和注浆量也反复变化，主要原因是地层被反复挤密和劈开，并对裂缝进行填充。地层被劈裂以前，浆液流动受到的阻力较大，注浆压力较大，注浆量较小，注浆速度也较小；当地层被劈开后，浆液流动阻力突然变小，注浆压力迅速下降，但注浆量和注浆速度随之上升，当注浆压力达到注浆终压时，注浆速度应达到或接近于零。

全风化花岗岩地层比较破碎，节理和裂隙发育，主要以渗透充填注浆为主。一般情况下，随着注浆时间增长，注浆压力持续升高，注浆量和注浆速度逐渐降低，有时由于地层不均匀的原因，注浆压力、注浆量和进浆速度也会上下波动，但波动次数很少。

（2）注浆空隙率变化

主要在开始注浆以前通过试验测试地层的空隙率 n_1，注浆后，测试出地层的空隙率 n_2，然后对比 n_1 和 n_2，从而分析注浆前后地层空隙率的变化。注浆前后地层空隙率的变化率为：

$$\psi=\frac{n_1-n_2}{n_1}\times 100\% \tag{5-7}$$

式中：ψ——地层空隙率变化率；

n_1——地层注浆前的空隙率；

n_2——地层注浆后的空隙率。

（3）注浆施工前后涌水量对比分析

分析注浆前后隧道每米平均涌水量变化情况，计算地层的堵水率，经注浆后，注浆段涌水量明显减小时，说明注浆堵水效果很明显，堵水率比较高。堵水率计算公式如下：

$$\eta=\frac{Q_1-Q_2}{Q_1}\times 100\% \tag{5-8}$$

式中：η——堵水率；

Q_1——隧道注浆前的涌水量；

Q_2——隧道注浆后的涌水量。

根据国内外隧道及地下工程的施工经验，隧道经过全断面超前预注浆后，地层的堵水率应达到85% 以上。

2）钻孔检查法

根据注浆状况，注浆后在掌子面上钻设检查孔进行注浆效果检查，检查孔数量应为注浆孔数量的5%~10%，对注浆效果进行直接检查，对于可能存在薄弱环节的注浆部位，可重点进行检查。检查孔位置主要根据注浆加固范围和注浆过程分析确定。一般情况下，隧道开挖面内和开挖轮廓线外均应检查，对隧道开挖轮廓线外注浆效果进行检查时，检查孔终孔位置一般应位于注浆加固圈一半厚度处，检查孔深度应比注浆加固段长度短 1~2m。

（1）取芯检查

通过地质钻机，在掌子面上钻取岩芯，通过取芯率和岩芯中浆液的充填和胶结情况来判断注浆加固效果，为了使胶结体达到一定强度后进行取芯，取芯检查应在注浆结束 24h 之后进行。当取芯率达到 65% 以上时，可以认为注浆效果较好。

（2）检查孔涌水量测定

在掌子面钻直径为 ϕ100mm 左右的检查孔，长度为 L，测定钻孔单位时间、单位长度的涌水量为：

$$q=\frac{Q}{L\times t} \tag{5-9}$$

式中：q——钻孔单位时间和单位长度涌水量；

Q——钻孔总涌水量；

L——钻孔总长；

t——测试时间。

检查孔的涌水量小于 0.2L/（min·m）时，可以认为注浆效果较好。但当注浆地层为高压、富水粉细砂时，一般要求检查孔无水、无砂。

3）压水试验

（1）压水试验方法

压水试验是将检查孔钻到一定深度后，对地层进行压水，测试地层的单位吸水量，此外可估算地层的渗透系数，压水试验方法如图 5-15 所示。具体过程为：试验段清水钻进—冲孔—下卡栓塞—管路试验—正式压水（压力 P、时间 t 及流量 Q）—情况分析—松塞提管。压水试验成果主要用单位吸水量表示。

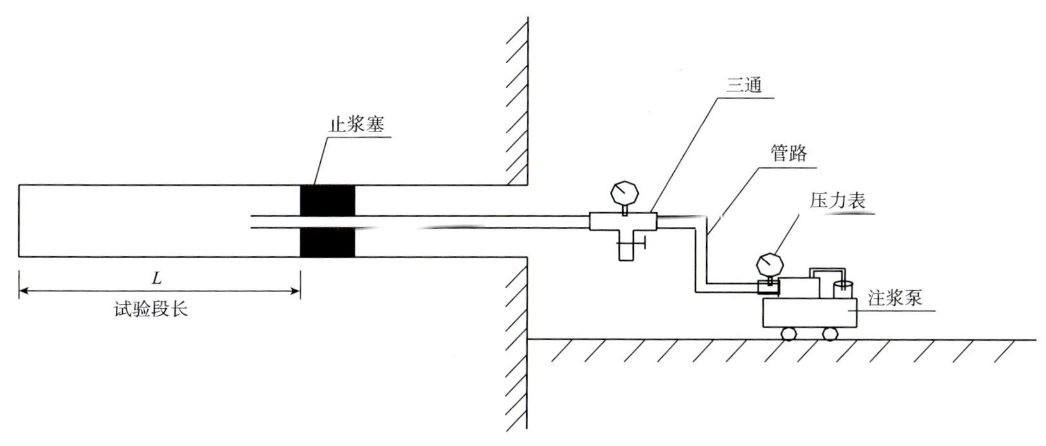

图 5-15 压水试验示意图

（2）单位吸水量 w 计算

单位吸水量 w 是指该试验每分钟的压水量与段长和压力乘积之比，其计算公式如下：

$$w=\frac{Q}{L\cdot p} \tag{5-10}$$

式中：w——单位吸水量［L/（min·m^2）］；

Q——钻孔压水的稳定流量（L/min）；压力流量稳定标准是：在稳定的压力下，每 3~5min 测读一次压入流量。连续 4 次读数中最大值与最小值之差小于最终值的 10%，或最大值与最小值之差小于 1L/min 时，本阶段试验即可结束，取最终值作为计算值；

L——试段长度（m）；

p——该试段压水时所加的总压力，如果注浆压力超过 1MPa，一般应大于 1MPa，计算时，应换算成水头高度 100m。

（3）根据单位吸水量 w 近似求出渗透系数 k

①试验段远离含水层

根据《工程地质手册》（常士骠主编），当试验段底部距离隔水层的厚度大于试验段长度时，按下式近似计算岩（土）层渗透系数 k：

$$k=0.527w\lg\frac{0.66L}{r} \tag{5-11}$$

式中：w——单位吸水量［L/（min·m^2）］；

k——地层渗透系数（m/s）；

L——试验段长度（m）；

r——钻孔半径（滤水管半径）（m）。

②试验段接近含水层

根据《工程地质手册》（常士骠主编），当试验段底部距下伏隔水层顶板的距离小于试验段长度时，按下式近似计算 k：

$$k=0.527wl\lg\frac{1.32L}{r} \tag{5-12}$$

（4）单位吸水量与岩石裂隙性的关系

根据《工程地质手册》（常士骠主编），单位吸水量 w 与岩石裂隙系数的关系如表 5-13 所示。

单位吸水量 w 与岩石裂隙系数的关系 表 5-13

单位吸水量［L/（min · m^2）］	裂隙系数	岩体评价
<0.001	<0.2	最完整
0.001~0.01	0.2~0.4	完整
0.01~0.1	0.4~0.6	节理较发育
0.1~0.5	0.6~0.8	节理裂隙发育
>0.5	>0.8	破碎岩体

一般状况下，当地层注浆后地层的单位吸水量 w 不大于 0.01~0.05L/（min · m^2），k 不大于 1×10^{-4}~1×10^{-5}cm/s 时，可以认为注浆效果较好，满足开挖要求，可以达到堵水和加固的目的。

4）取样检查法

（1）开挖面观察

主要根据开挖面稳定性、浆脉数量、土体含水率、涌水量、围岩稳定性和变形情况等来判断注浆效果，如胶结体比较连续和均匀，浆脉数量较多，开挖面基本无水或涌水量很小，土体具有自稳能力，可从整体上判断注浆加固效果较好。

（2）胶结体物理、力学指标测试

胶结体的物理、力学指标测试主要是通过钻孔取样和开挖取样，在试验室内制成标准试件，测试被注体的密度、含水率、抗压强度、抗弯拉强度、内聚力和内摩擦角、弹性模量、泊松比等物理、力学指标。根据测试结果判断被注地层的加固情况。

（3）弹性波探测方法

弹性波法探测是基于向岩土体中辐射一定频率的弹性波，并研究其传播特征，进而判断岩土体工程地质特性的一种物探方法。它包括声波、地震波、电磁波等。弹性波探测的范围可根据测试的要求选择合适的探测频率，根据发射源强度、频率、测试方法不同，测试范围从数米到数百米，弹性波传播过程遵循惠更斯—菲涅尔原理和费马原理。

理论研究和实践证明，弹性波或电磁波在岩土体中的传播速度、幅度、频率等参数与岩体的结构、构造以及岩石（土）组分、性质、密度、含水率、完整程度、弹性模量、电阻率、介电常数等因素有关。一般情况下，注浆加固体范围不大，但注浆加固范围之外破碎岩体的物理和力学性质差异较大，因此可采用弹性波或电磁波法探测注浆加固情况。但这些物探方法不太直观，且受洞内环境条件、测试方法及判译水平影响较大，因此很少采用，建议条件允许时，可选择性地采用。

通过以上分析，特制订了注浆效果的检验方法和评价标准，如表 5-14 所示。

注浆效果检验及评价标准 表 5-14

标准 \ 项目	单位涌水量 [L/(min·m²)]	探孔涌水量 [L/(m·min)]	胶结体强度 (MPa)	堵水率 (%)	取芯率 (%)	综合评价	备注
评价指标	$w \geqslant 0.10$	$q \geqslant 10.0$	$p < 10$	$\eta < 60$	$\xi < 65$	较差	5个条件同时具备4个，可定为相应等级
	$0.05 \leqslant w < 0.1$	$1.0 \leqslant q < 10.0$	$10 \leqslant p < 20$	$60 \leqslant \eta < 80$	$65 \leqslant \xi < 80$	一般	
	$0.01 \leqslant w < 0.05$	$0.2 \leqslant q < 1.0$	$20 \leqslant p < 30$	$80 \leqslant \eta < 90$	$80 \leqslant \xi < 90$	较好	
	$w<0.01$	$q<0.2$	$p \geqslant 30$	$\eta \geqslant 90$	$\xi \geqslant 90$	很好	

如果注浆后，表 5-14 中 5 个条件同时具备 4 个，则可评定为相应等级，如表 5-14 中 4 个条件不同时具备，则应根据实际情况评定注浆效果，并研究确定是否采用局部、补充注浆等措施。

下面以左线隧道 F1、F4 风化深槽注浆堵水为例进行说明。

8. 注浆工艺的选择

主要采用前进式注浆、孔口密封钻杆后退式注浆、钢管孔底注浆三种工艺加固地层和进行堵水，注浆后在隧道周边施作了大管棚。前进式注浆时，每段注浆时浆液均从孔口流向孔底，如钻孔过程中出现塌孔，浆液往往流不到孔底，影响钻孔后部注浆效果，此时，可通过钻杆后退式注浆和钢管孔底注浆将浆液送到孔底，使浆液从孔底向孔口流动，通过在孔口安装止浆装置，提高注浆压力，使浆液向地层薄弱部位扩散，以改善钻孔底部和中部的注浆效果，通过这三种工艺的综合应用，可以互相补充，大大改善注浆效果。

（1）分段前进式注浆

分段前进式注浆适合于地质条件较差，钻孔、成孔困难的地段进行注浆，如厦门翔安海底隧道 F1 风化深槽地段全为淤泥和全风化地层，地下水与海水连通，地下水大，钻孔、成孔困难。采用分段前进式注浆，每段钻进 3~5m 进行注浆，像这样注一段加固一段，重新从头钻孔进行下段施工，也就是前一段 3~5m 钻孔注浆堵水加固后，再次钻孔通过已加固段向前方一段注浆，直到将该循环（如 20~40m）的范围注浆加固完成。分段前进式注浆比较安全可靠，但要多次重复钻孔，比较浪费时间，费用比较高。

（2）孔口止浆钻杆后退式注浆

首先钻直径较大的孔，安装孔口管和止水装置，然后钻杆向前钻进，钻到设计孔深后，在孔口安装上排砂和浆液密封系统，并将钻杆后的水阀接头拆下，换成注浆装置，进行注浆，注浆过程中边旋转，边后退，根据地层吸浆情况，决定后退速度和注浆速度，防止浆液黏住钻杆和卡钻。此方法适用于地层成孔较好的情况，钻孔和注浆速度快，避免了分段前进式注浆的重复钻孔，节省了时间和费用。

（3）钢管孔底注浆

所有孔注浆结束后，将隧道开挖轮廓线外的第一圈孔重新钻开，在整个钻孔长度内放入无缝钢管，除管头可以出浆外，钢管全长无孔，开始注浆时，孔口安装止浆装置进行止浆，浆液通过无缝钢管注入孔底，在较大压力作用下，浆液通过注浆管外壁和钻孔壁之间的空隙返回孔口，随着注浆压力升高，一部分浆液进入土体，起到补充注浆作用，并保证钻孔全长范围内都有浆液，隧道周边安装的钢管和土体形成了水泥柱，起到了棚架作用，从而改善注浆效果，提高地层的稳定性。钢管孔底注浆一方面起到补充注浆作用，另一方面起到了管棚作用。图 5-16 为孔口止浆钻杆后退式注浆，图 5-17 为钢管孔底注浆。

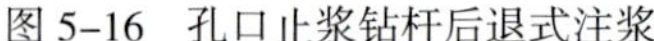
图 5-16　孔口止浆钻杆后退式注浆

图 5-17　钢管孔底注浆

三、超前大管棚和小导管联合支护

1. 大管棚加固技术

大管棚是一种精度较高的施工工艺，其应用较多的是在进洞洞口超前加固施工，而在洞内施工的工程较少。洞内与洞外施工大管棚最大的区别在于洞内空间狭小，而且大管棚是在开挖轮廓线外进行支护，所以在洞内施工大管棚必须对洞室进行扩挖，即施工管棚工作室。

厦门翔安海底隧道大管棚施工采用进口卡萨 C6 钻机，如图 5-18 所示。C6 钻机钻孔施工时，距离拱顶最小工作距离为 70cm。故在大管棚施工前，有意识地将管棚工作面前 10m 断面加大 70~80cm，以满足 C6 钻机所需工作空间。一般加大断面长度在 10m 左右，采用逐渐过渡方式，防止断面突变产生应力集中而不利于结构受力，一般管棚施工只在拱部进行，故也只需将上半断面加大。

图 5-18　管棚施工图

（1）大管棚设计参数

大管棚采用 L=25~40m、ϕ=108mm、δ=6mm 的无缝钢管，节长为 2.5~3.5m，中间丝扣连接。管棚布设在隧道拱腰以上，沿开挖轮廓线布设，管棚环向间距 30cm，150° 布设，外插角 5°，在每 50cm 管棚上钻设 ϕ8mm 的溢浆孔 4 个，外加贴片加工成 TSS 管，梅花形布孔，最先装入的一节管棚前端做成尖锥形，以利于下管。

用 C6 钻机钻设 ϕ135mm 钻孔，安装 ϕ130mm，长度为 2m 的导向管，然后从导向管中钻 ϕ120mm

钻孔，到设计深度后退出钻杆，安设 ϕ108mm 大管棚，管棚布设完成后，对管棚进行全孔一次性注浆，注浆材料为超细水泥单液浆，浆液配合比为 $W:C$ =（0.6~0.8）: 1，注浆终压 2~3MPa。大管棚设计参数见表 5-15。

（2）大管棚施工工艺

大管棚施工工艺流程如图 5-19 所示。

大管棚设计参数表　　表 5-15

序号	参数名称	参 数 值	备　注
1	管棚长度	25~40m	—
2	管棚规格	ϕ108mm、δ=6mm	管棚上钻溢浆孔
3	每节长度	2.5~3.5m	—
4	环向间距	30cm	—
5	管棚个数	89 根	—
6	注浆终压	2~3MPa	—

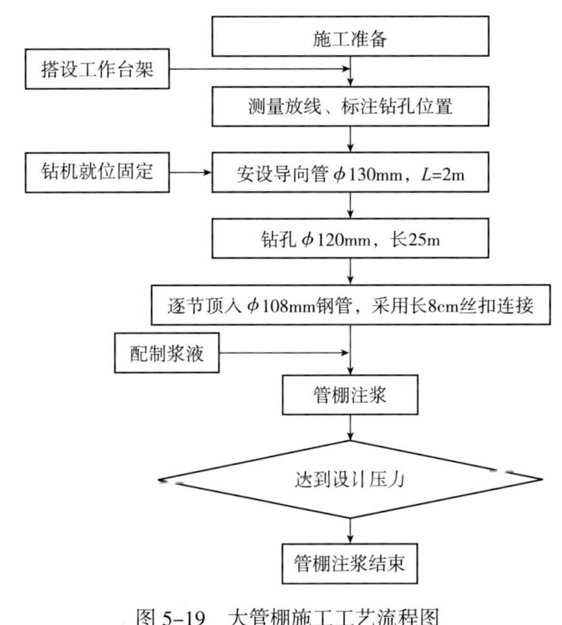

图 5-19　大管棚施工工艺流程图

（3）机械设备配备

风化深槽大管棚加固施工机械设备配套如表 5-16 所示。

大管棚施工设备配套表　　表 5-16

序　号	机 械 名 称	型　　号	单　位	数　量	备　　注
1	卡萨钻机	C6	套	2	—
2	双液注浆泵	KBY50/70	套	2	—
3	水泥浆搅拌机	自购	台	2	容量≥ 300L
4	自搅拌储浆桶	自制	个	1	储存水泥浆
5	储浆桶	自制	个	4	储存水玻璃
6	清水桶	自制	个	2	容量≥ 100L
7	混合器	T 形	个	1	储存水泥浆
8	高压注浆管	—	m	100	与注浆泵配套购置
9	防振压力表	—	个	4	与注浆泵配套购置
10	钻杆	ϕ63.5mm	m	50	每台钻机
11	冲击器	CIR120	个	6	—
12	冲击钻头	ϕ120mm	个	4	—
13	取芯钻头	ϕ135mm	个	4	—
14	岩芯管	ϕ135mm	m	10	—

（4）风化深槽大管棚施工设计

风化深槽大管棚加固施工开挖布置如图 5-20 所示，纵剖面图如图 5-21 所示。

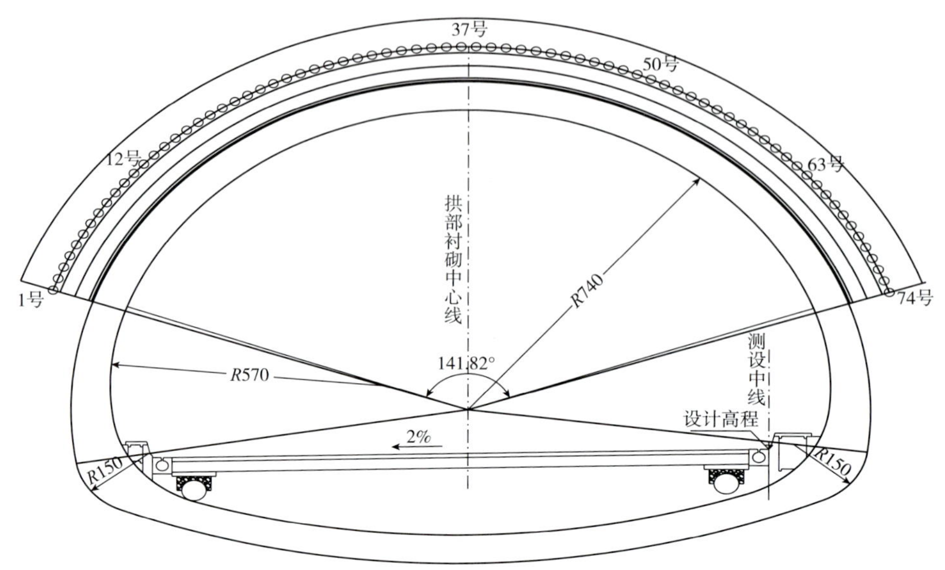

图 5-20　大管棚开孔布置图

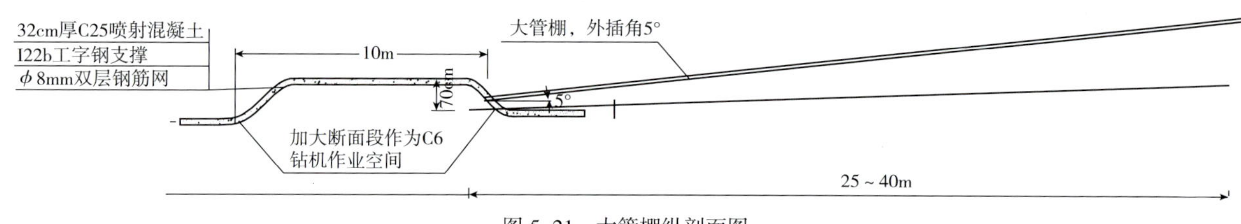

图 5-21　大管棚纵剖面图

2. 超前大管棚和小导管联合支护

厦门翔安海底隧道风化深槽由于对沉降要求比较严格，循环开挖前超前支护施工采用 φ42mm 超前注浆小导管，L=3m/5m，交替支护，环向间距 30cm，150° 布设，排距 1.0m，外插角 12.5°，同一剖面至少有三层小导管。同时，开挖前对拱顶采取 φ108mm、δ=6mm 的超前大管棚预支护，大管棚施作长度在 25~40m 之间，如图 5-22 所示。

小导管施工采用人工风钻直接顶入围岩。小导管施工完后，对其进行注浆作业，注浆参数与大管棚注浆一致，注浆压力控制在 0.5MPa 以内。这样，就形成了超前大管棚和小导管联合超前支护体系，有效地控制了风化深槽拱顶的沉降。图 5-23 为超前小导管施工图。

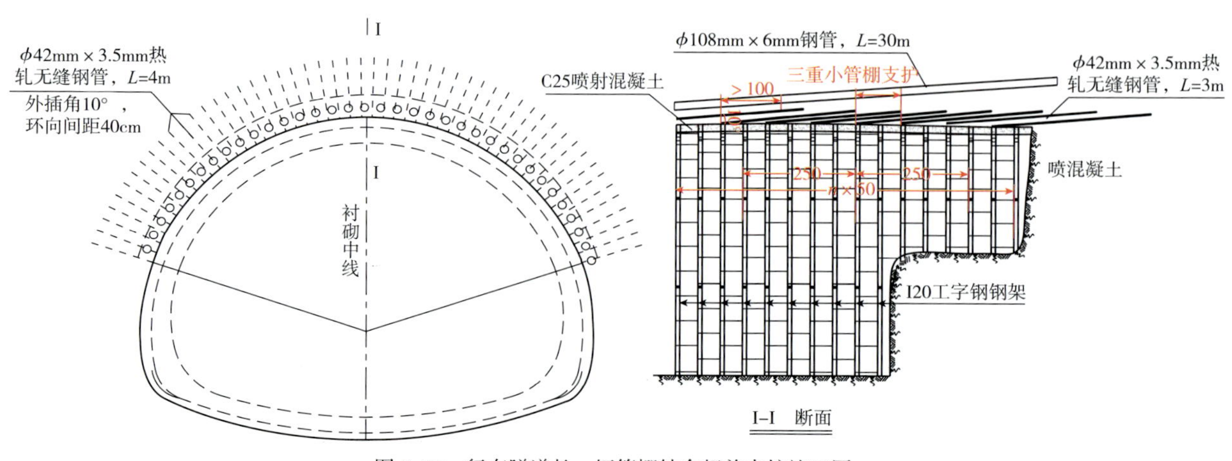

图 5-22　行车隧道长、短管棚结合超前支护施工图

图 5-23 超前小导管施工图

四、径向注浆补强

风化深槽施工对沉降要求非常严格，所以初期支护过后，需对围岩开挖扰动圈进行加固及对拱架背后空洞回填密实，所以喷混凝土背后采取回填注浆加固措施，同时进行局部径向注浆堵水，采用 4m 长 ϕ 42mm 注浆钢花管，按照环纵向间距为 2m × 2m，若初期支护表面有渗漏水，注浆管间距可适当调整，注浆材料为普通水泥单液浆，水灰比为 1：1~1：1.5，注浆压力为 0.5MPa，如图 5-24、图 5-25 所示。

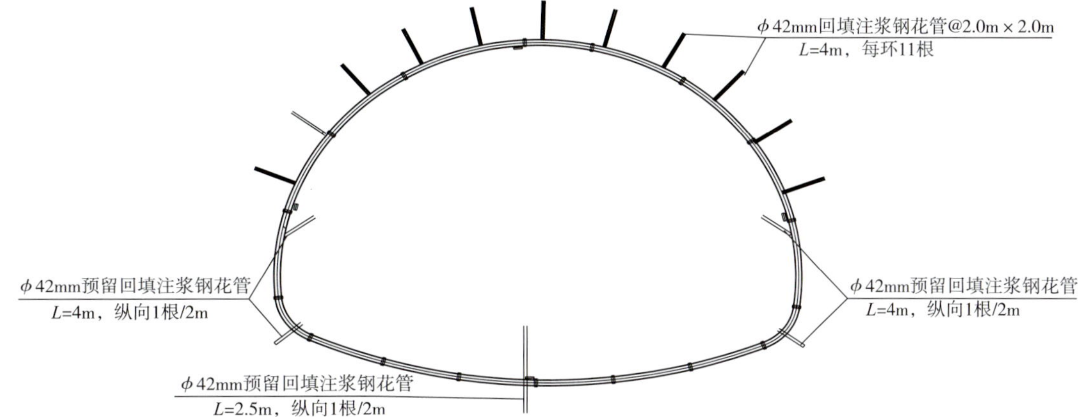

图 5-24 台阶法径向注浆导管设计

图 5-25 径向注浆现场施工

第二节　风化深槽（囊）开挖支护施工技术

厦门翔安海底隧道风化深槽开挖断面大（达 170m^2），在围岩强度低、自稳能力差、富含水的全～强风化岩体中施工难度是可想而知的。在风化深槽施工时，视围岩的强度及自稳能力，以少扰动地层、严格控制拱顶沉降、及时封闭成环、快速通过为原则，分别采用分部开挖的 CRD 法或三台阶七部法，服务隧道采用台阶法，严格按“管超前，严注浆，强支护，快封闭，勤量测，速反馈”十八字方针进行，坚持发扬“严格管理，严格工艺，严格纪律”的三严作风。开挖采用小型挖掘机进行，人工风镐配合修整成型，必要时进行弱爆破，防止对岩体造成大的扰动。

（1）管超前：虽然已作了全断面帷幕注浆，但在开挖时，仍要进行小导管超前注浆，做到长短管棚相结合，加强对掌子面前方围岩的支撑。

（2）严注浆：长管和短管相叠加进行注浆，同时对钢支撑背后及时进行回填注浆，使钢支撑能尽早与围岩密贴，控制钢支撑背后围岩的沉降。

（3）强支护：开挖后要立即进行支撑，为防止钢支撑下沉，及时在钢支撑拱脚处打设锁脚锚管，并焊在钢支撑上。在钢支撑拱脚处加上混凝土垫块或木板，抬高拱脚，排除拱脚处的积水，防止拱脚下沉。

（4）快封闭：各部开挖过后，必须尽快封闭成环，使支护结构成为一个整体，防止上部拱架因基底不实而引起较大的沉降，从而导致结构失稳，造成安全隐患。

（5）勤量测，速反馈：不管采用什么方法施工，必须及时、准确地进行拱顶沉降和墙中收敛的监控量测，并把变形情况及时反馈给施工单位项目负责人和设计、监理、业主。对变形超过允许值和变形明显加快、加大的地段，应立即采取加固措施。

（6）严格管理、严格工艺、严格纪律十分重要。在开挖过程中，往往因管理不严，放任自流，甚至以包代管，施工操作不能严格按工艺操作施工而出现拱顶沉降过大，拱顶开裂的险情。所以必须严格管理，严格按施工工艺施工，严格施工纪律，认真做好每道工作，确保施工质量，保证安全通过风化深槽。

（7）洞内降水、排水十分重要。海底隧道与山岭隧道的最大区别是：海底隧道是 V 字坡，从洞口向海底施工越来越深，均为反坡排水，地下水、施工用水、洞外的水都汇集在洞内，掌子面往往被水浸泡。软弱围岩越被水泡越软弱，易造成初期支护下沉，甚至塌方，所以隧道施工开挖最大的危害就是水。厦门翔安海底隧道一年多来的陆域施工，在掌子面的真空降水、掌子面积水的及时抽排以及在有条件的地段地面作深井降水几方面，都取得了成功的经验。在风化深槽段，无地面深井降水的条件，洞内应以堵水为主。但对少量的掌子面积水应及时抽排，此点十分重要，不可忽视。

一、行车隧道 CRD 工法

风化深槽段 CRD 工法施工工艺同陆域段，主要用于 F1 风化深槽，围岩呈软塑状，易发生坍塌地段的开挖支护施工，采用此工法施工有利于围岩稳定，可有效降低风化深槽开挖支护施工的风险。

风化深槽 CRD 工法施工采用Ⅰ—Ⅲ—Ⅱ—Ⅳ的施工工序，可视围岩稳定能力在每部采用正台阶法，台阶长度控制在 3m 左右；各部施工步长控制在 6~8m，Ⅰ部距离Ⅳ部需控制在 33m 之内。实践证明，采用以上施工参数，可有效控制 CRD 工法施工产生的变形。

从实际施工中可以得知，当 CRD 法Ⅰ部封闭后自身沉降和收敛变形得到控制；当第Ⅱ、第Ⅲ部开挖时对Ⅰ部变形有不同程度的影响；当第Ⅳ部封闭，即整个隧道封闭后，各部及整个隧道变形得到控制并趋于稳定。因此，我们在实践中得出经验，并作出规定：Ⅰ部、Ⅱ部、Ⅲ部、Ⅳ部掌子面间距各不能超过6~8m的距离，Ⅰ部到Ⅳ部距离应为25~33m。因CRD法从超前小导管设置，到钢支撑锁脚锚管打设、挂网、复喷混凝土、回填注浆等工序多，时间长，要求每天每个工作面最多进尺1.5m，2d内每部必须封闭成环。Ⅰ部封闭成环后，每天允许沉降10mm，3d允许最大沉降30mm，占整个沉降量的50%。Ⅲ部开挖对Ⅰ部沉降影响25mm，Ⅱ部开挖对Ⅰ部沉降影响15mm，Ⅳ部开挖对沉降Ⅰ部影响20mm。按此比例分配，待整个隧道成环最大沉降最大不超过90mm，设计预留沉降量一般为10cm左右。

翔安海底隧道Ⅴ级围岩用CRD法开挖过程中，严格按此控制，一般均能达到要求。但在开挖实施过程中，往往因某些地段地质条件差，如杂填土、高岭土、砂土、软硬围岩交接面，地下水发育等原因，各部封闭不及时，时间过长，造成拱顶下沉量过大，如洞口段施工沉降最大者达到670mm之多，地面形成沉降槽，地面在隧道两侧形成断裂，使整个隧道顶部土层都压在初期支护上，引起初期支护严重变形，甚至开裂。但通过风化深槽时绝不允许此类事情发生，必须组织好施工，真正做到及时封闭，严格控制拱顶下沉。

图5-26为CRD法开挖方案示意图，图5-27为CRD工法施工程序示意图。

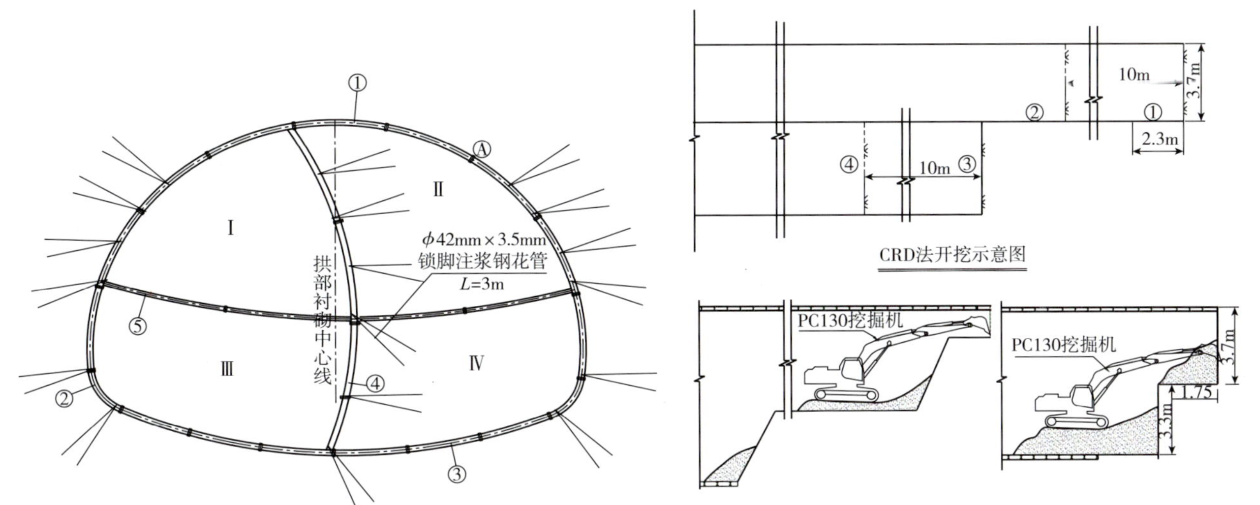

图5-26 CRD法开挖方案示意图

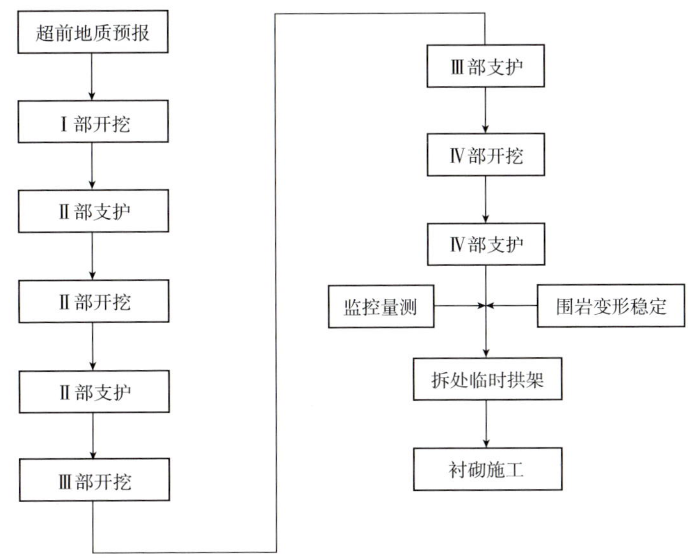

图5-27 CRD工法施工程序框图

主要技术措施：

（1）初期支护参数采取锚、网、喷、拱联合支护结构形式：主拱架钢支撑采用 I22，临时支撑采用 I20，间距 50cm，设双层 ϕ8mm@20cm 钢筋网，ϕ22mm 连接钢筋，ϕ50mm × 4mm 厚 3.5m 长锁脚注浆钢花管，C25 喷混凝土，厚度主体 32cm，临时支撑 30cm。

（2）预留变形量采用 10cm。严格做好监控量测工作。

（3）对喷混凝土背后采取回填注浆措施，同时进行局部径向注浆堵水，采用 4m 长 ϕ42mm 注浆钢花管，环向、纵向间距为 2m × 2m，若初期支护表面有渗漏水，注浆管间距可适当调整，注浆材料为普通水泥单液浆，水灰比为 1∶1~1∶1.5，注浆压力为 0.5MPa。

二、行车隧道三台阶七部法

1. 超前探孔

根据先探后挖的原则，采用台阶法施工时，在每个循环开挖前施作短距离超前探孔，每循环施工 3~5 个，超前探孔孔深 5m，探明到开挖轮廓线外 2m。做到每循环开挖前都能够明确前方地质，防止意外情况发生，以利于控制。台阶法超前探孔布置如图 5-28 所示。

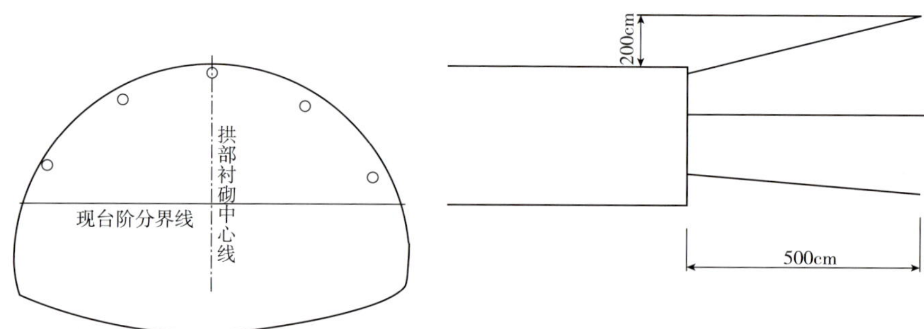

图 5-28　台阶法超前探孔布置图

2. 开挖支护

根据超前地质预报结果和钻孔注浆过程所探明的地质情况，行车隧道风化深槽围岩风化程度处于弱、强风化到全风化之间，围岩多呈土石分段交替状态。注浆加固后的围岩基本能够自稳，为了能够实现快速施工，采用台阶法开挖支护；同时，为了能够保证施工安全，在上下台阶的基础上，再将上台阶划分为两个台阶分步开挖，预留核心土体，根据拱架节长（2.5~3.0m）及满足支护施工作业空间，第一台阶共立设六节拱架（高度 4.0m 左右），第二台阶每侧立设一节拱架，台阶高度 2.3m 左右；考虑到人工立拱支护便捷，风化深槽施工采用三台阶七部法进行开挖支护，如图 5-29 所示。总体施工思路是：上台阶先行开挖通过（上台阶先进行一台阶开挖支护，预留核心土体，然后进行二台阶左右错开开挖支护），同时进行第一循环下台阶施工，下台阶施工为了保证施工安全，防止上部拱架整体悬空，采用左右分幅交错开挖支护作业方式。

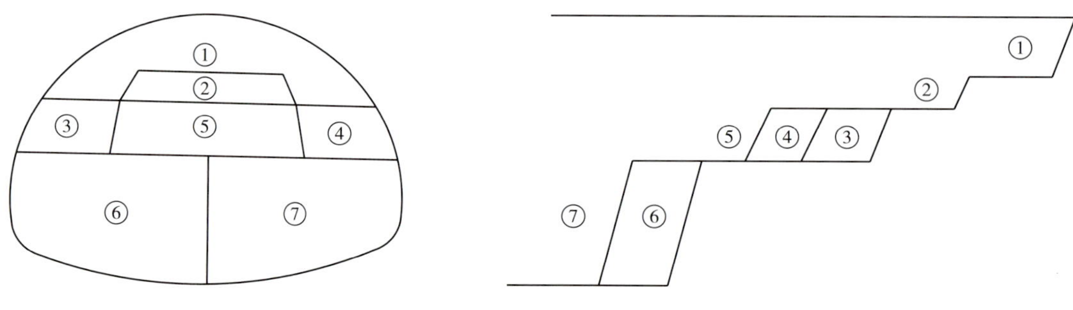

图 5-29　台阶法开挖步序图

具体操作为：将整个断面分为三台阶施工，其中上半断面分为两个台阶进行施工，第一台阶先行开挖，如图 5-30 所示。在施工 5~8m 后，第二台阶两侧边腿紧跟，为保证第一台阶的稳定，防止两侧拱脚同时悬空，因此第二台阶两侧边腿必须错开 2~3m 施工。同理，下台阶开挖分左右两幅错开施工，为了能够方便上台阶开挖出渣施工，三台阶可根据实际地质条件拉长。其中，第二台阶与第三台阶分界高度即为 CRD 工法临时仰拱高度处，初期支护施工时拱架预留临时支撑接头，在围岩较差时台阶法可直接转化为 CD 法或 CRD 工法。台阶法开挖高度如图 5-31 所示。

图 5-30　第一台阶立拱开挖支护施工图

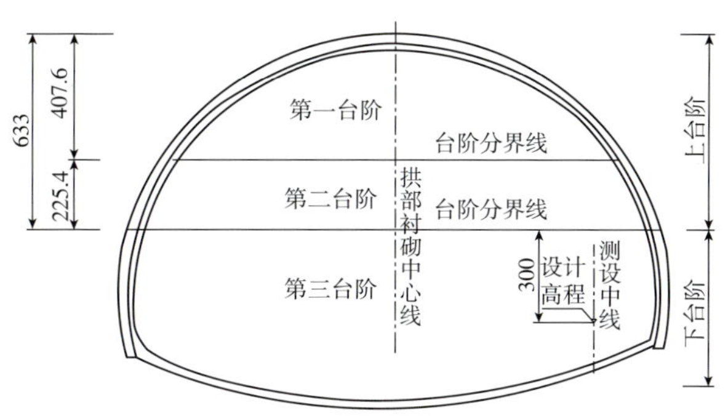

图 5-31　台阶法开挖高度（尺寸单位：cm）

3. 行车隧道风化深槽台阶法开挖初期支护参数

（1）初期支护参数采取锚、网、喷、拱联合支护结构形式，主拱架钢支撑采用 I22，间距 50cm，设双层 ϕ 8mm@20cm 钢筋网，ϕ 22mm 连接钢筋，环向间距 1m，ϕ 42mm × 4mm 厚 3.5m 长锁脚注浆钢花管（图 5-32、图 5-33），C25 喷混凝土厚度 32cm。

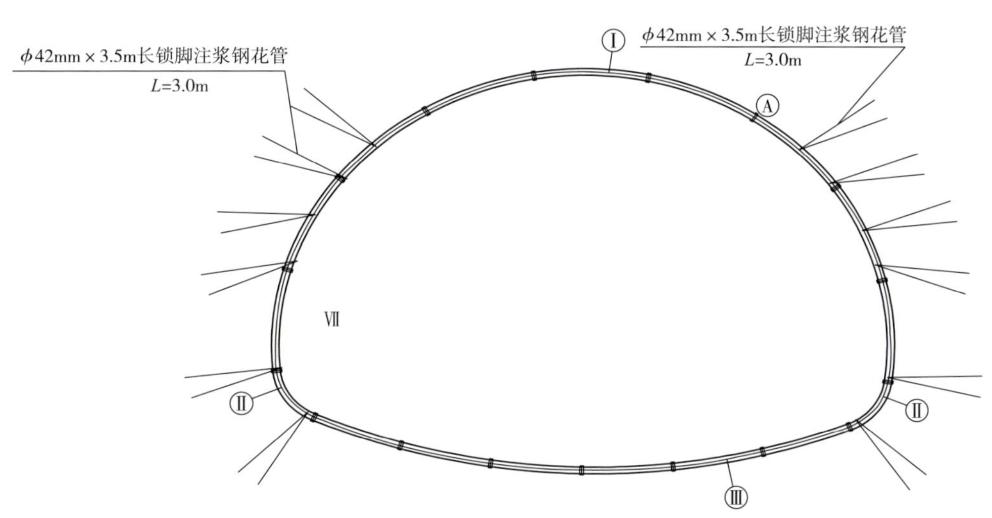

图 5-32　三台阶法锁脚锚管支护参数图

（2）预留变形量采用 6cm。严格做好监控量测工作。

三台阶法施工支护过后，对锁脚钢花管进行注浆，第一可以加固土体，第二可以增加锁脚锚管的锚固力，能够起到抗沉降的作用，所以在软弱围岩中施工，锁脚锚管注浆是非常重要的工序，不能忽略。

三、主洞风化深槽（囊）施工技术

风化深槽（囊）工程地质水文条件主要特征：①呈泥塑状，流沙状，含水率极大，水压力达 0.5MPa，直接与海水相通；②距离长，仅右线 F1 风化深槽长度达 148m+35m+56m（含影响带），施工风险性极高；③距海平面仅 70m，海域段最小覆盖层 30~35m，易发生海水灌入隧道洞内的灾难性工程事故。海域段整个隧道断面在海水包围之中，施工难度和安全风险最大。为防止坍塌、漏水、突泥、涌沙、突水等施工安全事故发生，在风化深槽地段采取的主要施工技术方案为：①全断面帷幕注浆；②上半断面帷幕注浆；③上下半断面周边注浆等。

图 5-33　一台阶锁脚施工图

1. 风化深槽（囊）注浆方案

（1）全断面帷幕注浆。在淤泥、流沙状、全～强风化和富含水的风化深槽内，为确保施工安全，万无一失，采用全断面帷幕注浆施工方案。但全断面帷幕注浆花费时间长，注浆量大，造价高。

（2）上半断面帷幕注浆、下半断面局部注浆。该方案优于全断面帷幕注浆，比全断面帷幕注浆节省时间，节约注浆数量，减少费用。该工法适应于地质条件为上半断面为泥沙、全～强风化，涌水量大而下半断面为弱风化，涌水小的地质水文状况。图 5-34 为上半断面帷幕注浆。

（3）上半断面周边注浆，下半断面不注浆。本方案注浆量最少，时间最短，费用最省，适合地质条件相对较好的断层破碎带和风化深槽影响带。通过地质水平超前钻孔并取芯，在准确掌握开挖面前方和拱顶覆盖层厚度的情况下，正确选择注浆方案，对施工安全，工期进度，节省工程费用都是十分必要的。

2. 注浆参数与注浆技术

1）钻孔注浆

钻孔注浆速度是比较慢的，特别是全断面帷幕注浆。例如：A2 标右线厦门端 F1 风化深槽长 136m，第一循环全断面帷幕注浆需注浆孔 235 个，注浆孔深 25m，开挖 20m，留 5m 止浆墙。采用日本 RPD150 钻机（图 5-35），钻孔需 2 个月时间，平均钻孔时间占整个钻孔注浆时间的（50%~60%），注浆需 1 个月左右。待注浆完成后，按钻孔总量的 10% 做检查孔，检验注浆效果，在每孔每米每分钟出水量小于 0.2L 时，满足注浆检查效果的要求后方可进行开挖施工。第一个循环 20m 从钻孔注浆、检查注浆效果到开挖完成，封闭成环最少需要 5~6 个月的时间。第二循环注浆长度改为 40m，开挖 35m，两个循环共开挖了 55m，花了近一年时间，即从 2007 年 5 月到 2008 年 5 月。

为了加快速度，减少注浆孔，根据地质情况采用上半断面帷幕注浆、下半断面周边注浆和上半断面帷幕注浆、下半断面不注浆以及周边帷幕注浆等施工办法，减少注浆孔、减少注浆量、节省时间、节约费用。同时在第一循环注浆量大、加固堵水范围大及总结第一循环注浆经验的基础上，提高了后施工各循环的注浆效果，节省了注浆量和注浆时间。

2）钻孔注浆设备

为缩短钻孔时间，选用钻进速度快的进口水平地质钻孔、注浆泵和水泥浆搅拌机，也可采用国产的钻孔注浆设备。在厦门翔安海底隧道所选用的钻孔注浆设备见表 5-17。

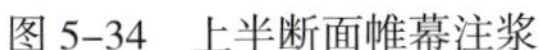

图 5-34　上半断面帷幕注浆

图 5-35　机械钻孔

钻孔注浆设备表　　表 5-17

序　号	机 械 名 称	型　　号	主要性能参数	产　地
1	水平地质钻机	ZDY1900S	额定扭矩：1 900N · m 最大给进力：112kN 最大超拔力：77kN	国产 进度慢
2	进口地质钻机	KASAGRANDEC6	额定扭矩：13 500N · m 最大给进力：1 800kN 最大超拔力：1 800kN	意大利
3	进口地质水平钻机	RPD150 型 RPD75 型	钻孔速度：6~8m/h 可利用钻杆注浆	日本
4	双液注浆泵	KBY50/70	最大压力：7MPa 最大流量：50L/min	国产
5	双液注浆泵	ZYB70/100	最大压力：10MPa	国产
6	水泥搅拌机	ZSKYS-2J_2	最大容量：300L	国产
7	孔口防突装置	—	氮气充压式孔口防突装置	国产

3）注浆参数

（1）纵向注浆加固长度：根据风化深槽的地质情况确定，刚开始第一个循环的加固长度从 23m 到 25m，到第二个、第三个循环注浆加固长度 30m、35m，最长达到 40m。

（2）径向加固范围：主洞断面宽 17.3m，高 12.8m，开挖断面积大于 170m^2，周边加固范围为 5m。

4）注浆压力

注浆压力一般为 2~2.5MPa，最大不超过 3MPa，采用注浆压力和注浆量控制注浆。注浆速度控制在 5~110L/min；注浆扩散半径为 1.5m，注浆孔直径为 ϕ94mm，孔口管采用 L=2.0m，ϕ121mm，壁厚 5mm，终孔间距为 2.0~2.5m。

5）注浆方式

前进式、后退式、钢管孔底注浆三种注浆方式，其注浆参数根据地质情况和设备能力、技术水平并通过现场试验合理确定，以确保注浆效果和堵水加固地层效果，见表 5-18。

6）注浆方法

注浆方法同本章前述。

注浆参数表 表 5-18

序号	参数名称	参数值
1	纵向注浆加固长度	开始第一循环用 20m，逐渐增长到 30~40m
2	径向加固范围	按开挖断面确定径向加固范围，在开挖轮廓线外 5m
3	注浆扩散半径	1.5m
4	注浆压力	注浆终压取 3~4MPa
5	注浆孔直径	ϕ94mm
6	注浆速度	5~110L/min
7	终孔间距	2.2m
8	注浆方法	前进式、后退式、钢管孔底注浆
9	注浆孔数量	全断面 235 个
10	检查孔	取注浆孔总数的 10%
11	孔口管	L=2.0m，ϕ121mm，壁厚 5mm

7）注浆材料

全断面帷幕注浆材料，考虑隧道结构的耐久性要求，采用无机材料，不得采用有机材料。风化深槽所采用的无机材料主要为普通水泥浆和超细水泥浆，在地下水比较大的地段采用了水泥-水玻璃双液浆。在地下水量较小时，改为普通水泥浆和超细水泥浆，尽量少用水泥-水玻璃双液浆。表 5-19 为水泥浆配合比与初凝时间表。

水泥浆配合比与初凝时间表 表 5-19

序号	名称	配合比及初凝时间		
		水灰比	初凝时间	其他
1	MC 超细水泥单液浆	$W:C=(0.6\sim1):1$	6~10h	—
2	MFC 超细水泥单液浆	$W:C=(0.6\sim1):1$	4~6h	—
3	HSC 水泥单液浆	$W:C=(0.6\sim1):1$	0.5~1.5h	—
4	超细水泥-水玻璃双液浆	$W:C=(0.6\sim1):1$ $C:S=1:(0.6\sim1)$	3~5min	—

四、服务隧道风化深槽开挖支护

1. 服务隧道施工方法

服务隧道施工采用上下台阶法，预留核心土体，左右环形开挖，施工步长控制在 3~5m。图 5-36 为服务隧道台阶法施工方法示意图，图 5-37 为服务隧道台阶法施工程序图。

2. 主要技术措施

（1）初期支护参数采取锚、网、喷、拱联合支护结构形式，钢支撑采用 I18 工字钢拱架，间距 50cm，设双层 ϕ6mm@20cm 钢筋网，ϕ22mm 连接钢筋，ϕ42mm×3.5mm 厚 3m 长锁脚注浆钢花管，C25 喷混凝土厚度 30cm。

（2）预留变形量采用 3cm。

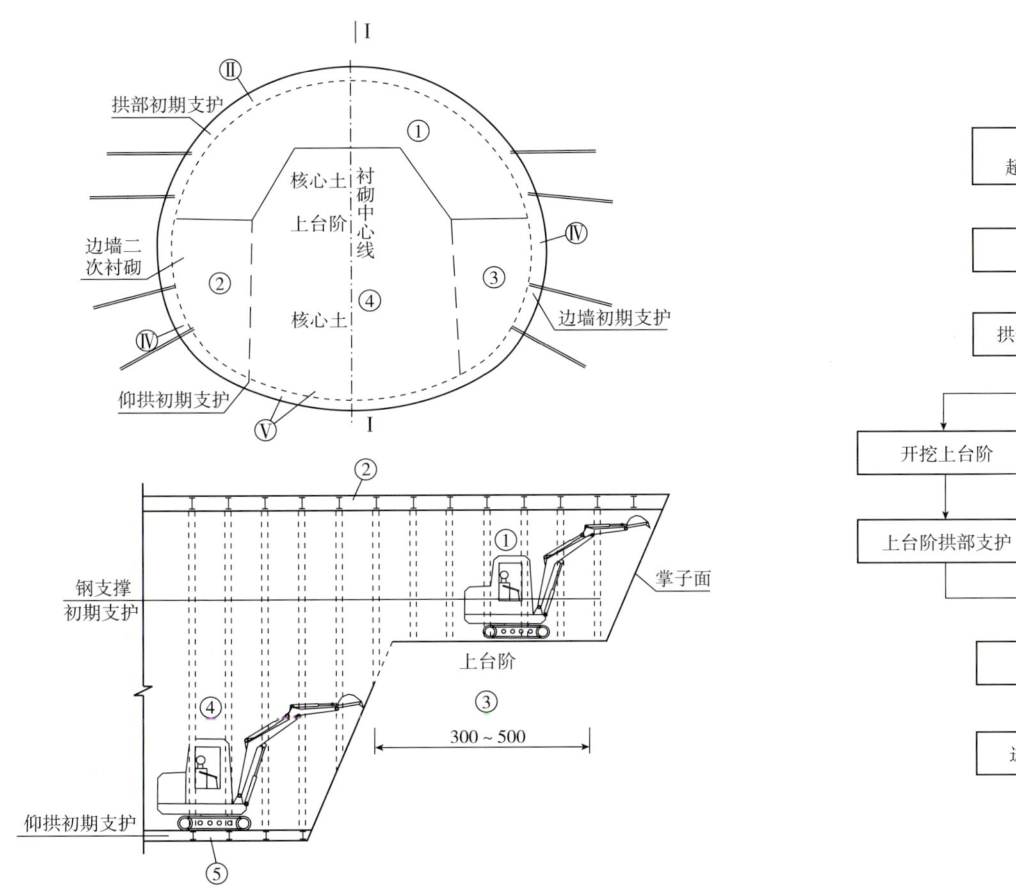

图 5-36　服务隧道台阶法施工方法示意图（尺寸单位：cm）

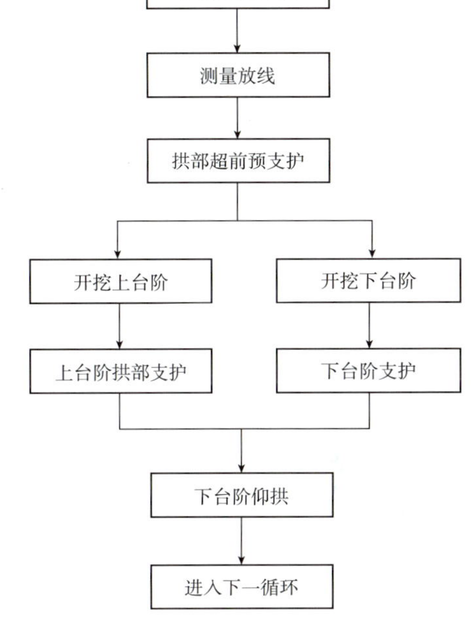

图 5-37　服务隧道台阶法施工程序图

（3）对喷混凝土背后采取回填注浆措施，同时进行局部径向注浆堵水，采用 1m 长 ϕ42mm 注浆钢花管，环、纵向间距为 2m × 2m，若初期支护表面有渗漏水，注浆管间距可适当调整，注浆材料为普通水泥单液浆，水灰比为 1∶1~1∶1.5，注浆压力为 0.5MPa。

五、预留二次支护

在 F1 风化深槽初期支护施工中，还特别预留出二次初期支护空间，这主要考虑以下几点因素。

（1）风化深槽因施工大管棚需要，在开挖过程中预留了扩挖洞室，扩挖洞室与正常段初期支护形成错台，容易在断面变化处引起围岩应力集中，形成支护结构薄弱点。

（2）下一循环帷幕注浆容易形成浆液倒灌，而使注浆压力直接作用在初期结构上，造成初期结构破坏。

（3）作为风化深槽初期支护结构的后备支护手段，一旦出现支护结构异常，立即进行二次初期支护。

行车隧道二次支护参数采取锚、网、喷、拱联合支护结构形式，主拱架钢支撑采用 I22，间距 50cm，设 ϕ22mm 连接钢筋，设双层 ϕ8mm@20cm 钢筋网，ϕ50mm × 4mm 厚 3.5m 长锁脚注浆钢花管，30cm 厚 C25 喷混凝土，详见图 5-38。

服务隧道二次支护参数采取锚、网、喷、拱联合支护结构形式，主拱架钢支撑采用 I18，间距 50cm，设 ϕ22mm 连接钢筋，设双层 ϕ8mm@20cm 钢筋网，ϕ50mm × 4mm 厚 3.5m 长锁脚注浆钢花管，20cm 厚 C25 喷混凝土，详见图 5-39。

厦门翔安海底隧道风化深槽施工实际情况统计见表 5-20。

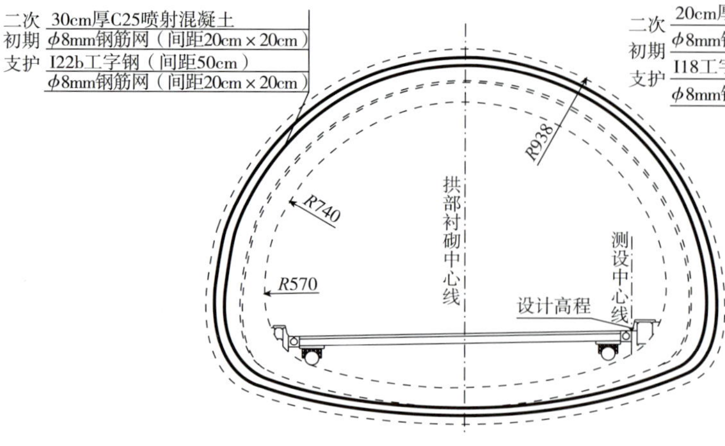

图 5-38　行车隧道二次初期支护参数图

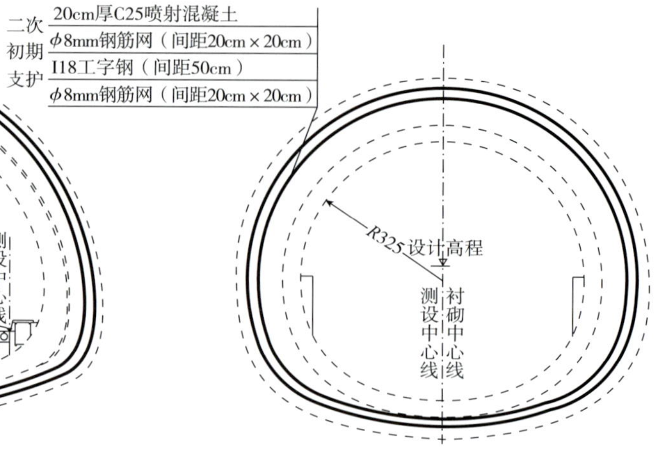

图 5-39　服务隧道二次初期支护参数图

厦门翔安海底隧道风化深槽施工实际情况统计表　　表 5-20

风化深槽编号	围岩级别	线别及标段	循环	长　度	注浆类型	开挖方法	注浆孔数	注浆总数量（m^3）	注浆压力（终压）（MPa）	注浆起止时间	开挖起止时间
F1	V 级岩	左线隧道 A1 标	第一循环	ZK8+270~ ZK8+295 25m	全断面帷幕注浆	CRD 法	215	2 145.7	3.5	2007.02.12~ 2007.10.27 8 个月	2007.10.27~ 2007.11.28 1 个月
			第二循环	ZK8+295~ ZK8+330 35m	半断面（上、下台阶）帷幕注浆	CRD 法	161	2 067.8	3.5	2007.12.04~ 2007.12.31 1 个月	2008.01.02~ 2008.02.08 1 个月
						CRD 法	81	998.3	3.5	2008.05.03~ 2008.06.19 1.5 个月	2008.06.20~ 2008.08.14 2 个月
		服务隧道 A1 标	第一循环	NK8+301~ NK8+319 18m	全断面帷幕注浆	台阶法	128	1 476.8	3.5	2007.03.03~ 2007.06.15 3.5 个月	2007.06.16~ 2007.07.14 1 个月
			第二循环	NK8+316~ NK8+350 34m	全断面帷幕注浆	台阶法	99	888.5	3.5	2007.07.22~ 2007.10.04 2.5 个月	2007.10.05~ 2007.12.20 2.5 个月
			第三循环	NK8+350~ NK8+385 35m	周边帷幕注浆	台阶法	53	358.2	3.5	2007.11.06~ 2007.12.01 1 个月	2007.12.02~ 2007.12.15 0.5 个月
F1	V 级	右线隧道 A2 标	第一循环	YK8+327~ YK8+352 25 m	上台阶全断面注浆（I、III 部）	CRD 法	184	1 613.6	3.5	2007.05.23~ 2007.07.11 1.5 个月	2007.07.19~ 2007.10.04 3 个月
			第二循环	YK8+348~ YK8+378 30m（I、III 部）	全断面帷幕注浆	CRD 法	146	2 527	3.5	2007.10.21~ 2007.12.01 1.5 个月	2008.01.17~ 2008.03.17 2 个月
				YK8+344.6~ YK8+347.6 30m（II、IV 部）		CRD 法	91	1 816.3	3.5	2007.12.31~ 2008.01.14 0.5 个月	2008.05.17~ 2008.07.19 2 个月
			第三循环	YK8+376~ YK8+416 30m（I、III 部）	上台阶全断面帷幕注浆	CRD 法	216	4 735.8	3.5	2008.03.21~ 2008.05.10 1.5 个月	2008.06.19~ 2008.10.11 3.5 个月
			第四循环	YK8+413~ YK8+460 47m（I、III 部）	上台阶全断面帷幕注浆	CRD 法	216	5 667.8	3.5	2008.09.18~ 2008.11.19 2 个月	2008.12.03~ 2009.01.18 1.5 个月

续上表

风化深槽编号	围岩级别	线别及标段	循环	长　度	注浆类型	开挖方法	注浆孔数	注浆总数量（m^3）	注浆压力（终压）（MPa）	注浆起止时间	开挖起止时间
F2	Ⅳ～Ⅴ级	右线隧道A4标	第一循环	YK10+255~YK10+205 50m	周边帷幕注浆	台阶法	52	1 560	1.0	2008.12.13~2009.01.09 0.5个月	2008.12.13~2009.01.09 0.5个月
		服务隧道A1标	第一循环	NK10+161~NK10+201 40 m	全断面帷幕注浆	台阶法	141	1 898	3	2009.04.16~2009.05.15	2009.05.16~2009.06.02
		服务隧道A3标	第二循环	NK10+220~NK10+242 22 m	上半断面周边帷幕注浆	台阶法	67	925	1~2	2009.08.07~2009.09.24	2009.09.25~2009.10.14
		左线隧道A1标	第一循环	ZK10+160~ZK10+200 40 m	上半断面帷幕注浆	台阶法	232	3 124	2~4	2009.06.11~2009.07.05	2009.07.06~2009.07.25
		左线隧道A1标	第二循环	ZK10+200~ZK10+248 48m	上半断面帷幕注浆	台阶法	215	5 616	1~2	2009.07.21~2009.09.21	2009.09.22~2009.11.05
F3	Ⅳ～Ⅴ级	左线隧道A3标	第一循环	ZK10+703~ZK10+673 30m	上半断面全断面帷幕注浆	台阶法	83	1 031.2	3	2008.08.13~2008.11.25 3.5个月	2008.11.26~2008.12.26 1个月
			第二循环	ZK10+674~ZK10+654 20m	上半断面周边帷幕注浆	台阶法	34	682.9	3	2009.01.06~2009.01.10 5d	2009.01.11~2009.02.16 5d
		服务隧道A3标	第一循环	NK10+708~NK10+668 40m	全断面周边帷幕注浆	台阶法	57	923.4	3	2008.07.23~2008.10.11 3个月	2008.10.12~2008.11.25 1.5个月
			第二循环	NK10+673~NK10+643 30m	全断面周边帷幕注浆	台阶法	57	1 476.9	3	2008.12.02~2008.12.13 11d	2009.01.11~2009.02.03 23d
			第三循环	NK10+648~NK10+608 40m	上半断面周边帷幕注浆	台阶法	39	1 009.1	3	2009.02.04~2009.02.08 4d	2009.02.09~2009.03.25 1.5个月
F3	Ⅳ～Ⅴ级	右线隧道A4标	第一循环	YK10+690~YK10+655 35m	上半断面周边帷幕注浆	台阶法	65	973.91	1.5	2008.05.06~2008.06.07 1个月	2008.06.10~2008.07.09
			第二循环	YK10+660~YK10+620 40m	上半断面周边帷幕注浆	台阶法	43	754.2	1.5	2008.07.16~2008.07.25 9d	2008.07.30~2008.08.21
			第三循环	YK10+625~YK10+588 37m	小导管注浆	台阶法	104	138.1	1.0	2008.08.29~2008.09.17	2008.08.29~2008.09.17
F4	Ⅴ级围岩	左线隧道A1标	第一循环	ZK8+886~ZK8+926 40m	全断面帷幕注浆	CRD法	255	4 439.7	4	2008.08.20~2008.12.01 3.5个月	2008.12.02~2009.01.04 1个月
			第二循环	ZK8+924~ZK8+964 40m	周边帷幕注浆	CRD法	224	3 904.3	4	2009.01.10~2009.02.12 1个月	2009.02.12~2009.03.05 1个月
			第三循环	ZK8+961~ZK9+001 40m	周边帷幕注浆	CRD法	224	3 685.3	4	2009.02.11~2009.03.03 1个月	2009.03.03~2009.03.23 20d

续上表

风化深槽编号	围岩级别	线别及标段	循环	长　度	注浆类型	开挖方法	注浆孔数	注浆总数量（m^3）	注浆压力（终压）（MPa）	注浆起止时间	开挖起止时间
F4	V 级围岩	服务隧道 A1 标	第一循环	NK8+908~NK8+945 37m	全断面帷幕注浆	台阶法	87	1 279.9	3.5	2008.03.20~2008.04.21 1 个月	2008.04.23~2008.06.04 1.5 个月
			第二循环	NK8+945~NK8+989 44m	全断面帷幕注浆	台阶法	78	1 109.8	3.5	2008.06.05~2008.07.02 1 个月	2008.07.03~2008.08.03 1 个月
		右线隧道 A2 标	第一循环	YK8+921~YK8+937.5 16.5m	全断面周边帷幕注浆	台阶法	26	202.8	2.5~3.5	2008.08.13~2008.08.25 12d	2008.09.01~2008.09.20 19d
F5	Ⅳ级	左线 A1 标	第一循环	ZK8+427~ZK8+457 30m	周边帷幕注浆	台阶法	114	1 163.3	3.5	2008.04.14~2008.06.01 1.5 个月	2008.06.02~2008.07.08 1 个月
F6 拟按风化深槽施工	V 级	左线隧道 A3 标	第一循环	ZK10+994~ZK11+024 30m	上半断面周边帷幕注浆	台阶法	64	768	3	2008.12.05~2008.12.16 11d	2008.12.26~2009.01.24 1 个月
			第二循环	ZK11+024~ZK11+052 28m	上半断面周边帷幕注浆	台阶法	74	828.8	3	2009.02.02~2009.02.09 7d	2009.02.12~2009.03.09 1 个月
			第三循环	ZK11+117~ZK11+087 30m	上半断面全断面帷幕注浆	台阶法	83	996	3	2008.12.29~2009.01.07 9d	2009.01.08~2009.01.30 22d
			第四循环	ZK11+087~ZK11+052 35m	上半断面周边帷幕注浆	台阶法	90	1 260	3	2009.02.04~2009.02.09 5d	2009.02.10~2009.03.11 1 个月

第三节　风化深槽施工案例

一、左洞 F1 风化深槽第一循环施工方案

1. F1 风化深槽地质情况

F1 风化深槽岩性以 W_3 强风化花岗岩为主，夹强风化二长岩岩脉，具有弱膨胀潜势。

左线行车道 F1 风化深槽开始里程为 ZK8+270，覆盖层 36.0~53.7m，最大水深 18m，设计拱顶最大静水压力 0.68MPa，设计勘探纵向长度为 89m，两端影响带为 20m。

左线 F1 风化深槽施工前，为准确探明左线行车道 F1 风化深槽长度，补充施作了 4 号、5 号两个超长水平地质探孔（上下断面各一个），可知 F1 左线风化深槽纵向长度约为 50m。图 5-40 为主洞 F1 风化深槽纵断面图，图 5-41 为主洞 F1 风化深槽水平超前探孔，图 5-42 为主洞 F1 风化深槽水平超前探孔距离开挖面 10m 左右取芯情况，图 5-43 为主洞 F1 风化深槽水平超前探孔距离开挖面 15m 左右取芯情况，图 5-44 为主洞 F1 风化深槽水平探孔布置图。

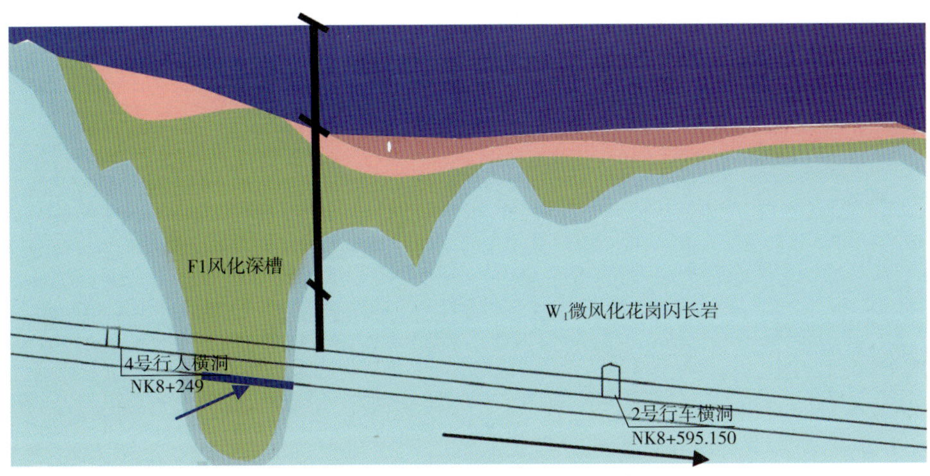

图 5-40　主洞 F1 风化深槽纵断面图

图 5-41　主洞 F1 风化深槽水平超前探孔

图 5-42　主洞 F1 风化深槽水平超前探孔距离开挖面 10m 左右取芯情况

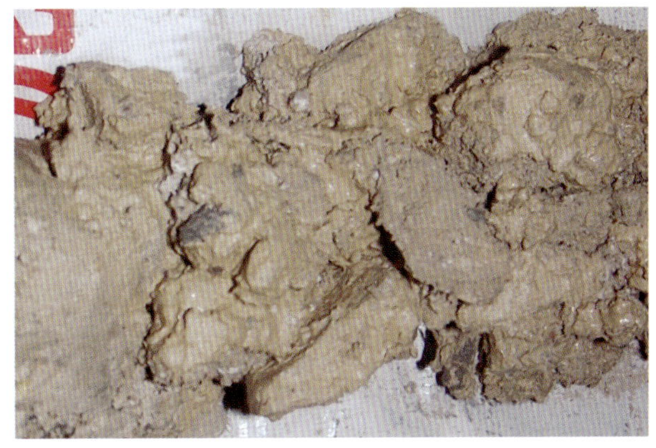

图 5-43　主洞 F1 风化深槽水平超前探孔距离开挖面 15m 左右取芯情况

2. 钻孔注浆施工方案

1）注浆方案

主洞 F1 风化深槽采用全断面注浆加固和堵水，帷幕注浆加固范围为掌子面内及隧道开挖轮廓线外 5m，隧道纵向加固长度为 25m，设计钻孔 195 个，检查孔 28 个，其中取芯孔 7 个，另外增加了 10 个补充注浆孔，本循环总计完成注浆孔 233 个，注浆孔布置如图 5-45 和图 5-46 所示。

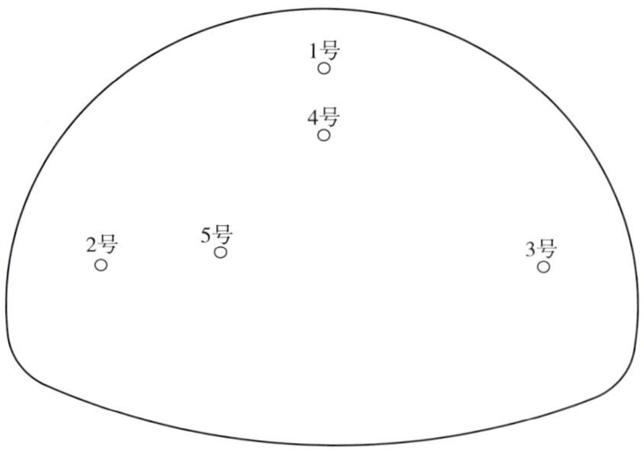

图 5-44　主洞 F1 风化深槽水平探孔布置图

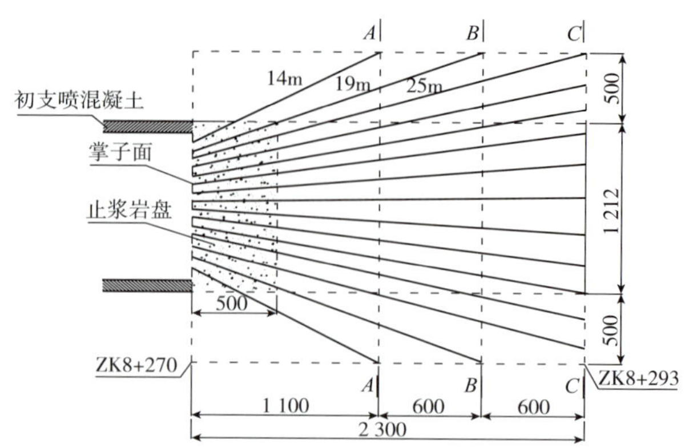

图 5-45　左线隧道注浆加固纵断面图（尺寸单位：cm）

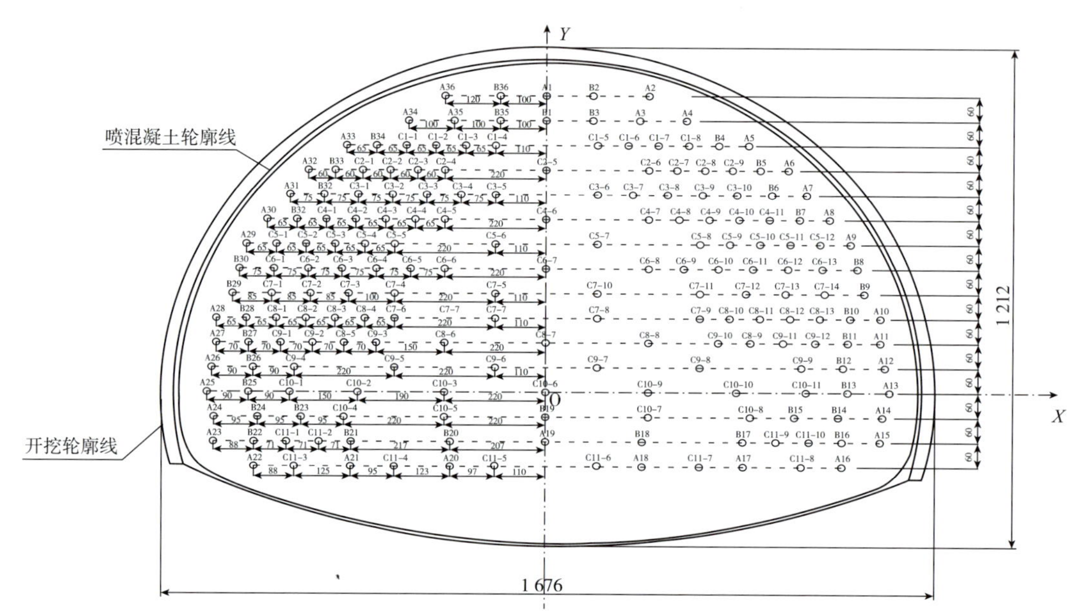

图 5-46　左线隧道注浆开孔位置图（尺寸单位：cm）

2）注浆参数

全断面帷幕注浆以前进式分段注浆为主，结合后退式注浆和下管孔底注浆，注浆参数如表 5-21 所示。

注 浆 参 数　　表 5-21

序　号	参 数 名 称	参　数　值
1	纵向注浆加固长度	23m
2	径向加固范围	开挖面及开挖轮廓线外 5m
3	浆液扩散半径	1.5m
4	注浆压力	3~4MPa
5	注浆孔直径	ϕ94mm
6	注浆速度	5~110L/min
7	终孔间距	2.2m
8	注浆方式	前进式、后退式、钢管孔底注浆
9	注浆孔数量	195 个，检查孔 28 个（包括 7 个取芯孔），补充注浆孔 10 个
10	孔口管	L=2.0m，ϕ121mm，壁厚 5mm

3）注浆材料

注浆材料主要选用 MFC 超细水泥单液浆、MC 超细水泥单液浆、HSC 水泥单液浆和超细水泥-水玻璃双液浆。浆液配合比初凝时间如表 5-22 所示。

浆液配合比参数表 表 5-22

序号	名　称	配合比及初凝时间		
		水灰比	初凝时间	其他
1	MC 超细水泥单液浆	$W:C=(0.6\sim1):1$	6~10h	加入一定比例的外加剂调整浆液性能
2	MFC 超细水泥单液浆	$W:C=(0.6\sim1):1$	4~6h	
3	HSC 水泥单液浆	$W:C=(0.6\sim1):1$	0.5~1.5h	
4	超细水泥-水玻璃双液浆	$W:C=(0.6\sim1):1$ $C:S=1:(1\sim0.3)$	3~5min	

4）钻孔注浆施工工艺

注浆方法及工艺同本章前述。

3. 钻孔注浆施工情况

钻孔注浆施工情况见图 5-47~ 图 5-54。

图 5-47　上半断面钻孔出水

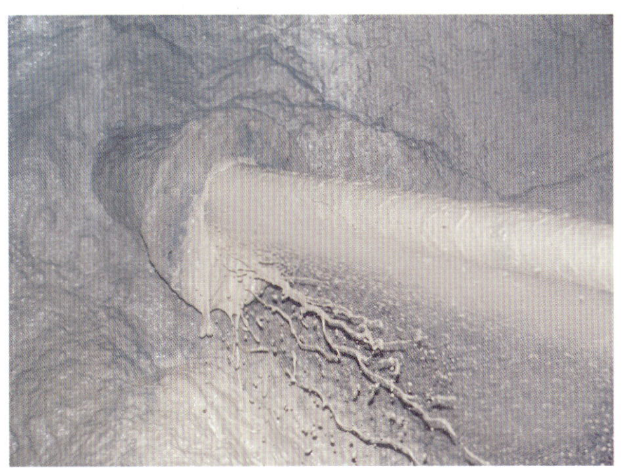

图 5-48　上半断面钻孔出泥

图 5-49　上半断面注浆

图 5-50　注浆搅拌系统

图 5-51　上半断面钻孔流出的粗砂

图 5-52　下半断面钻孔流出的中粗砂

图 5-53　下半断面钻孔注浆情况

图 5-54　整个断面钻孔注浆情况

4. 注浆效果检验与评价

1）注浆效果分析

本循环总注浆量为 2 134m^3，其中上半断面为 1 204m^3，下半断面为 930m^3，本循环总进尺为 23m，平均每延米注浆量为 92.8m^3/m。单孔最大注浆量（每延米）为 1.14m^3/m，超出设计注浆量 1 倍，这样的孔集中分布在左中侧，此处裂隙较大，出水量较大；右侧孔出现最小注浆量（每延米）0.01m^3/m，地质情况较好，分两次扫孔完成，注浆主要是填充微小裂隙加固岩层。拱顶部位是注浆的关键，从地质探孔和注浆钻孔情况分析，拱顶正上方 5m、20m 深的强风化层出水较大，而这一位置恰好处于 B 续孔端部，为注浆加固之薄弱环节。拱顶 A1、A3、B2、B3 等孔注浆量也较大，达到 0.4~0.6m^3/m，在这 4 个孔中扫孔至 19m 有较大出水量，在第二次补充注浆扫孔后无水或水量很小，但注浆量依然很大，注浆压力很低（1MPa 左右），上升缓慢甚至注浆量达到设计值而压力无法达到设计值，通过反复分析扫孔和注浆过程，判断在拱顶正上方偏右 1~3m，深度为 17~20m 位置处有一强风化与全风化层交界面，存在较大的裂隙，通过注浆已完全封堵此裂隙。

2）注浆过程压力控制情况分析

本次注浆为劈裂和挤密注浆，注浆过程控制采用“控压限量”的方法，以每延米设计注浆量 0.5m^3/m 进行控量，注浆压力限制在 3~4MPa 内，由于全 ~ 强风化花岗岩地层可注性较差，“限量”基本上很少实现，主要以控制注浆压力作为单孔每循环注浆结束标准。

3）注浆堵水情况分析

对行车洞注浆前后出水量分析比较：其中 C2-2、C3-3、C4-5、C7-2、C8-5、C10-4 等孔未注浆前出水量较大，最大达 50m³/h，注浆后单孔出水为 0.5m³/h，堵水率在 99% 以上；整个断面注浆后堵水率平均达 99%。注浆前后单孔出水量对比情况见图 5-55。

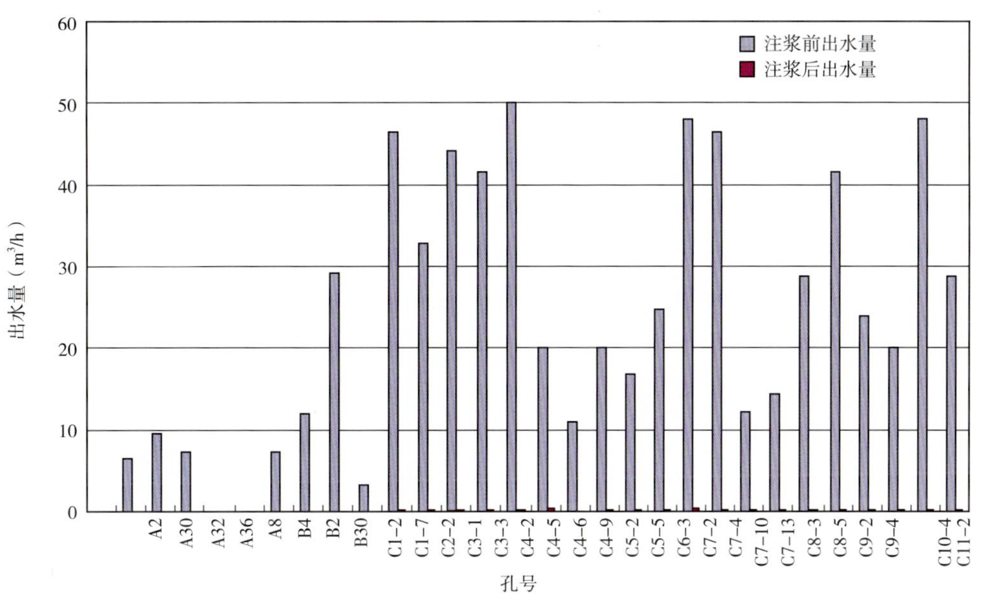

图 5-55 注浆前后单孔出水量对比图

4）注浆效果检查

注浆效果检查采用钻检查孔法，根据注浆状况，选择注浆范围可能存在薄弱环节的注浆部位布设检查孔，对注浆效果进行钻孔检查，测定涌水量。根据检查孔涌水量及取芯率来决定是否须要补充注浆孔。如果每孔每延米检查孔涌水量大于 0.15L/min 或局部孔涌水量大于 3L/min 时，补充钻孔注浆，再次注浆直到达到设计要求为止。本次注浆检查孔数量为 28 个，其中芯孔 7 个，检查孔数量占注浆孔数量的 14%，此外另加 10 个补充注浆孔，如图 5-56、图 5-57 所示。

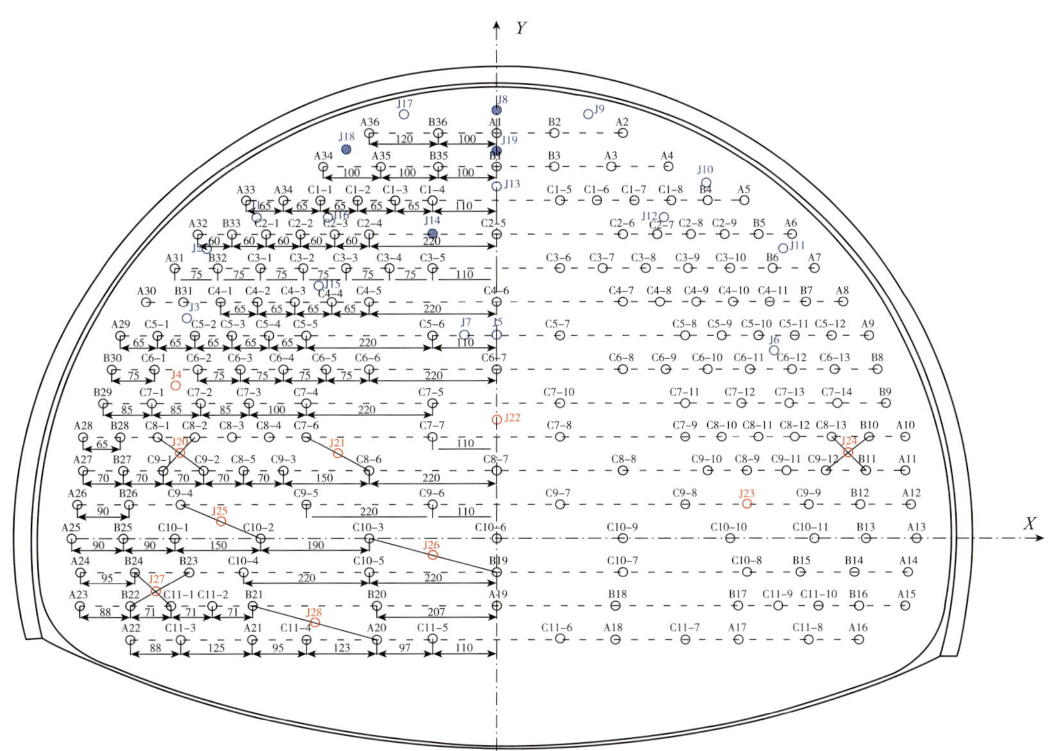

图 5-56 主洞 F1 检查孔开孔布置图

（1）钻孔出水量

通过检查孔钻孔情况看，左侧出水量较大，最大出水量为 0.2m³/h；右侧基本无水，堵水率达 99%，各检查孔出水量如下：

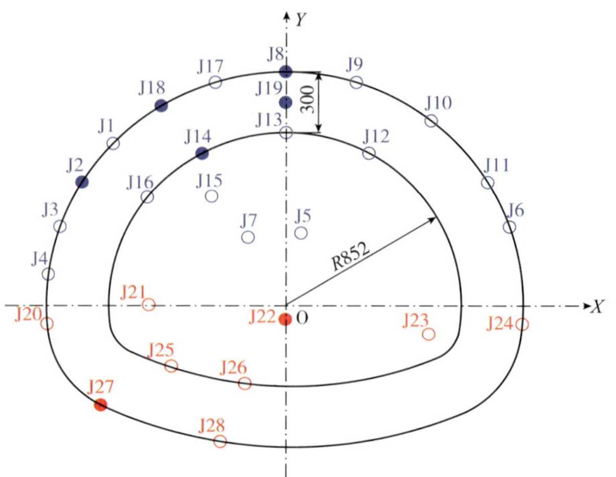

图 5-57　主洞 F1 检查孔终孔布置图（尺寸单位：cm）

J1=0.18m³/h，其中 0~10m 无水，10~24m 为 0.18m³/h。

J2=0.18m³/h，其中 0~7m 无水，10~15m 水量为 0.1m³/h，16~24m 水量为 0.18m³/h。

J4=0.2m³/h，其中 0~10m 无水，10m~15 水量为 0.1m³/h，20m 水量为 0.15m³/h，24m 时为 0.2m³/h。

J8=0.15m³/h，其中 0~12m 无水，12~24m 水量为 0.15m³/h。

J9=0.14m³/h，其中 0~13m 无水，13~21m 小水，24m 水量为 0.14m³/h。

J10=0.2m³/h，其中 0~20m 无水，20~24m 水量为 0.2m³/h。

J12=0.18m³/h，其中 0~21m 无水，21~24m 水量为 0.18m³/h。

J13=0.2m³/h，其中 0~12m 无水，12~24m 水量为 0.2m³/h。

J14=0.12m³/h，其中 0~12m 无水，12~16m 出小水，16~24m 水量为 0.12m³/h。

J15=0.12m³/h，其中 0~19m 无水，19~24m 水量为 0.12m³/h。

J16=0.18m³/h，其中 0~15m 无水，15~24m 水量为 0.18m³/h。

J17=0.16m³/h，其中 0~8m 无水，8~19m 水量为 0.06m³/h，19~24m 水量为 0.16m³/h。

J18=0.06m³/h，其中 0~7m 无水，7~24m 水量为 0.06m³/h。

J19=0.2m³/h，其中 0~15m 无水，15~21m 水量为 0.07m³/h，21~24 水量为 0.2m³/h。

J20=0.15m³/h，其中 0~8m 无水，8~22m 水量为 0.15m³/h。

J21=0.16m³/h，其中 0~20m 无水，20~22m 水量为 0.16m³/h。

J22=0.2m³/h，其中 0~20m 无水，20~22m 水量为 0.2m³/h。

J25=0.15m³/h，其中 0~16m 无水，15~22m 水量为 0.15m³/h。

J26=0.18m³/h，其中 0~18m 无水，18~22m 水量为 0.18m³/h。

J27=0.2m³/h，其中 0~15m 无水，15~22m 水量为 0.2m³/h。

J28=0.1m³/h，其中 0~15m 无水，15~22m 水量为 0.1m³/h。

J3、J5、J6、J7、J11、J23、J24 基本无水。

（2）取芯情况

7 个取芯孔综合情况为：0~5m 基本无水，为破碎岩石，含水泥结块较多；5~10m 为全风化花岗岩，基本无水；10~15m 为全风化花岗岩，出水量较小，含泥量较高；15~18m 含中粗砂量较多，出水量稍大，比较密实；18~22m 含泥量较大，比较松软，稳定性较差，岩芯不完整；22m 以后，取芯率降低较多。取芯情况如图 5-58、图 5-59 所示。

（3）取芯率

检查孔取芯率为 70%左右。

（4）总体评价

总体来看，开挖面前方左侧地质条件稍差，右侧相对较好，芯样中含水泥浆块，尤其是前 15m，含浆块较多，注浆加固效果较好，对开挖安全比较有利。

图 5-58　J22、J28 检查孔终孔出水情况

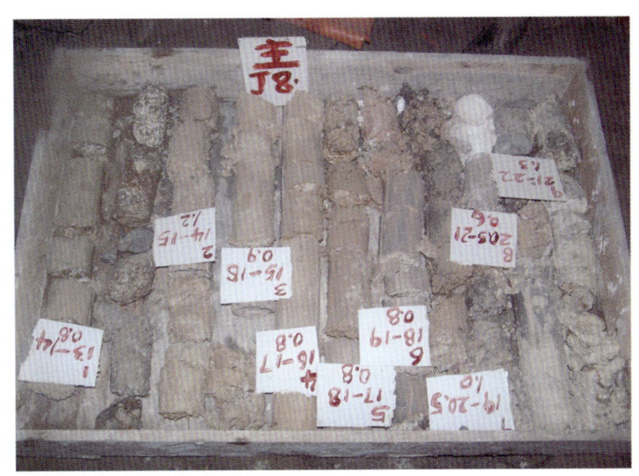

图 5-59　J8、J27 检查孔取芯情况

5. 大管棚施工情况

为了保证开挖安全，在上半断面注浆结束后，施作了大管棚，设计 74 根，实做 50 根。大管棚设计如图 5-60 所示，图 5-61 为主洞大管棚施工图。

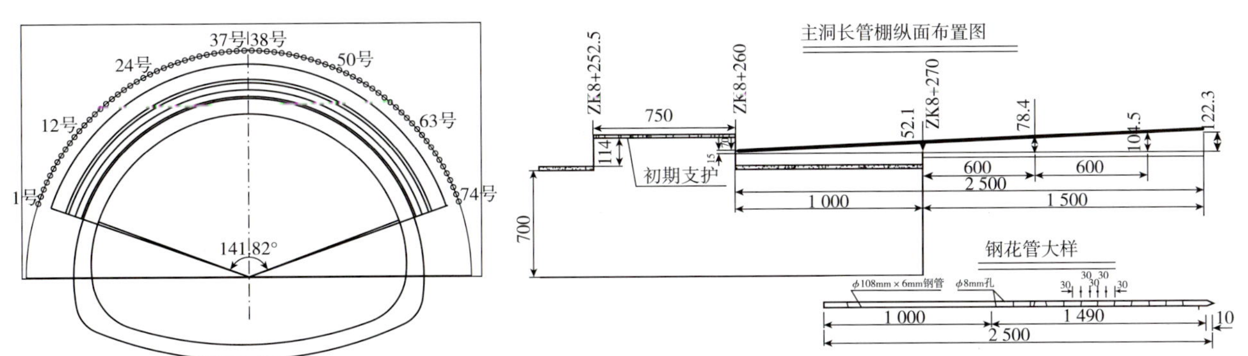

图 5-60　主洞大管棚设计图（尺寸单位：cm）

图 5-61　主洞大管棚施工图

6. 总结及建议

（1）本循环注浆自 2007 年 2 月 11 日进场，2007 年 10 月 4 日结束（中间工程量包括下半断面开挖落底、大管棚施工等工作），钻孔注浆严格按设计图纸施工和进行效果检查，自觉接受业主和监理单位的检查，技术人员跟班作业，严格进行过程控制和管理，在注浆工艺方面进行了大胆的创新和探索，保证了注浆质量。从注浆效果看，距离开挖面前 18m 注浆效果比较理想，基本稳定、无水，18~20m 之间浆液扩散的均匀性和加固体整体性及强度比前 18m 有所降低，因此建议开挖长度为 15m。

（2）上半断面注浆使用的是国产钻机，其功率有限，钻进速度慢，移动不便，造成工效较低；大管棚施工和下半断面注浆主要使用意大利进口CASAGRANDEC6钻机，该钻机功率高，钻速快，移动方便，大大提高了工效，但其消耗大，受场地限制较大，增加了一定的成本。

（3）通过本循环钻孔揭示的地质情况及服务洞F1第一循环开挖情况看，F1风化深槽中含有大量土和粗砂、碎石，风化很不均匀，地质条件非常复杂，这种地层很不利于开挖，且水泥浆很难在此地层中劈裂开，形成较大的结实体，因此，对于F1风化深槽这种地层，注浆的主要目的应在于堵水。

（4）大管棚的施作大大提高了地层的稳定性，大管棚施作后，通过管棚进行注浆，使得管棚同地层被水泥浆黏结在一起，在隧道周边形成了具有一定刚度的止水帷幕，有利于隧道开挖安全，对于本重点工程来说是很有必要的。

（5）虽然本次注浆钻孔数量多，注浆量大，但由于注浆的局限性，注浆盲区是难以避免的，因此在开挖过程中应做到：超前探测，短进尺、强支护，快封闭，勤量测，尽量采用人工开挖，减小爆破振动，必要时封闭开挖面，进行补充注浆，开挖后，应及时进行径向注浆和施作二次衬砌。此外，开挖过程中应做好应急和抢险准备，保证排水和通信系统畅通，防止涌水突泥，确保开挖安全。

（6）注浆工艺仍需进一步改进，应进一步完善钻杆后退式注浆，或采用别的材料（不影响开挖的材料）进行孔底一次性送浆，保证注浆效果，增大循环段长，提高工效。

（7）建议隧道开挖时遇水应谨慎，加强周边小导管注浆，尤其是14m以后的隧道左侧中部应格外注意。

二、右洞F1风化深槽施工方案

1. 穿越F1风化深槽的优化施工方案

1）指导方针

精细正规抓实，确保万无一失，狠抓帷幕注浆，做好预报量测。

支护宁强勿弱，杜绝塌方涌水，中线水平无误，结构尺寸准确。

圬工内实外美，防水不渗不漏。

2）总体方案

以CRD法为基本方案，上半断面（①、③部）采用超前帷幕注浆，下半断面（②、④部）采用周边超前注浆，加固稳妥后再开挖。

3）采用CRD法上下台阶分步施工的优点

（1）机械设备就位方便。

（2）止浆墙好施作。

（3）上下台阶均分左右导洞，化大为小，便于施工。

（4）下台阶采用周边超前注浆，视实际地质情况施工，可适当节省投资，加快施工速度。

采用CRD法施工可达到以下目的：

①使施工安全更加可控；

②使施工组织及管理趋于简单；

③突遇险情时便于应对；

④有利于快速通过风化深槽。

2. 海底风化深槽施工的具体方法

1）施工进展情况

A2标段F1风化深槽上半断面第一循环按施工方案注浆102个孔后，从钻孔记录看，早期钻孔出水量较大，达到4L/min，经过一段时间注浆后，后期钻孔基本上没有出水。经过工程院院士王梦恕现场指导决定，在没有水的情况下，下部可不注浆。因此，本标段准备停止注浆，按10%的比例打检查孔，视检查孔检查效果快定是否进行下步工序施工。

2）行车洞上半断面超前帷幕注浆施工方案

（1）注浆参数

①注浆范围：隧道上半断面周边上下左右各 6m。

②注浆段长度：25m，每段分别设置 3 个加固断面，在孔底断面加强全断面封堵注浆，开挖到 20m 留下 5m 止浆墙，再施作 3m 厚混凝土止浆墙后开始下一个循环。

③采用后退式注浆为主，前进式注浆为辅的方式注浆，根据钻孔地质情况确定孔内注浆分段长度，以 3m 为宜。

④注浆次序先外后内，先上后下，隔孔注浆。注浆所用浆液有四种：外圈注普通水泥-水玻璃双液浆，内圈可视情况注普通水泥单液浆或双液浆，若普通水泥浆注不进时用超细水泥-水玻璃双液浆或超细水泥单液浆。

⑤注浆堵水加固方式为劈裂压密注浆。

⑥注浆终压确定：用超细水泥时，终压一般为 1.5MPa，最大压力不大于 3MPa，以策安全。

⑦水泥浆水灰比（0.8~1）：1，水玻璃浓度基本控制在 30~40Be，水玻璃与水泥浆比例为（1~0.9）：1。

（2）CRD 法上部超前帷幕注浆

根据超前地质预报资料，在隧道穿过花岗闪长岩掘进至全风化花岗岩之前预留 5m 岩体作为止浆墙，利用钻机进行全断面帷幕注浆钻孔施工，如图 5-62 所示，每循环超前注浆共设 184 个孔，A 序孔孔深 14m，B 序孔孔深 22m，C 序孔孔深 30m（以上均为斜距），注浆孔前段安装 ϕ89mm×4mm 套管，长 3m。套管采用 ϕ101mm 钻头成孔，后续注浆段采用 ϕ65mm 头成孔。钻孔外插角从外到内为 28°~0°，保证注浆范围。为确保不留注浆死角，在第一次止浆墙往后退增打三排注浆孔注浆。图 5-62 为上部超前帷幕注浆施工图。表 5-23 为每循环工程数量表，表 5-24 为超前预注浆参数表。

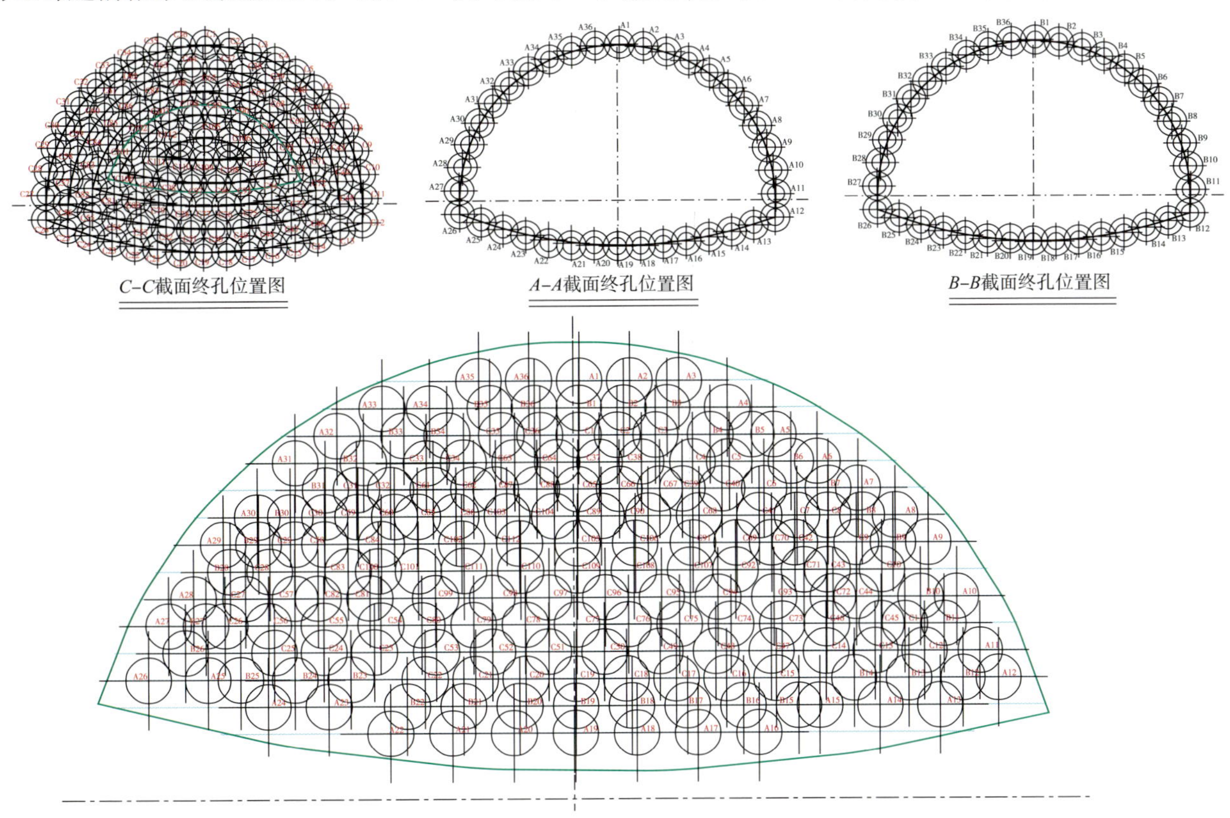

图 5-62　上部超前帷幕注浆施工图

每循环工程数量表

表 5-23

序号	项目		单位	数量	
1	ϕ101mm 钻孔	—	m	552	
2	ϕ65mm 钻孔	—	m	5 131	
3	ϕ89mm×3.5mm 热轧无缝钢管	—	m	552	
4	卡盘盘根式防突装置	—	套	10	
5	C25 喷射混凝土止浆墙	—	m^3	85.95	
6	钻孔	A 序孔	m/ 个	504/36	5 131/203
		B 序孔	m/ 个	792/36	
		C 序孔	m/ 个	3 360/112	
		ϕ101mm 检查孔	m/ 个	475/19	

超前预注浆参数表

表 5-24

序号	项目	数值	备注
1	纵向注浆加固长度	25m	—
2	径向加固范围	隧道上半断面开挖轮廓线外 6m	—
3	浆液扩散半径	1.3m	—
4	注浆终压	一般 1.5MPa，最大 2.0MPa	—
5	注浆孔直径	65mm	—
6	注浆速度	5~110L/min	—
7	终孔间距	1.947m	—
8	注浆方式	前进式为主，结合后退式注浆	分段长度 3~5m
9	注浆孔数量	见工程数量表	—
10	止浆墙厚度	3m	—
11	孔口管	L=3m，ϕ89mm，壁厚 3.5mm	—
12	注浆材料凝结时间	单液浆 1~2h，双液浆 3~5min	—

钻孔时须确保套管安装牢固，套管与孔壁之间采用锚固剂充填黏结，防止注浆时发生漏浆和浆孔口管挤出的现象。

钻杆前端设置孔口防突装置，防止出现突水现象。

主要采用后退式注浆，套管安装完成后，先钻孔至设计深度，钻完孔后每后退 3m 即开始注浆，注浆达到要求后开始下一阶段后退注浆。注浆时采用钻机钻杆注浆方式，利用钻杆上的氮气气囊作为止浆塞，以提高孔底部的压注效果和压注效率，见图 5-63。

注浆量计算：

$$Q_1=\pi \times R\times L\times \eta\times \alpha\times \beta \tag{5-13}$$

式中：R——浆液扩散半径（m）；

η——地层空隙率（%）；

α——浆液有效充填率（可取 0.9~1）；

β——浆液损耗系数（取 1.15）。

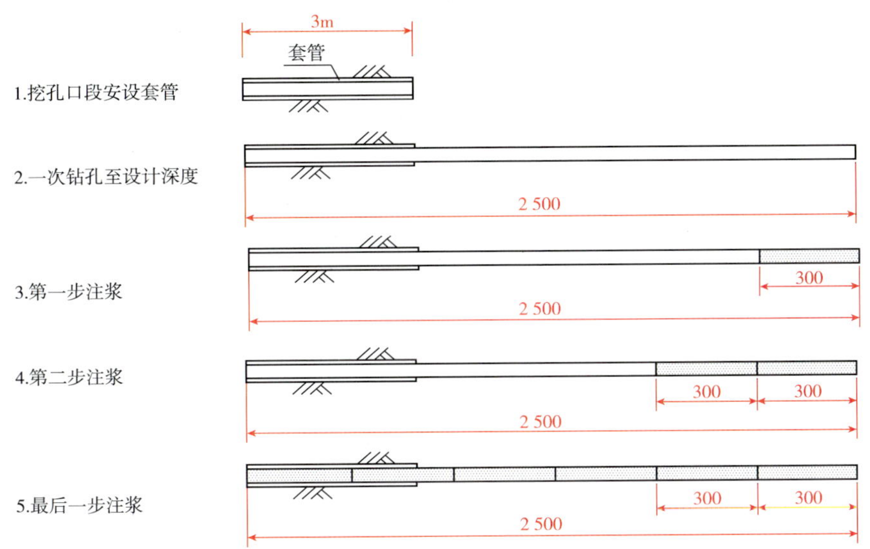

图 5-63　注浆孔施工示意图（尺寸单位：cm）

注浆压力 1~2MPa，以注浆量和注浆压力两个参数作为控制注浆结束的标准。

注浆完成，浆液达到一定强度后，即可进行开挖及初期支护施工。每个循环掘进 20m，停止掘进，留 5m 作为下一循环注浆止浆墙，将各导洞取齐，再施作混凝土止浆墙。混凝土止浆墙厚 3m，混凝土强度等级为 C20。

（3）CRD 法下部注浆

①下部超前注浆一次长度 6m，ϕ42mm 小导管注浆孔沿开挖轮廓以 45° 向外倾斜，按 40cm 间距打两排。

②其他部位视实际地质情况增打注浆管。图 5-64 为 CRD 法注浆示意图。

下半部注浆可与上半部开挖同时进行。

3）行车洞的开挖方案及支护方案

（1）开挖方案

为确保施工安全，经研究决定在第一循环注浆结束后，前 6m 全岩石地段开挖采用多次减振爆破预留核心土法开挖，爆破后及时进行初期钢拱架支护，具体步骤见图 5-65。

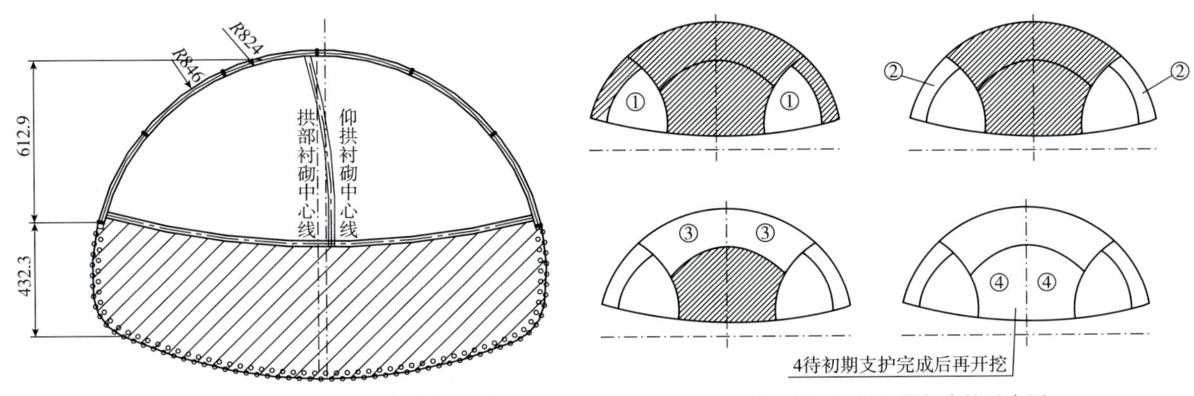

图 5-64　CRD 法注浆示意图（尺寸单位：cm）

图 5-65　初期钢拱架支护示意图

进入风化深槽全～强风化花岗岩地段后，按 CRD 法施工，各导洞距离保持在 10m 左右，左导洞最前，右导洞滞后。各导洞开挖顺序如图 5-66 所示。

（2）支护方案

根据施工的实际情况分析，虽然只有 154m 的长度，其施工的时间跨度却可能很长，为此，必须充分考虑围岩受力后的变形，采取安全稳固的工程支护措施来确保结构安全。

支护的基本思路是：首先在开挖完成后及时进行大刚度的初期支护，主拱工字钢为 I22b，临时中隔墙工字钢为 I20b，喷射混凝土厚度为 32cm。

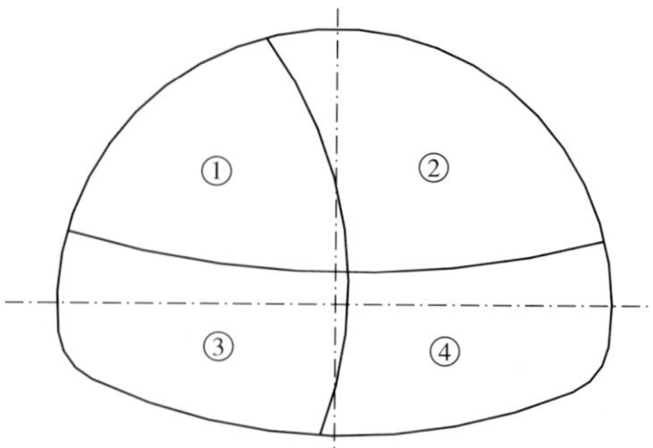

图 5-66　导洞开挖顺序图

初期支护参数为：

①上部主拱和中隔墙均设置超前导管，导管长 3m，ϕ42mm，纵向间距 100cm，环向间距 30cm。

②初期支护主拱架采用 I22b 工字钢拱架，中支撑采用 I20b 工字钢，间距均为 50cm。

③初期支护主拱和中隔墙的 C25 喷射混凝土厚均 32cm，喷射混凝土中掺加适量聚丙烯纤维。主拱双层钢筋网片，中隔墙单层钢筋网，ϕ8mm，网格为 20cm × 20cm。

④各分台阶部位均需设置锁脚锚管，L=3m，ϕ42mm。

在施工中，为确保安全，减少围岩收敛变形还需要考虑以下细节：

a. 考虑结构主要受竖直向下的压力，把中隔墙弧度适当调直。必要时，在上台阶增加临时横向支撑，在上台阶拱脚增加工字钢牛腿，以加强支撑。图 5-67 为适当调直中隔墙，图 5-68 为拱脚增加牛腿。

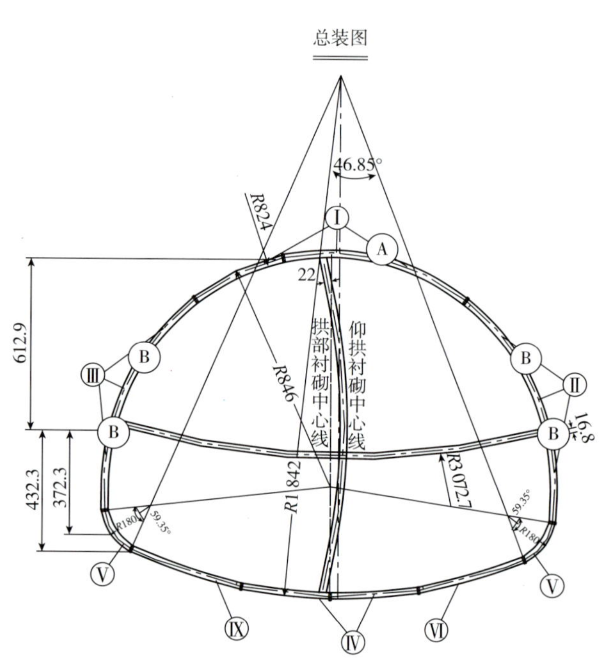

图 5-67　适当调直中隔墙（尺寸单位：cm）

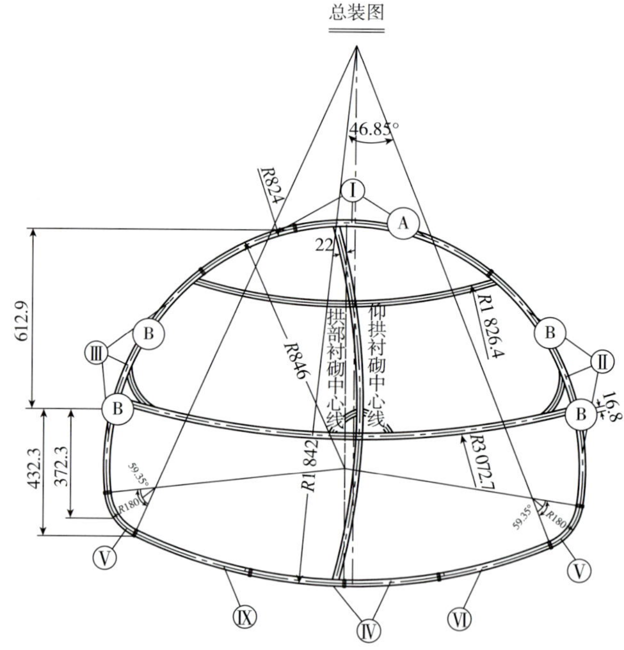

图 5-68　拱脚增加牛腿（尺寸单位：cm）

b. 加大、加强上部结构拱脚支撑。为控制上部结构整体下沉，在做好超前帷幕注浆及下部竖向注浆的前提下，建议采取以下措施（图 5-69、图 5-70）：

（a）扩大拱脚，增加拱肢支撑面积。

（b）增加锁脚锚管的数量。

c. 增加 20m 管棚。进出 F1 风化深槽两端地质软硬相交，界面复杂，建议增加 ϕ89mm 长管棚进行支护。图 5-71 为管棚支护图。

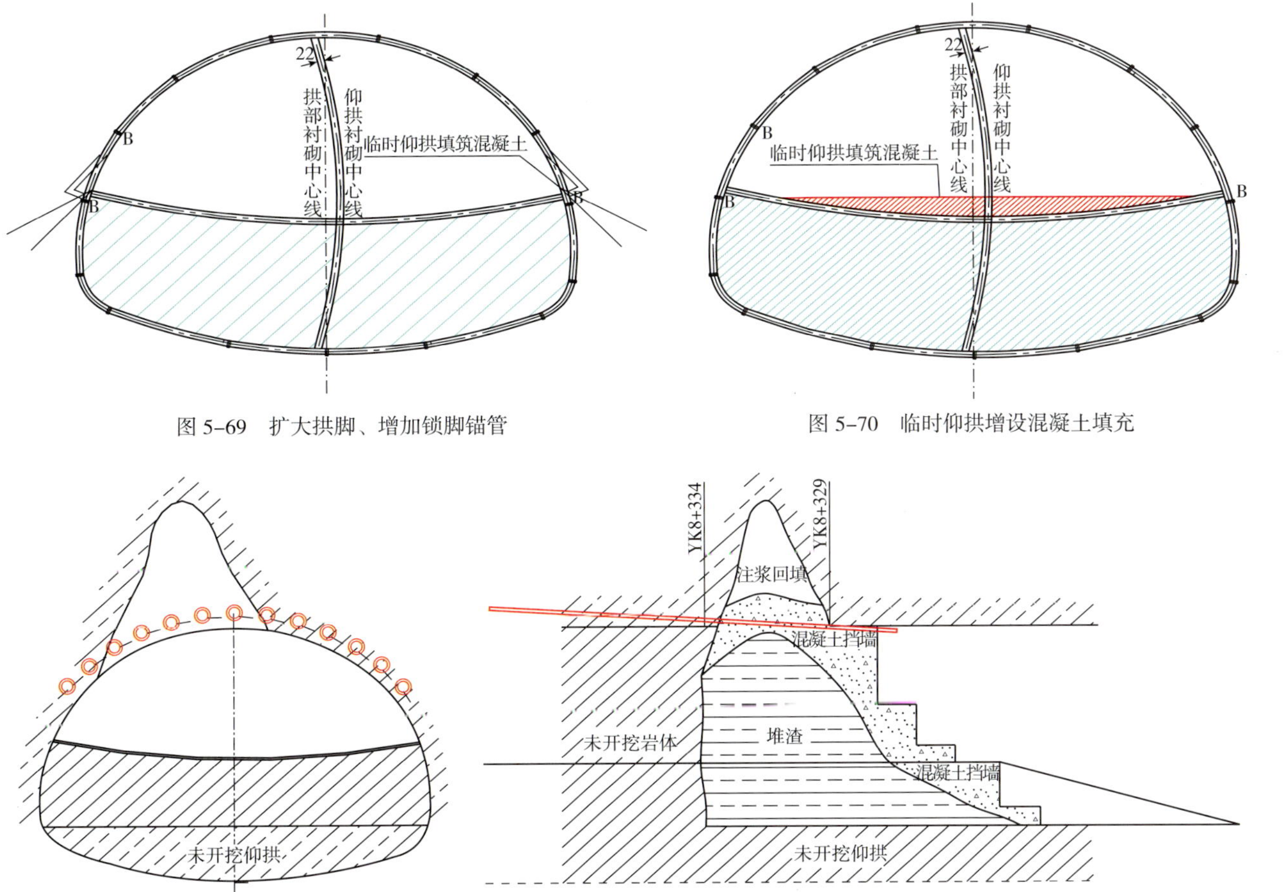

图 5-69 扩大拱脚、增加锁脚锚管

图 5-70 临时仰拱增设混凝土填充

图 5-71 管棚支护图

三、左洞 ZK8+431 段风化深槽施工方案

1. 超前地质预报

1）设计地质情况

根据设计，最近的地质勘探钻孔在里程 ZK8+459.33 处，探孔位置在隧道左侧距测设中线 20.02m，即开挖轮廓线外 5.57m。经探测，该风化深槽距拱顶距离仅为 5.2m，并且该里程附近仅有这一处地质探孔，探明区域十分有限。

根据掌子面坍塌围岩情况来看，该处已为全 ~ 强风化围岩，且掌子面上方裂隙发育，海水随节理裂隙渗透而下，掌子面出现几处股状流水。

2）超前水平地质探孔

本次设计钻孔 4 个，其中 1 号、4 号为取芯孔，深度根据现场实际情况而定（暂定 30m）。探孔最终要探到开挖轮廓线外 2.0m。图 5-72 为水平钻孔布置示意图。

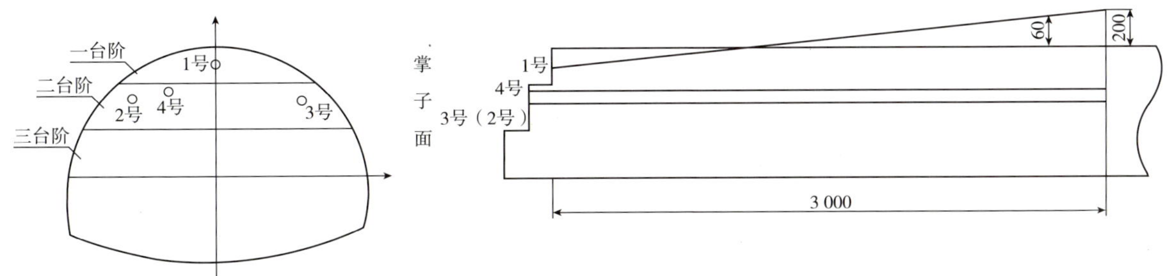

图 5-72 水平钻孔布置示意图（尺寸单位：cm）

图 5-73　1 号钻孔出水量

1 号钻孔出水 8.6m^3/h；2 号出水 9.15m^3/h；3 号出水 7.5m^3/h；4 号出水 8.3m^3/h；本次设计 4 个钻孔出水情况为：总体左侧和拱顶出水较大，右侧出水较少。图 5-73 为 1 号钻孔出水量。

1 号钻孔芯样（图 5-74）：0~4m 为止浆墙；4~5.2m 为强风化花岗岩，中粗粒结构；5.2~14.5m 为全风化砂质黏土，松散，含水率大；14.5~19m 为浅红色强风化花岗岩，岩石破碎，完整性差，强度较低，敲击易沿节理面破裂；19~24m 为全风化砂质黏土；24~31m 岩石逐渐变好。

4 号钻孔芯样（图 5-75）：0~6m 为止浆墙；6~9m 强风化花岗岩，中粗粒结构；9~12m 为全风化硬塑状砂质黏土，松散，含水率大；12~15m 为强风化花岗岩，岩石破碎，完整性差；15~19m 为全风化砂质黏土；19~21m 为强风化花岗岩，较破碎；21~24m 为全风化围岩；24~33m 岩石逐渐转变为硬岩。

图 5-74　1 号钻孔芯样

图 5-75　4 号钻孔芯样

3）超前水平地质探钻孔结果（图 5-76）

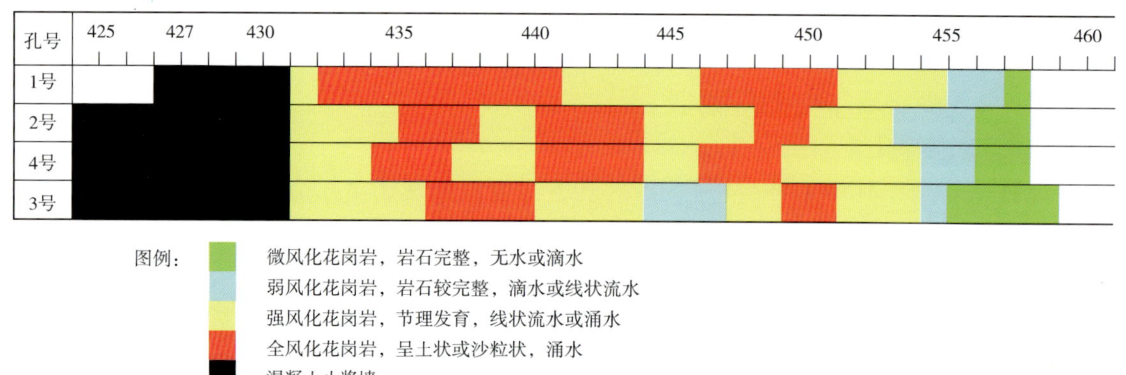

图 5-76　超前水平地质探孔结果

由探孔探明，全 ~ 强风化围岩呈断续分布（图 5-77），整体地质情况为左侧和拱顶围岩较差，右侧和底部围岩相对较好，破碎带基本在 ZK8+455 里程结束，破碎带长度为 28m，已经伸入到风化深槽的底部。所以超前加固以左侧和拱顶为重点。

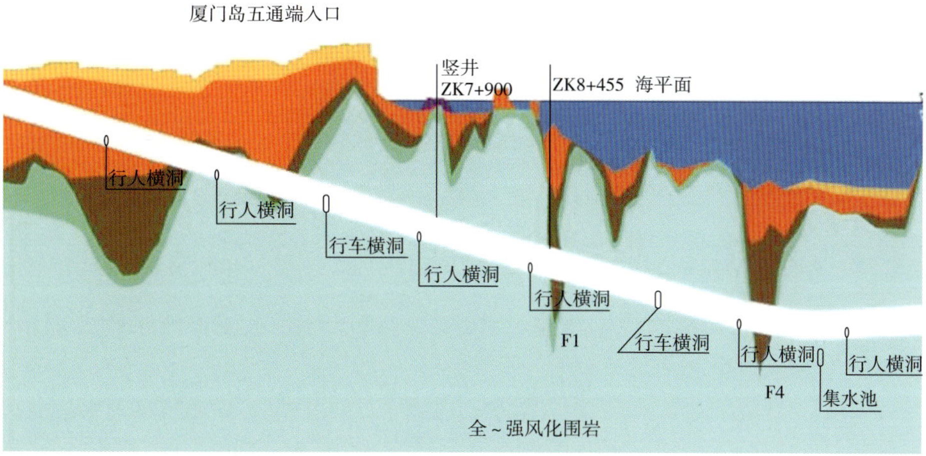

图 5-77　全～强风化围岩分布图

由地质探孔可知，ZK8+427~ZK8+455 段，全～强风化围岩已进入到隧道开挖轮廓线，因此该段已经进入到风化深槽，应参照风化深槽施工工艺施工。

2. 拟采用的施工方案

总体方案：采用超前周边帷幕注浆和大管棚超前预加固措施。开挖方法采用台阶法，同时拱架预留临时支撑接头，必要时开挖方法可转变为 CD 法或 CRD 法。

1）超前周边注浆

（1）根据钻孔取芯探明的地质情况，前方围岩已经进入风化深槽的底部，为确保海底施工安全，采用周边帷幕注浆作为超前加固措施。

（2）施工准备：按设计，在掌子面上将钻孔位置用红油漆标出，将钻具对准注浆孔孔口位置，调整钻机至设计钻孔方向（即钻孔的水平角和竖直角与设计相同），固定钻机。

（3）钻孔注浆：

①放线；

②测量定位；

③开孔；

④安装孔口管；

⑤注浆。

（4）注浆效果检查。表 5-25 为周边帷幕注浆参数表，表 5-26 为浆液配合比参数表。

周边帷幕注浆参数表　　　　表 5-25

序号	参 数 名 称	参 数 值	备　注
1	纵向注浆加固长度	35m	—
2	径向加固范围	开挖工作面及开挖轮廓线外 5m	—
3	浆液扩散半径	1.5m	—
4	注浆压力	1.0~3.0MPa	—
5	注浆孔直径	ϕ 90mm	—
6	注浆速度	5~110L/min	—
7	终孔间距	2.2m	—
8	注浆方式	以分段前进式注浆为主，深孔及出水量大的孔采用钻杆后退式注浆	分段长度 3~5m
9	注浆孔数量	共 90 个孔	见图 5-84
10	孔口管	L=3m，ϕ 108mm，壁厚 5mm	—

浆液配合比参数表 表 5-26

序号	名　称	配 比 参 数		
		水灰比	体积比	水玻璃浓度
1	普通水泥单液浆	W : C=（0.8~1.3）: 1	—	—
2	普通水泥-水玻璃双液浆	W : C=（0.8~1.2）: 1	C : S=1 :（1~0.3）	35Be
3	超细水泥单液浆	W : MFC=（0.8~1.3）: 1	—	—
4	超细水泥-水玻璃双液浆	W : MFC=（0.8~1.2）: 1	MFC : S=1 :（1~0.3）	35Be

因为此次注浆以封堵裂隙和加固围岩为主，注浆材料将以普通水泥单液浆和普通水泥双液浆为主。图 5-78 为周边帷幕注浆设计图。

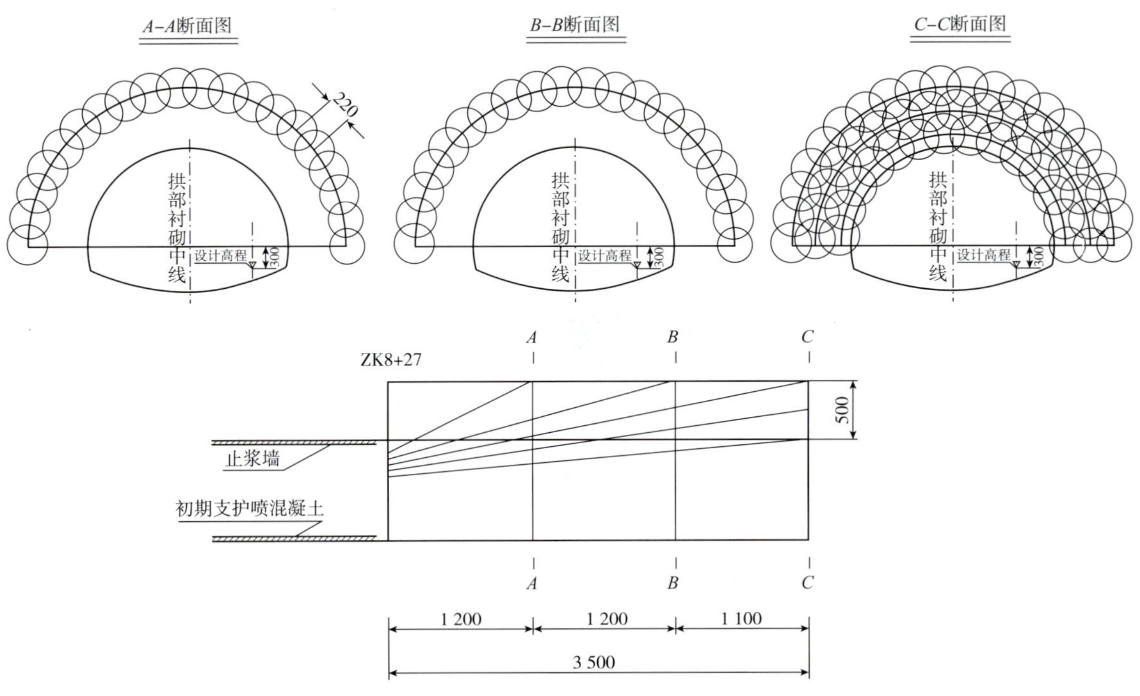

图 5-78　周边帷幕注浆设计图（尺寸单位：cm）

2）超前大管棚

大管棚设计参数：

大管棚采用 L=35m、ϕ=108mm、δ=6mm 无缝钢管，节长为 2.5~3.5m，中间丝扣连接。管棚在隧道拱腰以上，沿开挖轮廓线布设，管棚环向间距 30cm，共计 72 根，外插角 4.1°，在每 50cm 管棚上钻设 ϕ8mm 的溢浆孔 4 个，外加贴片加工成 TSS 管，梅花形布孔，最先装入的一节管棚前端做成尖锥形，以利于下管。孔口管采用 ϕ121mm × 5mm 的热轧无缝钢管，L=1.0m。

用地质钻机钻设 ϕ135mm 钻孔，安装 ϕ130mm、长度为 2m 的导向管，然后从导向管中钻 ϕ120mm 钻孔，到设计深度后退出钻杆，安设 ϕ108mm 大管棚，管棚布设完成后，对管棚进行全孔一次性注浆，注浆材料为超细水泥单液浆，浆液配合比为 W : C=（0.6~0.8）: 1，注浆终压 2~3MPa。超前大管棚见图 5-79，大管棚设计参数见表 5-27。

3）开挖支护（图 5-80）

从掌子面围岩分析，前方地质围岩左侧和顶部较差，但下半部岩石较好，拟采用三台阶法施工，采取人工开挖方式，第一、第二台阶采取微台阶方式，台阶间距为 3~5m，减少台阶高度有利于人工操作；初期支护拱架采用 S5d 衬砌 CRD 工法主拱架，预留临时支撑连接板，当围岩变差时，台阶法可转化为 CD 法或 CRD 法开挖。

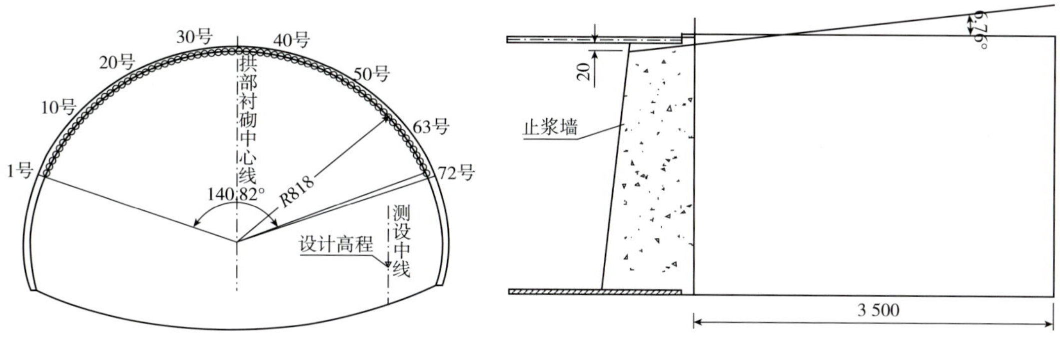

图 5-79　超前大管棚（尺寸单位：cm）

大管棚设计参数表　　表 5-27

序　号	参数名称	参数值	备　注
1	管棚长度	35m	—
2	管棚规格	ϕ=108mm、δ=6mm	管棚上钻溢浆孔
3	每节长度	2.5~3.5m	—
4	环向间距	30cm	—
5	管棚个数	72 根	—
6	注浆终压	2~3MPa	—

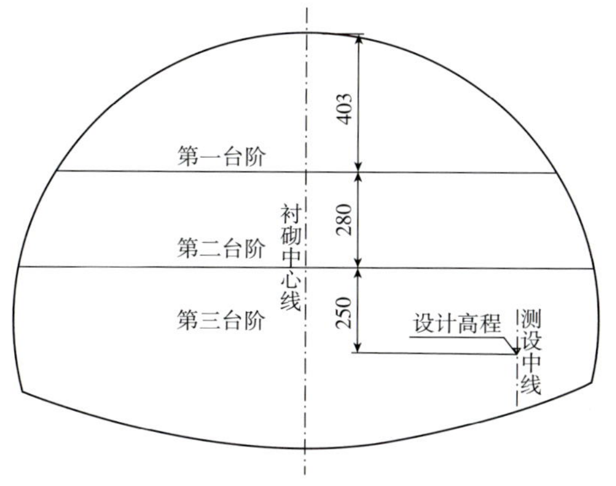

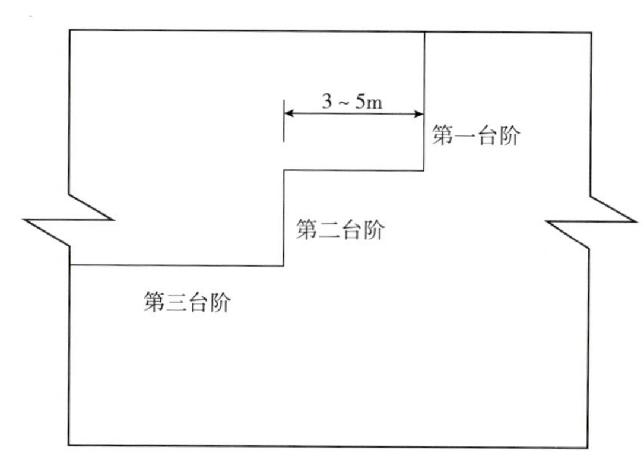

图 5-80　开挖支设计图

初期支护参数：

（1）增设 ϕ42mm×3.5mm 厚，3m 长锁脚注浆钢花管；

（2）设双层 ϕ8mm@20cm 钢筋网；

（3）采用 I22b 工字钢，间距 50cm；

（4）设 ϕ22mm 连接钢筋；

（5）C25 喷混凝土，厚度 32cm。

（6）L=1m，ϕ42mm×3.5mm 回填灌浆管，@2m。

四、服务隧道 F1 风化深槽施工方案

1. 服务隧道 F1 剩余地段地质预报结果

1）超前地质预报

TSP 超前地质预报结果见表 5-28。

TSP 超前地质预报结果　　表 5-28

序号	里 程 桩 号	长度（m）	探测结果推断
1	NK8+313~NK8+321	8	微风化～弱风化，围岩强度相对变小，结构较破碎，节理裂隙较发育，地下水不发育
2	NK8+321~NK8+330	9	微风化，围岩较坚硬，岩体结构较完整，节理裂隙稍发育，地下水不发育
3	NK8+330~NK8+363	33	弱风化～强风化，围岩强度变小，岩体结构较破碎～破碎，节理裂隙发育，地下水较发育。推测该段为 F1 风化深槽，+337 附近存在突（涌）水的可能
4	NK8+363~NK8+408	45	微风化，围岩较坚硬，岩体结构较完整，局部较破碎，节理裂隙稍发育，地下水不发育

2）超前地质预报结果

超前水平钻孔 4 个，见图 5-81。超前地质预极结果见表 5-29。

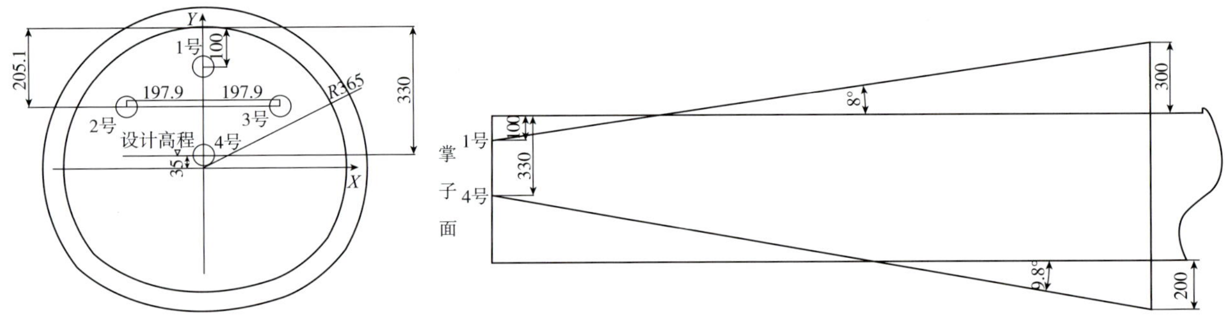

注：设计钻孔超前位置位于隧道轮廓线外3.0m

图 5-81　超前水平钻孔图（尺寸单位：cm）

超前地质预报结果　　表 5-29

孔号	地 质 描 述
T1（拱顶）	0~8m 微风化花岗岩、闪长岩：岩石以灰白色为主，中粗粒结构，块状构造；8~11m 全风化花岗岩、闪长岩（泥巴状）：岩体以黄色为主，软塑～流塑状；11~15.5m 强风化花岗岩、闪长岩（泥质，中～粗砂）：黄色，较湿，稍密；15.5~18.5m 全风化花岗岩、闪长岩（泥巴状）：岩体以黄色为主，软塑～流塑状；18.5~21.5m 弱风化花岗岩、闪长岩：岩石呈黄白色，中细粒结构，块状构造，片理发育，富含裂隙水；21.5~29.3m 微风化花岗岩、闪长岩：岩石以灰白色为主，中细粒结构，块状构造，岩体局部节理发育，在土石交界面有流水
T2（左侧）	0~9.5m 微风化花岗岩、闪长岩：岩石以灰白色为主，中细粒结构，块状构造；9.5~11m 强风化花岗岩、闪长岩（泥质，中～粗砂）：黄色，较湿，稍密；11~17m 全风化花岗岩、闪长岩（泥巴状）：岩体以黄色为主，软塑～流塑状；17~18.5m 强风化花岗岩、闪长岩（泥质，中～粗砂）：黄色，较湿，稍密；18.5~20m 弱风化花岗岩、闪长岩：岩石呈黄白色，中细粒结构，块状构造，片理发育，富含裂隙水；20~29.6m 微风化花岗岩、闪长岩：岩石以灰白色为主，中细粒结构，块状构造，岩体局部节理发育，在土石交界面有流水
T3（右侧）	0~2m 微风化花岗岩、闪长岩：岩石以灰白色为主，中细粒结构，块状构造；2~6.5m 全风化花岗岩、闪长岩（泥巴状）：岩体以黄色为主，软塑～流塑状；6.5~8m 强风化花岗岩、闪长岩（泥质，中～粗砂）：黄色，较湿，稍密；8~12.5m 全风化花岗岩、闪长岩（泥巴状）：岩体以黄色为主，软塑～流塑状；12.5~16.5m 弱风化花岗岩、闪长岩：岩石呈黄白色，中细粒结构，块状构造，片理发育，富含裂隙水；16.5~27.7m 微风化花岗岩、闪长岩：岩石以灰白色为主，中细粒结构，块状构造，岩体局部节理发育，在土石交界面有流水
T4（底部）	0~4m 微风化花岗岩、闪长岩：岩石以灰白色为主，中细粒结构，块状构造；4~6m 全风化花岗岩、闪长岩（泥巴状）：岩体以黄色为主，软塑～流塑状；6~7.5m 强风化花岗岩、闪长岩（泥质，中～粗砂）：黄色，较湿，稍密；7.5~14m 全风化花岗岩、闪长岩（泥巴状）：岩体以黄色为主，软塑～流塑状；14~18m 弱风化花岗岩、闪长岩：岩石以黄白色，中细粒结构，块状构造，片理发育，富含裂隙水；18~29.9m 微风化花岗岩、闪长岩：岩石以灰白色为主，中细粒结构，块状构造，岩体局部节理发育，在土石交界面有流水

服务隧道 F1 风化深槽剩余地段纵断面见图 5-82。

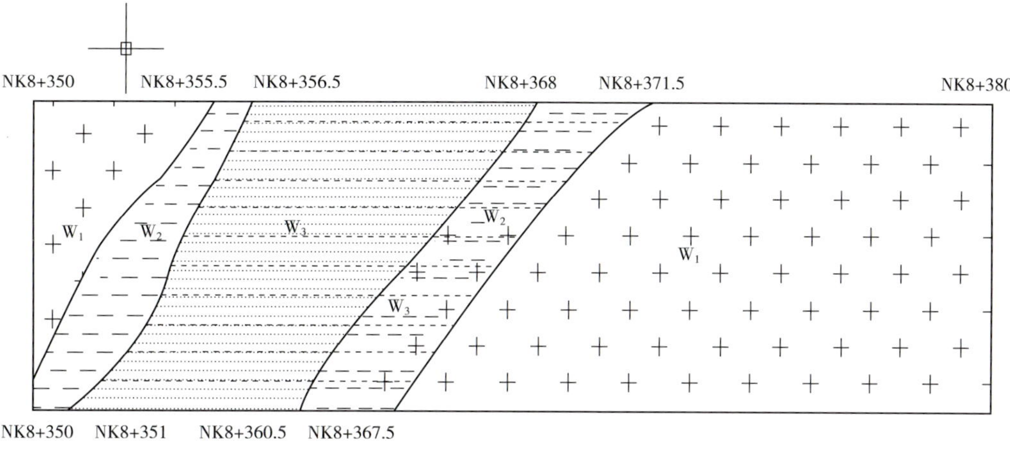

图 5-82 服务隧道 F1 风化深槽剩余地段纵断面图

3）综合探测结果分析

服务隧道风化深槽结束里程应为 NK8+371.5（上次推断里程为 NK8+370，原设计图纸估计里程为 NK8+379）。

2. 服务隧道 F1 剩余段施工方案

1）取消全断面超前注浆

服务隧道 F1 风化深槽第三循环取消全断面注浆。

2）设置超前密排大管棚（图 5-83~ 图 5-85）

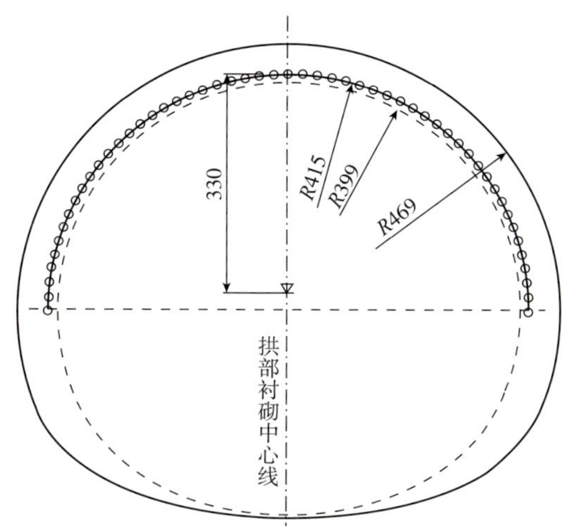

图 5-83 服务隧道 F1 风化深槽第三循环大管棚开孔图

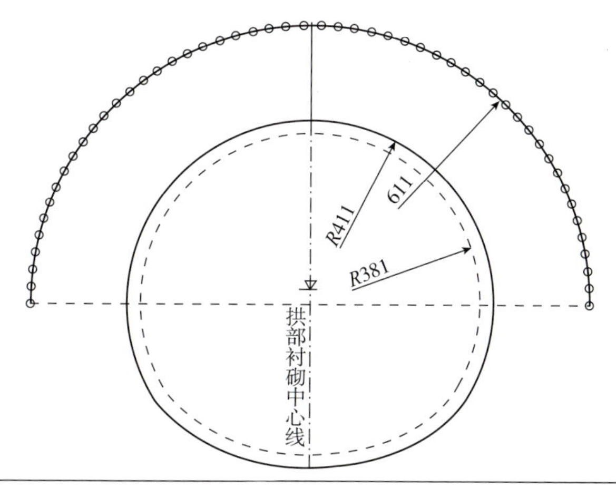

图 5-84 服务隧道 F1 风化深槽第三循环大管棚终孔图

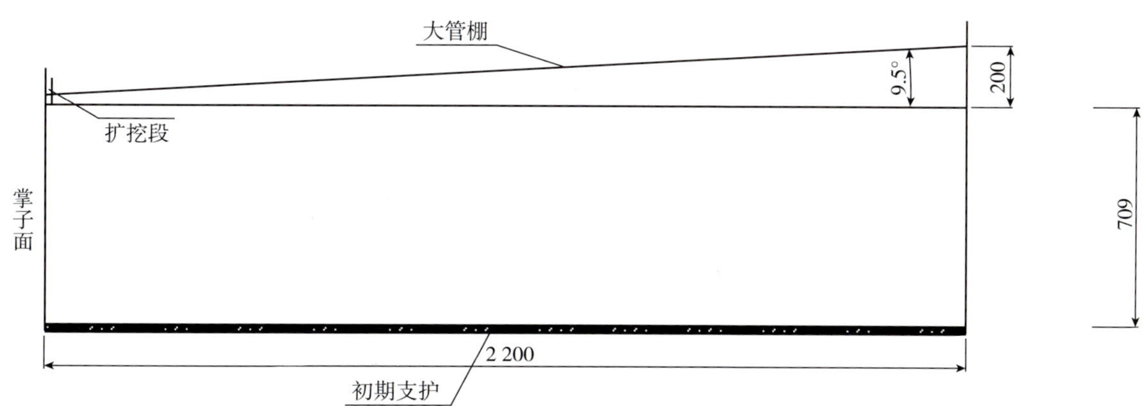

图 5-85 服务隧道 F1 风化深槽第三循环大管棚立面图（尺寸单位：cm）

说明：管棚长度 25m，环向间距 25cm，采用 ϕ108mm×6mm 无缝钢管，上台阶设置，共 53 根，注浆压力 4.0MPa。

3）局部地段采用超前小导管补充注浆（图 5-86）

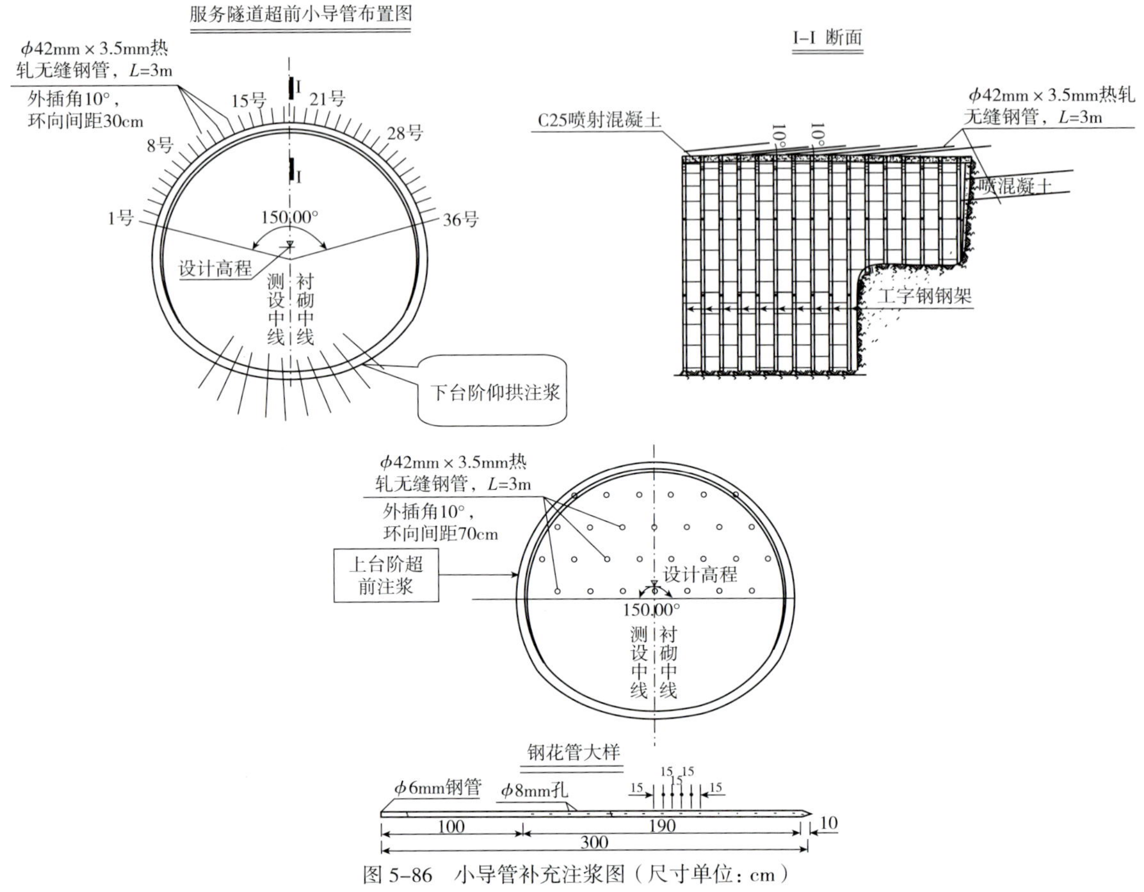

图 5-86　小导管补充注浆图（尺寸单位：cm）

在开挖过程中根据地质情况提前进行 ϕ42mm×3.5mm 超前小导管补充注浆，小导管单根长度 3~6m。

4）正台阶法开挖

采用正台阶法开挖，台阶长度 4~6m，微、弱风化采用弱爆破，强风化采用人工风镐配合挖机；注意防止左右不均匀沉降。为确保安全，建议该支护参数维持至 NK8+381，即进入基岩 10m。图 5-87 为正台阶法开挖施工图，图 5-88 为正台阶法开挖图。

图 5-87　正台阶法开挖施工图

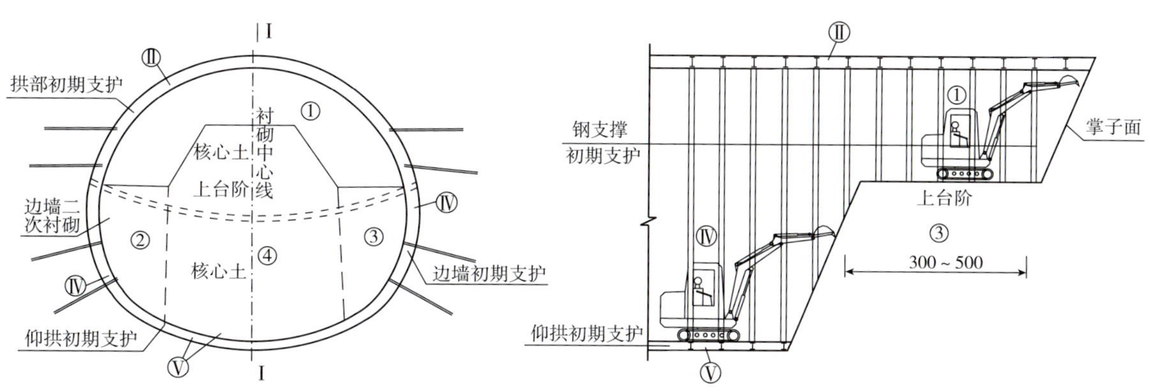

图 5-88 正台阶法开挖图

5）及时进行回填灌浆

待初期支护拱架仰拱封闭后，及时进行其背后的回填灌浆工作（图 5-89）。

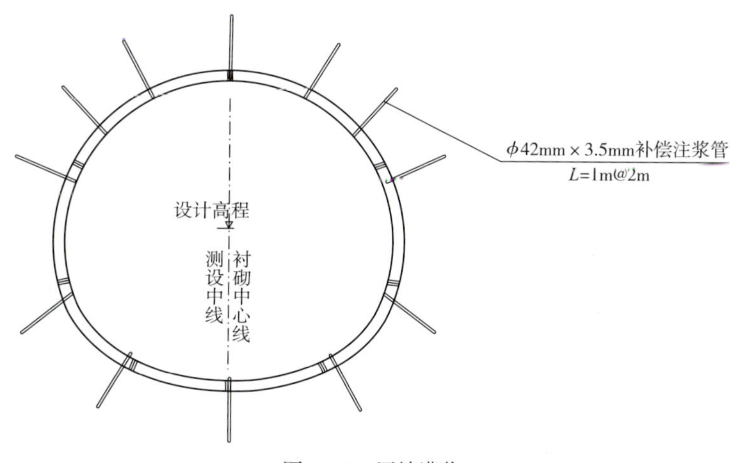

图 5-89 回填灌浆

6）必要时设置临时仰拱

服务隧道 F1 风化深槽剩余地段开挖过程中，根据地质情况和施工情况，考虑设置临时仰拱（图 5-90）。

图 5-90 临时仰拱

五、左洞 F1 风化深槽第二循环施工方案

1. F1 风化深槽地质情况

主洞左线 F1 风化深槽第二循环岩性以 W_3 强风化花岗岩为主，强风化花岗、闪长岩以褐黄色为主，杂少量白斑，岩石风化严重，呈硬塑砂质黏性土状，并含有中粗砂；强风化二长岩脉因高岭土矿物含量较高，具有弱膨胀潜势，含少量风化残块。

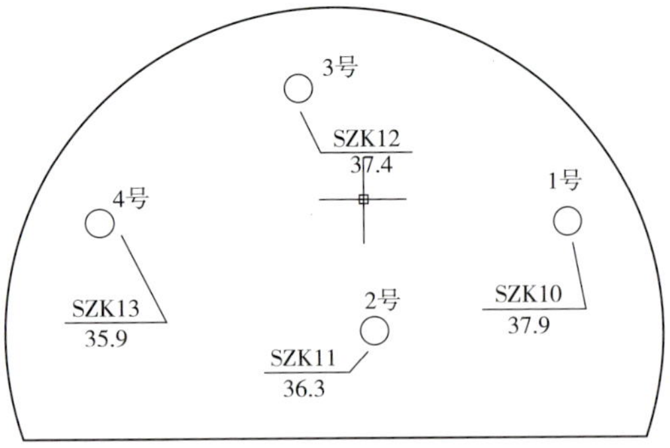

为了进一步明确前方的地质情况，以便根据具体地质情况进行方案的优化和支护参数调整，超前注浆施工前在主洞左线隧道 F1 风化深槽 ZK8+291 进行了水平钻孔、超前地质探孔及取芯施工，共布设水平超前取芯孔 4 个，探孔范围纵向为 37m，终孔范围在开挖轮廓线外 3m。0~32m 采用取芯钻进方式，之后采用冲击钻进方式。地质探孔布置如图 5-91 所示。超前探孔取芯样见图 5-92、图 5-93。

3号
SZK12
37.4
4号
1号
SZK13
35.9
2号
SZK10
37.9
SZK11
36.3

图 5-91　超前地质取芯孔布孔断面图

根据取芯情况可以看出，本区段地层比较破碎，主要以风化花岗岩为主，局部存在夹泥层，地质条件较差，出水量较大，单孔达到 18.6m³/h。

图 5-92　超前探孔取芯样（1）

图 5-93　超前探孔取芯样（2）

根据取芯情况，Ⅰ部：0~22m 不等为褐黄色全～强风化花岗、闪长岩，杂少量白斑，岩石风化严重，呈硬塑砂质黏性土状，并含有大量砂砾状强风化物，较密实，少量水；22~27m 为全风化花岗岩，为土石相交过渡段，岩石较破碎，富含水，取芯率低，地质条件较差。Ⅲ部：0~12m 不等为全～强风化花岗岩；12~15m 为土石交接层；15~30m 为弱风化花岗岩，地层破碎裂隙发育。根据后续钻孔注浆情况揭示，在工作面右侧局部风化槽纵向长度超过本循环注浆范围。图 5-94 为取芯孔出水情况图，图 5-95 为地质情况示意图。

图 5-94　取芯孔出水情况

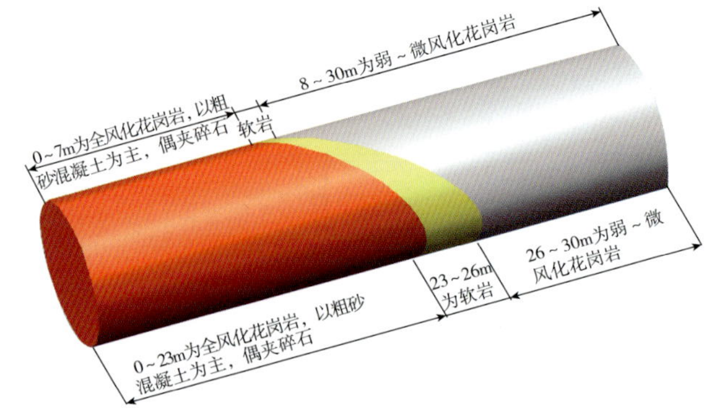

图 5-95　地质情况示意图

2. 钻孔注浆施工方案

1）注浆方案

本循环全断面注浆纵向加固范围为 30m，加固范围为开挖轮廓线外 5m；由于风化地层浆液扩散范围有限，为了保证注浆效果，减少注浆盲区，共布置 4 个注浆断面，上半断面设计注浆孔 146 个，检查孔 15 个，如图 5-96、图 5-97 所示。

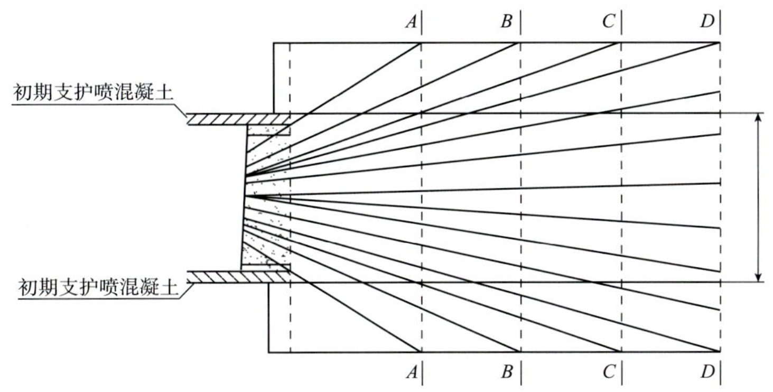

图 5-96　左线 F1 第二循环隧道全断面注浆纵剖面图

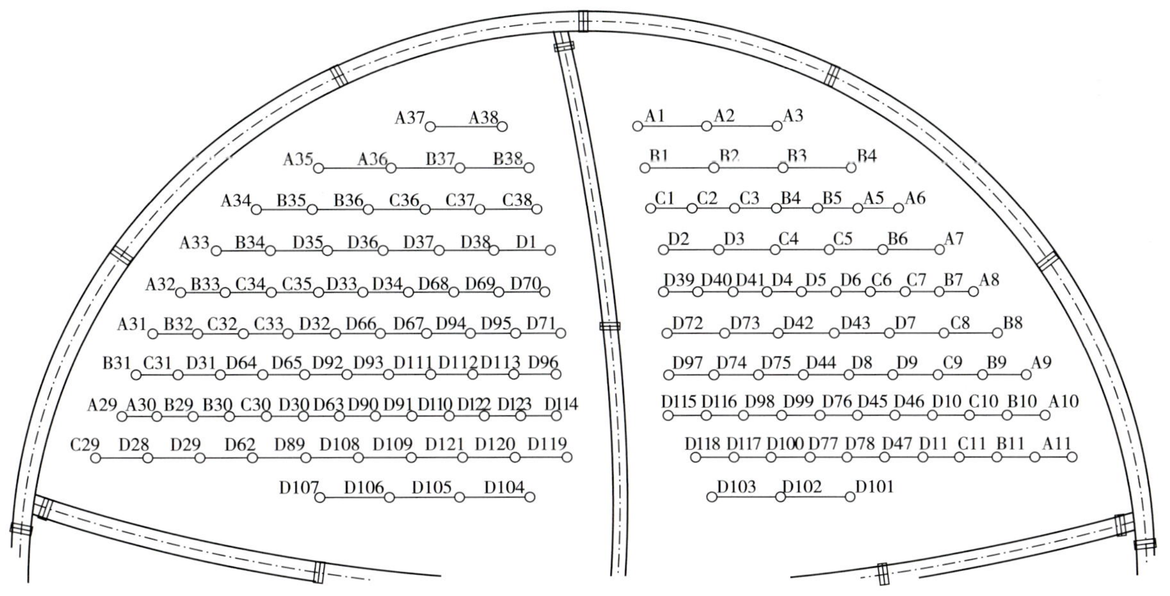

图 5-97　左主洞 F1 风化槽上半断面注浆开孔位置图

2）注浆参数

本循环全断面帷幕注浆以前进式分段和后退式钻杆注浆方式进行，注浆参数如表 5-30 所示。

注 浆 参 数　　表 5-30

序　号	参 数 名 称	参 数 值
1	纵向注浆加固长度	30m
2	径向加固范围	开挖工作面及开挖轮廓线外 5m
3	浆液扩散半径	1.5m
4	注浆压力	2.0~3.5MPa
5	注浆孔直径	ϕ 65mm/90mm
6	注浆速度	5~110L/min
7	终孔间距	2.2m
8	注浆方式	分段前进式结合钻杆后退注浆
9	注浆孔数量	237 个孔，检查孔 24 个
10	孔口管	L=3m，ϕ 108mm，壁厚 5mm

3）注浆材料

本循环注浆材料以普通水泥单液浆为主，MFC 超细水泥单液浆和普通水泥–水玻璃双液浆为辅。浆液配合比及初凝时间如表 5–31 所示。

浆液配合比参数表　　表 5–31

序号	名　称	配 比 参 数		
		水灰比	初凝时间	外加剂
1	普通水泥单液浆	$W:C=(0.8\sim1):1$	6~10h	加入一定比例的外加剂调整浆液性能
2	MFC 超细水泥浆	$W:C=(0.6\sim1):1$	4~6h	
3	普通水泥–水玻璃双液浆	$W:C=(0.6\sim1):1$ $C:S=1:(1\sim0.3)$	3~5min	

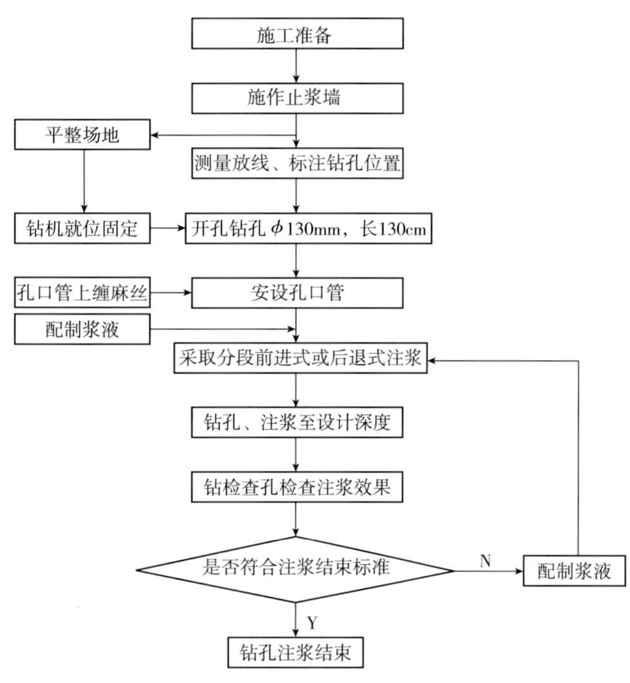

图 5–98　钻孔注浆施工工艺流程

4）钻孔注浆施工工艺流程（图 5–98）

3. 钻孔注浆施工情况

1）钻孔注浆施工工艺

本循环注浆根据地质条件并结合前一循环的注浆施工情况，采取前进式分段注浆和钻杆后退式注浆两种工艺进行注浆施工。

（1）前进分段式注浆工艺

前进式分段注浆采用钻机钻设 ϕ130mm 的孔 2m 后安装 ϕ108mm 的孔口管，然后通过孔口管采用 ϕ90mm 钻头钻孔，第一循环钻至 8m 进行注浆作业，达到设计要求后，再继续钻进 3~5m，注浆一次，施工中根据地质情况和出水情况对循环注浆段长进行适当调整，在保证注浆效果的前提下，提高施工效率，本方式主要使用在循环注浆前 15m，成孔比较容易，浆液能够有效扩散到地层的区段。

（2）钻杆后退式注浆工艺（图 5–99）

a）

b）

图 5–99　钻杆后退式注浆工艺

a）钻杆注浆；b）改进后钻杆注浆止浆装置

钻杆后退式注浆是钻机通过孔口管钻到设计孔深后，在孔口安装排沙和止浆装置，并将钻机动力头上水管接头拆下，换成注浆装置进行注浆，注浆过程中边后退边旋转钻杆，并根据地层吸浆情况、注浆压力及钻机旋转扭矩，决定后退速度，防止浆液和沙砾包裹钻杆。注浆施工过程中，钻杆后退式注浆主要是针对地质条件差、成孔困难或土石交接区域以及循环注浆段后 15m 范围采用，以保证浆液能够扩散到钻孔区段内，以保证注浆效果。

2）机械设备配套

本循环注浆采用机械设备如表 5-32 所示。

钻孔注浆机械设备配套表　　表 5-32

序　号	机 械 名 称	型　　号	单　位	数　量	主要性能参数
1	多功能地质钻机	卡萨 C6 矿岩 150C	套	3	额定扭矩：13 500N·m 最大给进力：1 800kN 最大起拔力：1 800kN
2	双液注浆泵	KBY50/70	套	4	最大压力：7MPa 最大流量：50L/min
3	水泥浆搅拌机	ZSKYS-ZJ2	台	4	最大容量：300L

3）注浆材料

本循环注浆材料以普通水泥单液浆为主，超细 MFC 水泥、普通水泥-水玻璃双液浆为辅。由于水泥浆液水灰比大时容易注入地层，但终凝后容易干缩，出现渗漏水现象，因此施工过程中，普通水泥单液浆采用先浓后稀的措施，以保证注浆堵水效果。

4）注浆过程压力控制情况

本次注浆为劈裂和挤密注浆，主要以控制注浆压力作为单孔每循环注浆结束标准。由于随着钻孔深度的增加，注浆压力损耗比较大，为了保证注浆效果，注浆终止压力控制在 2~4MPa 内。图 5-100 为注浆施工，图 5-101 为注浆钻孔出水情况。

图 5-100　注浆施工

图 5-101　注浆钻孔出水情况

4. 效果评价及建议

1）检查孔情况

结合注浆施工情况，在注浆薄弱区域钻设检查孔对注浆效果进行检查评定。上半断面检查孔设计如图 5-102 所示。

根据检查孔出水情况（表 5-33），出水主要是在 12~20m 之间的土石交接区，目前最大出水量为 J7=0.5m^3/h. 右侧半面检查孔出水量明显大于左侧。水量总体都比较小，满足开挖施工要求。

2）注浆前后出水量对比

通过钻孔注浆施工揭露，隧道左边围岩较好，出水量相对较小。右边地质条件较复杂，出水量较大，单孔最大出水量达到 3.6m^3/h，右侧在 22~23m 位置出水量明显增大，还需进一步补充注浆施工。

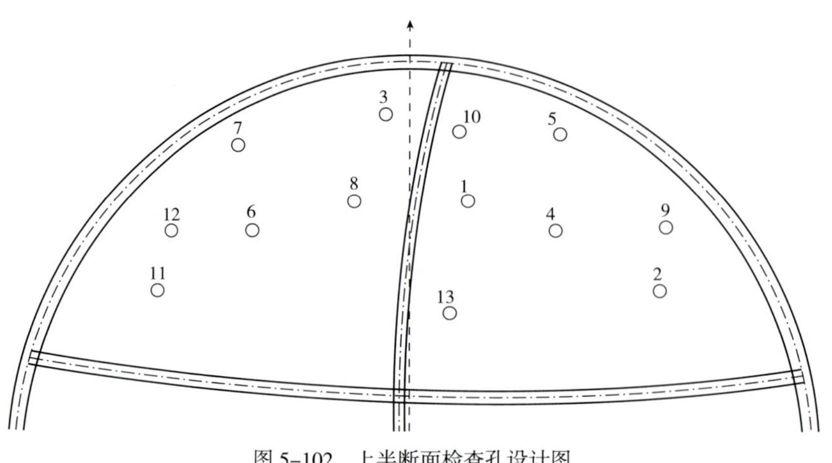

图 5-102 上半断面检查孔设计图

检查孔出水情况表

表 5-33

孔　号	出 水 量（m^3/h）	孔　号	出 水 量（m^3/h）
J3	0.31	J6	0.42
J8	0.26	J11	0.37
J2	0.12	J10	0.23
J7	0.5	J13	0.22

根据目前钻孔注浆前后出水量对比可以看出，注浆后钻孔出水量明显减少，堵水率达到 80% 以上，注浆堵水效果明显。部分孔注浆前后出水量对比见图 5-103。

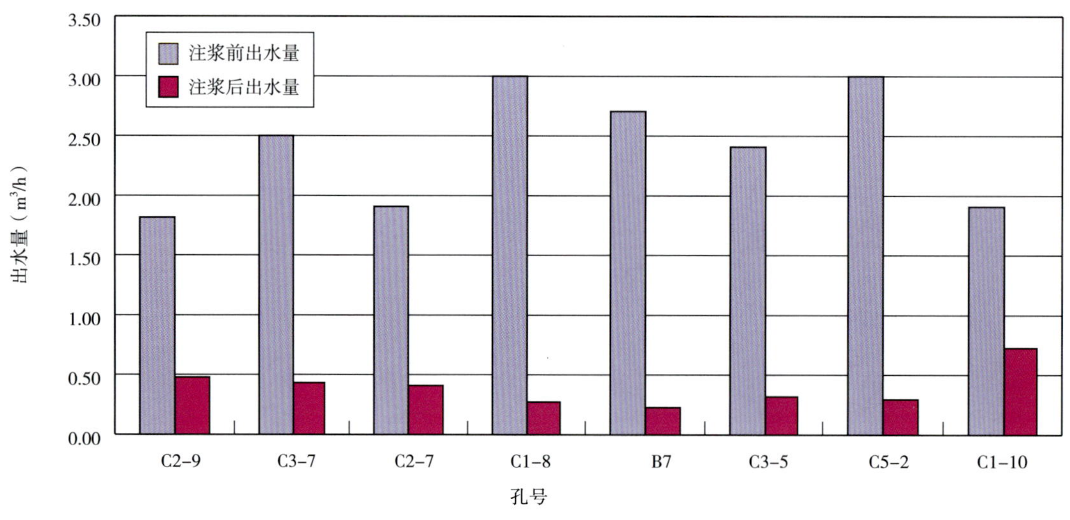

图 5-103 部分孔注浆前后出水量对比

3）几点建议

（1）从整体注浆情况分析，本循环上半断面注浆效果较好，基本能够满足开挖施工要求。

（2）根据钻孔注浆过程可以看出，右侧洞风化地层地质条件明显比左侧洞地质条件差，钻孔过程中出水量比较大，地层吸浆量也大，钻孔注浆结束后，在施工大管棚的过程仍有出水现象，因此建议对该处增加检查孔进行效果检查和补充注浆，保证开挖施工安全。

（3）本循环由于地质条件复杂，存在明显的土石交接面，尤其隧道右侧含有大量土和粗砂、碎石，风化很不均匀，且含水率比较大，因此在开挖过程中加强短进尺、弱爆破、强支护等措施，尽量采用人工开挖，必要时封闭开挖面，进行补充注浆。此外，开挖过程中应做好应急和抢险准备，保证排水和通信系统畅通，防止涌水突泥，确保开挖安全。

六、右线 F1 风化深槽施工案例

1. 右线 F1 风化深槽工程概况

右线隧道 F1 风化深槽起至里程 YK8+324，终至 YK8+460，全长 136m，是厦门翔安海底隧道诸多风化深槽中最大的风化深槽。

F1 风化深槽及其影响带地质情况为：以 W3 全强风化花岗岩为主，围岩级别为 V 级，强风化二长岩脉因高岭土矿物含量较高具有弱膨胀潜势。

已施作的水平超前地质探孔资料表明，F1 风化深槽从 YK8+324（左侧）和 YK8+336（右侧）开始进入 W3 强风化花岗岩不良地质地段，围岩含水率大，水压力达到 0.45MPa，地质情况复杂，施工难度大。图 5-104 为右线 F1 风化深槽纵断面图，图 5-105 为右线 F1 风化深槽横断面示意图。

穿越风化深槽施工方案为双侧壁法全断面帷幕注浆，经过课题组认真分析和专家论证，原方案优缺点如下。

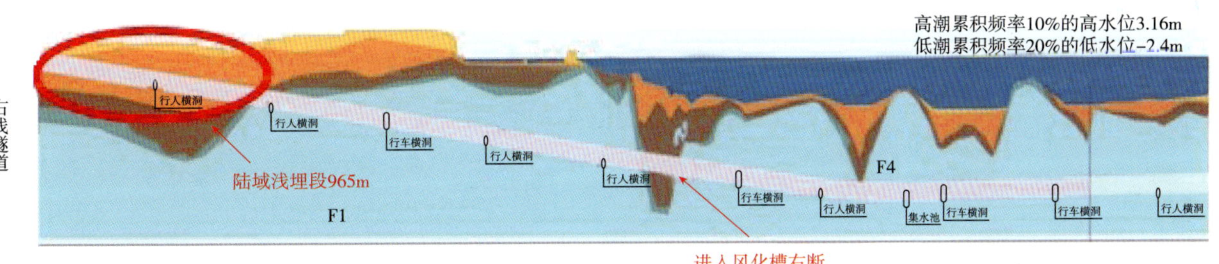

图 5-104 右线 F1 风化深槽纵断面图

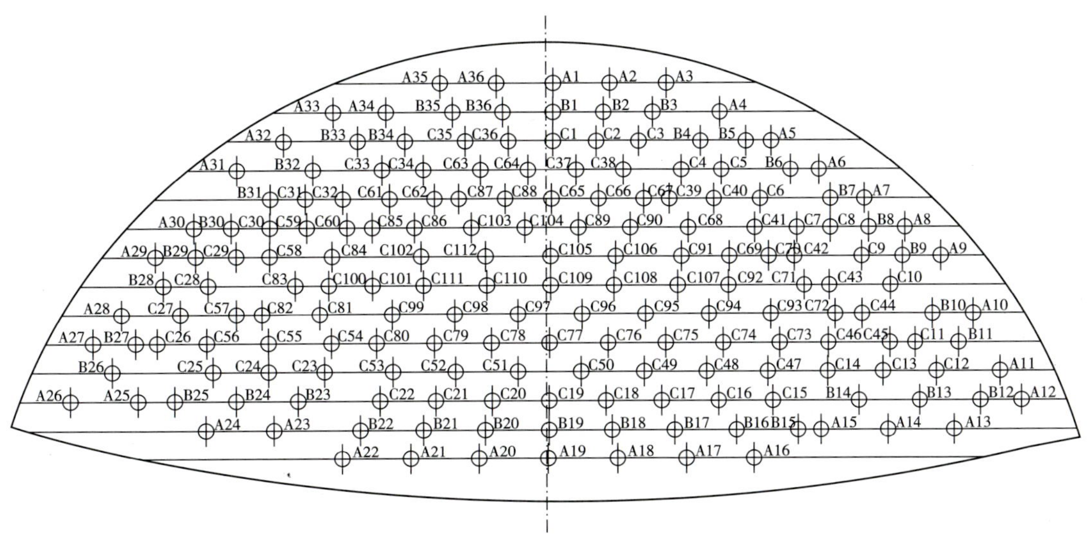

图 5-105 右线 F1 风化深槽横断面示意图

优点：

（1）有利于控制拱顶沉降；

（2）有利于大型机械作业。

缺点：

（1）由于断面太高，达 12m，拱顶遇有险情时，抢险不方便；

（2）导洞两侧收敛较大；

（3）全断面帷幕注浆钻孔施作较困难，用时较长；

（4）施工组织较复杂；

（5）遇突水、拱顶坍塌时，抢险组织困难。

2. 总体方案

以全断面帷幕注浆为前提，以双侧壁法为基本方案，上半断面（①、③部）采用超前帷幕注浆先行通过，下半断面（②、④部）先竖向注浆，加固稳妥后再开挖。二次衬砌力求紧跟。图 5-106 为注浆段剖面图。

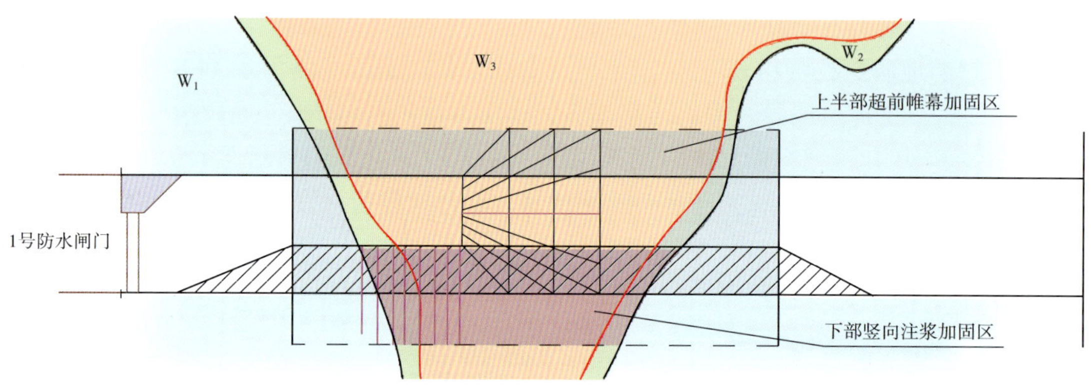

图 5-106　注浆段剖面图

双侧壁法台阶分步施工的优点：

（1）机械设备就位方便；

（2）止浆墙好施作；

（3）上下台阶均分左右导洞，化大为小，便于施工；

（4）上台阶先行通过，快速施工，可大大缩短工期；

（5）下台阶采用径向注浆，可提高注浆效果，加快施工速度。

采用双侧壁法施工可达到以下目的：

（1）使施工安全更加可控；

（2）使施工组织及管理趋于简单；

（3）突遇险情时便于应对；

（4）有利于快速通过风化深槽。

3. 水平钻孔

超前地质钻探见图 5-107。

根据水平探孔综合分析，右线隧道 F1 风化深槽呈全强风化和弱风化交替状，处于风化深槽的不规则交界面上，围岩呈土石混合状及黄土状，风化程度较高，其最大出水量为 5.3m^3/h。图 5-108 为 F4 风化深槽钻孔出水。

4. F1 海底风化深槽施工方法

1）超前地质预报

为保证隧道通过 YK8+325~YK8+460 风化深槽段的施工安全，在掌子面地质素描的基础上，采取综合超前地质预测预报系统，以确保预测预报结果的准确性。对可能出现的施工地质灾害的类型、规模、位置，进行较为准确的警报，并将警报通知施工作业人员，及时采取应对措施。

长距离预测：应用 TSP203 预测预报系统进行前方围岩 50~100m、地下水变化情况的长距离测试。

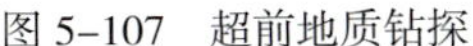
图 5-107 超前地质钻探

图 5-108 F4 风化深槽钻孔出水

中短距离预报：应用地质雷达探测、红外线探测仪和深孔地质超前探孔对工作面前方 30m 范围内进行短距离的地下水定性探测；采用地质钻机或台车加长钻孔对探测结果进行验证。

在不良地质带，每循环开挖时均实施 7m 的超前浅孔探测，通过增加孔数，放大外插角，以弥补深孔探测的盲区，提高超前预测预报的准确度，从而探测出断层、风化深槽、节理裂隙的发育规模、几何形态和介质填充构造特点。

2）行车洞超前帷幕注浆施工方案

（1）注浆参数

注浆范围：隧道周边上下左右各 6m。

注浆段长度：25m，每段分别设置 3 个加固断面，在孔底断面加强、全断面封堵注浆，开挖到 20m 留下 5m 止浆墙，开始下一个循环。

采用前进式注浆为主，后退式注浆为辅的方式注浆，根据钻孔地质情况确定孔内注浆分段长度，以 3m 为宜。

注浆次序先外后内，先上后下，隔孔注浆。注浆的浆液有四种：一种是纯超细水泥浆，在无水流的时候使用；第二种是超细水泥 + 水玻璃双液浆，在有水流时使用；第三种是若遇到涌水量较大或有突泥等，当采用超细水泥 + 水玻璃双液注浆难以制止时，则采用聚胺酯浆液或其他高强快凝止水化学灌浆材料。

注浆堵水加固方式为劈裂压密注浆。

注浆终压确定：用超细水泥时，终压一般为 1.5MPa，最大压力≤ 2MPa，以策安全。

水泥浆水灰比（0.8~1）：1，水玻璃浓度基本控制在 30~40Be，水玻璃与水泥浆比例为（1~0.9）：1。

（2）双侧壁法上部超前帷幕注浆

根据超前地质预报资料，在隧道穿过花岗闪长岩掘进至全风化花岗岩之前预留 5m 岩体作为止浆墙，利用钻机进行全断面帷幕注浆钻孔施工，见图 5-109，每循环超前注浆共设 184 个孔，A 序孔孔深 14m，B 序孔孔深 22m，C 序孔孔深 30m（以上均为斜距），注浆孔前段安装 ϕ76mm × 4mm 套管，长 3m。套管采用 ϕ80mm 钻头成孔，后续注浆段采用 ϕ60mm 钻头成孔。钻孔外插角从外到内由 28° 变至 0°，以保证注浆范围。为确保不留注浆死角，在第一次止浆墙往后退增打三排注浆孔注浆，见表 5-34 和表 5-35。

图 5-109　F1 风化深槽超前帷幕注浆

每循环工程数量表

表 5-34

<table>
<tr><th>序号</th><th colspan="2">项　目</th><th>单　位</th><th colspan="2">数　量</th></tr>
<tr><td>1</td><td colspan="2">φ 101mm 钻孔</td><td>m</td><td colspan="2">552</td></tr>
<tr><td>2</td><td colspan="2">φ 65mm 钻孔</td><td>m</td><td colspan="2">5 131</td></tr>
<tr><td>3</td><td colspan="2">φ 89mm × 3.5mm 热轧无缝钢管</td><td>m</td><td colspan="2">552</td></tr>
<tr><td>4</td><td colspan="2">卡盘盘根式防突装置</td><td>套</td><td colspan="2">10</td></tr>
<tr><td>5</td><td colspan="2">C25 喷射混凝土止浆墙</td><td>m³</td><td colspan="2">85,95</td></tr>
<tr><td rowspan="4">6</td><td rowspan="4">钻孔</td><td>A 续孔</td><td>m/ 个</td><td>504/36</td><td rowspan="4">5 131/203</td></tr>
<tr><td>B 续孔</td><td>m/ 个</td><td>792/36</td></tr>
<tr><td>C 续孔</td><td>m/ 个</td><td>3 360/112</td></tr>
<tr><td>φ 101mm 检查孔</td><td>m/ 个</td><td>475/19</td></tr>
</table>

超前预注浆参数表

表 5-35

序　号	项　目	数　值	备　注
1	纵向注浆加固长度	25m	—
2	径向加固范围	隧道上半断面开挖轮廓线外 6m	—
3	浆液扩散半径	1.3m	—
4	注浆终压	一般 1.5MPa，最大 2.0MPa	—
5	注浆孔直径	65mm	—
6	注浆速度	5~110L/min	—
7	终孔间距	1.947m	—
8	注浆方式	前进式为主，结合后退式注浆	分段长度 3~5m
9	注浆孔数量	见工程数量表	—
10	止浆墙厚度	3m	—
11	孔口管	L=3m，φ 89mm，壁厚 3.5mm	—
12	注浆材料凝结时间	单液浆 1~2h，双液浆 3~5min	—

钻孔时须确保套管安装牢固，套管与孔壁之间采用锚固剂充填黏结，防止注浆时发生漏浆和浆从孔口管挤出的现象。钻杆前端设置孔口防突装置，防止出现突水现象。采用分段前进式注浆，套管安装完成后，每钻进 3m 即开始注浆，注浆达到要求后开始下一阶段钻孔注浆。注浆时采用套管柱塞方式，当注浆超过 20m 的深孔时，须将常压注浆管插入到预定位置，以提高孔底部的压注效果和压注效率。图 5–110 为上部超前帷幕注浆施工图，图 5–111 为注浆孔示意图。

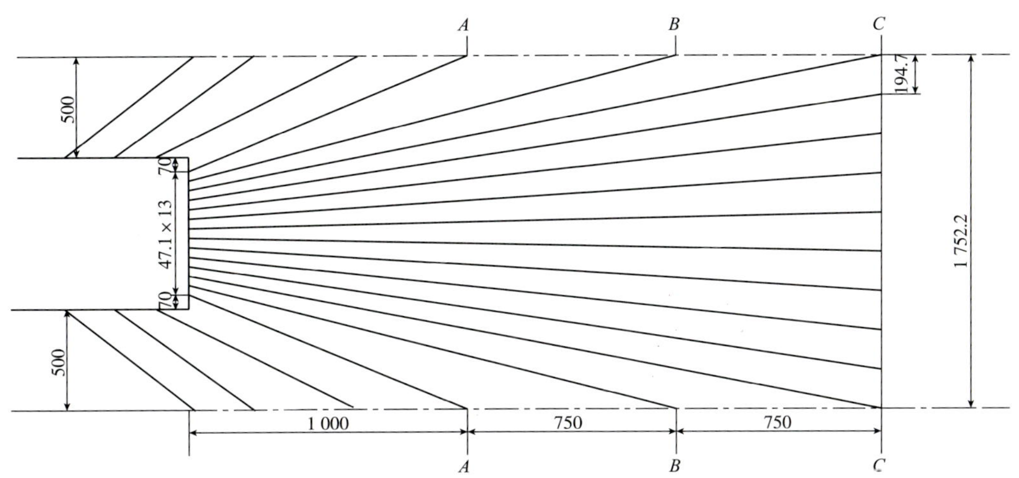

图 5–110　上部超前帷幕注浆施工图（尺寸单位：cm）

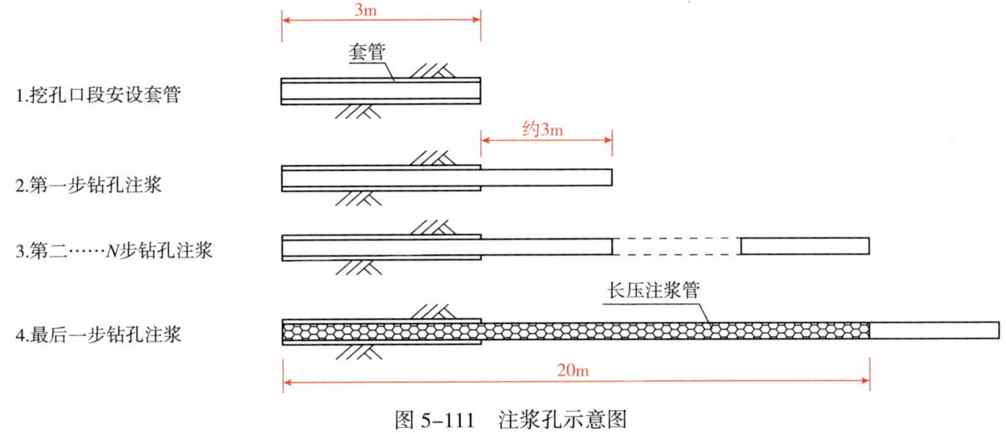

图 5–111　注浆孔示意图

注浆用浆量计算：

$$Q_1=\pi \times R\times L\times \eta\times \alpha\times \beta \tag{5–14}$$

式中：R——浆液扩散半径（m）；

η——地层孔隙率（%）；

α——浆液有效充填率（可取 0.9~1）；

β——浆液损耗系数（取 1.15）。

注浆压力 1~2MPa，以注浆量和注浆压力两个标准作为控制注浆结束的标准。

注浆完成，浆液达到一定强度后，进行开挖及初期支护施工。每个循环掘进 20m，停止掘进，留 5m 作为下一循环注浆止浆墙。混凝土止浆墙采用梯形，上厚 1m，下厚 3m，混凝土强度等级为 C20。

（3）双侧壁法下部注浆

下部径向一次注浆长度 10m，注浆孔纵、横向间距均为 3m，注浆角度为 65° 向前倾斜。每次沿隧道方向注浆 20m，下部掘进 15m。

上半部每一循环注浆开挖完成后，即开始进行下半部竖向注浆，上部全部通过风化深槽后，在进行下部开挖之前再补充注浆，确保下半断面的注浆效果。图 5-112 为下部竖向注浆。

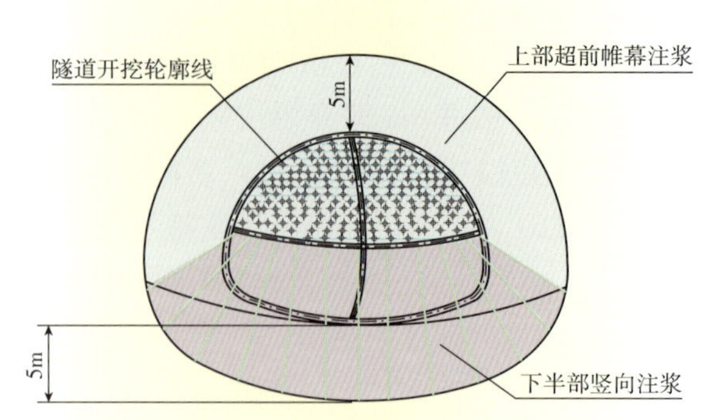

图 5-112　下部竖向注浆

3）行车洞的开挖方案及支护方案

（1）开挖方案

注浆后行车洞开挖采用双侧壁工法，上部先行通过 F1 风化深槽后，再返回来开挖下部。上部左右导洞距离保持在 10m 左右，左导洞最前，右导洞滞后。

（2）支护方案

F1 风化深槽包括影响带总长 154m，施工时间跨度很长，为此，必须充分考虑围岩受力后的变形，采取安全稳固的工程支护措施来确保结构安全。洞身开挖完成后及时进行大刚度的初期支护，双侧壁主拱和临时中隔墙工字钢均为 I22，喷射混凝土厚度为 32cm。第二次初期支护在第一次初期支护施工后 15d 内时施作。初期支护参数为：主拱和中隔墙均设置超前导管，导管长 3m，ϕ42mm，纵向间距 100cm，环向间距 30cm。第一次初期支护主拱架和中支撑均采用 I22b 工字钢拱架，第二次初期支护拱架采用 I18 工字钢，间距均为 50cm。图 5-113 为第二次初期支护钢拱架。

图 5-113　第二次初期支护钢拱架

第一次初期支护主拱和中隔墙的 C25 喷射混凝土厚均为 32cm，喷射混凝土中掺加适量聚丙烯纤维。第二次初期支护的 C25 喷射混凝土厚 20cm。主拱双层钢筋网片，中隔墙单层钢筋网，ϕ8mm，网格为 20cm × 20cm。各分台阶部位均需设置锁脚锚管，L=3m，ϕ42mm。

为确保安全，减少围岩收敛变形，采用以下技术措施。

①加强钢拱架板头支撑。考虑到结构受横向侧压力较大，在上台阶增加临时横向支撑，在上台阶拱脚增加工字钢牛腿，以加强支撑。图 5-114 为加焊工字钢接头牛腿支撑。

②加强上部结构拱脚支撑。为控制上部结构整体下沉，在做好超前维幕注浆及下部竖向注浆的前提下，采取两个措施：a. 扩大拱脚，增加拱肢支撑面积；b. 增加锁脚锚管的数量。

③加强支护。为保证上部结构稳定，应增加拱墙支撑强度和厚度，将初期支护分为两次进行：第一次用 I22b 工字钢、喷射混凝土厚 32cm，第二次用 I18 工字钢、喷混凝土厚 20cm。

④增加 20m 管棚。进出 F1 风化深槽两端地质软硬相交，界面复杂，增加 ϕ108mm 长管棚进行支护，见图 5-115。

4）风化深槽帷幕注浆

（1）风化深槽两端的过渡带，因其自身围岩变化剧烈，容易产生贯穿性裂缝，全断面帷幕注浆需将风化深槽两端的过渡带作为注浆堵水加固重点。

图 5-114 加焊工字钢接头牛腿支撑

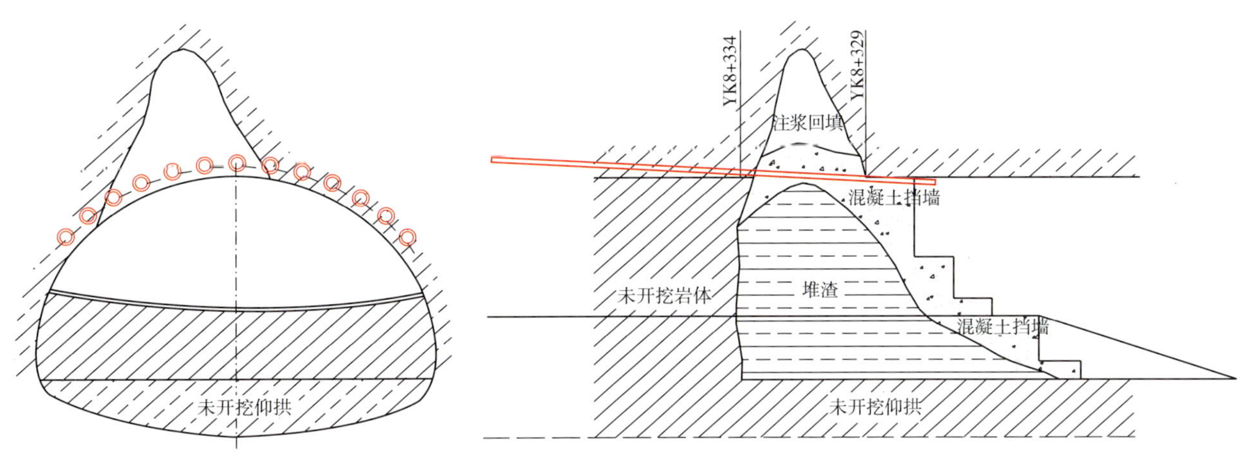

图 5-115 管棚支护示意图

（2）风化深槽注浆堵水堵的是海水，与淡水有着很大的不同，在风化深槽全断面帷幕注浆施工中应认真对待，尤其是在注浆材料选择方面，要使注浆材料能够适应海水环境。

（3）根据不同地质和出水情况、不同注浆部位和注浆深度，采取不同注浆材料，使各种注浆材料相互补，充达到科学、有效、快速、节约的目的。一般情况下，开始注浆时地层空隙率较大，先注普通水泥单液浆对地层进行填充，待注不进时再改换超细水泥，利用超细水泥颗粒小、可注性强的特点对地层进行进一步加固；对周边区域注浆为不使浆液扩散过远，采取注双液浆，但孔较深时因双液浆凝结时间短，双液浆容易在孔内凝结，反而降低注浆效果，应采取注早强型超细水泥（HSC），保证注浆效果。与此同时，注浆配合比、注浆压力等注浆参数也应进行调整。

（4）注浆加固顺序严格按照从上向下、由外圈到内圈的原则进行。因地下水补给来源于海水，从上向下注浆可先切断地下水补给源，为下一步注浆打下良好的基础。从外向内进行注浆，先进行外圈注浆形成外圈加固层，再进行内圈注浆，在一定程度上使内圈浆液留在加固圈内，提高注浆利用率，同时保证内圈注浆质量。内圈注浆可适当加大注浆压力。图 5-116 为作者检查风化深槽注浆质量。

（5）风化深槽加固形式为劈裂和挤密两种，为提高帷幕注浆堵水加固效果，只需提高注浆劈裂注浆脉体的数量。根据劈裂注浆原理，劈开地层与注浆压力和注浆材料有关，但劈裂脉体数量多少却与注浆压力和单位时间注浆量即注浆速度有关。风化深槽帷幕注浆的注浆材料采用国内最好的超细水泥，为防止注浆地层连通海底，注浆压力也不能过高，采取提高注浆速度的方法来进一步提高注浆效果。

图 5-116　作者检查风化深槽注浆质量图

（6）风化深槽帷幕注浆的主要任务是堵水，其次才是加固地层。要提高注浆堵水效果，必须坚持重复注浆原则。根据注浆堵水试验，注浆材料按一定配合比注入到裂隙中，实际被裂隙水稀释而并非原始的注浆配合比，并且出水量越大，稀释程度越大，实际浆液水灰比也大，这样浆液固结实际经过沉淀后固结，固结体并不能完全封堵裂隙，需重复注浆、重复固结才能完全封堵裂隙。

5. 安全保障措施

（1）应急物资

应准备充足的应急物资，如水泵、方木、工字钢、砂袋等。

（2）预警系统

海底风化深槽施工将建立完善的预警体系并保证能良好运行，这是关系到海底施工人身财产安全和决定工程成败的大事。海底预警系统的建立，应抓好以下工作。

①保证通信畅通，在遇到特殊情况时能够迅速把信息传达到海底施工的每个人员。

②完备的设施，充足的抢险物资，如防水闸门、大功率水泵、砂袋、木材、工字钢、救生衣等，一旦发生险情，能够快速组织抢险，切断危险源。

③安排专人负责监控支护及地层情况，针对海底风化深槽施工设立专门的预警系统，并设立专门机构和人员来组织对紧急情况的处理。

④加强平时的应急演练和宣传教育，使全体海底施工人员在遇到险情后能够有序处理，不至于手忙脚乱。

⑤保证防水闸门的正常运转。共设两道防水闸门，一道在风化深槽前 YK8+280 处。防水闸门作为保证安全的一个重要手段，一定要保持其良好的运转状态，防止发生紧急情况时，出现防水闸门故障而造成不可挽回的损失。

（3）逃生方案

逃生时主要有两个出口，一个是斜井，另一个是服务洞。

（4）监控量测

监控量测是隧道施工的一项重要工作，在海底风化深槽段的施工中尤其要加强这方面的管理，要提出更高的要求。监控量测主要抓好如下管理：

①布点位置按设计布置，最大限度地反映变形情况。

②布点时间不能过晚，过晚则不能正确反映前期变形情况。

③监控量测频率。

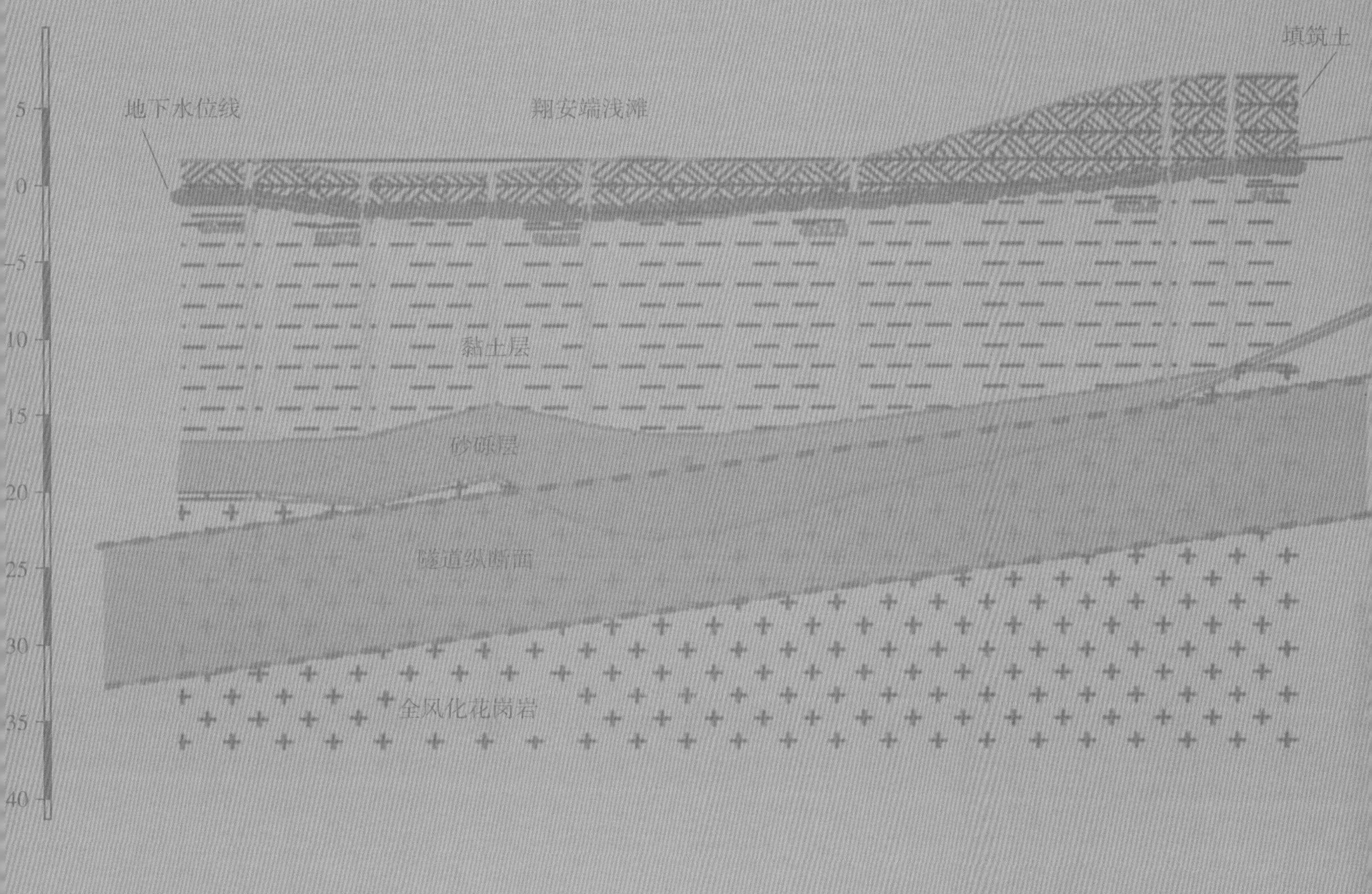

第六章

浅滩浅埋透水砂层施工技术

第一节　工程水文地质条件

一、工程地质条件

富水砂层段位于海域浅滩人工围堰内，原始地貌属于潮间带海滩，为含泥质的沙滩，并向海域倾斜。地层由上至下依次为第四系人工填筑层（Q_4^{me}）、海相沉积层（Q_4^{mc}）淤泥、冲洪积黏土（Q_3^{al+pl}）、砂、下伏燕山早期（$\gamma_5^{3(2)b}$）黑云母花岗岩，各主要岩土体地质特征如下。

（1）填筑土：为隧道洞口开挖的弃土，主要成分为砂质黏性土、全～强风化花岗岩，土质稍湿且松散，厚薄不均，下部含较多淤泥，淤泥为深灰色，流塑，含贝壳碎屑及砂粒。

（2）黏土：以白色为主，局部为棕黄夹灰白色，含较多的砂粒，局部夹有细腻的黏土层，硬塑～半干硬状。

（3）粗砂：以黄色为主，饱和，中密，成分以石英、长石为主，颗粒较均匀，呈透镜体状分布于黏土中，砂层厚度为 0.5~0.7m。

（4）粗砾砂：以黄色为主，底部多为灰白色，饱和，密实，成分以石英、长石为主，局部含铁、锰质胶结物，往海域方向砂层底部逐渐含少量卵砾石，直径一般小于 3cm，偶见 4~8cm，砂层厚 1.2~13.5m。

（5）全风化花岗岩：一般呈棕黄～灰黄色，含灰白色及褐色斑点，岩体呈硬塑～半干硬砂质黏土或砂质亚黏土状。

（6）强风化花岗岩：呈褐黄色，岩石风化严重，岩芯呈密实砾砂夹黏土状，局部夹块状，块质软，锤击易碎。

各岩土层主要物理力学指标值见表 6-1。

各岩土层主要物理力学指标值表　　表 6-1

岩土层名称	状　态	层 厚（m）	标贯击数（击 /30cm）	渗透系数（10^{-5}cm/s）
填筑土	松散～密实、硬塑	1~8	—	—
黏土	硬塑	6.75~16.5	8~36	9.4
砾砂	密实、饱和	1.2~8.45	83.6	354
全风化花岗岩	硬塑～半干硬塑	2~10	49.3	3

二、水文地质条件

1. 地下水类型及特征

根据地下水含水层所处位置及其不同的赋存形式，工程范围内的地下水可分为松散岩类孔隙水、砂层承压水。粗（砾）砂富水性强，渗透性好，为良好的含水层和透水层，且具有承压性；全风化基岩孔隙裂隙水总体上富水性弱，渗透性较差，属于弱含水层或微含水层。浅滩段地下水主要接受陆地地下水及海水补给，受地形及海水压力的影响，地下水具承压性。

2. 地下水补、排及动态条件

工程范围内砂层中的孔隙水可视为陆域地下水与海域地下水之间的过渡带，受潮汐的涨落影响，当海水处于高潮时，海水向陆域渗透，补给陆域地下水；反之陆域地下水向海域排泄。下部风化基岩孔隙裂隙水因与上部的松散岩类孔隙水之间无隔水层，故可接受上部孔隙水的垂直入渗补给或越流补给，且各含水岩层的地下水均具承压性。

第二节 地下连续墙施工技术

砂层覆盖影响区达450m，为保证隧道安全施工及确保止水效果，首先采用帷幕止水，切断海水对砂层的补给通道，并通过降水井疏干砂层中的水，使该区域满足隧道施工要求，消除隧道施工时砂层产生突水、涌水和坍塌的安全隐患。隧道经过的海域浅滩段已经被围堰及洞渣回填，可利用地下连续墙将整个砂层段分隔成仓，设置降水井分期抽水。纵向连续墙沿左、右线行车隧道外侧15m进行布置，横向连续墙根据实际情况进行布设，本段砂层共设置3道横墙（图6–1）。

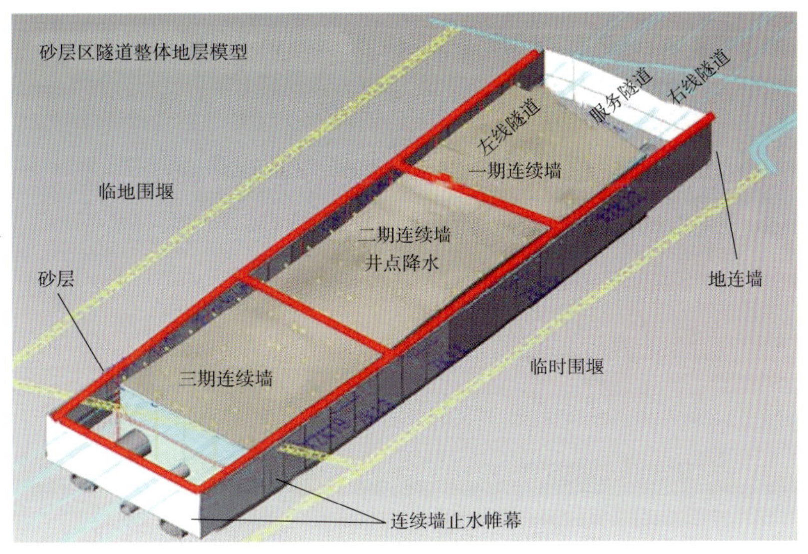

图6–1 地下连续墙与隧道关系图

原设计隧道开挖前通过超前水平高压旋喷桩结合超前小导管（图6–2）注浆来形成闭合帷幕，以阻止地下水和治理流沙，再采用双侧壁导坑法进行开挖。

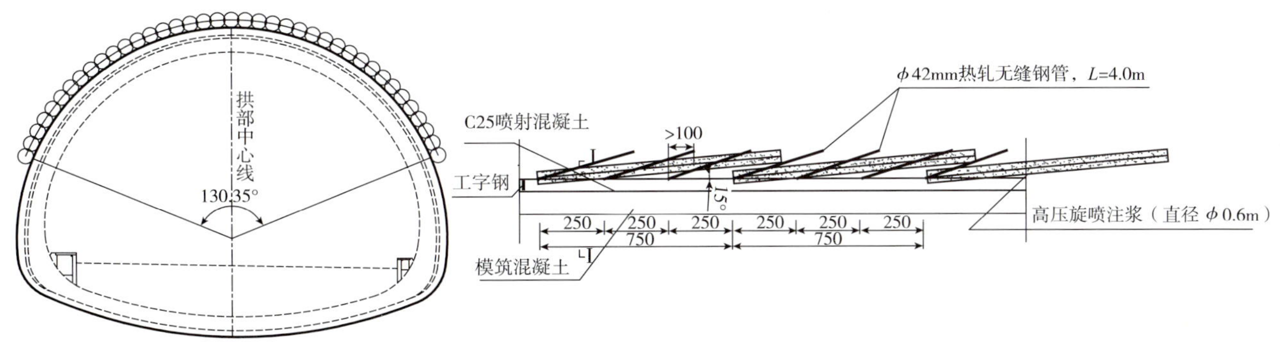

图6–2 超前水平高压旋喷桩及小导管纵、剖面图（尺寸单位：cm）

通过现场反复试验，发现高压旋喷桩在动水环境下成桩效果较差，渗透系数和抗压强度均达不到设计要求。

由于双侧壁中导坑断面呈蘑菇形，最大跨度达12m，因此不利于初期支护变形的控制，且拱部砂层在开挖施工时极易发生垮塌；另外下部断面窄，距离拱顶高，故也不利于紧急情况下的抢险救援。经过专家论证，一致认为隧道安全穿越砂层主要解决砂层承压水和提高松散砂层稳定性这两个问题。

一、连续墙施工参数

地下连续墙导向槽采用C30钢筋混凝土浇筑，导墙埋深1~2m，墙顶高出地面0.1 ~ 0.2m，导墙内净距比连续墙厚度大3~5cm；地下连续墙采用素C25水下混凝土，厚度为60cm，与导墙搭接20cm，地下连续墙垂直方向穿过砾砂层，深度进入全风化花岗岩层4.0~6.0m，如图6-3所示的地下连续墙断面图及降水井断面图，防止海水从连续墙底部绕流进入帷幕区内。连续墙基本单元槽段为6.5m，拐角、T形槽段设长短边，短边长最小为一个抓斗的长度，闭合槽按周边尺寸进行适当调整。

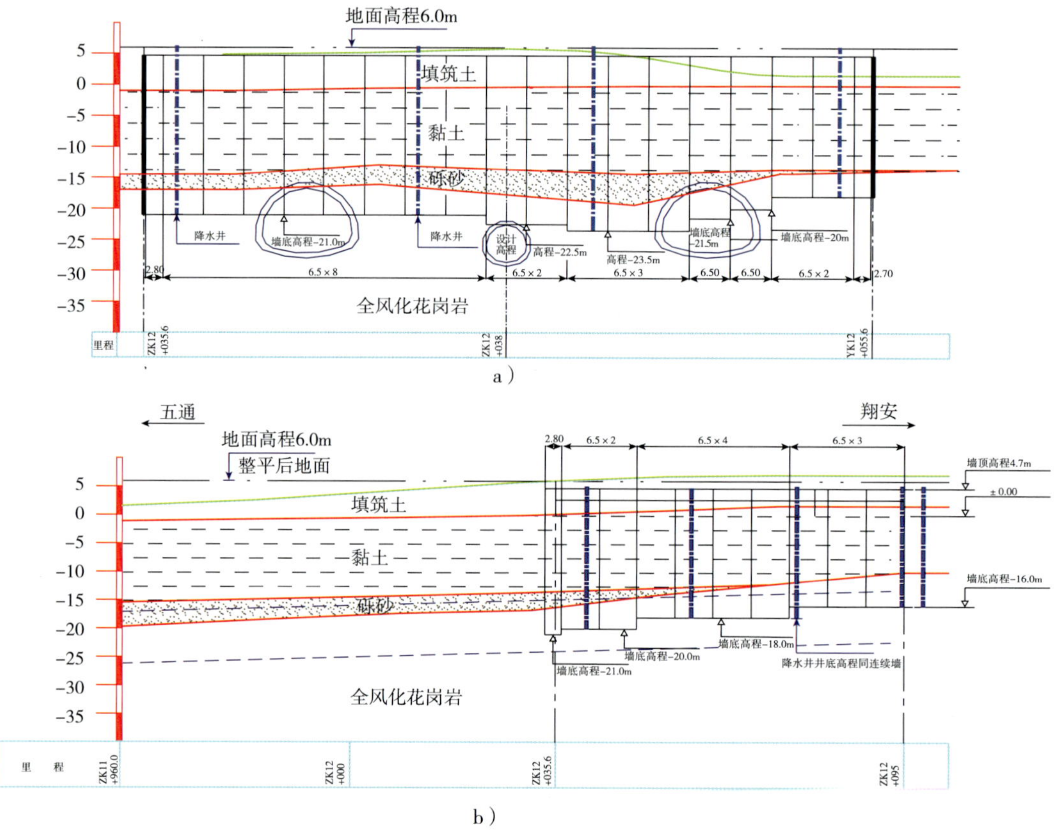

图6-3 地下连续墙断面图及降水井断面图（尺寸单位：m）

a）横向连续墙断面图；b）左隧道左侧连续墙及降水井断面图

二、连续墙施工技术

1. 挖槽工艺的选取

为提高施工效率，采用“两钻一抓”和回转式多头钻机施工槽段特殊工艺成槽。“两钻一抓”即在每个抓斗槽段的两端各预先施工一个直径与墙身厚度相等的孔，两孔中心间距控制在抓斗最大张开范围内，成槽施工时采用抓斗机将两孔中部的土方挖出，“引孔”起成槽导向作用，同时产生临空面，以便于槽段开挖。回转式多头钻机是以回转的钻头切削土体进行挖掘，钻出的土渣随循环的泥浆排出地面。

2. 单元槽段的划分

单元槽段的划分主要取决于单元槽段的宽度、连续墙的平面几何尺寸，单元槽段的长度受开挖槽壁稳定性的控制，同时还取决于地面荷载、槽段深度、单位时间内混凝土的供应能力、施工现场泥浆池的容积和施工设备的能力，如液压抓斗机的每铲开槽长度等。单元槽段的宽度大小直接影响连续墙成槽的质量及施工效率。

$$单元槽段(m)=4h内混凝土的最大供应量(m^3)/[墙宽(m)\times 墙深(m)] \quad (6-1)$$

Ⅰ期、Ⅱ期的槽段平均深度为25m、30m，Ⅲ期的最大设计深度达38m，4h内混凝土的实际最大供应量为120m^3，为符合施工规范要求和保证施工进度，Ⅰ期、Ⅱ期槽段长度基本取6.5m，Ⅲ期槽段长度取6m。

3. 连续墙施工技术措施

工艺流程：场地平整→测量放线→钢筋混凝土导墙施工与养护→槽段划分→泥浆制备→钻设导孔→冲抓成槽→浇筑混凝土→泥浆循环→弃土倒运。

导墙制作：导墙施工是地下连续墙挖槽前的临时性结构物，对挖槽具有很重要的作用。它在施工中的主要作用有储备泥浆、导向作用；承受荷载（拔管）和成槽抓斗的冲击力；在槽段开挖中承担挡土墙作用；可以标记槽段划分，作为施工测量高程的基准。

图6-4 现场T形槽段

施工自然地面在1.5～5m范围均为新填土，土质松散，为保证导墙和槽口土体的稳定，并能具备承担连续墙施工过程中的相应荷载，故将导墙截面设计为“┐ ┌”形整体式钢筋混凝土结构，如图6-4所示为现场T形槽段，同时为防止导墙坍塌及变形，成槽机下面及浇筑混凝土槽段位置需铺设厚钢板。

导墙配筋采用双向双层螺纹ϕ12mm@200mm钢筋，外模板采用厚度120mm的砖模（间隔3m设置240mm砖垛），内模采用钢模板，现场浇筑，混凝土强度等级为C30，墙在混凝土强度达到设计强度的80%后（2~3d）拆模。在内墙侧面分两层设置支撑方木（75mm×75mm），以防止导墙向内挤压，方木水平间距1.5m，上下间距为0.9m。导墙外侧回填土应尽量采用黏土回填密实，防止现场施工时由于地表水从导墙背后渗入，而引起槽壁坍塌危险的发生，导墙结构图和导墙施工图分别见图6-5和图6-6。现场施工中导墙虽然为临时工程，但它的质量好坏对连续墙能否顺利施工起着重要作用，因此现场对导墙的施工质量必须进行严格控制。

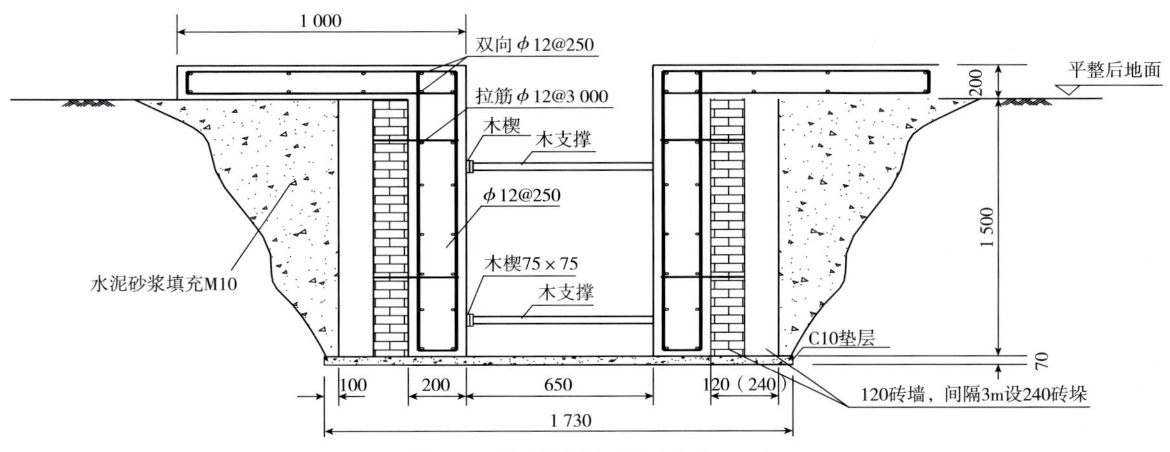

图6-5 导墙结构图（尺寸单位：mm）

a）

b）

图 6–6　导墙施工图

泥浆护壁：泥浆起到护壁、携渣、冷却机具和润滑的作用（多头钻机施工）。

泥浆制作方法：购买膨润土，掺加一定比例的 CMC 溶液进行试验，保证在现场施工时一定时间内不会发生泥浆离析现象。现场施工时泥浆如发生离析现象，则会分成清水和下部含有膨润土的固体颗粒，因清水无法起到护壁的作用，故容易发生塌壁的现象。自制泥浆时在导槽内加入清水，利用冲击钻机和多头钻机将清水与泥土进行拌和，边冲孔或成槽边产生泥浆，但产生的泥浆使用时要经过沉淀过滤处理，以保证含砂率符合施工泥浆性能及指标的要求（表 6–2）。

施工泥浆性能及指标表　　表 6–2

项次	项　目	单　位	新泥浆	废弃泥浆	检验方法
1	密度	g/cm^3	1.04~1.15	>1.3	泥浆密度秤
2	黏度	s	25~35	>50	500mL/700mL 漏斗法
3	含砂率	%	—	>7	含砂率测定器
4	pH 值	—	7~9	>10	pH 试纸

泥浆拌制要点：泥浆搅拌要严格按照操作规程和配合比要求进行。在成槽施工中，泥浆会受到各种因素的影响而降低质量，为确保护壁效果及混凝土质量，应对槽段被置换后的泥浆进行测试，对不符合要求的泥浆进行处理，直至各项指标符合要求后方可使用。

严格控制泥浆的液位不低于导墙顶面以下 30cm，及时补浆，以防塌方。

4. 地下连续墙接头施工

结合本地区的地质地层条件，采用接头管或锁口管接头构造，其施工方便、工艺成熟，易清除墙侧壁泥浆，有利于接头混凝土质量的提高，并且施工槽段的施工方法简捷。连续墙槽段接头管施工见图 6–7。

施工时，待一个单元槽段挖好后，在槽段的端部用吊车垂直放入 ϕ580mm 的锁口管接头，浇筑混凝土，待混凝土强度达到 0.05~0.20MPa 时（一般在混凝土浇筑后 3~5h），开始用吊车配合液压顶架提升锁口管，上拔速度应与混凝土浇筑速度、混凝土强度增长速度相适应，一般为 2~4m/h，并应在混凝土浇筑终凝前 8h 内将接头管全部拔出。接头管拔出后，单元槽段的端部就形成半圆形，继续施工时即形成两相邻单元墙段咬合式半圆形接头。连续墙槽段接头管施工见图 6–8。

5. 槽段施工

按设计图纸中的槽段划分图和控制点及水准点在导墙上精确放样出地墙分段标记线，并根据接头实际尺寸在导墙上标出接头位置。引孔设备采用 ϕ600mm 冲击钻机，成孔过程中控制卷扬机升降速度，减少钻头（冲锤）对孔壁的冲刷及产生的负压，避免影响孔壁稳定。钻机施工中必须严格控制成孔垂直度及孔位，垂直度偏差应小于 1/150，孔位偏差应小于 50mm，孔径偏差应小于 50mm。导孔施工时应临时加强临近设备区域的导墙支撑。成槽机就位时要求成槽机履带与导墙轴线平行，履带下铺设不小于 10mm 厚的钢板，以增加履带与地面的接触面积，成槽顺序应根据每个槽段的尺寸、导孔的数量及挖槽的幅数进行设置。

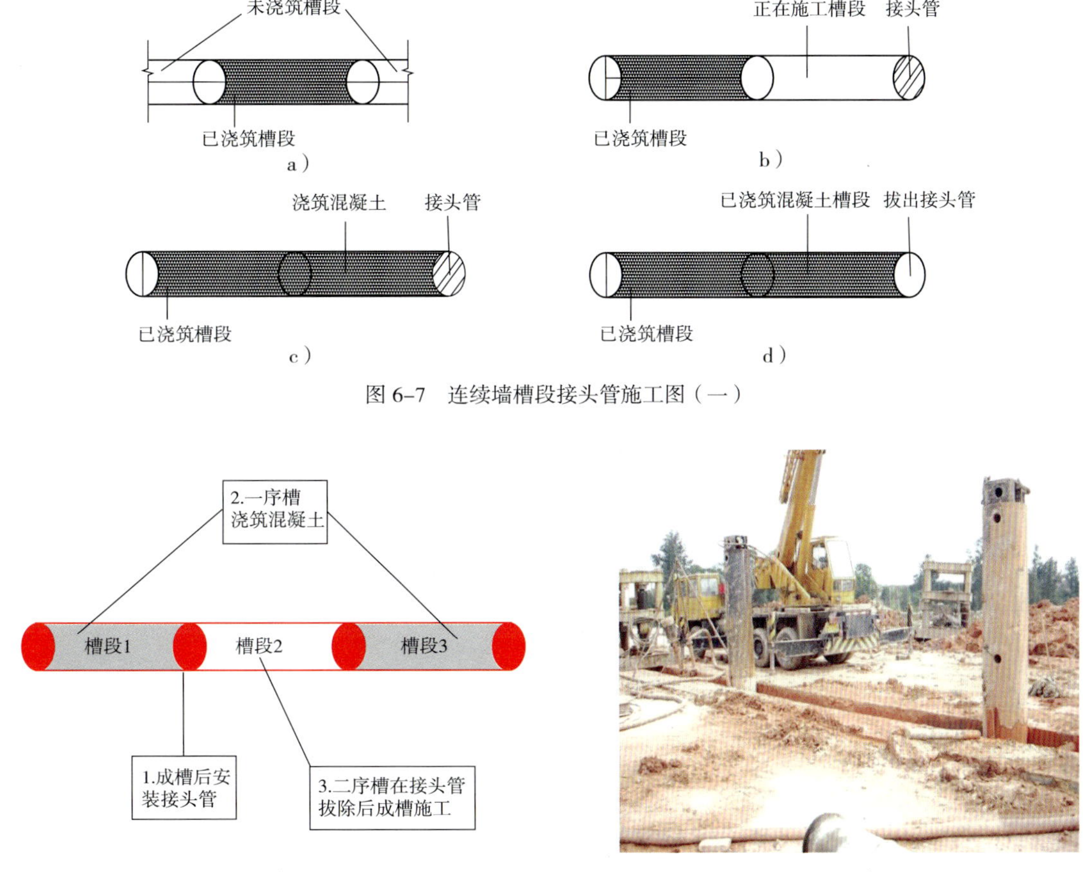

图 6-7　连续墙槽段接头管施工图（一）

图 6-8　连续墙槽段接头管施工（二）

（1）成槽前向导墙内注入护壁泥浆，根据施工经验，液面越高所需的泥浆比重越小，槽壁失稳的可能性也就越小，即泥浆液面一定要高出地下水位一定的高度。由于施工地段经前期勘察发现地下水位在 -2.22~1.36m，所以成槽时泥浆浆面控制在导墙顶面以下 300mm 即可（导墙顶高程为 5.5~6.0m）。成槽过程中，抓斗入槽，出槽应慢速、稳当；在穿越不稳定层时，应特别注意。如发现翻泡、大量流失或地面下降等情况，不得盲目掘进，待查明原因后再行施工。

施工中根据成槽机仪表及实测的垂直度情况及时纠偏，在抓土时槽段两侧采用土坝围堵导墙，使该导墙内的泥浆不受污染，抓出后的土根据现场情况晾晒、铺开。成槽机施工见图 6-9。

（2）成槽过程中利用成槽机上的仪器随时观测成槽垂直度，发现偏差及时纠正。槽深采用标定好的测绳进行测量，每幅根据其宽度测 2~3 个点，按导墙实际高程控制挖槽的深度，以保证地墙的设计深度要求。施工要求连续墙穿过砂层下全风化层 4~5m，由于地质勘探深度不足，故现场地质情况有所变化。施工时要求对每一抓所抓出的土样进行检查，确定每个槽段全风化层的实际位置，以保证工程质量。

（3）连续墙兼有挡土、隔水作用，为提高接头处的抗渗及抗剪性能，对连续墙与接头接合处，用外形与接头相吻合的接头刷，上下反复刷动 5~10 次，将接缝面的泥皮清除干净，确保相邻槽段连接良好，混凝土浇筑密实、不渗漏。接头刷和现场施工见图 6-10。

图 6-9　成槽机施工

a）

b）

图 6-10　接头刷及现场施工

清底成槽完毕时间应在浇筑混凝土之前，现场施工采用的是沉淀法清底。现场成槽机成槽后需下接头管，利用这段时间让泥浆中的土渣沉淀，然后采用撩抓法清底。

（4）连续墙成槽质量标准。

槽段倾斜度：≤ 1/150；槽底沉渣厚度：≤ 300mm；

混凝土浇注前槽底泥浆密度：≤ 1.25g/cm^3；墙顶中心线允许偏差：± 30mm；

槽段长度允许偏差：± 50mm；槽段厚度允许偏差：± 10mm。

（5）混凝土浇筑。采用导管法浇筑水下混凝土，混凝土导管选用 D=250mm 的圆形快速接头型，浇筑混凝土前必须完成隐蔽工程验收单登记和导管气密性试验。混凝土浇筑前还应测试坍落度，并按规定制作混凝土试块。混凝土设计强度等级为 C25，混凝土的坍落度为 18~22cm，混凝土中的粗集料粒径控制在 5~25mm 范围内，初凝时间≥ 5h。

浇筑混凝土前应检查导管的安装长度，导管底部距离槽底高程约 50cm，埋入混凝土深度保持在 2~6m。导管开管应保证初灌量，一般每根导管应备有 1 车 6m^3 混凝土量。为保证混凝土在导管内的流动性，防止出现混凝土夹泥的现象，槽段混凝土面应均匀上升且连续浇筑，浇筑上升速度不小于 2m/h，两根导管间的混凝土面高差不宜大于 50cm。混凝土浇筑时，不得将路面洒落的混凝土扫入槽内，因为这样会污染泥浆。混凝土顶面高程设置在导墙底高程以上 0.2 m 处。现场浇筑地下连续墙混凝土见图 6-11。

导管间距要求控制 3~4m，与端部的距离控制在 2m 内。

图 6-11　现场浇筑地下连续墙混凝土

第三节　降排水和加固砂层施工技术

翔安端隧道海域段施工地表为围堰回填处理，翔安端浅滩段隧道埋深为 20~30m，纵坡坡度为 2.92%，区段长度约为 350m。该区段位于海岸浅滩区域，主要地质条件见表 6-3。

围堰工程地质情况表　　表 6-3

土层编号	岩土名称	状态	层厚（m）	标贯击数（击 /30cm）	渗透系数（10^{-5}cm/s）
①	填筑土	松散 ~ 密实、硬塑	1~8	—	—
②	黏土	硬塑	6.75~16.5	8~36	9.4
③	砾砂	密实、饱和	1.2~8.45	83.6	354
④	全风化花岗岩	硬塑 ~ 半干硬塑	2~10	49.3	3

海水平面接近地表面；勘察期间综合地下水位在 −2.22~−1.36m；砾砂层为富含水层，地下水为承压水，与海水连通且受潮汐影响。由于该段主隧道顶部穿越强透水砾砂层，施工时极易产生涌水、透水事故，因此在隧道施工前必须对地下水进行有效地控制，并对砾砂层进行必要地加固处理，以避免安全事故的发生。在隧道顶部穿越强透水砾砂层的区段周围地面下设置一定深度的闭合防渗止水帷幕，把影响施工范围内的地下水及渗流通道阻断，尤其是阻断砾砂层地下水及其渗流通道与外界海水的联系，从而为降低和排出该区段隧道施工区域内的地下水创造条件。经过专家论证，隧道安全穿越砂层的关键是要解决砂层承压水和提高松散砂层稳定性的问题。经过比选，最终确定在砂层影响范围的内地表采用地下连续墙和降水井控制地下水，切断海水对砂层的补给通道，并通过降水井疏干砂层中的水，使该区域满足隧道施工要求，消除隧道施工时砂层产生突水、涌水和坍塌的安全隐患。采用的主要施工方案有：①在地表采用降水井和地下连续墙控制地下水；②在洞内采用小导管超前预注浆加固透水砂层；③采用 CRD 工法施工。

一、洞内砂层加固施工技术

在正式穿越砂层施工前，对砂层试验段分别进行了普通小导管（材料采用水泥浆）和 TSS 小导管后退式注浆（材料分别采用水泥浆、水泥 − 水玻璃双液浆、固沙剂）超前预支护试验。通过对注浆试验的注浆效果进行比较分析（表 6-4），确定了以下经济合理的砂层加固方案。

注浆试验对比　　表 6-4

导管类型	注浆液	配比	固结时间（min）	优　点	缺　点	最佳方案
普通小导管	水泥单液浆	$W:C$=1∶1	480	成本低	施工时小导管进砂，注浆效果差，固结时间长，不利于施工进度的提高	采用 TSS 管注水泥-水玻璃双液浆（1∶1）∶0.2
TSS 小导管后退式分段注浆	水泥单液浆	$W:C$=1∶1	480	成本低，可注性好	固结时间长，不利于施工进度的提高	
	固沙剂	$W:S$=3∶1	360	颗粒细，可注性好	成本高，固结时间较长，不利于施工进度的提高	
	水泥-水玻璃双液浆	$W:C$=（1∶1）∶0.2	16	可注性较好，固结时间短，可提高施工进度	对现场操作要求较高	

1. 超前小导管及掌子面临时封闭措施

根据降水井的水位、水平探孔的水量情况以及掌子面土体的稳定性等设置超前小导管。

（1）砂层地段超前小导管环向采用长度为 3.5m 的 TSS 双液注浆小导管（ϕ42mm×3.5mm），搭接长度为 1.5m，环向间距为 20cm。非砂层地段超前小导管环向采用长度为 3.5m 普通单液注浆小导管（ϕ42mm×3.5mm），搭接长度为 1.5m，环向间距 30cm（图 6-12、图 6-13）。

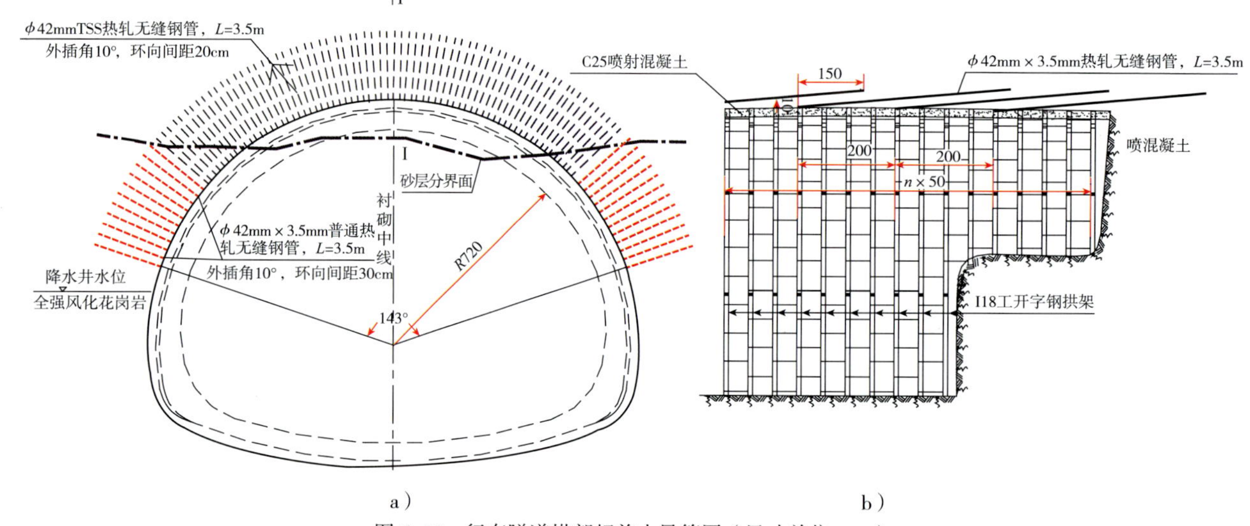

图 6-12　行车隧道拱部超前小导管图（尺寸单位：cm）

a）行车隧道超前小导管布置图；b）I–I 断面图

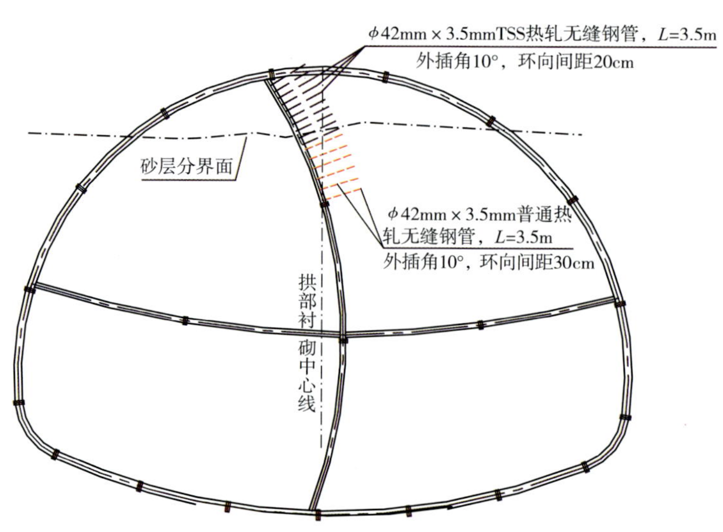

图 6-13　行车隧道中隔墙超前小导管图

（2）在掌子面弧形开挖面内砂层采用塑料网喷射混凝土使其封闭，喷射厚度为 8cm。掌子面砂层封闭地段超前小导管，采用 3.5m 长 TSS 注浆小导管（ϕ42mm×3.5mm），每 2m 一个循环，小导管按照 1.0m×1.0m 梅花形布置（图 6–14）。

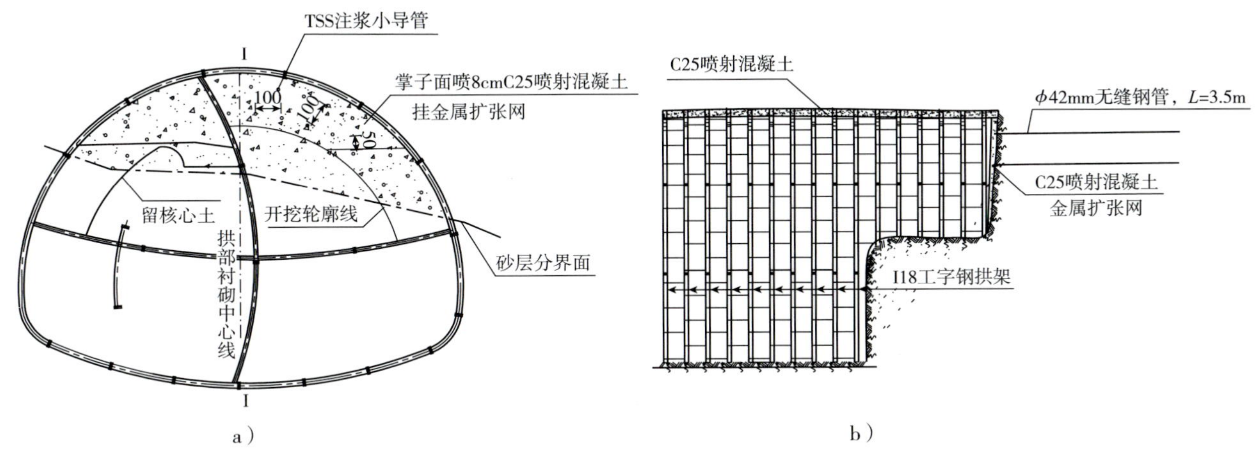

图 6–14 掌子面加固示意图
a）掌子面加固小导管布置示意图；b）I–I 断面图

（3）位于水位以下地段导管采用长短结合的 TSS 注浆小导管，即 2 排 3.5m 长 TSS 注浆小导管（ϕ42mm×3.5mm）+1 排 8m 长 TSS 注浆小导管（ϕ42mm×3.5mm），每排间距 2m，环向间距为 30cm，其余地段同（1）。

（4）位于水位以下的掌子面弧形开挖面砂层采用 C25 塑料网喷射混凝土使其封闭，喷射厚度为 10cm。其掌子面封闭地段超前小导管，采用 6m 长 TSS 注浆小导管（ϕ42mm×3.5mm），每 3m 一个循环，导管按照 1.0m×1.0m 梅花形布置。

2. 小导管注浆设备及参数

掌子面采用两台 ZYB70/80D 型单缸双液注浆泵同时注浆，这样可以加快注浆速度。

（1）普通超前小导管注浆采用纯水泥浆液，注浆参数如下：水泥浆水灰比为 1∶1~1∶1.5；注浆压力为 1.0~1.5MPa。

（2）TSS 超前小导管注浆采用水泥–水玻璃双浆液，注浆参数如下：水泥–水玻璃浆水灰比为（1∶1）∶0.2；注浆压力为 0.5~1.0MPa。

（3）当掌子面出现粉砂及含较多胶结物的砂层时，在采用普通水泥浆注浆效果比较差的情况下，可使用超细水泥及固沙剂代替普通水泥进行注浆。

3. 砂层段 CRD 法施工技术

1）施工技术参数

采用 ϕ42mm 注浆小导管进行超前支护，初期支护采用工字钢拱架和网喷混凝土。右线行车隧道 CRD 法初期支护参数见表 6–5。

右线行车隧道 CRD 法初期支护参数表 表 6–5

超 前 支 护		钢 支 撑	钢 筋 网	混 凝 土	锁 脚
ϕ108mm×6mm 注浆管棚，长度为 42m	ϕ42mm×3.5mm 注浆小导管，长度为 3.5m，搭接长度为 1.5m	永久支护采用 I20b 工字钢，临时支护采用 I18 工字钢，连接脚板采用 2cm 厚 A3 钢板	ϕ8mm 钢筋网，网格尺寸为 20cm×20cm，永久支护采用双层钢筋网，临时支护采用单层钢筋网	C25 喷射混凝土，永久性钢支撑为 30cm，临时性钢支撑为 20cm	ϕ42mm×3.5mm 注浆小导管，永久支护长度为 3.0m，临时支护长度为 2.5m

2）施工步序步长

（1）施工步序

CRD 法施工施工步序为：左上导坑→左下导坑→右上导坑→右下导坑，如图 6-15 所示的右线行车隧道 CRD 法施工步序图。

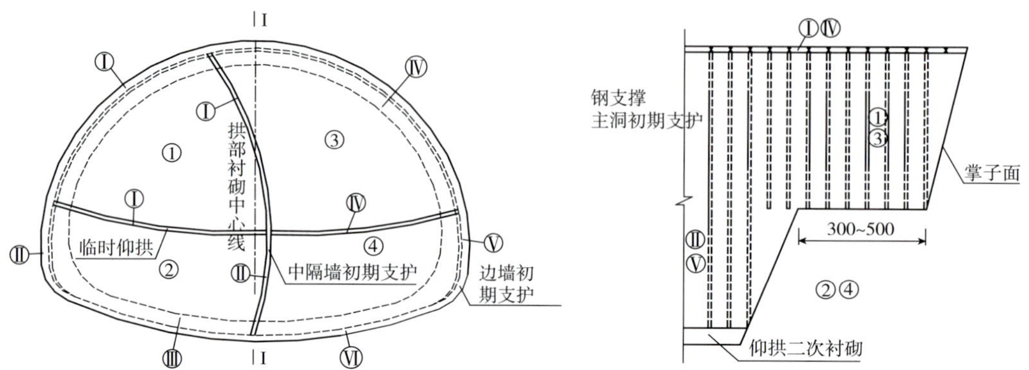

注：
1.本施工方法适用于采用CRD法施工地段。
2.导坑施工中采用钢架、超前小导管、钢筋网、喷射混凝土等临时支护。
3.施工工序：
①开挖左侧导坑上半断面
Ⅰ左侧上导坑拱部初期支护 左侧上导坑中隔墙临时初期支护及临时仰拱支护
②开挖左侧导坑下半断面
Ⅱ左侧下导坑边墙初期支护 左侧下导坑中隔墙临时初期支护
Ⅲ左侧下导坑仰拱初期支护
③开挖右侧导坑上半断面
Ⅳ右侧上导坑拱部初期支护 右侧上导坑仰部初期支护
④开挖右侧导坑下半断面
Ⅴ右侧下导坑边墙初期支护
Ⅵ右侧下导坑仰拱初期支护
4.完成隧道开挖及初期支护后，再进行二次模筑混凝土的浇筑。按照先墙后拱法，先施工仰拱，后进行边墙、拱部的二次混凝土的浇筑。完成这些步骤后，方可进行下一循环的施工。

图 6-15 右线行车隧道 CRD 法施工步序图

（2）施工步长

开挖采用小型挖掘机配合人工进行施工，开挖时预留 10~20cm 采用人工开挖，以减小机械开挖对围岩的扰动，施工步序为：①→②→③→④，各部内按ⓐ→ⓑ施工顺序进行施工，相邻部间距控制在 10m 左右，①④部间距控制在 40m 以内，如图 6-16 所示为右线行车隧道 CRD 法施工步长图。开挖时①③部预留核心土，核心土长度为 5~6m，②④部采用台阶法开挖，台阶长度为 3m。根据地质情况，开挖进尺为 0.5~1.0m，预留沉降量为 20~30cm。①③部采用小翻斗车出渣，②④部直接采用自卸汽车出渣。

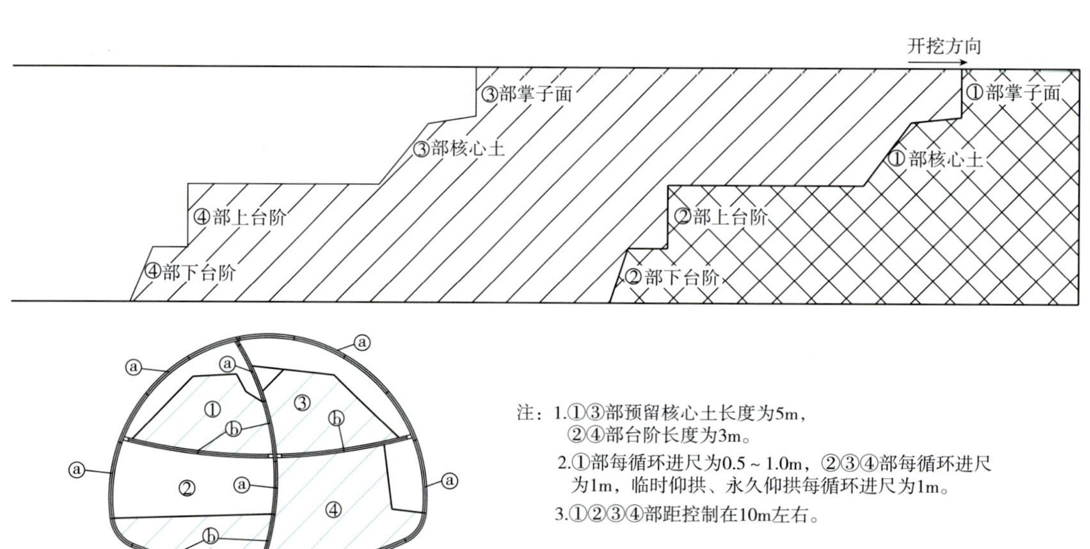

ⓐ为先施做部位；ⓑ为紧跟部位

图 6-16 右线行车隧道 CRD 法施工步长图

3）支护

（1）超前支护

超前支护采用3.5m长的ϕ42mm×3.5mm注浆小导管加固，在富水地段注水泥–水玻璃双液浆，普通地段注纯水泥浆。超前小导管每2m一循环，搭接长度为1.5m，注浆压力0.5~1.0MPa。因导管注浆后不可能将导管周围的土体完全固结，在开挖后容易剥落，造成超挖，所以在进行超前支护施工时应严格控制外插角。

（2）初期支护

开挖后及时初喷，有利于减小围岩的松动圈，有利于控制下沉和施工安全，初喷厚度不应小于6cm，遇到渗水量较大的部位可以在初喷前先挂设柔性金属扩张网，然后进行初喷，并在基面预埋导流管。

初喷完毕后立即进行工字钢拱架的安装，纵向间距为50cm，安装时要严格控制垂直度和法线，确保各部工字钢拱架封闭成环后在同一个铅垂面上，使之整体受力。在钢拱架落地脚板处安设方木或槽钢作为扩大基础，并在每个落地脚板位置打设2根长度为3m的ϕ42mm注浆锁脚小导管，以控制落地脚板的下沉。

钢拱架安装完毕后挂设双层钢筋网，并预埋注浆小导管，便于初期支护背后补偿注浆，最后喷混凝土至设计厚度。

4）施工组织

（1）劳动力配置

现场共分6个组，即一个技术组、4个综合班和一个机械班。技术组负责施工现场的技术和测量量测工作，综合班分别负责CRD①②③④部的开挖支护工作，机械班负责机械、管路等的维修和机械开挖、出渣工作。劳动力配置见表6–6。

劳动力配置表 表6–6

序号	班组	数量（人）	备注
1	技术组	10	施工现场技术指导，施工过程质量控制，超前地质预报，测量放样及量测工作，其中测量工6人，现场技术员3人
2	综合一班	35	开挖、注浆7人，打设超前、锁脚导管4人，架立拱架8人，仰拱施工4人，喷射混凝土9人，抽水3人
3	综合二班	25	架立拱架11人，喷射混凝土6人，开挖、打锁脚导管5人，抽水3人
4	综合三班	31	开挖、注浆6人，立拱架10人，喷射混凝土9人，打设超前、锁脚导管6人
5	综合四班	20	架立拱架9人，喷混凝土5人，开挖、打锁脚导管4人，抽水2人
6	机械班	47	电工6人，焊工2人，修理工5人，空压机司机2人，抽水工3人，挖掘机司机7人，管路工6人，翻斗车司机8人，出渣车司机8人

（2）机械设备配置

机械设备配置以先进、高效、适用、配套为原则，投入的主要施工机械设备的规格型号和数量必须充分满足CRD法施工工艺的需要。由于施工工序繁多，故施工机械和设备①③部、②④部应协调配合使用，充分发挥施工机具的最大效益。做到配套合理，经济实用。机械设备配置见表6–7。

机械设备配置表 表6–7

序号	名称	型号	单位	数量				备注
				①部	③部	②部	④部	
1	喷射机	KSP–2000	台	2	2	1	1	—
2	电焊机	BX1–315	台	4	4	3	3	—
3	自卸汽车	红岩32160	台	—	—	2	2	—

续上表

序 号	名 称	型 号	单 位	数 量				备 注
				①部	③部	②部	④部	
4	翻斗车	FC-10	台	3	3	—	—	—
5	强制搅拌机	JS500	台	2				—
6	射流风机	SDF-9 Ⅱ	台	1（在二次衬砌模板台车上）				—
7	空压机	4L-20/8	台	4				—
8	挖掘机	PC78	台	1	1	1		—
9	抽水机	—	台	2	1	2	2	—
10	真空泵	—	台	1		1	1	—
11	注浆泵	SGB9-12	台	1	1	1		—
12	通风机	—	台	2				—
13	钻机	YT-28	台	4	4	4	4	—

（3）风水电配置

通风机采用 2 台 220kWSDF（C）-NO12.5 风机，分别对隧道①②部和③④部供风，主风管管径为 150cm，直通①③部。②④部风管分别从①③部分叉引入，管径为 130cm。

洞内施工用风采用 4 台 20m³ 空压机向掌子面供风，高压风管和高压水管以及排水管均直通②部，风水管均设置三通闸阀，当发生涌水时可将高压风管和高压水管均改为应急排水管。

动力电由洞口箱式变压器直接引入②部，再由②部送至各个工作面，见图 6-17。

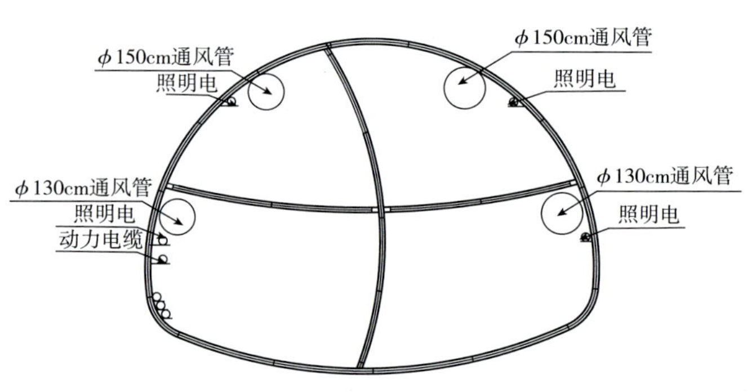

图 6-17　CRD 法开挖支护施工风水电布置示意图

二、地表降排水施工技术

1. 降水方案

采用《铁路工程水文地质勘测规程》（TB 10049—2004），隧道最大涌水量计算公式（古曼德经验式）为：

$$Q=L2\pi KH/\ln(4K/d) \tag{6-2}$$

降水影响半径　$R=r_0+R_0=2S\sqrt{K}=54\text{m}$

式中：Q——最大涌水量（m³/d）；

K——含水体渗透系数，取 0.083m/d；

H——静止水位至洞身横断面等价圆中心的距离，取 12.75m；

d——洞身横断面等价圆直径，取 12m；

L——隧道通过含水体的长度，取 170m；

S——静水位至隧道底部高度，取 18.75m。

经计算，Q=781.2m³/d

降水深度大于隧道底部开挖线 0.5m，根据经验，对双排井点 i 可取 1/15~1/10，这里取 i=1/12，代入如下公式。

$$L=H+h+ir_0+Z+Y+T \tag{6-3}$$

式中：L——井点管埋设深度（m）；

H——隧道底部开挖深度（m）；

h——降水后水面距隧道底部开挖线下的深度（m）；一般取 0.5m；

i——降水区内的水力坡度；

r_0——等效半径；

Z——降水期内地下水位变化幅度（m）；

Y——过滤器工作部分长度（m）；

T——沉砂管长度（m），一般取 0.5m。

得出降水井超出隧道底部为 5m（图 6–18），单井抽水能力以 $15m^3/d$ 计算，需井 52 口，降水井每侧布置 52/2=26 个，间距为 170/26=6.5m，施工取间距 5m。

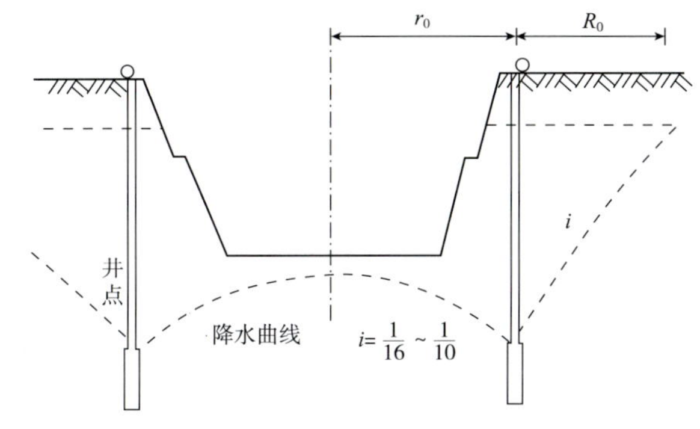

图 6–18 深水井计算简图

降水井采用地质钻机成孔，直径为 300mm，内置直径为 160mmPVC 管（外裹纱布），在 PVC 管周围填充碎石成孔。

降水井沿着隧道外侧 2m 布置，深度要求达到隧道最低点 5m，隧道开挖至该段 10m 时开始抽水，至隧道可安全通过结束，水泵抽排能力要与降水井出水量相匹配，以达到降水目的。降水井布置见图 6–19。

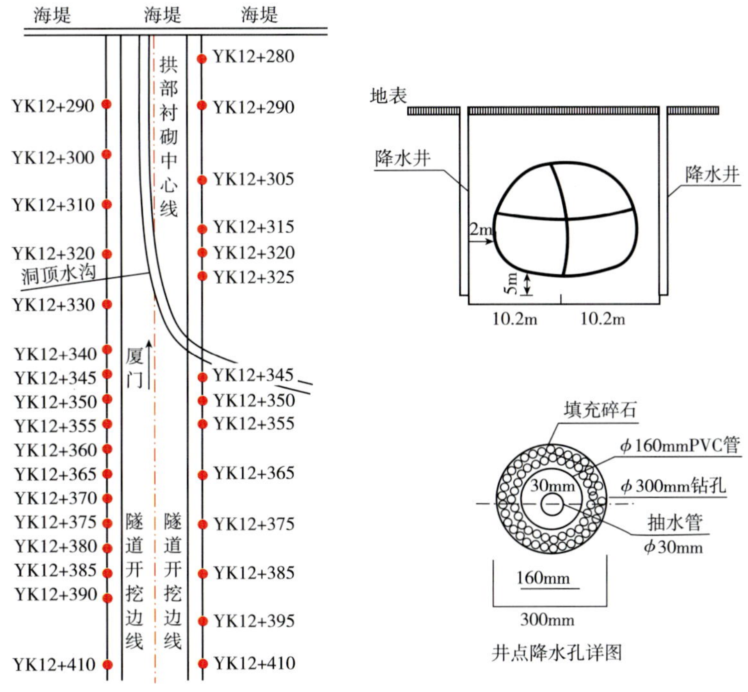

图 6–19 降水井布置示意图

2. 降水施工设计

1）工艺流程

井点放样→钻机就位→冲击钻孔→安放滤管→投放滤料→洗井→安装潜水泵和供电设备→铺设排水干管→试抽→降水运行及观测。

2）疏干减压井施工

（1）成孔：成孔采用冲击钻机、泥浆护壁，井孔旁设置泥浆池或泥浆沟，孔径 ϕ650mm。

（2）下滤管：成孔后下滤管（滤管采用无砂混凝土管，接头采用子母扣形式，壁厚45mm），上下管连接要紧密，下管时要垂直居中（图6–20）。

（3）滤料：滤料采用5~10mm豆石，回填时要求从井口四周均匀回填，以防止将井管挤偏；井口地面以下1.0m范围内最好采用黏土回填，防止地表水流入井内。

（4）洗井：采用空压机在井孔内上下反复冲洗，清除孔壁泥皮及孔底沉渣，充分洗井直至返清水为止。

（5）抽水：用潜水泵抽水，水泵下至距井底1.5m；水泵功率和抽水量根据现场出水量进行调整。

（6）排水管：排水总管要顺直，坡度、长度根据现场条件，应符合场内排水要求；施工中对场地机械设备应严格控制行走路线，避免破坏井点；降水运行开始时间待帷幕封闭后进行，为保证降水效果，降水运行时间不得小于设计天数，成井记录、水文观测记录要详实可靠。

图6–20　降水井使用的无砂混凝土管

（7）成井深度要求进入全风化层2~6m。

（8）每月洗井一次，个别井底沉渣太厚可调整洗井时间，保证降水效果。

（9）由于降水井抽出的水为海水，对水泵腐蚀性较强，因此现场要预备一定数量的水泵更换，以保证连续抽水。

Ⅰ期连续墙降水井在刚开始降水后由于井内部分水位降到一定深度后就无法再下降，故需更换大功率水泵才能使水位才有所下降。Ⅱ期连续墙施工面积大、地质变化较大、局部槽段存在孤石和铁、锰胶结物，为保证达到设计要求需进入强风化层，连续墙施工时采用冲击钻机冲击这段地层，辅助成槽机施工，以降低成槽机施工风险。Ⅲ期外侧观测井按长度均匀布置，由于连续墙内降水井的间距为15m左右（间距均匀），因此局部地段可充分利用内部降水井来观测，外部无需增加观测井。在施工过程中当发现地下砂层厚度不规则或井位不处于该范围砂层的最低位置时，尽管降水井使水位降至砂层高程以下，但隧道施工时前方砂层仍会存在饱和地下水。

3）降水方案

（1）降水设计

根据设计要求，地下连续墙沿左、右线主隧道外侧15m线分别在纵向、横向设置，并与二期横向连续墙共同形成封闭四边形；混凝土地下连续墙在垂直方向穿过砾砂层，深度进入全风化花岗岩层4.0~6.0m。

假设墙体外的地下水不能流入墙内，基底土层为弱透水层（视为不渗水层）。根据砂层补勘报告，黏土层平均厚度为8m，天然含水率为22.5%，渗透系数为2.19×10^{-6}cm/s；粗砂层平均厚度为8m，天然含水率为15.7%，渗透性好；全风化花岗岩层，平均厚度为8m，天然含水率为22.5%，渗透系数为38.84×10^{-6}cm/s。以Ⅲ期连续墙为例进行计算，说明降水井在穿越砂层段的设计布置。

墙内总抽水量 $Q=V_{黏土水}+V_{砂层水}+V_{全风化水}$

$$=(277\times116)\times(8\times22.5\%+8\times15.7\%+5\times22.5\%)=134\,344\text{m}^3。$$

地下水实际会通过连续墙底部全风化层渗流到连续墙内部，降水井抽水顺序为先将墙内地下水抽干后，再抽由墙底绕流的水。绕流的水量为：

$$L\times H\times K=[(277+116)\times2\times5\times38.84\times10-6\times24\times3\,600]\div100=131.9\text{m}^3/\text{d}$$

假设按工期要求30天内抽水必须达到稳定，隧道才可以开挖此段，则抽水量=134 344+131.9×15=136322.5m^3。单井抽水能力按照60m^3/d计算，则需76台水泵，考虑其他因素影响乘以系数1.1，实际需布置水泵83台。

（2）降水实施

降水井采用循环钻机成孔，孔内放置大口径无砂混凝土管，井径 600cm，井壁填充 5~10mm 厚的豆石，井纵向间距为 15~20m，共设置 4 排，分布在主洞外侧及主洞与服务隧道之间（图 6–21）。

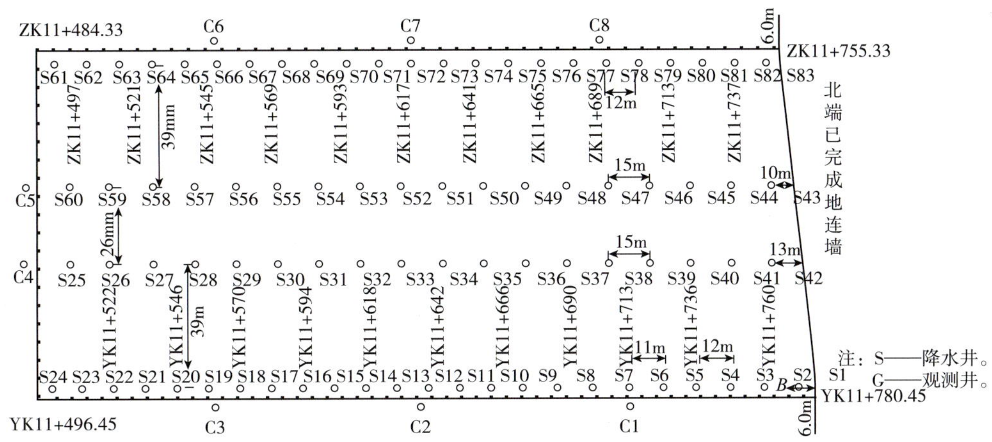

图 6–21 降水井平面布置示意图

连续墙防渗止水帷幕封闭后即可以开始大面积抽水，抽水采用高扬程潜水泵。由于井内水补给呈间歇性，需采用人工定时巡视的方法进行抽水，以防止水泵由于无水作业产生损坏。为防止突然停电而造成降水停止，现场应根据水泵总功率配置发电机、动力电和自备电源，并设置自动切换装置。

每天派专人定时观测降水井并记录井内水位变化情况，汇总整理后及时分析，以便指导施工。当确认封闭区域内降水井水位低于砂层底面高程时，才能进行该区域内隧道的开挖。

对洞内少量渗水处采用超前小导管预注浆对砂层进行固结，开挖采用 CRD 法，以确保隧道安全通过砂层段施工。

3. 地下连续墙降水

根据地质条件和施工要求，采用素混凝土地下连续墙作为防渗止水帷幕是最为安全、快速、可靠和可行的防渗止水方案。布置图见图 6–22、图 6–23，防渗地下连续墙厚度为 600mm，采用 C25 混凝土浇筑而成。设计沿左、右线主隧道外侧 15m 线分别设置纵向、横向混凝土地下连续墙。Ⅰ期地下连续墙充分利用大里程断面处无砾砂层，在大里程断面处设置一排降水井，形成闭合的防渗止水帷幕；Ⅱ期、Ⅲ期地下连续墙施工分别依靠Ⅰ期、Ⅱ期横向墙体形成一个水平面上的闭合。另外墙体在垂直方向穿过砾砂层，深度为进入第④层全风化花岗岩层 4.0~5.0m，从而在空间上形成了一个闭合，阻断了隧道施工范围内的砂层和外界海水间的联系。

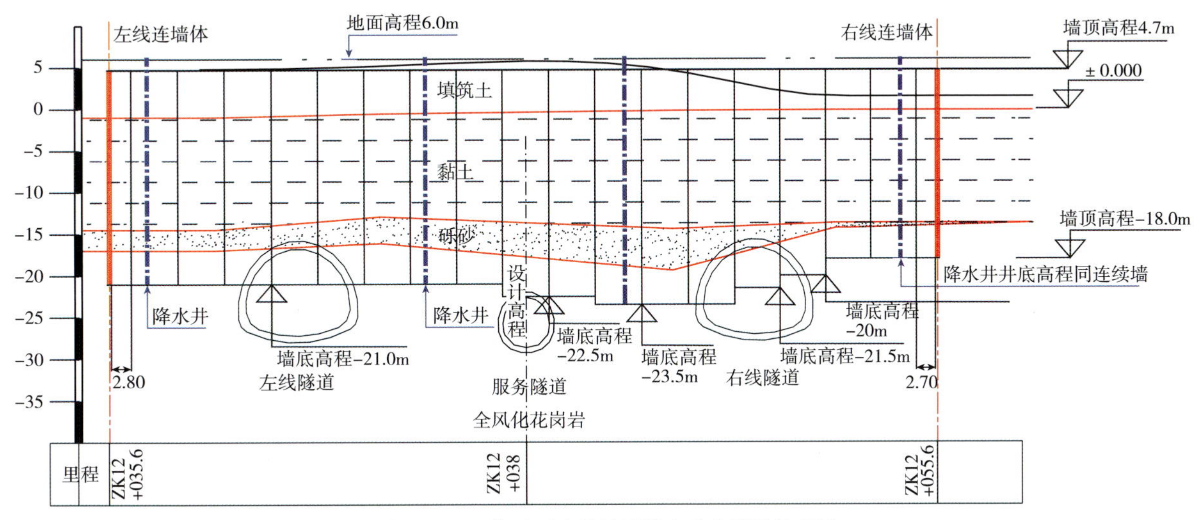

图 6–22 Ⅰ期地下连续墙及降水井和隧道关系图

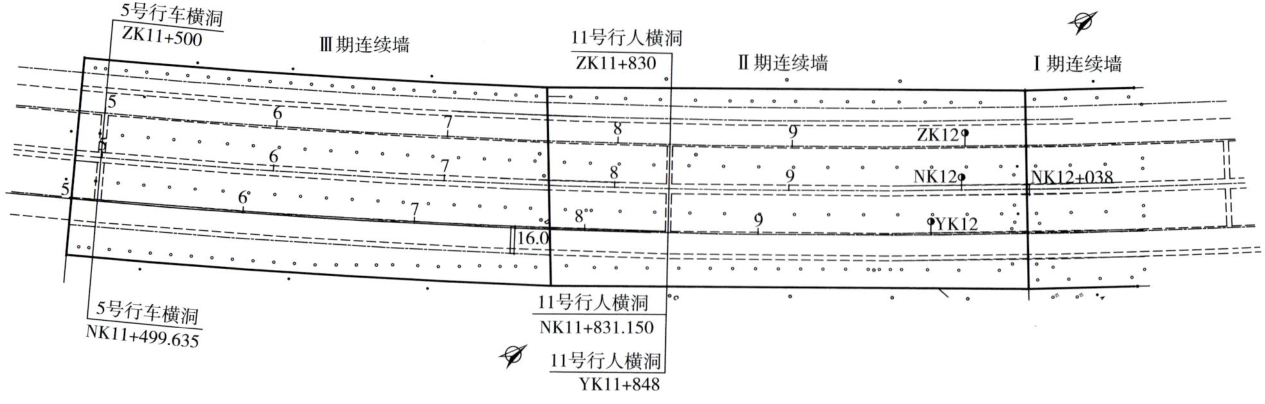

图 6–23 防渗地下连续墙及降水井平面布置示意图

4. 降水效果

经过三期连续墙施工后抽水，在 20d 内水位基本稳定，砂层中水补给较慢，洞内掌子面开挖揭示的围岩除局部因砂层处于 V 形低洼谷底有少量渗水外，大部分都较干燥。通过注浆可以固结止水，掌子面砂层注浆固结后自稳性大大增强，开挖和支护能够保持在无水状态下进行，每天平均开挖进尺可以保持在 1.5m 以上。拱顶下沉量减少约 50%，水平收敛减少约 30%，给隧道安全穿越砂层打下良好基础。

第四节 高压旋喷施工技术

一、设计方案

行车隧道右线设计所采用的水平高压旋喷注浆结合超前小导管注浆用于砂层段处理，以形成闭合帷幕，用于截阻地下水流和治理流沙。隧道左线及服务隧道拱顶穿越砂层，标贯级数为 $21<N<30$，设计采用地表垂直高压旋喷注浆防护。

水平与垂直高压旋喷注浆的施工工艺相同，只是水平高压旋喷桩是利用水平钻机水平或略向上仰成孔，而垂直高压旋喷桩是利用钻机垂直于地表进行成孔，沿隧道拱部或外缘进行高压旋喷注浆作业，形成旋喷水泥柱体，使之相互搭接形成拱棚。施工时应加强旋喷工艺以及旋喷桩的成桩质量，保证设计的旋喷成拱直径。钻进成孔和成孔段正常旋喷注浆作业泵压均要大于 20MPa，并采用水灰比为 1 : 1 的水泥浆作为旋喷注浆材料，注浆参数应在现场试验确定。垂直与水平旋喷施工对高压注浆泵的要求是一样的，但在水平或仰角情况下，旋喷作业更易溢浆。在水平旋喷桩施工中，要求在旋喷作业前用喷射混凝土对掌子面进行了封闭，在孔口预置封堵器，以限制钻杆与孔口的环状间隙大小，使孔内多余的浆液和置换的岩土排出，同时完成旋喷作业后及时将孔口封堵，减少浆液外泄。

二、高压旋喷桩施工技术

高压旋喷桩是先用钻机把带有喷嘴的注浆管钻入土层的预定位置，然后将水以高压流的形式从喷嘴里射出，形成喷射流冲击破坏土层，然后将预先配置好的水泥浆液注入高压脉冲泵获得巨大能量后通过注浆管从喷嘴中射出，同时钻杆以一定的速度边旋转边徐徐提升，从而使浆液与土体充分搅拌，浆液凝固后形成一定直径的固结体。采用相互咬合的高压旋喷桩，可以起到帷幕堵水的作用。

为了研究高压旋喷桩在海域砂层地质下的可行性，并取得高压旋喷桩的各种施工参数，可利用围堰的有利条件在地表进行高压旋喷桩试验，通过试桩确定在该地层进行高压旋喷桩的各种参数（如水压、浆压、水泥用量、水灰比、桩间距等），然后进行相关取芯及抽水试验，要求桩体渗透系数 $K \leqslant 10^{-6}$cm/s，强度对应的标准贯入度试验不小于 60 击。

1. 第一次试桩

YK12+040~YK12+050 砂层段地表选定砂层区域进行试桩，采用三重管高压旋喷，主要机械设备及试验参数见表 6–8 和表 6–9，桩体布置见图 6–24。

主要机械设备表 表 6–8

设备名称	型 号	单 位	数 量
三重管高压旋喷钻机	GXP–30	台	1
空压机（$1m^3$）	—	台	1
注浆泵	SGB9–12	台	1
水泥搅拌桶（$0.5m^3$）	—	台	2
泥浆泵	—	台	2
取芯钻机	XY–1	台	1

试验桩参数表 表 6–9

参数类别 \ 区段	一 区	二 区	三 区
水泥用量	800kg/m	700kg/m	600kg/m
提升速度	7cm/min，5cm/min	7cm/min，5cm/min	5cm/min
共用参数	水压：32MPa	水量：100L/min	气压：0.6MPa
	气量：$1.8m^3$/min	水灰比：0.8 ∶ 1	浆压：2~2.5MPa

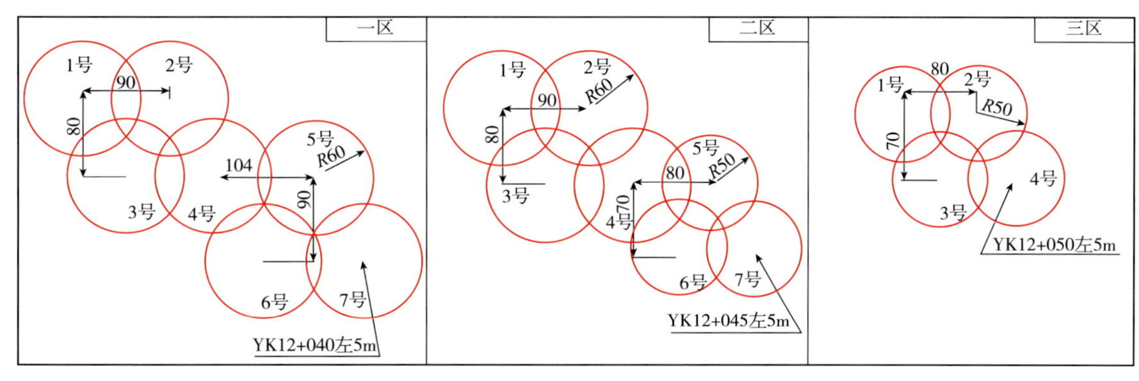

图 6–24 桩体布置图

试验桩施工完毕后，选取特殊位置进行取芯试验，取芯位置见图 6–25。

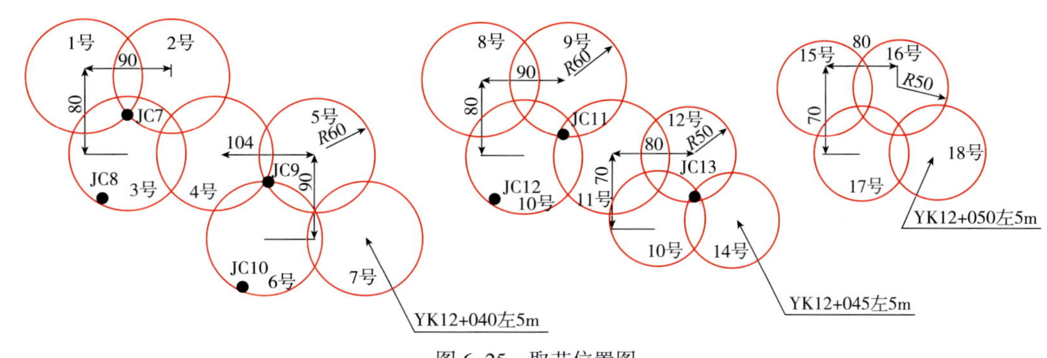

图 6–25 取芯位置图

对芯样进行分析如下。

JC7：桩身长为18.20~24.00m，芯样长5.80m，成分主要由水泥浆及中粗砂组成，芯状呈散体状，局部呈短柱状，断面较粗糙，断面吻合一般或较差，未见夹泥，干抗压强度较高。标准贯入试验修正击数大于60击。

JC9：桩身长为17.7~24.3m，芯样长6.7m，成分主要由水泥浆及中粗砂组成，20.4~21.9m段芯状呈长柱状，其余芯状呈碎块状，断面较粗糙，断面吻合一般，未见夹泥，干抗压强度较高。标准贯入试验修正击数大于60击。

注水试验分析结果见表6-10。

JC7、JC9注水试验结果表 表6-10

试验孔号	试验孔类型	含水层岩性	含水层类型	静压水位	含水层厚度或试验段长度	成井孔径	注水量	水头差	渗透系数		计算公式
				—	L	r	Q	S	K		
				m	m	m	m^3/d	m	m/d	cm/s	
JC7	非完整井	桩身	承压水	4.6	3.3	0.054	2.16	4.9	0.102	1.2×10^{-4}	$0.366Q/(LS)\times\lg(2L/r)$
JC9				4.2	3.2	0.054	0.72	4.4	0.0388	4.5×10^{-5}	

对试验结果对比分析后发现，一、三两个区域的水泥用量相差200kg/m，但是桩体质量基本相同。因三个区域内的桩身渗透系数均大于1×10^{-6}cm/s，故不能满足设计要求，所以再次试桩时主要解决渗透系数的问题，影响渗透系数主要有以下两点：一是水的影响，成桩过程中水对浆液进行稀释，降低了水灰比，影响了浆液强度，降低了成桩质量；二是注浆材料凝固时间的影响，浆液凝固时间较长时，浆液在凝固之前就被动水冲走，降低了成桩质量。

从图6-26可以看出，砂层中的水受潮汐影响，具有很大流动性，在砂层段施工旋喷桩时，动水对浆液起到一定稀释作用，降低了成桩效果。

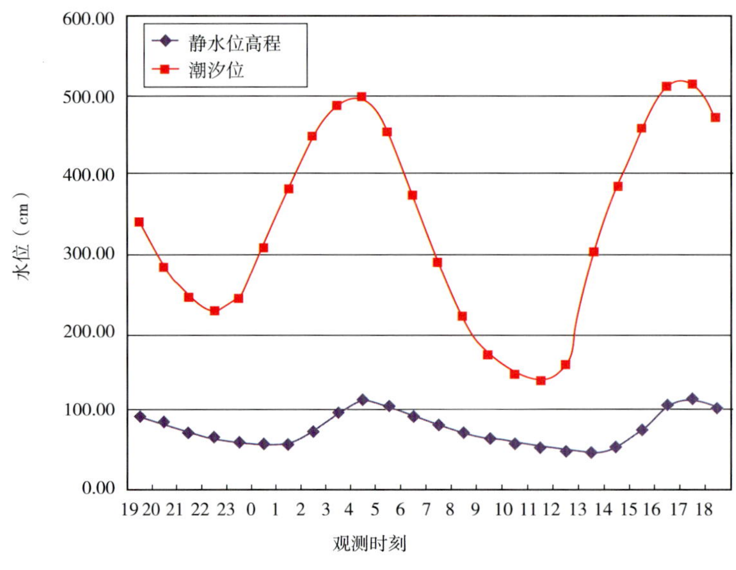

图6-26 砂层成井静水位高程与潮汐位相对关系图

2. 第二次试桩

根据第一次试桩及相关经验，将施工中的相关影响因素进行改进，重新进行第二次试桩。

机械设备方面将三重管改为二重管，将原机械的高压水喷口进行封墙，原水泥浆喷口不变，并将高压风出口改为高压水玻璃出口。使水泥浆喷出压力达到20MPa，水玻璃喷出压力达到1~2MPa。

注浆材料方面将水泥单液浆改为水泥–水玻璃双液浆。在浆液中按水泥浆体积比 1∶0.2 加入水玻璃，试验室理论凝结时间为 8min20s。

选择在 YK12+052~YK12+054 段进行第二次旋喷桩试桩。具体布置如图 6–27 所示，试桩参数见表 6–11。

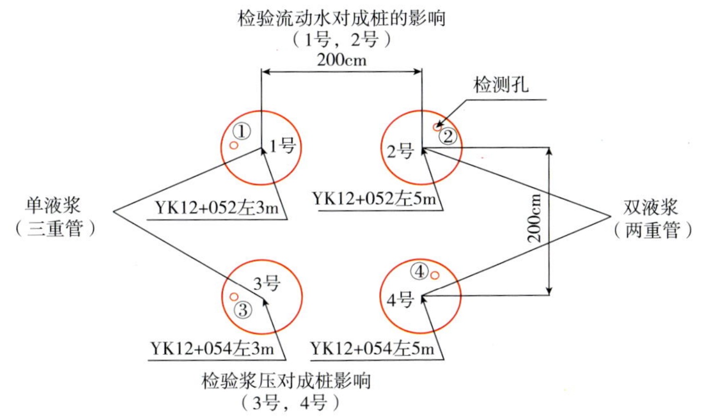

图 6–27 第二次旋喷桩试桩布置图

高压旋喷桩试桩参数表 表 6–11

桩号	1 号	2 号	3 号	4 号
水压（MPa）	30	—	30	—
气压（MPa）	0.6	0.6	0.6	0.6
水灰比	0.8 ∶ 1	0.8 ∶ 1	0.8 ∶ 1	0.8 ∶ 1
水泥浆压（MPa）	2 ~ 2.5	20	1	20
平均水泥浆（L/min）	57	57	57	57
提升速度（cm/min）	5	5	5	5
主轴转速（r/min）	10	10	10	10
水泥用量（kg/m）	800	800	800	800
水玻璃用量（L/m）	—	92	—	184
水玻璃压力（MPa）	—	1	—	2

采用双液浆旋喷，经现场观察可知返出浆液可以在 2min 内凝结。由注水试验得出各桩的渗透系数分别为：K_1=5.4 × 10^{-4}cm/s ；K_2=1.6 × 10^{-5}cm/s ；K_3=4.3 × 10^{-5}cm/s ；K_4=2 × 10^{-6}cm/s，均达到设计要求。

第七章

通风竖井施工技术

第一节 翔安端通风竖井施工技术

一、工程简介

厦门东通道（翔安隧道）翔安端通风竖井中心桩号为 YK11+300（测设中线右偏 6.07m），位于海域浅滩段，距右洞口 1310m，距海堤 930m。断面为圆形，净空直径 8.3m，对右线隧道进行送排风，同时还作为左线行车隧道的紧急情况排烟通道。竖井顶面高程为 5.5m，井底路面设计高程为 –45.947m，井深约为 52m，竖井处平均水深为 2 ~ 3m。设计采用围堰筑岛方式修建，在竖井设置位置围筑人工岛，作为竖井通风机房的平台，人工岛建成后还可作为城市景观的一部分，供市民观光休闲，同时展示隧道的建设成果。

厦门海域为正规半日潮，历史最高潮位 4.53m，最低潮位 –3.30m，平均高潮位 2.39m，低潮位 –1.53m，平均潮差 3.92m，最大潮差 6.92m，平均海平面 –0.32m（黄海高程），潮流形式属往复型，涨潮时最大流速 1.3m/s，流向 333°，落潮时最大流速 1.4 m/s，流向 137°。

竖井地质条件较差，全风化层以上设计采用钢板桩结合单排高压旋喷桩进行防护，桩底高程均为 –18.4m。根据竖井附近钻孔 XZK13（位于 YK11+287.74 右 20.87m 处）揭示，表层为 7m 左右深的淤泥，下层为 8m 左右深的粗砂，其下是深度为 1.5m 左右的全风化黑云母花岗岩，底层为强 ~ 弱风化黑云母花岗岩。竖井立面见图 7–1。

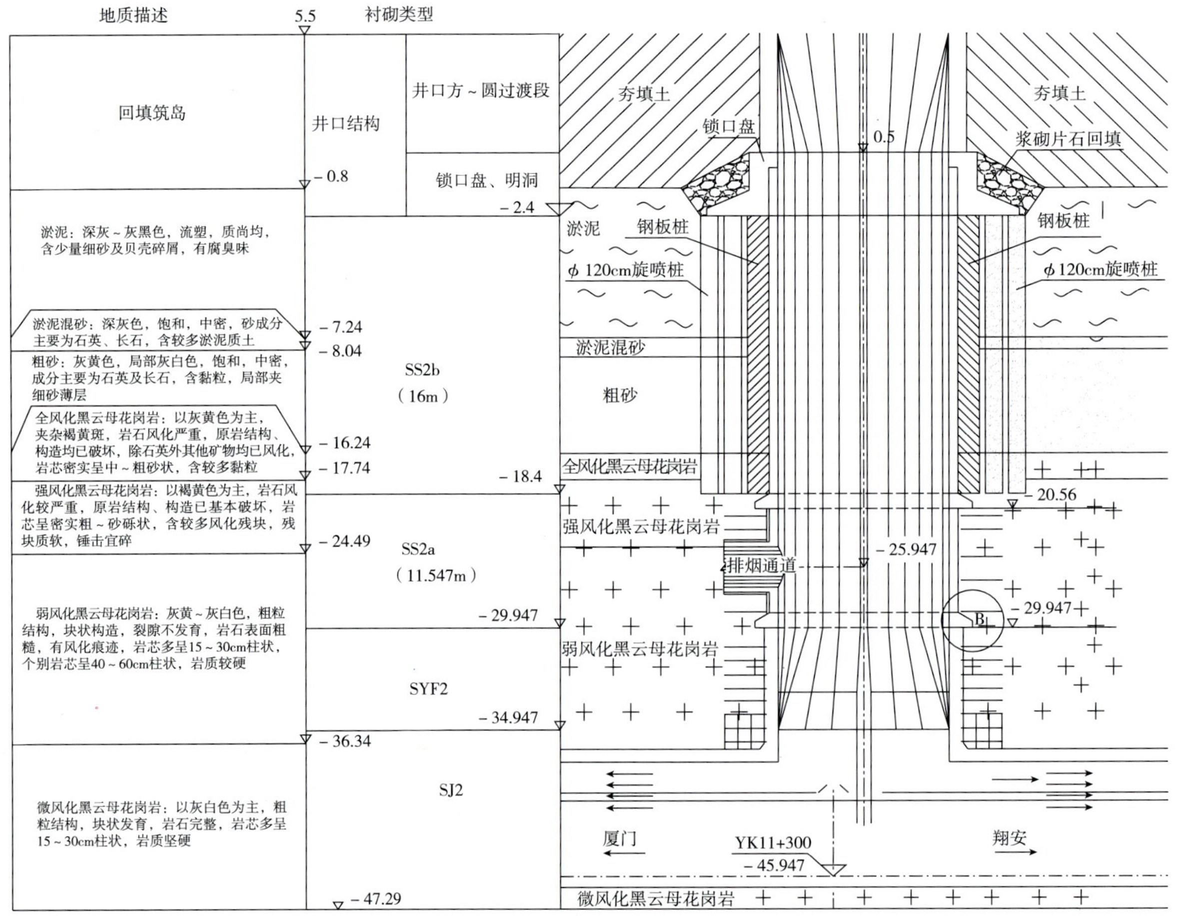

图 7–1 竖井立面图（高程单位：m）

在设计高压旋喷桩施工后期又在竖井的周围补勘两孔，揭示砂层最低高程为 -19.5m，如图 7-2 所示。

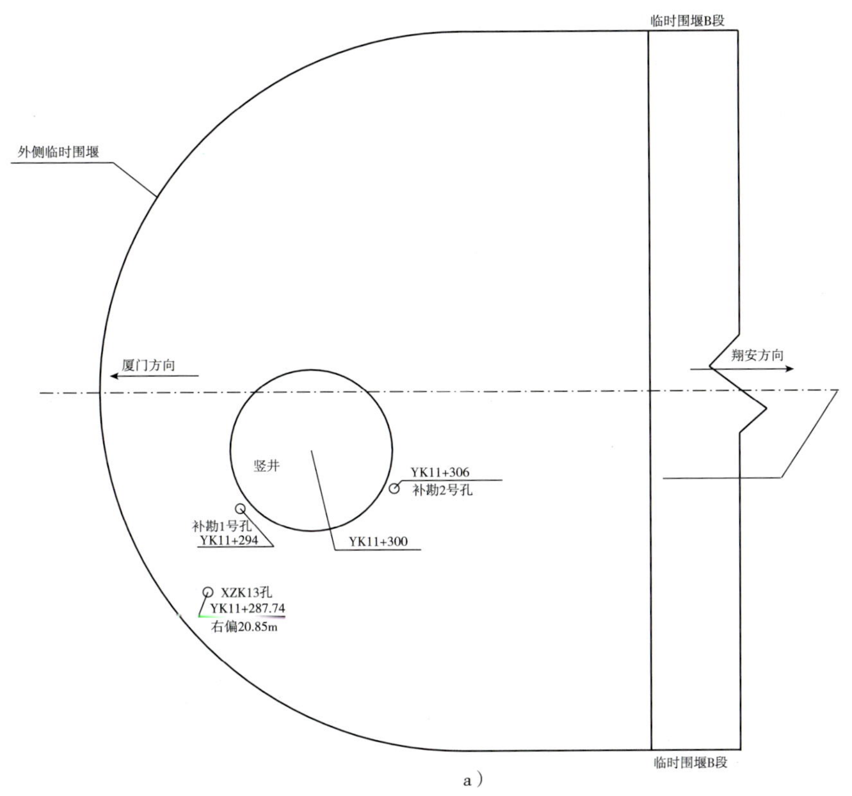

a）

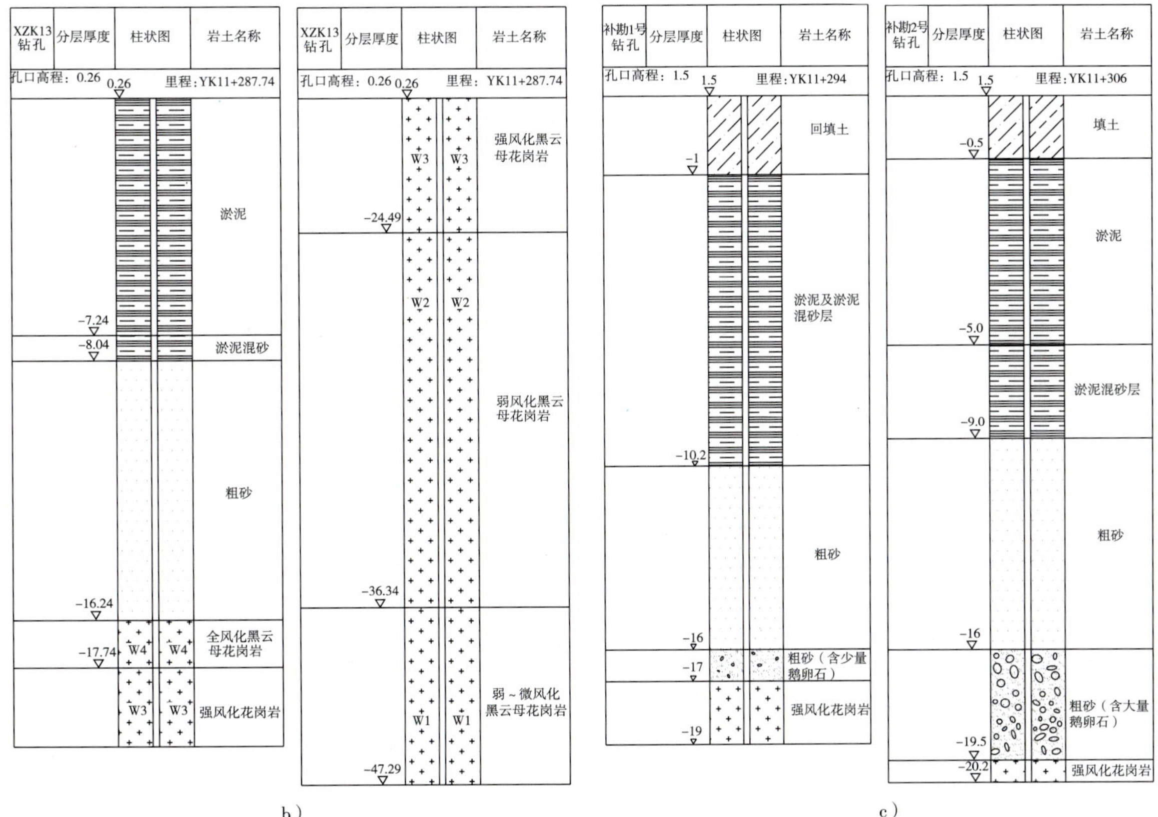

b）　　c）

图 7-2　设计地质柱状图和补勘地质柱状图（高程单位：mm）

a）竖井设计地质取芯孔及补勘取芯孔位布置图；b）设计地质柱状图；c）补勘地质柱状图

二、竖井施工技术

1. 围堰施工技术

翔安端竖井位于海域浅滩段，采用围堰筑岛方式修建，包括临时围堰和永久围堰两部分（图 7–3），即竖井人工岛周围设置永久围堰，在人工岛与翔安海堤之间的海滩上沿左右线隧道洞身两侧修筑临时围堰，临时围堰有三种结构形式：*A* 段为直接填筑充砂土工织物袋（由于基础为黏土层，故无需作换填处理），*B* 段和 *C* 段（竖井外围临时围堰）先采用抛石基床对基础进行换填处理，再在其上填筑充砂土工织物袋，临时围堰临海侧均采用抛石护底进行处理；永久围堰位于竖井外围临时围堰以内，采用承台桩基础和弧形挡墙护岸结构。临时围堰从 2005 年 11 月 3 日开始施工，2006 年 1 月 6 日施工结束。为了加快竖井的施工进度，可使永久围堰和竖井外围加固（即钢板桩和高压旋喷桩）同时施工，围堰平面见图 7–3。

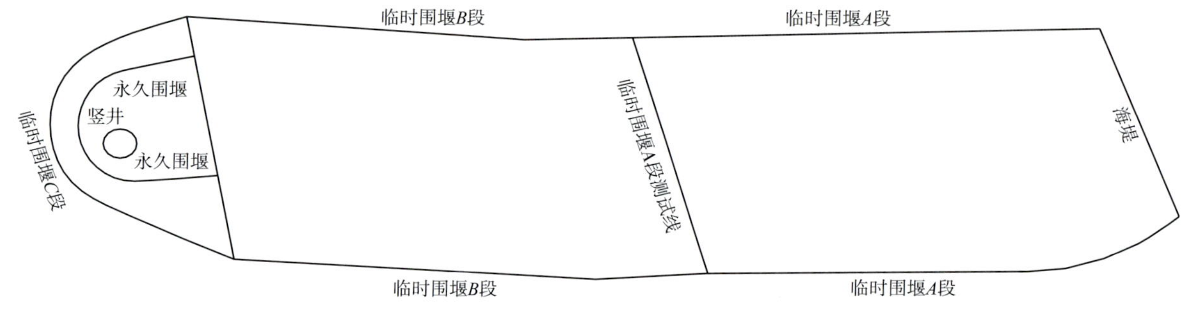

图 7–3　围堰平面示意图

临时围堰按照“从 *A* 段到 *B* 段、先纵后横”的施工顺序，分三段依次进行施工。第一段为临时围堰 *A* 段，第二段为临时围堰 *B* 段，第三段为永久围堰外侧临时围堰段。各施工段先从两侧围堰开始施工，当施工至设计高程时，再施工横向围堰。横向围堰施工应从纵向围堰两侧向中心推进，留出龙口段。龙口段利用退潮时及时封闭，尽量做到围堰内不积水或少积水。各段临时围堰护岸断面图见图 7–4。

（1）外侧围堰施工

①测量定位：临时围堰施工前首先应进行测设放样工作，并在临时围堰填筑处设定位标杆，借以标定卸料位置。

②根据临时围堰的特点，选择航深在 2m 内的自抽式平板船承担对所需海砂的运输、抛填任务。

海滩施工便道：退潮后在海滩上利用砂料填筑一条宽 4.5m 便道，路面采用 30 ~ 50cm 厚的碎石路面，以便配合砂袋施工的挖掘机等小型设备进入施工区，松软地段可以利用钢板逐段倒铺过渡。

③砂袋围堰施工：利用退潮时间进行砂袋施工，纵向围堰施工顺序由陆地向海中逐步推进，横向围堰由两端向中间施工，最后在横向围堰处合拢。在临时围堰待筑处按设计标准铺好无纺土工布并在其上按照设计位置布置好土工织物膜袋，用挖掘机将砂装在土工织物膜袋上，同时按照设计尺寸进行整理，砂袋装满后人工进行缝合，充水密实。单层砂袋高度控制在 50 ~ 60cm，纵向长度为 100m。上下两层的砂袋接头处要相互错开，互相咬合。

④砂袋围堰合拢：为了将围堰内的海水排出，在横向围堰中间部位设置合拢口。合拢时，组织好人力、物力及材料，等退潮后突击施工合拢口。

⑤临海侧抛石护底：当砂袋施工到一定高度后在临海侧进行抛石（200 ~ 300kg 块石）护底施工。

临时围堰 *B* 段砂袋围堰、外侧护底片石以及内侧黏土围堰的施工方案与 *A* 段相同。*A* 段内侧黏土围堰填筑到一定高度并在 *A* 段纵向、横向砂袋围堰处顺坡后，即可以此作为挤淤片石施工的便道，进

行 *B* 段挤淤片石施工。为了加快挤淤片石的施工进度，利用挤淤片石首先填出一条底宽 11.5m、顶宽 4.5m、中轴线与挤淤片石轴线相同、高度高于高潮位水面（3.5m）的便道，利用该便道逐步向深水区推进。

⑥挤淤片石顶面碾压整理，片石运送到位后，即可利用挖掘机对片石按照设计要求进行整理到位。挤淤片石顶部用较小石块垫平，再用重型压路机压实并整平。临时围堰护岸断面见图 7–4。

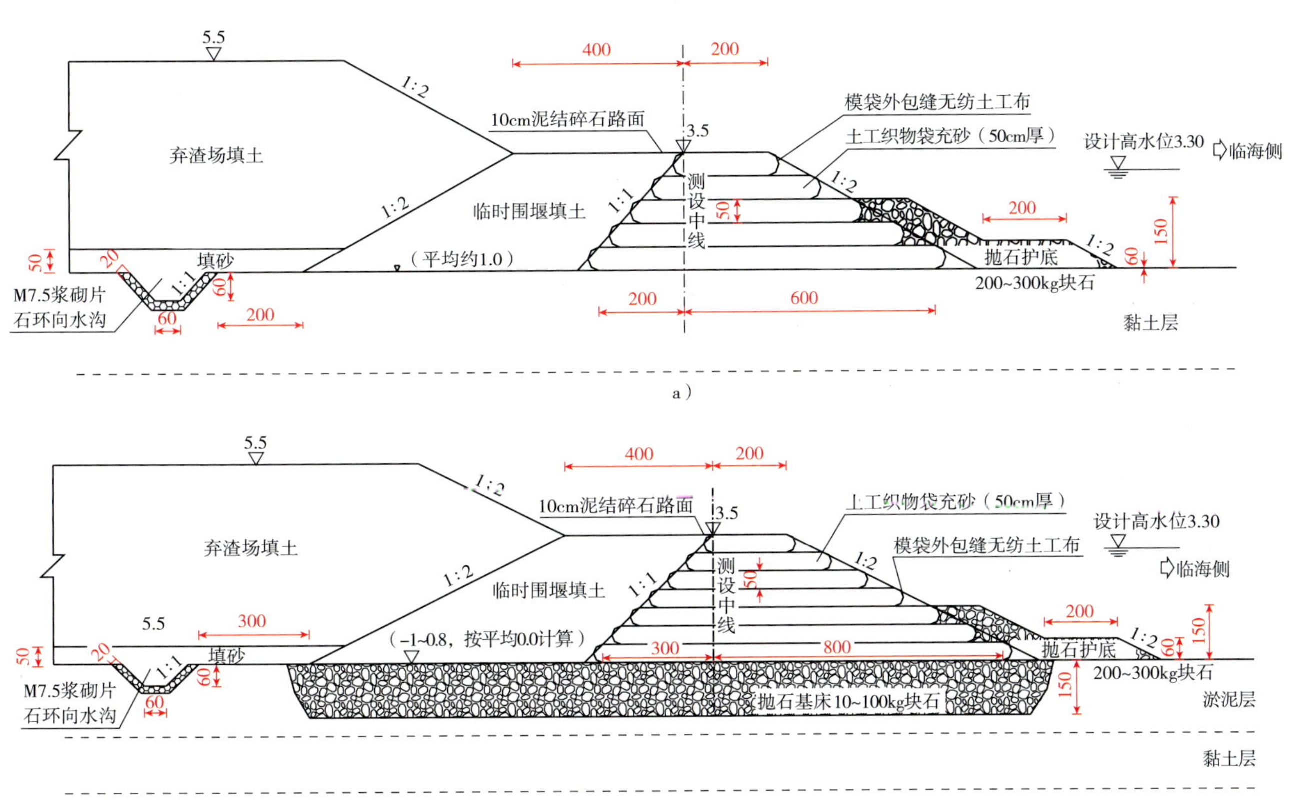

图 7–4 临时围堰护岸断面图（尺寸单位：mm，高程单位：m）

a）临时围堰 *A* 护岸断面图；b）临时围堰 *B*、人工岛护岸断面图

（2）内侧围堰施工

外侧围堰施工完成后即可在无水条件下进行内侧黏土围堰的施工。内侧围堰土方采用自卸汽车运输，施工顺序由陆地向海域方向逐步推进，按照施工质量控制标准分层碾压。为了将少量的水及时输干，在黏土围堰施工前先在设计位置处挖开排水沟，并在远海岸端的低洼处开挖两个集水井，用水泵（180m^3/h）及时将围堰内积水抽排至海里，然后进入内侧围堰的施工。临时围堰施工工艺见图 7–5。

（3）关键施工技术

①施工前应认真进行施工区域的地表勘察，选择合适的航道以便船只的行驶。

②机械配备必须满足现场施工的需要，海上施工受潮汐的影响很大，应时刻注意保证机械的正常运行，避免涨潮时机械受损。同时，详细了解当地潮汐的变化情况，结合潮汐表观察每天的实际涨、落潮时间，以及高程变化情况，并做好记录，确保在施工砂袋围堰时能把握住退潮时间，提高施工进度，保证施工安全。

③按设计图纸中的围堰断面范围进行基底清理，清除基层表面可能有损土工织物的凸凹物、杂物；土工织物袋内充砂采用人工配合挖掘机进行施工，土工织物袋采用编织土工布，砂的含泥量不大于 5%；袋体按垂直围堰轴线分层铺设，堆放整齐，上下袋体应错缝铺设；充填袋厚度不宜过厚，以控制在 0.5 ~ 0.6m 为宜，充填密度应密实、均匀；临海侧土工织物袋表面缝制一层抗老化无纺土工布，

规格为 200g/m² ；人工缝制砂袋时一定要牢固，在充填和铺设过程中，如发现袋体损坏，应及时予以修补，避免涨落潮时潮汐能将砂袋破坏，造成较大的损失。对袋内充填的砂样，每 1 000m³ 取样一次。

④同层相邻袋体接缝处土工织物袋应保留一定收缩量，以确保充填时后两袋能够相互挤紧。充填后的两袋间不得有贯通接缝。袋体应逐层加高，不得在局部地段一次加高两层，两层袋体充填的间隔时间应大于 24h。

⑤抛石基床和抛石护底应严格按照设计进行施工，确保上部砂袋围堰的安全；临时围堰基底采用抛石挤淤换填基床，按 150cm 深计算，抛石选用 10 ~ 100kg 块石。抛石基床应根据《重力式码头设计与施工规范》(JTS 167-2—2009) 中的要求进行夯实整平，基床整平时，块石间不平整部分可用二片石填充，二片石不平整部分可用碎石填充，但碎石厚度不应大于 50mm。

⑥围堰内侧填土分层压实度必须达到 85% 以上，以保证围堰整体的耐久性。

⑦护岸后底层填 50cm 厚砂层，其上弃渣。

2. 永久围堰施工技术

（1）施工简介

翔安岸竖井顶面高程为 5.5m，底面设计高程为 –45.947m，竖井井深约为 52m，净空为圆形，直径为 8.3m。竖井地质条件较差，表层为 7m 左右深的淤泥，下层为 8m 左右深的粗砂，其下是深度 1.5m 左右的全风化黑云母花岗岩，底层为强 ~ 弱风化黑云母花岗岩，厦门海底隧道通风竖井立面见图 7–6。由于竖井地质较差，全风化层以上采用钢板桩结合高压旋喷桩形式支护，以提高地基承载力及抗渗能力。竖井四周设计在半径为 4.98m 范围内采用 16m 长的钢板桩进行防护，桩顶设计高程为 –2.40m。钢板桩采用卢森堡进口的 AZ46 型钢板桩。AZ46 型钢板桩大样及其参数见图 7–7，整圈共由 54 块钢板组成。

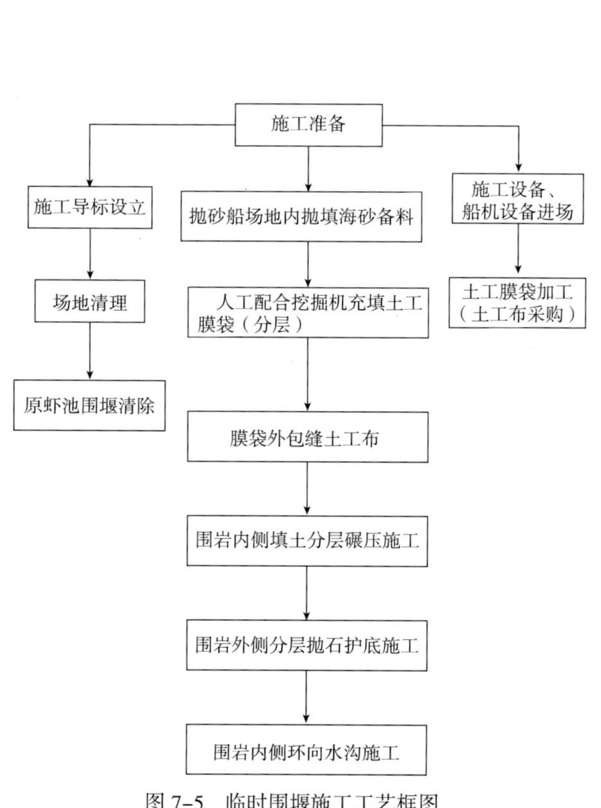

图 7–5 临时围堰施工工艺框图

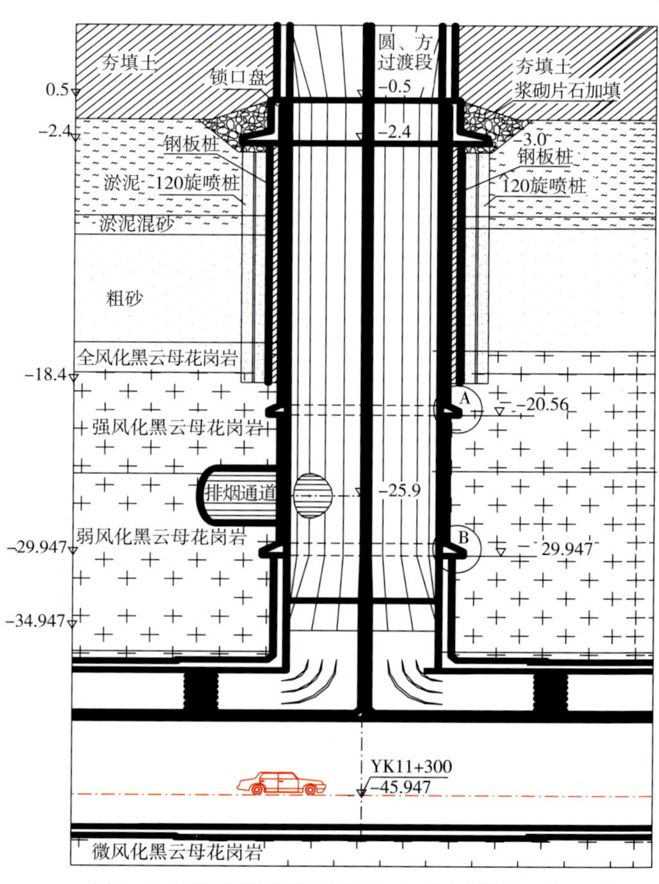

图 7–6 厦门海底隧道通风竖井立面图（高程单位：m）

（2）施工工艺

钢板桩施工工序：场地平整→测量放样→导向拱架施工→钢板桩施工。

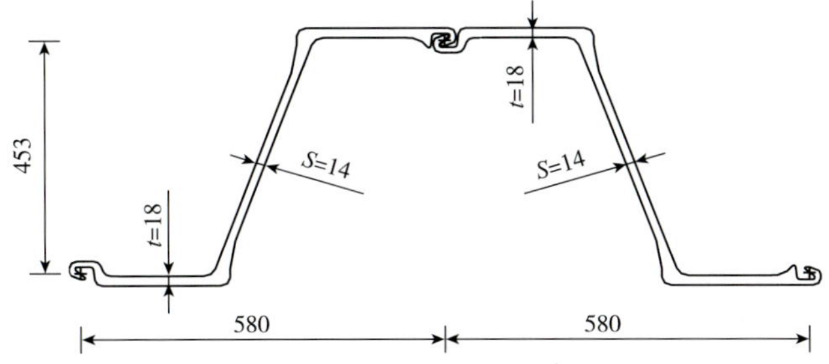

图 7-7　A246 型钢板桩大样及其参数图（尺寸单位：cm）

①场地平整：竖井处于浅海域，地表为淤泥层，因此必须进行场地处理。采用回填土进行分层压实，保证大型施工机械可以进入。

②测量放样：施工前先由测量人员定出钢板桩轴线和导向拱架的位置，桩位放样误差不得大于 20mm，桩中心插竹片或钢筋，周围撒上白灰线作为标志，以便压桩时桩位的查找。

③钢板桩的检查及矫正：将新钢板桩运到工地后，详细对其进行检查、丈量、分类、编号。检查方法为：把每片钢板桩分为上中下三部分用钢尺测量其宽度，使每片桩的宽度在同一尺寸内，每片相邻桩的宽度差值以小于 1cm 为宜，对于肉眼看到的局部变形可进行加密测量。

钢板桩矫正：要求放置钢板桩时的累叠层数不超过两层，所打设的钢板桩要保证外形平直；对于弯曲变形的桩，可用油压千斤顶顶压的方法进行矫正。

④导向拱架的施工及定位：竖井初期支护由旋喷桩、钢板桩、I20b 工字钢拱架和喷射混凝土组成。为保证竖井初期支护后的净空符合设计要求，必须保证钢板桩闭合，因此采用内部定位钢拱架和导向架。钢板桩内部定位拱架图与导向架及钢板桩现场安装图见图 7-8 和图 7-9。定位钢拱架由 I20b 工字钢制作，外径为 4.75m（比钢板桩内径小 1cm），共由三段组成，内部由 6 根 I20b 工字钢连接为整体。为方便起吊钢板桩，故解除锁口连接和吊钩，顶层钢拱架设置简易作业平台并安装防护栏；旁边安装爬梯，方便施工人员上下。

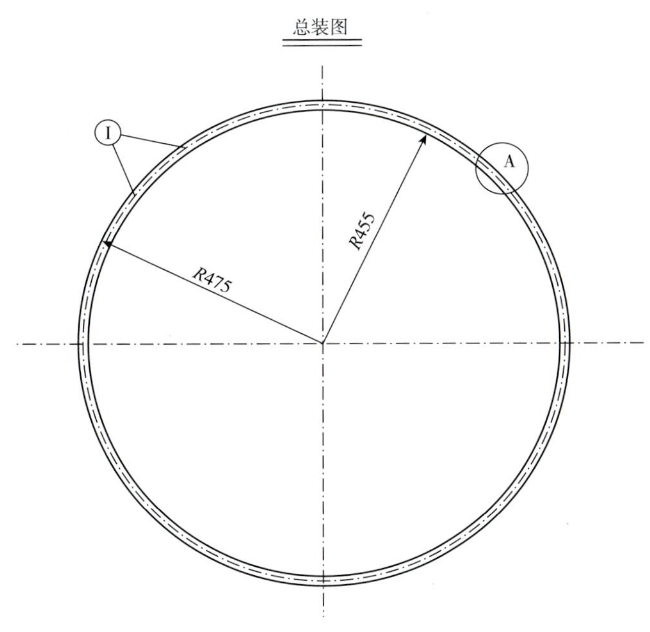

图 7-8　钢板桩内部定位拱架图

图 7-9　导向架及钢板桩现场安装图

导向拱架施工时要注意：

a. 地基必须平整、夯实，防止不均匀沉降。

b. 三个钢支撑焊接时上下各圆要在竖直方向同心，同时保证竖直方向上的工字钢要垂直。翔安岸竖井支护如图 7-10 所示。

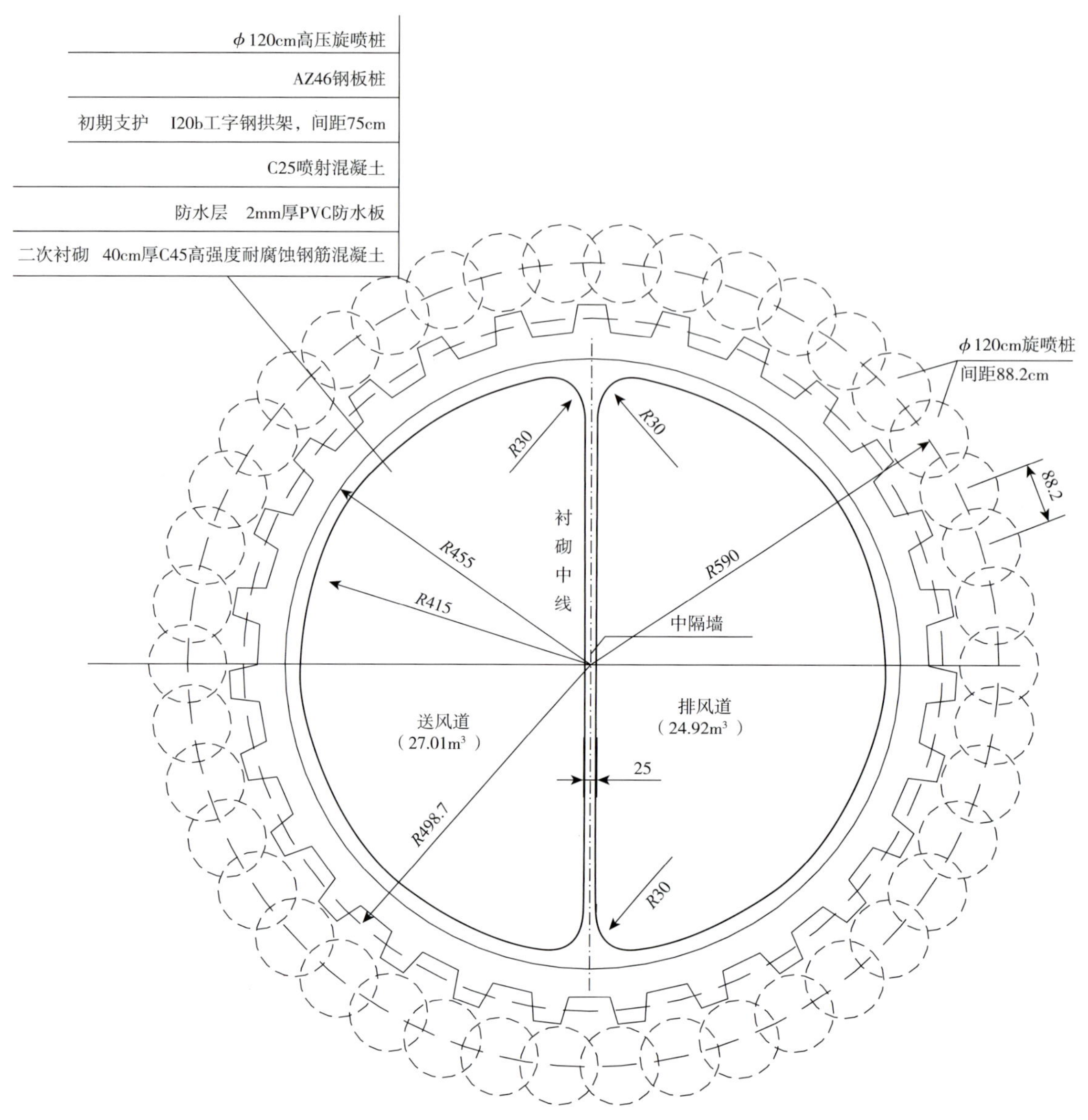

图 7-10 翔安岸竖井 SS2b 支护

c. 由于钢支撑在自重的作用下柔性变形很大，竖立起来后容易发生变形，因此需采取斜撑加固的方式，且在四个方向加手拉葫芦进行校正，利用经纬仪来控制垂直度，保证竖直。

d. 钢板桩打设。导向拱架安装完成后，开始进行钢板桩的拼装打设。打桩设备采用 DD63A 锤击滚筒式桩机，先用柴油锤进行锤击，在遇到砂层成桩困难时再采用振动锤辅助打入。

为保证钢板桩在施工过程中能顺利插拔，并提高钢板桩在使用时的防渗性能，每片检查合格的钢板桩锁口都须均匀涂抹润滑油。

考虑到表层为 7m 左右深的淤泥，可将钢板桩垂直吊起利用桩的自重穿过上层淤泥段，定位前在钢板桩外侧焊接两小块工字钢，便于定位时挖掘机将挖斗放于钢板桩外侧加力，将相邻的两钢板桩锁口对准后，利用钢板桩的自重缓慢下沉 6 ~ 7m，然后采用桩机进行锤击。插打过程中，必须遵守“插桩正直，分散即纠，调整合拢”的施工要点。

（3）施工技术

①钢板桩纠偏：钢板桩在淤泥质地段挤进过程中由于受到淤泥中块石或其他障碍物等侧向挤压作用力的影响，容易发生偏斜，因此在发生偏斜的位置先将钢板桩往上拔 1.0 ~ 2.0m，再往下锤进。如此上

下往复振拔数次，可使大的块石等障碍物发生位移，使钢板桩的位置得到纠正，减少钢板桩的倾斜度。

②钢板桩锁口处理：由于淤泥质基础较软，施工时易发生将已施工完成的邻桩带入的现象，故在施打当桩的连接锁口上涂抹黄油等来加以润滑，减少施工阻力。

③钢板桩特制桩帽：在进行钢板桩的插打前，必须在桩顶安装特制桩帽，以免桩顶破坏。桩帽可以防止桩顶面损伤及确保桩与锤对中，避免偏心锤击；现场采用 6cm 厚的钢板制作而成，内部设置定向块。切忌锤击过猛，以免桩顶弯卷，造成拔桩困难。当 10 击贯入度为 5mm 时，应停止锤击。

④屏风法打桩：屏风法打桩顺序见图 7–11。先将所有钢板桩沿导向架插入地层中，再按安装顺序打设钢板桩。

外围加固从 2006 年 3 月 6 日开始施工，采用挪威进口的 AZ46 型钢板桩，长度为 16m，打桩设备采用 DD63A 锤击滚筒式桩机（锤重 8t）进行施工。由于钢板桩设计为圆形闭合结构，为确保顺利合拢，采用特制的内部定位钢围檩进行施工，整个合拢过程较为顺利。在施工钢板桩的同时，经业主、设计和监理等有关各方同意，本项目部和中铁西南铁道科学研究院合作在竖井旁边进行了高压旋喷桩试验。试验于 2006 年 3 月 13 日 ~ 2006 年 3 月 16 日进行，本项目部技术人员和驻地办监理工程师全过程旁站监控。试验的有关情况如下。

试验桩布置：旋喷桩试验布置见图 7–12。

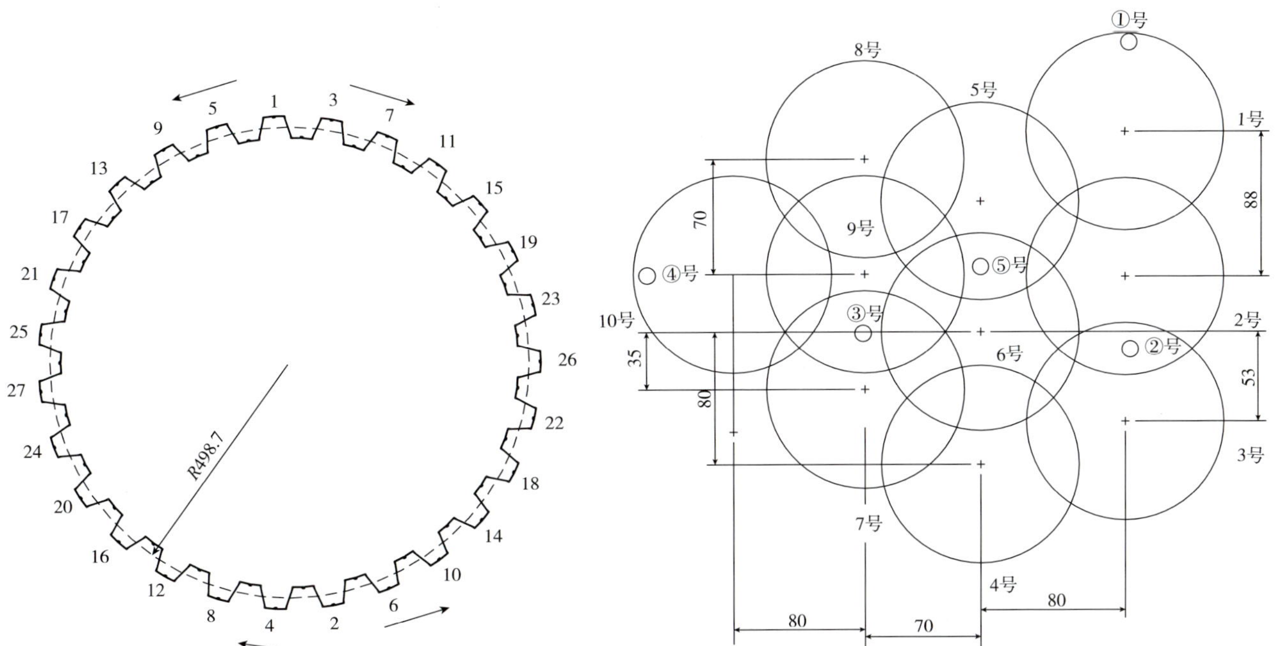

图 7–11 钢板桩施工顺序示意图（尺寸单位：cm）

图 7–12 旋喷桩试验布置图（尺寸单位：mm）

设备：GXP–30 型三重管高压旋喷钻机一台。

试验参数：水泥用量为 600kg/m、800kg/m、1 000kg/m；浆压为 3 ~ 3.5MPa；水压为 30 ~ 35MPa；气压为 0.6MPa；水灰比为 0.8 : 1；旋喷提升速度为 10cm/min；转速为 10rad/min。

通过取芯检查验证，并经业主、总监办、设计代表和驻地办等有关各方现场查看后，研究同意采用 800kg/m 的水泥用量（其他参数不变）进行竖井高压旋喷桩的施工，设计旋喷桩共 42 根，长度 16m（从 –2.4 ~ –18.4m），桩径 1.2m，2006 年 4 月 6 日开始施工，4 月 17 日施工完毕。

在钢板桩施工中，部分钢板桩无法打至设计高程，尽管想了很多办法，如采用特制桩帽进行施工，但最后仍未能全部打至设计高程（–18.4m），27 根钢板桩的最终底高程为 –15.8 ~ –18.4m，钢板桩桩底高程展开示意图见图 7–13。

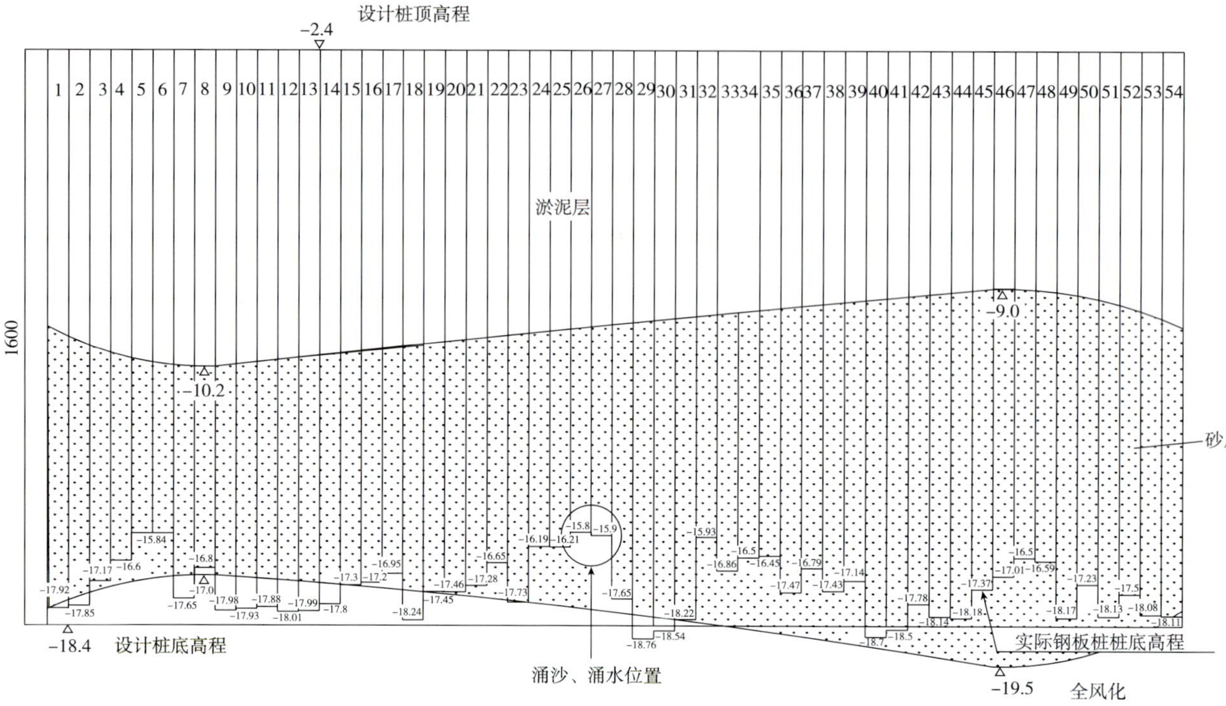

图 7-13　钢板桩桩底高程展开示意图（尺寸单位：cm，高程单位：m）

竖井外围钢板桩和高压旋喷桩施工完成后，开始按照设计要求施工锁口盘和方 ~ 圆过渡段，整个施工过程较为顺利。2006 年 5 月 20 日下午竖井由 -2.4m 处开始开挖，边开挖边支护，每循环进尺 1m，到 6 月 8 日初期支护施工至 -13.5m 处。6 月 9 日开挖至 -15.7m 处时，于凌晨和中午先后发生两次涌沙，涌沙层见图 7-14（所幸人员和机械设备撤离及时，没有造成大的损失），竖井开挖被迫停止。竖井开挖施工时部分钢板桩侵入初期支护断面。为保证二衬净空尺寸，经设计同意将初期支护 I20b 工字钢变更为 I14b 工字钢，钢支撑间距由 75cm 变更为 50cm，喷射混凝土厚度减薄 6cm。

图 7-14　涌沙层

3. 涌沙层施工技术

2006 年 6 月 9 日竖井发生两次小型涌沙突水现象，最大涌沙量约为 60m^3/min，现场紧急采用砂袋反压，防止险情进一步扩大。涌沙发生后，经有关各方研究决定，在竖井周围再增加两排高压旋喷桩。

设计参数：旋喷桩设计为138根，桩顶高程设计为-0.7m，桩底必须深入全风化层3m以上，桩间距为0.8 ~ 0.87m，旋喷半径0.6m，水灰比为0.8∶1，水泥用量为800kg/m；旋喷提升速度为砂层段5cm/min，淤泥段8cm/min；转速为10rad/min。新增高压旋喷桩平面见图7-15。

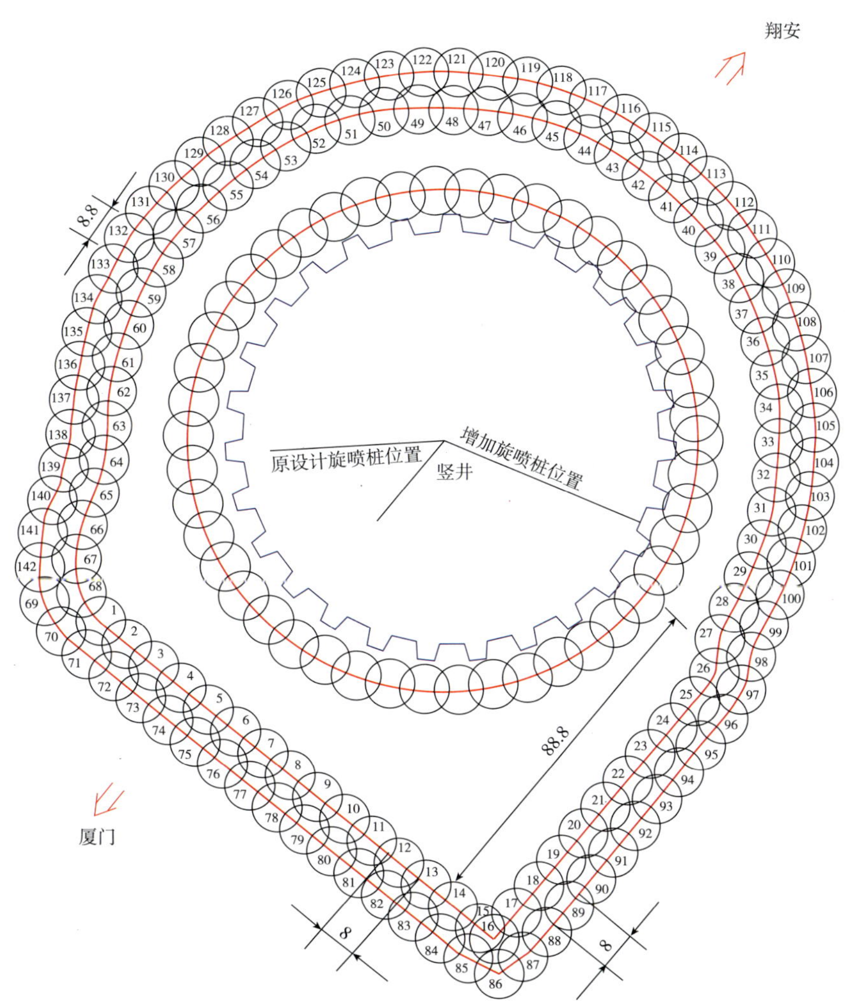

图7-15 新增高压旋喷桩平面示意图

2006年6月14日 ~ 2006年7月22日采用三台GXP-30型三重高压旋喷钻机施工，严格按照设计要求进行施工，整个施工过程受控。

2006年7月21日 ~ 2006年8月7日旋喷桩取芯6根，内圈3根，外圈3根，从取芯情况来看，淤泥及淤泥混砂层芯样胶结较好，砂层芯样呈散体状或碎块状，干强度低，总体上砂层外圈成桩效果比内圈好。经试验渗透系数为10^{-5}cm/s级。

虽然新增高压旋喷桩严格按照设计施工，但还是没有达到预期效果。经过相关各方研究决定，为了确保施工安全，竖井在开挖前必须进行井内补充注浆的加强。

设计参数：注浆管采用ϕ42mmTSS无缝钢管，长度为4.5 ~ 6.5m，在离头部2m的范围内打眼，内径6mm，外径10mm，外贴塑料贴片，防止砂进入导管内；小导管采用环行布置，外圈间距0.5m，内圈间距0.8 ~ 0.9m，竖井内注浆平面布置见图7-16；注浆采用水泥－水玻璃双液浆，水泥浆和水玻璃设计配比为（1∶1）∶0.15；注浆压力为1 ~ 2MPa；注浆加固6m。

2006年7月19日 ~ 2006年8月13日本项目部采用单缸双液注浆机先后进行了三次注浆作业，共注浆117根小导管，注浆总量达83.464m^3，平均每根注浆量为0.715m^3，最大单根注浆量为3.84m^3。注浆后20cm厚的C20止浆墙上升了0.8m，注浆孔少量出水示意图见图7-17。

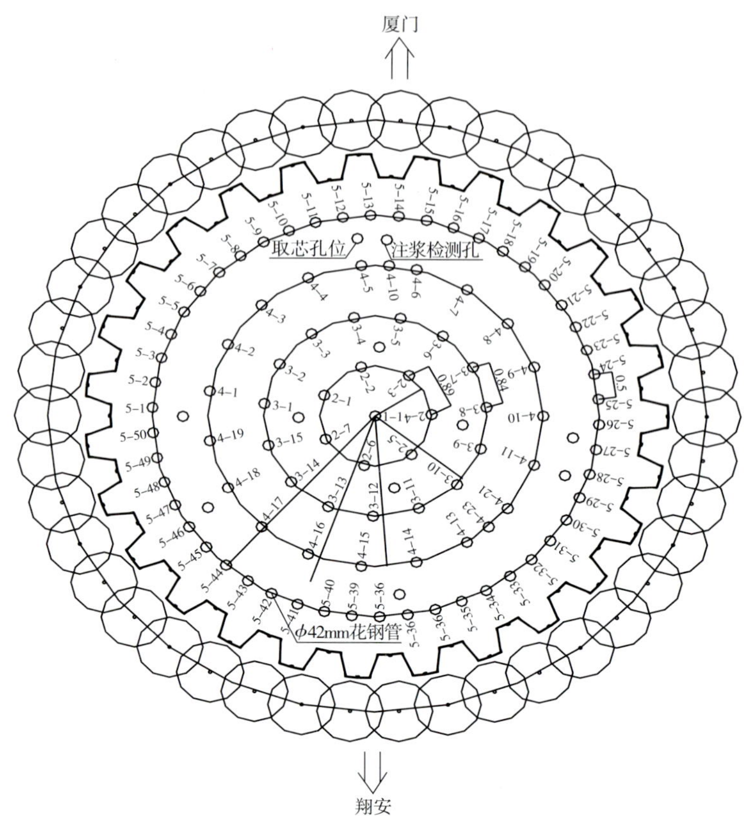

图 7–16　竖井内注浆平面布置图

图 7–17　注浆孔少量出水

2006 年 8 月 16 日取 4 个芯样检测注浆效果，发现 3.6m 以上有水泥浆固结体（基本由纯水泥固结成团，很少有砂粒），3.6 ~ 6.5m 为原状砂。

从取芯结果来看井内注浆未达到预期的效果，为了确保施工安全，不允许进行井内开挖，必须先要解决注浆问题。

1）竖井砂层段注浆试验方案

为了解决注浆问题，本项目部邀请西南铁道科学研究院和集团公司专家进行现场“会诊”，经与业主、总监办、设计代表和驻地办分析讨论，初步拟定采用后退式袖阀管注浆，袖阀管示意图见图 7–18。

在正式施工以前，先进行试验，根据试验结果选定合理的施工参数。

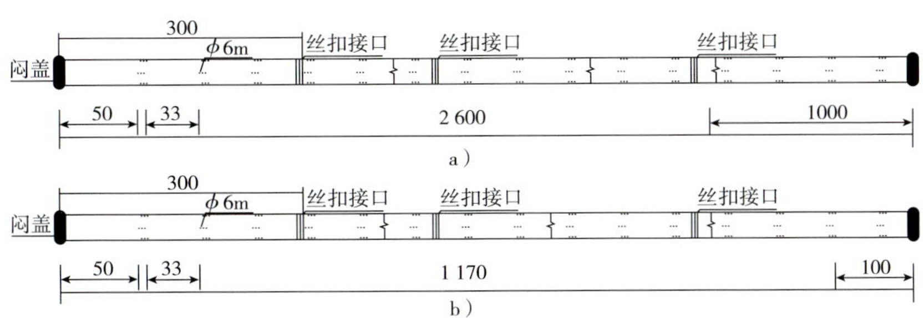

注：1.袖阀管为ϕ63.5mm（壁厚3.5mm）无缝钢管，每段长度为3m，在接头位置设置6圈丝扣，如果无法直接加工丝扣，可采取用手套管丝扣连接，环向打孔4排。
2.每束孔间距0.33m，每两孔间距2 cm，孔直径6mm，保证孔内无毛刺。
3.每处袖阀管溢浆孔用橡胶圈包囊，使其成为单向注浆孔。
4.没有标注单位的数字均以cm计。

c）

图 7–18 袖阀管示意图

a）竖井外注浆试验袖阀管示意图；b）竖井内注浆试验袖阀管示意图；c）橡胶套管示意图

试验方案一：试验场地选择在竖井附近的地面进行，从地表向下钻孔至砂层以下进入全～强风化层 3m，每孔深度约为 23m。

试验方案二：试验场地选择在井底进行，即在 –11.3m 处向下钻孔穿透砂层 3m，每孔深约为 11.2m。

现场试验注浆参数初始值见表 7–1。

现场试验注浆参数初始值表 表 7–1

参数名称	参数值	参数名称	参数值
浆液扩散半径（m）	0.5 ～ 0.7	注浆分段长（m）	0.5
注浆终压（MPa）	0.3 ～ 2.0	单孔单位注浆量（L/m）	砂层：300 ～ 400 强风化层：150 ～ 250
浆液凝胶时间（min）	双液浆：1.5min ～ 4.5min	水泥浆 / 水玻璃	（1 : 1）: 1/（2 : 1）: 1
注浆速度（L/min）	20 ～ 50	袖阀管规格（mm）	ϕ63.5（壁厚 4mm）

试验孔布置两组，每组 3 孔，按等边三角形布置，共 6 个孔。孔间距 1.0m，每组孔采用不同的注浆参数，以观察不同的注浆效果，试验注浆孔平面布置见图 7–19。注浆效果检测项目及数量见表 7–2。

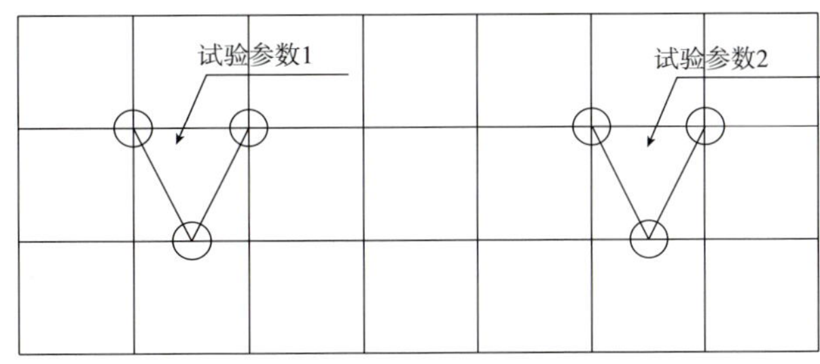

图 7–19 试验注浆孔平面布置示意图

检测项目及数量 表 7–2

检查项目	注浆前检测数量（孔）	注浆后检测数量（孔）
注水试验及取芯观察	1	1

注浆前的检测孔利用注浆钻孔进行开挖，注浆后的检测孔设在三个孔的中间位置，该孔同时兼做注水和抽水试验。检测孔布置见图 7–20。

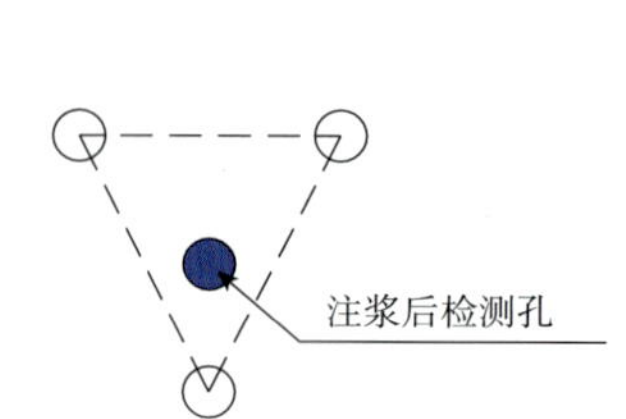

图 7–20　检测孔平面布置示意图

2）井内加固施工方案

在竖井内进行施工，袖阀管垂直向下注浆，共 6 圈（含中心），井外绕竖井加注两圈（第一圈内插入角度控制为 7°，第二圈内插入角度控制为 5°）辅助加固、止水，竖井内注浆平面见图 7–21。注浆参数、施工工艺、施工要点、效果检测、袖阀管加工参照试验方案二。

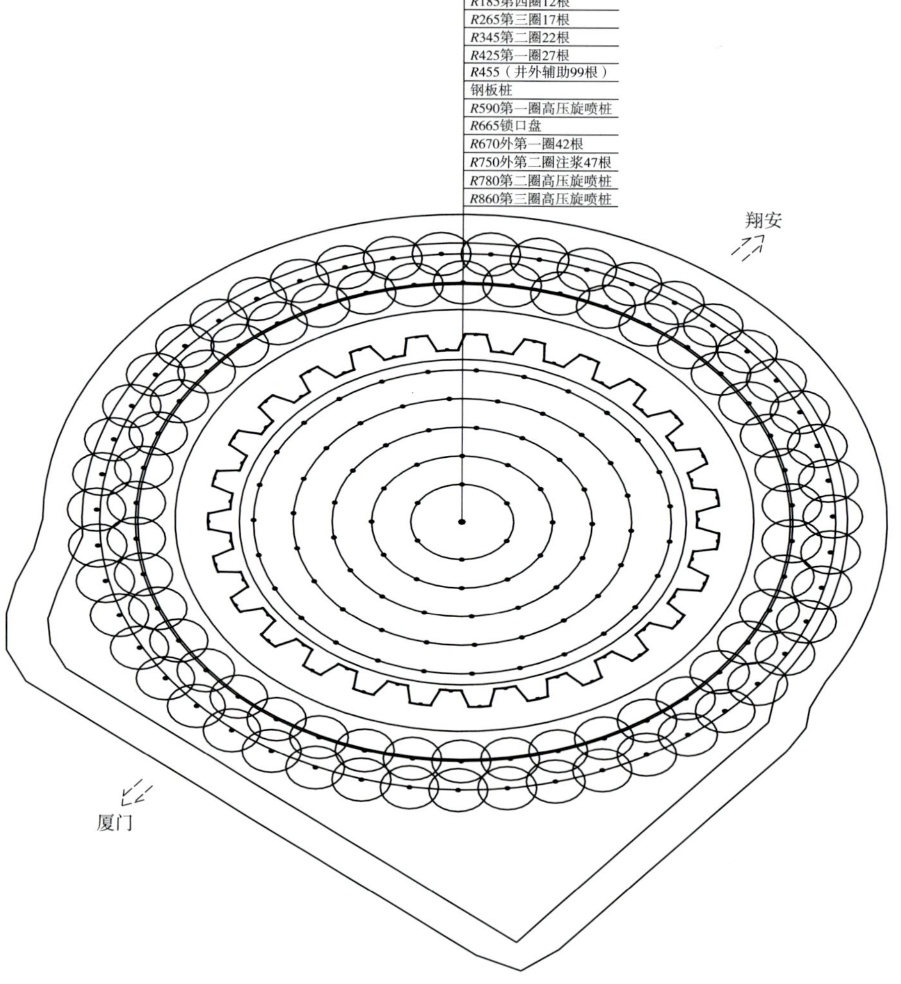

图 7–21　竖井内注浆平面图

竖井涌沙后采用增加高压旋喷桩、袖阀管注浆等措施，但由于效果不明显，故决定采用钻孔咬合桩。

3）钻孔灌注咬合桩施工方案

为了解决止水问题，本项目部根据 2006 年 10 月 22 日王梦恕院士“关于对厦门东通道（翔安隧道）工程 A3 标服务洞 NK12+088 涌水事件抢修方案及翔安端重大技术方案的几点意见”中关于竖井穿越砂层的意见，在竖井周围进行钻孔灌注咬合桩的设计施工。

（1）钻孔灌注咬合桩设计

为保证竖井施工的安全及质量，根据施工条件要求，结合钻孔灌注咬合桩相关规范，设计单桩桩径 120cm，咬合 20cm，桩底达到强风化花岗岩 2m，桩顶高程 -2.4m，实际单桩长度根据要求结合施工过程中钻孔深度确定，采用泥浆护壁成孔。在钻孔桩的桩位控制过程中要求避开竖井锁口盘和已施工的一口降水井。钻孔咬合桩的排列方式为一根素混凝土桩（A 桩）与一根钢筋混凝土桩（B 桩）间隔布置，A 桩采用水下缓凝混凝土，B 桩采用水下普通混凝土，钻孔桩平面布置见图 7-22。

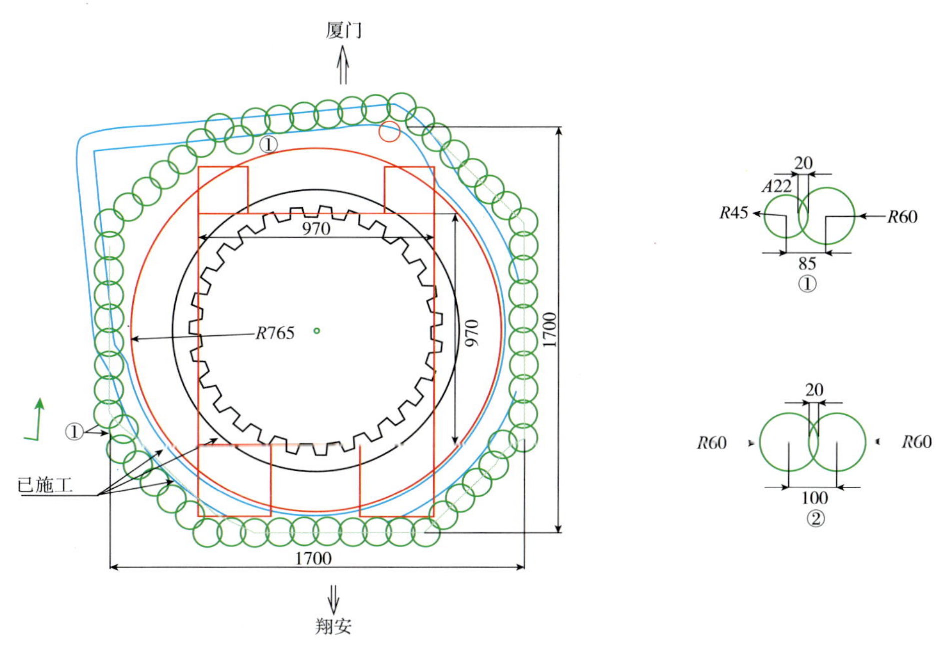

图 7-22　钻孔桩平面布置图（尺寸单位：cm）

（2）钻孔桩施工方案优化

在实际施工过程中，由于前期竖井外围采用土石回填并进行了多次高压旋喷，所以采用回旋钻机钻孔成桩速度慢，咬合桩要求 A 桩完成灌注混凝土后 72h，B 桩才可以开始进行钻孔，因此只有采用冲击钻才能保证垂直度及成孔速度，而冲击钻机在成孔过程中会对 A 桩混凝土造成破坏，在很大程度上影响了咬合的质量，起不到止水的效果，于是最终决定采用挤密桩办法施工，对桩位进行调整，调整后的桩位布置见图 7-23。机械设备计划见表 7-3。

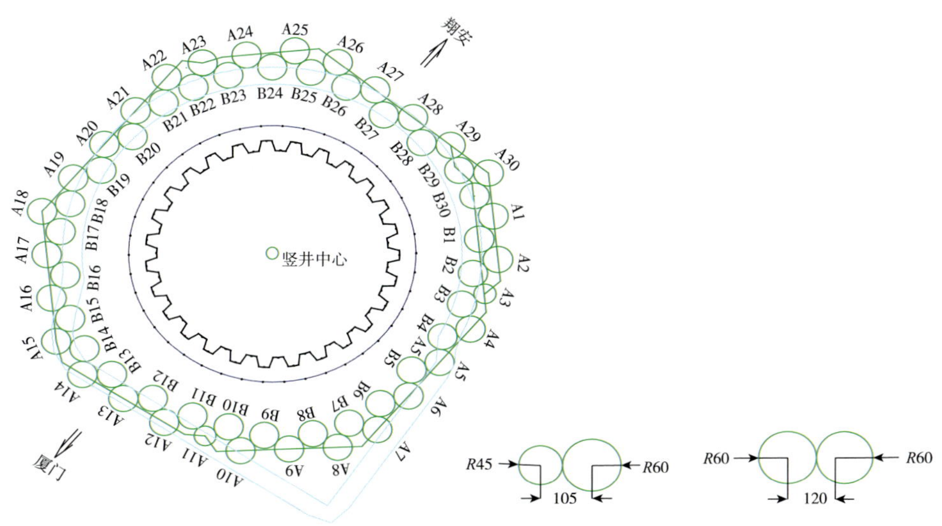

图 7-23　钻孔切合桩的桩位布置示意图（尺寸单位：cm）

机械设备计划表 表 7-3

序 号	名 称	型 号	数 量	备 注
1	回旋钻机	GPS-15	2 台	—
2	回旋钻机	GPS-20	1 台	—
3	冲击钻机	CZ-6	6 台	—

（3）钻孔桩施工工艺流程（图 7-24）。

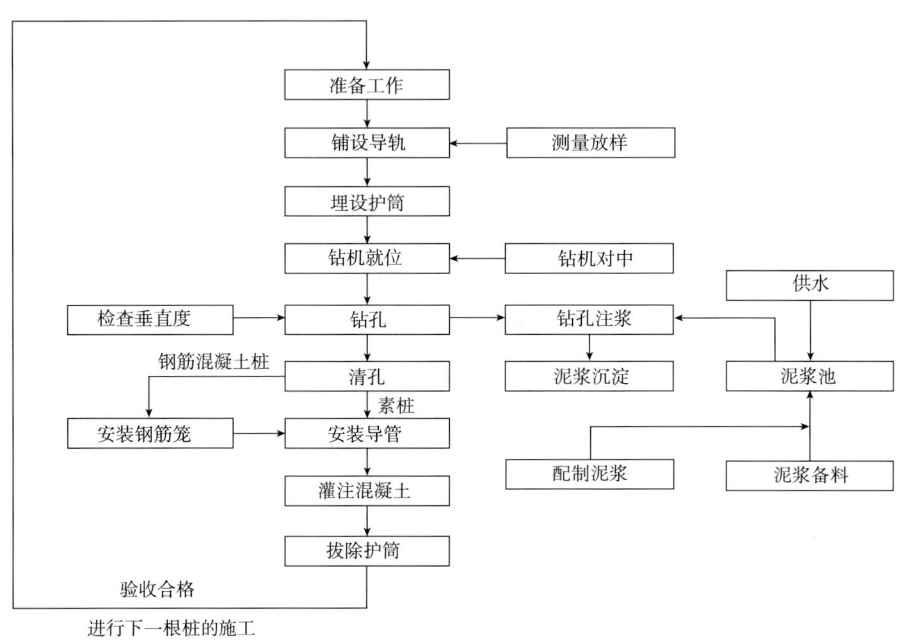

图 7-24 钻孔桩施工工艺流程图

4. 竖井井身段施工技术

1）透水砂层

在涌沙地段，从 H=–14.5m 开始一直到深入微风化段 3m 处（具体长度根据开挖地质情况而定），沿竖井周围施工 L=4m 的 ϕ42mmTSS 管，为了防止注浆前沙涌进 TSS 管内，故要求注浆前用高压水对 TSS 管进行冲洗。注浆管前端需加工制作成尖锥状，并用电焊焊死，在注浆管周壁均匀钻开溢浆孔，溢浆孔为台阶形，外大内小，外径 10mm，内径 6mm。在溢浆孔外侧粘贴直径 10mm 的塑料贴片。每循环注浆 0.5m，要求注浆到距 TSS 管口。

由于前期竖井钢板桩施工时，各桩打入深度不一，形成齿轮状，所以在竖井开挖过程中，竖井底部局部带外插角注浆，环向间距 0.1m，纵向间距 0.5m，小导管长度 4m，注浆参数与竖井环向注浆参数相同。

小导管与铅垂线交角呈 40°，L=4.0m，环向间距 100cm，纵向间距 100cm，采用水泥-水玻璃双液浆，水灰比为 1∶1，水泥浆与水玻璃体积比为 1∶0.2。

从 –27.5 ~ –14.5m 初期支护采用 I20b 工字钢，间距为 50cm，纵向连接筋采用 ϕ22mm 螺纹钢筋双面焊接；该段采用双层 ϕ6mm 钢筋网片，网格间距 20cm × 20cm，TSS 管必须同工字钢焊接。

在竖井井身开挖至排烟通道高程（–26.947m）时，先开挖排烟通道 5m，并及时施作初支。PY3 衬砌采用超前小导管注浆，注浆采用单液浆，水灰比为 1∶1，小导管采用 ϕ42mm × 3.5mm 热轧无缝钢管，L=3.5m，外插角为 5° ~ 7°，环向间距 0.2m，纵向间距 2.5m。

2）钻爆开挖

竖井开挖采用预留核心土的方法，首先开挖竖井内外围，形成环行台阶，台阶宽度在 1.5 ~ 2m，高度 0.5m。每次开挖后及时做好初期支护，观察渗水情况，如渗水量大，必须停止开挖，采取注浆加固措施止水，洞外要准备 $50m^3$ 应急砂袋。采用挖掘机和风镐开挖，配合汽车起重机提升 $2.0m^3$ 吊桶出渣，由井外自卸车运至弃渣场。严格控制进尺，该段每循环进尺 0.5m。用 TSS 管进行洞内后退式注浆，开挖过程中如井底有少量渗水，则在井底角落处挖一积水坑用高扬程水泵集中抽排水，另设一台水泵备用。竖井开挖完成后不施作二次衬砌，直接辅助正洞施工，待正洞贯通后自下而上一次施作。

3）辅助作业

（1）通风

井内通风采用压入式通风，通风管采用 ϕ800mm 的软管。

（2）供水

由于竖井井口高程较高，附近没有水源，故采取从岸上接直径 80mm 的水管至井口储水池，竖井开挖前 30m 采用增压泵提供高压水，井深超过 30m 后，直接用管道供水。

（3）防排水

竖井井口四周设置排、截水沟，以拦截地表水，使地表水不致流入竖井内。

当竖井施工通过涌水量大于 $10m^3/d$ 的含水层时，可采用注浆堵水等措施进行封堵，从根本上消除井筒淋水对竖井工程的进度、质量、作业条件等方面的影响，若井内涌水量较小用潜水泵将水抽排到地面即可。同时为了防止意外水患，配置一台吊泵作为辅助措施，当井内涌水量较大时，可采取在井内挖集水坑的措施，并利用高扬程吊泵将水抽排至地面。

（4）照明

井内每隔 20m 设置一盏 Ddc2590/127 型井巷施工隔爆照明灯，工作面采用 20 ~ $30W/m^2$ 防溅式探照灯，以确保竖井安全顺利地进行施工。

（5）通信、信号

采用 KJTX-SX-1 型井筒通信和信号装置进行工程联络和提升系统指挥，必要时可采用对讲机联络。

（6）监控量测

为确保竖井开挖中的安全，施工中对竖井周边收敛进行监控量测，确保竖井在支护状态下的安全稳定，其量测方法同隧道的施工量测。每 5m 埋设一组水平收敛量测点，量测仪器采用收敛计进行测量，埋设位置与提升设备安装方向相互错开。根据监测信息及时调整初期支护参数。

（7）提升设备

根据本竖井井下空间条件，井下装渣设备采用 1 台装载机（ZL-50）和 2 台东风自卸车（20t），根据出渣能力估算，使用 $12m^3$（长 × 宽 × 高 =3.0m × 2.5m × 1.6m，自重 40kN，载重约为 200kN）的吊斗出渣。竖井的提升方式主要有龙门吊提升、汽车吊提升和井架提升等，汽车吊只满足深度在 26m 范围内的竖井提升需要，超过 26m 将存在安全隐患；井架提升方式在提升能力方面比龙门吊相对较低，施工组织方面要求较高。因此，在确保安全施工的前提下，根据本竖井辅助正洞施工的运量和运能要求，竖井提升可采用多绳单钩的龙门吊，竖井龙门吊施工示意图见图 7-25。

①提升机选择。

a. 终端荷载的计算。终端荷载由下式可以计算出：

$$Q_{终}=Q_z+Q_{渣} \tag{7-1}$$

式中：$Q_{终}$——提升终端荷载（kN）；

Q_z——吊斗自重（kN），其值为 40kN；

$Q_{渣}$——吊斗载重量（kN）。

按开挖土层为强风化花岗岩（其密度为 $27.4kN/m^3$，松散系数为 1.34）计算。

则 27.4 × 12 ÷ 1.34=245.4（kN/m^3），将上述值代入式（7-1），得出：

$$Q_{终}=40+245.4=285.4\text{（kN）} \tag{7-2}$$

b. 提升机的选择。根据式（7-2）得出的终端荷载，选择 MG35/5t-15m 双梁门式起重机作为竖井提升机，其额定起重量为：

$$Q=350\text{kN} > Q_{终}$$

符合要求，其起升速度为空载 2 ~ 20m/min；重载 1 ~ 10m/min，跨度 15m，起升高度 64m，卷筒组 ϕ1 000mm × 3 000mm，起重机总重 56.8t。

c. 提升电动机的配置。其功率为 132kW，转速 n=585rad/min。

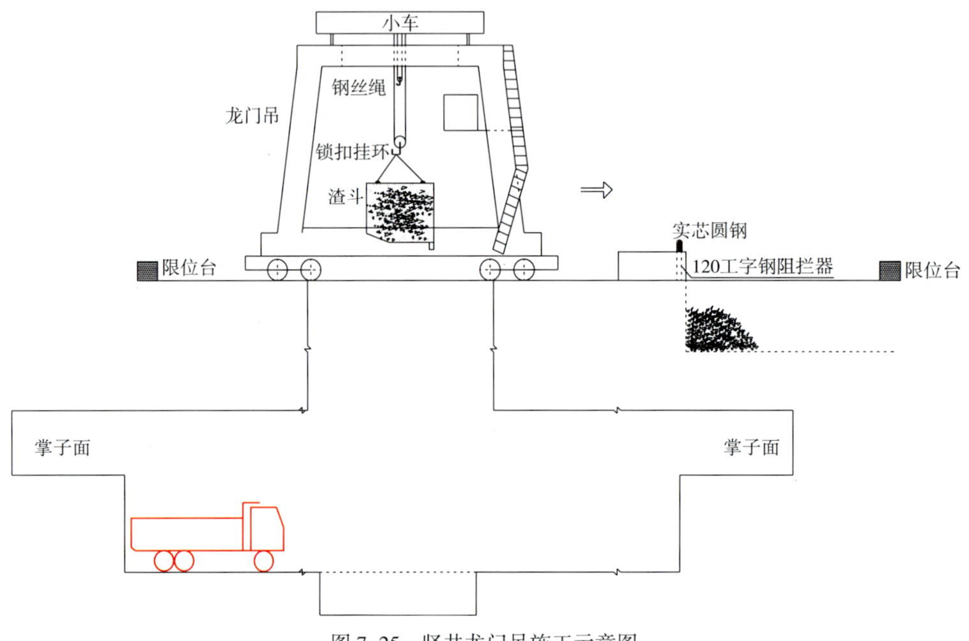

图 7-25　竖井龙门吊施工示意图

②钢丝绳的选择。

a. 选用的提升钢丝绳所能承受的最大静张力，与相关规范要求中的提升绳静张力安全系数的乘积，不得超过钢丝绳的最大破断张力。选择结构形式为 7+1-28.5-1 667、ϕ32mm 的钢丝绳作为提升钢丝绳，其每米重 36.86N，最大破断拉力为 725kN。开挖出渣见图 7-26。

图 7-26　开挖出渣

b. 校核安全系数，煤矿安全规范（2001）要求提升钢丝绳的静力安全系数 $m \geqslant 6.5$，以钢丝绳悬挂高度（井底至井口高度、井架高度、天轮半径三者之和）平均为 65m 计算，其悬吊重力为：

$$36.86 \times 65 \times 4=9\ 583.6\ (\text{N})$$

单根钢丝绳承受最大静张力 =（提升终端荷载 + 钢丝绳悬吊重力）÷ 4

=（285.4+9.584）÷ 4

=73.746（kN）

因此单根钢丝绳最大破断力 / 钢丝绳承受的最大静张力 =725/73.746=9.831 ＞ [m]，符合要求。

③提升能力计算。

在综合考虑卷扬机的提升速度、竖井深度，渣土装、运、卸及其他干扰因素的情况下，竖井提升能力为：

$$V_{提}=N\times T\times V\times M \quad (7\text{–}3)$$

$$=6\times 16\times 8\times 0.85$$

$$=652.8\ (\mathrm{m}^3)$$

式中：$V_{提}$——平均每天提升渣土量（m^3）；

N——平均每小时提升次数，取 6 次 /h；

T——平均每天的工作时间，取 16h；

M——吊桶的装满系数，取 0.85；

V——吊桶的容量，取 $8m^3$。

开挖数量：按Ⅲ级围岩 80m/ 月计算，$V_{开}=80\div 30\times 157\times 1.5=628m^3 < V_{提}$，提升能力满足要求。

5. 施工安全保证措施

（1）防排水：在竖井井口附近修整好场地，周围应修排水沟与截水沟，防止由于地面水的侵入导致井中发生坍塌。

（2）提升架安装牢固：提升架要由有专门设计和检测能力的厂家制作。安装后应按照设备管理的要求进行检查验收，并进行试提升，证明可靠后，方可投入使用，严禁用钢材现场临时制作拼装。

（3）安全运送爆破器材：加工和装配爆破器材，要在通风竖井口至少 50m 以外的专用加工房装配，严禁随地加工。起爆药卷向通风竖井下运送时，只能由爆破工携带，除携带起爆药卷外，不得携带其他炸药和物品。运送爆破器材的升降速度不得超过 1m/s。

（4）专人清除危石：每次通风竖井爆破后，均要指派专人先清除井口周围地面的落石和石渣，然后清除井下爆破壁面的危石，并应修整被打坏的支撑，待清修完毕后，才能允许其他人员下井开展正常工作。

（5）监控井壁安全：当工作面附近或井壁尚未衬砌的部分发现有落石，支撑发出异常响声或大量涌水时，应视为情况危险。施工人员应马上从安全梯或乘提升设备撤出井外，并立即报告上级处理。

（6）配带安全工具袋：在井下吊盘上工作的人员，应配发携带工具袋，将工具妥善地放在工具袋里，使用时要牢固地拴在身上或其他固定物体上。严禁将不使用的零星工具放在支撑上。

（7）警示信号：在通风竖井井口明显部位要设立醒目的安全标志以及有关施工技术安全规则，其井口及井底要悬挂有关信号。特别是在卷扬机室，要在适当位置悬挂卷扬机驾驶员的操作规程。

（8）安全提升竖井：竖井施工人、料、机、渣的提升不同于隧道内的运输，在提升过程中必须严格执行下列安全要求。

①接罐人员均应佩戴安全带（袖标），上下人员应服从接罐人员的指挥。

②采用吊桶升降人员或物料时必须做到以下几点。

a. 吊桶必须沿钢丝绳轨道升降，保证吊桶不碰撞井壁。在施工初期尚未设置罐道时，吊桶升降距离不得超过 40m；施工时吊盘下面不装罐道的部分，吊桶升降距离也不得超过 40m。

b. 运送人员的速度不得超过 5m/s，无稳定绳地段不得超过 1m/s；运送石渣及其他材料时不得超过 8m/s，无稳定绳地段不得超过 2m/s；运送爆破器材时，不得超过 1m/s。

c. 提升钢丝绳要把钩头与吊桶连接牢固，并加保险，保证在升降时不致脱钩，避免危险的发生。

d. 人员不准坐立在吊桶边缘，乘坐人员身体的任何部位不得超过桶沿。

e. 装有物料的吊桶严禁乘人。

f. 吊桶的载重量要有明确且严格的规定，严禁超载。

（9）应急措施及应急物资。

①在竖井周围准备 $50m^3$ 的应急砂袋，当竖井内的出水或涌沙量较大时，应及时用砂袋封堵，避免不安全事故的发生。

②在竖井开挖过程中，必须保证竖井内离掌子面 2m 处准备充足的救生圈和救生衣，并在竖井的合适位置准备 4 条软梯，以备应急使用。

三、砂层竖井施工工法

1. 工法特点与原理

1）工法特点

（1）采用 ϕ120cm 钻孔切合桩的维护结构加固砂层段，并穿过全 ~ 强风化层嵌入弱风化层 0.5m。

（2）井内采用 TSS 管后退式分段注浆技术，注浆材料采用普通水泥 – 水玻璃双液浆。该注浆材料具有同化学注浆材料一样的渗透能力，在饱和动态含水砂层中可以较均匀地加固砂层，从而达到“固砂堵水”的目的。该注浆材料从它自身的可注性、可行性、有无环境污染、经济性及工艺实施难易度等特性方面综合考虑可知，水泥 – 水玻璃双液浆是目前适宜于饱和动态含水砂层较好的注浆材料。

（3）施工设备配套简单、易操作，施工成本较低。

2）工法原理

（1）钻孔切合桩

采用 CZ–6 冲击钻打设一圈 ϕ120cm 钻孔切合桩，钻孔切合桩比咬合桩施工方便，且不受地层影响，加固砂层效果明显，所用数量较少，经济可观，但施工中应严格控制桩的垂直度。桩的垂直度控制见图 7–27。

图 7–27　桩的垂直度控制

（2）注浆材料

普通水泥 – 水玻璃双液浆是工程中常用的材料，其料源广，价格便宜，结石强度高，结石率大，凝胶时间可控，无毒无污染，稳定性、流动性较好，对于中粗砂层，注浆比值（N 值）大，可注性好，一般能注入渗透系数为 1×10^{-2} ~ 1×10^{-4}cm/s 的中粗砂层。双液浆在中粗砂层中主要形成在主脉下（一般为 2mm）的均匀渗透扩散，不易发生大量的劈裂、挤压状况，可以较好并均匀地加固砂层，从而形成完整的防水帷幕。

（3）钻进成孔工艺

采用 YT–28 钻机钻孔后，再用钻机将 TSS 管直接顶进至设计深度。

采取长管后退式分段注浆工艺，其注浆分段长度较短（一般取 0.5m），可以有效地解决由于海陆交互相冲积饱和动态含水砂层而产生的中砂、粗砂、细砂交互出现，地质多变等复杂问题；注浆加固的均一性，又可提高饱和动态含水砂层的整体加固效果。

2. 施工工艺流程

（1）竖井施工工艺流程（图 7-28）

首先清除淤泥换填海砂，然后回填土进行分层压实，保证大型施工机械可以进入。

（2）钻孔切合工艺流程

钻孔切合桩的设计桩径为 ϕ120cm（钻孔切合桩设计桩位布置见图 7-29），桩与桩相切，桩底要求进入弱风化层 0.5m，桩顶低于竖井顶面 2.5m，实际单桩长度可根据施工过程中钻孔地质情况确定。钻孔采用红黏土泥浆护壁成孔。钻孔咬合桩的排列方式为一根素混凝土桩（A 桩）与一根钢筋混凝土桩（B 桩）相邻布置，A 桩、B 桩均采用 C25 水下普通混凝土。

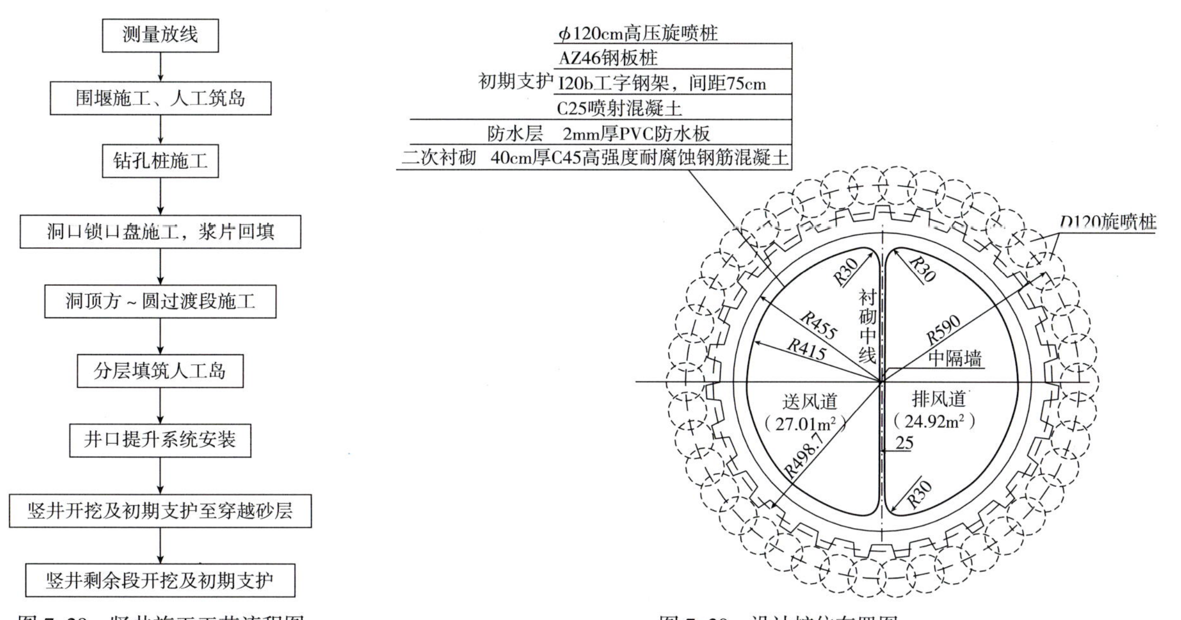

图 7-28 竖井施工工艺流程图　　图 7-29 设计桩位布置图

先施工 A 桩，后施工 B 桩，其施工工艺流程见图 7-30，具体步骤是：$A_1 \rightarrow A_2 \rightarrow A_3 \rightarrow B_1 \rightarrow A_4 \rightarrow B_2 \cdots A_N \rightarrow B_{N-2}$（图 7-23）。

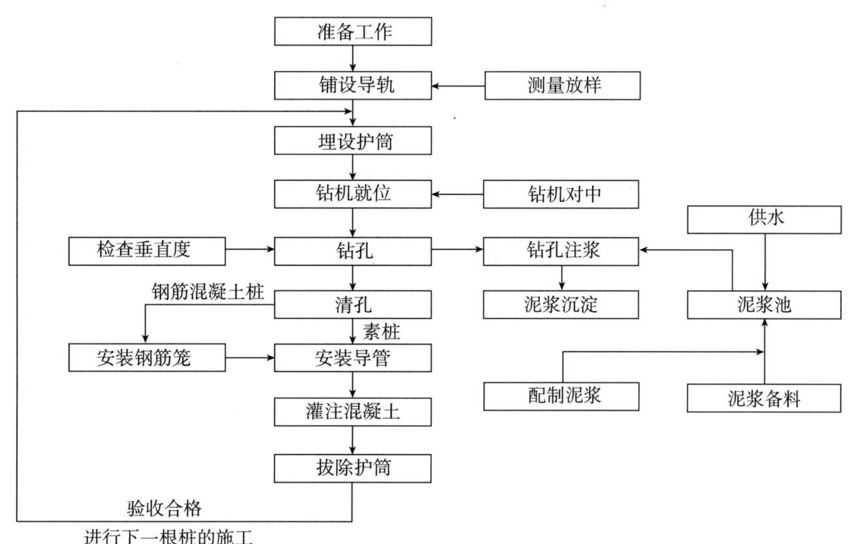

图 7-30 钻孔切合桩施工工艺流程图

3. 桩孔位施工技术

（1）孔位定位误差控制

为了保证钻孔灌注桩的桩与桩相切，必须对其孔口的定位误差进行严格控制，孔口定位误差的允许值在 10mm 以内。为了有效提高孔位的定位精度，要求护筒中心与桩中心重合，控制场地平整度，保证土层的承载力，防止钻孔过程中出现钻机偏移或下沉，同时还应时刻关注钻机的平整度。

（2）桩垂直度控制

成孔过程中要控制好桩的垂直度，就必须做到在钻孔灌注桩施工前将护筒埋置水平和垂直，并要求护筒中心与桩中心重合。成孔过程中桩的垂直度监测和检查：钻孔过程中采用卷尺测量钢丝绳距离护筒的位置关系以检查桩的垂直度，发现偏差随时纠正，这项检测工作应在每根桩的成孔过程中派专人定期进行。

（3）钻孔泥浆指标

当采用泥浆护壁代替全套管施工时，特别是在砂层地段，对施工过程中的泥浆性能指标要求严格。TSS 管注浆见图 7–31。

图 7–31　TSS 管注浆

（4）成桩垂直度检验

钻孔深入弱风化层 0.5m 后，应对孔深、孔径和垂直度进行检查，符合设计要求后方可进行清孔。成桩垂直度检查采用特制的垂直探孔器进行检测，当垂直探孔器顺利下至设计高程时，检测垂直度满足设计要求；反之，要求重新扫孔。

4.TSS 管注浆参数

（1）注浆材料

根据前期注浆结果并结合现场实际情况，综合考虑凝结时间、可注性、强度、抗分散性、耐久性、可操作性和经济环保等因素，注浆材料采用普通水泥 – 水玻璃双液浆，根据现场实际情况，对配合比进行相应的优化选择。配合比情况见表 7–4。

浆液配合比表　　表 7–4

序　号	名　称	配　合　比
1	普通水泥双液浆	W ：C=0.8 ~ 1.0； C ：S=0.15 ~ 0.2； 水玻璃浓度 30 ~ 35Be

鉴于以往采用普通小导管注浆时，在小导管顶进过程中容易出现小导管被砂体充填，导致浆液无法注进或难以注进，从而很难达到加固砂体和止水的效果，故采用 TSS 小导管注浆可以避免出现上述情况，TSS 小导管及其配套止浆系统分别如图 7–32 和图 7–33 所示。

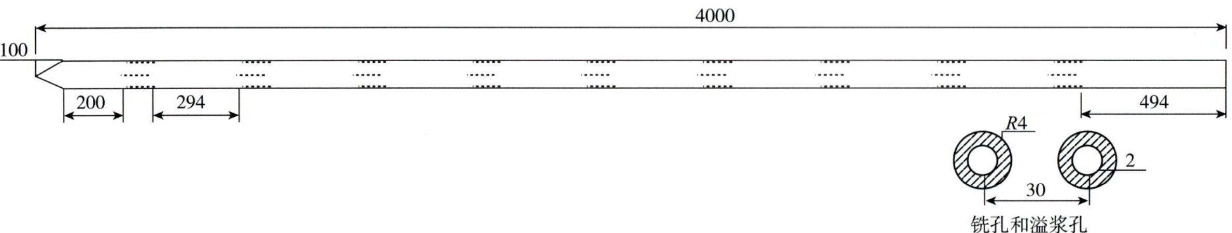

图 7–32　TSS 小导管及其配套止浆系统示意图（尺寸单位：cm）

（2）注浆参数

注浆参数见表 7–5。在现场注浆施工过程中，注浆参数应根据实际情况进行动态调整优化。

现场注浆参数初始值表 表 7–5

参数名称	参数值	参数名称	参数值
浆液扩散半径（m）	0.5 ~ 0.7	注浆分段长（m）	0.5 ~ 0.8
注浆终压（MPa）	0.3 ~ 2.0	单孔单位注浆量（L/m）	砂层：300 ~ 400 强风化层：150 ~ 250
浆液凝胶时间（sec）	双液浆：16 ~ 980	水泥浆 / 水玻璃	（1：1）：0.15/（1：1）：0.2
注浆速度（L/min）	20 ~ 50	TSS 管规格（mm）	ϕ42（壁厚 3.5mm）

（3）施工准备

①封闭工作面：为防止注浆施工过程中工作面冒浆，每循环开挖后应对工作面喷射混凝土进行封闭，厚度不小于 30cm。

②机具设备维修：在注浆施工前和开挖施工过程中，应对钻机、注浆泵、搅拌机等机械进行检查、维修、保养，使其保持良好的状态。

③施工材料准备：施工材料包括注浆管、闷盖、密封套等孔内注浆设备和注浆用的水泥、水玻璃等注浆材料。施工前必须将材料运至工作面附近，每次应备足一天的材料用量，且随用随补充。

图 7–33 TSS 管

④抢险材料的准备：在含水砂层的注浆和开挖过程中，可能会发生突发性的涌水和涌沙现象，给施工及地面设施造成损害。因此，必须事先准备好抢险防涌材料，如棉纱、砂袋、方木等。

（4）配制浆液

①水泥浆的配制：根据预配制水泥浆的体积，按水灰比掺量计算出所需要的水泥、水的用量。施工中宜采用的水灰比为 $W:C=1:1$。

②水玻璃浆的配制：在高浓度的水玻璃中加入水，边加水边搅拌，同时用波美计测试其浓度，直至到达所需要的稀释浓度为止。施工中宜采用浓度为 35Be 的水玻璃。

（5）TSS 管后退式注浆工艺

TSS 管后退式分段注浆工艺流程如图 7–34 所示。

（6）注浆结束标准

①单孔注浆结束标准：以注浆压力为主、注浆量为辅的原则进行控制。注浆过程中，以定压达到设计注浆终压为第一控制原则，如果注浆压力长时间不上升，则按定量标准进行注浆控制。

②全段注浆结束标准：在所设计的注浆孔基本达到注浆结束标准的同时，对井壁渗水情况进行观察，若渗水量过大，必须再次对所注 TSS 管进行复注浆，直至达到渗水量小或无渗水的效果。

（7）注浆效果检查

①分析法：可以通过注浆量 Q_1、注浆压力 P、出水量 Q_2，绘制 Q_1–P–Q_2 曲线来判断注浆效果。

②钻孔检测法：根据注浆情况，在注浆段钻设一定数量的检测孔，孔内出水量应小于 $12m^3/d$。

③其他方法：还可以采用地震波法、声波法及电磁波法等间接方法对注浆效果进行检测。

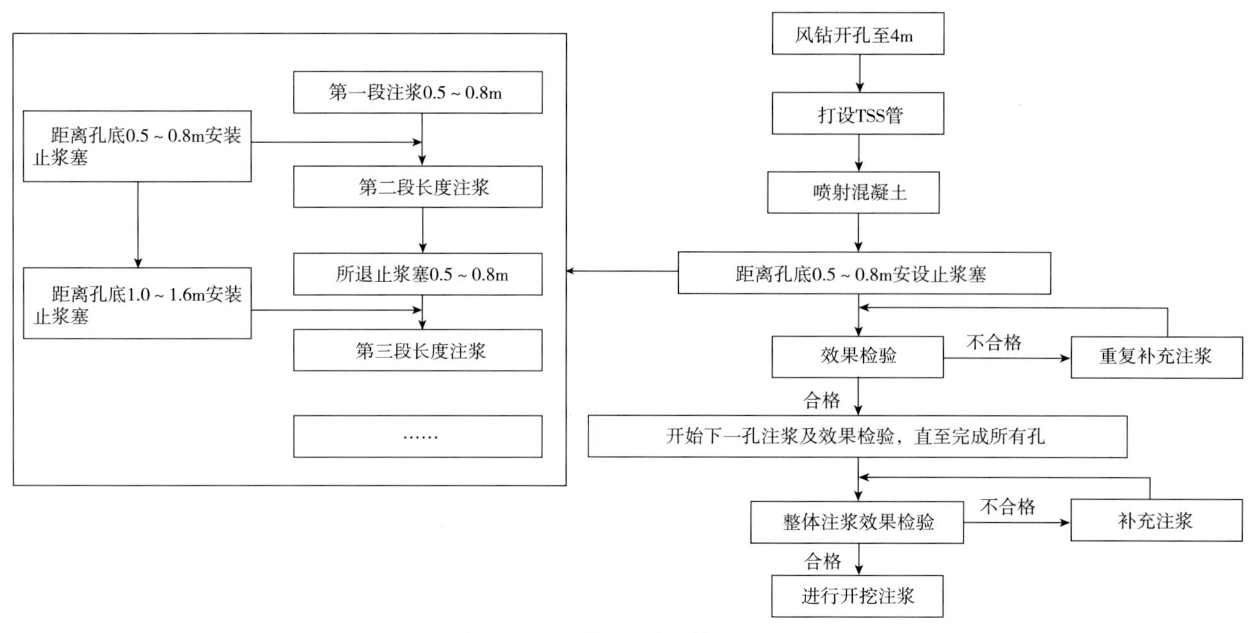

图 7-34　TSS 管后退式注浆工艺流程

（8）注浆质量技术检查

①要想对注浆的配合比进行严格的控制，就需要对水桶、水玻璃桶进行刻度划分，在保证配合比不变的情况下（1∶1∶0.27），现场对水玻璃进行稀释（体积比为 1∶1）和对水灰比进行调整（质量比为 0.8∶1），以便对现场配合比进行控制。

②应对水泥和水玻璃进行严格控制，使其符合设计要求，严禁使用过期水泥和波美度不符合要求的水玻璃，必要时进行现场检验。

③浆液搅拌应均匀，一般水泥浆搅拌时间为 3 ~ 5min，但不得超过 30min，未搅拌均匀或存在沉淀的浆液严禁使用。

④注浆过程中，时刻注意泵压和流量的变化，若吸浆量过大或压力突然下降，注浆压力长时间不上升，应查明原因并采取有效措施，如井壁或井底掌子面冒浆，可采取增加水玻璃浓度的方法，同时观察冒浆情况，若还继续冒浆，应停止注浆并清洗 TSS 管，以便进行复注浆。调整浆液配比，缩短浆液固结时间，大泵量、低压力注浆，一般间歇注浆都能达到注浆结束标准。

⑤严格进行注浆效果检验评定，符合要求时才能结束注浆作业，当未达到注浆结束标准时，必须进行复注浆，直至符合注浆结束标准为止。

⑥孔口管、止浆塞要安装牢固，施工期间严禁人员站在其正前方，以防止孔口管冲出伤人，确保施工安全。

⑦注意每次注浆完毕后对注浆机械的保养和维修，注意用电安全，经常对其进行检修杜绝漏电伤人，并派专人进行维修和操作，非专业人员不得随意操作或维修。

（9）开挖及出渣

竖井穿越砂层段开挖可采用预留核心土的方法，首先开挖竖井内外围，形成环行台阶，台阶宽度为 1.5 ~ 2m，高度 0.5m。每次开挖后及时做好初期支护，观察渗水情况，如渗水量大，应停止开挖，并采取注浆加固措施止水，洞外要准备 50m^3 应急砂袋。采用挖掘机和风镐开挖，配合汽车起重机提升 2.0m^3 吊桶出渣，当深度大于 30m 时，采用 35t/5t 龙门吊提升洞渣，并由井外自卸车运至弃渣场。严格控制进尺，该段每循环进尺 0.5m。

5. 施工组织管理

1）组织管理模式

饱和动态含水砂层钻孔切合桩的注浆施工难度大，为了确保施工安全和施工质量，需要建立严格的安全施工组织管理模式，精心组织，精心施工，积极稳妥，不留后患。施工组织原则为：建立设计、施工、科研三位一体的组织模式，成立含水砂层施工组织领导小组，组织技术攻关以及施工技术攻关组，加强现场施工。施工组织管理模式为：课题组由技术攻关领导小组负责，下设技术攻关组，钻孔桩施工组，注浆组，设备物资组。

2）劳动组织

根据工程数量要求，合理安排劳动力。在注浆施工中，施工人员要听从现场施工组的统一安排，服从指挥，各司其职，严格遵守施工纪律。施工劳动组织安排见表 7-6。

施工劳动组织安排表　　表 7-6

班　组	人数（人）	工 作 职 责	备　注
钻孔桩施工组	30	负责钻孔、钢筋笼制作及安装、浇筑混凝土	—
注浆组	30	负责引孔、换钻杆、下管、配制浆液、注浆工作	—
技术人员	6	负责施工放样、各项施工的技术管理工作	—
设备组	10	负责现场机械的驾驶、维修	—
辅助工	6	负责现场文明施工	—

3）主要机械设备配套（表 7-7）

主要施工机械设备配套表　　表 7-7

机 械 名 称	规 格 型 号	额定功率（kW）、容量（m^3）或吨位（t）	数　量
装载机	ZL50	3.0m^3	2
风钻	YT28	63.7N · m	30
风镐	G10A	28 ~ 35N · m	10
挖掘机	Cat320 Cat120B	173kW 1.38m^3	2
提升系统	35t/5t	35t	1
料斗	3.5 × 3 × 2	16m^3	2
电动空压机	4L-20/8	20m^3/min	4
桩机	DD60A	60kW	1
自卸汽车	—	8t	4
增压泵	—	—	1
高压注浆泵	ZYB-70/80	—	2
混凝土输送泵	HBT60	60m^3/h	1
混凝土潮喷机	TK961	5m^3/h	4
组合钢模板	自制	—	2
轴流通风机	SDF（C）-NO11	110kW	1
爬行式热合机	ZPR-210	—	2
插入式振动器	Z50	1.1kW	3
发电机	250GF4	250kW	1
变压器	S9-500/10	500kV · A	1
高扬程水泵	—	扬程 100m	3
冲击钻机	CZ-6	—	6
搅拌机	—	—	1
储浆桶	—	—	5

4）质量标准

（1）钻机的定位误差：轴线与中线偏差≤ ±1cm。

（2）注浆孔孔位标注误差≤ ±1cm。

（3）钻孔开孔误差≤ ±1cm。

（4）钻孔钻深和设计相比≤ ±10cm。

（5）注浆短管布设外插角≤ ±1°。

（6）TSS 管注浆的单孔注浆量不得少于设计注浆量的 80%；注浆结束标准宜首先按注浆压力达到注浆终压为止。

（7）观察检查孔钻进过程中排出的岩粉中应有浆液的胶凝体，检查孔钻孔结束后，将钻孔放置一段时间，观察检查孔中应没有涌水、涌沙现象。

5）安全措施

（1）随时监控井壁安全：当工作面附近或井壁尚未衬砌的部分发现有落石，支撑发出异常响声或大量涌水时，应视为情况危险，施工人员应马上通过安全梯或软梯撤出井外，并立即报告上级处理。

（2）配带安全工具袋：在井下吊盘上工作的人员，应配发携带工具袋，将工具妥善地放在工具袋里，使用时要牢固地拴在身上或其他固定物体上。严禁将不使用的零星工具放在支撑上。

（3）安全提升竖井：竖井施工人、料、机、渣的提升不同于隧道内的运输，在提升过程中必须严格执行下列安全要求。

①通风竖井井口应设有防雨设施，接罐地点应设置牢固的活动栅门，并由专人掌管开启。接罐人员均应佩戴安全带（袖标），上下人员应服从接罐人员的指挥。通往井口的道路应设置阻挡器。

②井底车场的信号必须经由井口接罐员发出，而不得直接向卷扬机驾驶员发信号；只有在发送紧急停车信号时，井底车场才可直接向卷扬机驾驶员发信号。

③每班要配备两名驾驶员，提升吊车的驾驶员必须经过专业技术培训，并持有政府监督部门考核颁发的合格证书。为防止驾驶人员疲劳驾驶，主要的提升装置每工班要配备正、副两名驾驶员，在交、接班人员上下井的时间内，必须由正驾驶员开车，副驾驶员在旁进行监护。

④根据防涌水、涌沙紧急预案，确保人员和机械的安全。

⑤砂层段开挖人员必须穿救生衣。

⑥注意高空坠物以防伤人，安排专人清理竖井周围的易坠物。

⑦尽管注浆施工方案十分严密，但难免会因地层的不均一性等多种特殊情况而使局部地层加固效果较差，导致施工开挖时出现少量的涌水。因而应制订相应的安全技术措施，在施工过程中针对出现的不同情况，采取相应的处理措施。

a. 对于局部加固效果较差，引起砂层流失较多，所形成的空洞较大，涌水量≥ 10t/h 的情况，一般首先采用 ϕ100mm 的注浆钢管引水，然后采取裸体注浆法或称直接注浆法进行注浆处理。浆液选用普通水泥 – 水玻璃双液浆，配比为（$W:C$）$:S=$（1∶1）∶0.15。

b. 对于局部加固效果较差，引起少量砂层流失，所形成的空洞较小，且不大规则，涌水量 < 10t/h 的情况，一般首先采用 ϕ60mm 的橡胶软管引水，然后采取裸体注浆法进行注浆处理。浆液选用普通水泥 – 水玻璃双液浆，配比为 $W:C=0.8:1$；$C:S=1:1$。

c. 对于局部加固效果较差，引起砂层流失较少，所形成的空洞较小，且呈圆形，涌水量 < 10t/h 的情况，一般首先采用 ϕ42mm 的钢管引水，然后采取裸体注浆法进行注浆处理。浆液选用普通水泥 – 水玻璃双液浆，配比为 $W:C=1:1$；$C:S=1:1$。

第二节 厦门端通风竖井施工技术

一、通风竖井

1. 工程概况

厦门端竖井位于浅海区域，平均水深在 2 ~ 3m，距厦门端洞口 1.31km，设置于左线隧道 ZK7+900 上方，左偏 6.07m，对左线主洞进行送排风，同时还作为右线行车隧道在紧急情况下的排烟通道。厦门端竖井顶面高程 5.5m，井底路面设计高程 -40.12m，竖井井深约为 46m。

竖井所处地质除表层约为 2m 厚的填筑土及淤泥外，其余均为微 ~ 弱风化花岗闪长岩，地质条件较好，竖井地质立面见图 7-35。

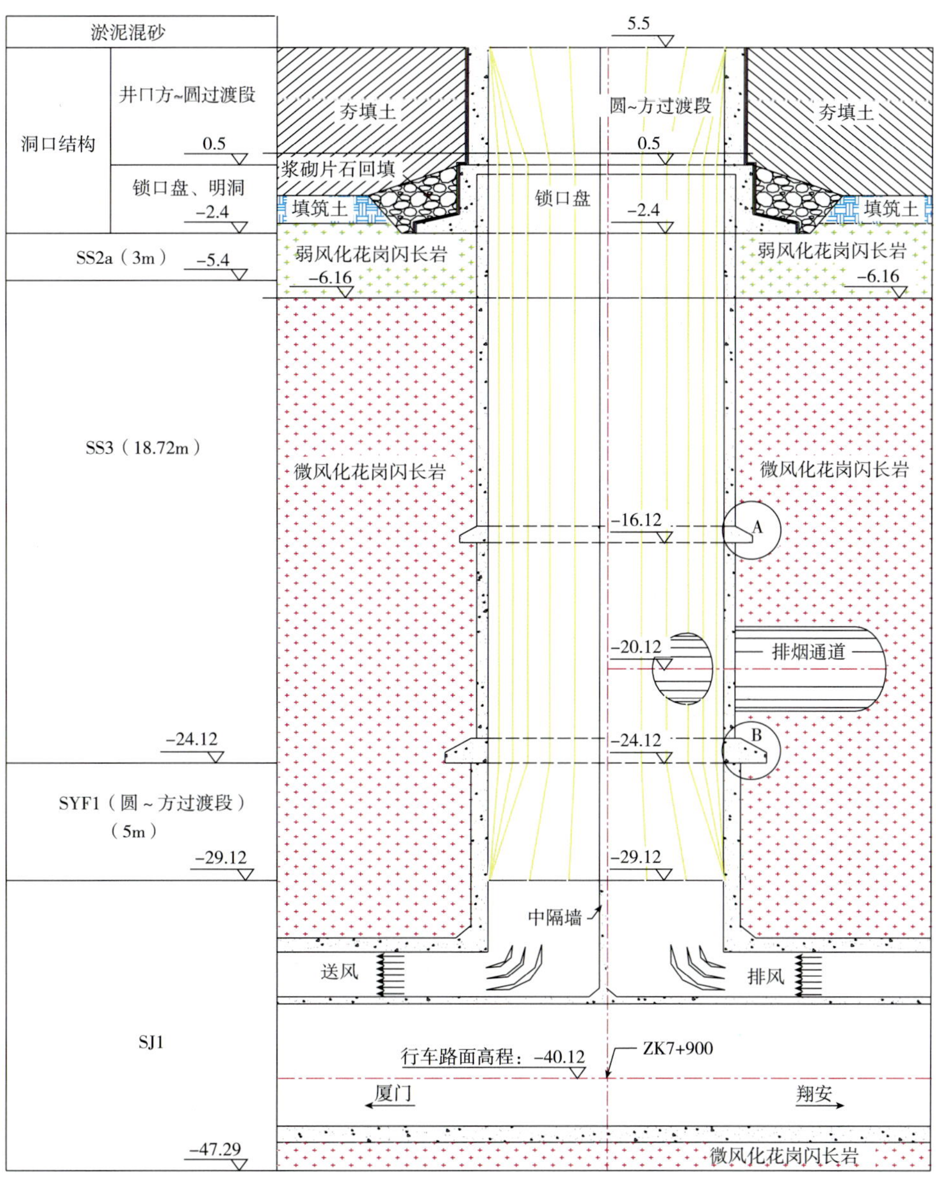

图 7-35 竖井地质立面图（高程单位：m）

竖井断面为圆形，二衬内轮廓直径为 8.3m，中间设风道隔板。排烟通道断面也为圆形，二衬内轮廓半径为 1.5m，竖井及排烟通道横断面设计尺寸见图 7–36。竖井劳动力和机械配置分别见表 7–8、表 7–9，竖井及相连工程防水层规格见表 7–10，竖井主要工程量见表 7–11。

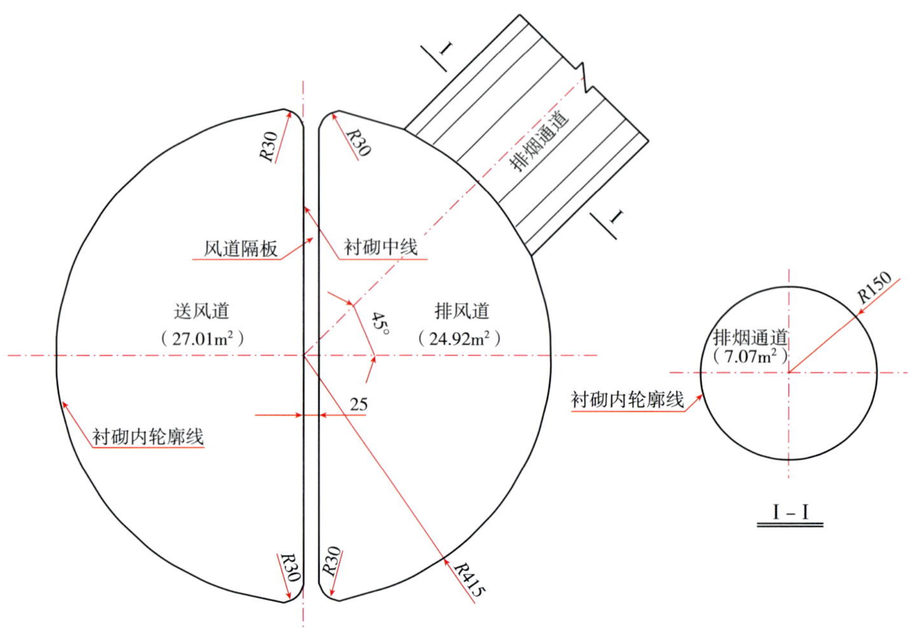

图 7–36　竖井及排烟通道横断面设计尺寸图（尺寸单位：cm）

竖井洞身段施工劳动力配置表　　表 7–8

序号	工 序 名 称	每班劳动力（个）	班　　制	施工人数（个）	备　　注
1	开挖班	15	2	30	—
2	初期支护班	20	2	40	—
3	其他附属人员	5	2	10	—

竖井井口段施工机械设备配置表　　表 7–9

序号	名　　称	规　　格	单　　位	数　　量	备　　注
1	风钻	—	把	15	—
2	自卸汽车	≥ 15t	台	8	—
3	装载机	WA320	台	1	—
4	液压挖掘机	BObcat331	台	1	—
5	门式起重机	35t	台	1	—
6	卸料斗	$3m^3$	套	3	自制
7	注浆机	KBY–50/70	台	1	—
8	电焊机	BX315	台	2	—
9	钢筋切割机	GT40–1	台	1	—
10	钢筋调直机	—	台	1	—

续上表

序号	名　称	规　格	单　位	数　量	备　注
11	喷浆机	—	台	2	—
12	抽水机	—	台	2	—
13	供电设备	50kW 的变压器	台	1	—
14	空压机	—	台	2	—
15	搅拌机	—	套	1	—

竖井及相连工程防水层规格表　　表 7-10

序号	细 目 名 称	防 水 层 规 格	备　注
1	竖井锁口盘	4mm 厚 FSB 防水涂料	外壁涂刷
2	竖井 SS2a 衬砌类型	2.0mm 厚 PVC 防水板	—
3	竖井 SS3 衬砌类型	2.0mm 厚 PVC 防水板	—
4	竖井 SYF1 圆 ~ 方过渡段	400g/m^2 无纺布，2.0mm 厚防窜流 PVC 防水板	—
5	主线隧道 SJ1	400g/m^2 无纺布，2.0mm 厚防窜流 PVC 防水板	—
6	排烟通道	2.0mm 厚防窜流 PVC 防水板	—

通风竖井一身段主要工程量表　　表 7-11

编　号	项　目	单　位	数　量
1	SS2a 段	—	—
	土、石方开挖（坚石）	m^3	218.97
	D25 注浆加固锚杆	m	348
	钢筋网	kg	394.2
	格栅钢架	榀	5
	C25 喷射混凝土	m^3	19.53
	防水层（2mm 厚 PVC 防水板）	m^2	85.8
	HRB335 钢筋	kg	2 929.8
	HPB335 钢筋	kg	201.6
	C45 混凝土	m^3	39.3
2	SS3 段（含壁座）	—	—
	土、石方开挖（坚石）	m^3	648
	D25 注浆加固锚杆	m	900
	钢筋网	kg	740
	C25 喷射混凝土	m^3	74.7
	防水层（2mm 厚 PVC 防水板）	m^3	325
	HRB335 钢筋（壁座）	m^2	4 469.8
	C45 混凝土	kg	148

续上表

编　号	项　目	单　位	数　量
3	圆～方过渡段	—	—
	土、石方开挖（坚石）	m^3	388
	D25 预应力锚杆	m	700
	钢筋网	kg	700
	C25 喷射混凝土	m^3	24.6
	防水层（2mm 厚 PVC 防水板）	m^2	177.2
	防水层（无纺布）	m^2	177.2
	HRB335 钢筋	kg	1 6841.1
	HPB335 钢筋	kg	795.8
	C45 混凝土	m^3	132.65

2. 施工技术

1）施工工序

竖井施工顺序见图 7–37。

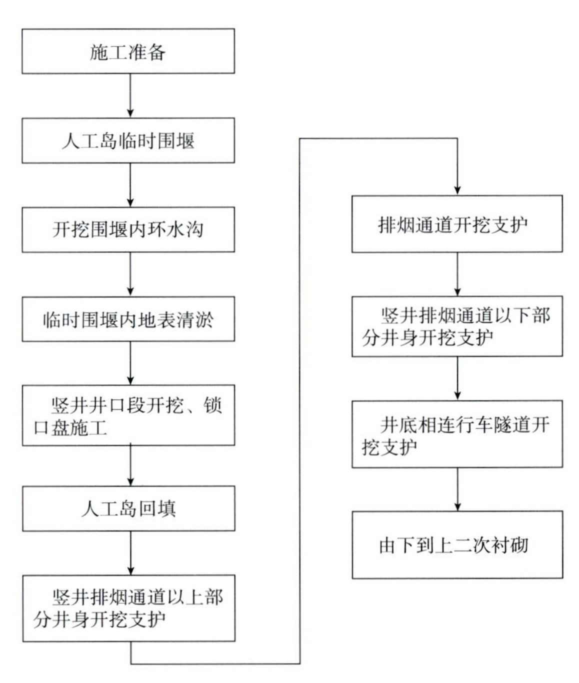

图 7–37　竖井施工顺序框图

2）竖井井口段

（1）围堰：围堰基底采用 10 ～ 100kg 块石抛填挤淤，堰体采用土工织物袋充砂分层填筑。

（2）开挖：井口填筑土采用挖掘机直接明挖并装土，由自卸汽车外运到指定弃渣场。

（3）锁口盘及方～圆过渡段浇筑：锁口盘采用人工组合钢模板，方～圆过渡段采用特制尺寸模板，泵送商品混凝土入模，并采用插入式振捣器振捣密实。

（4）人工岛回填：对人工岛底层 50cm 厚的砂层进行灌水密实处理，上部填土进行分层压实，分层厚度不大于 50cm，压实度大于 85%。人工岛回填料采用自卸汽车运输，人工辅助推土机整平，手扶式振动压路机配合大型振动压路机压实。

竖井井口段施工顺序为：围堰→堰内环向水沟开挖→堰内地表清淤→井口段开挖→井口段衬砌→锁口盘外浆砌片石围护→人工岛回填。井口段施工顺序见图 7–38。

3）竖井井身段

（1）开挖：竖井井身弱风化层以上采用山猫 331 型挖掘机开挖，弱风化层及其以下井身及排烟通道采用全断面开挖，井底相连行车隧道采用上下台阶法开挖，人工风钻打眼，电雷管引爆，非电毫秒雷管起爆，光面爆破。竖井爆破前保证竖井内人员、机械设备已运送出竖井，到达安全范围。行车隧道开挖长度为竖井中线前后各 10m（SJ1 衬砌结构）。

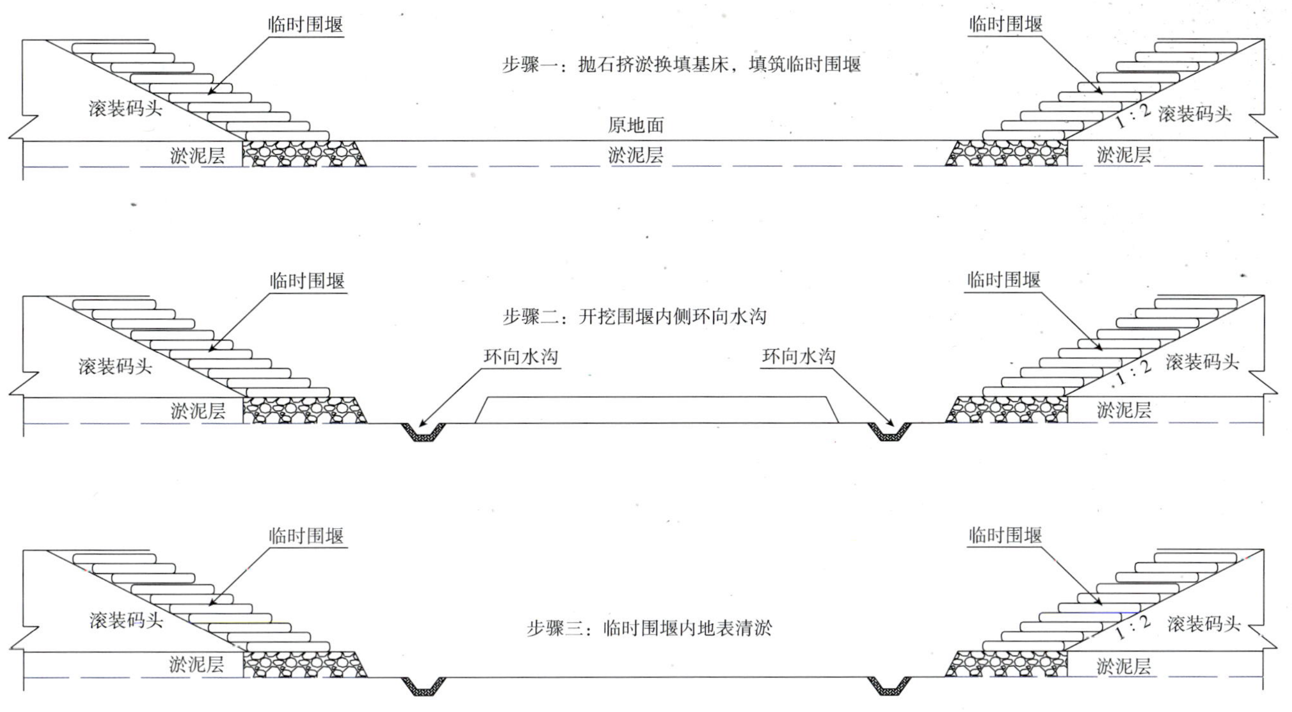

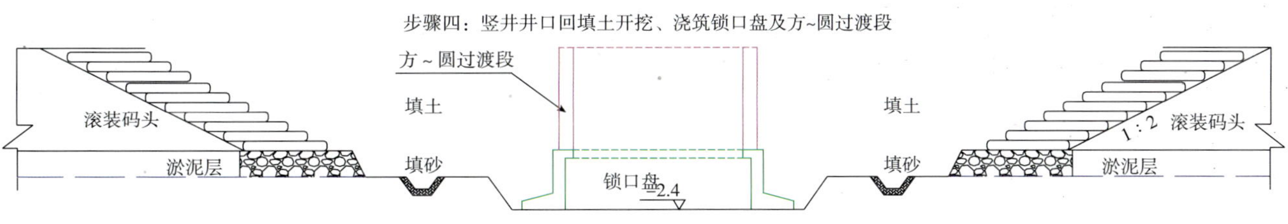

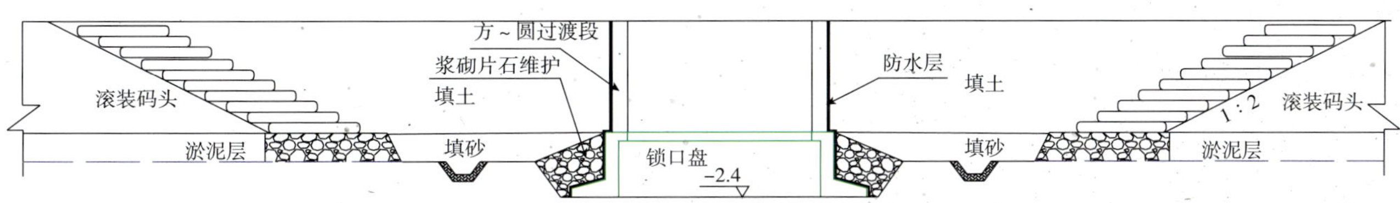

图 7-38　井口段施工顺序示意图（高程单位：m）

竖井井身及附属工程均处于弱～微风化花岗岩地段，地质条件较好。竖井井身及排烟通道采用全断面开挖，人工风钻打眼，电雷管引爆，非电毫秒雷管起爆，光面爆破。为了便于排水，靠近侧壁处加深 80cm，作为临时集水井，用污水泵将水排出井外，与井底相连的行车隧道采用简易工作台架，人工风钻钻孔，光面爆破。竖井井身施工顺序见图 7-39。

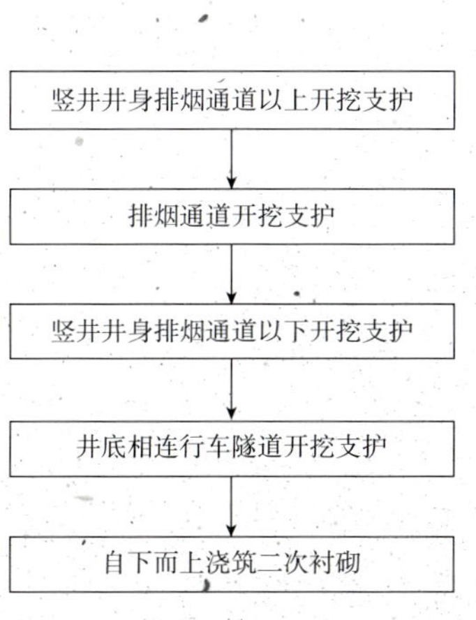

图 7-39　竖井井身施工顺序框图

（2）出渣运输：竖井井身采用小型挖掘机（山猫 331 型）装渣，排烟通道采用山猫 331 型挖掘机反向装渣；井底相连段采用 6t 叉车运送 $3m^3$ 吊桶到竖井位置，与井底相连的行车隧道采用 WA320 侧卸式装载机装渣，竖井出渣作业示意图见图 7-40。竖井口采用 10.0t 行走式门吊，提升吊桶容积为 $3m^3$；井外采用 EQ3143 自卸汽车运渣到指定弃渣场。

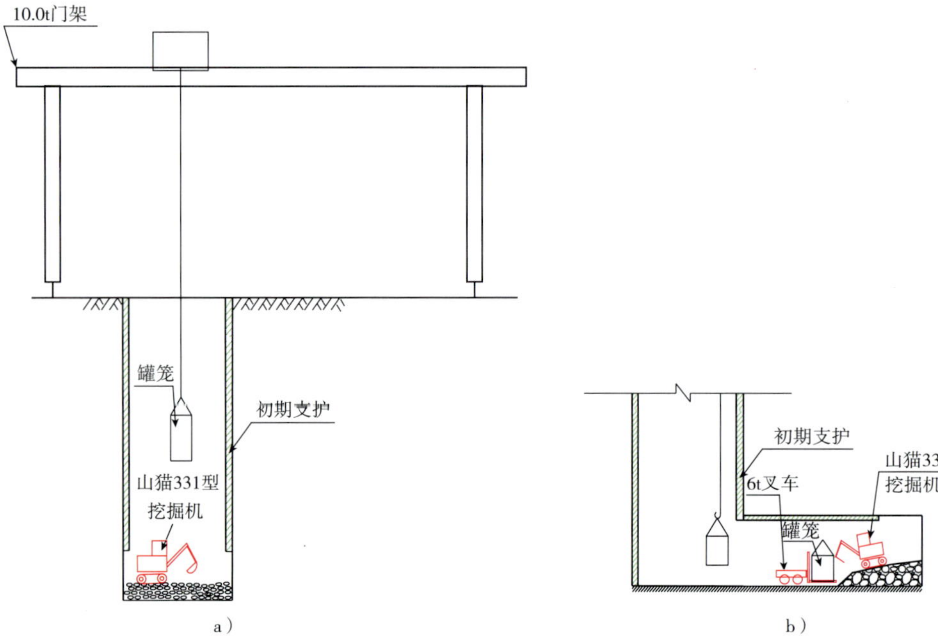

图 7-40 竖井出渣作业示意图

a）竖井井身出渣作业示意图；b）竖井井腰排烟通道出渣作业示意图

（3）初期支护：初期支护锚杆采用人工风钻打眼，并使用湿喷机喷射混凝土。

（4）二次衬砌：竖井衬砌在开挖完成后施作。先施作与井底相连的行车隧道衬砌（竖井中线前后各 10m），再施作竖井井身衬砌及排烟通道，竖井中隔板、行车隧道隔层夹板在行车隧道衬砌台车过后施工，最后施作行车隧道隔层夹板和竖井中隔板。井身二衬采用型钢拱架及组合式钢模板立模浇筑。二衬混凝土采用商品混凝土，无轨混凝土运输车运到现场后，采用输送泵将混凝土由井外输送到井内，直接泵送入模。二衬混凝土采用插入式振捣器振捣。

（5）通风排水：竖井通风采用压入式通风，30kW 通风机，ϕ600mm 软质风管。采用 1 台污水泵抽水，各用一台井，井下设临时集水井，协调通道内采用潜水泵将水排到竖井，再由竖井内的潜水泵排出井外。

（6）钻爆施工：竖井爆破采用电雷管引爆非电毫秒雷管（导爆索）的方式。为防止爆破飞石及振动波的危害，竖井放炮时，在竖井井口加盖格栅井盖。竖井井身及相连工程爆破设计图见图 7-41~图 7-43。

4）围堰施工

（1）施工工艺

围堰施工工艺流程见图 7-44。

（2）抛填块石挤淤换填基床

①临时围堰基底换填基床抛石选用 10 ~ 100kg 块石；所有围堰外侧护底抛石选用 200 ~ 300kg 块石。

②基床抛石根据重力式码头设计与施工规范中的要求进行夯实整平，基床整平时，块石间不平整部分用二片石填充，二片石不平整部分用碎石填充，碎石粒径不大于 50mm。

③外侧堰体土工织物袋充砂填筑的分层厚度为 50cm，土工织物袋内充砂含泥量≤ 5%。临海侧土工织物袋表面缝制一层抗老化无纺土工布，规格为 200g/m^2。

④内侧堰体填土分层厚度≤ 50cm，采用手扶式压路机配合 20t 振动压路机碾压，压实度≥ 85%。

（3）围堰堰体填筑

围堰堰体采用土工织物袋充砂之后进行分层填筑。填筑方向由外向内，分层厚度不超过土工织物袋单层厚度。土工织物袋内充砂含泥量≤ 5%，膜袋外侧表面缝制一层抗老化无纺土工布。

炮眼布置及爆破联网图

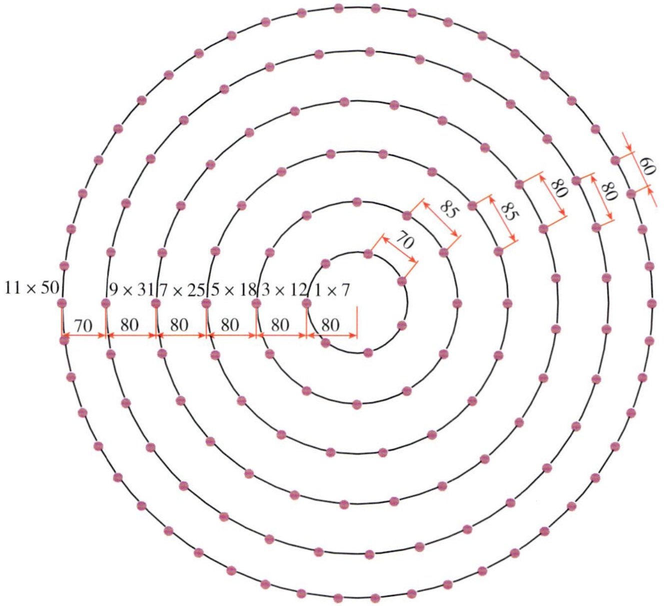

11×50　9×31　7×25　5×18　3×12　1×7

70　80　80　80　80　80

60　80　80　85　85　70

周边眼装药结构示意图

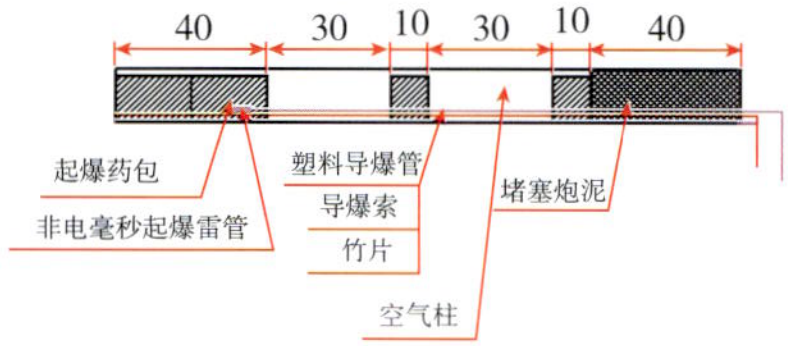

40　30　10　30　10　40

起爆药包
非电毫秒起爆雷管
塑料导爆管
导爆索
竹片
空气柱
堵塞炮泥

爆破参数表

序号	雷管段别	炮孔名称	眼深(m)	眼数(个)	装药量（kg）	
					单眼	段装药
1	1	掏槽眼	1.4	7	1.0	7.0
2	3	扩槽眼	1.2	12	0.8	9.6
3	5	掘进眼	1.1	18	0.8	14.4
4	7	掘进眼	1.1	25	0.8	20
5	9	内圈眼	1.1	31	0.8	24.8
6	11	周边眼	1.1	50	0.25	12.5
		Σ		143		88.3

注：开挖循环进尺1.0m，炮眼利用率94%，开挖方量$73m^3$，炸药单耗$1.2kg/m^3$。

注：

1.本图尺寸单位以cm计。

2.炮孔直径为40mm，炸药直径为32mm，周边眼炸药直径为25mm，均为2号岩石乳化炸药。

3.对钻爆参数实行动态管理，根据围岩的实际情况和爆破效果进行参数调整。

4.保证钻孔精度。

5.上部掏槽眼采用斜眼掏槽。

6.周边眼采用间隔装药结构，其他眼采用连续装药结构。

图 7-41　竖井井身钻爆设计图

炮眼布置及爆破联网图

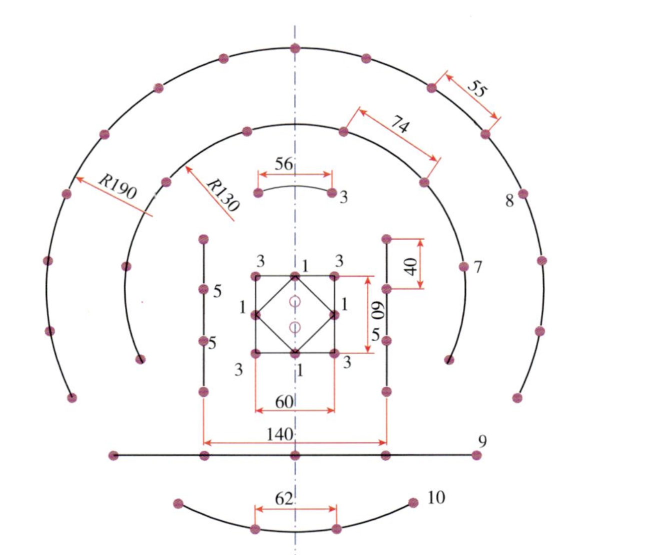

周边眼装药结构示意图

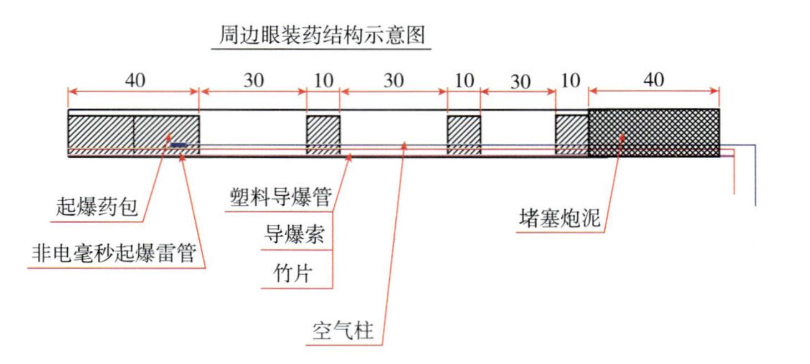

上部爆破参数表

序号	雷管段别	炮孔名称	眼深（m）	眼数（个）	装药量（kg）	
					单眼	段装药
1		空眼	2.4	2		
2	1	掏槽眼	2.4	4	1.8	7.2
3	3	扩槽眼	2.4	4	1.8	7.2
4	5	扩槽眼	2.4	2	1.4	2.8
5	7	内圈眼	2.2	8	1.4	11.2
6	8	周边眼	2.2	15	0.7	10.5
7	9	二台眼	2.2	5	1.4	7
8	10	底板眼	2.2	4	1.6	6.4
		Σ		44		52.3

注：开挖循环进尺2m，炮眼利用率91%，开挖方量73m³，炸药单耗2.30kg/m³。

注：
1.本图尺寸单位以cm计。
2.炮孔直径为40mm，炸药直径为32mm，周边眼炸药直径为25mm，均为2号岩石乳化炸药。
3.对钻爆参数实行动态管理，根据围岩的实际情况和爆破效果进行参数调整。
4.保证钻孔精度。
5.采用直眼掏槽。
6.周边眼采用间隔装药结构，其他眼采用连续装药结构。

图 7-42　排烟通道钻爆设计图

炮眼布置及爆破联网图

周边眼装药结构示意图

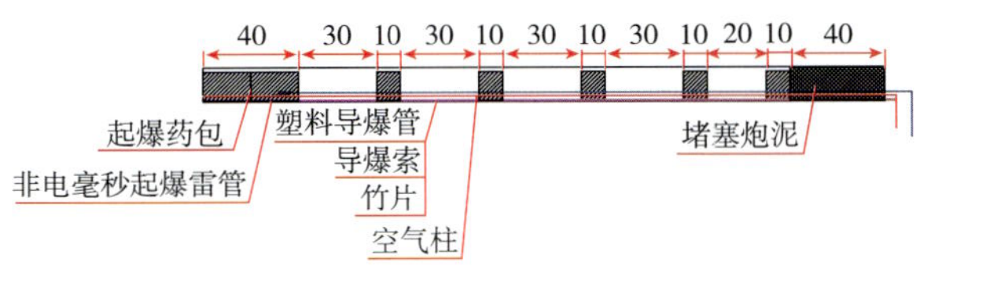

注：
1.本图尺寸单位以cm计。
2.炮孔直径为40mm，炸药直径为32mm，周边眼炸药直径为25mm，均为2号岩石乳化炸药。
3.对钻爆参数实行动态管理，根据围岩的实际情况和爆破效果进行参数调整。
4.保证钻孔精度。
5.上部掏槽眼采用楔形眼掏槽。
6.周边眼采用间隔装药结构，其他眼采用连续装药结构。

上半断面爆破参数表

序号	雷管段别	炮孔名称	眼深（m）	眼数（个）	装药量（kg）	
					单眼	段装药
1	1	掏槽眼	2.4	8	1.6	14.4
2	3	扩槽眼	2.9	8	2	16
3	5	扩槽眼	2.8	6	2.2	13.2
4	7	扩槽眼	2.8	6	2.2	13.2
5	9	掘进眼	2.7	6	1.8	14.4
6	11	掘进眼	2.7	4	1.8	7.2
7	13	掘进眼	2.7	19	1.8	34.2
8	15	内圈眼	2.7	21	1.8	37.8
9	17	二台眼	2.7	19	2.0	38
10	19	周边眼	2.7	39	0.9	35.1
11	21	底板眼	2.7	21	2.2	46.2
		Σ		157		269.7

注：开挖循环进尺2.5m，炮眼利用率93%，开挖方量184m³，炸药单耗1.47kg/m³。

下半断面爆破参数表

序号	雷管段别	炮孔名称	眼深（m）	眼数（个）	装药量（kg）	
					单眼	段装药
1	1	掘进眼	2.7	8	1.8	14.4
2	3	掘进眼	2.7	13	1.8	23.4
3	5	掘进眼	2.7	17	1.8	30.6
4	7	掘进眼	2.7	17	1.8	30.6
5	9	掘进眼	2.7	17	1.8	30.6
6	11	掘进眼	2.7	17	1.8	30.6
7	13	内圈眼	2.7	8	1.8	14.4
8	15	二台眼	2.7	17	2.0	34
9	17	周边眼	2.7	16	0.9	14.4
10	19	底板眼	2.7	25	2.2	55
		Σ		155		278

注：开挖循环进尺2.5m，炮眼利用率93%，开挖方量278m³，炸药单耗1.00kg/m³。

图 7-43 井底相连行车隧道钻爆设计图

5）初期支护

中空注浆锚杆、钢筋网、格栅钢架、C25 喷射混凝土，锚杆采用人工风钻钻孔，KBY-50/70 注浆机注浆。钢筋网片及钢架预加工成型，按照现场安装的方式进行拼装。喷射作业采用湿喷机人工喷射混凝土。竖井及相连工程初期支护作业示意图见图 7-45。

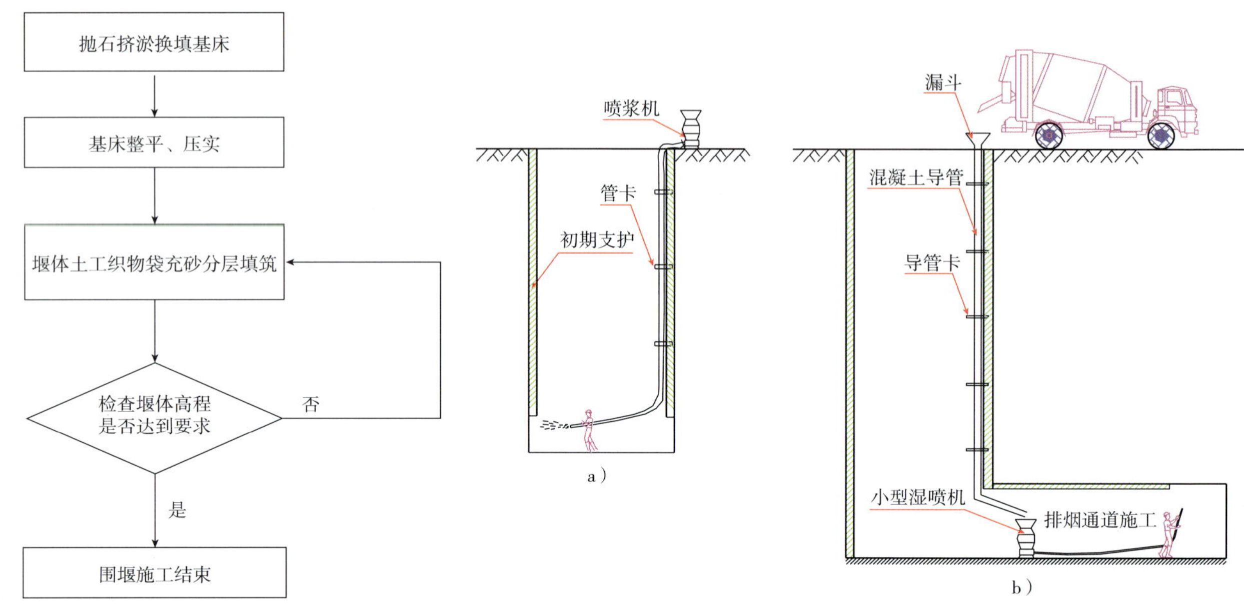

图 7-44　围堰施工工艺框图

图 7-45　竖井及相连工程初期支护作业示意图

a）竖井井身初期支护作业示意图；b）排烟通道初期支护作业示意图

6）防水层施工

竖井、排烟通道及与井底相连的主线隧道均采用防水材料。防水板铺设均采用无钉铺挂技术，具体的施工技术措施与主洞隧道结构防排水相同。

7）二次衬砌

竖井及相连工程二次衬砌（简称“二衬”）混凝土采用商品混凝土，利用混凝土运输车运输到现场，采用输送泵将混凝土从竖井外输送入井并泵送入模。

竖井及相连工程二次衬砌（简称“二衬”）按照自下而上的顺序进行，二次衬砌（简称“二衬”）顺序为：与井底相连的行车隧道两端（10m）→竖井下部→排烟通道→竖井上部→风道隔板。其中井底相连行车隧道两端二次衬砌（简称“二衬”）顺序见图 7-46，井底二次衬砌（简称“二衬”）顺序见图 7-47。

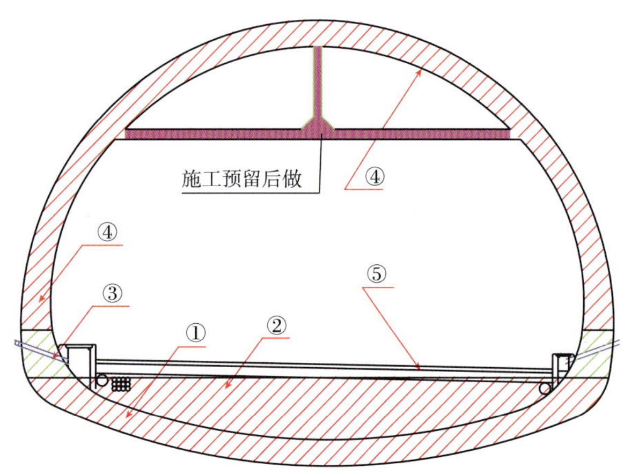

图 7-46　井底相连行车隧道两端二次衬砌顺序图

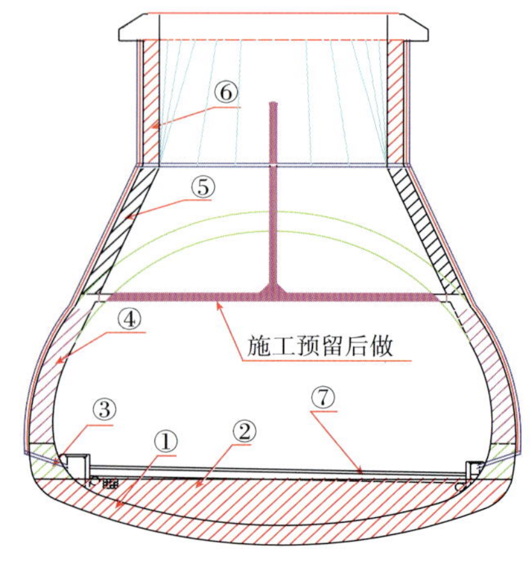

图 7-47　井底二次衬砌顺序图

（1）与井底相连的行车隧道二次衬砌

与井底相连的行车隧道二次衬砌采用型钢拱架和组合式钢模板立模浇筑，风道隔板暂且不做，待行车隧道衬砌台车过后再衬砌。井底相连行车隧道二次衬砌模型见图 7–48。

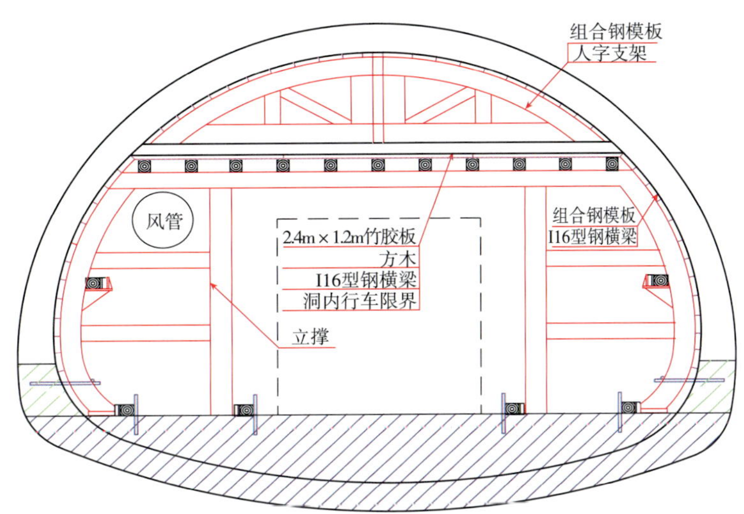

图 7–48 井底相连行车隧道二次衬砌模型图

（2）井身二次衬砌

井身二衬采用整体拼装钢木组合模型，圆变方及方变圆过渡段采用专用模型。

（3）排烟通道二次衬砌

排烟通道采用型钢拱架及人工组合钢模板立模浇筑，排烟通道立模示意图见图 7–49。

（4）竖井风道隔板

风道隔板采用型钢、小方木及 2.4m×1.2m 竹胶板立模。

（5）二次衬砌施工技术及质量保证措施

①竖井及排烟通道模板长度为 6m，人工立模加固牢靠，模型支架刚度要能满足泵送混凝土的要求。

②竖井及相连工程二次衬砌混凝土采用插入式振捣器人工振捣。

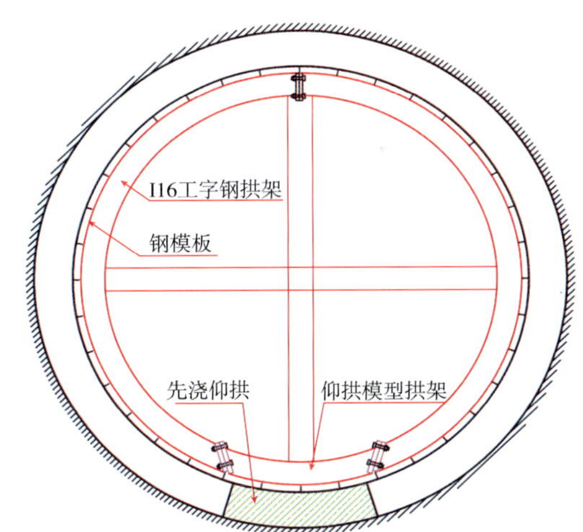

图 7–49 排烟通道立模示意图

③在浇筑二次衬砌混凝土时，预先立好模型支架，并随浇筑进度同时安设模板，每次安设模板的高度在 2m 左右，以便进行捣固作业。

④二次衬砌浇筑前，做好竖井及相连工程的防排水工作，重点做好井底相连行车隧道防水、排烟通道进出口与竖井及行车隧道交界段、竖井二次衬砌壁座等部位的防水处理。

⑤排烟通道进出口 2m 二次衬砌分别与排烟通道进口中心上下各 2.5m 段竖井二次衬砌，排烟通道出口中心前后各 5m 行车主洞二次衬砌一起浇筑成一个整体。

⑥对于二次衬砌施工缝处膨胀止水条嵌槽的施作，在竖井二次衬砌时于每循环混凝土浇筑完成后直接在混凝土面用木条压出企口；在排烟通道和竖井与行车主洞交叉段二次衬砌时，采用在模型堵头板上钉橡胶条的方式设置嵌槽。

⑦二次衬砌混凝土拱顶密实度保证技术措施及其他质量保证措施同行车隧道。

⑧行车隧道开挖接近竖井贯通面时采用减震爆破技术。

8）安全质量保证措施

（1）安全保证措施

①开挖安全保证措施包括以下几点。

a. 施工前向监理工程师提交开工报告，经检查确认后方可进行施工。施工前做好施工技术交底及安全技术交底工作。

b. 施工过程中，设专职地质工程师做好地质描述和超前地质预报，随时观察地质变化，以便指导现场施工。

c. 在爆破施工前，需进行专门的爆破方案设计和现场试验。同时，还需进行爆破振动监测及爆破破坏范围检测，并根据爆破效果和爆破监测结果及时改进爆破设计。

d. 当施工人员到达掌子面后，应先组织人员检查工作面的稳定状态。

e. 严格按爆破设计进行施工，严格控制周边眼打眼质量及装药量，保证爆破成型良好，减小对围岩的扰动。

f. 加强对爆破作业的安全管理。制订严格的安全检查制度（尤其是对装药量的控制检查），设立专职的安全检查人员。爆破作业经安检员签认后方可进行。

g. 严格掌握炮眼数量、装药量，尽量减小爆破对岩层的震动。

h. 不在残眼中钻眼。

i. 对洞内爆破作业人员进行统一指挥。

j. 在爆破后经通风排烟，施工人员才能进入工作面，且排烟时间不少于 15min。

k. 当发现瞎炮时，由原爆破人员按规定处理。

l. 钻眼与爆破不得平行作业。

m. 禁止明火点炮。

n. 雷电期间的爆破作业。雷电将临时，立即停止所有地面或地下的炸药运输和短程搬运，所有施工人员立即撤至安全地点，并将雷电来临或雷电已过的信号，通知洞内工作人员。在已完成爆破作业的地段，安装自动报警灯。

o. 爆破材料的运输、储存、加工、现场装药、连线、起爆及瞎炮处理，都必须遵守《爆破安全规程》（GB 6722—2003）的有关规定。加强监控量测，及时反馈信息，通过量测指导施工，确保安全。

②门吊作业安全措施包括以下几点。

a. 门吊安装完成后，应请有关部门进行验收，验收合格后方可使用。

b. 门吊操作人员必须经过有关部门的专业训练，考核合格后颁发操作证，持证上岗。必须定机、定人、定岗作业。

c. 门吊在使用前先检查确保设备零部件、安全装置齐全良好有效。重点检查门吊制动装置和钢丝绳完好情况，符合安全操作要求后空载试车，运行正常后方准使用。

d. 门吊必须设置灵敏可靠的双向联系信号装置，各操作层均可同驾驶员进行联系并且保证信号准确，操作者的视线应清晰，当遇有不清楚时应立即停机查看，使用过程中必须确保上料和卸料人员的操作安全。

e. 门吊严禁载人且超载使用。

f. 不准疲劳作业。

g. 制订门吊钢丝绳的检查制度，定期更换钢丝绳。

h. 禁止在门吊作业区内搭设房屋及进行其他施工作业。

i. 随时检查轨道及门架，若发现变形必须立即停机并及时纠正。

j. 当门吊操作人员要离开时或作业完成后，应切断电源。

k. 必须定期对门吊进行维修保养。

③装卸渣与运输作业安全措施包括以下几点。

a. 出渣时由现场调度统一指挥，保证正常出渣运输。禁止违章指挥、违章操作、违反劳动纪律和蛮干等操作行为。

b. 装料时，不得超出装载限界，禁止超载、超速。

c. 出渣运输设备不得人、料混装。

d. 在弃渣场弃渣时，将弃渣分层堆放，并在弃渣形成最终堆积体时，保证其自由边坡的稳定。

e. 定期检查机车刹车制动设施，发现问题应及时检修更换。

f. 为保证出渣运输作业的正常、安全运输，特别制订出提高机械设备完好率的具体措施：一是出渣运输车辆设置易辨识的颜色，运行过程鸣笛警示；二是对出渣运输人员作业前进行安全教育和考核，合格后方可上岗作业。对施工中违反操作规程的人员进行安全处理，责令其重新学习，并进行考核。

④初期支护与衬砌安全措施包括以下几点。

a. 制订初期支护和衬砌作业各工序的安全技术措施，并严格落实。

b. 施工期间，经常对各部分支护进行检查，当发现支护破坏时，立即对其进行修整加固。

c. 不将永久及临时支撑放在虚渣或活动的石头上。

d. 当喷射的混凝土尚未达到一定强度即趋失稳的围岩，或喷锚后变形量超过设计容许值以及发生突变的围岩，应根据现场实际情况及时进行加固。

e. 对开挖后自稳能力很差的围岩，采用超前锚杆和挂网喷射混凝土的办法进行临时支护。

f. 注浆人员应经过专门培训，并熟练掌握有关作业规程；禁止在不停泵的情况下进行任何修理；注浆泵及管路内压力未降至零时，不得拆除管路或松开管路接头，以免浆液喷出伤人；注浆泵由专人负责操作，未经同意其他人不得操作；注浆人员在拆管路、操作注浆泵时必须戴防护眼镜，以防浆液溅入眼睛。

g. 衬砌工作台架的搭设不低于 1m 的栏杆，梯子应安装牢固，不得有钉子露头和突出的尖角。

h. 工作台、跳板、脚手架的承载重量，不超过设计要求，并在现场挂牌标明。

i. 灌注混凝土前，先检查确保模型稳定。

j. 专人指挥、监护模板的安装和拆除。

k. 施工人员应正确使用劳动保护用品，防止电击、辐射及烧伤危险的发生。

l. 竖井工程所使用的材料或制品等应符合设计要求。

同时，在施工中还应做好防台防洪的安全保证措施。

（2）质量保证措施

①开挖质量保证措施包括以下几点。

a. 采用激光导向仪和断面检测仪进行快速和高精度的中线控制、开挖轮廓控制和开挖成型效果检测、净空检查反馈，以科学的检测手段确保竖井洞身开挖质量。

b. 竖井洞身开挖前根据工程地质条件、开挖断面、开挖方法、掘进循环进尺、钻眼机具和爆破材料等进行钻爆设计。钻爆作业按照爆破设计进行钻眼、装药、接线和引爆。

c. 严格控制开挖循环进尺，对不良地质地段，适当缩短开挖进尺，控制爆破，并选用具有足够刚度和早强的支护设计，如适当加厚喷层，喷射早强混凝土，及早完成锚喷网联合支护。必要时采用双层钢筋网或增设临时钢支撑措施，以控制围岩变形。

d. 严格控制隧洞开挖断面。

②初期支护施工质量保证措施包括以下几点。

a. 钢支撑、格栅钢架施工。开挖初期支护的格栅钢架其原材料应符合设计要求和施工规范规定；格栅钢架加工时，应严格控制对接头和底板构造的质量；在加工厂加工的格栅钢架，必须有出厂质量证明，合格后方可用于施工；格栅钢架用于工程前应先进行试拼，架立符合设计要求，连接螺栓必须拧紧，数量符合设计，节点板密贴对正；格栅钢架的架设用楔块与围岩楔紧，纵向设有联系构件，底脚要牢固。钢支撑、格栅钢架尽可能多的与锚杆露头及钢筋网进行焊接，增强其联合支护效应。

b. 中空注浆锚杆施工。按设计要求确定出钻锚杆孔的位置，其孔距偏差不大于150mm，锚杆的钻孔孔径大于锚杆直径；锚杆孔深偏差值不大于50mm。严格按照施工图纸及施工要求进行锚杆安装施工。根据试验选定锚杆注浆的配合比，当注浆开始或中途停止超过30min时，用水或稀水泥浆润滑注浆罐及其管路；注浆时，在锚杆口设置排气管，以确保注浆质量和效果。

c. 喷射混凝土施工。所用材料的规格和质量应符合设计要求和施工规范的规定，其中水泥需先进行试验，符合有关规定后方可使用。

喷射混凝土的配合比、计量、搅拌、喷射要符合施工规范要求，喷料随伴随用，不超过规定时间，不夹泥夹渣；喷射前，清理岩面；厚度较大时分层喷射，严格掌握水压、风压和喷射距离，做到厚度符合设计和安全要求，表面平顺。对于所喷射混凝土的结构，确保不出现脱落和漏筋现象。

架立钢架前初喷一层混凝土，架立后先喷射钢架与围岩之间的混凝土，然后再喷射钢架间的混凝土，并由两侧拱脚向上对称喷射，将钢架完全覆盖，保证钢架背面喷射填满，厚度满足设计要求，表面平整圆顺，无大的起伏凹凸现象。

d. 钢筋网施工。钢筋网规格、尺寸必须符合设计要求，钢筋使用前要清除污锈。钢筋网与锚杆或其他锚定装置连接牢固，在喷射作业时不得晃动。钢筋网在岩面喷射一层混凝土后进行铺设，当采用双层钢筋网时，第二层钢筋网在第一层钢筋网被喷射混凝土覆盖后铺设，钢筋网的混凝土保护层不小于20mm。

（3）混凝土衬砌施工质量保证措施

①严格把好原材料进场质量关。

②衬砌采用商品防水混凝土，认真做好施工现场混凝土的验收工作。混凝土运至现场后，查看是否有分层、离析现象，坍落度是否符合规定要求，如不满足，不予采用。

③衬砌时定位准确，连接牢固，接头整齐平顺，防止漏浆。

④对于衬砌施工缝处膨胀橡胶止水条嵌槽的施作，在竖井井身衬砌时于每循环混凝土浇筑完成后直接在混凝土面用木条压出企口；在排烟通道衬砌时，采用在模型堵头板上钉橡胶条的方式设置嵌槽。

⑤实行强制性“混凝土浇灌令”，衬砌作业队做好混凝土施工的准备及隐蔽工程的检查后，填报“混凝土浇灌申请单”，由总工程师派人员检查复核后签发“混凝土浇灌令”，若无总工程师签发的浇灌令，任何人不得进行混凝土施工。

⑥混凝土浇筑前，应对模板、支撑体系、钢筋、防水材料及预埋件等进行检查，符合要求后方能浇筑。

⑦确保模板台车就位准确，模板面光滑平顺、不漏浆，接缝严密整齐。

⑧混凝土的浇筑要连续进行，不得中断；因故必须间歇时，其允许间歇时间应根据试验确定。浇筑过程中要随浇随振捣，振点要均匀，不能漏振。

⑨衬砌浇筑在10 ~ 20h后进行养护，连续养护14d，养护用水的质量与拌制混凝土的用水质量相同。每天浇水的次数，以能保持混凝土表面经常处于湿润状态为宜。

⑩做好电力、动力、照明、养护等的准备工作。

（4）施工缝施作的质量保证措施

按设计图要求进行施工缝的设置。若在混凝土浇筑过程中，由于设备故障而无法连续浇灌时，间隔超过2h的按规范要求留置施工缝。施工缝表面必须凿毛，将混凝土面的浮渣、尘土、积水清扫干净，确保止水条或止水带处混凝土面光滑、平整，不被凿毛破坏。水平设置施工缝，并确保止水条形成全封闭的防水圈。施工缝所用防水材料必须有出厂质量证明文件，并经进场检验和复检合格后再使用。

第八章

施工质量控制技术

第一节　洞身开挖质量控制技术

洞身开挖技术是控制隧道后续工序质量的关键，开挖或爆破成型的好坏对后续工序质量的影响极大，同时对喷射混凝土和防水层铺设的质量影响也极为重要。因此，实施双侧壁工法，力求洞身开挖轮廓线圆顺，避免局部超挖产生应力集中，影响围岩的安全稳定（图 8–1）。

一、洞身开挖质量保证技术措施

1. 质量保证控制目标

确保海底隧道洞身开挖的施工质量，满足现行公路隧道工程质量验收标准及设计要求：即工程一次验收合格率达到 100%；分项工程质量自检检测率必须达到 100%；初期支护及早封闭成环；锚杆砂浆饱满，喷射混凝土达到设计厚度，满足控制围岩变形和减少围岩暴露时间的要求。

2. 质量保证组织措施

建立以项目经理为组长、项目总工程师为副组长的质量保证领导小组，在项目经理和总工程师的领导下，由专职工程师组成质量监察部负责质量管理工作。施工队设专职质检员，施工班设兼职质检员。质量保证组织机构见图 8–2。

图 8–1　隧道贯通点洞身开挖断面图

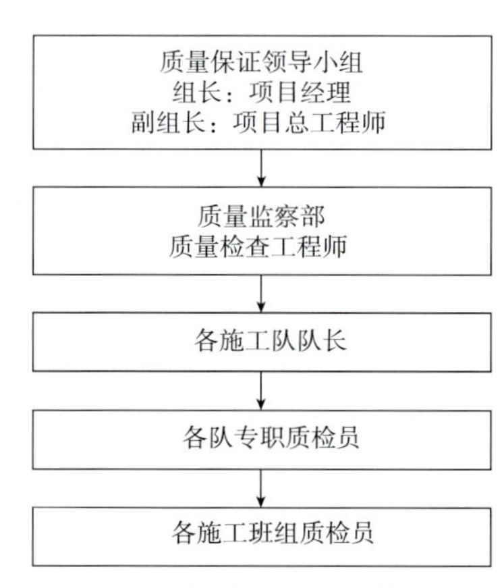

图 8–2　质量保证组织机构框图

质量监察部每半月组织一次质量检查，每月由项目总工程师组织一次质量检查，并召开一次工程质量总结分析会。施工队每天进行施工中间检查及竣工质量检查，并评出质量等级。班组坚持“三检制”，自检合格后，由专职质检员进行全面检查验收；由指挥部质检工程师请监理工程师验收签认。若发现违反施工程序，不按设计图纸、规范、规程及双侧壁工法方案施工，或使用不符合质量要求的原材料、成品和设备时，各级质检人员有权对其进行制止，必要时向主管领导提出暂停施工进行重新整顿的建议。

3. 质量保证管理制度

在工程实施过程中，逐渐完善且建立健全各种质量管理制度，以制度约束施工人员，互相监督，互相制约，把质量管理纳入到日常工作中去，使之成为每个人的自觉行动。

（1）组织制度

质量监察部每旬组织进行一次质量检查，每月由项目总工组织一次质量检查，并召开工程质量总结分析会。项目经理部由专职质量工程师负责每天进行施工中间的质量检查及竣工质量检查，并评出质量等级。施工队由专职质检员跟班进行作业工序、工艺及标准的自检、自查、自纠，确保每道工序、工艺都达到高标准和高质量。

（2）自检制度

工前检查：设计文件、施工图纸已经审核并满足开工需要；工前工地调查和复测工作已经完成，并符合要求；各项技术交底工作已经掌握，特殊作业、关键工序且有作业指导书；采用的新技术、机具设备、原材料满足工程质量需要；施工人员、质量管理人员能保证工程质量要求。工中检查：施工测量及放线正确，精度达到要求；按照施工图纸施工操作正确，质量符合验收标准；施工原始记录填写完善，记载真实；有关保证工程质量的措施和管理制度已经落实；原材料、成品、半成品要按规定提交试验报告，设备要有产品合格证和出厂说明书；工班自检、互检、交接检要严格执行，并有详细的交接记录；工程日志簿填写要符合实际，真实记录施工内容。

（3）质量评定制度

经检验合格的工程，按规定填写分项、分部和单位工程检验评定表进行评定，作为考核质量成绩和验工计价凭证；检验不合格的工程，按未完工程处理。项目经理部不定期进行抽查，对不符合《验标》规定的要予以纠正，并追查责任。施工过程中接受业主和监理的质量监督，服从业主和监理对施工提出的建议和措施。

（4）隐蔽工程检查制度

隐蔽工程严格按规定经监理工程师检查合格并签证后方可进行覆盖。工程检查签证，除执行国家、部颁的规定外，还应执行建设项目的有关规定并与业主和监理工程师协商，明确职责分工，由指定的质量检查人员办理。隐蔽工程未经监理工程师签认而自行覆盖的，必须揭盖补验，由此产生的全部损失由具体的施工队负责。隐蔽工程先由项目经理部总工程师组织自检合格后，邀请监理工程师检查签认，对于地质不良的基础或暴露时间不宜过长的工程签证后应尽快封闭。隐蔽工程质量检查要保证资料真实可靠，并按规定程序签认和归档，不得弄虚作假或填写不规范。图 8-3 为福建省交通质监局驻厦门海底隧道质量安全监督组在检查内业资料。

图 8-3 海底隧道监督组检查内业资料

（5）验工签证制度

验工计价是控制工程质量的重要手段，未经检查或检查不合格的项目，不予计价、拨款，并追究相关责任人的责任。

（6）质量奖罚制度

制订严格、细致的质量奖罚制度，完善工程质量的激励约束机制。开工之前，从本标段合同中提取一定比例的费用作为质量保证金，每旬考核，逐月结算。对质量管理工作、工程创优作出成绩的单位和个人给予奖励，对于违章施工的单位和个人给予处罚，并追查责任。贯彻“精神奖励与物质奖励”相结合的原则，根据贡献大小实施奖励，严禁将质量奖金挪作他用。根据施工质量情况，奖励分优质工程奖、优秀 QC 小组奖、一次性质量奖。质量处罚以教育和预防为主。根据质量事故的等级，对不同质量责任人进行不同程度的处罚，并建议有关部门进行党政或行政处分，情节严重者，将依法追究法律责任。

（7）质量事故申报制度

质量事故的处理严格按各单位质量管理办法以及国家和建设单位现行的有关规定执行。

（8）质量责任终身制

从项目经理部到工程施工队实行领导责任终身制。质量目标层层分解，终身责任，一级包一级，一级保一级，从严格技术把关入手，抓好全过程的质量管理。

（9）旁站制度

关键工序实行施工负责人、专业工程师旁站制度，在工程中，对施工关键部位、关键工序、关键环节实行旁站。

4. 质量保证管理措施

（1）加强质量教育

对职工进行有关质量法规教育，增强全员质量责任意识，使创建优质工程真正成为每个建设者的自觉行动。深入开展“一学、五严、一追查”（学法规、严守设计标准、严守操作规程、严用合格产品、严格程序办事、严格履行合同；追查责任者）和“质量月”活动，切实履行法定的质量义务，做到依法经营。

（2）加强技术培训

定期或不定期组织职工开展职业岗位培训，学习相关规范、标准和操作规程，进行“四新”（新技术、新材料、新工艺、新设备）成果技术的培训和推广。

（3）建立全面质量管理体系以及积极开展 QC 小组活动

采取自愿结合或行政组织等多种方式，做好质量管理小组的活动组织、资料管理、成果推广总结工作。结合施工特点，从实际出发，成立提高工序质量和工程质量的 QC 小组，解决施工中的关键质量问题，提高工程产品质量，降低物能消耗，提高经济效益，完善全面质量管理体系。

（4）强化企业质量自控能力

严格按照设计文件（图纸）、技术标准和施工规范施工，进一步加强全面质量管理制度，认真贯彻 ISO9001：2000 质量管理体系标准，使其不断完善，确保有效运行。加强检测试验中心的建设，按有关规定做好计量、试验工作。

（5）建立质量情报信息网络

质量情报信息，主要是反映工程项目在施工过程中各个环节的工程质量和工作情况，为有效控制和保证工程质量提供依据。工程管理人员、技术人员、质量检查人员需要经常深入施工现场，认真掌握大量、准确的第一手质量情报信息资料，做到及时收集、及时反馈、及时分析、及时应用。

质量情报信息的内容主要包括：进入工地的各种原材料、成品、半成品的产品合格证及质量检查验收情况；施工组织设计或施工方案、技术交底、图纸会审、变更、隐蔽工程和有关质量记录情况；历次质量检查、各种验收检查记录，以及质量事故调查记录和处理情况；新材料、新技术、新工艺、新标准等信息的收集整理情况；机械设备、计量测试仪器、人员素质等其他影响工程质量的调查记录和处理情况；同行业有关的工程质量管理办法和手段，以及发展方向等概况。

5. 质量保证技术措施

实施双侧壁工法的施工地段为 V 级不良地质围岩，故采用小型挖掘机进行开挖，配合人工修边（图 8-4），专人指挥，严格按照测量标记谨慎开挖，将超欠挖控制在规范允许范围内。

图 8-4　机械开挖人工修边图

（1）施工准备措施

建立设备精良、齐全的检测试验中心。建立能满足各项试验要求且具有国家计量资质的检测试验中心，并配备足够的人员和设备。选派技术熟练的人员，组成强干的试验队伍，采用装备精良、齐全的试验仪器，在专业技术人员的指导下，做好各项试验工作。试验人员要做到持证上岗，试验仪器设备必须经由国家有关部门标定认可才能使用，且每年定期进行标定检验。

按照设计和施工技术要求，做好各项试验和检验测试工作，确立可靠的检测手段，建立严密的检测制度：即采用国家现行的试验方法和检测手段，并把对质量具有重要影响的工作程序用制度的形式固定下来。

建立一套完善的工作程序管理制度和专项质量检验、验收制度。按照“跟踪检测”、“复检”、“抽检”三个等级进行检测。

（2）重视测量工作，组建强干的测量队伍

测量工作人员只有受过专门训练、具有足够的资格与知识，才能确保正确地完成工作。保证测量工作在有专业知识和经验丰富的技术人员直接指导下进行。配备先进的测量仪器，从中线、高程和几何尺寸上确保工程质量。选派技术水平高、操作熟练的技术人员，组成测量队伍负责控制测量、放线定位测量和对工程进行复核、检查等测量工作，从人员上保证测量精度。装配全站仪、精密水准仪等先进的测量仪器，从设备上保证测量精度。测量时应认真做好记录，所有施工测量记录和计算结果均需严格进行复核，并按工程项目分类装订成册，并附必要的文字说明，从测量过程中保证测量精度。

（3）工程工艺控制

单位工程开工前，认真编制施工组织设计，经监理工程师审批后，严格按照施工组织设计施工。对主要分部、分项工程编制施工方案，科学组织施工。在施工过程中，经常检查施工组织设计及施工方案的落实情况，以确保施工生产正常进行。

（4）工程材料控制

工程材料和辅助材料（包括构件、成品、半成品），都是构成建筑工程的实体。保证工程材料按质、按量、按时的供应是提高和保证质量的前提。因此，对于采购的原材料、构（配）件、半成品等材料，建立健全进场前的检查验收和取样送检制度，杜绝不合格的材料进入现场。

水泥、钢材等其他外购材料必须三证（出厂证、合格证、检验证）齐全，进场后按规定抽检，合格后方可使用；对于地方材料应先调查料源，取样试验，试验合格经监理认可后方可进料。现场设专人收料，不合格的材料予以拒收。施工过程中若发现不合格的材料应及时清理出现场。

二、洞身开挖质量控制技术

施工中常遇不良地质围岩因预留变形量不足造成侵界，导致二次衬砌混凝土厚度不足进行返工处理的情况；但如果预留变形量过大，又会造成不必要的浪费。为防止超欠开挖轮廓线不圆顺，确保施工安全，对于浅埋超浅埋、软弱富水、断层破碎带等自稳性极差的围岩开挖易发生坍塌的问题，通常采用辅助施工方法如超前管棚、超前小管棚、超前小导管、超前锚杆或锚管、超前预注浆等技术措施，对不良地层进行土质改良和预加固、注浆止水（图 8-5 为Ⅳ级围岩主行车道隧道贯通点断面图），是防止隧道塌方和涌水突泥极为重要和必要的手段。当海底隧道上台阶开挖支护通过 5 ~ 8m 后应及时进行仰拱初期支护，并确保初期支护及时封闭成环。为保证隧道贯通施工安全，在没有特殊情况下，Ⅳ级、Ⅴ级围岩不宜作为贯通断面。贯通点两端应同时加强联系，统一指挥，当Ⅰ级、Ⅱ级围岩两端作业面距离小于洞径长度，Ⅳ级、Ⅴ级围岩两端间距小于 1.5 倍洞径时，洞身开挖作业面应从一端开挖贯通（图 8-6）。

1. 非爆破Ⅵ级、Ⅴ级围岩开挖质量技术控制

（1）基本要求

①海底隧道开挖前，必须运用超前地质预报手段探明工作面前方 80 ~ 150m 的工程地质和水文地质情况。对于极不稳定的Ⅳ级、Ⅴ级、Ⅵ级围岩，宜在拱腰以上设置 3 ~ 5 个超前探孔，探孔深度宜为 5 ~ 6m，探孔底部应超出开挖轮廓线以外 1 ~ 2m。

②海底隧道的开挖，应根据覆盖层厚度、结构断面、具体地质情况选择开挖方法；根据开挖面实际情况确定开挖步序和循环进尺。

图 8-5 Ⅳ级围岩主行车道隧道贯通点断面图

图 8-6 作者检查贯通点质量安全

③非爆破的Ⅳ级、Ⅴ级、Ⅵ级围岩段开挖前，应采取适当的超前预加固措施后再进行开挖。

④开挖完成后应及时进行初期支护。

⑤开挖后必须尽早进行监控量测；陆域浅埋段应进行地表及地面建筑物的量测监控。

⑥应根据围岩情况选择合理的预留沉降量及变形量，并利用量测反馈信息及时调整，严格控制欠挖，尽量减少超挖。

⑦隧道初期支护变形超过预留沉降量或变形量时，应拆除重建，并适当加大开挖断面和预留沉降量，以保证衬砌净空。

（2）实测项目

非爆破Ⅳ级、Ⅴ级、Ⅵ级围岩段洞身开挖实测项目见表 8-1。

非爆破Ⅳ级、Ⅴ级、Ⅵ级围岩段洞身开挖实测项目表 表 8-1

项次	检查项目		规定值或允许偏差	检查方法和频率	权值
1	拱部超挖（mm）	破碎岩、土（Ⅳ级、Ⅴ级、Ⅵ级围岩）	平均 100，最大 150	水准仪或断面仪：每 20m 随机抽查一个断面	3
2	边墙宽度（mm）	每侧	+100，-0		2
		全宽	+200，-0		
3	仰拱、隧底超挖（mm）		平均 100，最大 150	水准仪：每 20m 检查 3 处	1

注：①最大允许超挖值是指超挖处顶面至设计开挖轮廓线切线的垂直距离。

②平均线形超挖值 = 超挖横断面面积 / 爆破设计开挖断面周长（不包括隧底）。

③表中所列数值不包括测量贯通误差、施工误差。如采用预留支撑沉落量时，不应再计超挖值。

④表中围岩级别的划分标准参见《公路隧道设计规范》（JTG D70—2004）中的有关规定。

（3）外观鉴定

拱部应平滑，无浮渣，无孤石，无明显尖石突出的岩面。

2. 爆破Ⅰ级、Ⅱ级、Ⅲ级、Ⅳ级围岩开挖质量控制技术

（1）基本要求

①开挖前必须采用地质预报手段探明隧道前方 100 ~ 150m 的工程地质和水文地质情况。围岩破碎段、土石交界段、地下水发育段、地质变换段等应同时在拱腰以上设置 3 ~ 5 个超前探孔，每个探孔

深度宜为 5 ~ 6m，探孔底部应超出开挖轮廓线以外 1 ~ 2m，以探明前方具体的水文地质情况。

②应根据覆盖层厚度、断面、地质情况选择开挖方法和循环进尺。

③岩石爆破应优先选用光面爆破和减振爆破技术，严格控制爆破振动，尽量减小对围岩的扰动。应选用适当的起爆方式、炸药品种及型号，并在施工中不断优化爆破方案，以便取得良好的爆破效果，确保围岩超欠挖控制在规范要求的范围内。图 8–7 为海底隧道右线贯通断面。

图 8–7 海底隧道右线贯通断面

④爆破作业及火工物品的管理，必须符合有关爆破的安全规程；爆破器材应符合国家相关规定的要求。

⑤开挖爆破时不得损坏初支结构、衬砌、设备和测量点（桩）。

⑥对于局部破碎地带、地质断层应及时进行锚杆、挂设钢筋网、喷射混凝土加固。

（2）实测项目

爆破Ⅰ级、Ⅱ级、Ⅲ级、Ⅳ级围岩段洞身开挖实测项目见表 8–2。

爆破Ⅰ级、Ⅱ级、Ⅲ级、Ⅳ级围岩段洞身开挖实测项目表 表 8–2

<table>
<tr><th>项 次</th><th colspan="2">检 查 项 目</th><th>规定值或允许偏差</th><th>检查方法和频率</th><th>权 值</th></tr>
<tr><td rowspan="3">1</td><td rowspan="3">拱部超挖（mm）</td><td>硬岩（Ⅰ、Ⅱ级）</td><td>平均 100，最大 150</td><td rowspan="3">水准仪或断面仪：每 20m 随机抽查一个断面</td><td rowspan="3">3</td></tr>
<tr><td>中硬岩（Ⅲ级）</td><td>平均 150，最大 200</td></tr>
<tr><td>软岩（Ⅳ级围岩）</td><td>平均 200，最大 250</td></tr>
<tr><td rowspan="2">2</td><td rowspan="2">边墙宽度（mm）</td><td>每侧</td><td>+100，–0</td><td rowspan="2">水准仪或断面仪：每 20m 随机抽查一个断面</td><td rowspan="2">2</td></tr>
<tr><td>全宽</td><td>+200，–0</td></tr>
<tr><td>3</td><td colspan="2">仰拱、隧底超挖（mm）</td><td>平均 100，最大 250</td><td>水准仪：每 20m 检查 3 处</td><td>1</td></tr>
</table>

注：①本表适用于炮眼深度不大于 3.0m 的隧道。当炮眼深度大于 3.0m 时，可根据实际情况另行规定。
②平均线形超挖值 = 超挖横断面面积 / 爆破设计开挖断面周长（不包括隧底）。
③最大超挖值是指最大超挖处至设计开挖轮廓线切线的垂直距离。
④表中所列数值不包括测量贯通误差、施工误差。如采用预留支撑沉落量时，不应再计超挖值。
⑤表中围岩级别的划分标准参见《公路隧道设计规范》（JTG D70—2004）中的有关规定。

（3）外观鉴定

①岩面应平整顺直，洞顶无浮石，无明显开裂，无尖锐物突出的岩面。图 8–8 为海底隧道主行车道贯通点断面图。

②隧道周边炮眼痕迹保存率是衡量开挖面平整度的一个指标，炮眼痕迹保存率应满足表 8–3 的规定。

各种围岩周边炮眼痕迹保存率表 表 8–3

围 岩 性 质	硬岩（Ⅰ、Ⅱ级）	中硬岩（Ⅲ）	软岩（Ⅳ）
炮眼痕迹保存率	≥ 85%	≥ 70%	≥ 50%

注：炮眼痕迹保存率 =（残留有痕迹的炮眼数 / 周边眼总数）× 100%。

图 8-9 为 A2 标中铁十八局集团隧道光面爆破施工质量。

图 8-8　海底隧道主行车道贯通点断面图

图 8-9　隧道光面爆破施工质量

第二节　超前支护体系质量控制技术

一、超前预注浆质量控制技术

1. 基本要求

（1）注浆浆材种类和浆液配合比应满足设计或规范要求。

（2）注浆压力、注浆量应符合设计或规范的要求。

（3）注浆前，应先进行压水试验以检查管路是否漏水，设备是否正常，同时检验地层的吸浆能力。

（4）超前预注浆实测项目见表 8-4。

超前预注浆实测项目　　表 8-4

项　次	检 查 项 目	规定值或允许偏差	检查方法和频率	权　值
1	钢管长度（mm）	不小于设计值	尺量：检查 10%	1
2	孔口管安装角度（°）	± 1	地质罗盘	2
3	钻孔深度（mm）	± 50	尺量：检查 10%	3
4	孔径（mm）	符合设计要求	尺量：检查 10%	2
5	注浆终压	符合设计要求	每孔检查	2
6	注浆量	≥计算注浆量 80%	每孔检查	2

2. 注浆效果

超前预注浆结束后应查验注浆效果，主要内容如下。

（1）是否达到设计注浆量。

（2）是否达到设计终压并在稳定 5 ~ 10min 后压力没有下降。

（3）当注浆过程中漏浆严重时，应停止注浆并采取相应补救措施。

（4）注浆量按如下公式进行计算：

$$Q=\pi R^2 Hn\alpha(1+\beta) \tag{8-1}$$

式中：Q——注浆量（m^3）；

R——扩散半径（m）；

H——注浆段长（m）；

n——地层裂隙度或空隙率；

α——浆液填充率；

β——浆液损失率。

3. 外观鉴定

注浆结束后，采用检查孔检查注浆效果，检查孔的数量不少于注浆孔数的 10%，图 8-10 为风化槽注浆孔断面图。注浆效果需达到设计要求或土层出水量小于 0.15L/min · m · 孔，硬岩出水量小于 0.2L/min · m · 孔后，方可开挖，如不满足要求应继续补孔注浆。

图 8-10 风化槽注浆孔断面图

4. 资料检查

注浆资料应齐全、详尽，内容包括：孔位、孔深、注浆起止时间、浆液配合比、单孔注浆量、注浆压力等。

二、超前大管棚质量控制技术

1. 基本要求

（1）管棚的型号、质量和规格等应符合设计及规范要求。

（2）超前大管棚使用时，尾端应架设在牢固的持力体上。

（3）管棚插入孔内的长度不得短于设计长度的 95%。

（4）钢管采用丝扣连接，丝扣长 15cm，并应确保同一横断面内的接头数量不超过 50%，相邻钢管的接头相错量不小于 1m。

（5）钢管内应注满水泥浆或水泥砂浆，钢管的抗折强度应满足要求。

2. 检测项目

起前大管棚实测项目见表 8-5。

超前大管棚实测项目表 表 8-5

项　次	检 查 项 目	规定值或允许偏差	检查方法和频率	权　值
1	长度（mm）	不小于设计值	尺量：检查 10%	3
2	管壁厚度（mm）	符合设计要求	游标卡尺：检查 10%	1
3	钻孔深度（mm）	± 50	尺量：检查 10%	3
4	孔径（mm）	符合设计要求	尺量：检查 10%	1
5	孔位（mm）	± 30	尺量：检查 10%	1
6	孔口管安装角度	± 1°	地质罗盘	2
7	注浆压力	符合设计	每孔检查	2

3. 外观鉴定

管棚丝扣连接长度不小于 15cm，试拼装连接牢靠。

三、超前小导管（小管棚）质量控制技术

1. 基本要求

（1）超前小导管（小管棚）的型号、质量和规格等应符合设计及规范要求。

（2）超前小导管（小管棚）与钢架支撑配合使用时，尾端与钢架进行焊接。

（3）超前小导管（小管棚）插入孔内的长度不得短于设计长度的 95%。

（4）超前小导管（小管棚）施作后必须注浆，以填充地层孔隙，注浆材料、配合比、注浆压力应满足设计要求。

（5）注浆：注浆口的最高压力要严格控制在 0.5MPa 以内，以防压裂工作面。控制进浆速度，一般每根导管的双液总进量控制在 30L/min 以内。每根导管内的注浆量由计算确定，若压力上升，需减少流量，以压力达到 0.5MPa 为注满标准，结束注浆。

（6）超前小导管一般采用直径 ϕ42mm，将小导管（小管棚）的前端加工成楔形并封口，前半部分要求钻上小孔以利注浆；也可以加工成花管或 TSS 小导管进行注浆；钢管内注满浆液后可增加钢管的抗折强度。

（7）水泥浆液应在拌和机内进行，根据拌和机的容量大小严格控制配料。拌和时间应不小于 3min，在注浆过程中不能停拌。

（8）注浆前对配制好的浆液（水泥浆液、水玻璃浆液）进行试验，严格掌握配料的原料、胶凝时间和在规定时间内的胶凝强度，并且要与现场的施工机具相配合。

（9）采用水玻璃浆液时，浓度宜为 25 ～ 40Be 的稀释水玻璃。

（10）用配制好的水泥浆液或水玻璃浆液注浆时应进行过滤，未经过滤的浆液不允许进入泵内，配制好的浆液应在规定时间内注完。

2. 实测项目

超前小导管（小管棚）实测项目见表 8-6。

超前小导管（小管棚）实测项目表　　表 8-6

项　次	检 查 项 目	规定值或允许偏差	检查方法和频率	权　值
1	长度（mm）	不小于设计值	尺量：检查 10%	1
2	孔位（mm）	± 50	尺量：检查 10%	2
3	钻孔深度（mm）	± 50	尺量：检查 10%	2
4	孔径（mm）	符合设计要求	尺量：检查 10%	2
5	外插角	符合设计要求	地质罗盘：检查 10%	1
6	注浆压力	符合设计要求	每孔检查	3
7	注浆量	符合设计要求	每孔检查	2

3. 外观鉴定

（1）超前小导管（小管棚）沿开挖轮廓线周边均匀布置，尾端与钢架焊接牢固，入孔长度和外露长度应符合设计要求。图 8-11 为小管棚施作断面图。

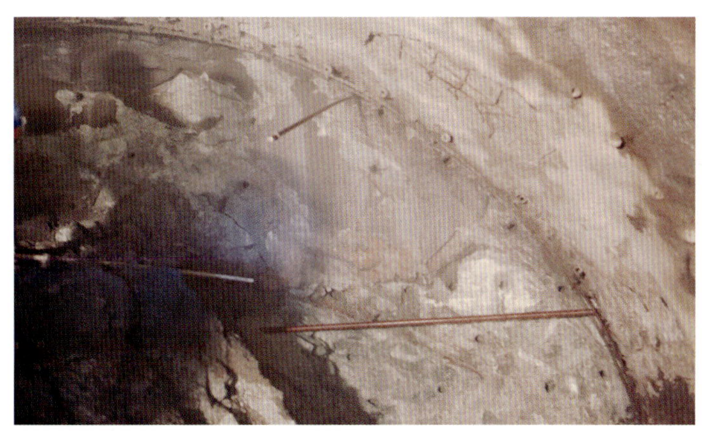

图 8-11 小管棚施作断面图

（2）封堵导管孔口周围及工作面上的裂缝时，应饱满、均匀，且不能漏浆。

第三节 初期支护质量控制技术

一、喷射混凝土支护

1. 基本要求

（1）喷射混凝土所用的原材料应符合设计和规范要求。

（2）喷射混凝土的性能、回弹率、粉尘浓度应符合《锚杆喷射混凝土支护技术规范》（GB 50086—2001）的规定。图 8-12 为双侧壁左侧导坑喷锚支护图。

（3）喷射混凝土支护前应对渗漏水的孔洞、缝隙进行堵水、引排，检查开挖断面尺寸，处理超欠挖，清洁岩面。

（4）喷射混凝土支护应与围岩紧密黏结、结合牢固，喷层厚度应符合设计要求（图 8-13），不能有空洞，喷层内不容许添加片石和木板等杂物，严禁挂模喷射。必要时应进行黏结力测试。

图 8-12 双侧壁左侧导坑喷锚支护图

图 8-13 检测喷层厚度

（5）喷射混凝土的强度及表面平整度必须符合设计要求。

（6）喷射混凝土终凝 2h 后，应及时采取有效措施进行养护，养护时间不少于 14d。

2. 实测项目

喷射混凝土支护实测项目见表 8-7。

喷射混凝土支护实测项目表 表 8-7

项　次	检 查 项 目	规定值或允许偏差	检查方法和频率	权　值
1	喷射混凝土强度（MPa）	在合格标准范围内	按《公路工程质量检验评定标准》（JTG F80/1—2004）附录 E 检查	3
2	喷层厚度（mm）	平均厚度≥设计厚度；检查点厚度的 70% ≥设计厚度；最小厚度≥ 2/3 设计厚度，且≥ 50	凿孔法或雷达检测仪：每 10m 检查一个断面，每个断面从拱顶中线起每 3m 检查一点	2
3	空洞检测①	无空洞，无杂物	凿孔或雷达检测仪：每 10m 检查一个断面，每个断面从拱顶中线起每 3m 检查一点	2

注：如果检查出一处空洞，本分项工程即为不合格必须返工处理。

图 8-14 为工程人员检查围岩密贴质量。

3. 外观鉴定

喷射混凝土表面应密实、平整，无裂缝、脱落、漏喷、露筋、空鼓和线状漏水，锚杆钢筋无外露。初期支护表面应平整，无空鼓、渗漏、裂缝、松酥，并用喷射混凝土或砂浆对基面进行找平处理。

图 8-14　检查围岩密贴质量

二、钢支撑（钢格栅）质量控制技术

1. 基本要求

（1）钢支撑的形式、制作和安装偏差应符合设计和规范要求。

（2）钢支撑安装前应清除拱脚虚渣及杂物，拱脚必须放在牢固的基础上，钢支撑之间必须用纵向连接筋连接（图 8-15）；钢支撑保护层应满足设计及规范要求，它与围岩的间隙不得用片石回填，而应用喷射混凝土喷射密实。

（3）钢架拼装可在开挖面进行，各节钢架间以螺栓连接，连接板应密贴且连接板强度、刚度应满足受力要求。连接不密实处使用钢板进行填塞满焊直至达到规范要求。

（4）钢拱架拱脚应设置锁脚锚杆（管），锚杆（管）长度、数量及外插角应满足设计要求。开挖后钢架应及时落底接长，封闭成环（图 8-16）。

图 8-15　工字钢拱架安装纵向连接筋质量检查

图 8-16　作者检查钢拱架安装质量

2. 实测项目

钢支撑（钢格栅）支护实测项目见表 8-8。

钢支撑（钢格栅）支护实测项目表 表 8-8

项　次	检 查 项 目		规定值或允许偏差	检查方法和频率	权　值
1	安装间距（mm）		±50	尺量：每榀检查	3
2	保护层厚度（mm）		符合设计要求	凿孔检查：每榀自拱顶每 3m 检查一点	2
3	倾斜度（°）		±2	测量仪器检查每榀倾斜度	1
4	安装偏差（mm）	横向	±50	尺量：每榀检查	1
		竖向	不低于设计高程		
5	拼装偏差（mm）		±3	尺量：每榀检查	1
6	钢拱架连接		符合设计要求	目测、尺量：每榀检查	2

3. 外观鉴定

钢架应该无污秽、锈蚀、假焊，拱脚基底无虚渣不脱空，接头连接牢靠。锁脚锚杆应平直、无损伤，表面无裂纹、油污、颗粒状或片状锈蚀。

三、钢筋网支护质量控制技术

1. 基本要求

（1）钢筋网原材料的进场检验标准必须符合国家现行规定。

（2）钢筋网所使用钢筋的品种、规格等应符合设计要求。

（3）钢筋网的制作安装位置应符合设计要求，并与锚杆或其他固定装置连接牢固。钢筋网的混凝土保护层厚度不得小于设计及规范要求（图 8-17）。

（4）钢筋网应在岩面喷射一层混凝土后再进行铺挂，底层喷射混凝土的厚度不得小于设计要求。采用双层钢筋网时，第二层钢筋网应在第一层钢筋网被混凝土覆盖及混凝土终凝后铺设。

图 8-17　钢筋网片安装

2. 实测项目

钢筋网支护实测项目见表 8-9。

钢筋网支护实测项目表 表 8-9

项　次	检 查 项 目	规定值或允许偏差	检查方法和频率	权　值
1	网格尺寸（mm）	±10	尺量：每 50m^2 检查 5 个网眼	3
2	钢筋保护层厚（mm）	不小于设计值	凿孔检查：每 10m 检查 5 个点	2
3	与受喷岩面的间隙（mm）	符合设计要求	尺量：每 10m 检查 5 个点	2
4	钢筋网的长、宽（mm）	±10	尺量	1

注：钢筋网搭接长度应为 1~2 个网孔，允许偏差为 ±50mm。

3. 外观鉴定

钢筋网的钢筋应冷拉调直后使用，钢筋表面应无裂纹、油污、锈蚀，钢筋网与锚杆或其他固定装置应连接牢固。喷完混凝土后钢筋网片不塌落，钢筋网外观鉴定不合格者，不得使用。

四、初期支护背后回填注浆质量控制技术

1. 基本要求

（1）回填注浆所用原材料应符合设计及国家相关规定的要求。

（2）回填注浆施工前应设计好施工配合比，浆液配合比应符合设计要求，以保证浆液的强度。图 8–18 为初期支护回填注浆作业图。

（3）注浆孔的数量、布置、间距以及深度应根据无损检测结果及渗漏情况确定，注浆方式应符合设计要求。

（4）在下台阶封闭成环后及时回填注浆，回填注浆应保证回填密实。注浆压力要符合设计要求。

（5）预留注浆管头应用塑料纸包好，防止喷射混凝土堵塞管路。

图 8–18 初期支护回填注浆作业图

2. 实测项目

回填注浆实测项目见表 8–10。

回填注浆实测项目表　　表 8–10

项　次	检 查 项 目	规定值或允许偏差	检查方法和频率	权　值
1	注浆压力（MPa）	符合设计要求	每孔检查	2
2	预留管位置（mm）	± 50	尺量：检查 10%	1
3	预留管管径（mm）	符合设计要求	尺量：检查 10%	1
4	预留管长度（mm）	不小于设计值	尺量：检查 10%	1

3. 外观鉴定

初期支护无线状漏水，钢支撑与围岩间的间隙应回填密实。

五、锚杆支护质量控制技术

1. 基本要求

（1）锚杆的材质、类型、质量、规格、数量和性能必须符合设计和规范要求。

（2）锚杆插入孔内的长度不得短于设计长度的 95%。图 8–19 为锁脚锚杆支护作业图。

（3）砂浆锚杆和注浆锚杆的灌浆强度应不小于设计值和规范要求，锚杆孔内灌浆要密实饱满。

（4）自进式锚杆安装前，锚杆体中的孔和钻头的水孔应畅通，无异物堵塞。

（5）钻孔方向应与围岩和岩层主要结构面垂直，锚杆外露长度要符合设计规范要求及国家现行《锚杆喷射混凝土支护技术规范》（GB 50086—2001）。锚杆垫板应与基面紧贴，螺帽拧紧（图 8–20）。

图 8-19　锁脚锚杆支护作业图

图 8-20　锚杆结构图

2. 实测项目

锚杆支护实测项目见表 8-11。

锚杆支护实测项目表　　表 8-11

项　次	检 查 项 目	规定值或允许偏差	检查方法和频率	权　值
1	锚杆数量（根）	不少于设计值	按分项工程统计	2
2	锚杆拔力（kN）	28d 拔力平均值≥设计值，最小拔力≥ 0.9 设计值	按锚杆数的 1% 且不小于 3 根做拔力试验	3
3	孔位（mm）	± 50	尺量：检查锚杆数的 10%	2
4	钻孔深度（mm）	± 50	尺量：检查锚杆数的 10%	2
5	孔径（mm）	砂浆锚杆：大于杆体直径 +15；其他锚杆：符合设计要求	尺量：检查锚杆数的 10%	2

3. 外观鉴定

锚杆应平直、无损伤，表面无裂纹、油污、颗粒状或片状锈蚀。

六、仰拱支护质量控制技术

1. 基本要求

（1）隧底仰拱开挖轮廓线、高程及地质情况应符合设计及规范要求。

（2）边沟、矮边墙基础应一次开挖成型，开挖位置、基底高程应符合设计要求。

（3）仰拱钢支撑（钢格栅）与拱部拱架的连接应符合设计及规范要求。

（4）拱架间距，钢筋网、连接筋焊接应符合设计及规范要求（图 8-21）。

（5）仰拱基底无积水、虚渣及杂物。

图 8-21　仰拱侧部钢拱架安装图

2. 实测项目

初期支护仰拱实测项目见表 8-12。

初期支护仰拱实测项目表 表 8-12

<table>
<tr><th>项 次</th><th colspan="2">检 查 项 目</th><th>规定值或允许偏差</th><th>检查方法和频率</th><th>权 值</th></tr>
<tr><td>1</td><td colspan="2">安装间距（mm）</td><td>± 50</td><td>尺量：每榀检查</td><td>3</td></tr>
<tr><td>2</td><td colspan="2">保护层厚度（mm）</td><td>符合设计要求</td><td>凿孔检查：每榀每 3m 检查一点</td><td>2</td></tr>
<tr><td>3</td><td colspan="2">拱架倾斜度（°）</td><td>± 2</td><td>测量仪器检查每榀倾斜度</td><td>1</td></tr>
<tr><td rowspan="2">4</td><td rowspan="2">安装偏差（mm）</td><td>横向</td><td>± 50</td><td rowspan="2">尺量：每榀检查</td><td rowspan="2">1</td></tr>
<tr><td>竖向</td><td>不低于设计高程</td></tr>
<tr><td>5</td><td colspan="2">拼装偏差（mm）</td><td>± 3</td><td>尺量：每榀检查</td><td>1</td></tr>
<tr><td>6</td><td colspan="2">喷层厚度（mm）</td><td>平均厚度≥设计厚度；检查点厚度的 70% ≥设计厚度；最小厚度≥ 0.5 设计厚度，且≥ 50</td><td>凿孔法或雷达检测仪：每 10m 检查一个断面，每个断面每 3m 检查一点</td><td>3</td></tr>
</table>

3. 外观鉴定

喷射混凝土支护应与围岩紧密结合牢固，无空洞、积水、虚渣、杂物，喷混凝土表面平顺。

七、初期支护质量控制要点

1. 砂浆锚杆、中空注浆锚杆

锚杆钻孔保持直线，与所在部位岩层的主要结构面垂直，开孔偏差小于 10cm，钻孔偏差小于 2°。

锚杆孔比设计锚杆直径大 15mm 以上。锚杆锚固力不低于设计要求，每 300 根抽样一组进行抗拔试验，每组不少于 3 根。严格控制注浆锚杆的注浆压力及注浆量，采用锚固力和注浆饱满度这两个指标对锚杆进行控制。

2. 钢筋网

钢筋网随受喷面起伏铺设，与受喷面的间隙为 3cm。钢筋网的喷射混凝土保护层厚度不小于 2cm。

钢筋网与锚杆或其他固定装置应连接牢固，网片之间搭接长度不小于 20cm，喷射混凝土时钢筋不晃动。钢筋直径及网格尺寸应符合设计要求。

3. 喷射混凝土

按照监理工程师的要求进行现场生产性喷射混凝土试验。喷射前，受喷面除按照规范中有关条款的要求进行准备之外，还需用水或风对受喷面进行清洗。喷射混凝土充分凝固前避免水流的直接冲刷。

喷射混凝土作业分片依次进行，即自下而上，分段作业。采取分层喷射时，一次喷射厚度不大于 5cm。后一层喷射在前一次喷射混凝土终凝后进行，各层间隔 30 ~ 60min，如果间隔时间大于 1h，需对已喷混凝土面用水或风进行清洗，然后按照规范要求对喷混凝土进行养生。图 8-22 为主洞贯通点地段喷混凝土质量。

图 8-22 主洞贯通点地段喷混凝土质量

4. **超前长管棚、小导管（小管棚）**

长管棚、小导管（小管棚）纵向间距严格按设计尺寸施作，环向间距根据围岩确定，外插角根据注浆胶结拱加固厚度确定。导管安装前，需将工作面封闭严密，并正确测放出钻设位置。注浆前先喷射混凝土封闭作业面，防止漏浆，喷射厚度不小于50mm。

注浆材料的选择应根据地质条件、注浆目的和注浆工艺全面进行考虑，确保满足以下要求：浆液流动性好，固结后收缩小，具有良好的黏结力和较高的早期强度；结石体透水性低，抗渗性能好。注浆过程中根据地质情况、注浆目的等控制注浆压力，注浆终压为注浆压力的2～3倍，派专人做好记录。注浆结束后检查注浆效果，不合格者进行补注。

5. **钢架**

采用加工厂统一制作的钢架，严格控制加工尺寸，进场前进行尺寸验收，安装前进行预拼装。安装时精确放样，保证钢支撑在衬砌断面以外。

第四节　二次衬砌混凝土质量控制技术

一、钢筋加工及安装

1. **基本要求**

（1）钢筋的品种、规格、尺寸、数量应符合设计和有关标准的规定。

（2）钢筋机械连接器、焊条等的品种、规格、性能应符合设计和有关标准的规定。

（3）冷拉钢筋、受力钢筋的机械性能应符合规范要求，钢筋顺直，表面无裂皮，无锈蚀，无污染。

（4）受力钢筋同一截面的接头数量、搭接长度、焊接和机械接头质量应符合有关规范要求。

（5）钢筋骨架和钢筋网的每一个交叉点均应绑扎或焊接牢固。混凝土预埋钢筋位置严禁错位、偏位。矮边墙二次衬砌钢筋预留长度不宜超过2m，并采取措施防止钢筋锈蚀。

2. **实测项目**

钢筋加工及安装实测项目见表8-13。

钢筋加工及安装实测项目表　　表8-13

项　次	检查项目			规定值或允许偏差	检查方法和频率	权　值
1	主筋间距（mm）			±10	尺量：每20m检查5个点	3
2	两层钢筋间距（mm）			±5	尺量：每20m检查5个点	2
3	网眼尺寸（mm）			±10	尺量：每20m检查5处	1
4	箍筋间距（mm）			+10，−20	尺量：每20m检查5处	1
5	绑扎搭接长度	受拉	Ⅰ级钢	30*d*	尺量：每20m检查3个接头	1
			Ⅱ级钢	35*d*		
		受压	Ⅰ级钢	20*d*		
			Ⅱ级钢	25*d*		
6	焊接长度	单面焊缝		≥10*d*	尺量：每20m检查3个接头	1
		双面焊缝		≥5*d*		
7	钢筋加工	钢筋长度（mm）		+5，−10	尺量：每20m检查2根钢筋	1

注：*d*为钢筋直径。

3. 外观鉴定

（1）钢筋骨架的绑扎、焊接应牢固，不得有变形、松脱的现象。

（2）钢筋外表无损伤、污染、锈蚀、裂痕。

（3）焊缝接头应饱满、无焊渣。

二、钢筋保护层

1. 基本要求

（1）钢筋保护层垫块应采用不低于结构强度等级、耐久性能好、附着力强的细粒石混凝土预制块。

（2）垫块形状宜为四面凹弧形或工字形，外形尺寸与钢筋保护层厚度相匹配。

（3）垫块应均匀设置，密度不小于 4 块 / m^2，变截面部位和主筋布置部位应适当加密。

（4）垫块与钢筋采用铁丝绑扎牢固。

2. 实测项目

钢筋保护层厚度实测项目见表 8–14。

钢筋保护层厚度实测项目表　　表 8–14

项　次	检 查 项 目		规定值或允许偏差	检查方法和频率	权　值
1	垫块厚度（mm）		± 5	尺量：每 20m 检查 5 个点	1
2	保护层厚度（mm）	二次衬砌	+20，–5	尺量：每 20m 检查 5 个点	3
		其他	+10，–5		

3. 外观鉴定

（1）保护层垫块应均匀设置，绑扎牢固且无破损。

（2）铁丝头伸入保护层内。

三、混凝土衬砌

1. 基本要求

（1）所用的水泥、砂、石、水、外加剂、掺和料的质量与规格应符合设计和规范要求。

（2）根据结构的使用年限、环境类型及防渗等级应进行混凝土的耐久性设计。防水混凝土应满足设计和规范要求。

（3）基底承载力应满足设计要求。隧底虚渣、杂物、泥浆、积水等应清除干净，超挖部位应采用同级混凝土回填；严禁使用虚土、虚渣回填。

（4）拱墙背后的空隙应回填密实。

（5）混凝土的拌制及运输应符合设计和规范要求。

（6）衬砌混凝土应使用整体模板台车浇筑，台车强度、刚度应满足要求。

（7）混凝土浇筑不得损坏防排水结构及预埋部件等已施工完成的工程结构。

2. 实测项目

混凝土衬砌实测项目见表 8–15。

混凝土衬砌实测项目表　　表 8–15

项　次	检 查 项 目	规定值或允许偏差	检查方法和频率	权　值
1	混凝土强度（MPa）	在合格标准范围内	按《公路工程质量检验评定标准》（JTG F80/1—2004）附录 D 检查	3

续上表

项　次	检 查 项 目	规定值或允许偏差	检查方法和频率	权　值
2	衬砌厚度（mm）	不小于设计值	激光断面仪或地质雷达：每 40m 检查 1 个断面	3
3	断面净空（mm）	不小于设计值	激光断面仪：每 200m 检查 1 个断面	2
4	墙面平整度（mm）	15	2m 直尺或自动断面仪：每 40m 每侧检查 5 处	1

注：平面位置以隧道设计中线为准进行测量。

3. 外观鉴定

（1）混凝土衬砌表面应密实，任一延米的隧道面积中，蜂窝麻面和气泡面积不超过 0.5%，蜂窝深度不超过 5mm，不论面积大小，当蜂窝深度超过 10mm 时应进行处理。

（2）结构轮廓线条应顺直美观，混凝土颜色均匀一致。

（3）施工缝平顺无错台，当错台超过 10mm 时应进行处理。

（4）对于隧道衬砌混凝土表面出现受力裂缝的，当钢筋混凝土裂缝宽度大于 0.15mm 或混凝土结构裂缝宽度大于 0.2mm 时，应进行处理。

四、混凝土洞室（含洞内排水泵房）

1. 基本要求

（1）洞室基础应符合设计要求。

（2）所用的水泥、砂、石、水、外加剂、掺和料的质量与规格应符合设计和规范要求，并按设计配合比进行施工。

（3）防水及抗渗混凝土应满足设计和规范要求，确保洞室表面不渗不漏。

（4）混凝土无露筋，无空洞。

2. 实测项目

混凝土洞室（洞内排水泵房）实测项目见表 8-16。

混凝土洞室（洞内排水泵房）实测项目表　　表 8-16

项　次	检 查 项 目	规定值或允许偏差	检查方法和频率	权　值
1	混凝土强度（MPa）	在合格标准范围内	按《公路工程质量检验评定标准》（JTG F80/1—2004）附录 D 检查	3
2	墙体厚度（mm）	+20，-5	尺量：4 ~ 8 点	2
3	净空尺寸（mm）	-10	尺量：2~3 个断面	1
4	墙面平整度（mm）	20	2m 直尺：每墙面检查 3 处	1
5	底面高程（mm）	± 20	水准仪：抽检不少于 4 个点	1
6	接缝错台（mm）	20	尺量	1

3. 外观鉴定

（1）混凝土表面平整、密实，无蜂窝麻面。

（2）混凝土表面无裂缝，当裂缝宽度大于 0.15mm 时应进行处理。

五、服务隧道混凝土 T 形板

1. 基本要求

（1）所用的水泥、砂、石、水、外加剂、掺和料的质量与规格应符合设计和规范要求，并按设计配合比进行施工。

（2）混凝土的拌制、运输、浇注、养护、拆模均必须符合设计和规范要求。

（3）伸缩缝的设置应符合设计和规范要求。

2. 实测项目

现浇混凝土 T 形板实测项目见表 8-17。

现浇混凝土 T 形板实测项目表 表 8-17

项次	检查项目	规定值或允许偏差	检查方法和频率	权值
1	混凝土强度（MPa）	在合格标准范围内	按《公路工程质量检验评定标准》（JTG F80/1—2004）附录 D 检查	3
2	板或梁肋厚（mm）	+10，0	尺量：每 10m 检测 1 个断面	2
3	板宽（mm）	±20	尺量：每 10m 检测 1 个断面	1
4	板顶面高程（mm）	±10	水准仪：中线每 10m 检测 1 处	2
5	横坡（%）	±0.15	水准仪：每 10m 检测 1 处	1
6	混凝土平整度（mm）	10	2m 直尺：每 10m 板面及梁肋侧面各检查 1 处	1

3. 外观鉴定

（1）混凝土表面应平整、密实，无蜂窝麻面，当蜂窝深度超过 10mm 时应进行处理。

（2）结构轮廓线条应顺直美观，混凝土颜色均匀一致。

（3）施工缝平顺无错台。

（4）当混凝土表面出现裂缝的宽度超过 0.15mm 时应进行处理。

六、二次衬砌仰拱及填充层

1. 二次衬砌仰拱基本要求

（1）仰拱混凝土施工所用的混凝土强度等级及养护标准应符合设计和规范要求。

（2）为保证仰拱混凝土的整体性，仰拱混凝土宜一次性浇筑。仰拱超前距离宜保持在衬砌循环作业长度的 3 倍以上。

（3）仰拱的厚度与各部位尺寸应符合设计和规范要求。

（4）仰拱混凝土应分段连续浇筑、一次成型，不留纵向施工缝。仰拱施工缝和变形缝应进行防水处理。

2. 仰拱填充基本要求

（1）仰拱填充所用的混凝土材料、施工配合比的检验应符合设计和规范要求。

（2）仰拱填充混凝土浇筑前应清除仰拱表面的杂物和积水。

（3）仰拱填充混凝土不得与仰拱混凝土同时浇筑，填充混凝土应在仰拱混凝土终凝后浇筑；仰拱拱座应与墙基同时浇筑，排水侧沟应与边墙同时浇筑。

（4）仰拱填充混凝土的厚度和表面高程应符合设计要求。

（5）仰拱填充表面坡度应符合设计要求，坡面应平顺、排水通畅、不积水。

（6）填充混凝土强度达到 5MPa 后允许行人通行；达到设计强度的 100%后允许车辆通行。

3. 实测项目

混凝土仰拱实测项目见表 8-18。

混凝土仰拱实测项目表

表 8-18

项　次	检 查 项 目	规定值或允许偏差	检查方法和频率	权　值
1	仰拱混凝土强度（MPa）	在合格标准范围内	按附录 D 检查	3
2	仰拱厚度（mm）	不小于设计值	尺量：每 20m 检查 1 个断面，每个断面检查 5 个点	3
3	填充层混凝土强度（MPa）	在合格标准范围内	按附录 D 检查	1
4	填充层厚度（mm）	不小于设计值	尺量：每 20m 检查 1 个断面，每个断面检查 5 个点	1
5	仰拱钢筋保护层厚度（mm）	符合设计要求	尽量采用无损检测设备：每 20m 检查 1 个断面，每个断面检查 3 个点	1
6	填充层顶面高程	符合设计要求	水准仪：每 20m 检查 1 个断面，每个断面检查 5 个点	1

4. 外观鉴定

混凝土表面应密实、平顺，横坡与路面横坡一致，无积水；施工缝搭接平顺；无排水管破裂，无露筋且无漏水；水沟成型完整，对不符合要求的应进行处理。

第五节　防排水及管沟质量控制技术

一、防水层

1. 基本要求

（1）防水材料的质量、规格、性能等应符合设计和规范要求。

（2）防水板应采用无钉铺设工艺，铺设前应对喷射混凝土基面进行检查，割除钢筋、钢管等尖锐突出物，割除部位用砂浆抹平。

（3）防水层施作前初期支护表面不得有明显漏水的现象，否则应采取封堵或引排等处理措施。

（4）防水板应按照设计要求搭接并进行可靠性试验。

2. 实测项目

防水层实测项目见表 8-19。

防水层实测项目表

表 8-19

项　次	检 查 项 目		规定值或允许偏差	检查方法和频率	权　值
1	搭接宽度（mm）		≥ 100	尺量：全部搭接均要检查，每处搭接检查 3 处	2
2	双焊缝		充气压力为 0.2MPa，5min 后终压不小于 0.16MPa	缝长的 20%	2
3	固定点距离	纵向	符合设计要求	尺量：检查固定点总数的 10%	1
		环向	符合设计要求		

3. 外观鉴定

（1）防水层表面应平顺，无折皱，无气泡，无破损；固定牢固，松紧适度，不得紧绷。

（2）接缝补眼粘贴密实饱满，无气泡，无空隙。

（3）防水板表面无烧焦，烧焦破损处应补焊（贴）。

二、止水带（条）

1. 基本要求

（1）止水带（条）的材质、规格、性能等应满足设计和规范要求。

（2）止水条应采用预留沟（凿）槽法安装。

（3）背贴式止水带应与防水板满焊、密贴。

（4）止水带应尽量减少中间接头，搭接应满焊密贴，不得断接。

2. 实测项目

止水带（条）实测项目见表 8-20。

止水带（条）实测项目表　　表 8-20

项　次	检 查 项 目	规定值或允许偏差	检查方法和频率	权　值
1	偏离中心线（mm）	≤ 30	尺量：每环检查 5 处	2
2	纵（环）向偏离（mm）	≤ 30	尺量：每环检查 5 处，纵向每 5m 检查 1 处	2
3	搭接长度（mm）	≥ 100	尺量：每处必检	1

3. 外观鉴定

（1）止水带（条）中心线严重偏离施工缝、变形缝时应进行处理。

（2）止水带（条）沿施工缝、变形缝中心应伸展顺直，不扭曲，无褶皱。

（3）止水带（条）不断接、不破裂，对不符合要求的应进行处理。

三、纵（环）向排水盲管

1. 基本要求

（1）盲管的材质、规格、性能等应满足设计和规范要求。

（2）反滤层（无纺布）的布设应符合设计要求。

（3）纵（环）向盲管无破损，渗流水畅通。

（4）纵、环向盲管接头连接牢固，且不漏不堵。

2. 实测项目

纵（环）向排水盲管实测项目见表 8-21。

纵（环）向排水盲管实测项目表　　表 8-21

项　次	检 查 项 目	规定值或允许偏差	检查方法和频率	权　值
1	接头	顺畅，不堵塞	观察	2
2	偏离安装位置（mm）	± 80	尺量	1

3. 外观鉴定

（1）反滤层（无纺布）应按设计包裹盲管。

（2）出水口排水畅通。

（3）环向盲管的纵向间距按设计进行布设。

四、洞内混凝土管节预制（现浇）

1. 基本要求

（1）所用的水泥、砂、石、水、外加剂、掺和料的质量、规格及性能等应符合设计和规范要求，并按配合比施工。

（2）混凝土的耐久性（抗渗、抗腐蚀）应符合设计要求。

（3）混凝土不露筋，无裂缝。

2. 实测项目

管节预制（现浇）实测项目见表 8-22。

管节预制（现浇）实测项目表 表 8-22

项 次	检 查 项 目	规定值或允许偏差	检查方法和频率	权 值
1	混凝土强度（MPa）	在合格标准范围内	按《公路工程质量检验评定标准》（JTG F80/1—2004）附录 D 检查	3
2	内径（mm）	± 10	尺量：2 个断面	2
3	壁厚（mm）	-3	尺量：2 个断面	2
4	顺直度	矢度不大于 0.2% 管节长	沿管节拉线量，取最大矢高	1
5	宽度（mm）	+5，-6	尺量：预制 2 个断面，现浇 10m 检查 1 个断面	1
6	高度（mm）	± 5	尺量：预制 2 个断面，现浇 10m 检查 1 个断面	1
7	长度（mm）	± 5	尺量	1

3. 外观鉴定

（1）蜂窝麻面面积不得超过该面面积的 1%。不符合要求时，每超过 1% 减 3 分；对深度超过 1cm 的蜂窝应进行处理。

（2）混凝土表面应平整，不符合要求时减 1~2 分。

五、管沟基础及管节安装

1. 基本要求

（1）管材应逐节检查，不得有裂缝、破损现象。

（2）基础混凝土强度达到 5MPa 以上时，方可进行管节铺设。

（3）管节铺设应平顺、稳固，管底坡度不得出现反坡，管节接头处流水面高差不得大于 5mm。管内不得有泥土、砖石、砂浆等杂物。

（4）管道内的管口缝，当管径大于 750mm 时，应在管内做整圈勾缝。

（5）管口内缝砂浆应平整密实，不得有裂缝、空鼓现象。

（6）抹带前，管口应洗刷干净，管口表面应平整密实，无裂缝。抹带后应及时覆盖养护。

（7）需做渗漏试验的排水管，其质量应符合设计要求。

2. 实测项目

管道基础及管节安装实测项目见表 8-23。

管道基础及管节安装实测项目表 表 8-23

项 次	检 查 项 目		规定值或允许偏差	检查方法和频率	权 值
1	混凝土抗压强度或砂浆强度（MPa）		在合格标准范围内	按《公路工程质量检验评定标准》（JTG F80/1—2004）附录 D、C 检查	3
2	管轴线偏位（mm）		15	经纬仪或拉线：每两井间测 3 处	2
3	管内底面高程（mm）		± 10	水准仪：每两井间测 2 处	2
4	基础厚度（mm）		不小于设计值	尺量：每两井间测 3 处	1
5	管座	肩宽（mm）	+10，-5	尺量、挂边线：每两井间测 2 处	1
		肩高（mm）	± 10		
6	抹带	宽度（mm）	不小于设计值	尺量：按抹带总量的 10% 抽查	2
		厚度（mm）	不小于设计值		

3. 外观鉴定

（1）管道基础混凝土表面应平整密实，侧面蜂窝不得超过该面面积的1%，深度不超过10mm。

（2）管节铺设直顺，管口缝带圈平整密实，无开裂脱皮现象。

（3）抹带接口表面应密实光洁，不得有间断、裂缝及空鼓现象。

六、混凝土电缆沟

1. 基本要求

（1）所用的水泥、砂、石、水、外加剂、掺和料的质量应符合设计和规范要求，并按设计配合比进行施工。

（2）墙体无露筋、无空洞。

（3）基础与墙身的伸缩缝应贯通、对齐。

2. 实测项目

混凝土电缆沟实测项目见表8-24。

混凝土电缆沟实测项目表　　表8-24

项　次	检 查 项 目	规定值或允许偏差	检查方法和频率	权　值
1	混凝土强度（MPa）	在合格标准范围内	按《公路工程质量检验评定标准》（JTG F80/1—2004）附录D检查	3
2	轴线偏位（mm）	10	经纬仪或尺量：每200m测5个点	1
3	沟底高程（mm）	±15	水准仪：每200m测5个点	2
4	墙面直顺度（mm）	10或符合设计要求	20m拉线：每200m查2处	1
5	断面尺寸（mm）	±30	尺量：每200m测5处	2
6	侧墙厚度（mm）	±10	尺量：每200m测5处	2

3. 外观鉴定

（1）蜂窝麻面面积不得超过该面面积的1%，对深度超过1cm的蜂窝应进行处理。

（2）混凝土表面应平整、顺直，不得缺棱掉角。

（3）沟底不得有明显凹凸，不得有杂物。

七、沉砂（检查）井

1. 基本要求

（1）所用的水泥、砂、石、水、外加剂、掺和料的质量应符合设计和规范要求，并按设计配合比进行施工。

（2）混凝土无露筋、无空洞。

（3）井盖安装应平稳，井口周围不得有积水。

2. 实测项目

沉砂（检查）井浇筑实测项目见表8-25。

沉砂（检查）井浇筑实测项目表　　表8-25

项　次	检 查 项 目	规定值或允许偏差	检查方法和频率	权　值
1	混凝土强度（MPa）	在合格标准范围内	按《公路工程质量检验评定标准》（JTG F80/1—2004）附录D检查	3

续上表

项　次	检 查 项 目	规定值或允许偏差	检查方法和频率	权　值
2	轴线偏位（mm）	10	全站仪：每井检查	1
3	长、宽（mm）	± 20	尺量：每井检查	1
4	壁厚（mm）	± 10	尺量：每井检查	2
5	井底高程（mm）	± 15	水准仪：每井检查	1
6	井盖与相邻路面高差（mm）	+0，−5	水准仪、水平尺：每井检查	2

3. 外观鉴定

（1）与排水管沟连接处应直顺，不得有错口，管端应与井壁内侧齐平。

（2）井内应平整光滑。

八、电缆沟盖板预制

1. 基本要求

（1）所用的水泥、砂、石、水、外加剂、掺和料的质量应符合设计和规范要求，并按设计配合比进行施工。

（2）板体无露筋、无空洞，宜集中预制。

（3）若混凝土盖板表面存在裂缝，应进行报废处理。

（4）盖板钢筋保护层参见本章第四节前述内容。

2. 实测项目

盖板预制实测项目见表 8-26。

盖板预制实测项目表　　　　表 8-26

项　次	检 查 项 目		规定值或允许偏差	检查方法和频率	权　值
1	混凝土强度（MPa）		在合格标准范围内	按《公路工程质量检验评定标准》（JTG F80/1—2004）附录 D 检查	3
2	厚度（mm）	≤ 80	± 5	尺量：抽查 30% 的板，每板检查 2 个断面	2
		＞ 80	± 10	尺量：抽查 30% 的板，每板检查 2 个断面	
3	宽度（mm）		± 10	尺量：抽查 30% 的板，每板检查 2 个断面	1
4	长度（mm）		± 10	尺量：抽查 30% 的板，每板检查 2 个断面	1

3. 外观鉴定

（1）混凝土表面应平整，棱线顺直，无啃边、掉角。

（2）混凝土应密实，蜂窝麻面面积不得超过该面面积的 0.5%；对深度超过 1cm 的蜂窝应进行处理。

九、盖板安装

1. 基本要求

（1）盖板与管沟支承面应平整、密合，对不符合要求的应进行处理。

（2）盖板安装后不得缺棱掉角。

2. 实测项目

盖板安装实测项目见表 8-27。

盖板安装实测项目表　　表 8–27

项　次	检 查 项 目	规定值或允许偏差	检查方法和频率	权　值
1	支承面中心偏位（mm）	10	尺量：每 20m 抽查 1 处	2
2	相邻板最大高差（mm）	10	尺量：每 100m 抽查 1 处，每处 5 块	1

3. 外观鉴定

盖板安装应平稳，无翘曲。

第九章

施工安全风险评估与管理技术

地质灾害的发生总是伴随着一定的地质异常征兆。海底隧道工程可能出现的异常情况有：地温突然降低、探孔时水压力增大、钻孔显示前方地层软弱、填充物出露、作业面围岩坍塌、初期支护变形或开裂等异常情况。海（水）底隧道涌水、涌沙、突水、突泥以及塌方冒顶的形成和发展是一个能量积蓄的过程，在高压海水长期作用下的海域风化深槽段施工，风化深槽是发生突涌水的最大施工安全风险源。因此，对风化深槽突涌水应急对策技术的研究和海水灌入洞内的危害性必须有充分认识，这样才能有效保证隧道海域段风化深槽段的施工安全，实现安全“零容忍”和零死亡事故的海底隧道工程施工安全生产目标。海底隧道初期支护变形加固见图 9–1。

图 9–1　初期支护变形加固图

第一节　不良地质施工安全风险源评估技术

一、施工安全风险源分析

风化深槽位于海底，水压大、围岩强度低、自稳能力差，且与海水连通，受无限海水补给，施工风险极高，稍有不慎就有可能造成海水倒灌，洞内有十几个作业面 1 000 多名施工人员，其灾难性后果将不堪设想。施工前需对可能发生的大量涌水、突水、涌沙、突泥的地段作出风险评估，制订应急抢险对策和技术措施，尽可能地降低发生施工安全事故的可能性。图 9–2 为专家分析施工安全风险源，研究制订应急抢险预案。

根据地勘资料和施工现场分析，风化深槽高压涌水存在的施工安全风险有以下几种。

（1）施工过程作业面出现突涌水。

（2）开挖的掌子面坍塌，海水倒灌。

（3）超前探孔封孔失效，突发钻孔涌水，带动破碎土体流出，产生伴随性涌沙、涌水现象。

（4）风化深槽段上的覆盖层较浅，岩层软弱破碎，围岩振动圈扰动过大，隧道顶部高压水（压力在 0.5 ~ 0.7MPa）易将隧道覆盖层击穿，发生冒顶、突泥、突水危险。图 9–3 为局部突泥险情断面图。

图 9–2 研究应急抢险预案

图 9–3 局部突泥险情断面图

（5）初期支护变形、沉降、失稳，引起围岩二次开裂并贯穿海底，形成突涌水。

二、施工安全风险源规模

（1）厦门翔安隧道双侧壁法施工的主要安全危险源来自翔安隧道陆域浅埋段长 13 000m 和海域段长 1 089m 的风化槽。由于存在不稳定的围岩和地下水以及洞顶公路交通，对隧道施工所产生的影响会导致初期支护收敛变形过大甚至坍塌。危险源规模见图 9–4。

（2）海域段双侧壁法施工的危险源主要来自海底风化深槽，海底风化深槽 F1 长 136m，F4 长 40m，规模较大。该段围岩主要为全～强风化岩，隧道埋深浅，水压为 0.5 ～ 0.7MPa，围岩极不稳定。图 9–5 为掌子面小塌方注浆加固处理效果图。

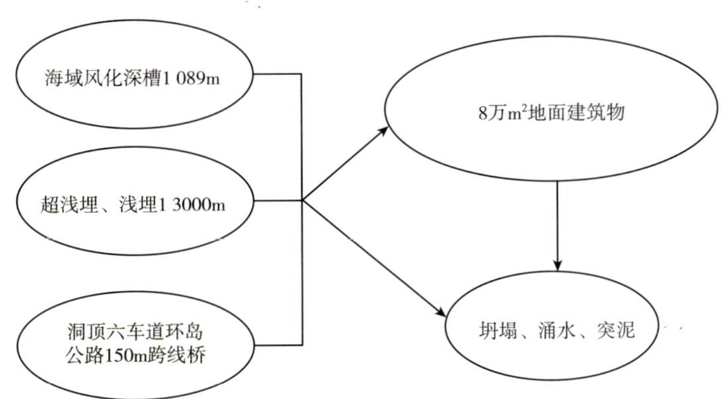

图 9–4 危险源规模图

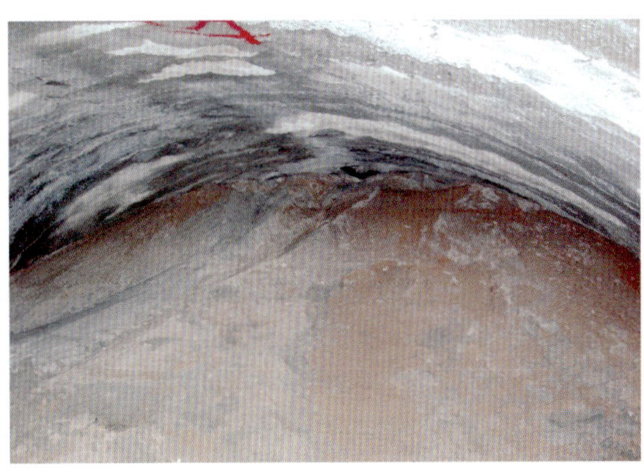

图 9–5 掌子面小塌方注浆加固处理效果图

（3）由于隧道开挖施工使不稳定围岩暴露出来，破坏了围岩原有的平衡，极易诱发坍塌、涌水、突泥等险情，而这些险情一旦发生将给隧道带来灾难性的后果。

三、危险源的等级

（1）重大危险源的危险等级可划分为：

Ⅰ——安全级；

Ⅱ——较安全级；

Ⅲ——一般级；

Ⅳ——较危险级；

Ⅴ——危险级。

（2）确定危险源等级的方法为定量评价法及 LEC 评价法。

①定量评价法的计算公式如下：

$$D = L \times E \times C \tag{9-1}$$

式中：D——危险等级划分；

L——事故发生可能性；

E——暴露于危险环境的频繁程度（时间）；

C——事故产生的后果。

式中各项参数的取值见表 9-1 ～表 9-4。

L——事故发生可能性 表 9-1

L 取 值	事故发生的可能性	L 取 值	事故发生的可能性
10	完全可以预料	0.5	可以设想，但不可能
6	相当可能	0.2	极不可能
3	不经常但可能	0.1	实际不可能
1	完全意外，可能性小	—	—

E——暴露于危险环境的频繁程度 表 9-2

E 取 值	暴露于危险环境的频繁程度	E 取 值	暴露于危险环境的频繁程度
10	连续暴露	2	每月暴露一次
6	每天工作时间内暴露	1	每年暴露一次
3	每周一次或偶尔暴露	0.5	非常罕见地暴露

C——事故产生的后果 表 9-3

C 取 值	事故产生的后果	C 取 值	事故产生的后果
100	大灾难，许多人死亡	7	严重，重伤
40	灾难，数人死亡	3	重大，伤残
15	非常严重，一人死亡	1	引人注目，需要救护

则 $D=L \times E \times C=6 \times 10 \times 40=2\,400$

D——危险等级划分 表 9-4

等 级 D	事故产生的后果	危 险 等 级
> 320	极度危险，不能继续作业	Ⅴ
320 ～ 160	高度危险，需要立即整改	Ⅳ
160 ～ 70	中度危险，需要整改	Ⅲ
70 ～ 20	一般危险，需要注意	Ⅱ
< 20	稍有危险，可以接受	Ⅰ

由于危险等级 $D=2\,400 > 320$，因此将该段施工列为Ⅴ级重大危险源，预防坍塌、突水、涌泥是本工程安全生产的重点。

② LEC 评价法见表 9-5。

LEC 评价法 表 9-5

序号	危险因素	可能导致的事故	风险程度	危险等级	控制方式			
					运行控制	管理方案	应急预案	程序控制
1	物体的不稳定状态及人的不安全行为	坍塌	重大危险源	V 级	√	√	√	√
2		突水	重大危险源	V 级	√	√	√	√
3		涌泥	重大危险源	V 级	√	√	√	√

第二节　双侧壁与 CRD 工法安全稳定性评估技术

一、CRD 和双侧壁工法施工简介

1.CRD 工法施工简介

CRD 工法施工步骤：①部先行开挖，③部、②部、④部一次紧跟其后，各部纵向间距满足比开挖洞径长 2 ~ 5m 的要求，距离一般控制在 7 ~ 12m，各部均采用微台阶施工，台阶长度控制在 3 ~ 5m。当③部掘进 10 ~ 15m 后，④部与其平行作业。①部、③部开挖每循环进尺 0.5 ~ 1.0m，采用挖掘机开挖，配合小型前翻斗车利用①部、③部临时仰拱预留的卸渣孔将开挖土方溜至②部、④部；②部、④部开挖进尺 0.5 ~ 1.0m，采用 PC120 挖掘机开挖，然后用自卸车运输至弃渣场（图 9-6）。CRD 工法初期支护参数：永久支撑拱架为 I22b 工字钢、临时支撑拱架为 I20b 工字钢，布设双层 ϕ8mm@20cm 钢筋网，永久支护喷射 C25 混凝土厚 32cm，临时支护喷射 C25 混凝土厚 30cm。CRD 工法断面见图 9-7。

图 9-6　CRD 工法现场施工图

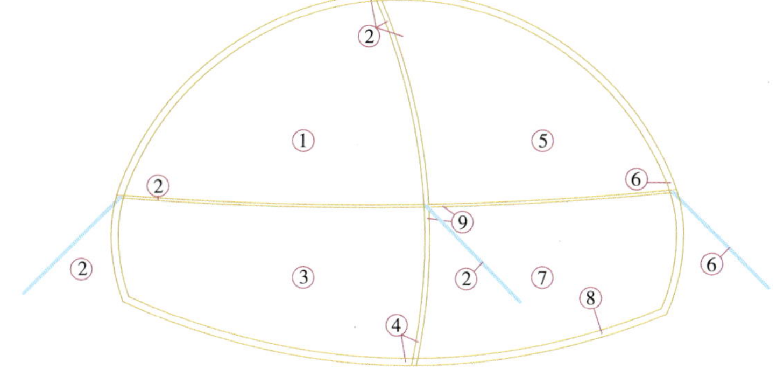

图 9-7　CRD 工法断面图

2. 双侧壁工法施工简介

双侧壁导洞微台阶法开挖，左右导洞错开 10 ~ 25m 同步进行，中部错开侧壁导洞 20 ~ 30m，采用台阶法开挖。

双侧壁导洞上部台阶用挖掘机扒渣至下台阶，下部台阶采用 PC120 挖掘机开挖及装渣，然后用自卸汽车运输至弃渣场（图 9-8），开挖每循环进尺 0.5 ~ 1.0m；双侧壁导洞中部采用挖掘机扒渣至下台阶，下部台阶采用 PC120 挖掘机开挖及装渣，然后用自卸汽车运输到弃渣场。双侧壁工法初期支护参数：永久支撑拱架为 I20b 工字钢、临时支撑拱架为 I20b 工字钢，布设双层 ϕ8mm@20cm 钢筋网，永久支护喷射 C25 混凝土厚 30cm，临时支护喷射 C25 混凝土厚 25cm。双侧壁导洞工法施工见图 9-9。

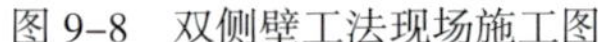

图 9-8　双侧壁工法现场施工图

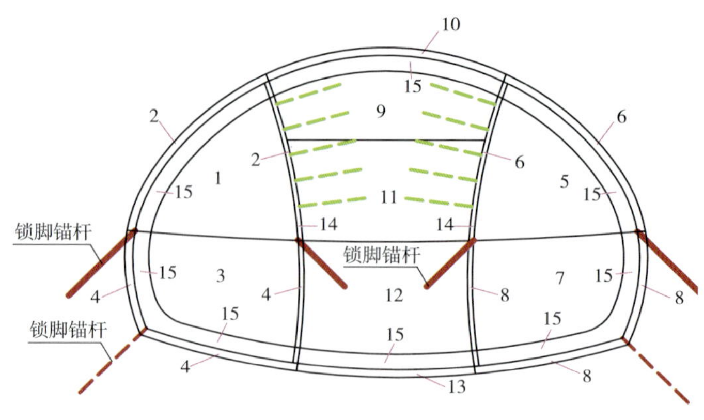

图 9-9　双侧壁导洞工法施工图

二、CRD 和双侧壁工法稳定性分析

1.CRD 工法模拟分析

（1）计算模型网格图

采用 CRD 法计算时，考虑超前帷幕注浆效果，其有效深度为隧道开挖轮廓线外沿 5m 范围。模型宽度为 200m（与隧道轴线方向垂直），长度 40m（沿隧道轴线方向，两循环注浆长度之和），高度为 100m，如图 9-10 所示。图 9-11 为 CRD 隧道开挖岩体及注浆体图，图 9-12 为 CRD 网格，图 9-13 为 CRD 初期支护网格图。

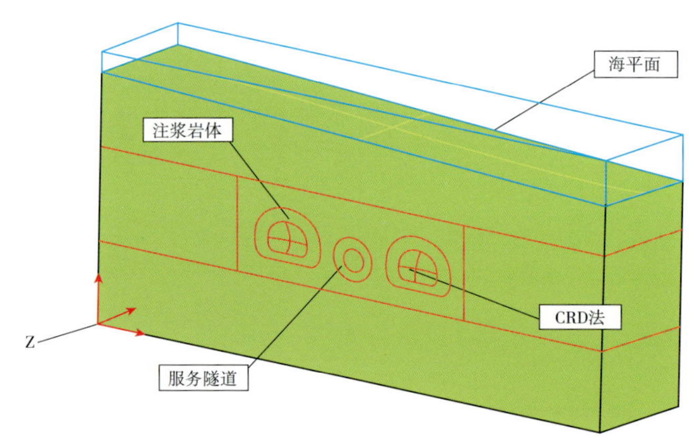

图 9-10　CRD 模型图

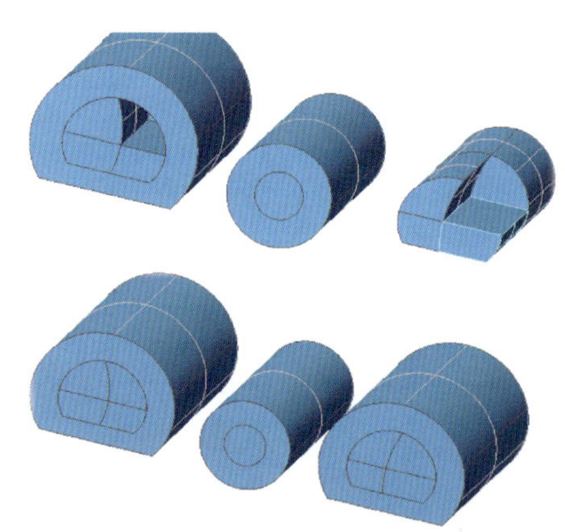

图 9-11　CRD 隧道开挖岩体及注浆体图

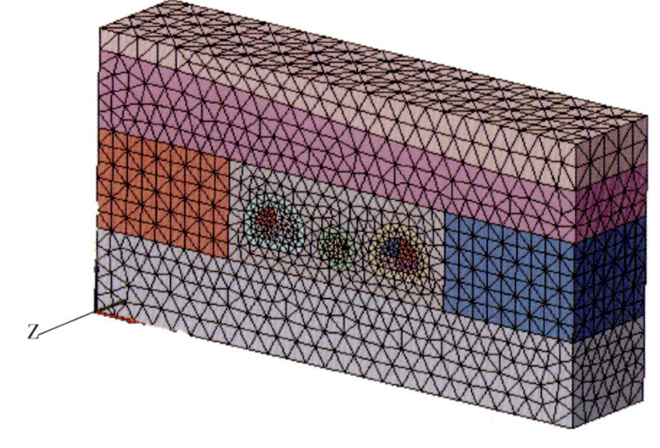

图 9-12　CRD 网格图

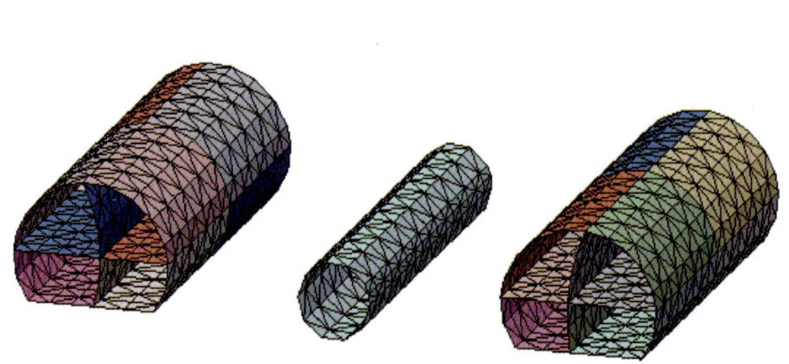

图 9-13　CRD 初期支护网格图

模拟隧道采用 CRD 法开挖。计算共分为以下十二个步骤：第一步为初始应力位移值计算，第二步

为初始位移清零计算，第三步为服务隧道全部 40m 开挖，第四步为主洞隧道Ⅰ部 20m 开挖，第五步为隧道Ⅰ部、Ⅲ部 20m 开挖，第六步为行车洞Ⅰ～Ⅲ部 20m 开挖，第七步为行车洞Ⅰ～Ⅳ部 20m 开挖，第八步为行车洞Ⅰ部 40m 开挖，第九步为行车洞Ⅰ部、Ⅲ部（上半断面）开挖完成，第十步为行车洞Ⅰ～Ⅲ部 40m 开挖，第十一步为行车洞Ⅰ～Ⅳ部 40m 开挖。

（2）初期支护应力

对上述建立的模型进行有限元计算，可得到模型初期支护的应力图（图 9-14 ～图 9-22）。

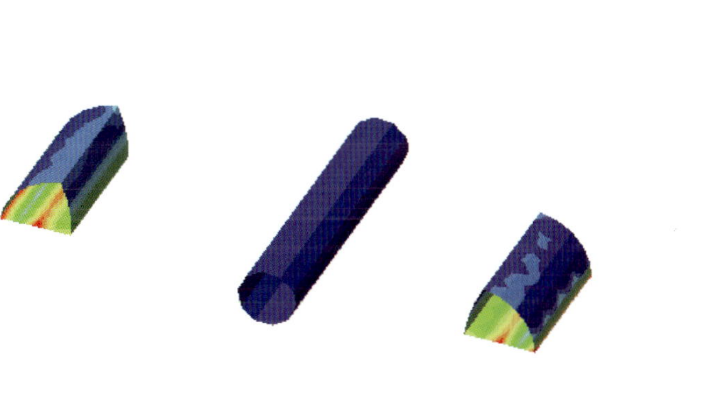

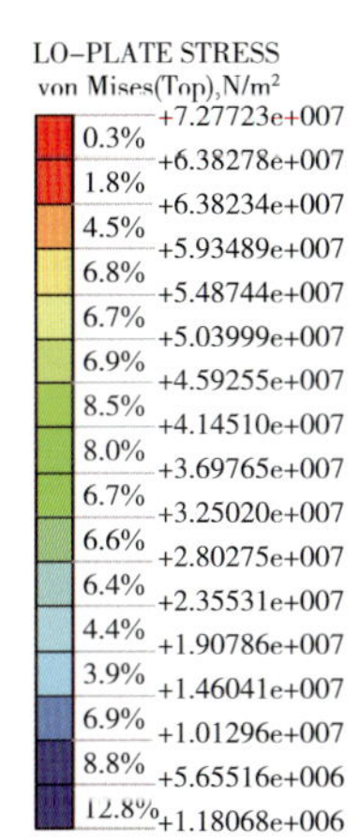

图 9-14 CRD Ⅰ部 20m

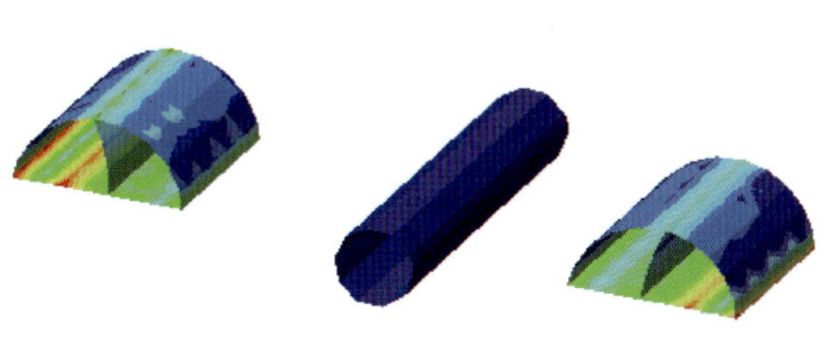

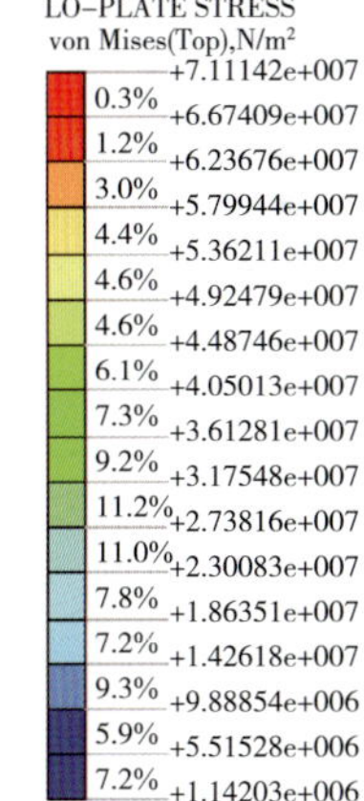

图 9-15 CRD 上台阶Ⅰ部、Ⅳ部 20m

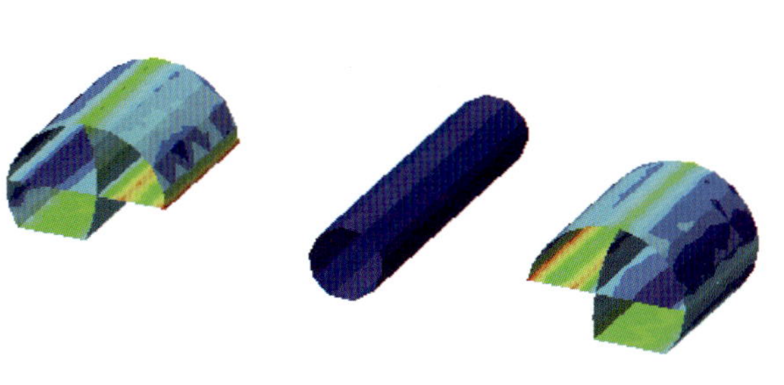

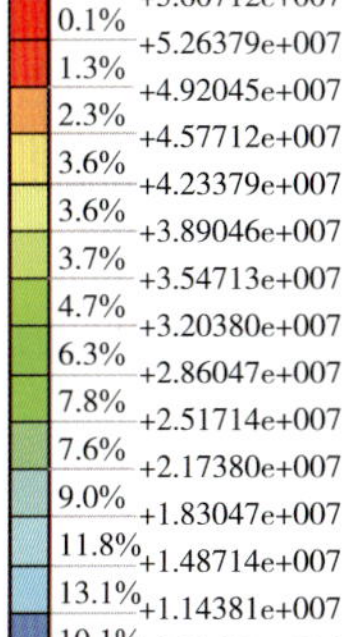

图 9-16 CRD Ⅰ～Ⅳ部 20m

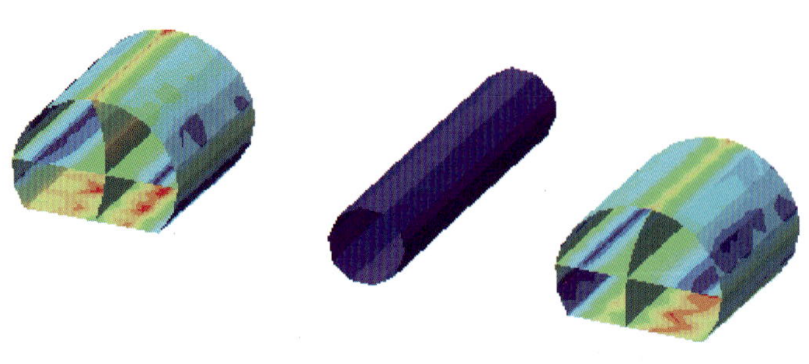

LO-PLATE STRESS
von Mises(Top),N/m^2

%	von Mises
	+3.79847e+007
0.2%	+3.56806e+007
0.6%	+3.33764e+007
1.6%	+3.10723e+007
3.4%	+2.87682e+007
5.3%	+2.64641e+007
5.6%	+2.41599e+007
6.4%	+2.18558e+007
9.2%	+1.95517e+007
10.1%	+1.72476e+007
10.3%	+1.49434e+007
9.8%	+1.26393e+007
10.1%	+1.03352e+007
8.6%	+8.03105e+006
6.5%	+5.72692e+006
7.2%	+3.42280e+006
5.0%	+1.11867e+006

图 9-17　CRD Ⅰ～Ⅳ部 20m

LO-PLATE STRESS
von Mises(Top),N/m^2

%	von Mises
0.0%	+7.58505e+007
0.2%	+7.11726e+007
0.6%	+6.64947e+007
1.9%	+6.18168e+007
2.3%	+5.71389e+007
2.4%	+5.24610e+007
3.2%	+4.77830e+007
3.7%	+4.31051e+007
3.8%	+3.84272e+007
7.7%	+3.37493e+007
10.2%	+2.90714e+007
13.7%	+2.43935e+007
15.1%	+1.97156e+007
15.1%	+1.50377e+007
12.3%	+1.03598e+007
7.9%	+5.68194e+006
	+1.00404e+006

图 9-18　CRD Ⅰ部 40m

LO-PLATE STRESS
von Mises(Top),N/m^2

%	von Mises
	+7.34104e+007
0.0%	+6.88758e+007
0.1%	+6.43412e+007
0.6%	+5.98066e+007
1.5%	+5.52720e+007
1.9%	+5.07374e+007
2.0%	+4.62028e+007
2.3%	+4.16682e+007
3.5%	+3.71336e+007
6.6%	+3.25990e+007
10.1%	+2.80644e+007
12.8%	+2.35298e+007
14.2%	+1.89951e+007
14.9%	+1.44605e+007
14.0%	+9.92594e+006
10.1%	+5.39133e+006
5.4%	+8.56730e+005

图 9-19　CRD 上台阶Ⅰ部、Ⅳ部 40m

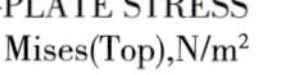

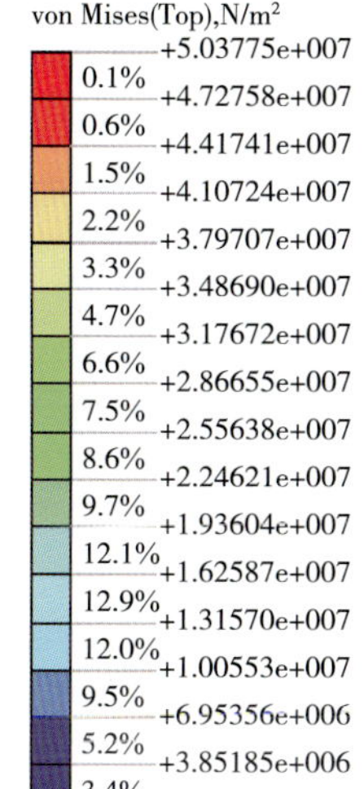

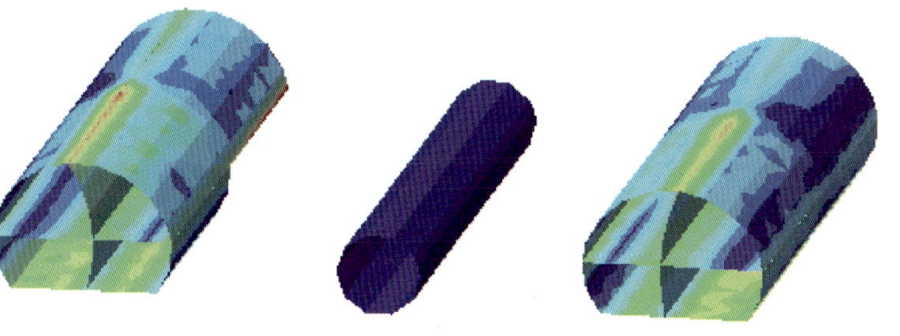

图 9-20　CRD Ⅰ～Ⅳ部 40m

图 9-21　CRD Ⅰ～Ⅳ部 40m

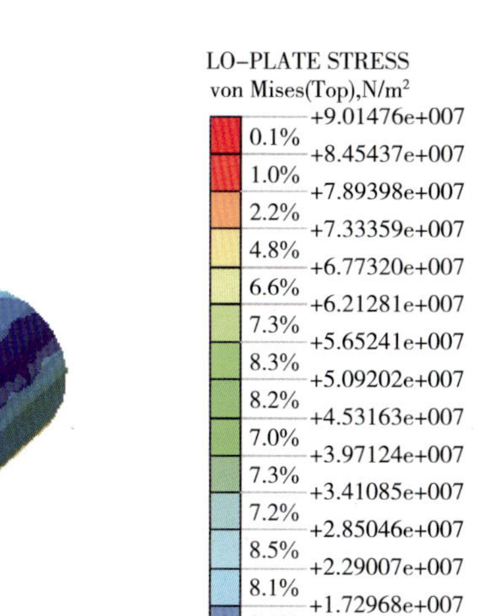

图 9-22　CRD 临时支撑拆除

（3）计算分析

风化槽段隧道采用 CRD 法开挖模型计算后，各开挖阶段的初期支护应力最大值如表 9-6 所列。

CRD 法开挖模型各开挖阶段的初期支护应力最大值 表 9-6

计算步数	Ⅰ部 20m	Ⅰ部、Ⅱ部 20m	Ⅰ～Ⅲ部 20m	Ⅰ～Ⅳ部 20m
最大应力（MPa）	72.8	71.1	56.1	38
计算步数	Ⅰ部、Ⅱ部 40m	Ⅰ～Ⅲ部 40m	Ⅰ～Ⅳ部 40m	临时支撑拆除
最大应力（MPa）	73.4	50.4	45.9	90.1

从表 9-6 中可以看出，主行车洞初期支护体系总体上受力并不大，最大应力值均出现在隧道开挖后临时支撑处，以及临时支撑与初期支护衔接处。隧道开挖后临时支撑拆除是隧道支护结构最不利的时候，除底板外，初期支护的拱墙处应力值明显增大，最大应力值由有临时支撑的 30MPa 左右上升到 62MPa。因此拆除临时支撑时每次拆除长度不应过长，同时加强对支护结构的监控量测。

2. 双侧壁工法模拟分析

（1）模型与网格

采用双侧壁法计算时，考虑超前帷幕注浆效果，其有效深度为隧道开挖轮廓线外沿 5m 范围。模型宽度为 200m（与隧道轴线方向垂直），长度 40m（沿隧道方向，两次注浆长度之和），高度为 100m，如图 9-23 所示。模拟开挖时，中隔墙采用一次性开挖完成，其目的是为了减少计算步数，且中隔墙一次性开挖并不影响计算结果。模拟计算共分为九步。第一步为初始应力计算，第二步为初始位移清零，第三步为行车方向右侧导坑 20m 开挖，第四步为行车方向左侧导坑 20m 开挖，第五步为中隔墙 20m 开挖，第六步为行车方向右侧导坑 40m 开挖，第七步为行车方向左侧导坑 40m 开挖，第八步为中隔墙 40m 开挖，第九步为临时支撑拆除。图 9-24 为双侧壁局部图，图 9-25 为双侧壁网格图，图 9-26 为双侧壁初期支护图。

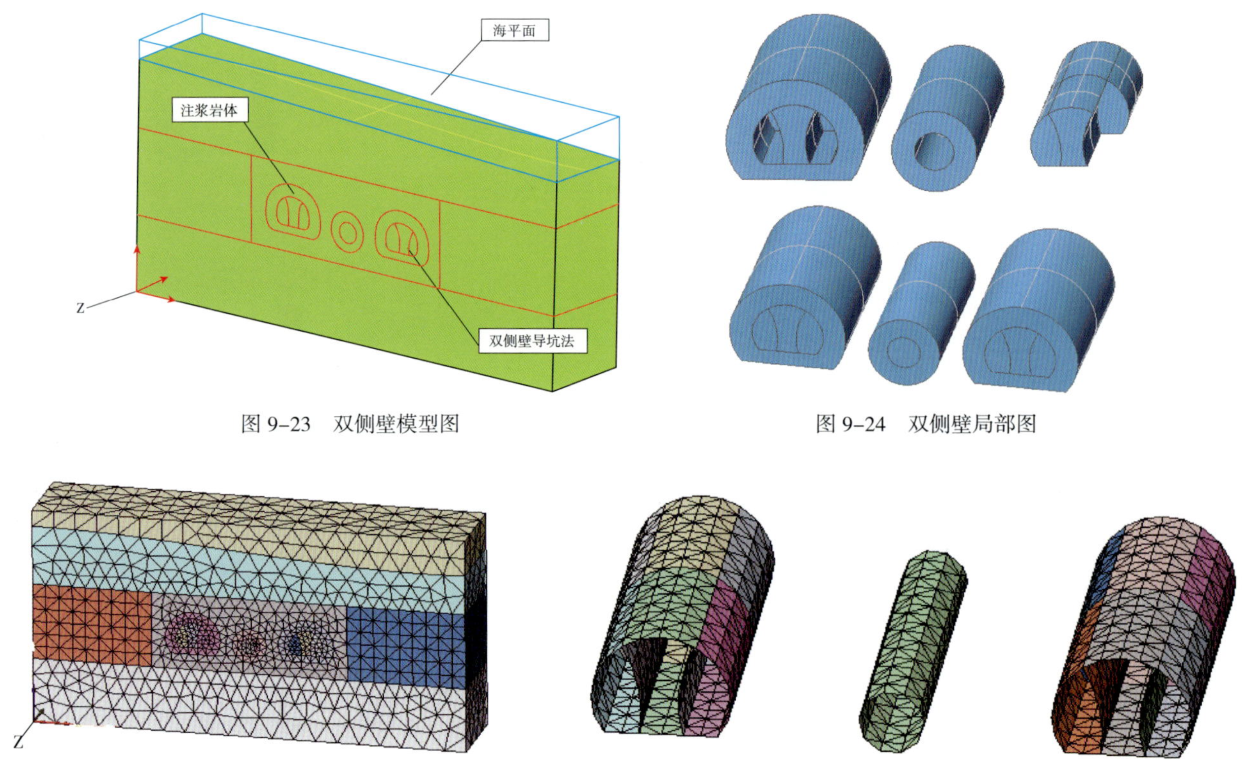

图 9-23 双侧壁模型图

图 9-24 双侧壁局部图

图 9-25 双侧壁网格图

图 9-26 双侧壁初期支护图

(2)初期支护应力

对上述建立的模型进行有限元计算，可得到模型初期支护的应力图(图 9-27 ~图 9-33)。

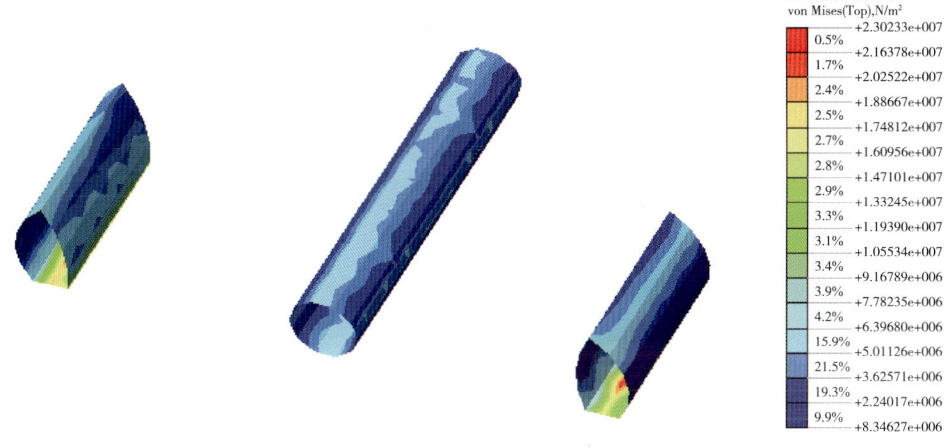

图 9-27 双侧壁右侧导坑 20m 开挖

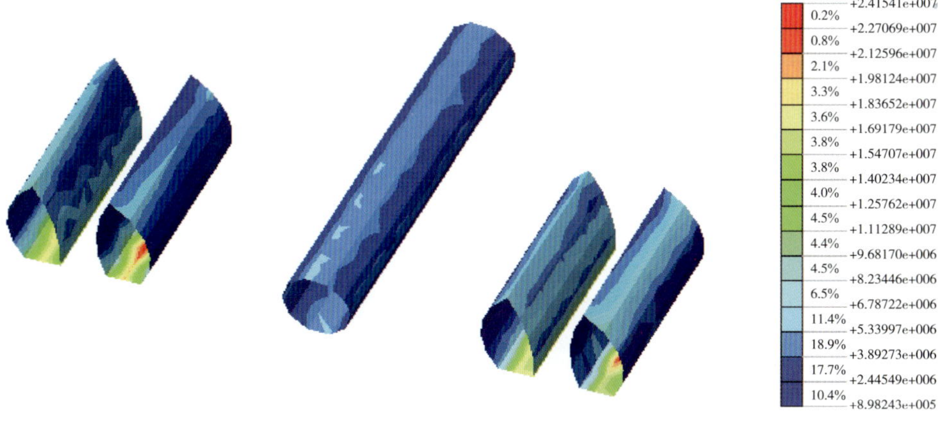

图 9-28 双侧壁左右侧导坑 20m 开挖

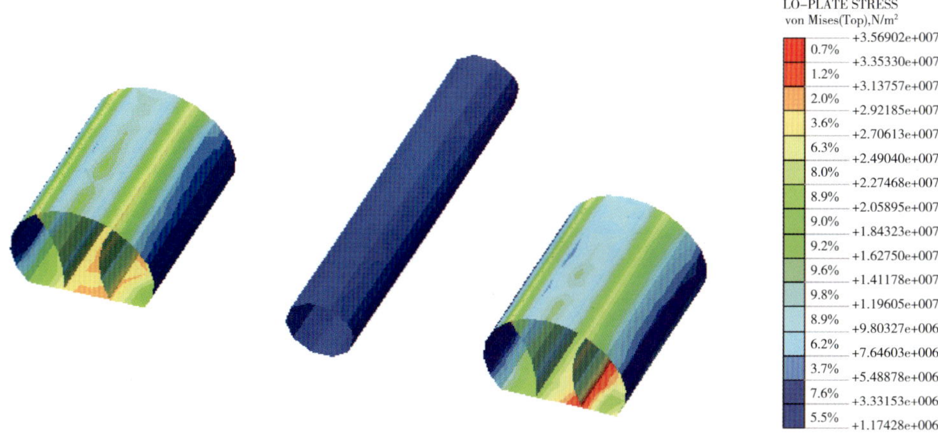

图 9-29 双侧壁隔墙 20m 开挖

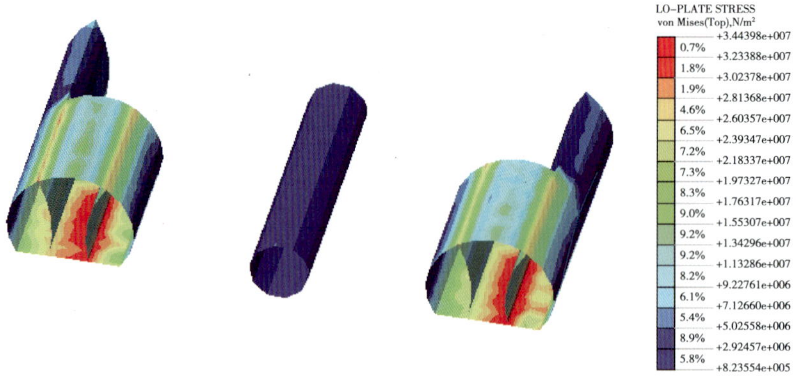

图 9-30　双侧壁右侧导坑 40m 开挖

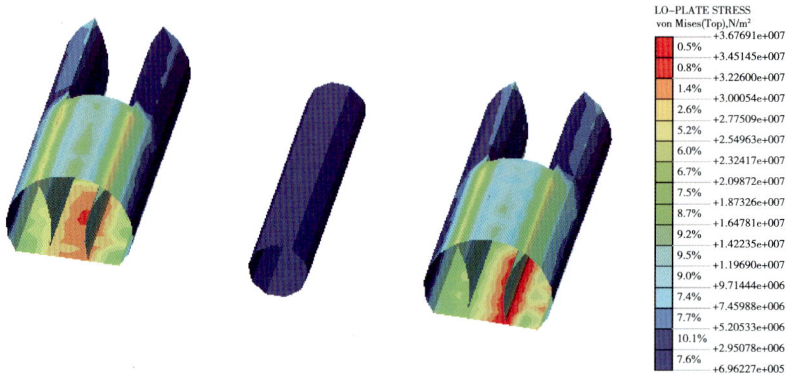

图 9-31　双侧壁左右导坑 40m

图 9-32　双侧壁隔墙开挖 40m

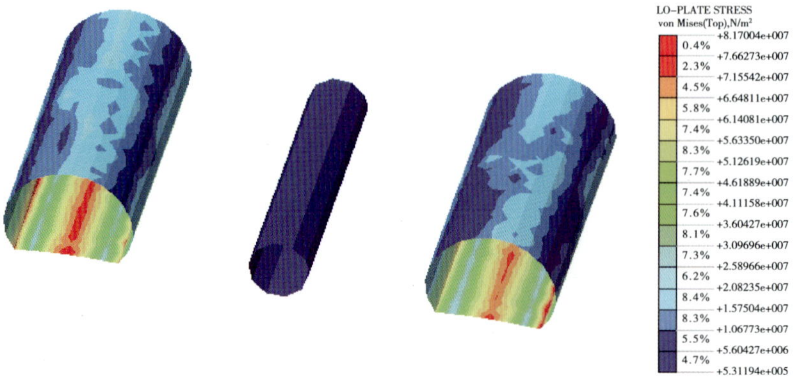

图 9-33　双侧壁临时支撑拆除

（3）模拟计算结果分析

风化槽段隧道采用双侧壁导坑法开挖模型计算后，各开挖阶段的初期支护应力最大值如表 9–7 所列。

双侧壁导坑法开挖模型各开挖阶段的初期支护应力最大值 表 9–7

计算步数	行车方向左导坑 20m	左右导坑 20m	中隔墙 20m
最大应力（MPa）	23	24.1	35.7
计算步数	行车方向左导坑 40m	中隔墙 40m	临时支撑拆除
最大应力（MPa）	34.4	48.4	81.7

从表 9–7 中可以看出，主行车洞拱墙初期支护体系总体上受力不大，最大应力值均出现在隧道开挖后底部临时支撑以及临时支撑与初期支护衔接处。隧道开挖后临时支撑拆除是隧道支护结构最不利的时候，拱墙初期支护的应力值虽未明显增大，但拱脚处最大应力值却由 48.4MPa 增大到 81.7MPa。因此拆除临时支撑时每次拆除长度不应过长，同时加强对支护结构的监控量测。

3. 模拟计算评价

通过对风化深槽主行车洞两种不同开挖方法的计算比较可以看出，采用双侧壁导坑法和 CRD 法开挖后，最大应力值都出现在隧道初期支护底拱以及底拱与拱墙初期支护交接处，这主要是因隧道计算断面在该处有角点产生应力集中所致。但是这两种开挖方法相比较而言，双侧壁导坑法开挖的初期支护在隧道开挖阶段所受最大应力值只有 CRD 法开挖的一半左右，且最大应力值在底拱处，这是由于双侧壁导坑法开挖断面小，开挖后临时支撑有双排，底拱长细比相对较小，从而有效地分散了局部应力集中的现象。在临时支撑未拆除时，这两种方法开挖的初期支护拱墙部分的应力值都在 30MPa 左右（除临时支撑支撑点外）；当临时支撑拆除后，这两种方法开挖的拱墙处最大应力值都在 55MPa 左右，但 CRD 法最大应力值分布范围比双侧壁导坑法要大一些。采用 CRD 法开挖时，Ⅰ部、Ⅲ部开挖应力最大处是在开挖断面拱脚与临时支撑的水平交接处；而在Ⅱ部、Ⅳ部开挖时，拱脚处应力值最大。从整个开挖过程中来看，隧道初期支护封闭后，初期支护的最大应力值会明显减小，而采用双侧壁导坑法开挖时，中隔墙开挖后初期支护封闭时初期支护内应力值反而增大。这主要是由于双侧壁导坑开挖时导坑开挖面小，而 CRD 法开挖时开挖面大所造成的初支封闭时的初支最大应力的不同变化。但是两者最后最大应力值很接近（36MPa 和 38MPa）。

通过上述分析可以得出以下几点结论。

（1）单从开挖安全角度来说，双侧壁导坑法比 CRD 法要安全一些，但是双侧壁导坑法开挖的施工工序较多，开挖进度慢，开挖时施工干扰较大，施工空间相对狭小。

（2）采用 CRD 法开挖时，需要对开挖断面拱脚处进行局部加强处理以使拱脚处局部应力集中现象减弱。隧道开挖时，初期支护早封闭对施工安全更为有利。

（3）两种方法开挖完成后拆除临时支撑时，初期支护最大应力值会迅速增大（CRD 法由 45.9MPa 增到 90.1MPa，双侧壁导坑法由 48.4MPa 增大到 81.7MPa），而且隧道水平起拱线以下初期支护的最大应力值增大到 50MPa 以上。因此在临时支撑拆除时，每次拆除长度不宜大于 3m，然后进行监控量测，并加强该初期支护和下一循环要拆除的临时支撑受力变形情况的监控量测，从而做到安全逐步地拆除临时支撑。临时支撑拆除后，应尽早实施二次衬砌。

4. 施工安全分析

（1）从隧道施工应力量测数据来分析，CRD 工法的钢支撑最大应力发生在临时仰拱和侧墙交接处，达 120MPa；双侧壁导洞法的钢支撑最大应力发生在侧墙中间部位，达 117MPa。

（2）从隧道施工过程中变形监控量测的资料数据分析，采用 CRD 工法施工时，拱顶下沉量平均值达到最大值，水平收敛值平均为 6cm，最大值为 17cm；采用双侧壁导坑工法施工时，拱顶下沉量平均值为 5cm，最大值为 12cm，水平收敛值平均为 7cm，最大值为 19cm。虽然变形监控量测数据变化不大，但从总体上来看双侧壁导坑工法比 CRD 工法的变形和收敛时间短，能较快地趋于稳定。

（3）从隧道的施工过程来分析，CRD 工法整个结构应力的转换次数为 8 次，从Ⅰ部施工到Ⅳ部的仰拱闭合封闭需要时间约为 30 ~ 45d；双侧壁导洞工法整个结构应力转换次数为 6 次，从左右侧导洞施工到中导洞仰拱封闭成环需要时间约为 25 ~ 35d，较 CRD 工法早封闭早成环，有利于整体结构的稳定。注浆后 CRD 左Ⅱ部开挖，施工图见图 9-34。

图 9-34　注浆后 CRD 左Ⅱ部开挖施工图

（4）CRD 工法在施工中采取了一些安全措施，但安全隐患还是较多，如中隔墙上开门、钻卸渣孔及倒运材料等，都对结构的稳定有不同程度的影响。

（5）CRD 工法由于存在临时仰拱，因此可以起到抑制隧道变形的作用；但当上面的Ⅰ部、Ⅲ部出现险情时，大型设备无法投入使用，而且抢险物资无法顺利、及时地运送到位，故不利于抢险、加固处理。

5. 施工质量分析

（1）双侧壁导洞的断面净空大，有利于机械化施工，减轻人工的劳动强度，并且有利于开挖时超欠挖的控制。

（2）双侧壁导洞初期支护自上而下整体连贯，有利于喷射混凝土的施工，便于喷射手的操作，也避免了空鼓、漏喷等现象的产生，相对于 CRD 工法初期支护，喷射混凝土表面整体圆顺、平整，上下衔接较好。

（3）对于隧道施工通风设计而言，双侧壁导洞工法比 CRD 工法更易布置通风管路和保证通风质量。

6. 施工进度分析

（1）CRD 工法施工上下左右四个工作面相互独立，机具很难互相补充，且工作面狭小，主要依靠小型机具和人工作业，进度较慢。

（2）CRD 工法施工时，施工中四个部位互相制约，某一部施工出现困难，就会影响整个隧道施工的开挖进度。

（3）CRD 工法施工时，Ⅰ部、Ⅲ部材料运输是比较难解决的问题，如果要完全依靠小型机具或人工，则效率低下；并且 CRD 工法所用的机械设备在其他工程中运用不多，造成机械反复利用率降低，无形中提高了施工成本。

（4）双侧壁导洞工法施工场地相对较大，可以利用大型机械设备进行开挖运输，提高机械使用效率，加快施工进度。

（5）双侧壁导洞工法的导洞施工相对独立，两侧导洞可以先行，快速穿越地质复杂地段；必要时形成反打夹击的态势，有利于快速施工。

（6）双侧壁导洞工法平均月掘进 55m，CRD 法施工平均月掘进 40m，正常情况下每月双侧壁导洞工法比 CRD 工法施工多掘进 5 ~ 15m。

7. 施工费用分析

虽然工法改变，但初期支护的参数没有改变，所以两种工法的费用是可比的。

（1）人工费：采用 CRD 工法施工时，四个部位同时施工，一般需要 80 ~ 90 名工人；而采用双侧壁导洞工法施工，工作面分为三个部位，一般需要 65 ~ 80 名工人，按平均每人每月 2 000 元计算，每月可节约人工费 20 000 元。

（2）机械费：CRD 工法和双侧壁导洞工法相比，要多投入一台挖掘机和四台小型前翻斗车，20 000（小型挖掘机月租金）+4×1 000（前翻斗月使用费）=24 000（元）。

8. 分析对比

CRD 工法和双侧壁工法的分析对比见表 9–8。

CRD 工法和双侧壁工法的分析对比表　　表 9–8

序　号	CRD 工 法	双侧壁工法
1	四部开挖，各部互不通气，组织困难	三部开挖，各部独立施工
2	不利大型机械施工，特别是上层施工困难	大型机械直达掌子面
3	遇到险情不便组织抢险	遇到险情组织抢险容易
4	平均日进尺 1.1m，最大月进尺 40m	改工法后连续三个月进尺超 55m
5	用设备及人工较多	用设备及人工较少，成本有所降低

第三节　双侧壁工法松动圈围岩施工安全稳定性评估技术

双侧壁工法模拟分析：依据地质情况，按两个侧壁与主拱连接部位的不同对围岩的稳定性及其强度进行验算，主要对比三种结构形式下的沉降、水平变形以及塑性区的变化。

一、结构形式一

计算模型说明：根据圣维南原理和实际需要的模型，确定整个模型计算范围为 80m×60m×30m（宽 × 高 × 长），开挖部序如图 9–35 所示，计算模型网格划分如图 9–36 所示，整个模型共有 14 576 个单元，14 700 个节点。采用 MIDAS/GTS 有限元软件分析计算如下（图 9–37 ~ 图 9–42）。

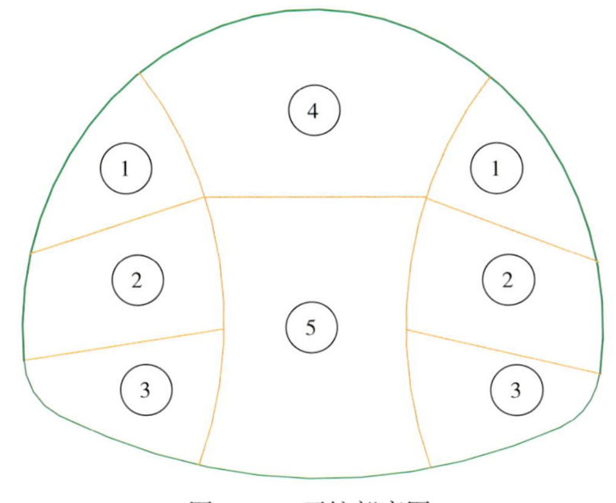

图 9–35　开挖部序图

图 9–36　计算模型

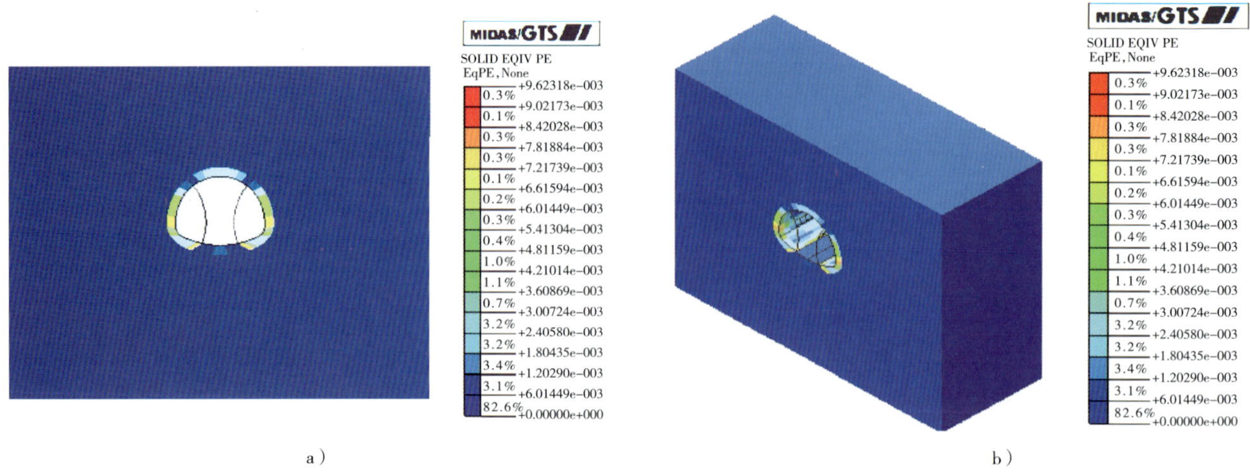

图 9-37　隧道贯通后塑性正视图、轴测图

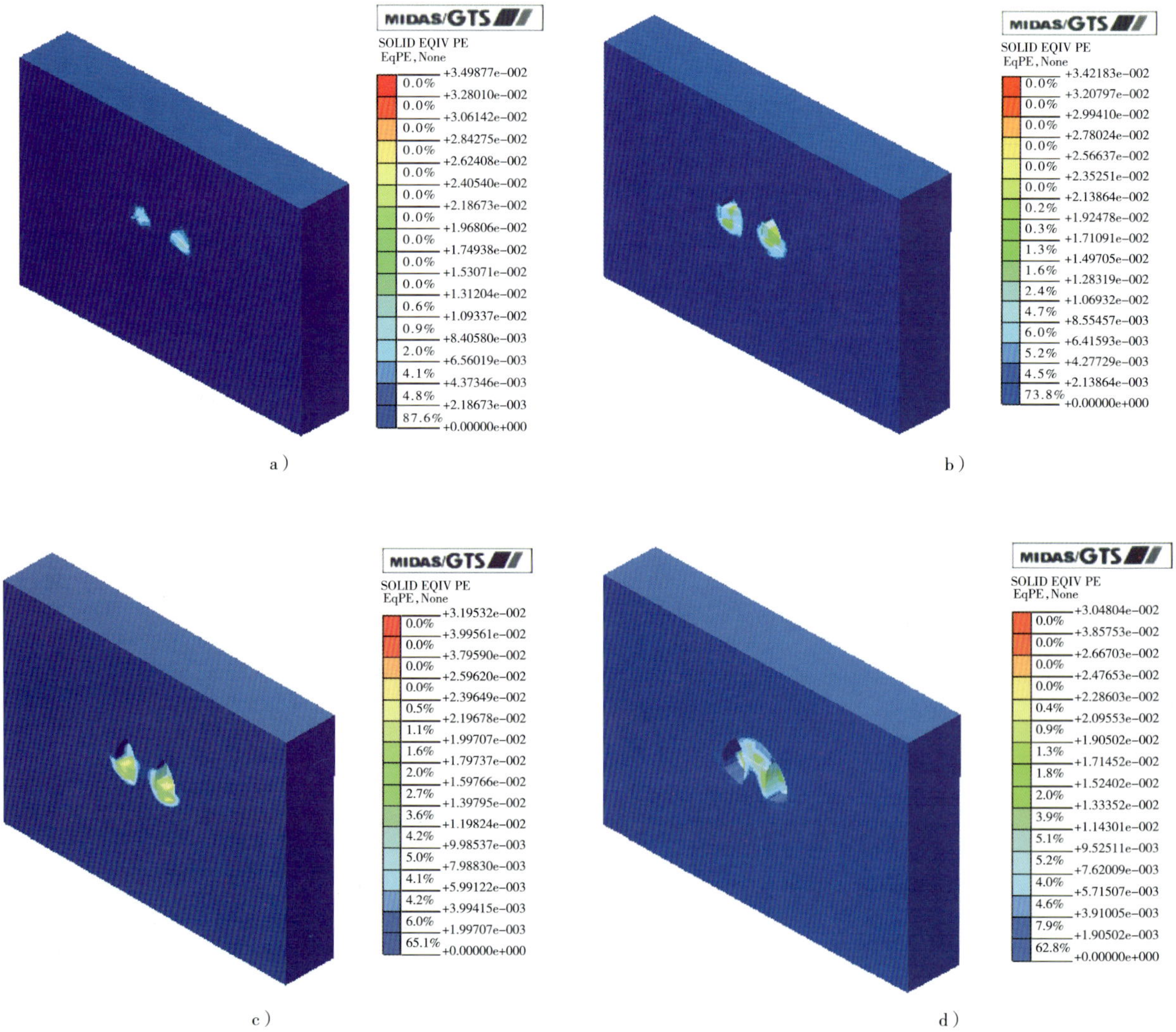

a)　b)

c)　d)

图　9-38

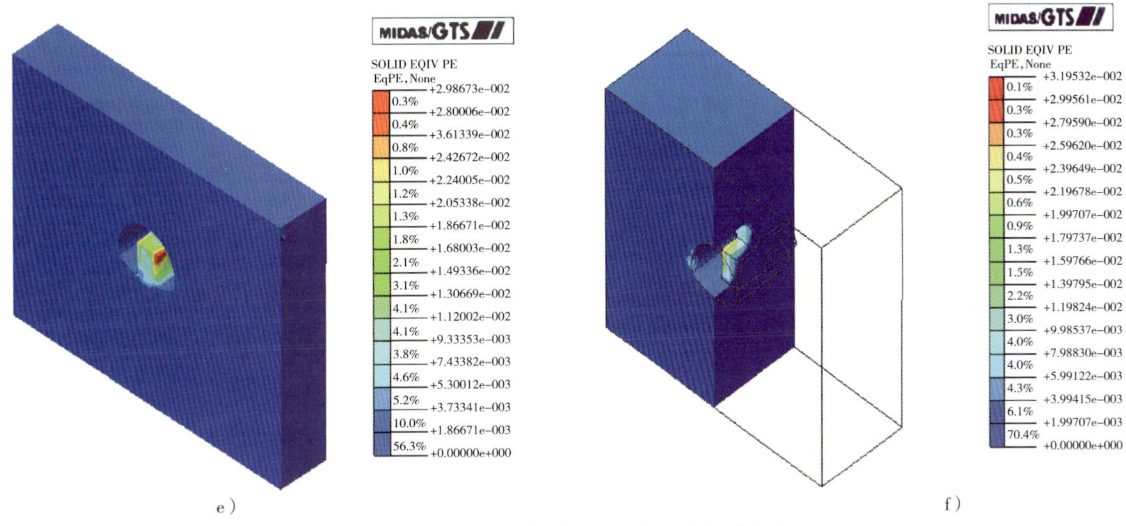

图 9-38 各部挖到纵向中断面处塑性区变化图

a）①部到达；b）②部到达；c）③部到达；d）④部到达；e）⑤部到达；f）④部到达中间断面塑性区纵剖图

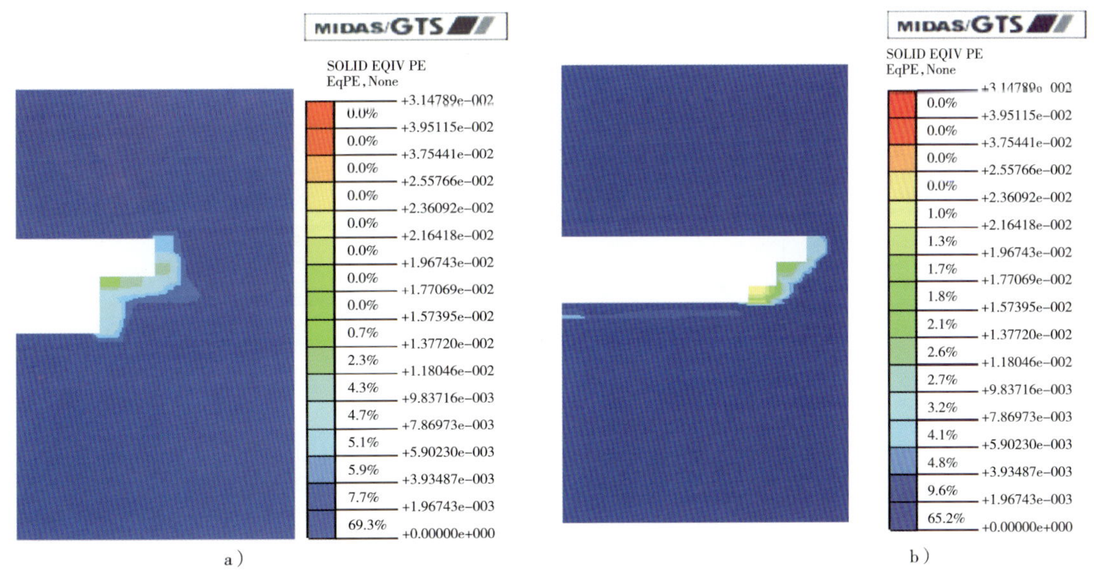

图 9-39 ④部到达中间断面轴向剖面塑性区

a）轴线剖面；b）轴线右 6m

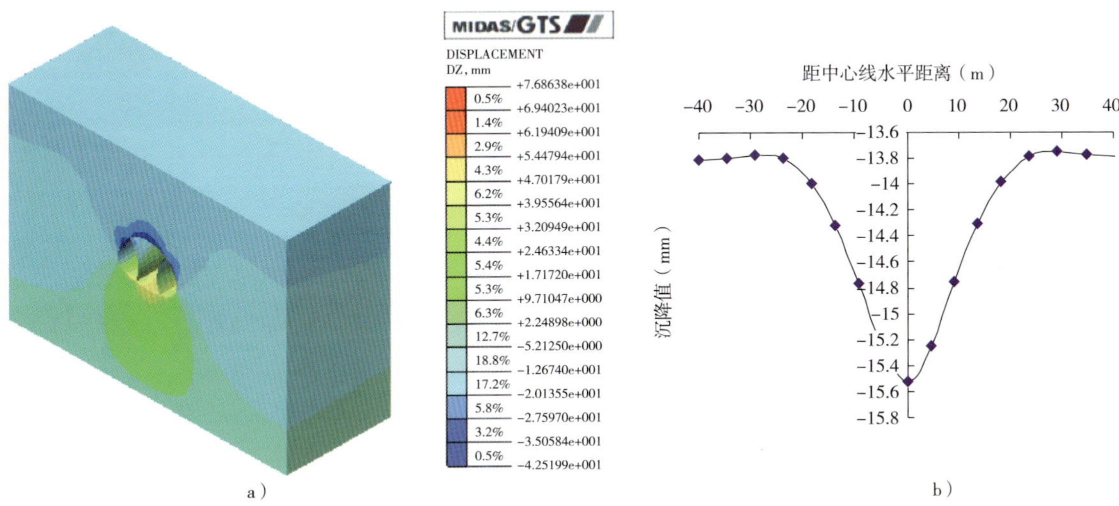

图 9-40 隧道贯通后地层沉降云图、纵向中间断面地表沉降曲线图

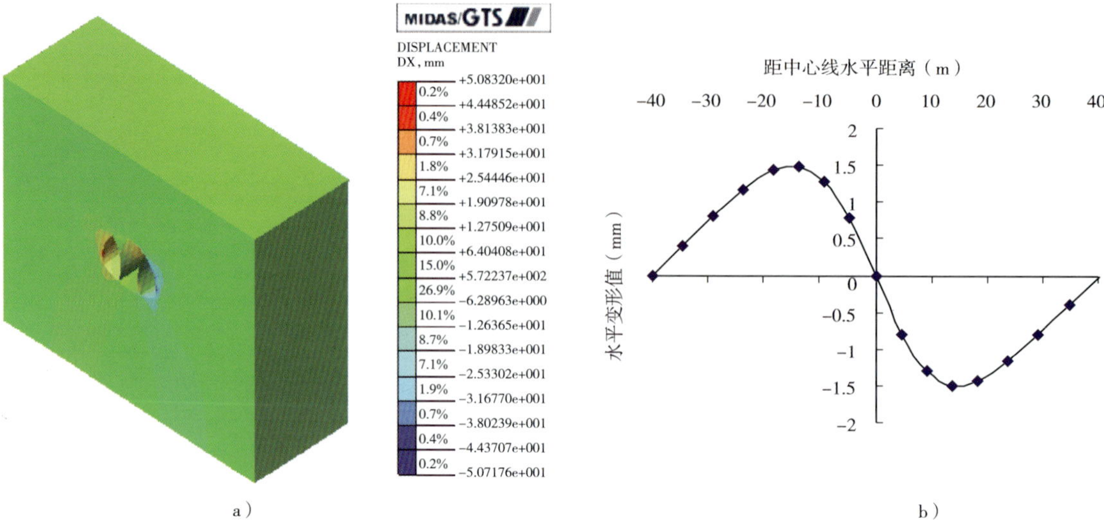

图 9-41 隧道贯通后水平变形云图、纵向中断面地表水平变形曲线图

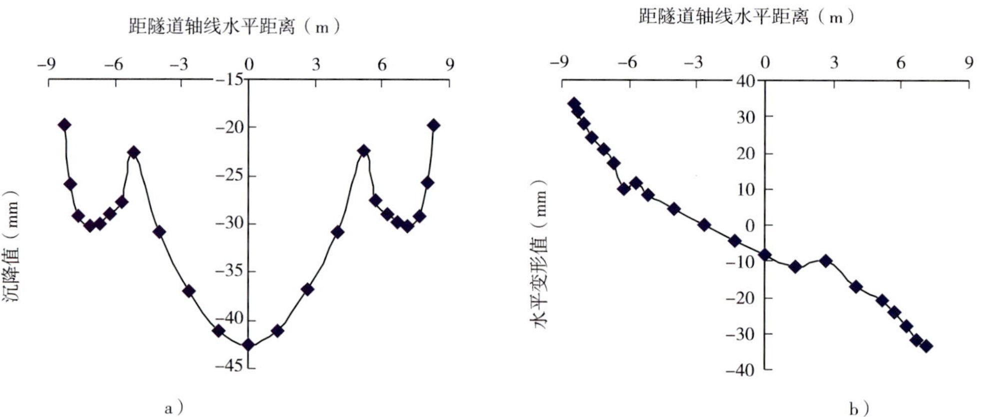

图 9-42 隧道上部洞周沉降曲线图、水平变形曲线图

二、结构形式二

计算模型说明：根据圣维南原理和实际的需要模型，确定整个模型计算范围为 80m × 60m × 30m（宽 × 高 × 长），开挖部序如图 9-43 所示，计算模型网格划分如图 9-44 所示，整个模型共有 14 720 个单元，14 784 个节点。采用 MIDAS/GTS 有限元软件分析计算如下（图 9-45 ~ 图 9-50）。

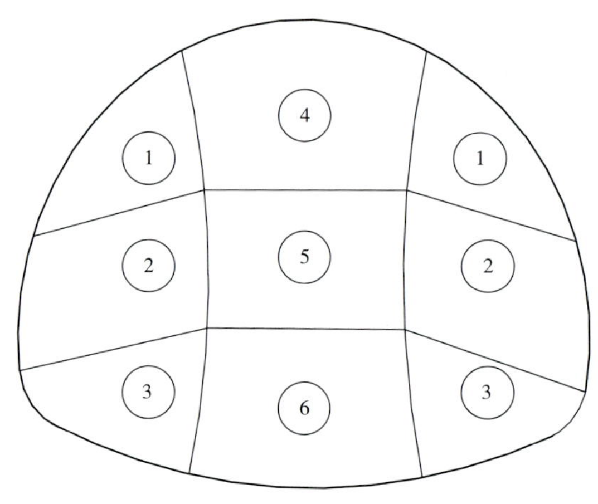

图 9-43 开挖部序图

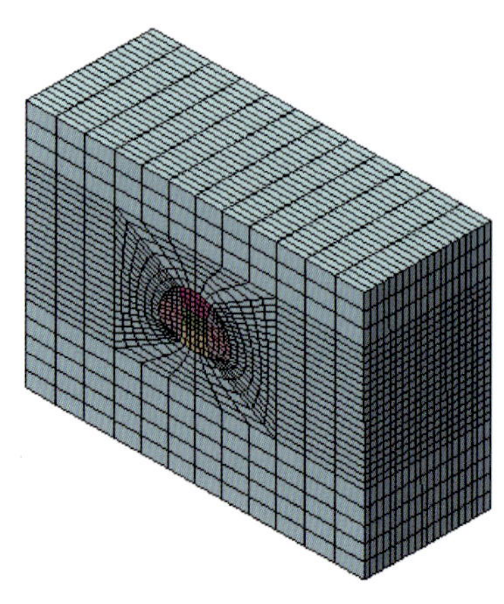

图 9-44 计算模型

a) b)

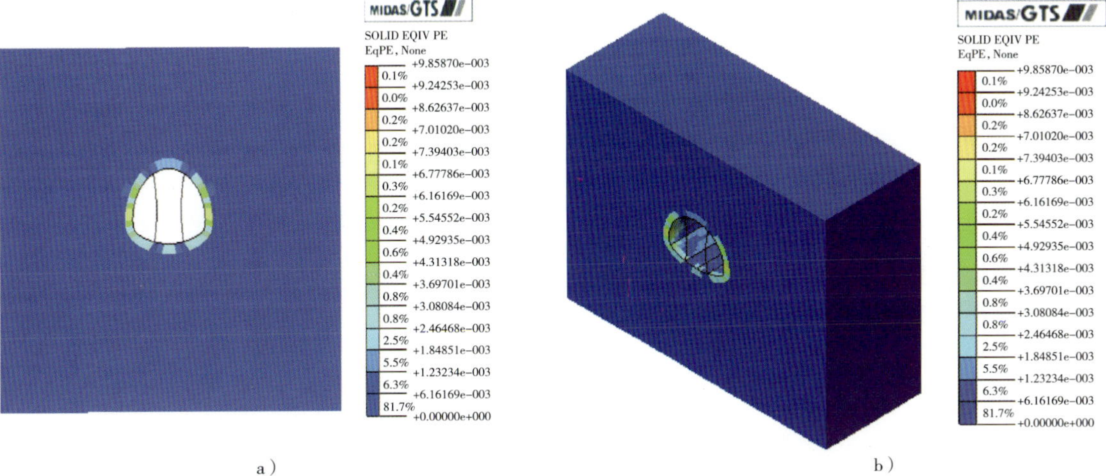

图 9-45 隧道贯通后塑性正视图、轴测图

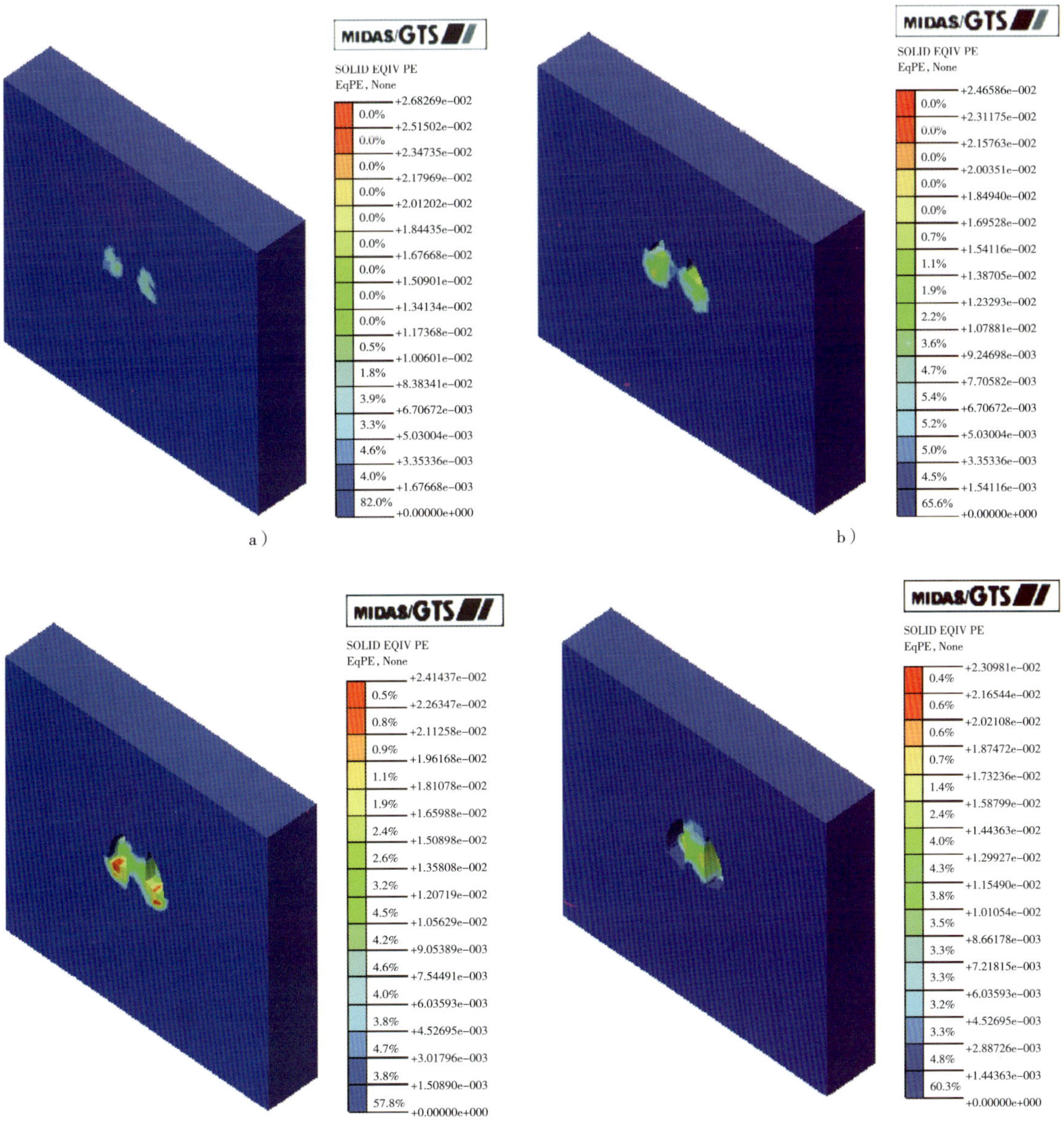

a) b)

c) d)

图 9-46

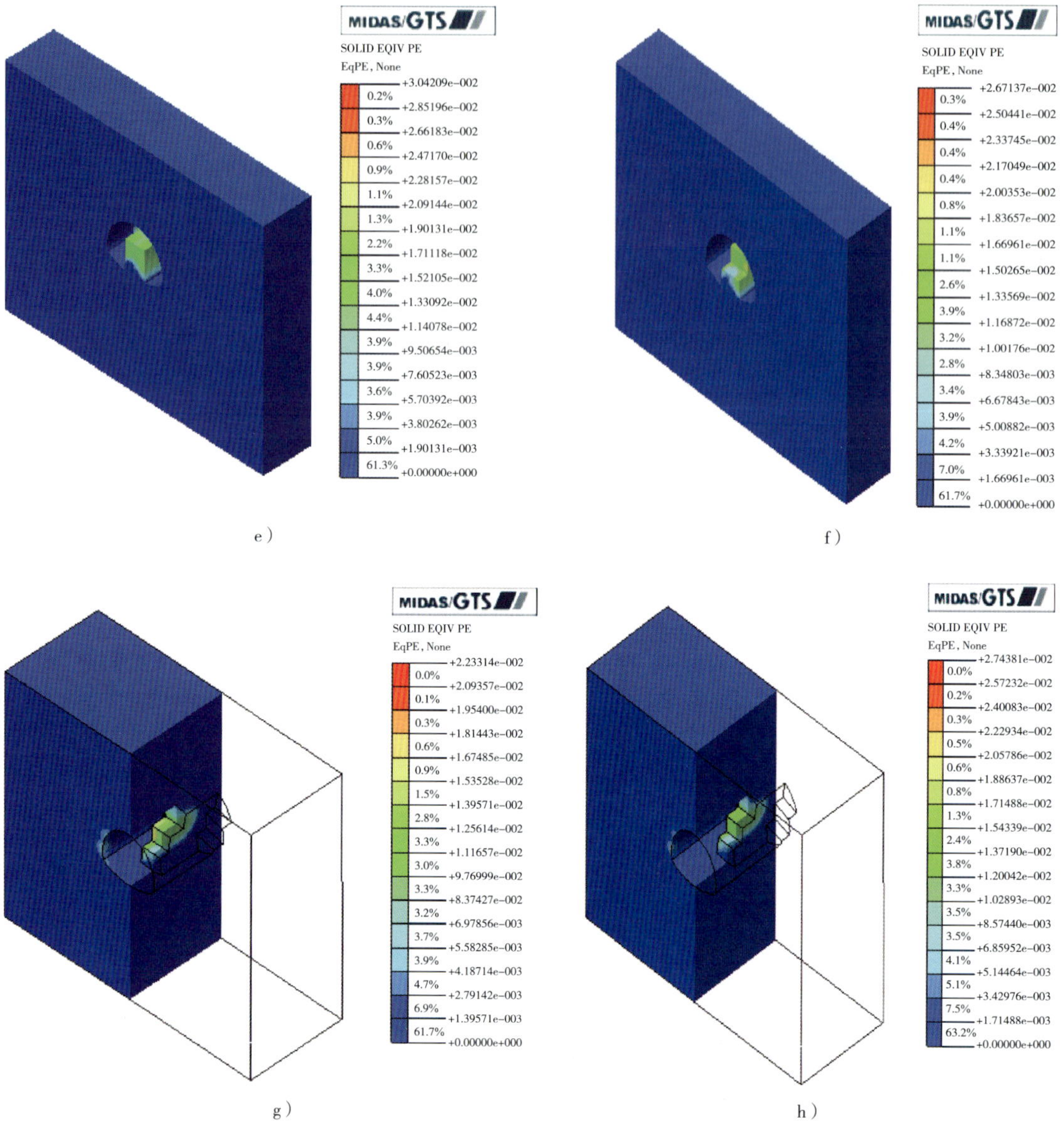

e）

f）

g）

h）

图 9-46 各部挖到纵向中断面处塑性区变化

a）①部到达；b）②部到达；c）③部到达；d）④部到达；e）⑤部到达；f）⑥部到达；g）④部到达中间断面塑性区纵剖图；h）⑤部到达中间断面塑性区纵剖图

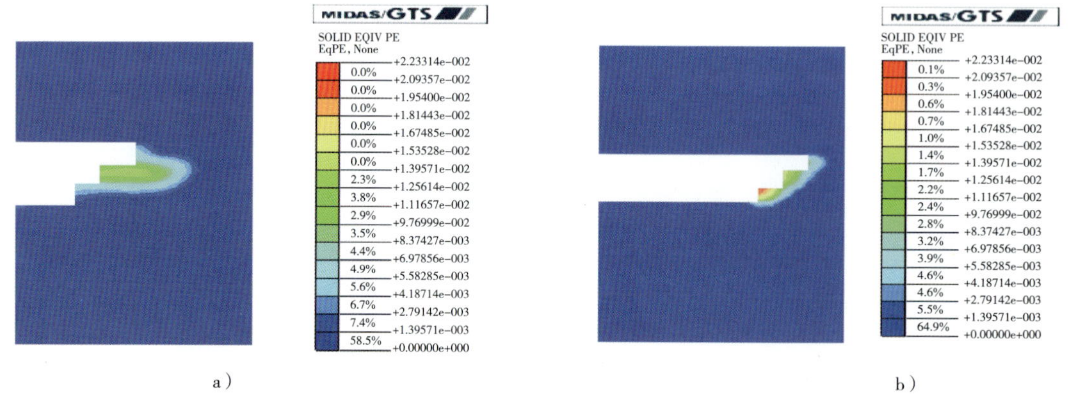

a）

b）

图 9-47 ④部到达中间断面轴向剖面塑性区

a）轴线剖面；b）轴线右 6m

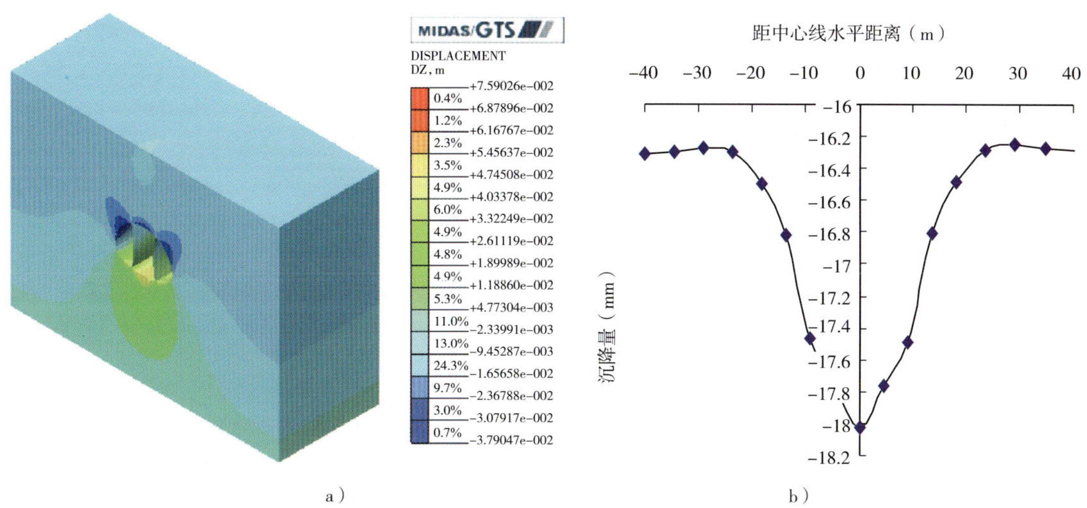

图 9-48　隧道贯通后地层沉降云图、纵向中间断面地表沉降曲线图

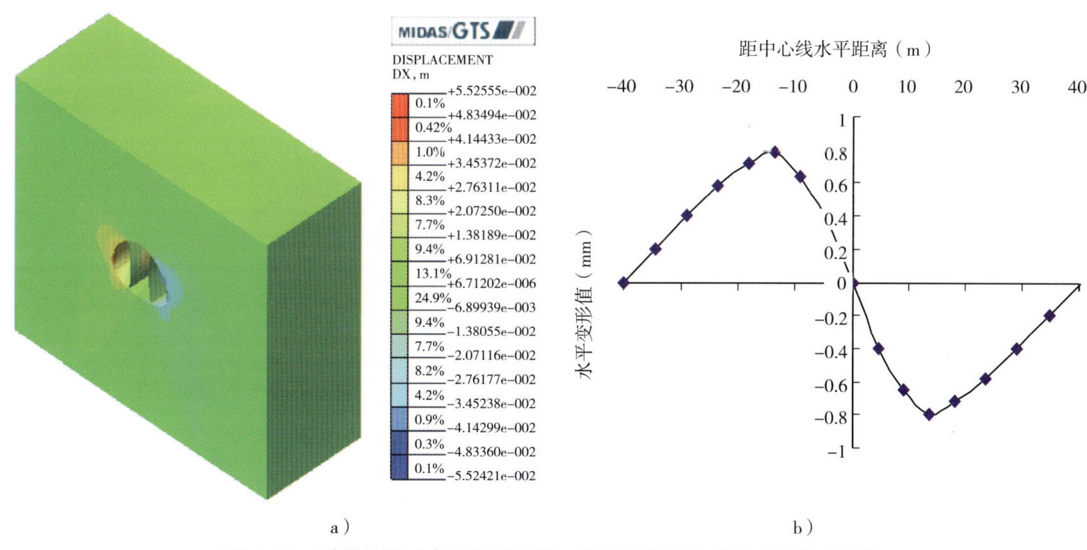

图 9-49　隧道贯通后水平变形云图、纵向中断面地表水平变形曲线图

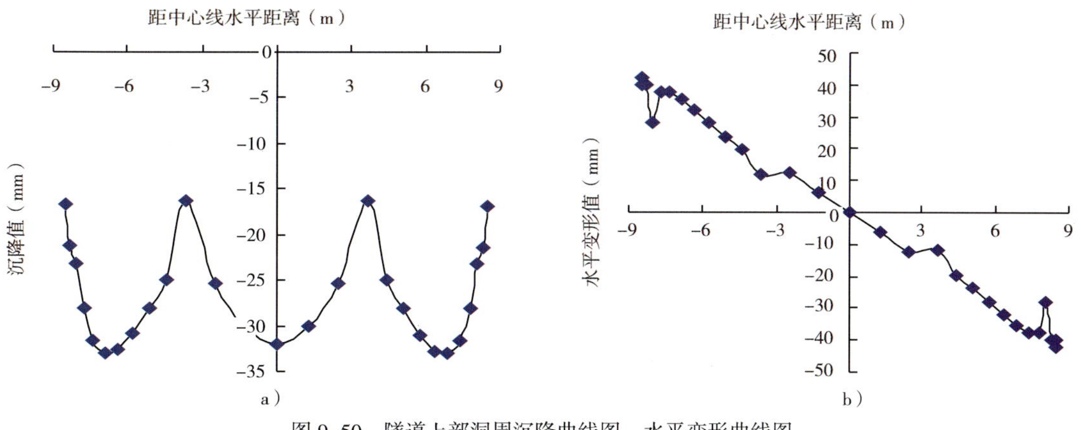

图 9-50　隧道上部洞周沉降曲线图、水平变形曲线图

三、结构形式三

计算模型说明：根据圣维南原理和实际需要的模型，确定整个模型计算范围为 80m × 60m × 30m（宽 × 高 × 长），开挖部序如图 9-51 所示，计算模型网格划分如图 9-52 所示，整个模型共有 19 680

个单元，19 383 个节点。采用 MIDAS/GTS 有限元软件分析计算如下（图 9–53 ~ 图 9–58）。

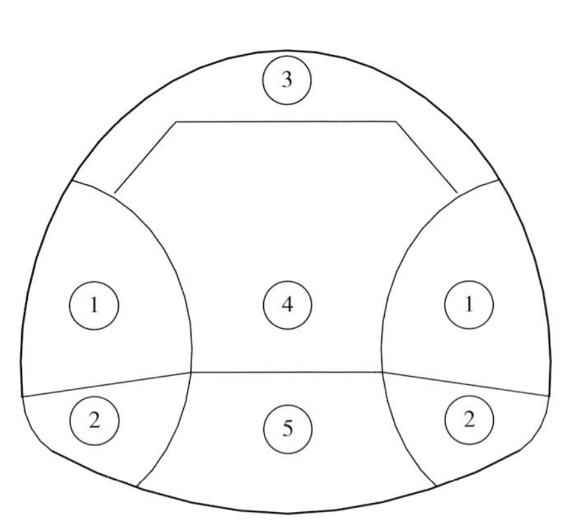

图 9–51　开挖部序图

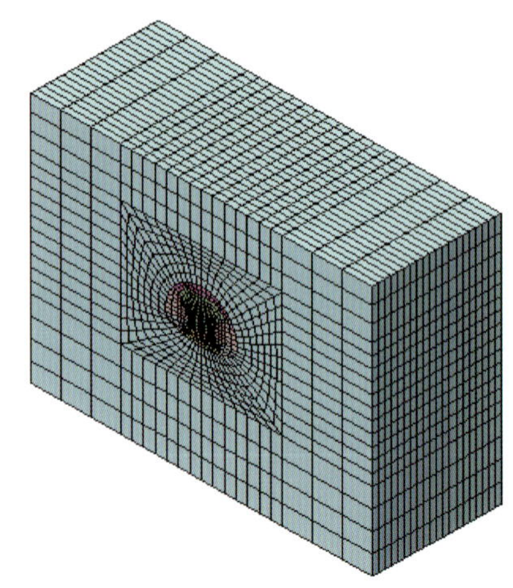

图 9–52　计算模型

a）

b）

图 9–53　隧道贯通后塑性正视图、轴测图

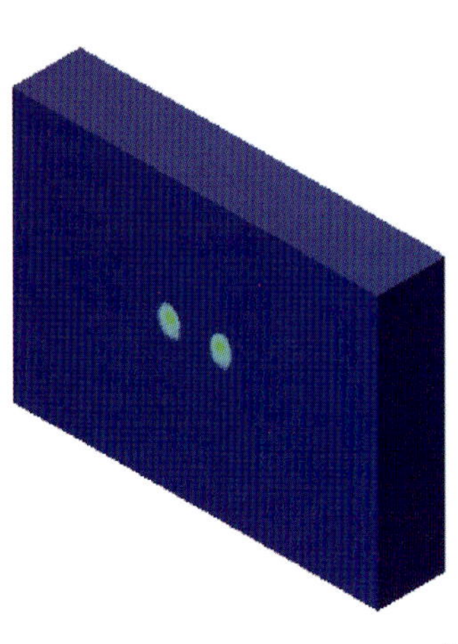

a）

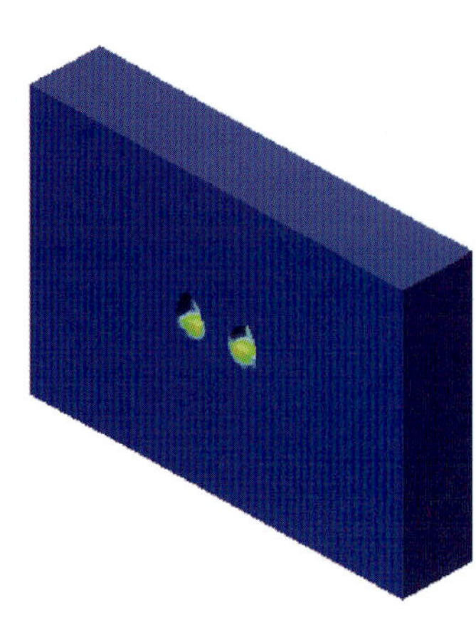

b）

图　9–54

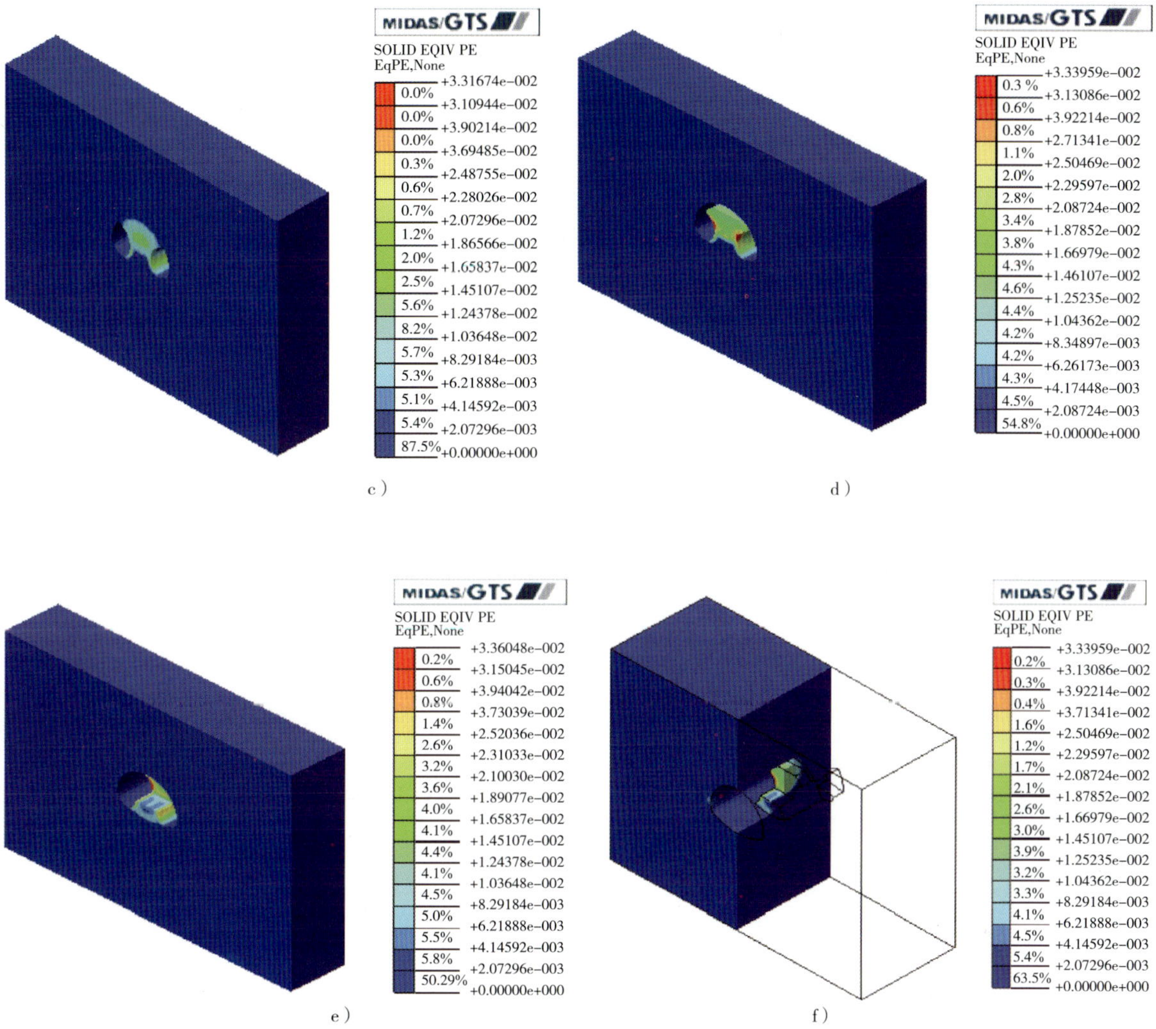

c）　　d）

e）　　f）

图 9-54　各部挖到纵向中断面处塑性区变化

a）①部到达；b）②部到达；c）③部到达；d）④部到达；e）⑤部到达；f）④部到达中间断面塑性区纵剖图

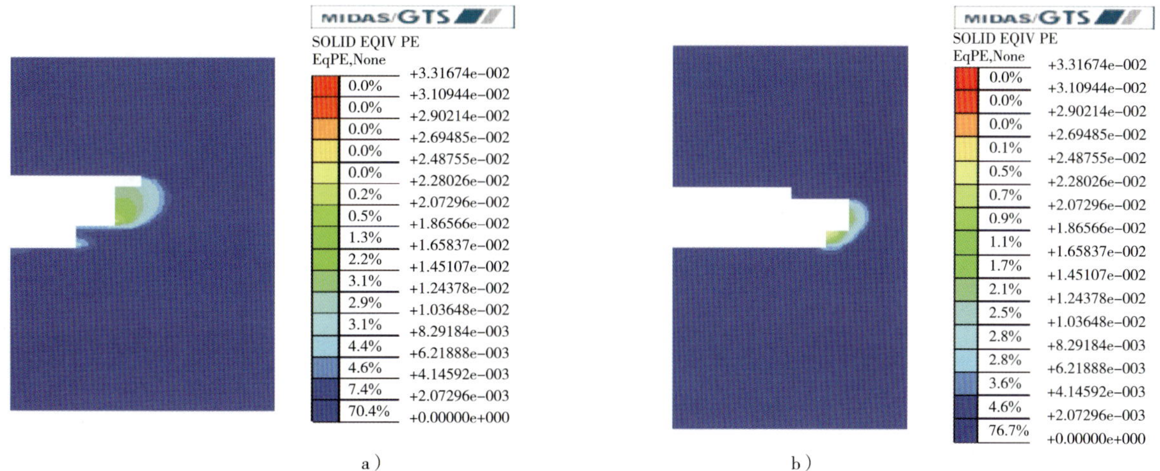

图 9-55　④部到达中间断面轴向剖面塑性区

a）轴线剖面；b）轴线右 6m

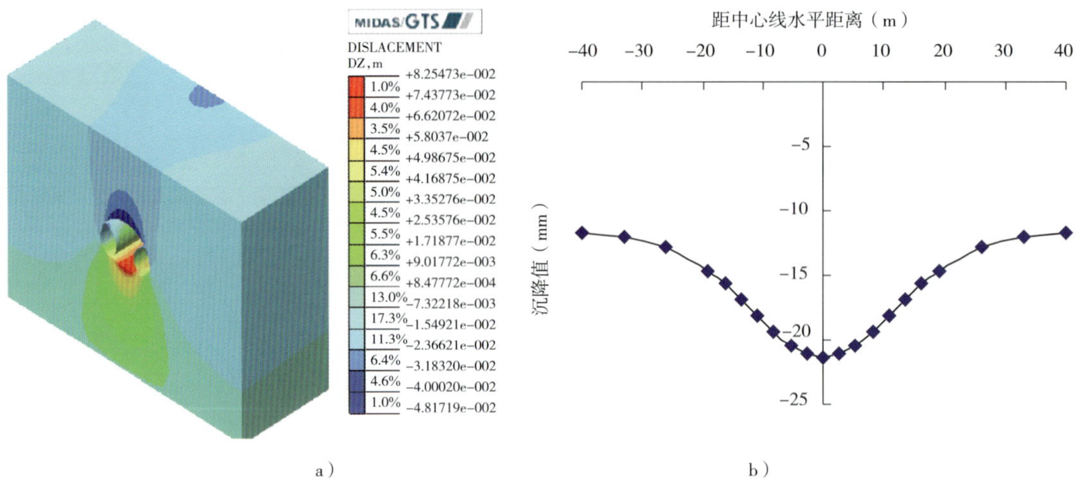

图 9-56　隧道贯通后地层沉降云图、纵向中间断面地表沉降曲线图

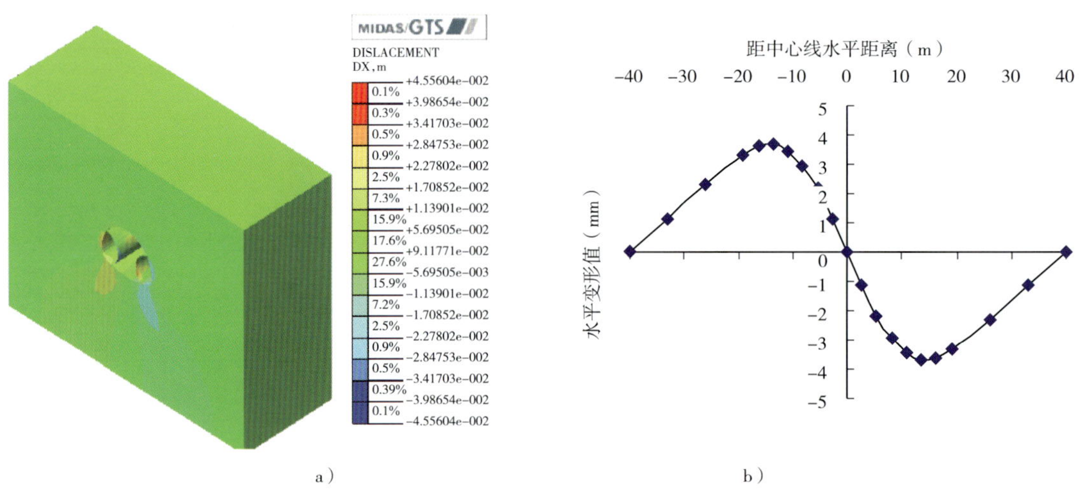

图 9-57　隧道贯通后水平变形云图、纵向中断面地表水平变形曲线图

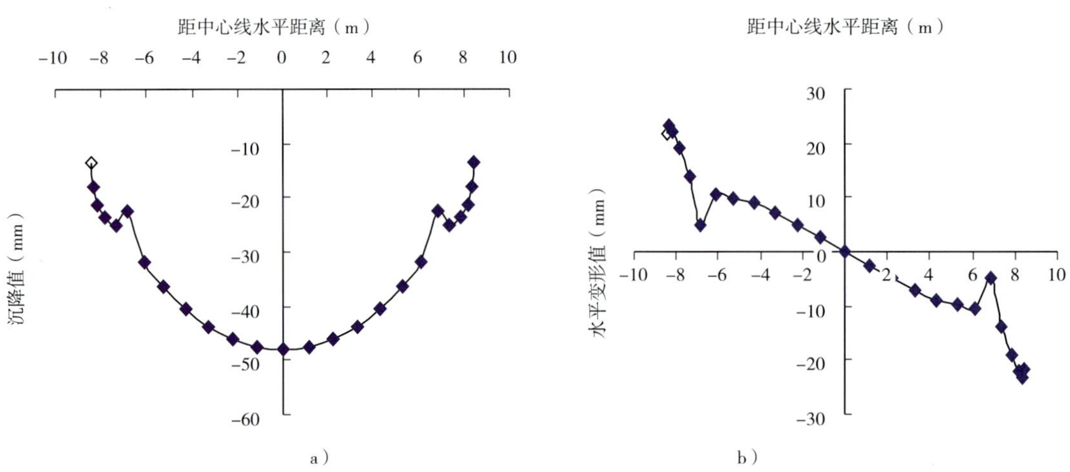

图 9-58　隧道上部洞周沉降曲线图、水平变形曲线

对比分析以上三种情况可知，结构形式一对控制地表沉降效果最明显；对于控制洞周水平变形则结构形式三效果比较明显；对比各种形式下的塑性区变化，则结构形式一较好。因此，宜采用结构形式一。

第四节 施工安全风险组织管理技术

一、建立施工安全保证体系

成立以项目经理为组长，项目总工程师为副组长的安全领导小组。组织机构如图 9-59 所示。

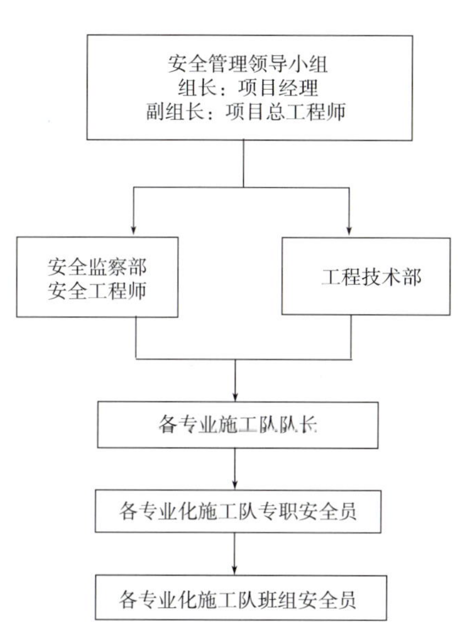

图 9-59 安全管理组织机构图

项目经理部设安全监察部，配安全监察工程师，具体负责标段工程项目的安全监察和管理工作，各施工队设专职安检员，各工班设兼职安检员。安全监察（检查）员选派工作责任心强，有多年现场工作经验，经过安全管理专业技术培训并取得相应证书的人员担任。项目经理和有关人员全部需要经过安全培训且合格后才能上岗，人员要在岗到位，保持稳定，不得兼职或随意调动工作。图 9 60 为专职安全人员现场演练。

项目经理部安全领导小组的任务和职责：贯彻执行上级各项安全法规规程；定期召开安全工作会议；总结和布置安全生产工作；决策重大施工安全方案；制订本项目工程的各项安全制度规定；落实安全责任制；组织安全教育培训；开展安全检查并组织安全应急救援预案的制订、培训、演练、实施等工作，图 9-61 为组织安全救护演练。

图 9-60 专职安全人员现场演练

图 9-61 组织安全救护演练

建立高效灵敏的安全管理信息系统。系统规定各种安全信息的传递方法和程序，在施工中形成畅通无阻的信息网，准确及时地搜集各种安全信息（如执行“五同时”的信息，即安全技术措施方案和安全应急救援预案的编制、审批、交底、落实、确认信息，安全隐患、事故及工伤信息等），并设专人负责予以处理。

成立施工安全应急救援组织机构，有利于作出及时的应急响应；是各类突发事故的应急基础；当发生超过应急能力的重大事故时，便于与上级应急部门协调；有利于提高全员的风险防范意识。应急救援组织机构见图 9-62。

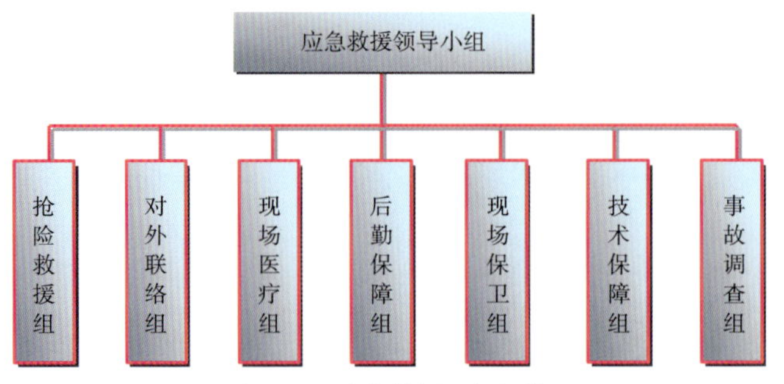

图 9-62　应急救援组织机构

安全事故发生后，事故现场人员必须以最快捷的方法，立即将所发事故的情况报指挥部指挥长或指挥部办公室，待指挥部办公室接到事故报告后，立即报告工程指挥部和地方安全监督管理部门，同时报告上级应急救援指挥中心等决策部门。按照预定的应急救援程序派人立即赶赴现场，必要时可将事故情况通报驻军及武警部队请求给予支援。

安全事故发生后，必须严格保护事故现场，迅速采取必要措施抢救人员和财产，防止事故蔓延扩大。并立即启动应急救援机制和应急抢救预案，图 9-63 为组织应急抢险预案演练。应急救援机构各小组的主要职责如下。

1. 应急救援领导小组

应急救援领导小组指挥长作出启动应急救援预案的决策后，按照该应急救援程序确定应急救援方案，协调各有关方面，调动各应急救援小组、物资和设备展开应急救援工作。应急救援办公室在事故发生后，负责事故处理中各救援队伍之间的通信联系，并在指挥长的授权下向上级应急中心和地方公安部门、安全生产监督管理部门报告。与此同时，还应立即向建设单位、监理单位、地方政府有关部门报告，图 9-64 为应急救援现场指挥部。

图 9-63　组织应急抢险预案演练

图 9-64　应急救援现场指挥部

当应急救援指挥部认为事故可能危及公众生命财产安全时，指挥长授权疏散协调警戒组组长负责发出指令，动员可能受到事故危害范围内的人员，采取必要的安全防范措施或者紧急撤离危险场所；同时组织进行现场勘察和治安保卫工作，负责现场警戒和清理疏散现场方圆 150m 范围内的居民。副指挥长负责对媒体和新闻单位统一发布事故信息。

2. 抢险救援组

抢险救援组在接到任务后，以最快的方式赶到现场，控制事态的进一步恶化。图 9-65 为抢险救援组织演练。

（1）具体任务

一是出现险情时，需要采取紧急转移人员和财产；二是参加紧急抢险工程，延缓或阻止工程灾害发生或防止工程灾害进一步扩大；三是工程灾害发生时，承担抢险救灾工作。

（2）抢救措施

塌方事故发生后，首先要防止塌方事故的扩大，可在塌方范围内架设支撑或喷射混凝土，加快衬砌。处理塌方体要在架设支撑牢固时，从两端或一端逐步清除坍渣，随挖随喷射混凝土，必要时可先行施作混凝土护拱。并做好地表及洞内围岩变形观测。

当塌方堵塞逃生通道，或隧道断面时，应用水平或竖直钻机先从合适的位置打孔至隧道里面进行通风、供氧食品，与里面的人员互通信息等，以确保人员安全。

如遇到特殊的事故，可以通过本工程指挥部联合厦门市抢险救灾部门及其装备进行救援。

3. 医疗救护组

医疗救护组在接到任务后，以最快的方式赶到现场。组织救护车辆、器材及医务人员现场抢救伤员。对事故中的轻伤人员，现场及时进行包扎救治；伤情严重的人员，专人负责送至附近医院紧急抢救。图 9-66 为医疗救护组演练。

图 9-65　抢险救援组织演练

图 9-66　医疗救护组演练

4. 安全保卫组

安全保卫组在接到任务后，以最快的方式赶到现场。负责现场周围人员和群众的安全疏散工作，避免二次伤害，并设置警戒，封锁保护现场。布置安全警戒，保证现场井然有序；实行交通管制，保证现场道路畅通；加强保卫工作，禁止无关人员、车辆通行。

5. 后勤保障组

后勤保障组在接到任务后，以最有力的方式，确保准备应急救援车辆、物资、通信设备、资金等所需物资的供应和通信的完好与畅通。应急救援资源包括应急救援队伍和应急救援器材、设备两个方面。应急救援队伍由训练有素的专业救援队伍和培训合格的人员组成。与现场、武警、消防、卫生、防疫、公安、医院等部门可用的应急资源、设备建立长期联系，确保联系畅通和抢救及时。对应急救援设备：如发电照明器材、登高车、切割焊接机械、挖掘装载机械、通风机械、钻孔机械、抢险工程车船、起重吊装机械、简单医疗急救设备、个体防护设备（呼吸器、防护服、救生衣）等，提前储备足量，单独储存保管，不能移作他用，图 9-67 为应急物资。应急救援物资在进场前必须有出厂合格证或材料品质证明，其性能与材质必须经试验室检验合格，满足工程需要后方可使用。当材料不合格、不能满足工程需要或不能满足设计要求时，不能进场。图 9-68 ~ 图 9-70 为应急救援物资现场储备。

图 9-67 应急物资

图 9-68 应急救援物资现场储备（一）

图 9-69 应急救援物资现场储备（二）

图 9-70 应急救援物资现场储备（三）

应急救援的设备和机械需提前落实，实行“定人定岗定设备”责任制度，经常对机械设备进行维护与保养，使其始终处于完好无故障状态。救援指挥车辆、救援工程车辆、医疗卫生车与驾驶员要保持良好状态，确保应急救援工作需要。

6. 技术保障组

技术保障组组织施工人员定期进行培训与演练，培训和演练的主要因素如下：

（1）应急预案确立后，在施工淡季按计划每年组织全体人员进行一次有效地培训，对新加入的人员应及时培训，使其具备完成应急反应任务所需的知识和技能。

（2）应急培训主要是使应急人员了解和掌握如何识别危险，如何采取必要的应急措施，如何启动紧急情况报警系统，如何安全疏散人群等具体操作。

（3）救援队伍的训练可采取自训与互训结合；岗位训练与脱产训练结合；分散训练与集中训练结合的方法。在时间安排上要有明确的要求和规定，为保证训练效果，在训练前要制订训练计划。经过有效地培训后，施工现场人员在开工后要演练一次，当施工作业人员变动较大时需增加演练次数，图 9-71 为业主组织综合演练。

7. 事故调查组

根据事故情况，由应急指挥部针对事故可能造成对基础设施、环境等的危害进行预测。根据预测结果，决定应急程序的结束时间和制订恢复方案。当发生重大事故时，由事故调查单位和上级应急救援指挥中心组织专家组对基础设施、环境等进行技术鉴定，制订技术措施，并实施恢复。

图 9–71　业主组织综合演练

二、建立施工安全管理制度

坚持“安全第一、预防为主”和“管生产必须管安全”的原则，加强安全生产宣传教育，增强全员安全生产意识，建立健全各项安全生产的管理机构和安全生产管理制度，配备专职及兼职安全检查人员，有组织有领导地开展安全生产活动。各级领导、工程技术人员、生产管理人员和具体操作人员，必须熟悉和遵守安全规定，做到生产与安全工作同时计划、布置、检查、总结和评比。

认真落实“国家监察、行业管理、企业负责、群众参与监督”的安全生产监督管理体制。重点体现安全监督管理体制的“企业负责、群众参与”原则，由施工单位自行对施工现场的各项安全工作负责，落实安全生产法规、健全安全管理制度、完善现场安全防护设施、按照安全技术标准及安全技术规程组织施工。工会组织积极参与施工安全、劳动保护、职工健康的管理活动，保障劳动者的安全和身体健康。在安全管理中接受劳动安全监督管理部门对安全生产的监督管理。

1. 责任制度

从派往项目实施的项目经理到生产工人（临时雇请的民工）的安全生产管理系统必须做到纵向到底，一环不漏；各职能部门、人员的安全生产责任制应做到横向到边，人人有责。项目经理是安全生产的第一责任人。现场设置的安全机构，按施工人员的 1% ~ 3% 配备安全员，专职负责所有员工的安全和治安保卫工作及预防事故的发生。安全机构人员，有权按有关规定发布指令，并采取保护性措施防止事故发生。

安全生产责任制是施工中最基本的安全管理制度，是对各级领导、各职能部门、工程技术人员、工程管理人员、施工人员应负的安全责任作出的明确规定。使安全工作层层有专责，管理人员和操作人员有分工有协作，形成一个人人讲安全，事事为安全，处处要安全的氛围。

（1）项目经理

对工程项目的安全工作负全面责任，是工程安全生产的第一责任者和管理者。贯彻实施国家安全生产、劳动保护法规政策，执行上级各项安全规定、规程、标准以及企业各项规章制度和决议。依据工程特点，合理编制施工方案，科学组织施工生产；正确处理安全与速度、安全投入与经济效益的关系，摆正安全生产在施工全过程中的位置，组织做好预测、预防、预控工作。坚决制止违章指挥、急功近利、冒险蛮干的行为。在计划、布置、检查、总结、评比施工的同时安排计划、布置、检查、总结、评比安全工作。图 9–72 为 A2 标项目部经理检查施工安全。

图 9–72 A2 标项目部经理检查施工安全

协助调查、分析、处理各类事故。对因违章指挥、强令冒险作业、决策失误或不重视安全工作导致的伤亡事故，项目经理承担主要领导责任。

（2）项目总工程师

协助项目经理落实安全生产法规，严格按照施工规范、验收标准和安全技术规则进行施工；审定本工程项目的施工组织设计和安全技术措施标准。参加安全检查；对事故隐患的整治提出技术措施和技术方案；对违反规程、标准的单位和个人进行制止；对存在危及劳动者生命安全和身体健康的不安全因素或隐患有权下令停工。单位工程开工前，进行安全技术交底，对职工进行安全技术培训，及时解决施工中的安全技术问题。参加伤亡事故的调查和处理；组织对事故原因进行技术分析，并提出技术鉴定意见及防范措施。对因施工方案有技术方面的缺陷而导致的伤亡事故，项目总工程师承担领导责任。

（3）安监工程师

贯彻执行国家、交通运输部及地方有关安全生产、劳动保护法规政策。负责管理本项目工程的劳动安全、人身安全，依法监督检查机械设备安全、交通运输安全、消防安全、危爆物品使用安全以及尘毒防治工作。图 9–73 为 A2 标项目部安监工程师培训。

负责工程项目安全规章制度、标准、规定、措施的制订和实施，并对执行情况进行监督检查。按规定编制安全技术措施经费计划，监督检查安全技术措施项目的实施。

定期组织安全检查，掌握施工现场的安全状况，了解作业环境的尘毒控制动态。签发《劳动安全监察通知书》和《安全隐患整改通知书》。会同有关部门对员工进行安全教育和技术培训；对防护用品的质量和使用情况进行监督检查；监督特殊工种作业人员的考核及持证上岗情况。

（4）施工队（班组）长

带领本队（班组）职工认真落实上级的各项安全规章制度，执行施工安全技术规则和操作规程；遵守劳动纪律，杜绝本队（班组）的“三违”行为。图 9–74 为 A2 标施工队（班组）长现场培训。

图 9–73 A2 标项目部安监工程师培训

图 9–74 A2 标施工队（班组）长现场培训

坚持“三工”安全制度（工前安全技术交底、工中安全巡回检查、工后安全总结要求）；密切做好班组的交接班工作和工序之间的衔接，并作出记录；在施工过程中，对于事故隐患和苗头要及时组织整改和消除，本班组或本工序不能彻底解决的，要向下一班组或工序作出书面交代，必要时要向工地负责人报告。制止职工违章作业、违反劳动纪律的行为；对不具备安全生产条件、人身安全和健康不能得到保障的工程任务，有权拒绝施工；有权抵制违章指挥行为；对于强令职工冒险作业的指令，有权拒绝执行并可以越级直接向项目经理部领导或安全监察部反映。

对违章指挥不抵制，违章作业不制止，事故隐患不消除而导致的人身伤害事故，施工队（班组）长承担直接责任。

（5）作业人员

自觉遵守各项安全规章、规则、制度；严守操作规程；按规定佩带个人劳保防护用品；服从领导和安全检查员的指导和劝告；有责任劝阻他人的违章违纪行为。

特种作业人员必须参加专业技术培训，熟练掌握本岗位的操作技能，取得培训合格证，并做到持证上岗。

对不具备安全生产条件的施工现场，有权提出意见并要求负责人立即组织整改。对违章指挥、强令冒险作业的指示，有权拒绝执行；对危及生命安全和身体健康的作业指令，有权拒绝执行并可以越级向项目长或上级部门反映。对因违章作业、违反劳动纪律、盲目蛮干或不听指挥和他人的劝阻而造成的人身伤害和经济损失，作业人员承担直接责任。

2. 培训制度

建立安全教育培训制度。加强全员安全教育和技术培训工作，使项目各级领导和广大职工增强安全意识，提高安全生产业务素质。懂得安全生产、文明施工的技术知识，达到自觉遵守各项安全生产法令和规章制度的目的，呈现上标准岗、干标准活的工作态势。

（1）工前安全教育培训

每一单项工程开工前，必须对全体职工进行针对工程技术措施、施工方法、方案、工艺、质量标准的教育，以及重点、难点工程的安全和技术培训工作。图 9-75 为中铁十八局集团 A2 项目部邀请技术专家授课。

图 9-75　中铁十八局集团 A2 项目部邀请技术专家授课

（2）“三级”安全教育培训

施工人员进入施工现场前，必须进行“三级”安全教育和培训。

一级为项目经理部安全教育培训，内容包括：一般教育（建筑施工的特点，它给劳动者的安全带来的不利因素；当前的安全生产情况）；安全生产法规和安全知识教育（建筑法、消防法、宪法、刑法有关条款、建设部颁布的建筑企业安全生产条例及规定，地方政府和主管部门发布的有关安全生产规定，本单位、项目经理部的有关安全生产管理规定及细则，劳动和社会保障部关于重伤事故范围的意见等）；建筑工程施工时容易发生的伤害事故及其预防措施。

二级为施工队安全教育培训，内容包括：《建筑工人安全技术操作规程》有关规定；建筑工程现场的安全管理规定及细则；在建工程基本情况和必须遵守的安全事项等。

三级为班组安全教育培训，内容包括：本班组生产工作概况、工作性质及工作范围；个人从事生产工作的性质，必要的安全知识，各种机具设备及其安全防护设施的性能和作用；本工种的安全操作规程；容易发生事故的部位及劳动防护用品的使用要求等。

（3）"四新"技术教育培训

在采用新设备、新工艺、新材料、新技术时，首先应对直接接触和从事该项工作的人员进行具体的方法、性能、规程等技术培训，然后再上岗。

（4）特种作业人员安全培训

特种作业人员除进行一般安全教育外，还要通过地方劳动部门对特种作业人员进行培训，以及本工种的安全技术教育，经考核合格发证后，方准上岗操作。定期对特殊工种进行复审。对从事有尘毒危害作业的工人，进行尘毒危害和防治知识教育。

（5）各级管理人员安全培训

定期对各级领导干部和安全管理干部进行培训，使他们提高政策水平，熟悉安全技术和劳动卫生业务知识，做好安全生产工作。

培训主要内容：安全生产的重大意义；国家有关安全生产、健康与环境卫生方面的方针政策及规定；安全生产的法规、条例、标准；施工生产的工艺流程和主要危险因素，以及预防重大伤亡事故发生的主要措施；企业安全生产的规章制度、安全纪律以及保证措施；各级领导在安全生产中的职能、任务以及如何管理；编制、审查安全技术措施计划及施工组织设计中安全技术措施的基本知识等。

（6）经常性安全培训

在做好对普通工种、特种作业人员安全生产教育和各级领导干部、安全管理干部的安全生产培训的同时，把经常性的安全教育贯穿于管理工作的全过程，并根据接受教育对象的不同特点，采取多层次、多渠道和多方法进行培训。图 9-76 为工程人员召开经常性安全工作会议，内容包括：安全生产宣传教育；普及安全生产知识宣传教育；适时安全教育等。

图 9-76　召开经常性安全工作会议

3. 检查制度

建立安全生产检查制度。通过安全检查增强广大职工的安全意识，促进企业对劳动保护和安全生产的方针、政策、规章制度的贯彻执行，解决安全生产上存在的问题。

1）安全检查的组织形式

安全检查的组织形式可根据检查的内容和目的来确定。一般在施工现场采取领导和群众相结合，自查和互查相结合，定期和经常性检查相结合，专业和综合检查相结合及对照安全检查表等方法和手段进行安全检查。

（1）以领导为主的安全检查

以领导为主组织的安全检查活动，可采用季节性的安全检查和不定期安全检查两种方式。成立以第一负责人为首的安全检查组，有计划、有目的、有整改、有总结、有处理地进行检查。当发现违章指挥、违章作业、违反劳动纪律、违反安全操作规程的行为时，各级安检人员有权制止，必要时向主管领导提出暂停施工进行整顿的建议。

（2）以领导和职工相结合的安全检查

以领导和职工相结合的安全检查采取定期检查和非定期检查两种方式。定期检查是项目经理部每月组织一次安全检查，施工队每天进行施工安全检查并做好详细记录，提出保持或改进措施，并落实实行。非定期检查是按照施工进展情况进行的安全检查。

（3）以专业人员为主的安全检查

以专业人员为主的安全检查采取专业检查和专项检查的方式。安全检查有较大的针对性和专业性，重点查防触电、防机械车辆事故、防汛、防火等措施的落实情况。特别要加强对火工材料的管理检查。

（4）以职工为主的安全检查

以职工为主的安全检查采取以自查为主，互查为辅，边查边改的方式。具体有“三工”安全检查，即实施工前安全准备检查、工中安全作业检查，工后安全交接检查。“三检”安全制度，即做到同工种之间自我检查，同工序之间互相检查，同工序上下班之间、多工种的上下工序之间的交接检查。

2）安全检查的内容

安全检查是对施工过程中的安全情况进行的检查，检查内容主要有：施工工艺、施工工序、机械设备、各类设施、规章制度、操作行为以及工作思想等。主要检查思想、制度、纪律、领导、教育、劳动保护用品的使用、隐患整改、事故处理的情况。

3）安全检查的程序

安全检查是保障施工安全的重要手段，只有通过各种形式的安全检查，不断发现施工中的不安全因素，不断消除隐患，才能保障施工生产的安全进行。安全检查的程度如下：

（1）安全检查首先应根据施工的进展情况确定检查的对象、范围、日期，然后制订具体的安全检查计划。

（2）根据检查的内容、规模和程序，确定参加检查的人员数量。

（3）根据施工现场的实际情况，编制安全检查项目，并对照检查项目，进行针对性安全检查。

（4）检查结束后进行总结，整理写出检查报告，对检查中发现的问题及隐患进行整改。

（5）对已出现的安全问题确定责任，尤其是确定施工负责人的责任，对检查出的问题的整改实行定人、定时、定责、定整改制度。

（6）在检查出的问题整改解决后，对整改效果进行评价，再次检查隐患是否消除，施工环境是否安全，应该吸取的经验教训等。

安全检查是群众性活动，贯彻边查边改的原则，以解决施工中的安全问题。

4. 事故申报制度

（1）工程安全事故的处理按国家和建设单位现行的有关规定执行。

（2）建立工程安全事故逐级报告制度，坚决杜绝隐瞒不报、擅自处理事故的行为。

（3）在工程重大安全事故发生后，及时采取有效措施，抢救人员、防止事故进一步扩大，并保护好施工现场。

（4）工程重大安全事故发生后，在20h内用电话、传真或电报等方式报告上级质量监察部门和业主、监理。两天内提出书面报告，并逐级上报，报告内容包括：安全事故发生的时间、地点、工程项目；安全事故发生的简要经过，损失情况；安全事故发生的原因分析；安全事故控制情况；安全事故应急处理措施；处理方案及工作计划。事故报告单位后，根据事故情况，组织研究事故处理方案，并报上级批准后执行。

三、建立应急救援预警系统

在工程指挥部、各施工队、各掌子面设立独立的报警系统，或将手机信号引入洞内，一旦发生险情，能立即通知各方进行相应的避险、抢险活动。应急报警系统见图 9–77。

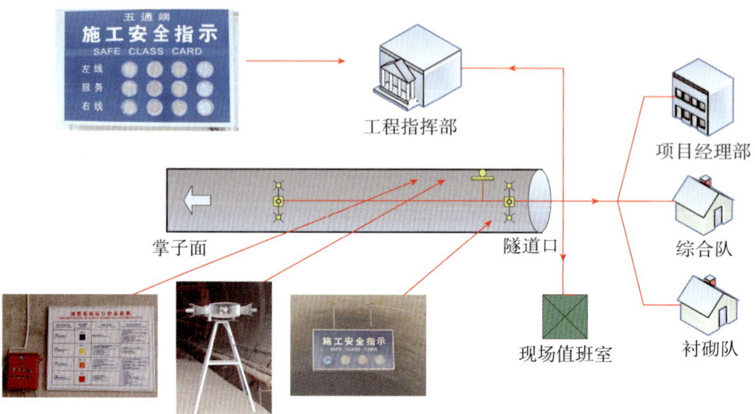

图 9–77　应急报警系统

1. 设置充足的排水设施

隧道内设置足够的积水坑和排水设施，泵站按隧道或某段隧道最大涌水量来配备抽水设备，同时配置一套抽水能力相同的备用泵，并确保泵站有两路以上相互独立的电源，保证有 24h 不间断的排水能力。图 9–78 为洞内排水系统。

图 9–78　洞内排水系统

2. 超前探孔安装孔口防突装置（图 9–79）

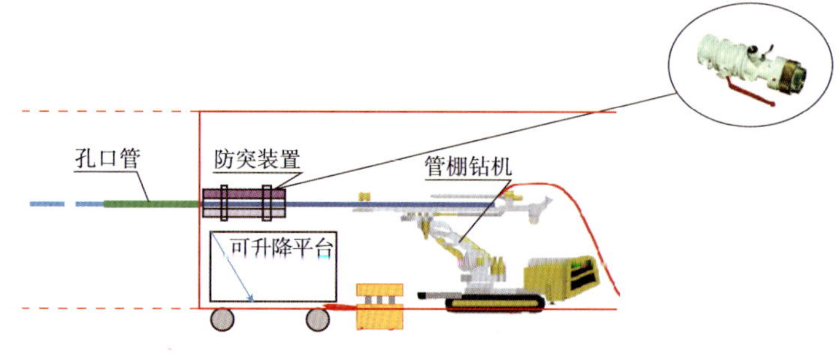

图 9–79　孔口防突装置

3. 设置防水闸门

依据超前地质预报资料，在预计有大量突涌水的地段设立防水闸门（图 9-80）。

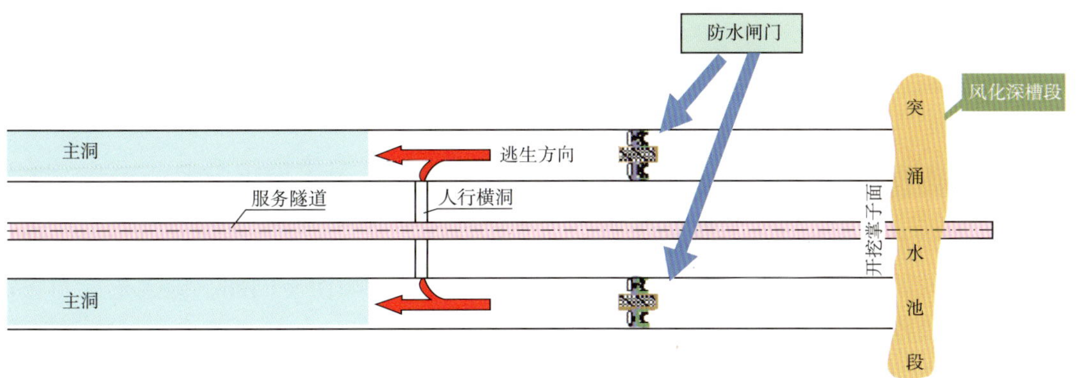

图 9-80 防水闸门布置图

4. 建立远程监控系统和门禁系统

摄像远程监控系统：可在指挥部监控中心监控各工作面的施工情况。门禁系统：可自动识别、登记进出洞的人员、车辆。图 9-81 为远程监控系统和门禁系统，图 9-82 为洞内预警状态说明，图 9-83 施工安全指示牌。

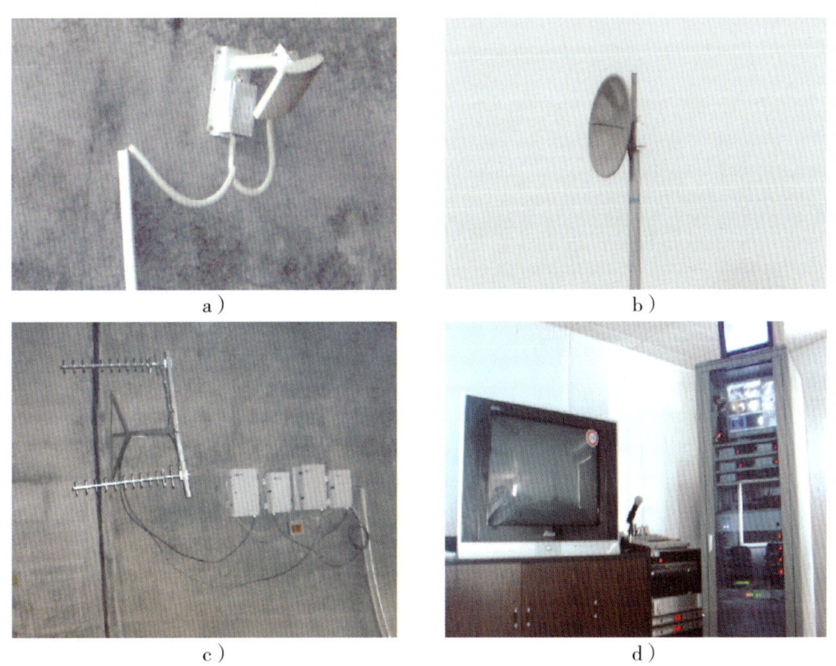

a） b）

c） d）

图 9-81 远程监控系统和门禁系统

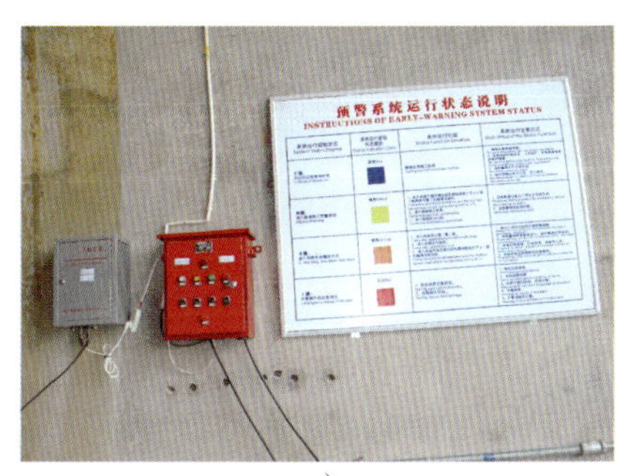

a）

b）

图 9-82 洞内预警状态说明

图 9-83 施工安全指示牌

第五节　施工安全风险应急管理技术

一、风化深槽（囊）突泥涌水灾害安全风险应急控制技术

隧道通过海底风化槽（囊）时，上覆土层较浅，岩层软弱破碎，一旦施工扰动过大，隧道顶部高水压（0.7MPa）容易将隧道覆盖层击穿，从而发生坍塌、突水、涌泥。因此，施工前应对可能发生的大量涌水、突泥地段作出风险评估，制订相应的安全技术措施和应急救援预案，尽可能降低发生涌水、涌泥的可能性。

1. 洞内设置防水闸门

洞内防水闸门设置在可能出现风化深槽（囊）的地段及其他不良地质地段，开挖前应选择在地质条件较好的地段。防水闸门门框采用现浇钢筋混凝土结构，防水闸门（两扇门）采用内置型钢骨架，外贴钢板的可拆卸重复利用结构，以便循环使用。防水闸门施工断面见图 9-84a）。

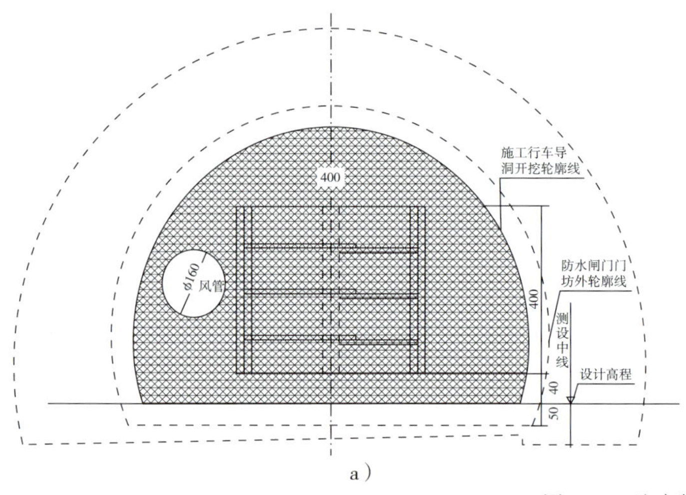

a）

b）

图 9-84　防水装置图

a）主洞防水闸门立面图；b）防水阀门

一旦风化深槽（囊）掌子面地段发生不可控制的涌水、突泥、涌沙等地质灾害或险情，洞内施工人员应迅速、有序地撤离到安全地带，并迅速消除防水闸门处的各种障碍物，关闭防水闸门。在风化深槽（囊）施工过程中施工单位项目经理部领导轮流值班，坚守作业面，保证掌子面通信联络的良好状态，设立专门的预警设施。在施工过程中组织多次疏散逃生演练，总结演练过程中的经验和存在的问题，避免在应急状况下出现无序状态。防水闸门派专人轮班值守，以保持防水闸门的灵活性和安全性。施工期间虽然从未发生过大的险情，但小范围的突泥涌沙险情发生过一次，实践证明，为确保万无一失，采用防水闸门的经验是可取的，技术方案是正确的，可供今后海底隧道设计施工借鉴。

防水闸门预留的高压风水管、高压电缆孔采用橡胶密封体密封，预留通风口在隧道出口位置的一侧设置可旋转密封盖，当遇到险情时，通过人行梯，快速取下风筒，关闭密封盖。预留泄水孔在迎水面采用无丝口密封盖。防水闸门随开挖工作面向前移动，从而将灾害的损失范围降低到最小限度。

2. 疏散逃生方案

根据本工程的特点，为预防在出现不可遇见情况下的人身伤害事故，减少损失，因此在隧道内各个施工段设置逃生路线，并在施工中进行演练，避免涌水时发生慌乱，以便作业人员能够就近、及时、

安全地撤离。逃生路段各工作面位置见图 9-85。

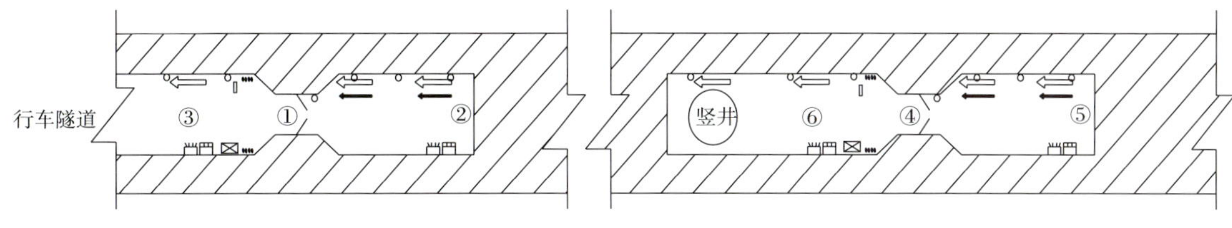

图例：① 正洞防水闸门；② 正洞工作面；③ 正洞衬砌面；④ 竖井段工作面；⑤ 服务洞防水闸门；⑥ 服务洞衬砌面；人员撤退路线；排水路线；救灾物资；警报装置；电话；砂袋；闸门牵引卷扬机；逃生路线指示灯(10 m 一个)

图 9-85 逃生路段各工作面位置图

当洞内风化深槽作业面发生涌水时，按洞内规定的逃生路线，进行人员的撤离和疏散工作，隧道五通海域端的作业人员可就近通过人行横洞从斜井撤离到地面；竖井陆域端作业人员在隧道（洞口与竖井之间）未贯通前可通过竖井人行旋梯撤离到地面；隧道（洞口与竖井之间）贯通后可直接沿隧道洞口方向撤离到洞外安全地点，逃生路线见图 9-86。

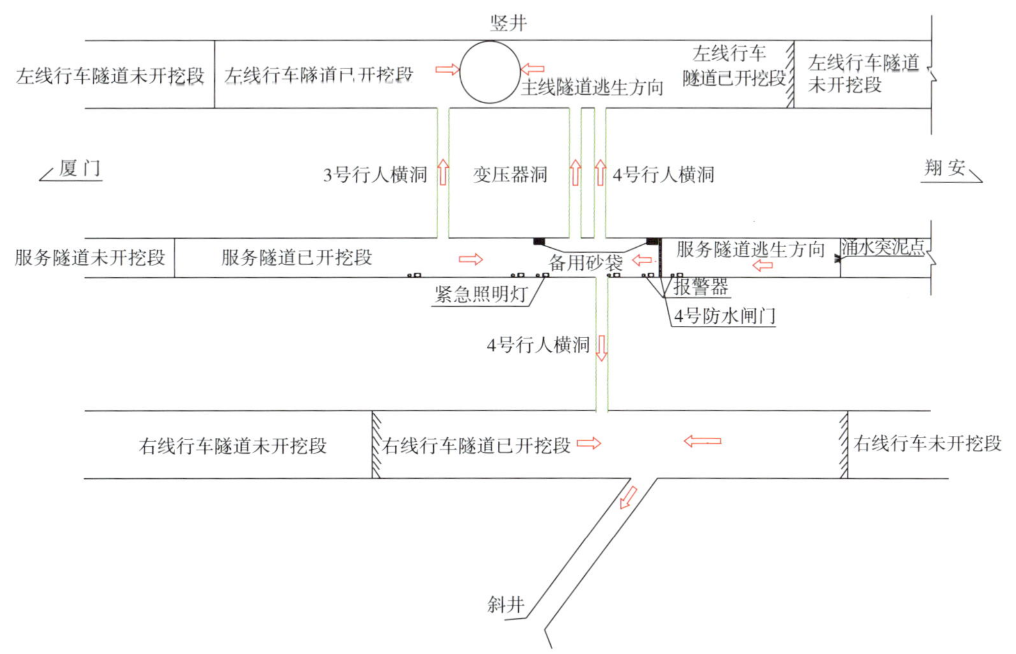

图 9-86 逃生路线示意图

（1）开挖段工作面：当有涌水突泥的迹象时，当班施工负责人应立即按响警报开关，通知其他工作面人员紧急撤离；如接到紧急撤退警报信号或通知时，立即停止所有施工，撤退至防水闸门外，穿上救生衣（图 9-87），用卷扬机牵引关闭防水闸门，并用已准备好的砂袋将防护门堵牢。

图 9-87 应急逃生救生圈

（2）衬砌段工作面：洞内施工人员在接到前方发生险情通知时，立即直接向洞外撤退。

（3）竖井段工作面：当有涌水突泥的迹象时，当班施工负责人应立即按响警报开关，通知其他工作面人员紧急撤离；如接到紧急撤退警报信号或通知时，立即停止所有施工，撤退至防水闸门外，穿上救生衣，用卷扬机牵引关闭防水闸门，并用已准备好的砂袋将防护门堵牢，立即向竖井口撤退，并利用竖井爬梯、罐笼等设施逃生。

（4）高压风、水、电，电缆、管道等通过防水闸门处采用橡胶密封，通风管口设置可旋转式封盖，在遇到险情时，专人负责摘掉风管，关闭密封盖。泄水口在迎水面用带外沿的盖子盖住即可。

（5）竖井辅助正洞施工段的横通道与服务隧道贯通后，可利用横通道进行疏散逃生。

二、施工安全风险源应急管理技术

涌水、涌泥的形成和发展是一个能量积蓄的过程，当围岩支护或加固厚度的强度不足时，它会逐步使掌子面出现围岩蠕动和变形。施工时，一是通过变形监测来预测变形规律，二是通过超前探孔判明前方地质情况和含水状况。当钻孔显示前方地层出现软弱地质或涌水量较大时，通过对探孔涌水量的压力、流量测试，分析并判断水量的来源。在断层破碎带和海底溶槽带，如果突发出现钻孔涌水情况，必须采用快速堵水技术，以防水大量涌出，带动破碎土体流出，产生伴随性的涌水、涌沙现象。图 9–88 为涌沙快速封锚加小管棚作业图。

1. 预控施工安全应急技术措施

（1）严格按照“先探水，再注浆，后开挖”的施工程序进行施工，探水注浆与开挖交替进行，即探水注浆一段，开挖一段，段段推进，稳扎稳打。遵循“管超前、严注浆、短进尺、弱爆破、强支护、早封闭、勤量测”的原则。图 9–89 为掌子面注浆。

图 9–88　涌沙快速封锚加小管棚作业图

图 9–89　掌子面注浆

（2）依据地质状况、地下水量，采用综合超前地质预报技术探明情况，然后决定是否采用全断面帷幕注浆、周边帷幕注浆、径向注浆等措施，注浆后采用双层超前小管棚支护，CRD 法、双侧壁法开挖，减弱地层震动，控制爆破，锚、喷、网、钢拱架联合支护。

（3）开挖后再进行径向注浆，确保施工安全。

（4）孔口防突措施：隧道经超前地质预报，确定不可避免要经过含水不良地质地带时，具体的加固位置必须由超前探孔进一步判明确定，以保证掌子面预留一定的止浆墙，防止泥水突然涌出。探孔施工必须特别谨慎，采用全断面注浆时，首先按探孔设计图进行分区分片探测，进一步确定不良地质地层的含水状况，为防止钻孔过程中揭穿含水地层的地带发生突泥突水影响施工安全，因此在遇到可能出现地下水的地带，应造设止浆墙，安设孔口管，准备好堵水、防灾材料以及各种救护材料，并防止高压水冲出钻杆。

地质钻机在钻进过程中，通过液压推进钻杆，如果揭穿高压含水层，将会导致高压水冲出钻杆，推动钻机。因此钻孔时要做好止浆墙及固定好孔口管，设置孔口防突装置，防止发生毁坏性事故。

孔口防突原理是根据钻机特性设计的，它能保证钻杆在钻进过程中不受阻碍，在被高压水冲出时起夹制作用，如图 9–90 所示。一旦发生突水，在盘根的外加力杆插孔中插入插销，就可以阻止钻杆的移动。

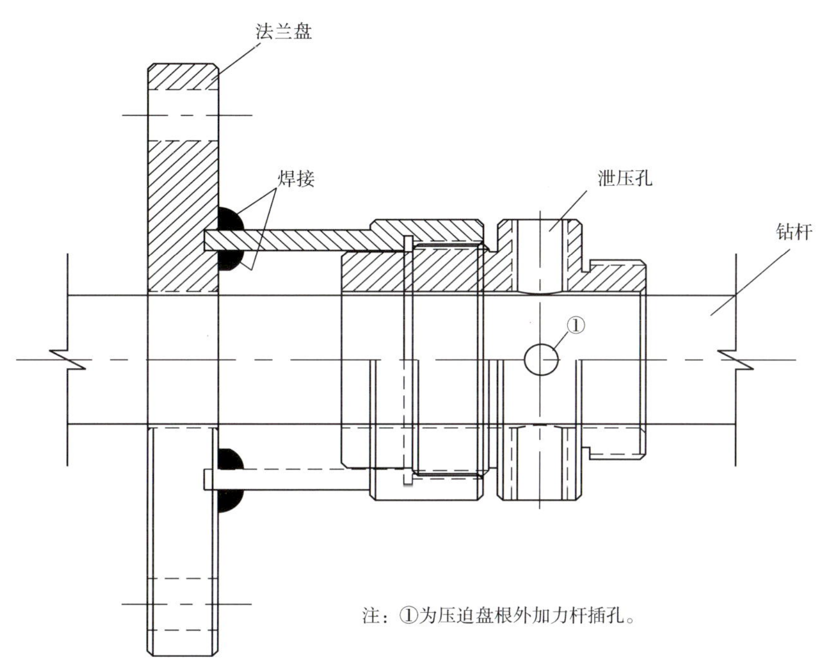

图 9–90　孔口防突原理

2. 快速堵漏施工安全应急技术措施

快速堵漏是指在施作超前探孔、超前预注浆孔、钻进开挖爆破孔过程中突发涌水情况的处理技术。

（1）超前探孔、超前预注浆孔涌水的快速堵漏应急技术措施

①在海底隧道施工中，经常采用 TSP、红外线探水、超前钻孔等方法对前方的地质情况进行探测，以采取适当的施工措施防止塌方和突水突泥的发生。利用 TSP、红外线探水能探明前方一定范围内大致的地质情况，超前探孔则可以直观地反映出地层的结构、产状和位置。如果前方经过 TSP、红外线探水、电探等手段探测后表明可能发生突水，就要用超前探孔进行精确定位。超前探孔钻进一定深度后，埋设孔口管，一旦发生突水，可在孔口管上安装闸阀，并连接注浆管进行注浆堵水。

②在超前预注浆钻孔时，也要在孔口预设孔口管，以便做到快速堵水。

钻孔时若出现大量涌水，应立即停止钻进，在钻孔部位安设孔口管，掌子面喷射混凝土进行封闭；当水大量喷射而出时，在稳固好孔口管排水的同时，采用设置止水墙的方式封闭掌子面，止水墙厚度在 2m 以上，然后用闸阀逐步关闭出水孔，通过注浆方式填充堵塞出水通道，进行全断面注浆以加固地层。

③止水墙采用 C20 模筑混凝土，施作止水墙时，将涌水由孔口管排出，以确保混凝土及注浆的施工质量。衬砌完成后，先对掌子面出水点及前方空洞进行顶水注浆，对原灌注混凝土的管路进行扫孔，并进行注浆施工。

④注浆材料根据现场情况可选择普通水泥单液浆、普通水泥 – 水玻璃双液浆、超细水泥单液浆、超细水泥 – 水玻璃双液浆。如遇空洞，先填充混凝土，然后按先注粗颗粒浆液，后注细颗粒浆液；先注凝胶时间长的浆液，后注凝胶时间短的浆液的原则进行注浆。

单液浆浆液配比为：水灰比 $W:C$=0.6∶1~0.8∶1，加 1%~3% 的水玻璃。

双液浆浆液配比为：水灰比 $W:C$=0.6∶1~1∶1，水泥、水玻璃体积比 $C:S$=1∶1，水玻璃浓度为 35Be。

水泥砂浆：水灰比（0.4~0.6）: 1，砂用量为水泥重量的 10%~40%，砂粒应小于 2mm。

顶水注浆结束标准按定压原则进行控制。当注浆压力达到设计终压，扫孔后无水流出，即结束注浆。

（2）钻爆孔时遇到突水的快速堵漏应急技术措施

钻爆破孔时遇到突水，主要有两个原因：一是开挖爆破前未进行超前地质预报，钻孔时揭露含水构造（如含水断层、裂隙发育带、岩溶裂隙或岩溶管道、砂卵石层等）而引发突水；二是虽然经探测有水并且进行了注浆，但可能仍有部分裂隙未得到加固，当钻孔揭穿时发生突水。

对于爆破孔的突水，要针对不同的情况采取不同的措施进行处理。

①涌水量和涌水压力不大时，可在钢管上缠绕麻丝，强行打入孔内，然后进行注浆堵水。

②涌水量和涌水压力都比较大，而围岩较好时，可在涌水孔旁边钻泄水孔，泄水孔要打到涌水孔的中部，使涌水孔的水量和水压分流，如果一个泄水孔不能满足要求，可增加泄水孔的数量，然后堵塞涌水孔，从分流孔进行注浆堵水。需要注意的是泄水孔要钻到涌水孔的通道上，如果泄水孔直接进入含水层，当水压和水量很大时，则有可能使总的涌水量增大，更难于治理。

③当涌水量和涌水压力较大，而围岩较差时，可浇筑混凝土止浆墙待封闭后再进行注浆堵水（图 9-91）。

图 9-91　掌子面止浆墙封闭施工图

④注浆封堵。当施工过程中洞内发生突涌水灾害时，确立“以堵为主，限量排放”的原则，采取以下步骤处理：利用工作面现有的钻孔台架同时搭设钢管脚手架，安装大口径钢管，对出水进行初步归流，使大部分涌水沿导流管排出；在工作面施作止浆墙，考虑到工作面处出水口未从导流管流出的散水较多，止浆墙施工时泥浆、水等会流入混凝土内，降低混凝土质量，故止浆墙可分两段进行施工，第一段浇筑起归流作用，第二段浇筑起堵水作用；为便于施工，在止浆墙混凝土浇筑的同时，可在涌水部位设临时集水槽以汇集未从导流管流出的散水，并设引流钢管将水引出止浆墙外；超前帷幕注浆堵水根据涌水量、水压等情况综合确定注浆孔布置，注浆方式可视情况采用孔口管前进式注浆或止浆塞后退式注浆，其余注浆施工有关参数基本同第五章所述。

3. 坍塌施工安全应急技术措施

1）塌方处理技术

隧道发生坍塌后，应立即喷射混凝土封闭塌穴表面，尽量阻止塌方的继续发展。如伴随涌水的塌方，喷射混凝土难以起到作用时，应立即堆码弃渣，稳定坡脚及封堵掌子面，并大量喷射混凝土，加固堆码体，立型钢支架加固后方洞体，待险情暂时消除，即可浇筑混凝土止浆墙，预埋孔口管，施作全断面帷幕注浆，加固坍体，填充坍穴。

（1）如塌方体积较小，且在塌方范围内已进行了喷锚或已架设好较为牢固的构件支撑时，可由两端或一端先上后下逐步清除坍渣，随挖随喷射混凝土，并随架设临时构件支撑支顶（图 9-92）。

（2）如塌方体积较大，或地表已下沉，或因坍体堵塞，无法进入塌方范围进行支护时，则可注浆加固坍体，然后用“穿”的办法再在坍体内进行开挖、衬砌。

（3）在处理塌方的同时，要加强排水工作。

（4）土质类塌方围岩不宜采用清渣的方式处理，可采用注浆加管棚的处理方法进行。

2）坍塌支护技术措施

（1）喷锚处理

在采用喷锚处理较大型塌方时，与其他支撑方式相比较采用架设支撑更加安全、快速、且省工省料。由外向内、由上而下，逐段随清坍渣随向岩壁先喷射一薄层砂浆，然后再喷射混凝土。混凝土宜分层喷射，每层厚约 5cm。喷射 1~2 层混凝土后，可立即加设锚杆再喷射混凝土。坍渣清除后，随即做好衬砌。图 9–93 为掌子面喷锚塌方封闭检查。

图 9–92 临时工字钢拱架拆卸图

图 9–93 掌子面喷锚塌方封闭检查

（2）构件支撑处理

①在坍体不高、坍穴略呈锥形、坍壁不太松散的情况下，可使用人字架支撑。

②当坍体较高，但坍体两侧壁形状较整齐，且侧向压力不大时，可按垂直于隧道中线的方向架设横向排架。先将坍体顶的石渣扒平，铺上横梁，再在其上架设排架。排架间距根据坍穴围岩情况而定，一般为 1~2m。必须注意排架间要用剪刀撑撑稳，下部横梁要随坍渣的清除随时倒换撑稳。

③当塌方较大，且围岩压力也较大时，宜在塌方范围内全部用纵向棚架支撑。先将坍渣顶部适当扒平，沿隧道中线方向平行设置纵向地梁数根（地梁下预铺横梁），于纵向地梁上按照导坑支撑的形式以大约 1m 的间距架设箱形棚架。以后逐层向上架设至塌方顶部，用填塞木塞紧。随着坍渣的清除，加设立柱，并以纵撑撑牢。

④当塌方直至地表而深度不大时，可挂网、施作锚杆喷射混凝土支护。

3）衬砌与回填处理

（1）衬砌施工：随着坍渣的逐渐清除，衬砌逐段推进，快速成环。最好由坍体的两端对向施工，随即回填密实。在坍穴最高处或两端衬砌接头处预留回填及进出料孔。如塌方范围的围岩不够稳定，在处理塌方中有继续坍塌的可能时，可在塌方范围内选择适当位置做坍体护拱，以保证施工操作安全。护拱上要铺填大约 2mm 厚的碎渣作为缓冲层。如坍塌体未进行预先注浆加固，而采用“穿过”的施工法时，可加宽拱脚处的衬砌圬工，以便保证拱脚稳固。

（2）坍体回填：塌方清除坍渣后，则拱背后要先用浆砌片石回填 2~3m 厚，再在其上用干砌片石回填，回填高度要填满塌方范围，拆除坍体内的木支撑。坍塌体的护拱与拱圈间要全部回填密实，坍体护拱以上的回填厚度可根据具体情况而定，但不小于 2m。如塌方范围较大，在坍塌穴内进行回填操作不方便时，可选择适当位置另行开凿专供回填用的坑道。

4. 预防坍塌施工安全应急技术措施

1）开挖技术措施

东通道（翔安隧道）开挖断面面积为 170m^2，跨度大，根据不同的地质条件采取不同的开挖方法。依据目前隧道开挖技术，在不良地质状况下一般采取 CRD 法和双侧壁法进行施工，把大断面分成若干个小断面进行开挖，以保证作业人员的安全。

（1）技术人员依据设计图纸、相关隧道施工规范、海（水）底隧道的特点进行技术交底，认真领会设计意图，严格要求开挖、衬砌队按技术交底施工。

（2）陆域浅埋富水段开挖采用真空降水，超前小导管注浆技术（图 9–94），加固地质。同时，初期支护紧跟，增设加锁脚锚管。

图 9–94　超前小导管注浆支护施工图

（3）海底风化深槽段开挖采用帷幕预注浆堵水，超前大管棚支护技术。缩短开挖步幅，初期支护紧跟。

（4）透水砂层段开挖采用地下连续墙，地面井点降水技术。洞内掌子面采用小管棚注浆，初期支护紧跟。

（5）当遇到与设计地质不相符，而围岩自稳力又极差，极易坍塌的情况时，现场必须立即采取果断支护措施，在确保施工人员生命安全的情况下，及时进行封闭支护，防止围岩变形扩大。待支护相对稳定后，及时向监理部、设计院上报，根据现场实际地质情况采取相应的变更设计施工支护措施，以防止隧道坍塌，确保施工人员的安全及施工生产的顺利进行。

（6）若现场无法及时进行封闭，而又无法保证施工安全或已有明显坍塌预兆时，现场安全员、领工员或工班长，必须立即组织人员撤离可能坍塌的危险区域。在撤离时，应保持秩序，危险部位先撤出，严禁出现乱拥、乱挤的现象，以防止其他意外事故的发生。

（7）所有人员撤出坍塌危险区域后，现场安全员在安全位置负责观察围岩变化情况，同时设置安全警戒线，防止其他人员进出危险区域。

（8）技术方案：遵循“先排水、短进尺、弱爆破、强支护、速成环、勤量测”的原则，贯彻落实“严格技术、严格工艺、严格纪律”的“三严”方针。

①先排水：在施工前和施工中均采取相应的防排水措施，尽可能将坑外水截于坑道之外。

②短进尺：各部开挖工序间的步幅要尽量缩短，留有台阶和核心土，以减少围岩暴露时间。

③弱爆破：强风化、全风化、弱风化和砂层段采取人工开挖，小型挖掘机配合，Ⅰ级、Ⅱ级、Ⅲ级围岩采取控制爆破和减震爆破的方式，以减少对围岩的破坏。

④强支护：针对暴露出的地质情况，适当加大初期支护参数，确保支护结构有足够的强度。

⑤速成环：各部开挖要紧跟，在最短的时间内使初期支护形成封闭环。同时，仰拱、填充、二次衬砌工作必须紧跟开挖工作面。

⑥勤量测：搞好监控量测，发现围岩有变形或初期支护有异常情况时，立即采取有效措施及时处置。

2）超前地质预报

（1）在施工中采用 TSP203 长短地质预报系统、红外线探水、水平钻孔对隧道地质情况进行提前探测。首先对大的范围，在宏观上定性描述出地质变化趋势，然后精确确定地层富水、断层、风化槽的变化范围和规模，以便有计划的采用施工对策。

（2）根据超前地质预报情况，对工作面进行注浆加固。依据钻探取芯分析地质状况、地下水量，决定采用哪种注浆方式，防止在施工过程中发生坍塌或涌水，保证隧道施工期间能够安全正常的施工。

（3）当开挖后目测到的地质情况与开挖前的勘测结果有很大不同时，则应根据目测的情况重新修改设计方案。在开挖方法、步骤上采取针对性措施，保障围岩的稳定性。同时，在初期支护上依据实际情况不断修改参数，增强初期支护能力。

3）监控量测技术

开挖掌子面应及时布点，实行监控量测。当拱部下沉、两侧收敛或鼓胀、中间弯折或发生位移时进行回归分析，并及时反馈至项目部和技术室，以便指导前方施工作业。

主要对掘进、拱部下沉、周边收敛、底板变形、岩体突然开裂或原有裂隙逐渐加宽等监测、观察。预报其危害程度，图 9–95 为施工人员现场监控量测作业。浅埋段还应增加对地表下沉和地表、地下建（构）筑物变形等项目的监控量测。

（1）观测内容

①初期支护后完成后对喷层表面的观察以及裂隙状况的描述各作出记录。

②有无锚杆被拉脱或垫板陷入围岩内部的现象。图 9–96 为施工人员进行锚杆抗拔试验。

图 9–95　监控量测作业

图 9–96　锚杆抗拔试验

③喷射混凝土是否产生剥离，要特别注意喷射混凝土是否有剪切破坏。

④有无锚杆和喷射混凝土施工质量问题。

⑤钢拱架有无被压屈现象。

⑥是否有底鼓现象。

⑦观测中，如果发现异常现象，要详细记录发现时间、距开挖工作面的距离以及附近测点和各项量测数据。

（2）观测险情分析

①危险性不大的破坏。构筑仰拱后，在拱肩部出现的剪切破坏，一般进展都比较缓慢，危险性不

大，特别是当拱肩部的剪切破坏抗面上有锚杆穿过时，因锚杆的抵抗作用，故更不会发生急剧破坏。

②危险性较大的破坏。在没有构筑仰拱的情况下，当隧道内空变位速度收敛很慢且变位量很大时，拱顶喷射混凝土因受弯曲压缩而产生的裂隙常进展急剧，时常伴有混凝土碎片飞散的现象，是一种危险性较大的破坏。

③塌方征兆的破坏。当施工现场拱顶喷射混凝土层出现对称的、可能向下滑落的剪切破坏时，或现场侧墙发生向内侧滑动的剪切破坏，并伴有底鼓时，这两种情况都是塌方事故产生的先兆。

4）质量控制技术

隧道开挖支护应具有超前性、及时性和实效性。根据不同类别的围岩性质，依照设计及时施作支护，确保围岩开挖后稳定，防止围岩变化而引起坍塌。

（1）当发现开挖工作面自稳时间少于1h时，则应采取下列措施：

①采用环形切割法进行开挖，先预留核心土部分（图9–97），待完成初期支护后再开挖核心部分。

②采用分块开挖法。

③对开挖工作面前方拱顶用斜锚杆支护后再开挖。

④对开挖工作面做喷射混凝土防护后再开挖。

⑤用水平超前锚杆或玻璃纤维对开挖工作面加固后再开挖。

⑥对围岩进行注浆加固后再开挖。

（2）当开挖后没有支护前，发现顶板有剥落现象时，应及时采用下列措施：

①开挖后尽快施作喷射混凝土层，缩短掘进作业时间。

②对开挖工作面前方拱顶用斜锚杆进行预支护后再开挖。

③缩短一次掘进长度。

④采用分块开挖法。

⑤增加钢拱架以加强支护。

⑥对围岩进行注浆加固后再开挖。

（3）当开挖工作面有涌水时，可根据涌水量大小，由小到大依次选取下列措施：

①增加喷射混凝土中的速凝剂含量，加快凝结速度（图9–98）。

图9–97　预留核心土

图9–98　喷射混凝土施工

②使用编织金属网改善喷射混凝土的附着条件。

③对岩面进行排水处理。

④设置防水层。

⑤围岩进行注浆加固。

（4）当发现有锚杆或垫板陷入围岩壁面内的情况时，采取下列措施：

①加大锚杆长度。

②使用有弹簧垫圈的垫板。

③使用高强度锚杆。

（5）当发现有喷射混凝土与岩面黏结不好的悬空现象时，应采取下列措施：

①开挖后尽早进行喷射混凝土作业。

②在喷射混凝土层中加设编织金属网。

③增加喷射混凝土厚度。

④增长锚杆或增加锚杆数量。

（6）当发现钢拱架有压屈现象时，应采取下列措施：

①适当放松钢拱架的连接螺栓。

②使用可缩性 U 形钢拱架。

③喷射混凝土层时留出伸缩缝。

④加大锚杆长度。

（7）当发现喷射混凝土层有剪切破坏时，应采取下列措施：

①在喷射混凝土层增设金属网。

②施作喷射混凝土层时留出伸缩缝。

③增加锚杆长度。

④使用钢拱架或 U 形缩性钢拱架。

（8）当发现有底鼓现象或侧墙向内滑移现象时，应采取下列措施：

①尽快施作喷射混凝土仰拱，使断面尽早闭合。仰拱工字钢早闭合施工如图 9–99 所示。

图 9–99　仰拱工字钢早闭合施工图

②在仰拱部打设锚杆。

③采用台阶法开挖，缩短台阶开挖长度以及支护结构形成闭合断面的时间。

第六节　施工安全监控量测技术

一、施工监控量测的内容

监控量测是在隧道施工过程中，使用量测仪表和工具对围岩变化情况和支护结构的工作状态进行量测，为初期支护和二次衬砌设计参数的调整提供依据，是确保施工及结构安全、指导施工顺序、方便施工管理的重要手段，海底隧道的施工监控量测尤为重要。为做好施工监控量测工作，在施工现场建立监控测量机构组织，如图 9–100 所示。

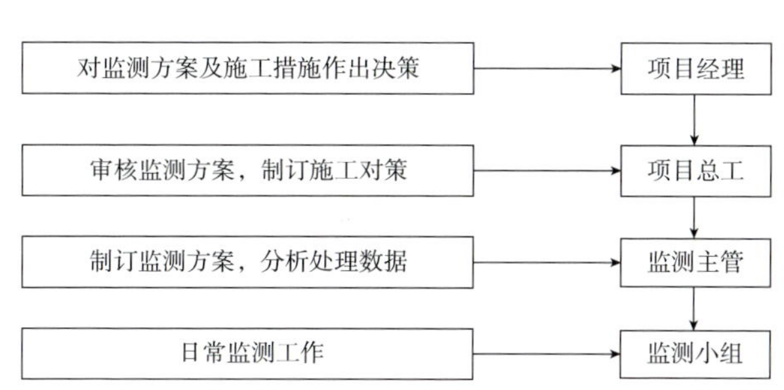

图 9–100　施工监测组织机构图

围岩在支护状态下监控量测的主要项目有：拱顶下沉、周边位移收敛、地表层下沉、围岩与支护结构的接触应力、支护结构的应力状态等监控项目及围岩弹性波检测。隧道监控量测的布置内容见表 9–9。

监控量测项目及方法一览表　　表 9–9

<table>
<tr><th colspan="2" rowspan="2">项 目 名 称</th><th rowspan="2">方法及工具</th><th colspan="2">布　置</th><th colspan="4" rowspan="2">量 测 时 间</th></tr>
<tr><th>行车主洞</th><th>服务隧道</th></tr>
<tr><td rowspan="7">必测项目</td><td>地质及支护状态观察</td><td>岩性，结构面产状及支护裂缝观察或描述，地质罗盘及规尺等</td><td colspan="2">开挖后及初期支护后进行</td><td colspan="4">每次开挖后进行</td></tr>
<tr><td rowspan="3">水平收敛及拱顶下沉量或侧墙顶变形量测</td><td rowspan="3">紧密水准仪、钢挂尺、数显式收敛计</td><td colspan="2" rowspan="3">V 级围岩每 10m 一个断面，洞内收敛测点埋设同拱顶测点，且两者埋设在同一断面内</td><td colspan="4">开挖后 24h 内进行</td></tr>
<tr><td>0~18m</td><td>18~36m</td><td>36~90m</td><td>＞ 90m</td></tr>
<tr><td>1~2 次 /d</td><td>1 次 /d</td><td>1 次 /2d</td><td>1 次 / 周</td></tr>
<tr><td rowspan="3">仰拱隆起量测</td><td rowspan="3">水平仪，水准尺</td><td rowspan="3">V 级围岩每 10m 一个，IV 级围岩每 20m 一个</td><td rowspan="3">—</td><td colspan="4">仰拱开挖后 12h 内进行</td></tr>
<tr><td>1~15d</td><td>16 天 ~1 个月</td><td>1~3 个月</td><td>＞ 3 个月</td></tr>
<tr><td>1 次 /d</td><td>1 次 /2d</td><td>1~2 次 / 周</td><td>1~3 次 / 月</td></tr>
<tr><td rowspan="16">选测项目</td><td rowspan="3">锚杆内力及抗拔力量测</td><td rowspan="3">各类电测锚杆，锚杆测力计及拉拔器</td><td rowspan="3">每一衬砌类型段选一组，每组 3~5 根</td><td rowspan="3">每一衬砌类型段选一组，每组 3~5 根</td><td colspan="4">锚杆施作后开始</td></tr>
<tr><td>0~18m</td><td>18~36m</td><td>36~90m</td><td>＞ 90m</td></tr>
<tr><td>1~2 次 /d</td><td>1 次 /d</td><td>1 次 /2d</td><td>1 次 / 周</td></tr>
<tr><td rowspan="3">围岩内部位移量测（洞内设点）</td><td rowspan="3">洞内钻孔，安设多点杆式位移计</td><td rowspan="3">每一衬砌类型段选一断面，每断面 3~12 个测点</td><td rowspan="3">每一衬砌类型段选一断面，每断面 3~5 个测点</td><td colspan="4">开挖后 24h 内进行</td></tr>
<tr><td>0~18m</td><td>18~36m</td><td>36~90m</td><td>＞ 90m</td></tr>
<tr><td>1~2 次 /d</td><td>1 次 /d</td><td>1 次 /2d</td><td>1 次 / 周</td></tr>
<tr><td>喷混凝土应力量测</td><td>表面应力解除法</td><td>每一衬砌类型段选一组，每组 3~5 个测点</td><td>每一衬砌类型段选一组，每组 3~5 个测点</td><td colspan="4">二次衬砌施作前进行</td></tr>
<tr><td rowspan="3">二次衬砌压应力量测</td><td rowspan="3">各类型压力盒</td><td rowspan="3">每一衬砌类型段选一组，每组 2~5 个断面，每断面 7~12 个测点</td><td rowspan="3">每一衬砌类型段选一组，每组 2~5 个断面，每断面 8 个测点</td><td colspan="4">二次衬砌施作后开始</td></tr>
<tr><td>1~15d</td><td>16 天 ~1 个月</td><td>1~3 个月</td><td>＞ 3 个月</td></tr>
<tr><td>1 次 /d</td><td>1 次 /2d</td><td>1~2 次 / 周</td><td>1~3 次 / 月</td></tr>
<tr><td rowspan="3">钢支撑内力</td><td rowspan="3">表面应变计及 VW–1 型频率接收仪</td><td rowspan="3">IV 级、V 级围岩各选一组，每组 1~2 个断面，每断面 7~12 个测点</td><td rowspan="3">IV 级、V 级围岩各选一组，每组 1~2 个断面，每断面 8 个测点</td><td colspan="4">钢支撑施作后开始</td></tr>
<tr><td>0~18m</td><td>18~36m</td><td>36~90m</td><td>＞ 90m</td></tr>
<tr><td>1~2 次 /d</td><td>1 次 /d</td><td>1 次 /2d</td><td>1 次 / 周</td></tr>
<tr><td rowspan="3">钢筋内力</td><td rowspan="3">钢弦式钢筋计及频率接收仪</td><td rowspan="3">IV 级、V 级围岩各选一组，每组 1~2 个断面，每断面 7~12 个测点</td><td rowspan="3">IV 级、V 级围岩各选一组，每组 1~2 个断面，每断面 8 个测点</td><td colspan="4">二次衬砌施作后开始</td></tr>
<tr><td>1~15d</td><td>16 天 ~1 个月</td><td>1~3 个月</td><td>＞ 3 个月</td></tr>
<tr><td>1 次 /d</td><td>1 次 /2d</td><td>1~2 次 / 周</td><td>1~3 次 / 月</td></tr>
</table>

地表下沉量测断面频率及间距分别见表 9–10 和表 9–11。

量测频率表

表 9-10

变形速度（mm/d）	量测断面距开挖工作面的距离	量测频率
> 10	（0~1）B	1~2 次 /d
10~5	（1~2）B	1 次 /d
5~1	（2~5）B	1 次 /2d
< 1	> 5B	1 次 /1 周

注：B 是开挖断面的宽度。

量测间距表

表 9-11

埋置深度 H	地表下沉量测量面的间距（m）
$H > 2B$	20~50
$B < H < 2B$	10~20
$H < B$	5~10

在洞口浅埋暗挖段地表沉降观测中，测点设置见表 9-12。

测点设置一览表

表 9-12

项　目	测点布置桩号	距 离（m）	测点间距（m）	测点排数	测点数（个）
左线隧道	ZK6+606	14	3	3	39
	ZK6+620	10	3	2	36
	ZK6+630	20	3	2	24
	ZK6+650	20	3	2	24
	ZK6+700	275	5	14	112
	ZK6+975	525	5	28	224
	ZK7+500				

基点埋设：基点埋设在沉降影响范围以外的稳定区域内，且尽量埋设在视野开阔的地方，以便观测。至少埋设两个基点，以便互相校核；多次对基点和附近原始水准点进行量测，确定原始高程。

沉降点埋设：先在地表钻孔，然后放入沉降测点，测点采用 ϕ22mm，长 300mm 半圆头钢筋制成。测点四周用水泥砂浆填实。待测点完全稳定后，开始测量。

监测位置：测点横向间距为 3~4m，纵向间距为 10~50m。

监测工具：Leica NA2 精密水准仪（配测微器），铟钢尺。

监测频率：地表沉降观测点开挖掌子面面前 >30m，1 次 /2d；开挖掌子面面后 <30m，2 次 /d；开挖掌子面面后 30~80m，1 次 /2d；开挖掌子面面后 >80m，1 次 /7d。

监测精度：Δh = 0.1mm。

注意事项：①施工前应做好监测准备工作，如设置测点，引入高程控制点，配置必要的人员及仪器。②布置测点时在位移量较大的地段将测点布置密一些。③地表量测与隧道内各项监测同步进行，以利于资料的相关分析。④量测数据及分析结果全部纳入竣工资料，备查。

二、施工监控量测的程序

隧道监控量测的工作流程如图 9-101 所示。

各预埋测点牢固可靠，易于识别并妥善保护，不得任意撤换和破坏，并应建立量测点埋设的记录资料。量测工作应按计划实施，不得中断。

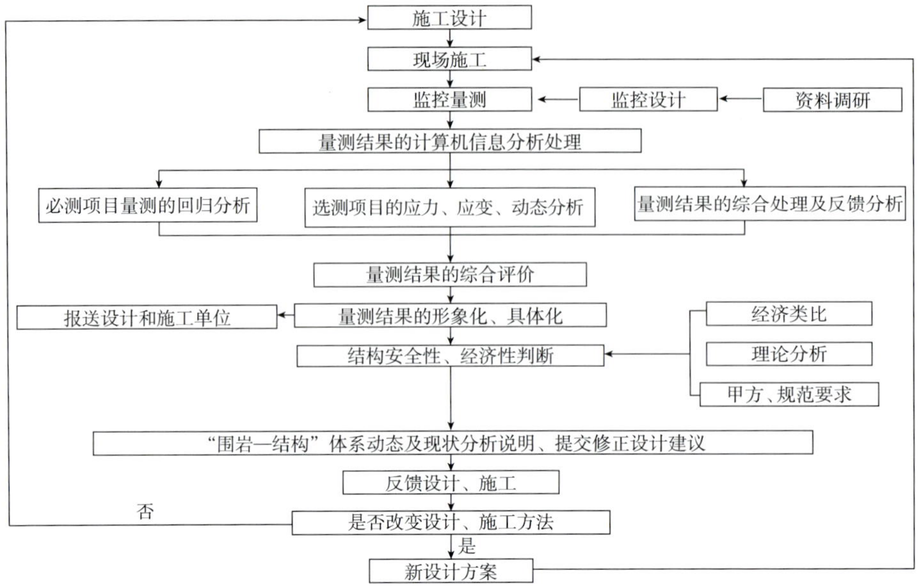

施工设计
现场施工
监控量测 ← 监控设计 ← 资料调研
量测结果的计算机信息分析处理
必测项目量测的回归分析
选测项目的应力、应变、动态分析
量测结果的综合处理及反馈分析
量测结果的综合评价
报送设计和施工单位 ← 量测结果的形象化、具体化
结构安全性、经济性判断 ← 经济类比 / 理论分析 / 甲方、规范要求
"围岩—结构"体系动态及现状分析说明、提交修正设计建议
反馈设计、施工
是否改变设计、施工方法（否 → 施工设计；是 → 新设计方案）
新设计方案 → 现场施工

图 9-101　隧道监控量测工作流程图

根据量测资料进行回归分析得出围岩总位移值及变化规律后，将其与设计或规范的规定值进行比较。当计算值小于或等于设计或规范的规定值时，可将回归分析作为围岩变形控制依据，建立变形管理等级标准。量测数据应及时、准确，量测结果应及时报告，以便掌握动态信息。记录要正规，资料要齐全，计算要正确，以便为竣工文件积累资料。

三、施工监控量测问题的处理

在监测过程中，若发现净空位移量过大或收敛速度无稳定趋势时，对结构应采取补强措施：如增加混凝土厚度，或加密锚杆，或加挂钢筋网；适时施作二次衬砌；按更低一级围岩类别施作衬砌；提前施作仰拱；优化开挖方案。

当隧道监控量测结果出现异常时，可按以下方法处理。

（1）如果是由于基底下沉引起的，应尽快将仰拱封闭；若仍然下沉，可在仰拱弯腿处加设锚杆，复喷混凝土并在基底钻孔注浆加固。

（2）如果是由于围岩压力引起的，应多次复喷并用锚杆加固围岩，补强初期支护强度。在下一循环施工时，修改支护参数，增强初期支护，同时增大观测频率；必要时通过监理同意施作二次衬砌，如果需加强衬砌则应由设计单位同意后方可施工。

（3）如出现变形速率突然增大的不稳定征兆时，应进行适时监测观察，委派专职观察员对初支进行监视；如伴有响声及新生裂缝，应立即暂停正常施工，加强支护并采取可能的抢救性措施。

遇下列情况之一，立即采取补强措施，改变施工方法或设计参数，增强初期支护：隧道开挖后，工程地质和水文地质及围岩类别比预计的情况要差；喷射混凝土层裂缝多、裂缝大或不断发展；位移速率长期无明显下降，实测位移值已接近规定的允许值，位移量可能超过预留变形量。

遇到下列情况之一，改变设计参数，适当降低初期支护：确认围岩类别、工程地质及水文地质条件比预计的情况有明显好转或有具体工程类比；初期支护未全部完成，位移已收敛，达到施作二次衬砌的指标。

四、监控量测数据的应用

根据现场量测数据，及时整理绘制量测数据与时间的关系曲线以及量测数据与开挖面距离的关系曲线，并进行数据处理或回归分析，与管理基准曲线进行比较。变形管理等级见表 9-13。

变形管理等级表 表 9-13

管理等级	管理位移（mm）	施工状态
Ⅲ	$U_0 < U_n/3$	可正常施工
Ⅱ	$U_n/3 \leq U_0 \leq 2U_n/3$	应加强支护
Ⅰ	$U_0 > 2U_n/3$	应采取特殊措施

在施工中，可将管理基准划分为三级来对施工过程进行动态管理。把允许值和警告值之间称为警告范围，当实测值在此范围内时，则需商讨和采取施工对策，预防最终值超限。把警告值和基准值之间称为注意范围，当实测值在基准值以下时，说明围岩是稳定和安全的；当位移—时间曲线出现反弯点时，则表明围岩和支护已呈不稳定状态，此时应密切监视围岩动态，并加强支护，必要时暂停开挖。

监控量测资料均由计算机进行处理与管理，在取得各种监测资料后，应及时进行处理分析，绘制相应图表，并对监测数据进行回归分析，预测最终位移值和结构物的安全性，确定工程技术措施。每一测点的监测结果要根据其位移变化速率和管理基准等综合判断结构和建筑物的安全状况，并编写周、月汇总报表，及时反馈指导施工，调整施工参数，达到安全、快速、高效施工的目的。

监测数据的整理分析及反馈的方法和内容通常包括：监测资料的采集、整理、分析、反馈及评判决策等方面。

1. 数据采集

数据采集是指现场监测取得的数据和与之相关的其他资料的搜集、记录等。本监测项目采用的仪器设备种类繁多，有的仪器（如水准仪、测斜仪等）需人工读数、记录，然后将实测数据输入计算机；有的仪器（如全站仪）则自动采集数据，并将量测值自动传输到数据库管理系统。数据采集见图 9-102 和图 9-103。

a）

b）

图 9-102 地表沉降及洞内沉降监测的数据采集

2. 数据整理

每次观测后应立即对原始观测数据进行校核和整理，包括原始观测值的检验、物理量的计算、填表制图，异常值的剔除、初步分析和整编等，并将检验过的数据输入计算机的数据库管理系统。

3. 数据分析

采用比较法、作图法以及数学、物理模型，分析各监测物理量值大小、变化规律、发展趋势，以便对工程的安全状态和应采取的措施进行评估决策。

绘制测点时间—位移曲线散点图和距离—位移曲线散点图，见图 9-104。如果位移的变化随时间而渐趋稳定，说明该处地层处于稳定状态，支护系统是有效、可靠的，如图中的正常曲线。如出现了反弯点，这说明位移出现反常的急骤增长现象，表明支护体系已呈不稳定状态，如图中的反常曲线，故应立即采取相应的施工措施进行处理。在取得足够的数据后，还应根据散点图的数据分布状况，选择合适的函数，对监测结果进行回归分析，以预测该测点可能出现的最大位移值以及结构和建筑物的安全状况。

图 9-103　洞内水平收敛监测的数据采集

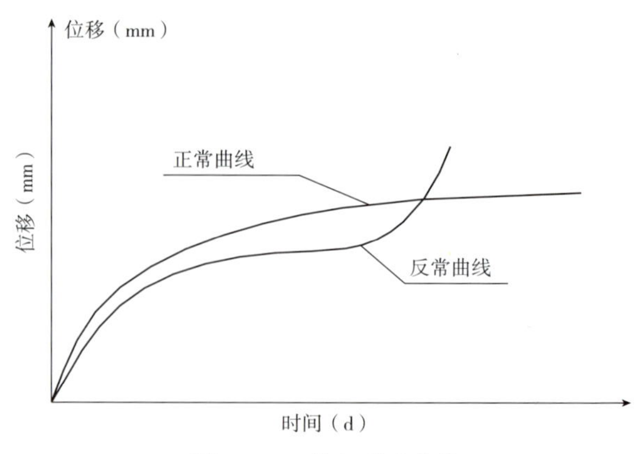

图 9-104　时间—位移曲线

4. 监测结束标准

根据收敛速度判别。一般地质地段：收敛速度 > 5mm/d 时，围岩处于急剧变化状态，应加强初期支护系统；收敛速度 < 0.2mm/d 时，围岩基本达到稳定。特殊地质地段：加强初期支护的强度和刚度，严格控制过大变形。

各量测项目持续到变形基本稳定后两周结束，当断层破碎带地段位移长时间不能稳定时，应延长量测时间并采取加强措施。

五、监控量测结果资料的提交

在工程监测过程中，实时对监测结果进行整理，按监理工程师的要求以周报或日报的形式送达有关各方（业主、设计、监理）。工程结束时，提交完整的监测总报告，主要包括日（周、月）报、巡查报告、专题报告以及监测总报告。

1. 日报

在遇到沉降或其他观测值变化速率加快（每天达到控制值的 5%），或者遇到自然灾害如暴雨、台风、地震等情况时，为使相关各方能及时掌握各监测对象的实时状态，将以监测日报的形式报送。日报重点集中反应近日受关注程度较高的部分监测对象，主要包括施工面附近、变形异常及重要建（构）筑物测点的变化值及其变化速率，并根据工况提出有效控制变形发展的建议。

2. 月（周）报

监测结果以周报、月报的形式提交监测管理单位，月（周）报中的表格形式按照相应的规范表格制作，报告中具体包括以下几方面的内容：

（1）监测项目及测点布置。包括本月（周）所开展的监测项目及随施工进展进行测点布置的情况，并提出下月（周）计划。

（2）施工进度。当月（周）工程的施工进展及周边临近工程的施工情况（施工的内容、方法、进度等），以及监测工作进展情况（监测点变更情况和理由，监测频率变动情况的说明，监测工作存在的问题等）。

（3）监测值的时程变化曲线。通过监测数据，绘制监测结果时程变化曲线，并根据曲线发展趋势进行理论分析。

（4）根据实际情况，作出相应监测项目的预报分析。根据监测曲线及理论分析结果，再结合实际情况对变形较大的点作出当月（周）的综合分析，指出变化趋势；然后根据工况和地质条件分析产生较大变形的原因，作出该点变形对周围环境的影响是否安全的评价及预报。

（5）指出达到或超过报警值的测点位置，并初步分析其原因。对各项监测数据进行统计，指出累积值较大并达到或超过报警值的测点，结合施工情况对其原因进行重点分析，预测施工中是否存在危险，并提出可行性建议。

（6）监测结果表汇总。要求按规定的格式分项归类、汇总，各测点的监测数据要按监测日期顺序准确填报，表格中的观测、制表、校核、审核者必须签名，确保表中内容正确真实。

（7）监测测点布设图。初始月（周）报必须附有现场监测测点布设图，图上的监测点号必须与监测结果表中的点号对应一致，如有新增点或变更点，应在当月的月（周）报中及时更新并附图。若新增或变更的是地面、道路的监测点，图上要标注出测点的里程。

3. 现场巡查报告

现场巡查报告中应包括建（构）筑物是否发生开裂、工程施工区附近是否有其他在建工程等内容，并配有必要的照片进行说明。巡查一般应半个月或一个月进行一次，施工高峰期应适当加密。

4. 专题报告

5. 监测总报告

监测工作结束后，需进行整个项目的总结工作，并最终形成监测总报告。监测总报告应包括以下几部分内容。

（1）工程概况及监测目的。

（2）监测项目及测点布置。

（3）采用的仪器型号、规格及标定资料。

（4）数据采集和观测方法。

（5）监测资料的分析处理。

（6）监测值全时程变化曲线。

（7）超前预报效果评述。

（8）监测结果评述。

六、拱顶下沉量测

1. 量测仪器

徕卡 1202 全站仪和反射膜片。

2. 监测方法

隧道在 V 级围岩段每 10m 布置一个量测断面。

3. 监测结果

对双侧壁导坑法开挖支护隧道 YK7+020 右、左、中导洞进行拱顶沉降监控量测，各位置的导洞拱顶累计沉降量随时间的变化关系见图 9-105~ 图 9-107。

图中 u′ 为拱顶沉降回归分析曲线。

YK7+020 断面按照右→左→中导洞顺序先后开挖，最大沉降量出现在右导洞，累计沉降量为 101.6mm，左导洞最大沉降量为 68.3mm，中导洞累计沉降量最小为 12.2mm。右导洞上台阶开挖 8d 后开始施作中台阶，上台阶 8d 累计沉降 40.2mm，中台阶开挖当天沉降量为 19.7mm，在封闭仰拱当天沉降量为 17.4mm，封闭后导洞结构稳定，后期沉降量极小，除去导洞下部开挖施工影响的沉降 37.1mm，拱顶下沉量为 64.5mm。左导洞上台阶开挖 7d 后开始施作中台阶，上台阶 7d 累计沉降 34.6mm，中台阶开挖当天沉降量为 4.7mm，在封闭仰拱当天沉降量为 6.3mm，封闭后导洞结构稳定，后期沉降量极小，除去导洞下部开挖施工影响的沉降 11mm，拱顶下沉量为 57.2mm。通过对左右导洞进行比较后可知，右导洞施工影响沉降较大；中导洞开挖支护后沉降量小，满足初期支护稳定控制沉降的要求。

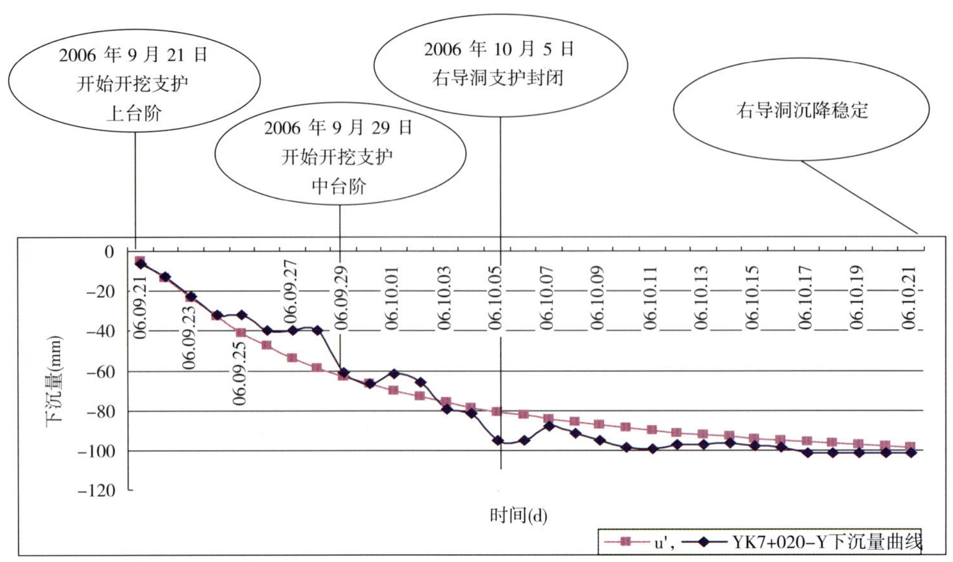

图 9-105 YK7+020 右导洞拱顶累计沉降量随时间的变化关系图

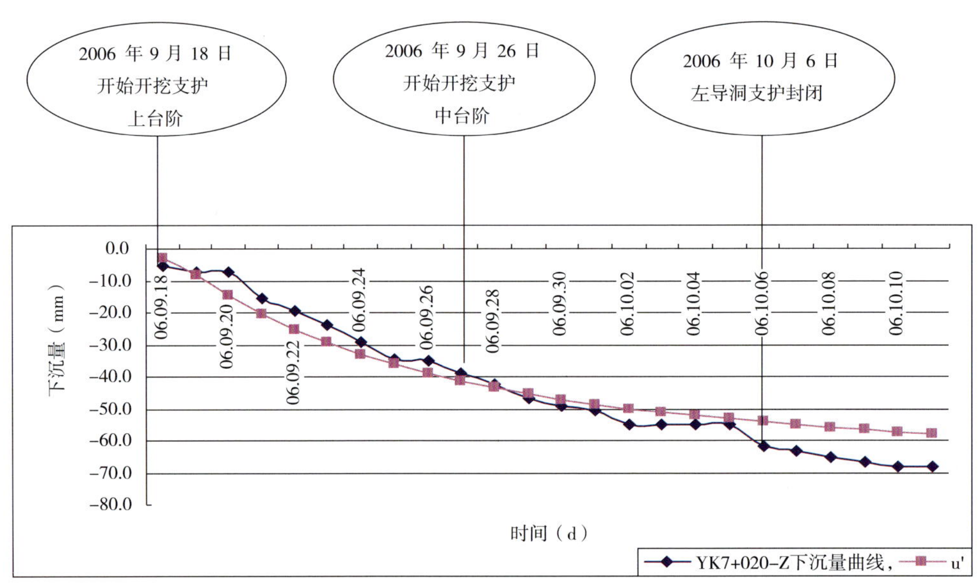

图 9-106 YK7+020 左导洞拱顶累计沉降量随时间的变化关系图

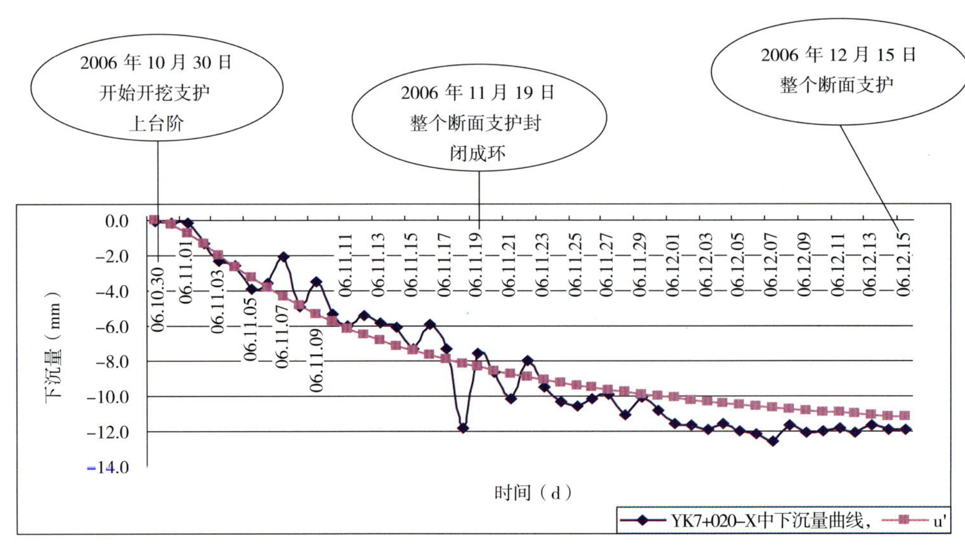

图 9-107 YK7+020 中导洞拱顶累计沉降量随时间的变化关系图

每次支护沉降占该导洞总沉降的百分比见表 9–14。

每次支护沉降占该导洞总沉降的百分比　　表 9–14

部　位	上台阶开挖沉降占总沉降的百分比（%）	中台阶开挖沉降占总沉降的百分比（%）	导洞封闭后沉降占总沉降的百分比（%）	备　注
右导洞	39.57	55.12	5.31	—
左导洞	50.66	24.60	24.74	—
中导洞	63.93	—	36.07	—

第七节　超前地质预报技术

施工前进行综合超前地质预报工作，根据预报结果调整施工方案。

通过综合超前预报，确定不良地质体（带）的位置范围（图 9–108）；再采用地质雷达、水平钻探进行进一步超前探测并验证不良地质体（带）等的位置、规模和岩性。

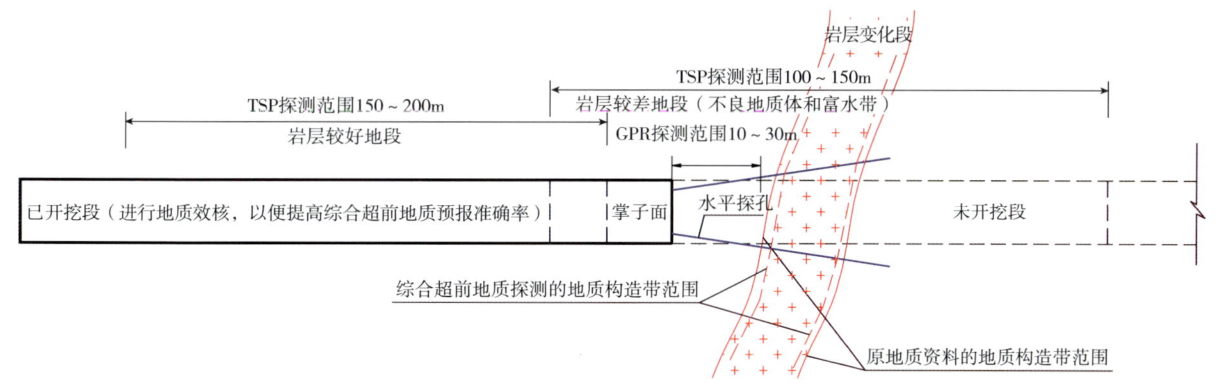

图 9–108　综合超前地质预报示意图

根据本工程特点和各种预报手段的使用范围，综合超前地质预报按长距离和短距离先后分 2 步进行，按照不同的预报距离，各自采用不同的方法和技术手段，承担不同的任务。

长距离预报的方法和技术手段有：地面地质调查（包括区域地质资料、隧道勘察设计资料）、TSP 超前预报系统、长距离水平钻探等。预报距离可达掌子面前方 100~200m 甚至更远，其主要任务是预报测距范围内不良地质的性质、位置、宽度和影响隧道长度，并据此情况预报地下水情况、围岩级别和对施工的影响，以便做到心中有数。本隧道的长距离超前地质预报要在整个隧道中连续进行。

短距离超前地质预报，是在长距离超前地质预报的基础上进行的。它的预报方法和手段有：掌子面地质素描、地质雷达、红外探水和短距离水平超前钻孔。预测的距离一般在掌子面前方 15~30m，其主要任务是结合长距离预报结果，更准确的预报掌子面前方 15~30m 范围内可能出现的地层、岩性情况，预报掌子面及其附近围岩中的各种不良地质向掌子面前方延伸的情况；较准确地预报工作面前方 15~30m 范围内可能的地下水涌出情况和隧道围岩级别及其对施工的影响，并预报地质灾害发生的可能性。短距离预报不仅在部分地质构造复杂、不良地质多发区使用，对于长距离预报的结果具有怀疑的不良洞段也要使用短距离预报进一步验证。

为了保证超前地质预报的准确性，在采用的方法和技术手段上要做到以下几点。

（1）长距离预报和短距离预报兼而有之、搭配进行。

（2）不论长距离预报还是短距离预报，都要经过 2 种以上方法进行综合预报，以便相互补充、验证，提高准确率。

（3）由于超前水平钻孔在获取较准确的地质资料中有突出作用，因而即使占用施工时间长，费用较高也要坚持在隧道中使用，以便确认地质情况及地下水量。各种超前地质预报探测方法应用范围及比较见表 9–15。

超前地质预报探测方法比较表

表 9–15

序号	预报手段	探测距离（m）	主要特点	探测占用时间
1	地质素描法	10	设备简单，操作方便，费用低，不影响施工，地质专业技术要求高	30min
2	TSP203 预报系统	50~300	预报效果好，使用范围广，施工干扰小，多解性	1.5h
3	红外探水	20~30	主要进行有无水预报，准确率高，测量速度快，无法定量测水只反映大致距离	30min/ 次
4	地质雷达	10~25	对洞穴、富水区有独到之处，需要专业人才进行判识，多解性	1h
5	超前地质钻孔	30~100	效果准确度好，判识率高，占用时间长，效率低难度大	8~20h
6	台车加长钻孔法	15~30	测量速度快，预报准确	2h/ 次

超前地质预报手段的配套模式见图 9–109。

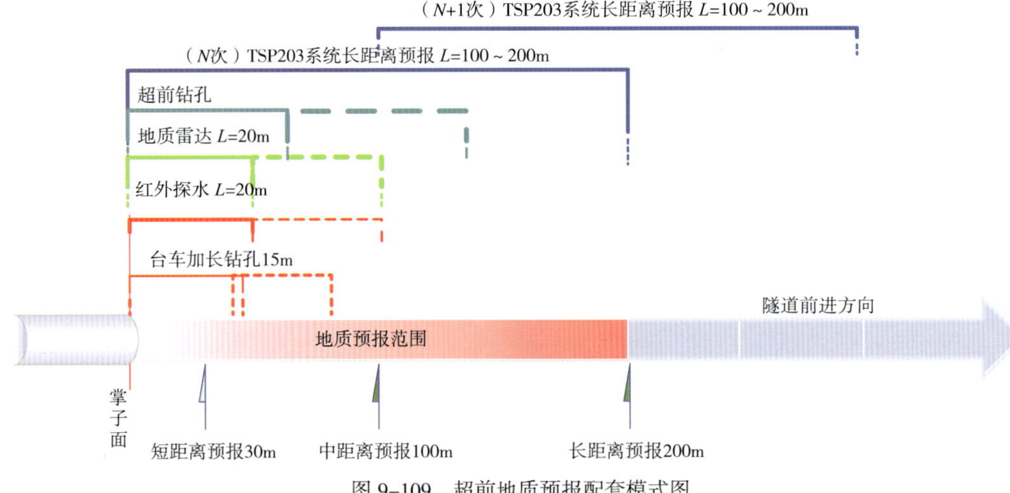

图 9–109　超前地质预报配套模式图

地表地质雷达和 TSP 超前预报系统见图 9–110。

a）

b）

图 9–110　地表地质雷达和 TSP 超前预报系统

a）地表地质雷达；b）TSP 超前预报系统

隧道超前地质预测预报流程见图 9-111。

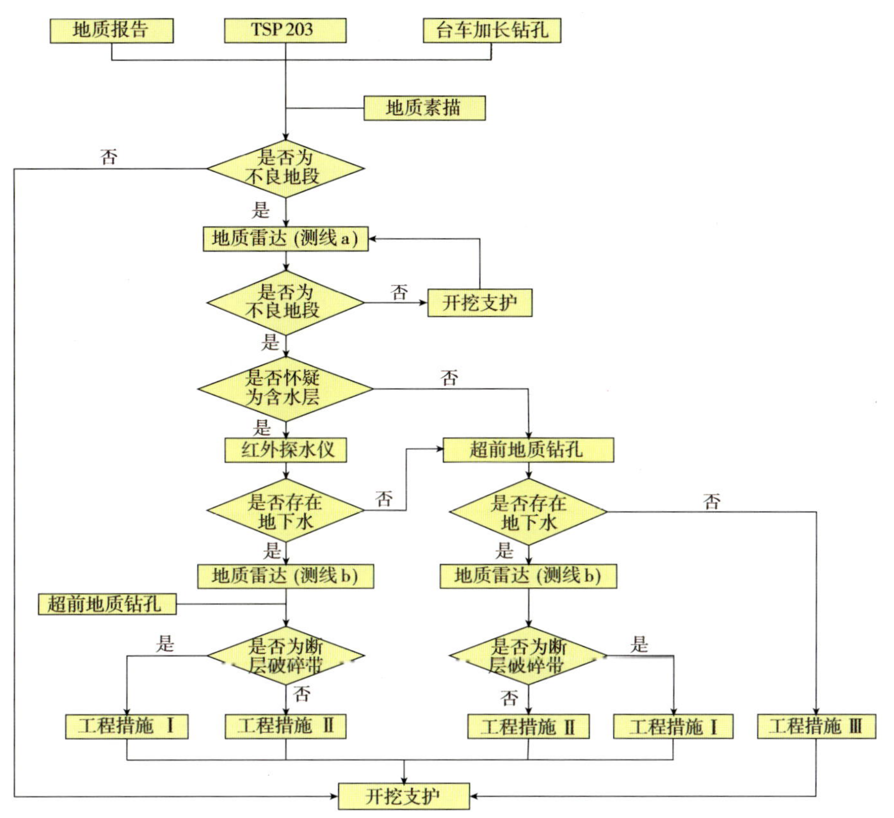

图 9-111 隧道超前地质预测预报流程图

隧道超前地质预测预报方案流程见图 9-112。

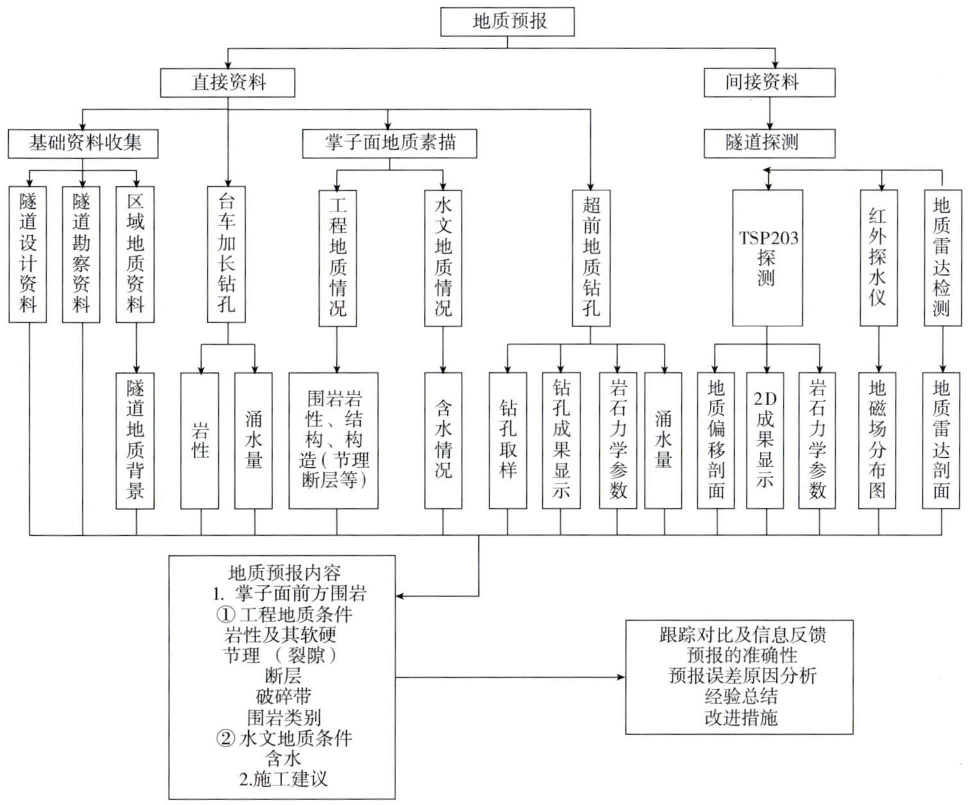

图 9-112 隧道超前地质预测预报方案流程图

第八节　洞口安全环保管理技术

一、安全目标

本着“安全第一、预防为主”的指导原则，确保安全进洞及明洞开挖边仰坡时不出现塌方；杜绝职工因工重伤及死亡事故，无等级火灾事故，无机械行车和道路交通责任事故。

二、安全保证体系

1. 组织机构

洞口段（明洞）工程施工前，施工现场应建立完善且保证施工安全的安全生产管理机构，同时健全施工安全保证体系。按照总体实施性施工组织设计的要求，项目经理部成立以项目经理任组长、项目副经理和总工程师任副组长、各部室负责人与施工队队长为组员的安全施工领导小组，负责安全管理及安全措施的制订、实施、监督、检查工作。

项目安质部负责日常安全管理检查工作。各施工队设安全防护副队长和专职安全员，工班设兼职安全员；实行岗位责任制，明确分工，责任到人，做到齐抓共管。安全生产管理组织机构详见《总体实施性施工组织设计》。

2. 安全生产保证体系

建立强有力的安全生产保证体系，既注重安全思想宣传教育和安全技能培训，又注重日常安全生产工作的检查、落实。

项目部由安质部牵头，其他各部室配合，对参与施工的人员经常进行安全和专业技术教育，强化安全意识，增强预防能力。

安全施工领导小组组长定期主持召开施工安全例会，分析安全情况，总结评比前期情况，预想后期施工安全隐患并拟订解决方案；安全施工领导小组定期组织检查，安检人员不定期检查，检查过程中安全质量监督人员若发现违章作业、安全措施不落实、质量不合格及施工隐患时，应责令施工队立即纠正。

把安全生产纳入竞争机制和承包内容，逐级签订包保责任状，并交纳一定数量的风险抵押金，以此来确保安全工作落到实处。

安全生产保证体系详见《总体实施性施工组织设计》。

3. 安全生产管理制度

（1）安全生产责任制

建立健全各级各部门的安全生产责任制，责任落实到人，把安全生产纳入竞争机制，各项经济承包有明确的安全指标和包括奖惩办法在内的保证措施。建立安全风险抵押金制度，项目经理部将预留一定额度的安全风险抵押金。对安全事故责任者除按有关规定受罚外，还将扣除安全风险抵押金。

（2）安全教育培训制度

工人在上岗前需进行安全教育。针对本分部工程的特点，施工前应进行安全生产教育，培养安全生产必备的基本知识和技能。对重点岗位的生产知识、安全操作规程、安全生产制度、施工纪律进行培训和考核。

（3）特殊工种持证上岗作业制度

对专职安全员、班组长、从事特种作业的架子工、钢筋工、起重工、电气焊工、电工、爆破工、潜水工、车船驾驶员等，必须严格按照《特种作业人员安全技术培训考核管理规定》（国家安全监督管理总局令第30号，2010）进行安全教育、考核、复验，经过培训考试合格，获取操作证者才能持证上岗。对已取得上岗证者，要进行登记存档，操作证必须按期复审，不得超期使用，名册应齐全。

（4）安全检查制度

建立定期安全检查制度，规定定期检查的日期和参加检查的人员。指挥部每半月检查一次，作业班组每天检查一次，非定期检查视工程情况而定。

对检查中发现的安全问题、安全隐患，要建立登记、整改、消项制度。要定人、定措施、定经费、定完成日期，在隐患没有消除前，必须采取可靠的防护措施。如果有危及人身安全的险情应立刻停止施工，处理合格后方可继续施工。

安全检查与完善和修订安全管理制度要结合起来。把安全生产责任制与各级管理者的经济利益进行挂钩，严明奖惩，保证“管生产必须管安全”的制度真正落实。

（5）安全防护制度

工程施工中，对安全有影响的重要环节，在施工前要制订出具体可行的安全防护措施和实施细则，并报请监理工程师代表批准后，方可进行施工。施工中严格执行安全规则，关键工序的技术人员、安全员应跟班作业，现场监督。

（6）安全交底制度

安全交底工作是确保安全施工的一项重要工作内容，交底采用书面安全交底和现场安全交底相结合的方式。安质部应列出重点安全监控项目及要点，并制订详细的施工安全规划。施工前安全工程师应根据施工方案结合现场实际情况制订切实可行的安全措施，并下发到施工队。实行项目安全工程师给施工队安全员交底，施工队安全员给领工员、工班长、施工人员进行二次交底的二级负责制。

（7）安全评比制度

班组在班前要进行上岗交底、上岗检查、上岗记录的“三上岗”和每周一次的“一讲评”安全活动，对班组的安全活动，要有考核措施。

（8）机械设备安全管理制度

岗前培训、定期考核制度：提高机械作业人员的技术素质和操作维修技能。

定人、定机、定岗制度：保证机械作业人员的相对稳定，使各个环节责任明确，责任到人。

岗位责任制度：使用机械必须坚持“两定三包”，即定人、定机、包使用、包维修、包保养；操作人员作到“三懂四会”，即懂构造、懂原理、懂性能，会使用、会保养、会检查、会排除故障。

持证上岗制度：机械作业人员必须经过技术培训，经考核合格，发给机械操作合格证后方能上机操作。

逐级鉴定设备管理合同制度：公司与项目部领导及设备主管、项目部与操作驾驶员分别鉴定管理合同，并实行抵押金制度，奖优罚劣。

交接班制度：交接内容包含机械运转记录、完成任务和生产情况、设备技术状况、维修保养情况以及备件、附件、工具情况等。

安全检查制度：坚持安全教育，坚持日常和定期安全检查，发现不安全作业及时制止，追查原因，及时整改，杜绝事故隐患，真正做到“安全第一”。

（9）安全事故申报制度

当发生事故后，要按照“三不放过”的原则进行联合调查，认真分析，查找原因，对事故责任者进行严肃处理，追究其经济、行政、法律责任。

对保证施工安全作出贡献的单位、人员，要给予表彰和奖励；对造成安全事故的人员和单位要进行相应的处罚。

（10）人身安全制度

项目部、队的各级负责人，应经常对职工进行人身安全思想教育，组织学习安全规范及有关安全操作技术，按规定使用劳动保护用品；新工人未经安全技术教育，不得现场作业。

当野外作业遇雷雨时，作业人员应放下手中的金属器具，迅速撤到到安全处所躲避，严禁在大树下、电杆旁或涵洞内躲避。

4. 项目安全保证措施

坚持“安全第一，预防为主”的方针，建立健全安全保证体系和安全生产规章制度，制订切合实际的安全管理方案和行之有效的安全技术措施，完善安全生产内业资料管理，开展安全标准工地建设和安全生产检查活动，确保施工安全始终处于受控状态。

（1）开展安全教育，提高安全意识，做到持证上岗

开工前，组织广大干部职工认真学习有关安全的规则，安全员和电焊工、起重工、架子工、潜水工、车船驾驶员等特殊作业人员要持证上岗；进入施工现场时所有人员必须配戴安全帽，否则不准进入现场。

定期进行安全教育学习，强化安全意识，时刻树立“安全第一”的思想。教育职工在施工现场养成按规定使用个人防护用品的良好习惯，做到遵章守纪，按操作规程作业，文明施工，无违章违纪现象。

推行安全标准化工地建设，认真开展标准化作业，严格按照安全规程进行施工，严肃劳动纪律；抓好现场管理，搞好文明施工。

施工各班组间，建立完善的交接班制度。交班人将本班组的工作情况及有关的安全问题，向接班人详细交代，并记录于交接班记录簿内，工地负责人、领工员要认真检查交接班情况。

（2）认真做好安全技术交底和检查落实工作

工程开工前，技术员和安全员向参加施工的各类人员认真进行安全技术措施交底，使大家明确工程施工的特点及各时期安全施工的要求，这是贯彻施工安全措施的关键。施工过程中，现场管理人员应按施工安全措施要求，对操作人员进行详细的工序、工种安全技术交底，使全体施工人员明确各自的岗位职责和安全的操作方法，安全技术交底要结合安全操作规程及安全施工的规范标准进行，避免口号式以及无针对性的交底，并认真履行交底签字手续。

同时要经常检查安全措施的贯彻落实情况，及时纠正违章，认真贯彻执行安全措施，使其达到既定的施工安全目标。

（3）加强交通安全管理措施

加强对机动车驾驶员的培训和教育工作，牢固树立“安全第一”的思想。严格车辆定期检修保养制度，发现问题及时整改，保证车辆始终处于良好状态，不得带故障上路行驶。严禁无证驾驶、酒后驾驶和疲劳驾驶，杜绝超载、超速的机动车辆上路行驶。在施工场地的出入口、急弯、陡坡等危险地段以及与既有道路交叉口设置规范醒目的交通标志（夜间能反光），时刻警示驾驶人员注意安全。

（4）机械车辆作业施工安全措施

操作人员持证上岗，严禁将机械车辆交给无证人员和不熟悉机械设备性能的人员操作。施工机具、车辆和设备要有专人管理和操作，做到“三定”（定人、定机、定岗位），“三好”（管好、用好、维修好），“四会”（会使用、会保养、会检查、会排除故障），“四懂”（懂管理、懂结构、懂性能、懂用途），按规定进行保养，确保其性能符合安全技术要求，并且始终处于良好状态，以保证施工安全。施工作业前，操作人员应认真听取施工技术人员的现场交底及有关安全注意事项，并对机械做详细检查，作业中要集中精力，不得擅自离开工作岗位。

施工运输车辆建立定期检修和保养制度，使车辆保持在良好状态，车辆驾驶员必须熟悉所驾驶车

辆的性能、保养程序及操作方法。使用挖掘机、装载机装料时，汽车就位后应拉紧手刹，关好车门，严禁超载。凡带升降翻斗的运输（自卸）车，严禁翻斗升起运行或边起边落以及在行驶时操作车厢举升装置。限制车辆行驶速度，防止因车辆速度过快而引发安全事故。

（5）防火、防台风、防汛、用电安全管理措施

各类房屋、库棚、料场等场所的消防安全距离应符合公安部门的规定，室内不准堆放易燃品；焊割作业点与氧气瓶、乙炔瓶等危险品的距离不少于 10m，与爆破物品的距离不少于 30m，乙炔瓶与氧气瓶的距离不少于 2m；严禁在木材加工场、料库等处吸烟；现场的易燃杂物随时清除，严禁在有火种的场所附近堆放。

施工现场和生活区应做好防火工作，现场按规定配备灭火器、消防砂箱、水池等消防设施和器材，并保持它们的有效性；安全标牌齐全且符合规定；油料库、材料库、电气设备、机械设备作为防火重点，实行定人定责、定期检查，严防火灾发生。现场防火消防器材由专人维护、管理，定期更新保证完整好用。组建业余消防队，定期训练，使所有施工人员熟悉并掌握消防设备的性能和使用方法。

对变压器、空压机、电焊机等带电设备加强安全检查。变压器的接地电阻要小于 0.3Ω，并做好安全防护，空压机、电焊机等用电设备做好接地措施，防止漏电等安全事故的发生。

定期开展消防安全大检查，发现问题及时处理。

雨季和台风季节要成立防台、防汛小组，设专人值班，加强与气象部门的联系，及时掌握雨水情况，制订防台、防洪预案，提前做好防台、防洪、防汛工作。按当地政府和建设方的防汛要求，组织好防汛队伍，备足防汛物资和器材，安排专人 24h 防汛值班，确保通信联络畅通，避免人员及财产损失。

施工中注意保护好防汛设施，不损坏沿线排水系统；不因施工而削弱河流、堤坝的抗汛能力；不因施工引起雨水冲刷路基或引起既有排水设施的淤塞；并注意疏通河道沟渠，确保水流畅通。

做好现场用电工作，电力设施定期检查，专人负责用电设施的引接、维修和更换；高温潮湿的施工作业面使用 36V 安全电压照明；动力线采用架空电缆线，不使用花线；电气设备要有可靠的保护接地措施；电工、电焊工等特殊工种必须经考试，合格后持证上岗，现场用电必须由专职电工负责，严禁非专业人员操作、维修电气设备，严禁私自接线。

重、险、难等部位和地点，设置照明、防护、警告信号和看守人员。

5. 明挖段施工现场安全措施

（1）开挖施工安全

①按顺序开挖洞口。隧道施工洞口的处理异常重要，开挖洞口的土方按照自上而下的顺序进行，一次性将土石方做完。

②做好洞口加固和防水工作。本隧道地处多雨富水地区，洞门施工必须进行喷锚封闭支护，洞门端墙处也要进行支护，同时做好排水天沟和边沟，防止开裂或坍塌灾害的发生。图 9-113 为隧道进口段地表排水系统。

图 9-113 隧道进口段地表排水系统

③注重洞门和端墙的施工安全。脚手架、工作平台要搭设牢固，并设置扶手、栏杆。其净空要满足车辆、机械的通行要求，并设置限界安全警示。端墙施工要设安全网，防止人员、工具、材料坠落伤人。起吊作业时要设置安全哨所，严禁车辆人员通行。

（2）锚喷支护安全

①坚持安全支护原则：要根据设计要求和地质围岩稳定的实际情况采取安全、有效的支护方法。支护材料的质量要满足维持围岩稳定、防止松石下落或坍塌的要求。

②随时检查安全状态：施工期间，要对支护的工作状态进行定期或不定期检查。在不良地质地段每工班都要有专人检查，当发现支护变形或损坏时要立即组织修抢加固。

③构件立柱落地生根：构件支撑的立柱不得置于虚渣上和活动的石头上。在软弱围岩段，立柱底面应加设垫板或垫梁，以保证立柱的稳定性。必要时，可在拱部刚性支撑的拱脚打上锁脚锚管。

④加强连接段的支护：洞口地段、洞内横通道连接处以及喇叭口周围均属于危险地段，因此要加强支护或适时进行永久性衬砌。

⑤支护要随挖随支护：洞内支护，应随挖随支护，支护至开挖面的距离一般不得超过4m，砂层地段、风化槽（囊）和石质破碎地段、风化严重地段，应尽量缩短支护至开挖面的距离，特殊地段支护紧跟不得超过1m。

⑥构件（工字钢）分段接长支护：除了全断面开挖以外，其他开挖方法均需进行构件分次接长支护。其马口开挖时，左侧马口和右侧马口要相互错开，严禁左侧和右侧对挖；一侧马口开挖时应编号跳挖，严禁长段落开挖，以保证原支护的稳定。

⑦避免高处坠落伤害：人员在堆渣上支护时，应避免踩踏活动的岩石块。在梯、架上支护时，人员、设备应稳妥，并有专人监护，防止坠落。

⑧正确停止风水料管：在喷锚作业中，如果发生风、水、输料管路堵塞或爆裂时，必须依次按照停风、停水、停料的顺序操作。

⑨特别注重钢架连接：钢架和钢筋网的安装，作业人员之间应协调一致，相互配合。在本组钢架或钢筋网尚未安装完毕并且未与邻近的钢架和锚杆连接稳妥之前，不得擅自取消临时支撑。

⑩喷锚支护的补救：在对喷锚支护体系的监控量测中，当发现支护体系变形、开裂、声响等险情时，应立即在该段增加锚杆进行补救，其长度不小于原锚杆长度的1.5倍。

⑪准确掌握突变信号：当发现检测数据不正常或发生突变，移植数大于允许移植数，洞内出现裂缝、喷射层出现异常时，均应视为危险信号，必须立即报告，组织人员撤离，在研究制订相应的措施后才能继续施工。

⑫做好管棚支护的防护：长短管棚施工、超前锚杆施工或超前小导管注浆时，人员、平台、设备都要做好安全防护。

（3）模筑衬砌安全

①不良地质段先行衬砌：随着隧道各工序的展开，应及时进行衬砌与注浆，洞口的衬砌要提前准备及早施工，不良地质地段和支护出现异常的地段必须优先完成衬砌。

②衬砌工作台的防护：衬砌工作平台应设置高度不低于1.0m的防护栏杆；跳板、底板、梯子应安装牢固并进行防滑处理；工作平台的任何部位不得有钉子露头或突出的尖角；脚手板要搭接满铺，不准有探头。

③严禁超载堆放物品：工作台上、跳板上和脚手架上严禁乱堆乱放，应在台架上挂牌标明载重量，防止超载堆放物品。

④吊装要设专人监护：拱架、模板吊装要遵照吊装安全规定，统一指挥，明确信号，划定吊装安全区，并设专人现场监护。

⑤衬砌台车留足交通净空：拱墙模板架和衬砌台车的设计应留足机械设备进出净空，并在衬砌作业点设置明显的限界及缓行标志。

⑥设置标准作业台架：复合衬砌防水层施工用的台架应停稳牢固。台下净空满足施工需要，台上应满铺底板。作业时应设警示标志或由专人防护。

⑦防止高处作业坠落：在2m以上的高处作业必须系上安全带，安全带要挂在牢固的物体上，严禁在一个物体上拴挂多根安全带或一根安全带上拴挂多个人。作业邻边要设置安全防护栏和安全网。

⑧机械转动部位的防护：用于衬砌的机械其转动部分应设置安全防护罩，非机械驾驶员严禁操作。使用电动机时必须设有接地装置，在移动或修理机械及管线时，应先停电，并切断电源、风源。

⑨安全操作压浆机：压浆机使用前应连接好管路，检查和试运行压力是否正常。操作喷嘴人员要佩戴防护眼镜和胶皮手套，同时还需注意喷嘴脱落时要设法躲避。

⑩安全操作振捣器：使用振捣器前首先要检查电机是否漏电，振捣操作人员要戴绝缘手套，穿绝缘胶鞋，系安全带。

⑪安全安装拆卸模板：安装、拆卸模板和拱架时，工作地段必须设置安全线，并指定专人监护。拆下的各类构件、模板不得放置在通道上。当构件、模板较重时，应使用吊车进行组装或拆卸。

三、施工环保技术措施

1. 主要特点

洞口段（明洞）工程的施工主要在洞外，若施工方法不当易造成对环境的破坏及水土流失。为确保隧道的建设与自然环境和人文景观协调统一，施工环保水保措施积极响应设计和招标文件的要求：即最大限度的保护生态，施工中最小程度的破坏生态和最大限度的恢复生态。根据以上特点，施工中如何保护水资源和现有植被，最大限度地减少对环境的破坏，是应该予以重视的问题。为此，特制订如下具体目标和措施。

2. 环保、水保总体目标

严格按照关于厦门东通道（翔安隧道）工程施工期间环保水保措施要求，做好施工期间加强厦门东通道（翔安隧道）工程环保、水保工作。全面控制施工污染，减少污水、空气粉尘及噪声污染，严格控制水土流失，维护生态平衡，全面达到国家及地方有关环保、水保标准及法律法规要求。在施工过程中尽量减少弃方，坚持做到“少破坏、多保护，少扰动、多防护，少污染、多防治”，使环境保护和水土保持的监控项目与监控结果达到设计文件及有关规定的要求；教育培训率、贯彻执行率和覆盖率达100%。

3. 环保、水保总体方案

厦门东通道（翔安隧道）段洞口段（明洞）工程开工后，要求遵守国家有关环境保护的法律、法规和规章，并按合同的有关规定，做好施工区的环保、水保工作，防止施工造成的环境污染和破坏。施工前对全体员工进行环境保护法规的教育和学习，建立健全环境保护管理机构，成立领导小组由专人负责环境保护计划的落实。对环保、水保工作做到全面规划，综合治理。会同监理工程师及时与当地环保、水保机构取得联系，遵守有关控制环境污染的法规；施工现场设置足够的临时卫生设施，做好施工现场的卫生管理工作；生活垃圾堆放在指定地点，按规定及时清理或处理。针对本工程的施工特点以及施工对环境影响的主要因素，将采取有效的措施防止燃料、油、沥青、化学物质、污水、粉尘、有害气体、噪声、废料、垃圾以及弃方等有害物质造成的环境污染，合理布置施工场地，不损坏用地范围外的耕地、树木、果林、水渠及其他设施，保护自然环境。在工程完工后的规定期限内，拆除全部临时房屋和施工临时设施，清除施工区和生活区及其附近的施工废弃物，并按业主批准的环境保护措施计划完成环境恢复工作。

4. 组织措施

（1）成立环保、水保领导小组，制订环保措施，项目部、队分级管理，并配专（兼）职环保管理人员，负责检查、监督各项环保工作的落实。环保、水保组织机构详见《总体实施性施工组织设计》。明确各级、各部门在环境保护工作中的职责分工，由环保管理人员专门负责检查、督促各项环保工作。环境保护责任保证体系详见《总体实施性施工组织设计》。

（2）建立健全施工过程中环境管理体系和各项环境管理规章制度，详见《总体实施性施工组织设计》。

（3）加强施工人员环保知识教育，积极主动地参与环保工作，自觉遵守环保的各项规章制度。保护施工区和生活区的环境卫生，定期清除垃圾，集运至当地环保部门指定的地点掩埋或焚烧处理。在施工区和生活区设置足够的临时卫生设施，定期清扫处理。施工现场如设置油料库，则库房地面、墙面应做防渗漏处理，并指派专人负责油料的储存、使用、保管，防止油料跑、冒、滴、漏，污染土壤、水体。

5. 环境保护体系

根据洞口段工程施工对环境的特殊要求，项目经理部成立以项目经理为组长，项目副经理和总工程师为副组长的环保领导小组，组员由各部室及施工队主要负责人担任，各工程队也成立以队长为组长的环保领导小组，负责本工程施工中的施工环保及生态环保工作。

根据《环境管理系列标准》（ISO14000）建立项目环境监控体系，不断反馈监控信息，以便采取整改措施。从思想、组织、检查、技术措施和方案等方面建立完整的环境保护体系，详见《总体实施性施工组织设计》。

6. 保证措施

在厦门东通道（翔安隧道）工程实施过程中，除遵守翔安隧道工程设计文件要求的环保水保措施外，还应严格遵守招标文件关于环境保护的各项措施。

（1）减少施工期对陆域生态破坏的措施

①对于翔安隧道工程两侧互通立交的施工开挖、填方，应避免任意取土、弃土和扩大路基开挖范围；如果确实需要改变工程沿线附近区域的植被与绿化时，应报请有关部门批准。

②工程临时占地不得擅自占用或征用沿海防护林，并注意保护沿线古榕树。严禁在沿海防护林开挖采石取土、建造施工场所、设置临时工房以及在林下堆放材料、废弃物。确因建设需要占用或征用防护林地的，应根据《福建省沿海防护林条例》的相关规定执行。项目施工结束后做好防护林的优化、抚育与恢复工作。

③临时施工场地的选择与布置，应考虑尽量少占用绿地面积，保护好周围环境，减少对陆域植被生态的破坏。施工结束后，及时恢复绿化或整理复耕，对翔安侧临时施工用地的复垦应予以特别重视。工程取土、挖方应符合厦门市人民代表大会常务委员会公布的《厦门市砂、石、土资源管理规定》，减少对生态环境和矿产资源的破坏。

④取弃土时要严格落实水土保持措施，并注意防止“遍地开花”式的无序作业，应进行有序开挖取土，减少对陆域生态的破坏。并结合工程的实施，及时进行绿化，美化环境。

⑤建筑垃圾、工程渣土的处理应符合《城市建筑垃圾管理规定》（城建［1996］96号）和厦门市人民政府公布的《厦门市建筑废土管理办法》的要求。开工前向城市市容环境卫生行政主管部门申报建筑垃圾、工程渣土排放处置计划，填报建筑垃圾、工程渣土的种类、数量、运输工具、运输路线及消纳处置场地。根据城市市容环境卫生行政主管部门的要求，签订市容环境卫生责任书，从而接受管理和监督。

⑥弃渣处理按业主指定地点堆放，维护弃渣点的环保工作。隧道弃渣临时用地的四周根据地势和周围环境情况，做好防尘和水土保持工作。施工期间各工地及时收集建筑垃圾，对施工产生的废物料，

尽量进行回收利用和处理，属于不会产生明显污染的废砖头、废混凝土、废墙体、废桩块等建筑固废，可作为填充材料，充垫场地、便道、路堤等；不能回收的一般废物送垃圾场进行统一处置。

⑦施工生活区内产生的生活垃圾及时分类收集，回收利用或送至垃圾场处理。工程竣工后及时清理杂物，并平整施工场地。取土区选在高地、荒地上，尽量不占耕地，当必须从耕地取土时，可将表面种植土铲除，集中成堆保存，并在工程交工前做好还地工作。对于深而宽的取土坑，可根据当地需要，用作蓄水池或鱼塘。妥善处理废方，山坡弃土尽量避免破坏或掩埋场地旁边的林木、农田及其他工程设施。弃土应避免因堵塞河道、改变水流方向和抬高水位而淹没或冲毁农田、房屋。

（2）减少施工期对珍惜海洋物种和渔业资源影响的措施

①通过采取前述的一系列措施减少施工泥沙入海，减少施工期间海域水质 SPM 增量影响范围，减少悬浮泥沙对中华白海豚活动的影响和泥沙沉积作用对文昌鱼生境的破坏。

②减少施工期对中华白海豚生境及渔业资源影响的措施如下：

a. 采用先进的施工方法。采用新奥法施工，使用光面爆破与预裂爆破技术，减少爆破振动对环境的影响。在考虑暗挖钻爆时可通过对工程海域进行观测，来避开地下钻爆作业面上方半径 100m 范围海域可能出现的白海豚，或配合采用“声墙驱赶法”使白海豚离开该范围，进一步减少对白海豚的影响。

b. 考虑隧道施工安全和海域保护区需要，暗挖隧道开挖时，需进行爆破方案报批，并进行爆破振动监测，以及时反馈信息，调整爆破参数，进一步减轻爆破振动效应，从而在确保隧道施工安全的同时，减少对周围建筑物和白海豚保护区生境的影响。

（3）减少施工期水土流失的措施

①在施工过程中，根据工程可能引起水土流失的情况，划分水土流失防治分区，并制订相应的水土保持措施方案。合理安排工序，力求挖填方平衡，减少取土挖方量，及时清运开采的土方。对已完坡面工程及时植草绿化，增加植被覆盖率，以减少土壤被雨水直接冲刷。图 9-114 和图 9-115 分别为翔安端水土保持和厦门端水土保持。

图 9-114 翔安端水土保持

图 9-115 厦门端水土保持

②工程需取土时，尽量减少开挖面；路基施工尽量避开雨季，如无法错开，施工时应及时掌握雨情，做好大雨之前的防护措施，避免易受侵蚀或新填挖的裸露面受到雨水的直接冲刷。

③工程开挖土石方量较大时，弃土、弃渣场地应事先构筑拦渣工程，并注意布置截、排水设施；可考虑利用低洼地进行弃土、弃渣，改造为今后城市建设用地。对施工临时用地，施工结束后应及时进行土地整治，结合城市化建设进程，考虑表土回填以利复耕，或进行绿化恢复。

（4）减轻施工期海域环境污染的措施

减少施工过程泥沙入海的措施：暗挖隧道施工抽排水经沉淀池进行沉淀处理，防止高浊度的污水漫流或直接流入海中。在洞口左侧堑顶就近设置临时沉淀池，容量在 1 000m^3，沉淀池分级设置；工程施工时混凝土拌和应采取防雨水冲刷的措施，以防止雨季施工或台风暴雨时大量混凝土、水泥浆水入海而污染海域环境。

（5）施工期大气污染防治措施

①根据现场实际情况，可采取洒水防尘、夯实或硬化施工便道等办法，控制施工现场及道路扬尘，路基施工时应及时分层压实，并注意洒水降尘；料场内一般积尘较多，因此料场应设在距居民区150m以外，进入料场的道路也需经常洒水，以减少粉尘污染。

②取土区落实水土保持措施，防止“遍地开花”式的无序作业，并注意保持土壤湿度，抑制扬尘的产生。弃渣运至弃渣场，严禁随意抛撒。施工垃圾及时清运，适量洒水，减少扬尘，控制搅拌混凝土扬尘，尽量采用预制混凝土代替现场搅拌混凝土，混凝土工厂安排在大气敏感目标常年主导风的下风向，既避免混凝土搅拌扬尘污染，又可减少搅拌机械噪声的影响。

③施工区域内做好既有道路的养护工作，合理堆放物料、搭设建筑物。对现场临时道路要经常洒水并栽树种草进行边坡绿化，防止尘土飞扬，污染空气。车辆在进行土石方和水泥建材、弃土运输时，应设置挡板、注意加盖篱席，适量装载，避免撒落及因风起尘。

④现场存放油料、漆料等化学品的库房应远离河沟及饮用水井附近，必须备有遮盖的帆布，并进行防渗处理，储存和使用都要采取措施，防止跑、冒、滴、漏，污染水源。

⑤严禁在施工现场焚烧废弃物和会产生有害有毒气体、烟尘、臭气的物品。施工中若产生有害气体，则应采取有效的措施，及时治理，尽量减少有害气体排放对大气的污染。在施工现场附近的居民敏感区内，取消钢梁喷漆作业，避免散发有害气体，危害作业区周围人群的健康。

（6）施工期噪声污染防治措施

①优先考虑使用低噪声设备，设备底座设置防振基础。对固定式高噪声设备，在选型时严格比较噪声大小。采取措施或改进施工方法，使施工噪声、振动达到施工场界环境标准。

②改革施工工艺和设备，用液压设备或以摩擦压力代替机械振动。合理布置各种施工工作区和生活工作区，利用距离、隔墙使噪声大幅度自然衰减。出入现场的机械、车辆做到不鸣笛，不急刹车；加强设备维修，定时保养润滑；并对与施工无关的人员和车辆加以控制，以避免或减少噪声。

③施工过程中，对各种施工作业机械、施工运输车辆采取必要的控制措施，减少噪声的环境影响。根据国家和地方有关环保法规，严格控制施工期噪声排放量，施工场界噪声执行《建筑施工场界噪声限值》（GB 12523—1990），并遵照《厦门市环境噪音管制办法》一同执行。

④合理安排施工场界内的施工机械，根据场地的布置情况实测或估算场界噪声，如果超标可采取加防振垫、包覆和隔声罩等有效措施减轻噪声污染。

⑤合理规划施工便道和载重车辆行走时间，尽量远离村庄，减小运输噪声对村民的影响。隧道洞内开挖爆破要严格控制药量，合理进行钻爆设计，对附近地表居民驻地区进行爆破测振，同时在隧道洞口前方安装声屏障进行隔声处理，减小爆声的传播。

⑥选择性能优良、噪声小的施工机械，对本工程使用的机械设备进行详细的建筑噪声影响评估。对各种车辆和机械进行强制性的定期保养维护，以减少因机械故障产生的附加噪声与振动。

（7）施工期水土保持措施

由工程管理部环保室设专人负责水土保持工作，根据分项（分部）工程的施工特点，对下属施工单位提出施工过程中的水土保持要求，定期检查、监督各工点的各项水土保持工作的落实情况。具体落实如下措施：

①弃土、弃渣要先在建设拦挡墙（坝）及排水设施后再进行堆放；对开挖边坡、回填边坡的防护工程，在达到设计稳定边坡后迅速进行，同时做好坡面、坡脚排水系统，施工一段、保护一段；当工程跨越村庄和水系等地时先将排水措施和拦挡措施布设好。

②本工程明洞段开挖约4万m^3废弃土方，所有的弃渣只是临时堆放，且渣场为临时渣场，按照业

主要求在堆渣前先沿征地界线在周边修一道宽 80cm，高 100cm，基底埋深 20cm 的浆砌石挡渣墙。将翔安岸渣场表土剥离 20cm，堆放在一角，表面夯实并撒草籽临时保护，表土堆高控制在 2m 左右，边坡比控制在 1∶2，在施工过程中边堆高，边碾压，增强其密实度。由于每个渣场积雨面积很大，为了使雨水在降雨时能够及时排走，在修建挡渣墙时，每隔一定距离设一个水流出口，在出口处设置一个沉沙池，平面尺寸为 3.0m × 1.5m，深 1.5m，沉沙池侧墙为梯形断面，底宽 50cm，顶宽 30cm，墙体由浆砌片石砌成，经沉沙池沉淀水流中的泥沙后，再通过排水沟排至附近的沟渠。排水沟采用 30cm × 50cm、内坡比为 1∶1 的梯形断面，浆砌片石衬砌，衬砌厚度为 30cm。堆渣时，要求堆渣边坡比控制在 1∶2，最大堆渣高度低于 8m，并且在堆渣过程中边堆边碾压。

③施工场地和施工生活区在施工过程中及施工结束后都要采取相应水土保持措施，以达到防治水土流失，美化环境的目的。在每个施工场地周边开挖排水沟，采用 30cm × 50cm、内坡比为 1∶1 的梯形断面，沟壁夯实。在排水沟出口处设沉沙池，沉沙池设计尺寸为 4m × 3m × 1.2m，内坡比为 1∶1，水流经沉沙池沉淀后排向附近的自然沟道。本项目施工区均为临时占地，工程施工时临时征用，使用结束后，去除硬化层，清除厚度平均为 30cm，然后将先期剥离的表土均匀的覆于场地表面。

④场内施工便道根据各条道路的不同情况布置相应的工程措施和植物措施，以达到控制水土流失，保护道路、改善环境条件和安全运输的目的。工程措施主要包括排水沟及沉沙池的修筑。在施工便道两侧开挖排水沟，以降低地下水位，采用 30cm × 50cm、内坡比为 1∶1 的梯形断面，浆砌片石衬砌，衬砌厚 30cm；根据实际地形在低洼处设沉沙池，沉沙池设计为 3m × 1.5m × 1.5m 的长方体；侧墙为梯形断面，顶宽 30cm，底宽 50cm，浆砌片石衬砌，衬砌厚 50cm，水流经沉沙池沉淀后排向自然沟道。根据水土保持方案的总体布局，在施工便道路基防护工程和排水工程的基础上，于公路两侧栽植公路防护林，边坡采取植草护坡。

四、文明施工

1. 文明施工目标

施工准备阶段各种临时设施的施工与布置，对整个工程能否达到文明施工的要求起至关重要的作用。洞口段（明洞）工程施工根据《总体实施性施工组织设计》的要求，严格执行业主有关文明工地建设的标准、规定，积极开展创建文明工地活动，争创文明工地。现场布局合理，环境整洁，物流有序，标识醒目；达到“一通、二无、三整齐、四清洁、五不漏”的标准。具体内容如下。

一通：交通平整畅通、标志明显。

二无：无头（无砖头、无木材头、无钢筋头、无焊接头、无电线电缆头、无钢管头、无钢料头），无底（无砂底、无碎石底、无灰底、无砂浆底、无垃圾废土底）。

三整齐：钢材、水泥、砂石料等材料按规格、型号、品种堆放整齐，构件、模板、方木、脚手架及辅料堆码整齐，机械设备、车辆摆放整齐。

四清洁：施工现场清洁，环境道路清洁，机具设备清洁，现场办公室、休息室、库房内外清洁。

五不漏：不漏油、不漏水、不漏风、不漏气、不漏电。

2. 文明施工方案

在施工生产和生活中，加强对施工人员的文明行为教育，做到管理程序化，作业标准化。

建立以项目经理为首的文明施工组织机构，健全各项文明施工管理制度。结合本工程实际情况，使各级负责人做到明确分工，将文明施工落实到现场责任区。文明施工管理组织机构详见《总体实施性施工组织设计》。

加强法律、法规和治安方面的宣传教育，制订切实可行的预防措施，定期对全体职工开展相关知识的学习，防止员工发生违法、违规、违禁和妨碍治安的行为。

3. 文明施工措施

在队伍进场前，先派人前往当地对民众的生活生产习惯、禁忌、宗教信仰等“社情”进行调查，并对职工进行宣传教育，确保做到全体施工人员尊重当地民风民俗。在施工过程中协调好与当地居民及当地政府的关系。

健全各项文明施工管理制度，如岗位责任制、经济责任制、奖罚制度、会议制度、专业管理制度、检查制度、资料管理制度等。

加强检查监督，从严要求，持之以恒，使文明施工管理真正抓出成效。项目经理组织相关人员对文明施工现场实行定期和不定期检查，每月组织一次专项检查，对照评分，严格奖惩，交流经验，查纠不足。

合理布置场地：各项设施必须符合规定标准，做到场地整洁、道路平顺、排水畅通、标志醒目、生产环境达到标准作业要求。

现场工程概况、施工组织网络牌、安全记录牌、防火须知牌、事故记录牌和施工总平面图要设置齐全，规格统一，内容完善，位置醒目。

及时调整设备、机具和材料的位置，保证摆放整齐；保持工作面宽敞，提供良好的工作环境。施工现场垃圾杂物集中堆放，及时处理。施工废水严禁乱排，必须严格按照当地环保的规定和招标、设计文件的要求经处理达标后排放。

施工现场整齐清洁，施工过程坚持工完场清。

按照业主及主管部门的指示要求，认真听取驻地监理工程师的意见，搞好安全生产和文明施工，争创“安全文明样板工地”。

按环保要求精心设计，合理布置施工总平面。现场生产、生活房屋及设施的布局要整齐划一，并确保安全牢固，满足防风、抗震要求，室内必须有可靠的保暖装置；合理规划临时便道，尽量减少占地，路面坚固平整，两侧排水沟通畅；场区内管线布置整齐，安装牢固，卫生清洁；混凝土拌和站、空压机、发电机等高噪声设施尽量远离宿营区设置。

强化施工现场管理。严格执行包保责任制，明确分工，责任到人，奖罚分明，做到突出重点，分批落实，规范施工，注重实效。坚持施工人员挂牌上岗，现场施工统一着装；施工现场设置鲜明的标牌，主要有责任划分牌、形象进度牌、质量标准牌、安全警示牌等。

施工期间，经常对施工运输道路进行维修保养，确保晴雨无阻。对于扬尘地段，要经常洒水，减少扬尘。车辆在运料过程中对易飞扬的物料用篷布覆盖严密，且装料不得超载；车辆轮胎及车体外表用水冲洗干净，保证道路清洁。车辆通过住所、村庄时要减速慢行。

施工和生活废水需采取措施处理，不得超标和随意排放。

合理安排施工作业时间。靠近宿营区，夜间不使用噪声大的机械施工。施工必须采用隔声、缓冲垫等措施减少噪声。

现场设简易文体娱乐场所（如棋牌室、电视室、乒乓球室、阅览室及室外公共活动场所），使施工人员能及时了解国家大事，锻炼身体、愉悦身心，以更好的服务促进生产。

严格遵守国家《劳动保护法》和有关劳动保护条例。员工外出必须请假；大风天气禁止外出；车辆行驶应礼让三先，文明驾驶；途中因故出现问题，及时向项目部汇报。

主动同当地公安部门联系，所有施工人员办理驻地暂住证，服从管理，严禁三无盲流人员串入，同时做好防盗工作。树立良好的社会形象，创造宽松的外部环境。

参 考 文 献

[1] 林作雷，瞿守信.施工关键技术要点［M］.福建：福建科学技术出版社，2010.

[2] 林作雷.长距浅埋大跨不良地质CRD工法施工技术［M］.福建：福建科学技术出版社，2010.

[3] 林作雷.超浅埋大断面长距离富水软弱围岩双侧壁工法施工技术［M］.福建：福建科学技术出版社，2010.

[4] 孙富学.海底隧道衬砌结构寿命预测理论与试验研究［D］.同济大学博士学位论文，2007.

[5] 中华人民共和国行业标准.JTG D70—2004 公路隧道设计规范［S］.北京：人民交通出版社，2004.

[6] 中华人民共和国国家标准.GB 50021—2001 岩土工程勘察规范［S］.北京：中国建筑工业出版社，2001.

[7] 中华人民共和国行业标准.JTJ 270—98 水运工程混凝土试验规程［S］.北京：人民交通出版社，1998.

[8] 中华人民共和国行业标准.JTJ 268—96 水运工程混凝土施工规范［S］.北京：人民交通出版社，1996.

[9] 中华人民共和国行业标准.JTJ 275—2000 海港工程混凝土结构防腐蚀技术规范［S］.北京：人民交通出版社，2000.

[10] 中华人民共和国行业标准.JTG F80—2004 公路工程质量检验评定标准［S］.北京：人民交通出版社，2004.

致　谢

本书在厦门翔安海底隧道顺利建成通车一周年后问世，这是作者与海底隧道参建同仁携手并肩奋战、克难战险攻关 1 500 多个日日夜夜的丰硕成果。在此，谨向所有支持、帮助和关心本书写作、编辑和出版的同仁朋友致以最崇高的敬意和最诚挚的感谢！

首先感谢中铁隧道局孙振川、惠建永、梁海青、房建华，中铁十八局潘建立、叶小兵等同仁与作者携手奋进，圆满完成 CRD 工法和双侧壁工法的课题研究。其课题成果为克服隧道施工安全风险、保证工程质量、加快工程进度作出了贡献，得到中国科学院孙钧院士、中国工程院王梦恕院士的高度评价。更要感谢在写作上不惜投入宝贵时间和无私提供资料的孟维孝、李治军、郑宏利、蔡玉强以及中铁一局、中铁二十二局和勘察设计等单位的同仁朋友。还要感谢梁清源教授给予的激励鼓舞！

特别感谢我的贤妻姚宝珍女士，她给了我莫大的智慧、勇气、动力和慰藉，并让我认识到纯洁爱情所蕴涵的真正意义，丰收果里有你不可泯灭的功绩！在此，衷心祝福我的爱人健康、年轻、快乐！

我渴望对所有应该感激的人表达感谢之情，虽然文中没有提到很多人的名字，但他们却永远留在我的记忆中！